실전! 안드로이드 (Android) 시스템 프로그래밍 완전정복

http://www.mangoboard.com/
http://cafe.naver.com/embeddedcrazyboys
Crazy Embedded Laboratory

서 언

Android는 Google에서 Mobile 기기용 운영체제로 처음 개발된 이후 많은 변화를 거쳐 요즘 새로운 문화로 자리 잡고 있는 Smart Phone의 주요 운영체제 및 소프트웨어 플랫폼으로 자리잡고 있습니다.

Linux와 Java를 기반으로 하는 Android Platform은 APL(Apache License), free software 및 open source license 정책에 따르기 때문에 별도의 로열티 및 사용상의 제약이 없고, Mobile 기기에서 필요로 하는 많은 기능들이 기본 탑재되어 있어, Apple 이외의 거의 모든 Smart Phone 제조사들이 채택하고 있습니다.

현재 Android는 Smart Phone의 주도적 Software Platform으로 자리잡고 있으며, Android Platform을 주도하는 Google에서 기능 개선 작업을 꾸준히 진행하고 있어 향후 더욱 입지를 넓힐 것으로 생각됩니다.

Google은 Android의 영역을 Smart Phone등 Mobile 기기에서 TV등 가전 및 기타 전자기기로 넓히는 작업을 진행하고 있습니다. Google TV등 향후 많은 Android Platform이 출현하여 Android의 입지는 더욱 넓어지리라 생각됩니다.

Apple, Microsoft등이 Android의 급속한 발전에 대응하여 기존 운영체제를 개선하고 있지만, 폐쇄적으로 관리되는 운영체제라 많은 제조사들이 채택하기 어렵습니다. 따라서 앞으로 Apple을 제외한 거의 모든 Smart 전자 제품들은 Android를 기반으로 하여 설계될 것입니다. 그러므로, 개발자의 입장에서 Android에 대해 깊은 이해와 지식을 갖는 것은 매우 중요하다 할 수 있습니다.

필자는 Embedded System 개발자로서 Android 기반 제품을 개발하면서 많은 시행착오를 격어 왔습니다. 그때마다 아쉬웠던 것은 인터넷이나 시중에 나와 있는 책의 대부분이 Android Application 개발에 관한 것이라 시스템 개발자가 참고할 수 있는 자료가 거의 없다는 것이었습니다. 이에 필자는 몇몇 지인들과 운영하는 커뮤니티(cafe.naver.com/embeddedcrazyboys)에서 Android를 처음 접하는 개발자부터 전문가에 이르기까지 다양한 사람들이 Android 시스템 개발에 대해 많은 자료를 공유해 왔습니다. 이제 그 작업이 어느 정도 완성되어, Android 개발자들이 참조할 수 있는 많은 자료를 작은 책으로 엮어 내게 되었습니다.

이 책은 Android의 Porting부터 Device Driver 및 Application 개발에 이르기까지 폭 넓은 주제를 다루고 있으며, 모든 과정을 ARM11, Cortex-A8 Reference Board에서 테스트하며 진행하여 실전에 바로 응용할 수 있도록 하였습니다. 수년 동안 커뮤니티 및 각종 개발 프로젝트를 통해 쌓아온 각종 실전 지식들을 모두 담아 내어 많은 개발자들이 거치는 시행착오를 줄이며 Android 기반 시스템 개발을 익힐 수 있는 최선의 과정을 담았다고 자부합니다.

그 동안 이 졸작을 만드는데 커뮤니티 회원들 및 많은 분들의 도움이 있었습니다. 특히, Reference Platform을 만들고 시스템 소프트웨어를 시험하는데 많은 도움을 준 우리 커뮤니티 회원님들께 감사의 말씀을 전합니다.

이 책을 읽으면서 의문점이 생기게 되면 아래 사이트로 질문하면 많은 분들이 친절히 대답해 드릴 것입니다.

http://cafe.naver.com/emebddedcrazyboys
http://www.mangoboard.com

2010 년 10 월 청명한 가을에……

목 차

서 언 ·· 2
목 차 ·· 4
1부 – Introduction & 환경 구축 ·· 18
1. Introduction ·· 19
   1.1. 이 책의 목적 ··· 19
   1.2. 안드로이드, Android ·· 19
   1.3. 안드로이드를 공부하기 위한 기반 지식 ··· 20
   1.4. 안드로이드의 어느 부분을 공부할 것인가? ·· 21
   1.5. 안드로이드 버전 ·· 22
   1.6. 개발 환경 갖추기 ··· 25
2. VMware & 리눅스(Ubuntu) 환경 구축 ·· 26
   2.1. VMware 및 우분투 설치 ·· 26
      2.1.1. VMware 다운로드 ··· 26
      2.1.2. VMware 설치하기 ··· 27
      2.1.3. 우분투 9.10 다운로드 ··· 27
      2.1.4. 새 Virtual Machine 만들기 ··· 28
   2.2. 우분투 기초 활용 ·· 33
      2.2.1. 전체 메뉴창 아래로 옮기기 ·· 33
      2.2.2. 화면 Resolution 변경 ··· 34
      2.2.3. 시간 설정하기 ··· 34
      2.2.4. 터미널 띄우기 ··· 35
      2.2.5. 우분투 업데이트 – Update Manager ·· 36
      2.2.6. .bashrc & alias 설정 ··· 38
      2.2.7. 터미널 키 Shortcut 설정 ·· 39
      2.2.8. 키보드 반복 입력 속도 설정 ··· 40
      2.2.9. package 관리 ·· 40
      2.2.10. grep 사용 ·· 41
      2.2.11. find 사용 ·· 43
      2.2.12. 일반 유저가 sudo 명령이 안될 경우 대처 ································ 45
3. 리눅스(Ubuntu) 에디터 gedit & vim ·· 47
   3.1. gedit ·· 47
   3.2. vim ··· 49
      3.2.1. vi 실행 및 vim 설치 ·· 49
      3.2.2. vi의 모드 ·· 52
      3.2.3. 시작과 종료 ·· 52
      3.2.4. help의 활용 ··· 53

- 3.2.5. 커서 이동 명령 ··· 55
- 3.2.6. 편집 시작 (삽입) 명령 ··· 56
- 3.2.7. 검색 명령 ··· 57
- 3.2.8. 취소 및 반복 명령 ··· 59
- 3.2.9. 삭제 명령 ··· 59
- 3.2.10. 치환 명령 ··· 60
- 3.2.11. 복사 명령 ··· 62
- 3.2.12. 환경 설정 ··· 63

4. **Host PC와 파일 공유 - VMware Tools & 삼바(Samba)** ··· **65**
   - 4.1. **VMware Tools** ··· 65
     - 4.1.1. VMware Tools 설치 ··· 65
     - 4.1.2. VMware Tools 업데이트 ··· 66
     - 4.1.3. VMware Tools 기능 ··· 69
     - 4.1.4. 쉬운 VMware Tools 업데이트 ··· 70
   - 4.2. **VMware Tools를 이용한 파일 공유** ··· 71
     - 4.2.1. VMware File Share 이용 ··· 71
     - 4.2.2. 우분투에서 공유 폴더 확인 ··· 73
   - 4.3. **삼바 (Samba) 이용** ··· 75
     - 4.3.1. Samba 설치하기 ··· 75
     - 4.3.2. Samba 설정하기 ··· 76
     - 4.3.3. Samba User 설정하기 ··· 78
     - 4.3.4. Samba 재 시작 ··· 79
     - 4.3.5. 네트워크 드라이브 연결 ··· 79
     - 4.3.6. 한글 사용 ··· 83
     - 4.3.7. 삼바 연결 에러 ··· 84

5. **망고64 하드웨어와 부팅모드 설정** ··· **86**
   - 5.1. 망고 64 하드웨어 사양 ··· 86
   - 5.2. 망고 64 부품 면 ··· 88
   - 5.3. 망고 64 보드 LCD 면 ··· 89
   - 5.4. 망고 64 구성도 ··· 90
   - 5.5. Boot Option 선택 ··· 91
     - 5.5.1. NOR Mode로 부팅하기 ··· 91
   - 5.6. NAND Mode로 부팅하기 ··· 92

6. **망고100 하드웨어와 부팅모드 설정** ··· **93**
   - 6.1. **Introduction** ··· 93
   - 6.2. 하드웨어 사양 ··· 94
   - 6.3. 보드 구성 ··· 95
     - 6.3.1. Mango100 보드 TOP 면 배치도 ··· 95

- 6.3.2. Mango100 보드 Bottom 면 배치도 ·· 96
- 6.3.3. Mango100 보드 구조도 ·· 97
- 6.4. **Boot Option 선택** ··· 98
  - 6.4.1. 부팅 디바이스 종류 ·· 98
  - 6.4.2. S5PC100 부팅 과정 ··· 98
  - 6.4.3. XOM, NFMOD 핀 설정 ··· 99
  - 6.4.4. USB Booting Mode ·· 101
  - 6.4.5. NAND Booting Mode ·· 103
  - 6.4.6. SD Booting Mode ··· 105
- 7. 우분투 minicom 및 네트워크 설정 ·· 106
  - 7.1. 우분투 minicom 설정 ·· 106
    - 7.1.1. minicom 실행 확인 및 설치 ·· 106
    - 7.1.2. USB-to-Serial 인식 ··· 107
    - 7.1.3. minicom 설정 ·· 108
    - 7.1.4. minicom 재실행 ·· 110
  - 7.2. 우분투 네트워크 설정 ·· 112
    - 7.2.1. TFTP - Ethernet Downloading Server 설치 ······················· 112
    - 7.2.2. VMware, 우분투 네트워크 설정 ·· 114
    - 7.2.3. Cross-Cable을 이용한 직접 연결 ······································ 119
- 8. 툴체인(Cross-Compiler) 설치 ·· 121
  - 8.1. Tool chain 이란? ··· 121
  - 8.2. GCC 4.2.2 다운로드 ·· 121
  - 8.3. 툴체인 설치 ·· 122
  - 8.4. 툴체인 환경 설정 ··· 123
  - 8.5. 툴체인 확인 ·· 124
- 9. 안드로이드를 위한 환경 설정과 소스 코드 다운로드 ································· 126
  - 9.1. Java 5 설치 ·· 126
    - 9.1.1. 우분투 버전 확인 ··· 126
    - 9.1.2. Java 5 설치 ··· 126
    - 9.1.3. Java 환경 설정 ··· 129
  - 9.2. 기타 패키지 설치 ··· 130
  - 9.3. 안드로이드 소스 코드 다운로드 ··· 131
    - 9.3.1. Installing Repo ·· 131
    - 9.3.2. Repo client 초기화 및 망고64용 Cupcake 다운로드 ·············· 133
    - 9.3.3. Repo client 초기화 및 망고100용 Eclair 다운로드 ················· 137
- 2부 – 망고64, 망고100에 안드로이드 포팅 ··· 139
- 10. (망고64) DNW 수행 및 U-Boot 구동 ··· 140
  - 10.1. DNW 실행 및 설정 ·· 140

10.2.		망고보드 연결 및 U-Boot 구동	142
	10.2.1.	망고64 U-Boot 다운로드	142
	10.2.2.	망고64 U-Boot 빌드하기	143
	10.2.3.	망고64 U-Boot 구동하기	144
	10.2.4.	우분투에서 minicom으로 연결	145
	10.2.5.	Tftp로 NAND에 다운로드 하기	146
10.3.		Cross-Cable을 이용한 직접 연결	149
	10.3.1.	직접 연결을 통한 다운로드 작업 (우분투)	149
	10.3.2.	페도라에서 SELINUX (Security 부분) 끄기	150
11.		(망고64) Kernel 및 안드로이드 파일시스템 포팅	152
11.1.		Kernel 및 안드로이드 소스 다운로드	152
	11.1.1.	소스 다운로드	152
	11.1.2.	소스 압축 해제	153
11.2.		Kernel 소스 빌드	153
	11.2.1.	커널 빌드 환경 설정	153
	11.2.2.	커널 config 빌드	154
	11.2.3.	커널 빌드	155
11.3.		Kernel 다운로드 후 NAND 저장 및 부팅	157
	11.3.1.	zImage tftp 다운로드	157
	11.3.2.	NAND 저장	158
	11.3.3.	부트 커맨드 설정 및 커널 부팅	159
11.4.		안드로이드 Cupcake 빌드 및 루트 파일시스템 생성	161
	11.4.1.	Cupcake 빌드하기	161
	11.4.2.	YAFFS 루트 파일시스템 용 폴더 작업	163
	11.4.3.	mkyaffs2image 툴 빌드하기	166
	11.4.4.	YAFFS 루트 파일시스템 만들기	167
11.5.		NAND Write 및 부팅	168
	11.5.1.	루트 파일시스템 NAND 저장	168
	11.5.2.	안드로이드 최초 부팅	169
11.6.		안드로이드 포팅 과정 정리	171
12.		(망고100) USB 부팅과 U-Boot Porting	173
12.1.		USB 부팅 모드 시험	173
	12.1.1.	USB Driver 다운로드	173
	12.1.2.	USB Driver 설치	173
	12.1.3.	DNW 다운로드 및 실행	177
	12.1.4.	BL1 부트로더 다운로드 및 실행	179
12.2.		U-Boot Porting 및 NAND 부팅 모드 시험	180
	12.2.1.	U-Boot 수행	180

	12.2.2.	U-Boot 빌드하기 ··· 182
	12.2.3.	Tftp로 NAND에 다운로드 하기 ··· 183
	12.2.4.	NAND에 저장해서 NAND 모드로 부팅하기 ··· 185
	12.2.5.	Cross-Cable을 이용한 직접 연결을 통한 다운로드 ··· 188
	12.2.6.	U-Boot 빌드 참고 사항 – makefile 스크립트 $(@_config=) ··· 188

13. (망고100) Kernel 및 안드로이드 파일시스템 포팅 ··· 191

13.1. Kernel 및 안드로이드 소스 다운로드 ··· 191
- 13.1.1. 소스 다운로드 ··· 191
- 13.1.2. 소스 압축 해제 ··· 192

13.2. Kernel 소스 빌드 ··· 192
- 13.2.1. 커널 빌드 환경 설정 ··· 192
- 13.2.2. 커널 config 빌드 ··· 193
- 13.2.3. 커널 빌드 ··· 194

13.3. Kernel 다운로드 후 NAND 저장 및 부팅 ··· 196
- 13.3.1. zImage tftp 다운로드 ··· 196
- 13.3.2. NAND 저장 ··· 197
- 13.3.3. 부트 커맨드 설정 및 커널 부팅 ··· 198
- 13.3.4. 램디스크를 이용한 부팅 ··· 199
- 13.3.5. 램디스크를 NAND에 저장 후 부팅 ··· 202

13.4. 안드로이드 Eclair 빌드 및 루트 파일시스템 생성 ··· 203
- 13.4.1. Eclair 빌드하기 ··· 203
- 13.4.2. 루트 파일시스템 용 폴더 작업 ··· 205
- 13.4.3. Micro SD 카드에 복사하기 ··· 206

13.5. NAND Write 및 부팅 ··· 208
- 13.5.1. UBIMOUNT 수행 ··· 208
- 13.5.2. SD 카드에서 안드로이드 파일시스템 복사 ··· 210
- 13.5.3. 부트 Argument 변경 ··· 212
- 13.5.4. 안드로이드 최초 부팅 ··· 213

14. (망고100) Eclair 빌드 과정 분석 ··· 217

14.1. CPU_JOB_NUM 계산 ··· 217
- 14.1.1. grep으로 /proc/cpuinfo 프로세서 정보 추출 ··· 217
- 14.1.2. awk로 프로세서 수 계산 ··· 217

14.2. 시간 계산 ··· 219
14.3. make PRODUCT-mango100-eng 수행 ··· 219
14.4. 루트 파일시스템 용 폴더 작업 ··· 222

15. (망고100) SD Card를 이용한 쉬운 안드로이드 포팅 ··· 224

15.1. 이미지, 툴, 및 소스 코드 다운로드 ··· 224
- 15.1.1. Git 서버 및 자료실 ··· 224

- 15.1.2. SD booting Image 다운로드 ··· 225
- 15.1.3. SD Program 다운로드 ··· 226
- 15.2. **SD Booting Image를 T-flash에 다운로드 하기** ····························· 227
  - 15.2.1. MMC/SD card 준비 ··· 227
  - 15.2.2. MMC/SD card 디바이스 확인 ··· 229
  - 15.2.3. 이미지 Write 작업 ·· 230
- 15.3. **SD Booting 하기** ··· 232
  - 15.3.1. U-Boot & Kernel 부팅 ··· 232
- 15.4. **SD를 이용한 NAND 파일시스템 구축** ·· 234
  - 15.4.1. build_filesystem 수행 전 주의 사항 ·· 235
  - 15.4.2. gnome 환경 리눅스 파일시스템 구축 ······································· 236
  - 15.4.3. gnome 환경 리눅스 NAND 부팅 ··· 238
  - 15.4.4. 안드로이드 파일시스템 구축 ··· 240
  - 15.4.5. 안드로이드 NAND 부팅 ··· 241
- 15.5. **SD 부팅에서 직접 안드로이드 파일시스템 구동** ······························ 243
- 16. **(망고100) sdwriter & build_filesystem 스크립트 분석** ····················· 246
  - 16.1. **sdwriter 내용 분석** ··· 246
    - 16.1.1. 내부 변수 정의 – 파일 및 디바이스 이름 지정 ·························· 246
    - 16.1.2. 내부 변수 정의 – 섹터 오프셋 값 설정 ···································· 247
    - 16.1.3. 내부 변수 정의 – 루트 파일시스템 크기 값 설정 ······················· 251
    - 16.1.4. 주요 기능 Erase & Write ··· 252
  - 16.2. **build_filesystem 내용 분석** ·· 254
    - 16.2.1. linux_write 함수 내용 분석 ··· 254
    - 16.2.2. ubimount 스크립트 내용 분석 ·· 259
    - 16.2.3. ubi_attach 함수 내용 분석 ·· 261
    - 16.2.4. vol_mount 함수 내용 분석 ··· 261
    - 16.2.5. ubi_deattach 함수 내용 분석 ··· 264
    - 16.2.6. 마운트 과정 직접 수행해보기 ·· 265
- 17. **커널 빌드 과정에서의 config 변경** ··· 267
  - 17.1. **make xxx_config** ·· 267
  - 17.2. **make menuconfig** ·· 268
  - 17.3. **make xconfig** ·· 271
- 18. **NFS로 구동시키기** ··· 274
  - 18.1. **NFS (Network File System) 란?** ·· 274
  - 18.2. **NFS 서버 설정** ··· 275
    - 18.2.1. NFS 서버 패키지 설치 ·· 275
    - 18.2.2. NFS 서버 환경 설정 ··· 276
    - 18.2.3. NFS 서버 재 시작 ·· 278

18.3.	망고64 NFS 부팅	278
18.3.1.	Kernel 복사 및 tftp 다운로드 후 부팅	278
18.3.2.	bootargs 변경 및 NFS 부팅	280
18.4.	망고100 NFS 부팅	283
18.4.1.	Kernel 복사 및 tftp 다운로드 후 부팅	283
18.4.2.	bootargs 변경 및 NFS 부팅	283

3부 – 안드로이드 SDK & Application ··· 286

19. 리눅스와 안드로이드 개요 ··· 287

19.1.	리눅스 (Linux)의 개요	287
19.1.1.	리눅스 역사(history)	287
19.1.2.	리눅스와 GNU, GPL	288
19.2.	안드로이드 (Android)의 개요	289
19.2.1.	안드로이드 참고 사이트	289
19.2.2.	안드로이드란?	290
19.2.3.	Android Architecture	291
19.2.4.	안드로이드 버전 별 특징	292

20. 안드로이드 SDK & EClipse ··· 294

20.1.	SDK 설치 전 준비 과정	294
20.1.1.	안드로이드 SDK	294
20.1.2.	System Requirements 점검	295
20.2.	SDK 설치	296
20.2.1.	SDK 설치 Step 1 – 개발 환경 준비	296
20.2.2.	JDK 6 설치	296
20.2.3.	Eclipse 3.5 (Galileo) 설치	298
20.2.4.	SDK 설치 Step 2 – SDK Starter 패키지 다운로드	302
20.2.5.	SDK 설치 Step 3 – Eclipse ADT Plugin 설치	304
20.2.6.	Eclipse ADT Plugin 설정	309
20.2.7.	Eclipse ADT Plugin 설정	311
20.2.8.	SDK 설치 Step 4 – 안드로이드 플랫폼과 구성 요소 추가	311
20.2.9.	SDK 구성 요소 설치	313
20.2.10.	SDK 설치 Step 5 – SDK 둘러 보기	317

21. 최초 어플리케이션 Hello Android ··· 319

21.1.	Hello Android 프로젝트 생성	319
21.1.1.	새 프로젝트 생성	319
21.1.2.	프로젝트 최초 생성시의 에러	321
21.1.3.	프로젝트 빌드와 수행	322
21.2.	Android Virtual Device (AVD) 만들기 및 수행	324
21.2.1.	Android SDK and AVD Manager에서 AVD 생성	324

	21.2.2.	에뮬레이터 수행	325
21.3.		Hello Android 내용 분석	327
	21.3.1.	Project, Application, Package, Activity 이름	327
	21.3.2.	Customizing해서 구동하기	328
	21.3.3.	TextView instance 추가	329
	21.3.4.	TextView 문자열 설정	332
22.		**ADB를 이용 망고 보드에 어플리케이션 구동**	**336**
22.1.		(망고64) NFS에 복사해서 구동시키기	336
	22.1.1.	NFS 폴더 공유	336
	22.1.2.	NFS 폴더에 어플리케이션 복사 및 실행	337
22.2.		(망고64) ADB를 이용해서 구동시키기	339
	22.2.1.	Android Debug Bridge (ADB)	339
	22.2.2.	ADB USB 드라이버 설치	340
	22.2.3.	ADB 데몬 실행	342
	22.2.4.	ADB 동작 문제 발생 시 대처 방법	344
	22.2.5.	ADB 수행 – eclipse에서 수행	345
	22.2.6.	ADB 커맨드 라인 수행 (push, pull, install, uninstall)	347
22.3.		DDMS (Dalvik Debug Monitor Service) 사용	349
	22.3.1.	DDMS 구동	349
	22.3.2.	DDMS – 로그와 각종 정보 출력	351
	22.3.3.	DDMS – File Explorer	353
	22.3.4.	DDMS – 에뮬레이터 제어	354
22.4.		(망고64) Ethernet을 이용해서 ADB 구동시키기	355
	22.4.1.	네트워크 설정	355
	22.4.2.	ADB를 Ethernet을 이용하도록 커널 수정	356
	22.4.3.	ADB Host 설정	358
	22.4.4.	Ethernet을 통한 ADB 구동	359
22.5.		망고100 용 Hello Android 생성	359
	22.5.1.	망고100 Hello Android 프로젝트 생성 – Pjt_002	359
	22.5.2.	AVD 2.1 생성과 실행	360
22.6.		(망고100) NFS에 복사해서 구동시키기	363
22.7.		(망고100) ADB를 이용해서 구동시키기	364
	22.7.1.	ADB USB 드라이버 설치	364
	22.7.2.	ADB 데몬 실행	364
	22.7.3.	ADB 수행 – eclipse에서 수행	365
	22.7.4.	ADB 커맨드 라인 수행 (pull, install, uninstall)	367
22.8.		(망고100) Ethernet을 이용해서 ADB 구동시키기	368
	22.8.1.	네트워크 설정	368

22.8.2.	ADB를 Ethernet을 이용하도록 커널 수정	368
22.8.3.	ADB Host 설정 및 Ethernet을 통한 구동	369

23. Android Application 기초 사항 ········ 371
23.1. Android API Levels ········ 371
23.2. Application과 Activity 이해 ········ 372
23.3. Android Project의 기본적안 files ········ 373
23.3.1. AndroidManifest.xml ········ 374
23.3.2. @drawable ········ 376
23.3.3. @string ········ 377
23.3.4. Android Library ········ 380
23.3.5. <activity>.java File ········ 381
23.3.6. R.java ········ 382
23.3.7. assets ········ 383
23.3.8. res ········ 383
23.3.9. main.xml ········ 383
23.3.10. Programmatic UI layout vs. XML-based layout ········ 385

24. Image View와 Button 만들기 ········ 387
24.1. Image View 만들기 ········ 387
24.1.1. 프로젝트 생성 – Pjt_003 ········ 387
24.1.2. 활용할 이미지 복사 ········ 387
24.1.3. R.java 확인 ········ 388
24.1.4. 이미지 출력 코드 추가 – Programmatic UI layout ········ 389
24.1.5. 이미지 출력 코드 추가 – XML-based layout ········ 391
24.2. Button 만들기 ········ 397
24.2.1. 프로젝트 생성 – Pjt_004 ········ 397
24.2.2. Button 코드 추가 – Programmatic UI layout ········ 397
24.2.3. Button 코드 추가 – XML-based layout ········ 399
24.2.4. Button이 눌렸을 때의 동작 추가 ········ 400

25. Activity Creation & Execute ········ 404
25.1. Activity 생성 – Class 추가 ········ 404
25.2. Class 변경 – Super Class 추가 ········ 405
25.3. Layout XML 파일 추가 ········ 407
25.4. AndroidManifest.xml 파일 수정 ········ 409
25.4.1. Activity 생성 ········ 409
25.4.2. Label 생성 ········ 412
25.5. onCreate method 생성 ········ 414
25.6. Intent Filter 추가 및 Activity 실행 ········ 415

26. Debugging Throw Error & Log ········ 419

- 26.1. Open Perspective – DDMS, Debug ··· 419
- 26.2. Throw Error 수행 ··· 420
  - 26.2.1. 에러 생성 코드 작성 ·· 420
  - 26.2.2. 에러 코드 수행 ··· 421
  - 26.2.3. 에러 코드 디버깅 ·· 422
- 26.3. 안드로이드 Log ·· 425

4부 – 안드로이드 디바이스 드라이버 ·· 430

27. 리눅스 디바이스 드라이버 개요 ··· 431
- 27.1. 디바이스와 디바이스 드라이버 ·· 431
- 27.2. 디바이스 드라이버 종류 ··· 431
  - 27.2.1. Standard vs. Non-standard ··· 431
  - 27.2.2. Character Device (문자 디바이스) ···································· 433
  - 27.2.3. Block Device (블록 디바이스) ··· 434
  - 27.2.4. Network Device (네트워크 디바이스) ······························· 434
  - 27.2.5. Major & Minor Number ·· 434
  - 27.2.6. 리눅스 디바이스 드라이버 구성도 ···································· 435

28. 망고보드에서 HelloWorld 모듈 돌리기 ··· 436
- 28.1. 소스코드 분석 ·· 436
  - 28.1.1. module_init & module_exit ·· 436
  - 28.1.2. MODULE_LICENSE ·· 437
  - 28.1.3. printk ·· 437
- 28.2. 망고64에서의 수행 ·· 440
  - 28.2.1. Makefile 분석 ··· 440
  - 28.2.2. Hello World 빌드 ··· 442
  - 28.2.3. 모듈 Insert, Remove 수행 ·· 443
- 28.3. 망고100에서의 수행 ·· 445
  - 28.3.1. Makefile 분석 ··· 445
  - 28.3.2. Hello World 빌드 ··· 446
  - 28.3.3. 모듈 Insert, Remove 수행 ·· 447

29. Cross compiler (CodeSourcery G++) 설치하기 ······························· 449
- 29.1. Code Sourcery G++ 다운로드 ··· 449
  - 29.1.1. Sourcery G++ 제품 종류 ··· 449
  - 29.1.2. Sourcery G++ Lite Edition ··· 450
  - 29.1.3. Lite Edition ARM 다운로드 ··· 450
- 29.2. Code Sourcery G++ 설치 ··· 453
  - 29.2.1. Lite Edition 설치 ··· 453
- 29.3. 설치 확인 및 Path 설정 ·· 457

30. 안드로이드 파일시스템에 busybox 설치하기 ·································· 460

- 30.1. busybox 개요 ·· 460
  - 30.1.1. 안드로이드 디폴트 쉘의 불편함 ·· 460
  - 30.1.2. BusyBox란? ·· 460
- 30.2. busybox 다운로드와 빌드 ·· 461
  - 30.2.1. BusyBox 다운로드 ··· 461
  - 30.2.2. BusyBox 빌드 – config 수정 ··· 462
  - 30.2.3. BusyBox 빌드 – IFLA_LINKINFO, IFLA_INFO_KIND 에러 수정 ············· 465
- 30.3. 망고64에 설치해서 수행시키기 ··· 468
  - 30.3.1. BusyBox Install ··· 468
  - 30.3.2. BusyBox 설정 변경 ·· 470
- 30.4. minicom 컬러로 수행하기 ··· 471
- 30.5. 망고100에 설치해서 수행시키기 ··· 472
  - 30.5.1. BusyBox Install ··· 472
  - 30.5.2. BusyBox 설정 변경 ·· 473
- 30.6. BusyBox shell에서도 alias를 사용해보자 ·· 474
- 31. Basic Character 디바이스 드라이버 ··· 477
  - 31.1. 등록 함수 register_chrdev & unregister_chrdev ························· 477
    - 31.1.1. register_chrdev, unregister_chrdev 개요 ··· 477
    - 31.1.2. Character 디바이스 드라이버 등록 ·· 478
    - 31.1.3. 디바이스 Major 번호 수정 ··· 479
    - 31.1.4. dummy file_operations 추가 ·· 482
    - 31.1.5. 안드로이드 rmmod와 BusyBox rmmod ··· 483
  - 31.2. file_operations 적용 ··· 486
    - 31.2.1. file_operations 구조체 ·· 486
    - 31.2.2. 파일 제어 함수 – open & release ··· 488
    - 31.2.3. 파일 제어 함수 – read & write ··· 490
    - 31.2.4. 파일 제어 함수 – ioctl ·· 491
  - 31.3. Application 구현 ·· 492
    - 31.3.1. 디바이스 파일 노드 생성 ·· 492
    - 31.3.2. 어플리케이션 내용 및 실행 결과 ··· 493
    - 31.3.3. --static 옵션과 안드로이드 bionic ·· 495
- 32. NDK를 이용한 빌드 ··· 497
  - 32.1. NDK 개요 ·· 497
    - 32.1.1. NDK란? ·· 497
    - 32.1.2. NDK가 제공하는 것들 ·· 498
  - 32.2. Cygwin 설치 ·· 498
    - 32.2.1. Cygwin 개요 ··· 498
    - 32.2.2. Cygwin 설치 ··· 499

	32.2.3.	Cygwin 사용자 환경 설정	506
	32.3.	NDK 설치	508
	32.3.1.	NDK 다운로드 및 설치	508
	32.3.2.	NDK 설정 작업	509
	32.4.	NDK로 샘플 프로그램 빌드하기	510
	32.5.	Eclipse에서 Hello-jni 실행	511
	32.6.	BasicCharDD 어플리케이션을 NDK로 빌드하기	514
	32.6.1.	Android.mk 생성 작업	514
	32.6.2.	BasicCharDD 어플리케이션 빌드 및 실행	515
33.		(망고64) LED 디바이스 드라이버	517
	33.1.	하드웨어 분석	517
	33.1.1.	회로도 분석	517
	33.1.2.	LED 위치	518
	33.2.	디바이스 드라이버 작성	519
	33.2.1.	코드 참고 자료	519
	33.2.2.	Makefile	519
	33.2.3.	LED Device Driver – Open, Release	519
	33.2.4.	LED Device Driver – Init (gpio_direction_output 함수 설명)	520
	33.2.5.	LED Device Driver – LED On Off 함수 분석	525
	33.2.6.	LED Device Driver – IOCTL	527
	33.2.7.	빌드, 드라이버 등록 및 LED 디바이스 파일 노드 생성	528
	33.3.	Simple 어플리케이션 작성	528
	33.3.1.	Makefile 변경	528
	33.3.2.	Simple 어플리케이션 소스 분석	529
	33.3.3.	빌드 및 실행 결과	529
	33.4.	안드로이드 어플리케이션에서 LED 구동하기	531
	33.4.1.	Eclipse 안드로이드 SDK에서 mango64LedApp 어플리케이션 만들기	531
	33.4.2.	mango64LedApp – 버튼 만들기	532
	33.4.3.	JNI, Java Native Interface	535
	33.4.4.	mango64LED_lib – NDK 라이브러리 만들기	536
	33.4.5.	mango64LedApp – NDK 라이브러리 호출로 연결하기	542
	33.4.6.	mango64LedApp – 수행 결과	545
34.		삼성 2.6.29 커널과 안드로이드 커널 코드 다운로드 및 비교	547
	34.1.	목적 및 개요	547
	34.2.	2.6.29-samsung 다운로드	547
	34.2.1.	linux-2.6-samsung GIT 서버 접속	547
	34.2.2.	삼성 2.6.29 커널 다운받기	548
	34.3.	삼성 원본 커널과 망고 보드 커널 비교	550

34.4. 안드로이드 커널 ····· 551
34.4.1. 안드로이드 커널 다운로드 ····· 551
34.4.2. 커널 폴더 설명 ····· 553
34.4.3. 안드로이드 커널 – android-2.6.29 업그레이드 ····· 554
34.5. 안드로이드 GIT Platform 분석 ····· 555

35. Key 드라이버 & Event 처리 ····· 557
35.1. 회로도 분석 ····· 557
35.1.1. 망고100 회로도 ····· 557
35.1.2. 망고64 회로도 ····· 558
35.1.3. 망고64, 망고100 키 할당 내용 ····· 559
35.2. 커널 Config 분석 ····· 559
35.2.1. 망고64 커널 Config ····· 559
35.2.2. 망고100 커널 Config ····· 560
35.3. Keypad 드라이버 소스 코드 추가 ····· 561
35.3.1. 망고64 Keypad 소스 ····· 561
35.3.2. 망고100 Keypad 소스 ····· 562
35.4. Input Event 및 TIMER_STATS 확인 ····· 564
35.4.1. Input Event 확인 ····· 564
35.4.2. TIMER_STATS 확인 ····· 567
35.5. KEYPAD 드라이버 소스 분석 ····· 569
35.5.1. 키 코드 정의 분석 ····· 569
35.5.2. GPIO 제어 매크로 분석 ····· 570
35.5.3. KEYPAD 제어 함수 분석 ····· 571
35.6. 안드로이드 Key event 처리 ····· 574
35.6.1. Key 버튼 맵 정의 파일 ····· 574
35.6.2. InputDeviceReader Thread 실행 확인 ····· 575
35.6.3. JNI android_server_KeyInputQueue_readEvent 호출 및 전체 과정 ····· 580
35.6.4. 키 동작 후 출력 내용과 키 코드 값 확인 ····· 584
35.6.5. EventHub open_device 처리 ····· 586
35.6.6. 안드로이드 Key Event 처리 요약 ····· 587

36. (망고100) WM8960, SPDIF Driver 및 Setting 메뉴 변경 ····· 589
36.1. 기본 동작 확인 ····· 589
36.1.1. 안드로이드 Setting 메뉴 적용 내용 확인 ····· 589
36.1.2. WM8960과 SPDIF 선택에 대한 내용 분석 ····· 590
36.2. Codec Driver (WM8960) ····· 591
36.2.1. WM8960 회로도 분석 ····· 591
36.2.2. 커널 Config ····· 592
36.2.3. 드라이버 소스 코드 추가 ····· 593

36.3. HDMI S/PDIF Driver 595
36.3.1. HDMI S/PDIF 개요 595
36.3.2. S5PC100에서의 HDMI S/PDIF 595
36.3.3. 망고100 회로도 분석 596
36.3.4. 커널 Config 597
36.3.5. 망고100에서의 확인 598
36.4. 적용 소스 검토 및 확인 599
36.4.1. 패치 확인 599
36.4.2. 전체 변경 코드 안드로이드 프래임워크 상 매핑 601
36.5. Android 메뉴 생성 – 어플리케이션 & 프레임워크 부분 변경 602
36.5.1. Resource Values XML 파일 변경 603
36.5.2. 어플리케이션 SoundAndDisplaySettings.java 605
36.6. Android Binder 및 초기화 과정 609
36.6.1. 안드로이드 바인더 개념 609
36.6.2. SoundChangeService 서비스 구현 및 초기화 과정 611
36.7. Sound Mode 변경 과정 612
맺음말 617
리눅스 참고 사이트 목록 618
Linux 커널 공식 사이트 618
리눅스 커널 Config 찾기 618
리눅스 ID 및 소스 검색 620
<ID 검색> 620
<파일 검색> 621
Linux 매뉴얼 검색 622
색 인 623

1부 – Introduction & 환경 구축

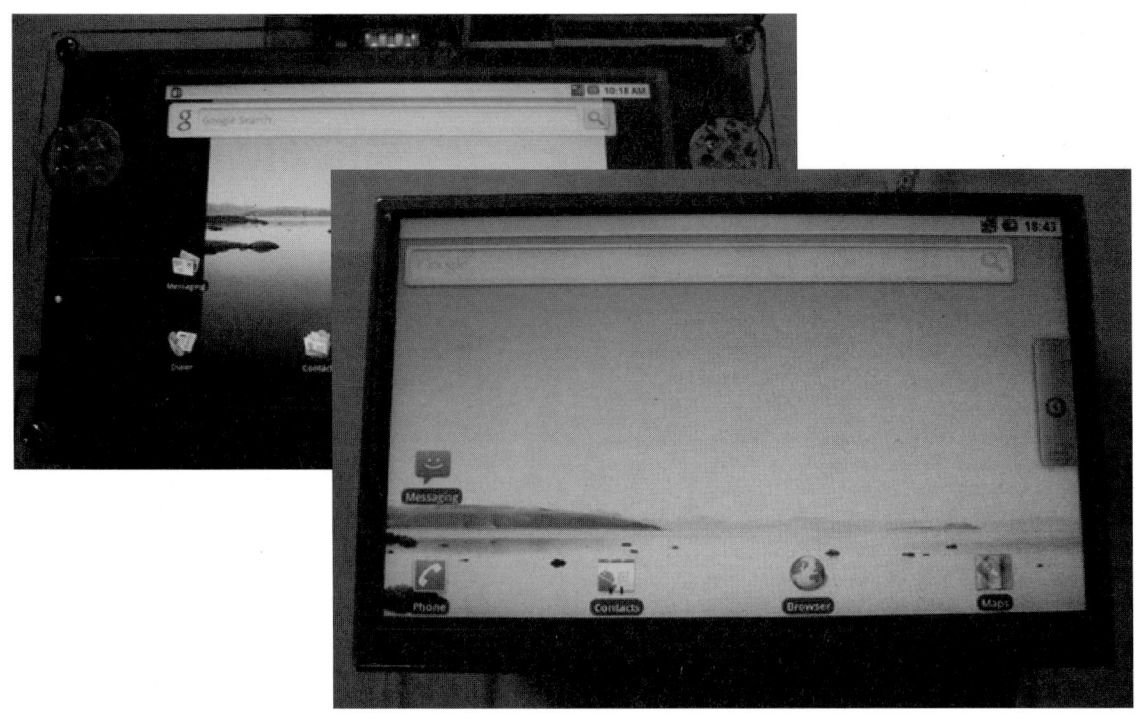

1. Introduction

1.1. 이 책의 목적

이 책은 안드로이드에 대한 책입니다. 책의 목적은 물론 당연히 안드로이드에 대해 알려고 하는 것이지만, 안드로이드를 전혀 모르는 초보자도 쉽게 읽고 이해할 수 있게 만드는 것이 가장 주된 목적입니다.

한 권의 책으로 정말 엄청나게 방대한 안드로이드를 모두 이해할 수는 없을 것입니다. 다만 이 책을 읽고 난 이후 안드로이드를 좀더 본격적으로 공부할 수 있는 기초가 될 수 있도록 활용하는 것에 충분할 수 있도록 만들고자 합니다. 좋은 레퍼런스가 될 수 있는 책이라고 확신합니다.

1.2. 안드로이드, Android

애플의 아이폰이 스마트폰에 대한 사람들의 인식을 바꾸면서 향후의 모바일폰은 모두 스마트폰이 될 거라는 농담까지 하고 있는 상황입니다. 안드로이드가 처음 나왔을 때만 하더라도 철옹성과 같았던 애플 아이폰의 강력한 아성은 무너지기 힘들 것이라는 것이 대부분의 예상이었습니다. 하지만 이것이 요즘은 조금씩 변해가는 상황에 있는 것으로 생각됩니다.

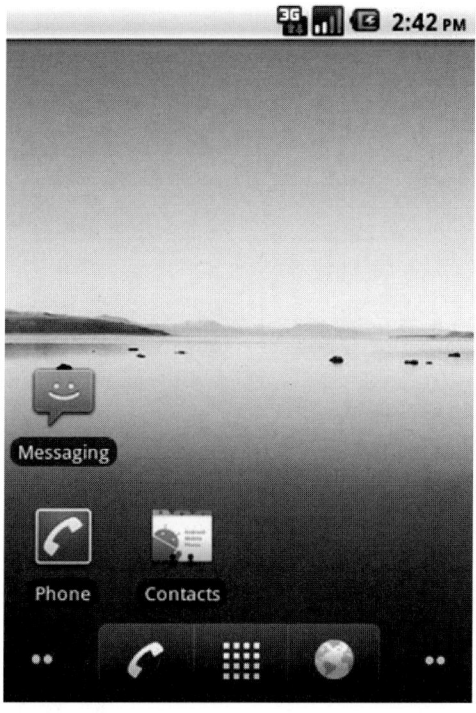

물론 아주 빠른 시기에 애플 아이폰이 몰락하고 안드로이드가 최고의 자리에 오를 것이라고 예상할 수는 없습니다. 하지만 한가지 분명한 것은 애플 아이폰과 함께 스마트폰의 시장에서 가장 큰 마켓 쉐어를 차지할 것이라는 사실입니다. 우리가 안드로이드를 공부해야 하는 이유 또한 바로 여기에 있는 것입니다.

1.3. 안드로이드를 공부하기 위한 기반 지식

안드로이드는 공개되어 있는 OS입니다. 물론 모든 내용이 공개되어 있는 것은 아니지만 정말 평생 다 볼 수 없을 만큼의 양이 공개되어 있습니다. 리눅스를 기반으로 하기 때문에 커널 레벨에서 리눅스를 사용하고 있고 그 리눅스 커널만 해도 한 사람이 평생 그 내용을 다 볼 수 없을 만큼의 양이라고 합니다. 하지만 이런 얘기에 겁먹을 것은 하나도 없고 그만큼 우리가 공부하고 즐길 수 있는 것의 양이 많다고 생각하면 됩니다.

안드로이드가 리눅스를 기반으로 하고 있기 때문에 사실 초보자가 그 내용을 공부해 나가는 데 있어서 매우 큰 어려움이 있는 것은 사실입니다. 안드로이드를 배우기 위해서 우리가 최소한도로 알아야 할 내용이 어떤 것들이 있을지 한번 기술해 보았습니다.

- 하드웨어 CPU 및 디바이스에 대한 지식
- UART, RS-232, USB, 네트워크 및 각종 통신에 대한 지식
- 디바이스 펌웨어에 대한 기초 지식
- 리눅스에 대한 기초 지식 및 리눅스 커널 구조 지식
- 리눅스 디바이스 드라이버에 대한 지식
- C, Java, Assembler 및 리눅스 스크립트 언어에 대한 지식
- Operating System의 개념에 대한 지식

물론 이들 내용에 대해서 자세한 지식을 이미 가지고 있는 사람은 상대적으로 안드로이드에 대한 접근은 무척 쉬울 것입니다. 하지만 이 책은 이런 모든 지식을 이미 습득하고 있는 사람을 대상으로 한 것은 아닙니다. 대부분의 사람은 위의 기초 지식에 대한 내용을 조금씩은 알고 있을 것이고 아니면 전혀 모른 부분도 있을 것입니다. 그러한 기초 지식이 없는 사람들도 두려움이 없이 공부할 수 있도록 구성하는 것이 이 책의 목적입니다.

하지만 물론 위에 열거한 지식들을 많이 알고 있으면 있을수록 보다 더 깊은 지식을 습득하실 수 있습니다. 이 책 외에도 위의 내용들에 대한 다른 문서들이나 책을 많이 읽고 참조하시는 것은 언제나 권고하는 사항입니다.

http://www.mangoboard.com/
http://cafe.naver.com/embeddedcrazyboys

가능한 쉽게 책을 썼지만 혹시라도 모르는 것이 있을 경우에는 위 사이트를 충분히 활용하시면 됩니다. 질문을 하시면 필자를 포함해서 많은 사람들이 성실히 답변을 해 드릴 것입니다. 언제든 질문을 남겨 주시기 바랍니다.

1.4. 안드로이드의 어느 부분을 공부할 것인가?

아래 그림은 안드로이드 공식 사이트에 나와 있는 안드로이드 플랫폼에 대한 대략적인 개념도를 나타내고 있습니다.

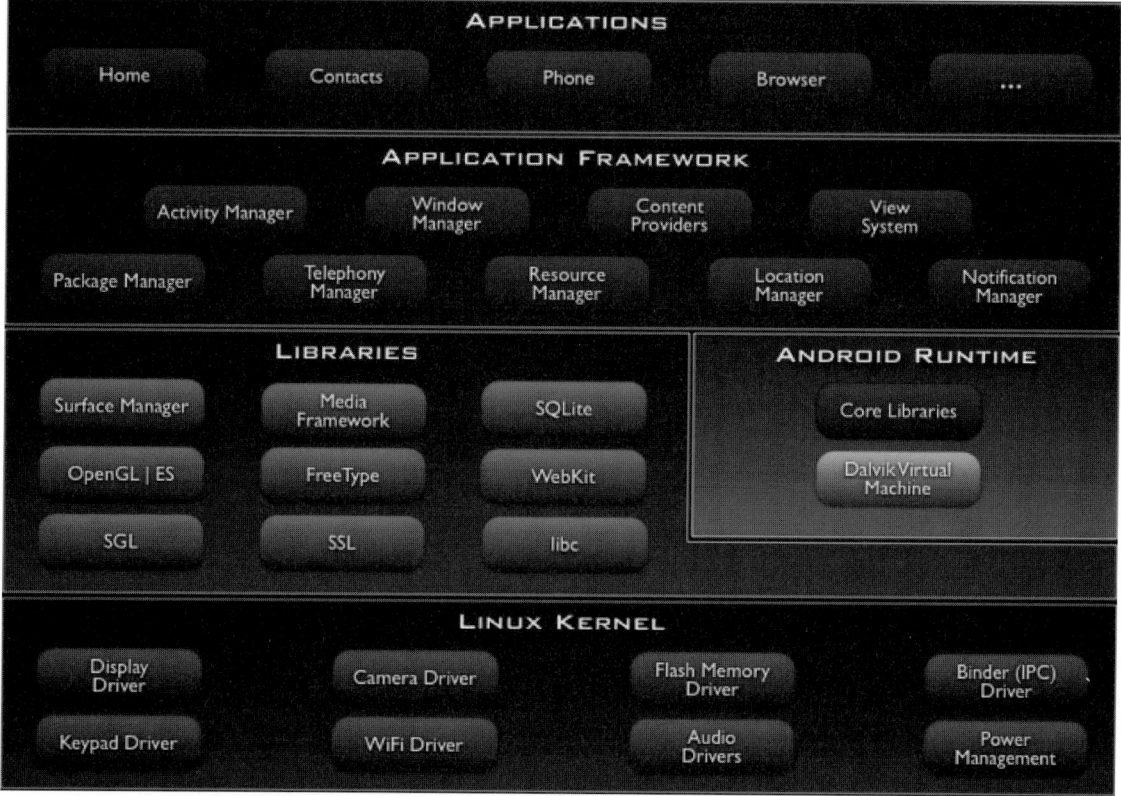

크게 구분한다면 가장 하단의 리눅스, 그 위에 라이브러리와 안드로이드 프래임워크 플랫폼, 마지막으로 어플리케이션이 동작한다고 보면 됩니다.

안드로이드의 어떤 부분을 공부하고 싶은가를 결정하는 것은 매우 중요한 부분입니다. 크게 여러 부분으로 나눈다면 아래의 내용이 될 수 있을 것입니다.

- 리눅스 커널 및 안드로이드 포팅

- 하드웨어 디바이스 드라이버 연구
- 하드웨어와 안드로이드 플랫폼을 연결하는 HAL Layer 개발
- 안드로이드 플랫폼 자체에 대한 연구
- 안드로이드 어플리케이션 개발

안드로이드를 이용한 제품을 개발하는 업체에서 그 제품 개발에 할당한 인원들을 어떻게 배치할 것인가를 생각해 보면 위 내용을 단숨에 이해하실 수 있을 것입니다. 물론 사실 위 내용은 거의 소프트웨어에 대한 부분입니다. 하드웨어를 개발하는 부분까지 포함한다면 범위는 조금 더 커질 것입니다. 하지만 하드웨어에 대한 부분이 리눅스 커널과 안드로이드를 포팅하는 부분에 함께 포함된다고 보시면 될 것입니다.

어느 부분을 공부할 것인가에 따라서 집중되어야 하는 내용은 너무나도 달라집니다. 이 책은 거의 모든 부분에 대해서 기초적인 부분을 모두 다루려고 합니다. 망고64, 망고100 보드를 이용한 하드웨어에 대한 부분부터 디바이스 드라이버, 안드로이드 플랫폼, 및 어플리케이션까지 모두 망라해서 가장 기초적으로 알아야 하는 부분들을 다루려고 노력했습니다.

1.5. 안드로이드 버전

아래 그림은 현재 필자의 컴퓨터에 설치된 안드로이드와 관련한 패키지들에 대한 전체 정보입니다. 물론 당연히 이에 대한 내용은 뒤에 자세하게 나올 것입니다.

```
Installed Packages
 Android SDK Tools, revision 6
 Documentation for Android SDK, API 8, revision 1
 SDK Platform Android 2.2, API 8, revision 2
 Samples for SDK API 8, revision 1
 Google APIs by Google Inc., Android API 8, revision 2
 SDK Platform Android 2.1-update1, API 7, revision 2
 Samples for SDK API 7, revision 1
 Google APIs by Google Inc., Android API 7, revision 1
 SDK Platform Android 1.6, API 4, revision 3
 Google APIs by Google Inc., Android API 4, revision 2
 SDK Platform Android 1.5, API 3, revision 4
 Google APIs by Google Inc., Android API 3, revision 3
 Usb Driver package, revision 3
 Market Licensing package, revision 1
```

현재 안드로이드의 최신 버전은 Android 2.2 입니다. API Level이라고 표시하는 값은 8입니다. 필자는 안드로이드 SDK를 설치하면서 모든 유용한 패키지는 전부 설치했습니다. 여기서 유용하다고 말씀 드리는 것은 굳이 필요 없는 패키지는 제외했다는 말입니다. 위의 설치된 내용을 보면 1.5, 1.6, 2.1, 2.2

의 단 4개의 플랫폼만 설치되어 있는 것을 확인할 수 있습니다. API Level과 관련한 내용은 뒤에서 자세히 살펴볼 기회가 있을 것입니다.

1.5의 이하 버전과 2.0은 어디로 사라진 것일까요? 이들 버전은 Obsolete로 처리가 되어 있습니다. 즉, 이제는 활용하지 않는다는 말씀입니다. 구글에서도 더 이상은 지원하지 않는다고 보시면 됩니다. 그러므로 이제 가장 낮은 안드로이드 버전은 1.5이고, 가장 최신 버전은 현재까지는 2.2이고, 1.5, 1.6, 2.1, 2.2의 네 가지 버전만 활용할 수 있다는 말과도 같습니다.

http://developer.android.com/resources/dashboard/platform-versions.html
위 링크에 접속해 보면 안드로이드 버전과 관련한 자세한 사항을 찾아볼 수 있습니다.

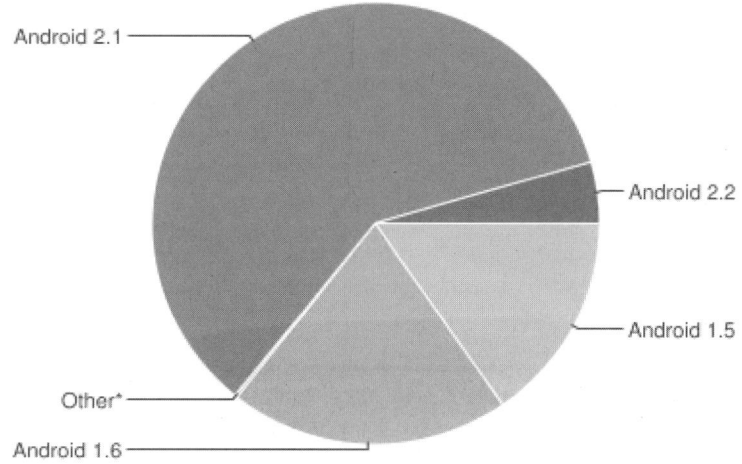

지금 글을 쓰고 있는 현재 시점에서 Android 1.5는 15.3%, Android 1.6은 20.3%, Android 2.1은 59.7%, Android 2.2는 4.5%입니다. Other라고 되어 있는 부분은 아주 초기의 버전이거나 혹은 Obsolete 버전을 탑재한 디바이스들로 오직 0.2%에 지나지 않습니다.

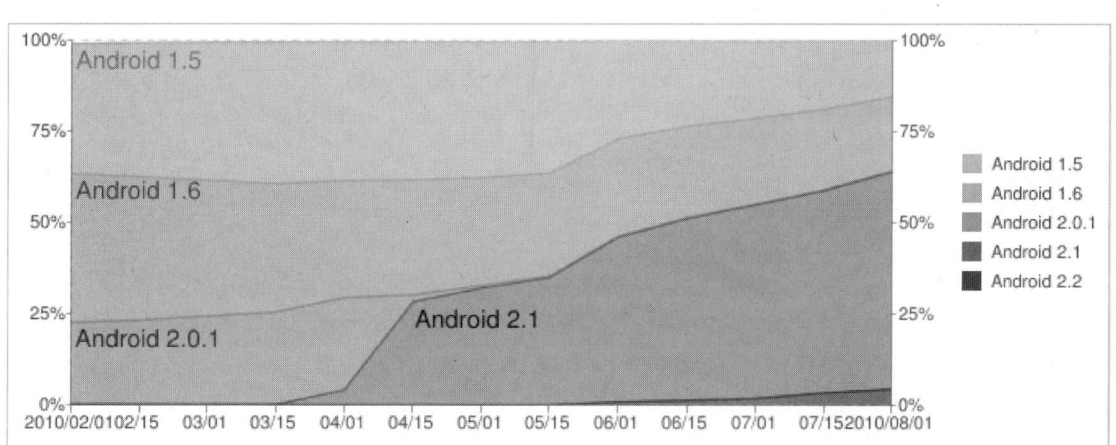

버전 별 추이를 살펴보면 2.0이 처음 나오고 이것이 바로 2.0.1이 되었고, 안드로이드 2.1이 나온 이후에 거의 대부분 2.1로 바뀌었다는 것을 확인할 수 있습니다. 또한 2.2가 출시된 이후에 계속 지속적으로 늘어 가고 있는 추세입니다.

시장의 추세가 이렇기 때문에 향후 만약 안드로이드 어플리케이션을 개발해서 판매할 계획을 가지고 있다고 한다면 가능한 많은 디바이스에 탑재한 버전을 먼저 지원해야 할 것입니다.

버전들을 아래와 같은 표로 정리해 보았습니다.

Version	API Level	Name	Linux Kernel	Release	Mango Board
Android 1.5	3	**Cupcake**	**2.6.27**	**2009.04**	**Mango-64**
Android 1.6	4	Donut	2.6.29	2009.09	
Android 2.1	7	**Eclair**	**2.6.29**	**2010.01**	**Mango-100**
Android 2.2	8	Froyo	2.6.32	2010.05	

원래 Android 1.5의 경우 Linux Kernel이 2.6.27이었지만 현재 **망고64의 경우는 2.6.29가 포팅**되어 있고 우리는 그것을 활용할 것입니다.

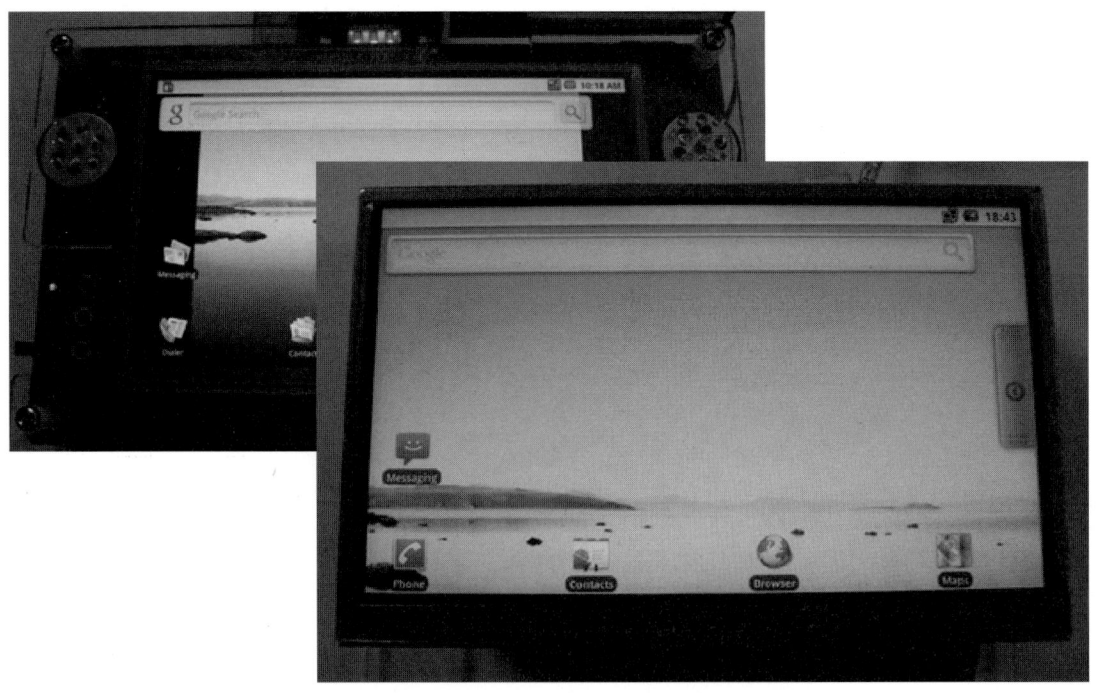

이 책에서 활용하게 될 보드는 망고64와 망고100입니다. 위 그림의 뒤편에 있는 것이 망고64 보드이

고 앞 편에 있는 것이 망고100입니다.

각각 망고64에는 Cupcake 버전이 포팅되어 있고, 망고100에는 Eclair 버전이 포팅되어 있습니다. 물론 현 시점에 안드로이드 Froyo 버전이 릴리즈 되었고 이미 망고보드에도 포팅이 되어 있지만 책으로 기술하기에는 너무 짧은 시간 동안 작업이 된 것이기 때문에 이 책에서는 Cupcake 버전과 Eclair 버전에 대해서만 다루도록 하겠습니다.

안드로이드의 버전을 보면 Cupcake, Donut, Eclair, Froyo와 올해 말에 릴리즈 예정인 안드로이드 3.0 Gingerbread까지 'C'부터 시작해서 먹을 것 이름으로 알파벳 순서로 이름을 짖고 있는 것을 알 수 있습니다.

이 이름은 안드로이드의 플랫폼의 Branch 이름입니다. Branch라는 개념은 안정된 버전이 릴리즈 되기 전까지 시험 단계의 소스 집합을 의미합니다. 이 이름으로 여러 시험을 거친 이후에 Master에 내용이 합쳐지고 릴리즈가 되는 것입니다. 현재 3.0 예정의 Gingerbread Branch가 생성되어 시험 개발 중인 것입니다.

누구나 그렇겠지만 'C'부터 시작이 되니까 A, B로 시작하는 이름도 있을 것으로 생각됩니다. 하지만 구글의 공식 설명으로는 Cupcake가 가장 시작의 이름이고 A, B로 시작하는 이름은 없다고 합니다. 누군가 Cupcake을 무지 좋아하는 친구가 이름을 붙였었고, 그 다음은 Donut을 좋아하는 친구가 이름을 붙였는데, 보니 C, D의 순서로 가니 다음부터는 먹을 것으로 알파벳 순서로 이름을 붙이는 것이 어떨까 하는 시나리오로 흘러간 것은 아닐지 상상을 해봅니다.

1.6. 개발 환경 갖추기

이 책은 안드로이드 플랫폼에 대한 것만을 다루는 것은 아닙니다. 그리고 안드로이드 어플리케이션에 대한 것만 공부하는 책도 아닙니다. 위에서도 말씀 드렸던 것처럼 하드웨어부터 시작해서 어플리케이션까지 모든 부분에 대해서 다루려고 하고 있습니다. 그렇기 때문에 하드웨어 시험 보드를 반드시 준비해 주셔야 합니다. 물론 Test Board가 없다고 해서 이 책을 볼 수 없는 것은 아니겠지만 분명한 한계점을 가지고 있습니다.

http://www.mangoboard.com/
http://cafe.naver.com/embeddedcrazyboys

위 링크에 접속하셔서 망고64나 망고100 보드의 구매를 문의하셔서 구매하시기 바랍니다. 보드는 어느 것을 준비해도 상관없습니다. 두 보드 모두에 대해서 상세하게 기술하고 있습니다. 이 책은 망고64나 망고100 보드 하나만 달랑 손에 들고 있다는 가정하에, 환경을 처음부터 갖추고 이 환경으로 전체 과정이 진행될 것입니다.

2. VMware & 리눅스(Ubuntu) 환경 구축

우리는 개발 환경으로 리눅스를 사용할 것입니다. 리눅스는 배포판에 따라서 여러 가지 종류가 있습니다. 하지만 초보자의 경우 가장 접근하기 쉬운 것은 ubuntu입니다.

2.1. VMware 및 우분투 설치

여러분 중에서 Virtual Machine 환경을 구축하길 원하지 않는 경우는 그냥 지나가셔도 무방합니다. 하지만 PC가 하나뿐이라면 그리고 리눅스도 사용하고 PC OS도 사용해야 한다면 가능한 설치하시는 것이 좋습니다.

물론 Ubuntu를 Windows 내에 설치하는 방법도 있지만 그리 권고할만한 방법은 아닙니다. Virtual Machine 환경을 구축하는 것이 마치 PC를 두 대 사용하는 것과 같은 효과를 얻을 수 있기 때문입니다. 물론 속도는 실제로 PC 두 대를 사용하는 것보다는 느리겠지만 요즘의 컴퓨터들은 성능이 워낙 좋아져서 그다지 어려움을 느끼지는 않습니다.

Virtual Machine 환경을 구축하는 방법은 여러 가지가 있습니다. 필자는 VMware를 선택하였고, 상용 프로그램이기 때문에 강력한 기능을 가지고 있습니다. 홈페이지에서 Server version에 대한 evaluation을 받아서도 이용은 가능합니다.

2.1.1. VMware 다운로드

http://www.vmware.com/downloads/

VMware는 위 링크에서 쉽게 다운로드 받을 수 있습니다. 물론 상용 프로그램이기 때문에 라이선스 키는 있어야 합니다. 라이선스가 없으신 분들은 서버 버전을 사용해서 무료로 사용할 수도 있습니다.

최신 버전을 다운로드 받았습니다.
VMware-workstation-full-7.1.0-261024.exe

2.1.2. VMware 설치하기

VMware Workstation 7.1을 설치합니다.

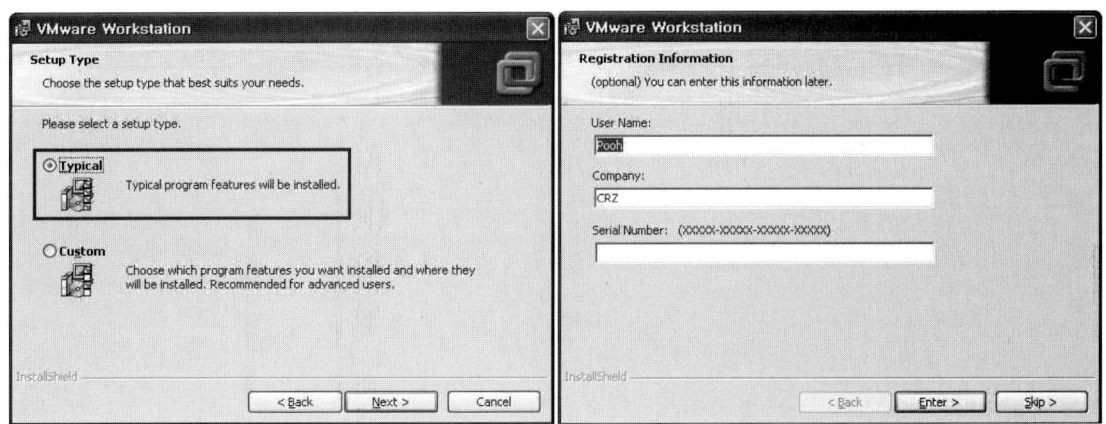

설치 과정은 특별히 어려운 점은 없습니다. 선택하는 부분은 위의 부분 하나이고 Typical을 선택합니다. Custom을 선택해도 상관없는데 만약 eclipse를 활용하는 경우는 custom에서 eclipse에 대한 부분도 추가하실 수 있습니다. 이름과 회사명과 Serial Number를 기록합니다.

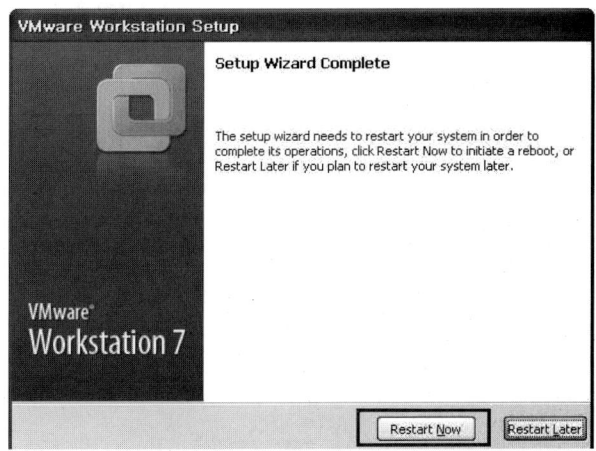

모든 설치가 끝나면 PC를 리부트 해야 합니다. Yes를 눌러 리부트를 한 이후에 WMware Workstation을 수행합니다.

2.1.3. 우분투 9.10 다운로드

http://ftp.kaist.ac.kr/ubuntu-cd/9.10/
위 링크에 접속해서 Ubuntu를 다운로드 받도록 합니다.

> http://www.ubuntu.com/에서 다운 받아서 설치할 수도 있지만 현재 버전이 10.04 버전 외에는 다운
> 로드 받을 수가 없습니다. 새로운 버전이 나오면 늘 있는 일이지만 현재 키보드와 관련해서 약간의
> 버그가 있는 것으로 판단됩니다. 특별히 버전이 10으로 올라갔다고 해도 크게 다를 것은 없습니다.
> 9.10 버전으로 충분하니 그것을 사용하도록 하겠습니다.

```
ubuntu-9.10-desktop-armel+imx51.img.torrent   2010-Feb-04 03:33:24    26.1K   application/x-bittorrent
ubuntu-9.10-desktop-armel+imx51.img.zsync     2009-Oct-29 21:01:00     1.2M   text/plain
ubuntu-9.10-desktop-armel+imx51.list          2009-Oct-28 07:00:12     1.5K   text/plain
ubuntu-9.10-desktop-armel+imx51.manifest      2009-Oct-28 06:08:01    35.7K   text/plain
ubuntu-9.10-desktop-armel+imx51.metalink      2009-Oct-29 21:04:32    27.1K   text/plain
ubuntu-9.10-desktop-i386.iso                  2009-Oct-29 06:14:48   689.9M   application/x-iso9660-image
ubuntu-9.10-desktop-i386.iso.torrent          2010-Feb-04 03:33:24    27.2K   application/x-bittorrent
ubuntu-9.10-desktop-i386.iso.zsync            2009-Oct-29 20:52:53     1.3M   text/plain
ubuntu-9.10-desktop-i386.list                 2009-Oct-29 06:14:54     3.2K   text/plain
ubuntu-9.10-desktop-i386.manifest             2009-Oct-29 06:09:28    36.7K   text/plain
ubuntu-9.10-desktop-i386.metalink             2009-Oct-29 21:04:32    25.8K   text/plain
```

ubuntu-9.10-desktop-i386.iso를 선택해서 다운로드 받습니다. (물론 가지고 계신 PC 환경이 64 비트를 지원하는 컴퓨터라면 64bit 부분을 다운로드 받으시면 됩니다.)

2.1.4. 새 Virtual Machine 만들기

WMware Workstation을 수행해서 새 Virtual Machine을 만드는 작업을 수행하도록 하겠습니다. File 메뉴에서 New > Virtual Machine을 선택합니다.

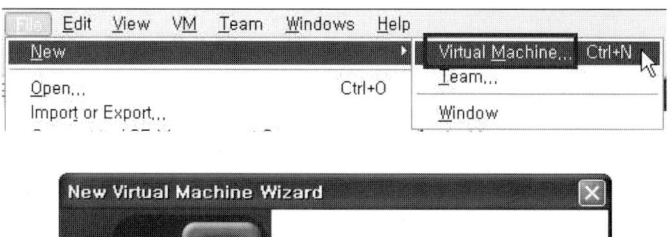

Typical로 선택해서 설치를 진행합니다. Next를 눌러서 설치를 진행합니다.

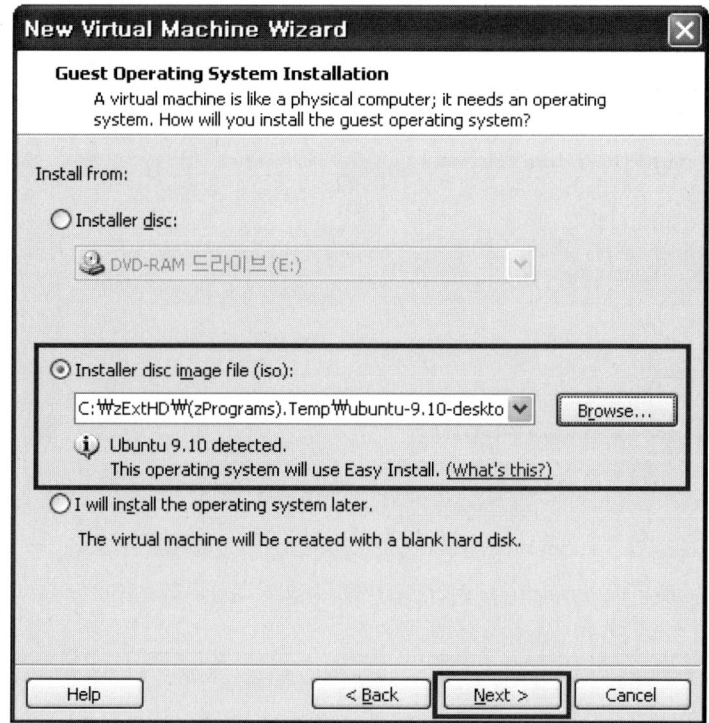

우리가 OS의 ISO 이미지를 가지고 있을 경우에는 굳이 CD-ROM으로 인식해서 설치할 필요가 없습니다. 위 그림의 화면에서 중간 부분이 ISO 이미지를 로드 해서 설치해주는 부분입니다. Browse를 눌러서 이전에 받았던 ubuntu-9.10-desktop-i386.iso 파일을 선택해 줍니다.

위 그림과 같이 Ubuntu 9.10이 검출되었다는 메시지를 볼 수 있습니다. 보면 이 OS의 경우에는 쉽게 설치를 할 수 있다는 말도 적혀 있습니다.

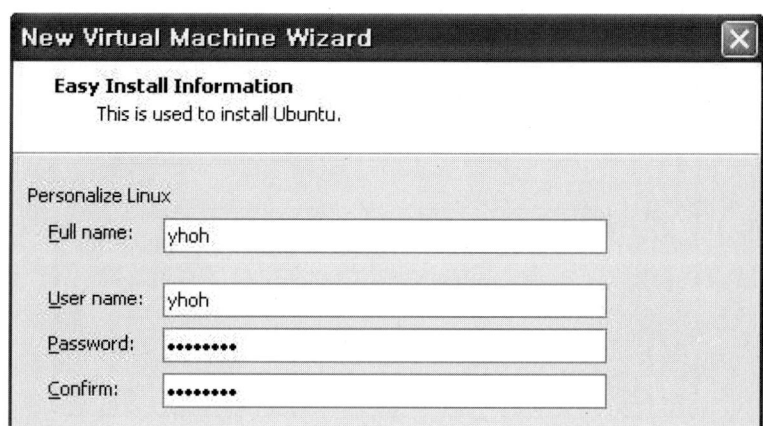

사용자 이름과 암호를 적고 진행합니다. 필자는 이름과 ID를 같게 주었습니다. 이 이름과 암호는 향후 Ubuntu를 사용할 때 이용하게 되는 ID와 Password가 됩니다. VMware는 이 정보를 이용해서 Ubuntu를 설치하면서 자동으로 이 정보를 저장해 주게 됩니다.

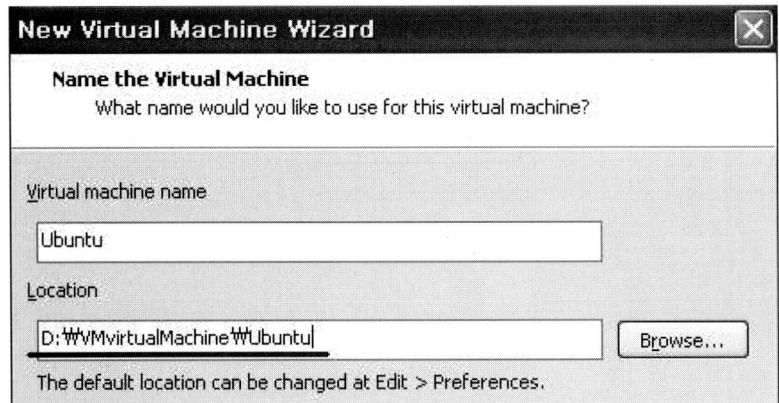

디폴트로 지정되는 폴더를 이용해도 문제는 없을 것입니다. 필자는 C drive에 또 다른 Virtual Machine이 존재하기 때문에 Ubuntu는 좀더 공간에 여유가 있는 다른 드라이브로 변경했습니다.

> Virtual Machine이 설치되는 폴더를 잘 알고 있는 것이 중요합니다. 경우에 따라서 하드의 용량이 충분한 분들은 Virtual Machine 전체를 백업을 받아 놓으면 향후에 무척 쉽게 이전의 상태로 되돌아 갈 수 있기 때문에 무척 편리합니다.

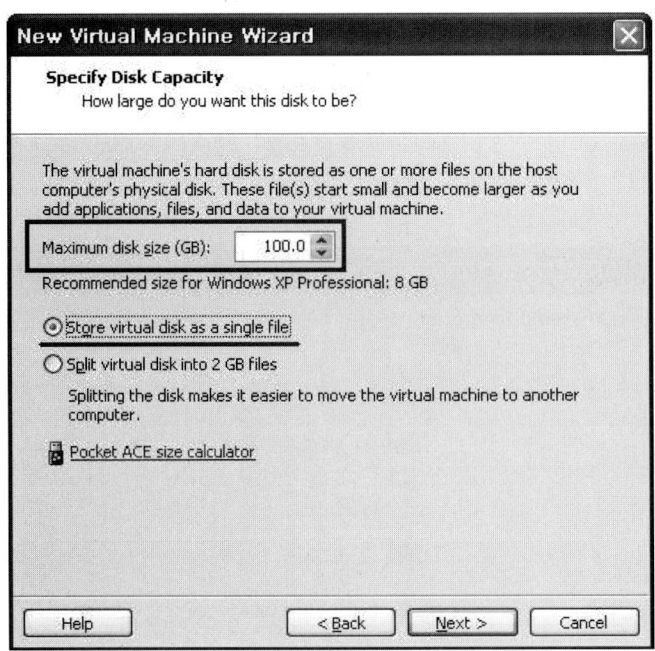

최대 디스크 용량을 적어 넣습니다. 사실 이 공간이 한번에 전부 잡히는 것은 아닙니다. 실제로 설치를 하고 난 이후에 소모된 디스크 용량을 보면 필요할 때마다 적절히 증가하고 있는 것을 확인할 수 있습니다.

일단 기본적으로 최소 50 기가 바이트 정도는 잡아주셔야 합니다. 하드 용량이 충분하실 경우 100 기가 바이트 이상 잡아 주시기 바랍니다. 저는 100 기가 바이트를 잡았습니다.

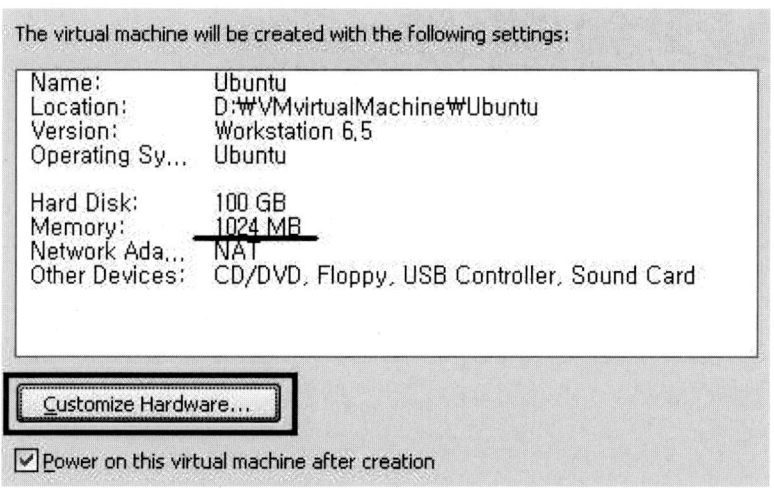

만들어진 것에 대한 간략한 정보가 나타납니다. 기본적으로 메모리는 512 메가 바이트가 잡히는데 사용하고 계신 PC의 실제 메모리 크기의 반 정도를 잡아주시는 것이 좋습니다. 이를 변경하기 위해서 Customize Hardware 부분을 클릭합니다.

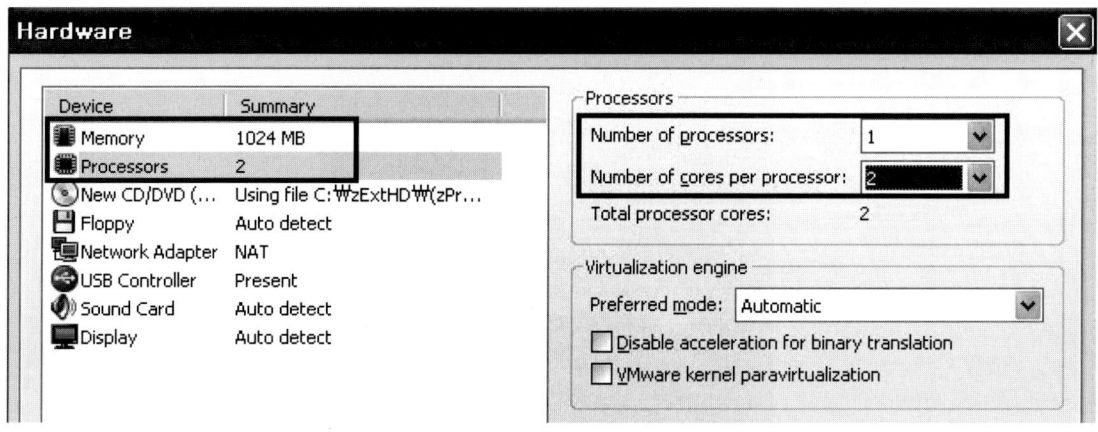

Memory 부분에서 적절한 크기를 선택합니다. 이 부분은 사실 나중에도 얼마든지 변경 가능한 부분입니다. Processors 수 부분은 1로 설정하고 프로세서의 코어 수는 2로 해서 듀얼 코어를 지원하도록 설정하였습니다.

이제 Finish를 선택하면 자동으로 전원이 인가되고 Virtual Machine이 동작되면서 설치 작업을 진행하게 됩니다.

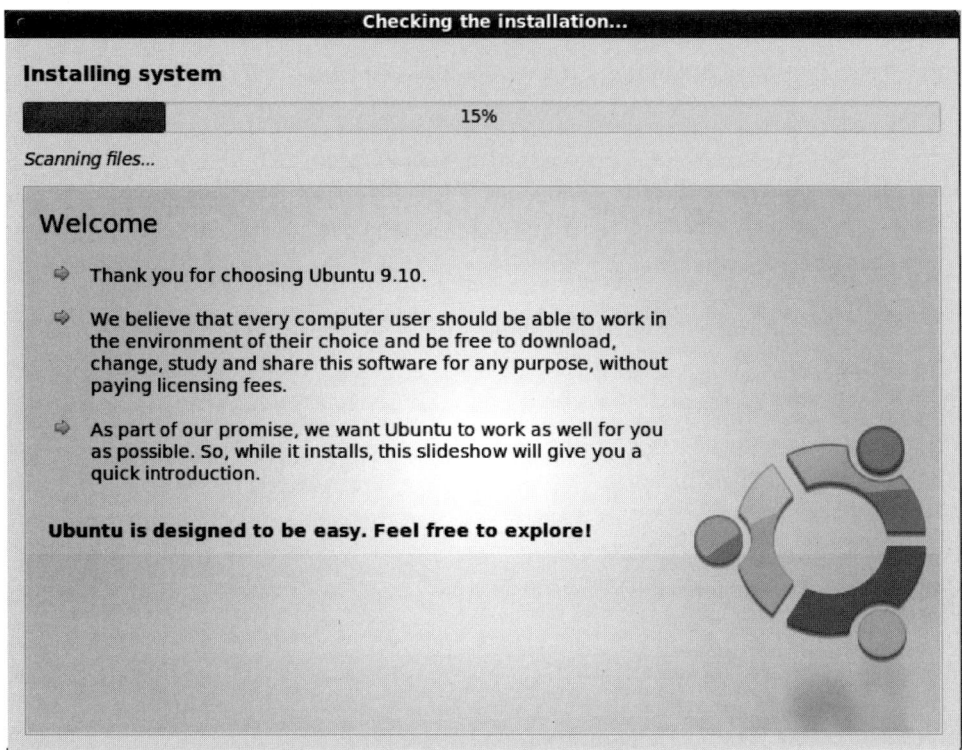

Ubuntu의 설치 과정은 너무나도 쉽습니다. 큰 어려움 없이 설치를 진행할 수 있을 것입니다.

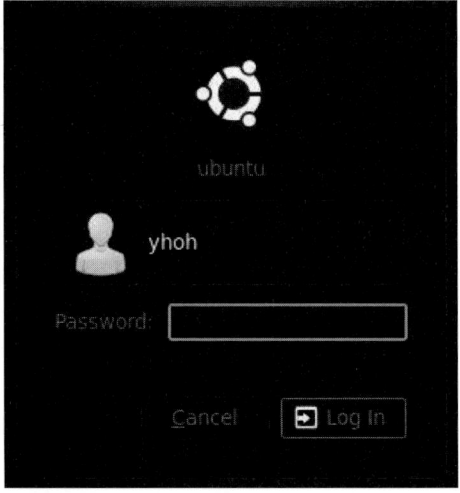

모든 설치를 끝내고 Ubuntu를 Power on해서 위 화면을 만나면 이제 비로소 우분투를 실행할 수 있는 상태가 된 것입니다.

2.2. 우분투 기초 활용

리눅스에 대해서 잘 알고 계시는 분들에게는 무척 쉽게 지나갈 수 있는 부분일 것입니다. 복습을 한다는 생각으로 보시고, 혹 리눅스를 처음 접하는 분들은 하나씩 직접 해보시기 바랍니다. 아주 기초적인 내용들을 기술하도록 합니다.

2.2.1. 전체 메뉴창 아래로 옮기기

Windows XP의 환경에 익숙해져서 인지는 모르지만 우분투의 디폴트 환경에서 전체 메뉴창이 위에가 있는 것은 좀 불편합니다. 그래서 이 메뉴창을 아래로 옮기도록 하겠습니다.

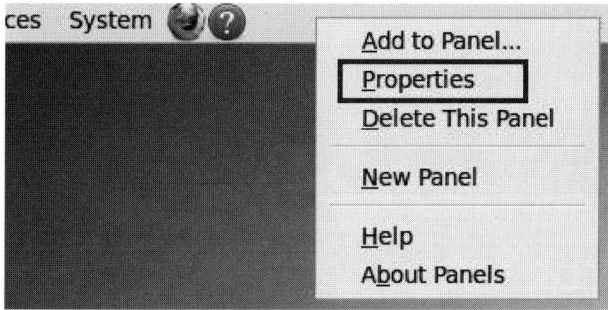

메뉴창에서 마우스 오른쪽 버튼을 누르면 메뉴가 보이고 여기서 Properties를 수행합니다.

Orientation 부분을 변경하면 우리가 원하는 어느 위치에든지 메뉴창을 위치시킬 수 있습니다. 크기나 메뉴창을 자동으로 숨기게 할 것인지 등등 여러 가지 설정을 진행할 수 있습니다. 각자 취향에 맞게 선택해서 설정하시면 될 것입니다.

2.2.2. 화면 Resolution 변경

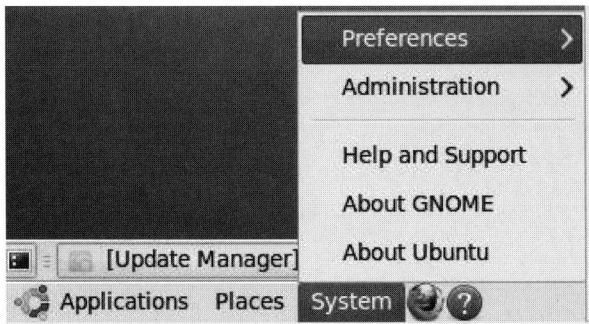

화면의 크기를 변경할 수도 있습니다. System > Preferences에서 Display를 선택합니다.

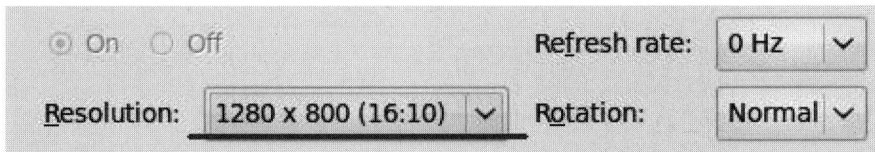

각자의 모니터 환경에 맞도록 설정하시기 바랍니다.

2.2.3. 시간 설정하기

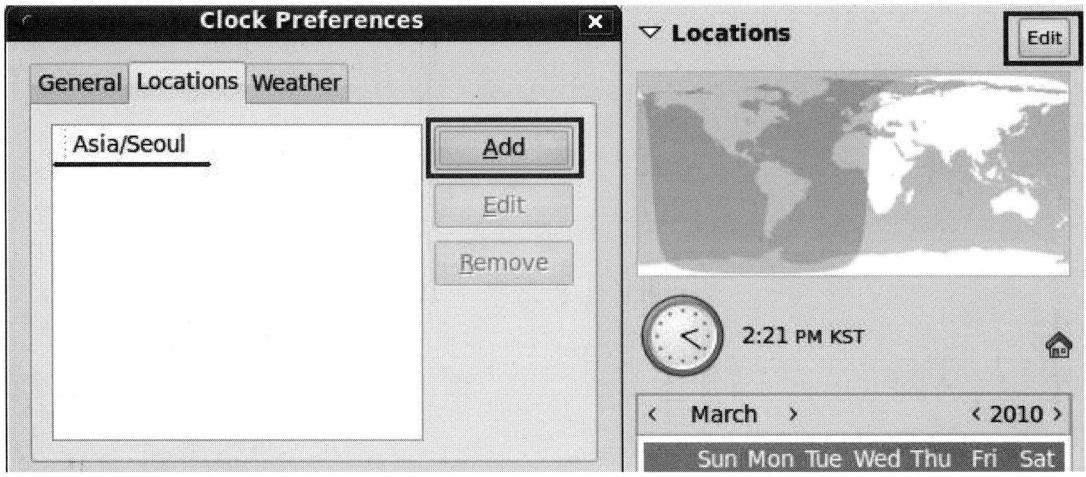

전체 메뉴창에서 날짜와 시간이 표시되는 부분을 클릭하면 위 그림이 표시됩니다. Add를 선택해서 South Korea를 설정하면 날짜 시간을 맞출 수 있습니다.

2.2.4. 터미널 띄우기

리눅스는 사실 GUI 환경 보다는 터미널을 상당히 많이 이용하게 됩니다. 여기서는 터미널을 어떻게 띄우는지 살펴보겠습니다.

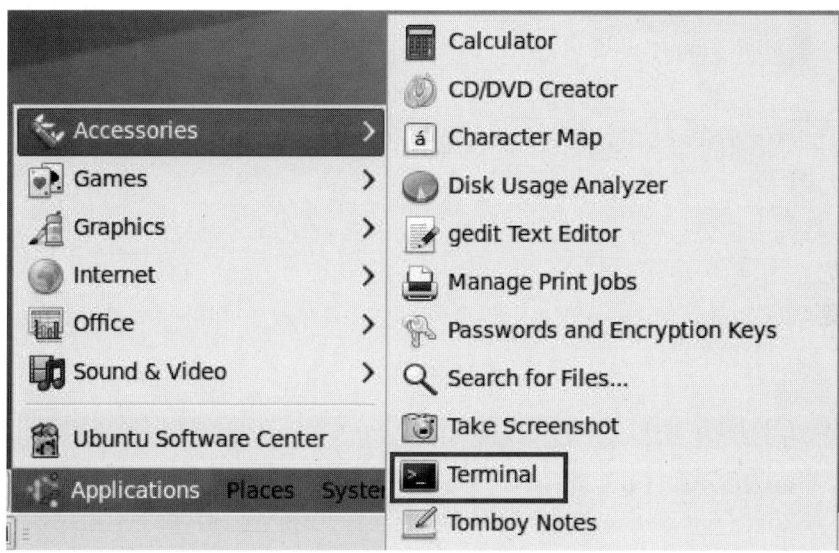

Applications 메뉴에서 Accessories > Terminal을 실행하면 됩니다.

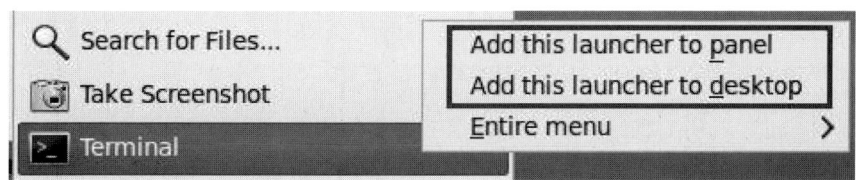

매번 이렇게 실행하는 것은 상당히 귀찮은 일입니다. 그래서 메뉴를 제공해 주고 있습니다. Terminal 부분에서 마우스 오른쪽 버튼을 누르면 두 가지 메뉴가 보입니다.

"Add this launcher to panel"을 선택하면 위 그림과 같이 메뉴바에 하나의 아이콘으로 생깁니다.

"Add this launcher to desktop"을 선택하면 아래 그림과 같이 바탕화면에 아이콘이 생깁니다.

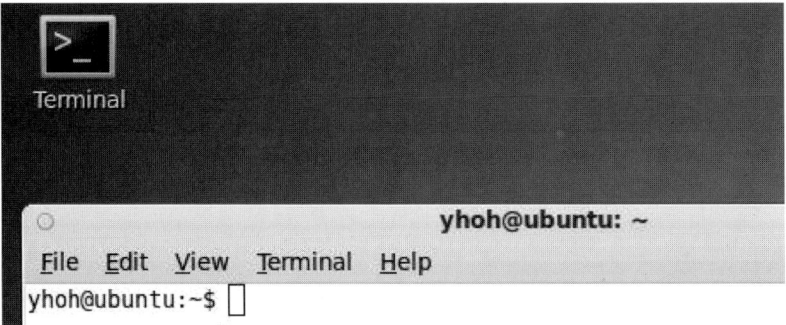

2.2.5. 우분투 업데이트 – Update Manager

환경을 늘 최신의 상태를 유지할 필요는 없지만 혹시라도 발생할 수 있는 버그를 없애기 위해서나 보다 편리한 환경을 위해서 업데이트가 필요합니다. 물론 업데이트를 통해서 없던 버그가 새로 생기기도 하기 때문에 주의를 요하는 부분이기도 합니다만 우분투는 이러한 부분에 대해서 상당히 안정적이고 편리한 환경을 제공하고 있습니다.

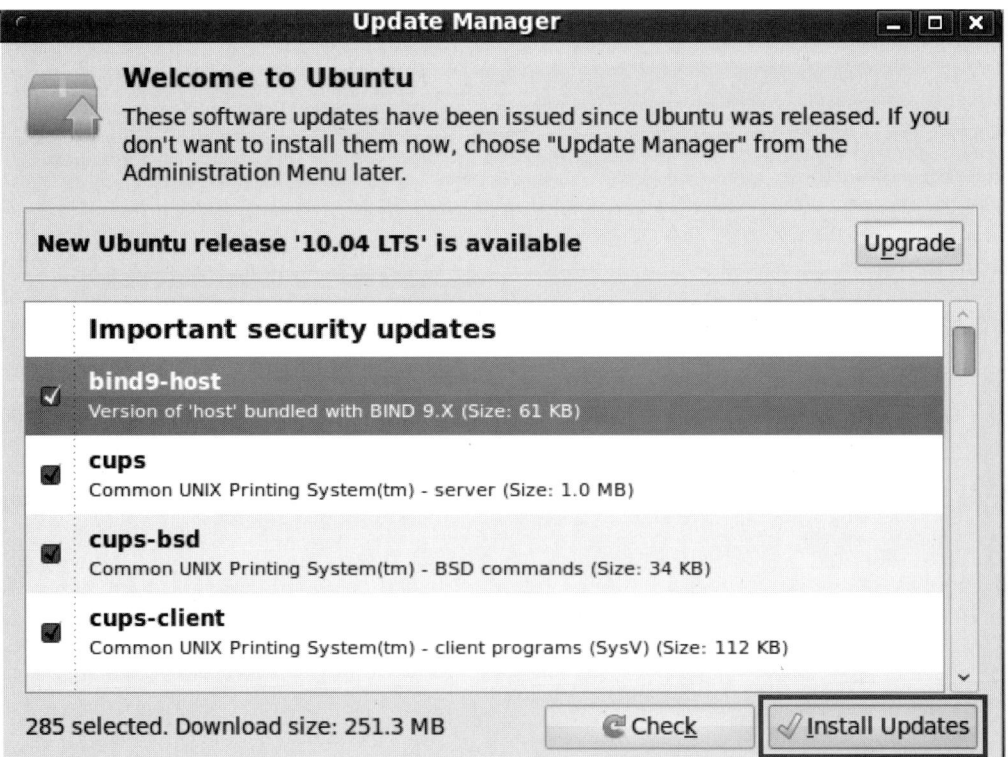

처음 설치 후에 위의 기본적인 작업을 하는 동안에 위와 같이 200메가가 넘는 업데이트가 검색되었습니다. 우분투를 새로 시작할 때 업데이트가 있을 경우는 대부분 자동으로 업데이트 매니저가 수행되면서 사용자에게 알려줍니다. 그때 설치를 진행하면 됩니다.

위 내용 중에서 Upgrade를 누르게 되면 우분투의 버전이 9점 대에서 10.04로 바뀌게 되는 조금 조심할 필요가 있습니다. 만약 10점 대로 변경하기를 원하지 않을 경우에는 Upgrade를 누르면 안됩니다. 반드시 아래의 Install Updates 버튼만 사용하셔야 합니다.

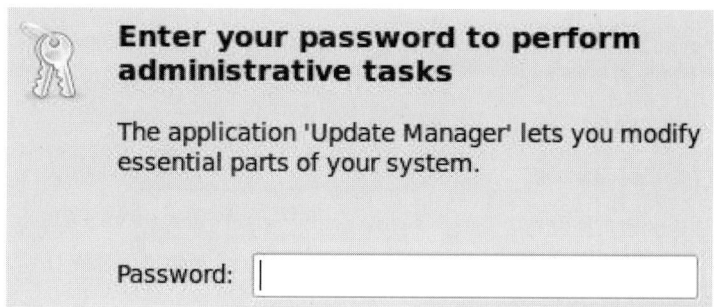

대부분의 경우 Super User mode로 설치가 되어야 하고 그럴 경우 위와 같이 암호를 넣는 창이 나타납니다.

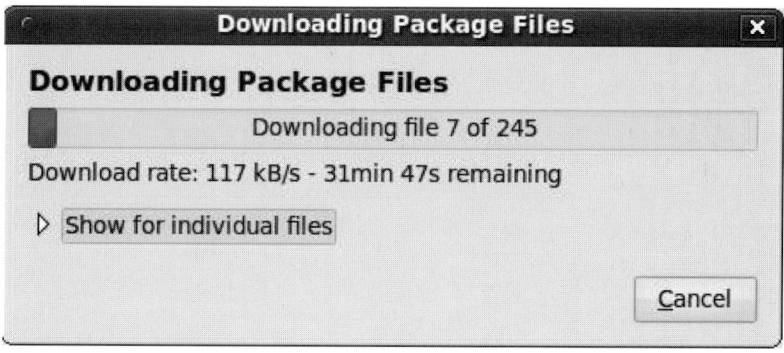

다운로드가 진행되고 설치작업도 마치 PC의 윈도우 환경처럼 쉽게 진행됩니다.

상황에 따라서는 위와 같은 창이 뜨면서 우분투를 재 시작 할 것을 권고하기도 합니다.

System 메뉴에서 Administration > Update Manager를 실행하면 이것을 수동으로 처리할 수도 있습니다. 전체 우분투 환경에서 설치된 각종 내역에 대해서 자동으로 업데이트를 수행할 수 있는 매니저를 제공합니다.

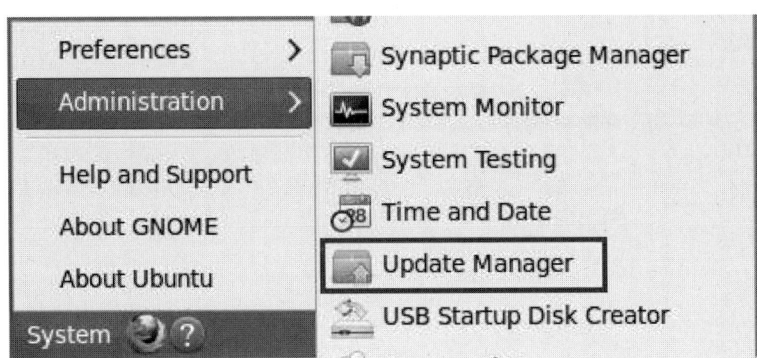

2.2.6. .bashrc & alias 설정

우리가 터미널을 띄울 때 프롬프트가 나타나고 가장 많이 사용하는 명령이 아마도 ls 명령일 것입니다. ls 명령을 수행할 때 여러 가지 옵션을 줄 수 있습니다. 하지만 매번 그렇게 옵션을 주어서 ls 명령을 수행하는 것은 조금 귀찮을 수 있습니다. 이것을 쉽게 할 수 있는 방법이 alias를 설정하는 것입니다.

```
yhoh@ubuntu:~$ gedit .bashrc
```

gedit라는 편집 툴이 존재합니다. 물론 vi와 같은 편집기를 이용할 수도 있습니다.

```
# some more ls aliases
#alias ll='ls -l'
#alias la='ls -A'
#alias l='ls -CF'
```

위와 같은 내용을 발견할 수 있습니다. 위 내용은 ll, la, l 등과 같은 것을 명령으로 사용할 수 있도록 설정하는 내용인 것입니다. 물론 맨 앞의 #은 주석을 의미하고 위 내용이 반영되지는 않는 것입니다. 주석을 제거하게 되면 위 내용이 사용 가능하도록 변경됩니다.

```
alias l='pwd;ls -l'
```

```
alias ..='cd ..;l'
```

필자는 두 개의 명령을 추가하였습니다. 하나는 "l"을 입력하면 "ls –l" 옵션이 수행되면서 그때 pwd 라는 명령을 먼저 수행하도록 하였습니다. pwd는 현재의 폴더 디렉토리 구조를 출력해 주는 것입니다. 또 하나 ".."은 현재의 디렉토리에서 하나 상위 폴더로 이동한 이후에 바로 "l" 명령이 실행되도록 만든 것입니다.

```
yhoh@ubuntu:~$ source .bashrc
```

위 source 명령은 현재의 .bashrc 파일이 바로 적용되도록 만드는 것입니다. 물론 터미널 창을 종료했다가 다시 실행해도 똑 같은 결과를 얻을 수 있습니다.

2.2.7. 터미널 키 Shortcut 설정

필자의 경우 터미널에서 텍스트를 복사해서 호스트 워드 프로세서에 저장하거나 반대의 경우를 많이 사용하는데 역시 복사 붙여 넣기는 Control-C, V가 제격입니다. 우분투 터미널의 복사 붙여 넣기의 디폴트 키 할당은 Shift + Control-C, V 입니다. 이것을 바꿔보도록 하겠습니다.

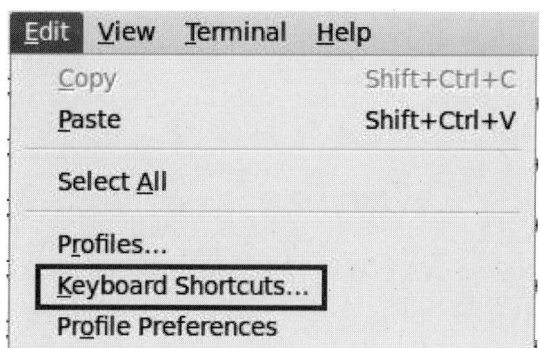

터미널에서 Edit 메뉴에서 Keyboard Shortcuts 메뉴를 선택합니다. 위 그림에 보면 Copy, Paste 부분이 Shift + Control-C, V로 디폴트로 되어 있는 것을 확인할 수 있습니다.

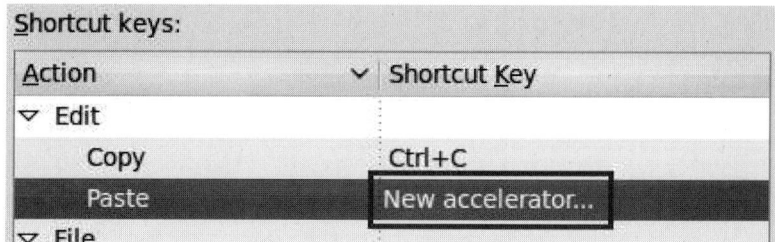

Shortcut Key 부분을 마우스로 한번 클릭하면 기존의 설정된 것이 사라지고 New accelerator로 변하

게 됩니다. 이때 새롭게 입력하고자 하는 Shortcut을 직접 입력해 주면 됩니다. 당연히 필자는 Control-C, Control-V로 변경했습니다.

2.2.8. 키보드 반복 입력 속도 설정

필자는 Windows OS 환경에서도 OS 설치를 진행한 이후에 가장 먼저 하는 작업 중의 하나가 키보드 반복 입력 속도를 가장 빠르게 만드는 것입니다. 만약 뭔가를 지운다던가 뭔가 입력을 반복하기 위해서 특정 키를 누르고 있을 때 보다 빠르게 반응하는 것이 보다 시스템이 빨라진 듯한 느낌을 받기 때문입니다.

System > Preferences > Keyboard를 선택합니다.

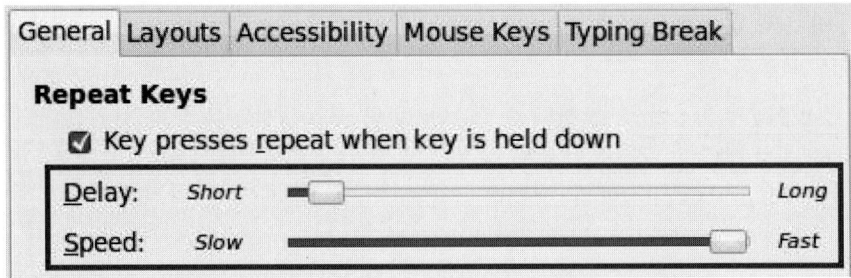

필자가 사용하는 키 반복 입력에 대한 속도 설정 부분입니다. 여러분들도 각자의 취향에 맞게 설정하시기 바랍니다.

2.2.9. package 관리

우리가 설치한 우분투만으로 모든 작업을 할 수는 없습니다. 특정한 패키지를 추가적으로 더 설치하고 관리할 필요가 생길 수 있습니다. 이것들에 대한 명령들을 알아보도록 하겠습니다.

명령	내용
apt-get install "package-name"	패키지를 설치할 때 사용합니다. 아마도 가장 많이 사용하는 명령이 될 것입니다.
apt-get remove "package-name"	설치한 패키지를 삭제할 때 사용합니다.
apt-cache search "package-name"	어떠한 패키지가 설치되어 있는지 알아보고자 할 때 사용합니다.
apt-get update "package-name" apt-get upgrade "package-name"	설치된 패키지에 대한 업데이트나 업그레이드를 하고자 할 때 사용합니다.

예를 들어 "apt-cache search java6"와 같은 것을 수행해서 현재 설치된 패키지 중에서 java6와 관련

한 것들이 어떤 것들이 있는지 알아볼 수 있는 것입니다.

```
yhoh@ubuntu:~$ apt-cache search java6
default-jdk - Standard Java or Java compatible Development Kit
default-jre - Standard Java or Java compatible Runtime
default-jre-headless - Standard Java or Java compatible Runtime (headless)
openjdk-6-jdk - OpenJDK Development Kit (JDK)
openjdk-6-jre - OpenJDK Java runtime, using Hotspot JIT
openjdk-6-jre-headless - OpenJDK Java runtime, using Hotspot JIT (headless)
sun-java6-bin - Sun Java(TM) Runtime Environment (JRE) 6 (architecture dependent files)
sun-java6-demo - Sun Java(TM) Development Kit (JDK) 6 demos and examples
sun-java6-doc - Sun JDK(TM) Documention -- integration installer
sun-java6-fonts - Lucida TrueType fonts (from the Sun JRE)
sun-java6-javadb - Java(TM) DB, Sun Microsystems' distribution of Apache Derby
sun-java6-jdk - Sun Java(TM) Development Kit (JDK) 6
sun-java6-jre - Sun Java(TM) Runtime Environment (JRE) 6 (architecture independent files)
sun-java6-plugin - The Java(TM) Plug-in, Java SE 6
sun-java6-source - Sun Java(TM) Development Kit (JDK) 6 source files
yhoh@ubuntu:~$
```

2.2.10. grep 사용

리눅스에서 무척 많이 사용되는 명령 중의 하나가 바로 grep 명령입니다. grep은 텍스트 기반의 문서나 혹은 어떤 결과에 대한 것까지 포함해서 문자열을 찾아주는 명령이 되겠습니다. 만약 바로 위의 "apt-cache search java6" 명령을 통해서 얻어진 결과에서 Sun이라는 말이 들어간 것만 찾는다고 하면 이것을 일일이 비교하지 않고도 바로 알아낼 수 있는 방법이 있습니다.

```
yhoh@ubuntu:~$ apt-cache search java6 | grep Sun
sun-java6-bin - Sun Java(TM) Runtime Environment (JRE) 6 (architecture dependent
 files)
sun-java6-demo - Sun Java(TM) Development Kit (JDK) 6 demos and examples
sun-java6-doc - Sun JDK(TM) Documention -- integration installer
sun-java6-fonts - Lucida TrueType fonts (from the Sun JRE)
sun-java6-javadb - Java(TM) DB, Sun Microsystems' distribution of Apache Derby
sun-java6-jdk - Sun Java(TM) Development Kit (JDK) 6
sun-java6-jre - Sun Java(TM) Runtime Environment (JRE) 6 (architecture independe
nt files)
sun-java6-source - Sun Java(TM) Development Kit (JDK) 6 source files
yhoh@ubuntu:~$
```

"apt-cache search java6" 명령을 수행한 이후에 "|"를 주어서 (이것은 Pipe로 결과를 다음 명령에 보

내주는 것입니다.) 그 결과에서 Sun이라는 것을 찾도록 명령을 주고 있는 것입니다. 결과에 색깔로 표시까지 되니 무척 편리한 방법이라는 것을 알 수 있습니다.

```
yhoh@ubuntu:~$ grep
Usage: grep [OPTION]... PATTERN [FILE]...
Try `grep --help' for more information.
yhoh@ubuntu:~$
```

grep이라고만 치면 어떻게 사용하는 것인지 사용 방법에 대한 것을 볼 수 있습니다. 옵션을 주고 찾고자 하는 패턴을 주고 찾을 파일들을 지정해 주면 되는 것입니다. 보다 자세한 내용은 grep –help를 치면 알 수 있습니다. 여기서 옵션이나 패턴이나 모두 대소문자를 구분한다는 것을 주의해야 합니다.

```
yhoh@ubuntu:~$ grep Term *
yhoh@ubuntu:~$ grep -r Term *
Desktop/gnome-terminal.desktop:Name=Terminal
Desktop/gnome-terminal.desktop:Categories=GNOME;GTK;Utility;TerminalEmulator;
yhoh@ubuntu:~$
```

현재 상태에서 한번 이 내용을 실행해 보았습니다. Term이라는 말이 들어 있는 것을 찾아 보았습니다. "*"은 모든 파일에 대해서 찾으라는 것입니다. 첫 번째 명령에서는 아무런 것도 찾지 못했습니다. 하지만 두 번째 명령에서는 뭔가를 찾은 것을 알 수 있습니다. –r 옵션은 하위 폴더까지 다 찾으라는 의미입니다.

```
yhoh@ubuntu:~$ grep -r Term *
Desktop/gnome-terminal.desktop:Name=Terminal
Desktop/gnome-terminal.desktop:Categories=GNOME;GTK;Utility;TerminalEmulator;
yhoh@ubuntu:~$ grep -rn Term *
Desktop/gnome-terminal.desktop:4:Name=Terminal
Desktop/gnome-terminal.desktop:15:Categories=GNOME;GTK;Utility;TerminalEmulator;
yhoh@ubuntu:~$
```

같은 내용을 –n 옵션을 추가적으로 주어서 수행해 보았습니다. –n 옵션은 행 번호를 출력하도록 만드는 옵션입니다. 기타 유용한 옵션을 알아보면 아래와 같습니다.

옵션	내용
-v	선택된 패턴이 없는 행만을 찾아주는 옵션
-i	선택된 패턴의 대소문자를 구분하지 않고 찾으라는 옵션
-w	선택된 패턴 전체가 일치하는 단어가 있는 행만을 찾으라는 옵션

```
yhoh@ubuntu:~$ grep -rn Term * > ttt.txt
yhoh@ubuntu:~$ cat ttt.txt
```

```
Desktop/gnome-terminal.desktop:4:Name=Terminal
Desktop/gnome-terminal.desktop:15:Categories=GNOME;GTK;Utility;TerminalEmulator;
yhoh@ubuntu:~$
```

위와 같이 ">"를 이용해서 하나의 파일로 결과를 저장해서 보게 되면 보다 편리하게 이용할 수 있습니다.

2.2.11. find 사용

폴더에서 파일을 찾을 때 쉽게 사용할 수 있는 명령 중에 find가 있습니다. 물론 이 명령도 여러 가지 복잡한 사용 방법이 있지만 그러한 사용 방법을 모두 알지 못하더라도 매우 쉽게 사용할 수 있는 방법이 있습니다.

```
yhoh@ubuntu:~$ find . -name "fileName" -exec grep wantPattern {} \; -print
```

바로 위와 같은 명령으로 사용하면 됩니다. "find ."으로 현재 폴더부터 시작해서 그 하위의 모든 폴더를 검색해서 찾아주게 됩니다.

-name의 다음에 ""의 안에 원하는 내용을 채워주면 됩니다. 만약 모든 파일을 검사할 것이면 "*"로 하면 될 것이고, txt라는 확장자만을 가지는 파일을 검사할 것이면 "*.txt"로 해주면 됩니다.

-exec을 통해서 수행시키는 프로그램은 이전에 살펴본 grep입니다. grep의 다음에 원하는 패턴에 대한 것을 입력해 주면 됩니다.

```
yhoh@ubuntu:~$ find . -name "*.mk" -exec grep clean {} \; -print
```

위의 예제는 mk라는 확장자를 가지는 모든 파일에서 clean이라는 문자열을 찾아서 출력을 해주는 것입니다.

```
yhoh@ubuntu:~$ find . -name "*.mk" -exec grep clean {} \; -print >> result.txt
```

>>를 통해서 result.txt라는 파일을 만들어서 거기에 결과를 저장하게 할 수도 있습니다.

위 명령의 내용은 사실 머리로 기억을 해서 사용하기에는 너무 복잡합니다. 물론 리눅스를 엄청 능수능란하게 다루시는 분들은 find를 얼마나 잘 다루는가만 봐도 수준을 알 수 있다고 말씀하시지만 사실 평범한 사람들에게 위 내용은 너무 복잡합니다.

```
#!/bin/bash
LC_ALL="C"
if [ $# -ne 2 ]; then
    echo "ex) myfind FileName Pattern"
    exit 1
fi
find . -name "$1" -exec grep $2 {} \; -print
```

위와 같이 단순한 스크립트를 하나 만들 수 있습니다. 그리고 그 이름을 myfind라고 지정하고 이것을 ~/bin에 복사해 두었습니다. 내용은 단순합니다. 위에서 배운 그 명령을 그대로 이용하는데 다만 파라미터를 두 개 받아서 처리하도록 만든 것입니다.

```
yhoh@ubuntu:~$ myfind *.mk mango100
        $(LOCAL_DIR)/mango100.mk \
./android_mango100/Eclair/mango100_eclair_2010_06_30/vendor/sec/products/AndroidProducts.mk
PRODUCT_BRAND := mango100
PRODUCT_NAME := mango100
PRODUCT_DEVICE := mango100
./android_mango100/Eclair/mango100_eclair_2010_06_30/vendor/sec/products/mango100.mk
file := $(TARGET_OUT_KEYLAYOUT)/mango100-keypad.kl
$(file) : $(LOCAL_PATH)/mango100-keypad.kl | $(ACP)
LOCAL_SRC_FILES := mango100-keypad.kcm
target_hw_init_rc_file := $(TARGET_ROOT_OUT)/init.mango100.rc
$(target_hw_init_rc_file) : $(LOCAL_PATH)/conf/init.mango100.rc | $(ACP)
                vendor/sec/mango100/conf/asound.conf:system/etc/asound.conf \
vendor/sec/smdkc100/lib/copybit.smdkc100.so:system/lib/hw/copybit.mango100.so \
PRODUCT_COPY_FILES += vendor/sec/mango100/conf/vold.conf:system/etc/vold.conf
./android_mango100/Eclair/mango100_eclair_2010_06_30/vendor/sec/mango100/AndroidBoard.mk
```

"myfind *.mk mango100"이라고 입력해 보았습니다. 하위 폴더까지 모두 검사해서 모든 mk 파일에서 mango100을 찾으라는 의미입니다. 여러 파일들에서 mango100을 찾은 것을 확인할 수 있습니다. 이제는 매우 쉽게 find 명령을 사용할 수 있게 되었습니다.

파일 내에 존재하는 어떤 패턴을 찾을 때는 위에서 살펴본 것을 이용하면 됩니다. 하지만 만약 파일 이름에 어떤 글자가 포함된 내용을 찾을 때는 위 내용에서 grep이 없이 수행을 하면 됩니다. 이 내용으로 myfind_name이라는 것으로 스크립트 파일을 하나 더 만들었습니다.

```
#!/bin/bash
LC_ALL="C"
if [ $# -ne 1 ]; then
    echo "ex) myfind_name FileName"
    exit 1
fi
find . -name "*$1*" -print
```

내용은 무척 단순합니다. find 명령으로 –name과 –print만을 이용해서 넘겨진 파라미터를 포함하는 모든 파일 이름을 출력해 주는 것입니다.

2.2.12. 일반 유저가 sudo 명령이 안될 경우 대처

PC에 리눅스를 설치해서 서버로 쓰고 있습니다. 여기에 yhoh로 ID를 새로 부여했습니다. 그런데 디폴트 설정으로는 sudo로 명령을 수행하는 것이 동작하지 않습니다.

```
## Next comes the main part: which users can run what software on
## which machines (the sudoers file can be shared between multiple
## systems).
## Syntax:
##
##      user    MACHINE=COMMANDS
##
## The COMMANDS section may have other options added to it.
##
## Allow root to run any commands anywhere
root    ALL=(ALL)       ALL
icanjji ALL=(ALL)       ALL
yhoh    ALL=(ALL)       ALL
## Allows members of the 'sys' group to run networking, software,
```

/etc/sudoers 파일에 yhoh와 관련해서 위와 같이 추가를 시켜주면 아무런 문제없이 사용할 수 있습니다. 물론 위 파일을 변경하는 것이 위에서처럼 ALL로 변경하는 것 말고 다른 방식도 많지만 일반적으로는 ALL로 설정하는 것이 쉽고 빠른 방법입니다.

```
[yhoh@localhost ~]$ sudo vi /etc/sudoers
```

물론 이 파일에 대한 편집은 sudo 명령이 사용 가능한 사용자가 편집을 해주어야만 사용할 수 있을 것입니다. sudo가 안 되는 상황에서 되게 하기 위해서 sudo로 vi를 수행해서 파일을 연다는 것은 말이 안 되는 상황일 것입니다.

```
[yhoh@localhost ~]$ ls -lag /etc/sudoers
-r--r----- 1 root 3258 2010-06-28 17:52 /etc/sudoers
```

/etc/sudoers 파일에 대한 것을 리스트 해보면 root 사용자만 읽을 수 있는 읽기 전용 파일이라는 것을 알 수 있습니다.

3. 리눅스(Ubuntu) 에디터 gedit & vim

에디터는 사실 모든 작업에서 기본이 되는 툴입니다. 종류도 많고 각자 좋아하는 것들이 참 많이 다른 부분이기도 합니다. 필자는 개인적으로 타이핑의 속도가 크게 중요한 것은 아니라는 생각에서 쉬운 에디터를 선호하지만 유닉스 환경에서는 vi를 모르고서는 하기 어려운 상황도 많이 있습니다. Emacs라는 강력한 에디터도 있고 사실 에디터만 가지고 한 권의 책을 써야 할 수도 있습니다만 여기서는 아주 기초적인 두 가지의 에디터만 살펴보도록 하겠습니다.

3.1. gedit

gedit는 gnome 데스크탑용으로 개발된 텍스트 편집기입니다. UTF-8과 호환이 됩니다. 사용하기에 무척 쉽고, 예쁘고 깔끔한 UI가 일품인 편집기입니다. 프로그램 소스 코드, Markup 언어와 같은 문서를 편집하는데 아주 좋습니다. 사용 방법은 쉽게 익힐 수 있습니다. 몇 가지 부분만 살펴보고 지나가도록 하겠습니다.

```
yhoh@ubuntu:~$ gedit /usr/include/stdio.h &
[3] 7782
yhoh@ubuntu:~$ gedit /usr/include/stdlib.h &
[4] 7787
yhoh@ubuntu:~$
```

두 개의 문서를 gedit를 이용해서 background로 수행시켜 보았습니다.

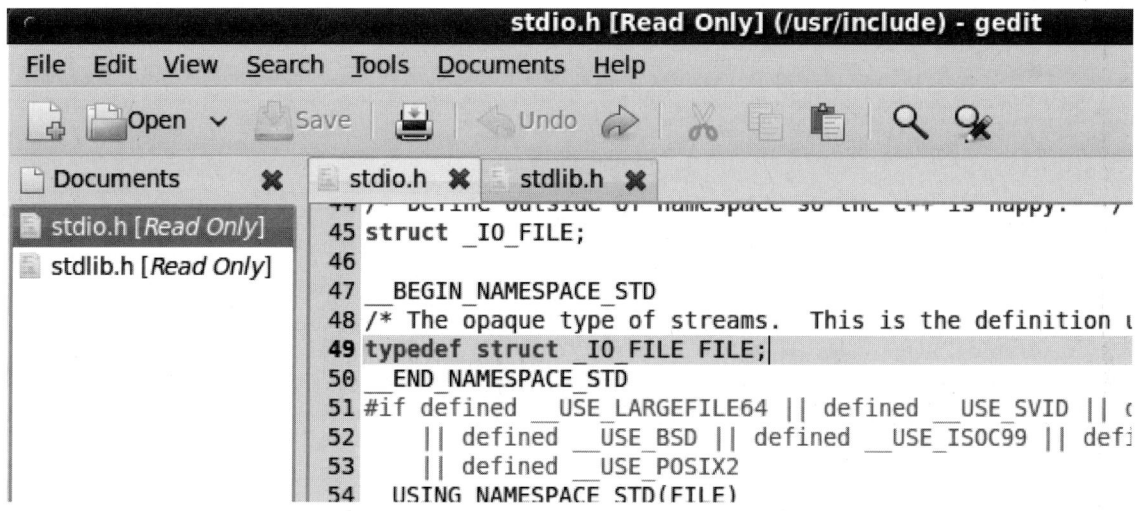

우리가 흔히 볼 수 있는 윈도우의 형태로 탭으로 구분되어 두 개의 문서가 열려 있는 것을 확인할

수 있습니다. 혹 필자의 실행 화면과 다를 수 있을 것입니다. 라인 번호가 표시된다던가 현재의 커서가 위치한 곳을 하이라이트로 표시하는 등의 옵션을 설정할 수 있습니다.

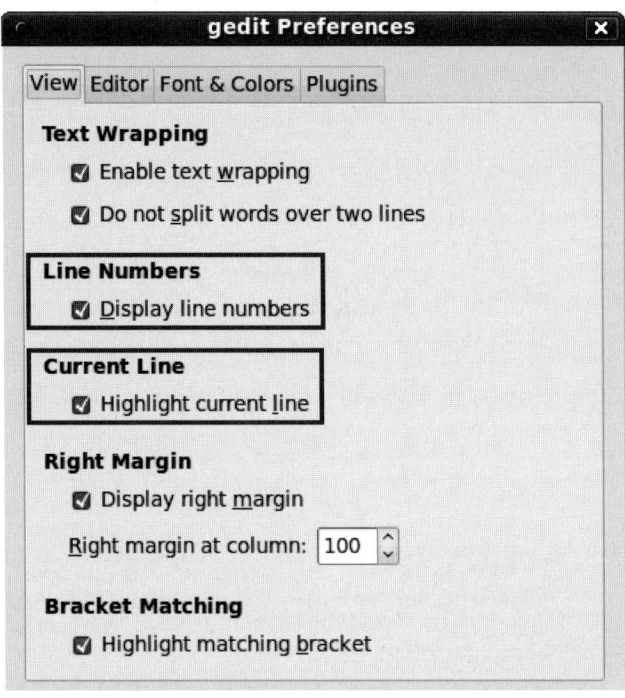

Edit 메뉴의 Preferences를 수행하면 위 그림을 볼 수 있고 여기에서 많은 설정을 수행할 수 있습니다. 특히 Plugins 부분에 있는 많은 기능들은 gedit의 막강한 기능을 엿볼 수 있는 훌륭한 기능이라고 말할 수 있습니다.

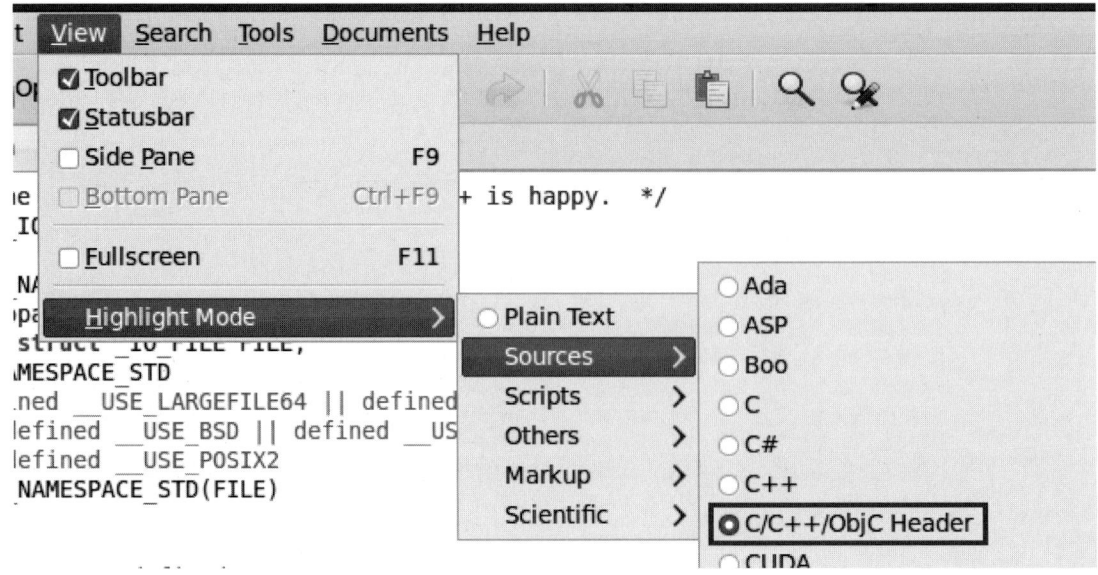

특히 멋진 부분은 자동으로 선택되는 Highlight Mode 부분입니다. 소스 코드나 스크립트 언어에 맞게 그 특징에 맞도록 색깔이 변하기 때문에 편집을 수행하는데 있어서 매우 편리한 기능이라고 할 수 있습니다.

3.2. vim

리눅스에서 vi는 꼭 알아야 하는 필수적인 것이라고 말할 수 있습니다. 여기에 소개되어 있는 것들을 조금씩 따라 해 보고 필요한 경우 참조하실 수 있도록 해보시기 바랍니다.

vi는 참 배우기 어려운 에디터입니다. 필자가 처음 리눅스를 접했던 시절에 vi를 배우느라고 참 힘들었던 기억이 생생합니다. 그런데 참 재미있는 것은 모든 에디터가 그렇듯 익숙하고 나면 그렇게 편할 수가 없습니다.

vi와 vim은 거의 같은 것이라고 생각하셔도 무방합니다. vim은 vi iMproved를 의미하는 것입니다. 기존의 vi의 기능을 확장했다고 생각하시면 됩니다.

3.2.1. vi 실행 및 vim 설치

```
yhoh@ubuntu:~$ vi
```

그냥 vi를 실행해 보면 아래 그림을 만날 수 있습니다.

```
                VIM - Vi IMproved

                 version 7.2.245
               by Bram Moolenaar et al.
         Vim is open source and freely distributable

              Help poor children in Uganda!
      type  :help iccf<Enter>         for information

      type  :q<Enter>                 to exit
      type  :help<Enter>  or  <F1>    for on-line help
      type  :help version7<Enter>     for version info

              Running in Vi compatible mode
      type  :set nocp<Enter>          for Vim defaults
      type  :help cp-default<Enter>   for info on this
```

우리는 vi를 수행했지만 vim이 수행되고 있는 것을 알 수 있습니다. 그런데 위의 내용을 보면 vim이 실행되고 있는 것처럼 보이지만 실상은 vim이 아닌 vi가 실행되고 있는 것입니다. 약간은 문제라고 할 수 있습니다. 진정으로 vim을 실행하기 위해서는 조금 작업이 필요합니다.

```
yhoh@ubuntu:~$ vim
The program 'vim' can be found in the following packages:
 * vim
 * vim-gnome
 * vim-tiny
 * vim-gtk
 * vim-nox
Try: sudo apt-get install <selected package>
bash: vim: command not found
```

위와 같이 vim을 수행해보면 커맨드를 찾을 수 없다는 메시지가 나오면서 수행이 정상적으로 되지 않습니다. 위의 여러 가지 패키지 중에서 vim-gnome을 설치하도록 하겠습니다.

```
yhoh@ubuntu:~/zTmp$ sudo apt-get install vim-gnome
[sudo] password for yhoh:
Reading package lists... Done
Building dependency tree
Reading state information... Done
The following packages were automatically installed and are no longer required:
  linux-headers-2.6.31-14 linux-headers-2.6.31-14-generic
Use 'apt-get autoremove' to remove them.
The following extra packages will be installed:
  libruby1.8 vim-gui-common vim-runtime
Suggested packages:
  cscope vim-doc ttf-dejavu
The following NEW packages will be installed:
  libruby1.8 vim-gnome vim-gui-common vim-runtime
0 upgraded, 4 newly installed, 0 to remove and 0 not upgraded.
Need to get 8,370kB of archives.
After this operation, 33.9MB of additional disk space will be used.
Do you want to continue [Y/n]? y
… … … … … … …
```

libruby1.8, vim-gnome, vim-gui-common, vim-runtime의 4개의 패키지가 새롭게 설치된다는 것을 알

수 있습니다.

이제 정상적으로 설치 작업이 종료되었고, vim을 다시 실행해 보도록 하겠습니다.

```
                        VIM - Vi IMproved

                         version 7.2.245
                      by Bram Moolenaar et al.
                Vim is open source and freely distributable

                        Become a registered Vim user!
            type  :help register<Enter>   for information

            type  :q<Enter>               to exit
            type  :help<Enter>  or  <F1>  for on-line help
            type  :help version7<Enter>   for version info
```

이번에도 비슷한 화면이 나타나는 것을 볼 수 있는데 조금은 달라진 점을 발견할 수 있습니다. 하나를 실행해 보도록 하겠습니다. ":" 클론을 입력하면 여러 가지 명령을 사용할 수 있습니다. ": help version7"을 입력하도록 하겠습니다.

`:help version7`

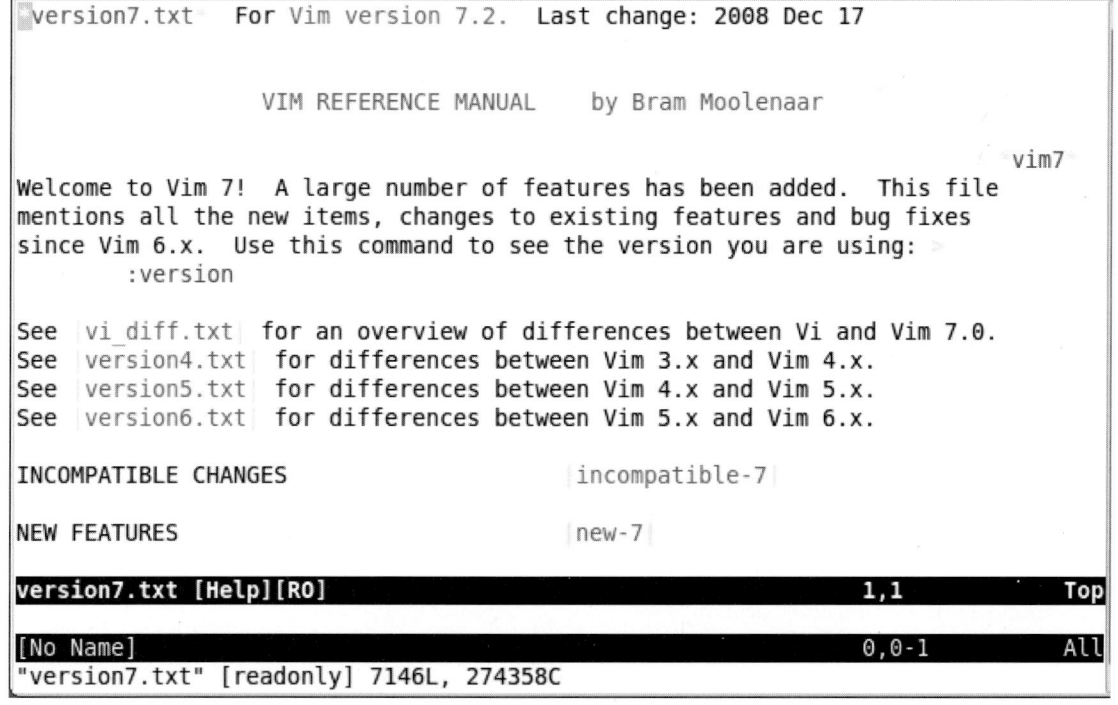

위 내용은 /usr/share/vim/vim72/doc/version7.txt 파일을 열어서 보여주고 있는 것입니다. 여러 부분이 색깔이 칠해져서 나타나기 때문에 보다 명확히 인지할 수 있게 됩니다. 이제부터는 vi로 열어서 보아도 vim으로 동작시키는 것과 동일한 화면을 만날 수 있습니다. C나 H의 소스 코드를 열어서 보면 똑같은 하이라이트 기능이 포함된 화면을 볼 수 있습니다.

3.2.2. vi의 모드

vi는 3가지의 모드로 구분되어 있습니다. 바로 입력 모드, 명령 모드, 실행 모드입니다.

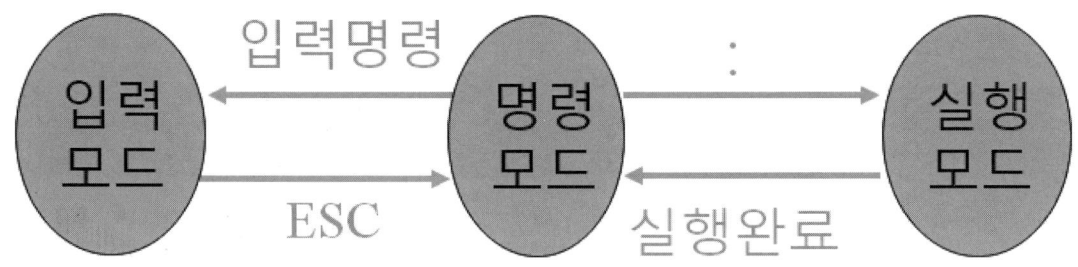

vi 실행 시 시작하는 모드는 명령 모드입니다. 여기서 특정 명령으로 입력 모드로 갈 수도 있고, 콜론(:)을 입력함으로써 실행 모드로 갈 수도 있습니다.

- **입력모드 (혹은 편집모드)** – 글자를 입력할 수 있는 모드입니다. 명령모드에서 a, A, i, o, O 등의 문자를 입력 했을 때 입력 모드로 진입하게 됩니다. 물론 이들 명령 말고도 입력 모드로 진입하게 만드는 명령은 여러 가지가 더 존재합니다.
- **명령모드 (혹은 ESC모드)** – 커서이동 및 기타 명령어 처리를 수행하는 모드입니다. 처음 시작할 때 명령모드로 시작하며, 실행모드에서 실행이 끝나거나 혹은 어떤 모드에서든 ESC키를 눌렀을 때 명령모드로 바뀌게 됩니다.
- **실행모드 (혹은 콜론모드)** – 내용을 바꾸는 등 기타 여러 가지 설정을 변경하는 작업을 수행하는 모드가 됩니다. 모드 변환 방법은 명령모드에서 콜론(:)을 입력했을 때 진입하게 됩니다.

3.2.3. 시작과 종료

가장 먼저 알아야 하는 부분은 시작과 종료일 것입니다. vi나 vim을 입력하면 시작을 하게 됩니다. 물론 편집하고자 하는 파일의 이름을 주어서 시작할 수도 있습니다.

```
yhoh@ubuntu:/$ vi /usr/include/stdio.h
```

stdio.h 파일을 vi로 열어 보겠습니다.

```
:q
```

콜론과 q를 입력하면 빠져나올 수 있습니다. 물론 여기서 q의 의미는 quit를 의미합니다. 그러므로 콜론과 quit를 입력해도 빠져 나올 수 있습니다. 하지만 quit를 입력하는 것은 너무 길기 때문에 간단하게 q만 입력해도 되는 것입니다. 이와 같이 모든 명령들이 단순한 문자로 지원이 됩니다. 모든 것을 한꺼번에 익히려고 하면 아마도 무척 힘이 들 것입니다.

사실 vi 역시 view의 앞의 두 글자만 따온 것입니다. "view /usr/include/stdio.h"로 실행해도 위에서 얻은 결과를 그대로 얻을 수 있습니다.

이제부터는 아래의 표와 같이 명령에 대한 것과 설명을 기록하도록 하겠습니다.

:q!	저장을 하지 않고 종료
:wq	저장을 하고 종료

종료를 할 때 지금까지 작업한 내용을 저장하고 종료하려면 wq를 수행하면 됩니다. 모두들 예상할 수 있는 것처럼 w는 write의 약자입니다. 만약 w만 수행한다면 저장만 하고 그대로 편집 창에 남아 있을 것입니다.

3.2.4. help의 활용

사실 모든 vi의 내용을 설명하자면 책을 한 권 써도 될 정도의 양입니다. 그러한 내용을 여기서 모두 설명 드리는 것은 가능하지 않을 것입니다. 도움말을 활용하는 방법에 대해서 말씀 드리도록 하겠습니다.

```
yhoh@ubuntu:/$ vi --help
VIM - Vi IMproved 7.2 (2008 Aug 9, compiled Sep 21 2009 11:19:54)
usage: vim [arguments] [file ..]       edit specified file(s)
   or: vim [arguments] -               read text from stdin
   or: vim [arguments] -t tag          edit file where tag is defined
   or: vim [arguments] -q [errorfile]  edit file with first error
Arguments:
   --                    Only file names after this
   -g                    Run using GUI (like "gvim")
   -f  or  --nofork      Foreground: Don't fork when starting GUI
   -v                    Vi mode (like "vi")
```

-e	Ex mode (like "ex")
-s	Silent (batch) mode (only for "ex")
-d	**Diff mode (like "vimdiff")**
-y	Easy mode (like "evim", modeless)
-R	Readonly mode (like "view")
... ...	

vi --help를 수행해 보면 무척이나 많은 옵션들이 존재하고 있는 것을 알 수 있습니다. 이러한 옵션들을 하나씩 수행해 보면서 익히는 것이 vi를 향후 활용하는데 많은 도움을 주게 될 것입니다. 한가지 예를 들어 보자면 –d 옵션을 살펴보겠습니다. diff mode이고 vimdiff와 같다고 적혀있는데 이것은 결국 vimdiff가 수행되는 것입니다.

```
yhoh@ubuntu:~/zTmp$ cp /usr/include/stdio.h .
yhoh@ubuntu:~/zTmp$ cp stdio.h stdio_other.h
yhoh@ubuntu:~/zTmp$ vi stdio_other.h
```

비교를 위해서 stdio.h를 복사해서 stdio_other.h란 이름으로 하나의 파일을 더 만들었습니다. 그리고 stdio_other.h 파일을 열어서 거기서 앞 부분의 두 줄을 삭제했습니다.

```
yhoh@ubuntu:~/zTmp$ vi -d stdio.h stdio_other.h
```

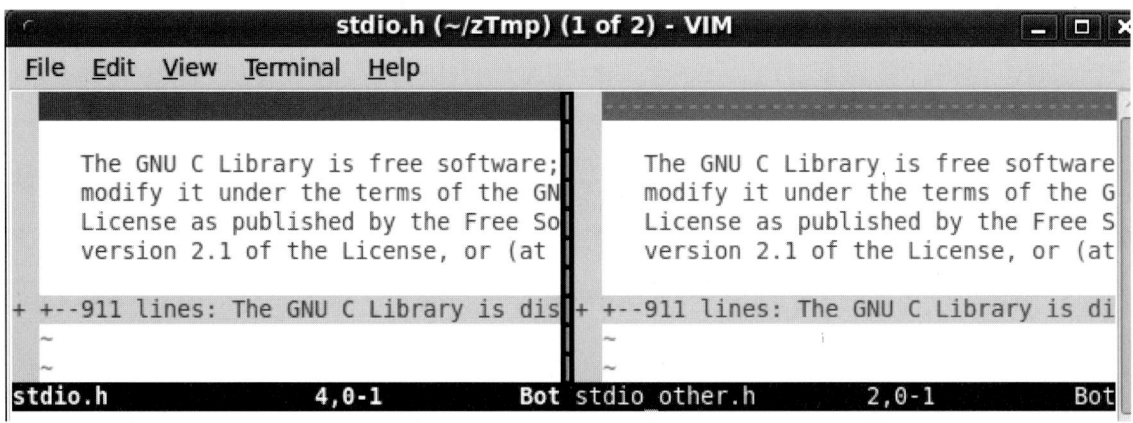

–d 옵션을 주어서 두 파일을 열게 되면 위 그림과 같이 두 파일의 차이를 한눈에 볼 수 있도록 창이 나타나는 것을 알 수 있습니다. 매우 편리한 기능입니다. 만약 "vimdiff stdio.h stdio_other.h"로 실행 시켜도 같은 결과가 나오게 됩니다.

또 다른 활용할 수 있는 도움말은 /usr/share/vim/vim72/doc 부분에 존재하는 많은 문서들입니다. 정말 많은 문서들이 존재합니다.

```
:help version7
```

위에서 우리는 version7에 대한 도움말을 본적이 있는데 바로 이것이 /usr/share/vim/vim72/doc 부분의 version7.txt가 열린 것입니다. 여기의 모든 도움말 파일들을 단순히 help를 이용해서 열게 되면 하이라이트 기능이 작동되는 텍스트 문서로 볼 수가 있는 것입니다.

```
:help
```

가장 기본적인 것은 단순히 help를 치는 것입니다.

```
help.txt        For Vim version 7.2.  Last change: 2008 Jul 21

                     VIM - main help file
                                                                        k
      Move around:  Use the cursor keys, or "h" to go left,         h     l
                    "j" to go down, "k" to go up, "l" to go right.      j
 Close this window: Use ":q<Enter>".
    Get out of Vim: Use ":qa!<Enter>" (careful, all changes are lost!).
```

3.2.5. 커서 이동 명령

위의 help를 입력했을 때 나타나는 오른쪽의 그림이 가장 기본적인 커서 이동 명령입니다. 이것은 콜론을 입력해서 명령을 주는 것이 아니라 편집 화면에서 바로 h나 l, 그리고 k나 j를 입력하면 각각 해당하는 방향으로 커서가 이동 되는 것입니다.

h	커서를 왼쪽으로 한 칸 이동
l	커서를 오른쪽으로 한 칸 이동
k	커서를 위쪽으로 한 칸 이동
j	커서를 아래쪽으로 한 칸 이동

물론 위의 4가지의 명령만으로 모든 것을 수행할 수 있습니다. 하지만 설명에서도 보듯이 한 칸만 이동하는 것이기 때문에 문서가 클 경우 매우 이동이 느려질 수 있어서 여간 불편하지 않을 것입니다.

w	커서를 다음 단어의 첫 글자로 이동 (W도 동일)
b	커서를 이전 단어의 첫 글자로 이동 (B도 동일)

일단 w와 b도 상당히 많이 사용하는 이동 명령입니다. 단어 단위로 이동하기 때문에 보다 빠르게 움

직일 수 있습니다. 이것들 외에 아래의 Control key를 함께 누를 경우에 해당하는 이동 명령 네 가지를 함께 알고 계시면 크게 vi를 사용하는데 불편함은 없으실 것입니다.

^f	커서를 한 화면 아래로 이동 (^F도 동일)
^b	커서를 한 화면 위로 이동 (^B도 동일)
^d	커서를 반 화면 아래로 이동 (^D도 동일)
^u	커서를 반 화면 위로 이동 (^U도 동일)

위의 네 명령은 화면 단위로 한 화면을 이동하거나 반 화면을 이동함으로써 보다 빠른 이동이 가능합니다. 매우 유용한 명령들이라는 것을 알 수 있습니다. 특히 ^d, ^u는 커서의 위치를 고정시키고 화면만 이동되기 때문에 더욱 편리합니다.

이제 아래의 3가지 명령 부분만 알면 이동 명령으로는 더 이상 알 필요가 없다고 해도 과언이 아닙니다. 물론 이 외에도 사실 굉장히 많은 이동과 관련한 명령들이 있지만 굳이 아실 필요는 없습니다.

gg	커서를 문서의 맨 처음 줄의 맨 앞으로 이동
G	커서를 문서의 맨 마지막 줄의 맨 앞으로 이동
:n	커서를 n번째 줄의 맨 앞으로 이동 (n은 숫자를 의미합니다)

문서의 맨 처음과 맨 마지막으로 이동하는 명령을 알아야 편리할 것입니다. 그리고 콜론을 이용해서 특정 줄로 바로 이동할 수도 있습니다.

3.2.6. 편집 시작 (삽입) 명령

이제 이동을 해서 특정한 위치에 커서를 위치한 상태에서 실제 입력을 해야 하는데 이때 사용하는 명령이 삽입 명령입니다. 가장 기본적인 것은 i로 insert의 약자일 것입니다.

이들 명령이 수행된 이후에는 vi의 모드가 변경되게 됩니다. 이제부터는 입력하는 모든 문자는 화면에 그대로 출력이 되면서 실제로 에디터의 입력 상태가 되는 것입니다. 입력 모드 상태가 되면 vi 화면의 하단에는 "-- INSERT --"라고 자신의 상태가 어떠한지를 알려주게 됩니다. 그러한 상태에서 위의 커서 이동과 같은 명령들이 수행될 수 있는 상태로 바뀌려면 ESC 키를 누르면 됩니다.

i	현재 커서 위치의 문자의 앞에 삽입
I	현재 커서 위치의 줄의 맨 앞에 삽입

입력 모드로 변경하는 명령들은 모두 소문자와 대문자의 기능이 다릅니다. i의 경우도 소문자는 커서 위치의 바로 앞에 입력하는 것이지만 대문자는 맨 앞에 입력하는 것입니다.

a	현재 커서 위치의 문자의 뒤에 삽입
A	현재 커서 위치의 줄의 맨 뒤에 삽입

위의 i와 정 반대의 기능이 a입니다. a를 입력하면 현 커서 뒤에 삽입하고, A는 맨 뒷줄에 삽입하게 됩니다.

o	현재 커서 위치의 줄의 다음에 한 줄을 추가하고 추가된 줄에서 입력 시작
O	현재 커서 위치의 줄의 위에 한 줄을 추가하고 추가된 줄에서 입력 시작

o는 줄을 추가해서 편집을 수행할 수 있도록 해주는 명령이 됩니다.

3.2.7. 검색 명령

문서 내에서 어떤 단어들을 검색하는 것은 매우 중요한 기능입니다. / 슬래시를 입력한 후에 원하는 문자열을 넣으면 검색이 됩니다.

```
stdio_other.h (~/zTmp) - VIM
File Edit View Terminal Help
/* Define ISO C stdio on top of C++ iostreams.

   The GNU C Library is free software; you can redistribute it and/or
   modify it under the terms of the GNU Lesser General Public
   License as published by the Free Software Foundation; either
   version 2.1 of the License, or (at your option) any later version.
/GNU                                                    4,37        Top
```

위의 예는 stdio_other.h를 열어서 GNU를 검색하고 있는 것입니다.

/expr	expr 문자열을 검색한다. 단, 앞 방향으로 검색
?expr	expr 문자열을 검색한다. 단, 뒤 방향으로 검색

슬래시나 물음표에 따라서 검색의 방향을 지정할 수 있습니다.

n	이전에 검색한 문자열을 재 검색한다. 단, 이전 검색과 같은 방향으로 검색
N	이전에 검색한 문자열을 재 검색한다. 단, 이전 검색과 반대 방향으로 검색

단순히 n이나 N을 입력함으로써 이전에 검색했던 문자열을 계속해서 찾을 경우 유용하게 사용할 수 있습니다. 만약 n으로 계속 검색을 지속해서 문서의 끝에 다다르게 되면 "search hit BOTTOM, continuing at TOP"을 출력하면서 자동으로 문서의 앞에서부터 다시 검색을 지속하게 됩니다.

그런데 검색에 있어서 한가지 불편할 수도 있는 것은 문자열에 대한 대소문자의 구분이 매우 정확하게 이루어진다는데 있습니다. 만약 위에서 GNU를 검색할 때 gnu라고 치면 아무 것도 검색을 해내지 못하게 됩니다. 이를 해결할 수 있는 방법은 두 가지 방법이 있습니다.

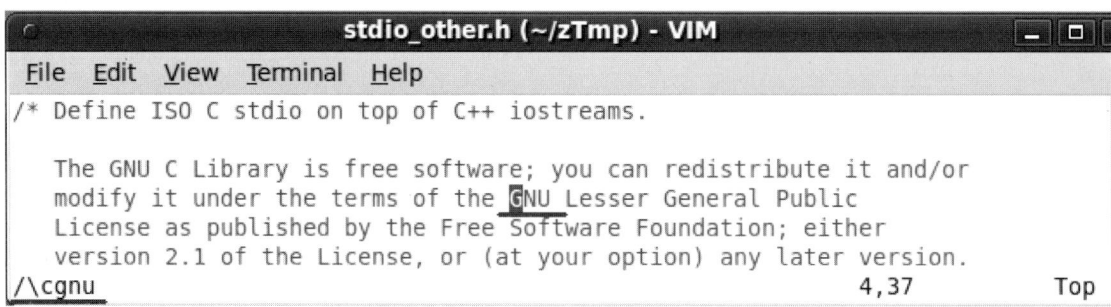

한가지 방법은 검색을 수행할 때 ₩ 백슬레시와 c를 먼저 입력한 이후에 찾고자 하는 문자열을 넣어주는 것입니다. 여기서 소문자 c가 의미하는 것은 대소문자 구분 없이 찾으라는 것입니다. 만약 대문자 C를 쓰게 되면 대소문자를 구분 하라는 것입니다.

:set ic
:set ignorecase

다른 하나의 방법은 설정 값을 변경하는 것입니다. 설정에 있어서 기본은 대소문자를 구분하는 것입니다. 하지만 set ic (ic가 ignorecase입니다.)나 set ignorecase를 하게 되면 대소문자를 구분하지 않도록 설정됨으로써 이제부터는 그냥 gnu로 찾아도 GNU까지 검색을 해낼 수 있는 것입니다.

위의 set ic와 같은 설정은 vi 실행을 끝냈다가 다시 수행하게 되면 설정이 디폴트로 변경되게 됩니다. 이러한 변경을 그대로 유지하려면 ".exrc" 파일을 만들어 주게 되면 됩니다. 이 내용은 뒤에서 살펴보도록 하겠습니다.

검색과 관련해서 보다 편리한 방법이 존재합니다. 특정한 단어에 커서가 위치한 상태에서 #을 누르면 그 단어를 자동으로 검색해 줍니다. 일일이 단어를 타이핑 하지 않아도 되기 때문에 매우 편리합니다. 검색 이후에 재 검색을 하는 것은 위에서 배운 n이나 N을 이용하면 됩니다. 그런데 기본이 되는 방향이 n은 문서의 앞으로 검색을 계속하게 되고, N은 문서의 뒤로 검색을 계속하게 됩니다. 즉, #을 이용한 검색은 방향이 기본적으로 문서의 앞으로 검색을 수행하는 "?"로 검색한 것과 같은 것으로 판단됩니다.

3.2.8. 취소 및 반복 명령

꼭 알아야 하는 명령 중에서 편집을 취소하고 이전의 상태로 돌아가는 명령과 반복에 대한 것이 있습니다.

| u | 바로 이전의 상태로 돌아간다. 계속 u를 입력하면 계속 이전으로 돌아간다. |
| . | 바로 이전의 명령을 1회 반복해서 수행한다. |

u를 입력함으로써 undo를 수행하는 것입니다. 버퍼에 저장되어 있는 만큼 이전의 상태로 돌아갈 수 있기 때문에 무척 편리한 기능입니다.

반복에 대한 것은 점(.)을 입력하는 것입니다. 바로 이전에 수행한 명령을 반복하게 됩니다. 그런데 이때 반복이 되는 것은 편집 명령입니다. 만약 어떤 문장을 삭제했다던가 어떤 것에 대한 치환작업을 했다던가 하는 편집과 관련한 작업에 대해서 반복을 수행하는 것입니다. 그러므로 이전에 커서를 이동한 것과 같은 명령은 점(.)으로 반복할 수는 없습니다.

> 반복과 관련해서 알아두셔야 하는 기본적인 사항은 명령을 수행하기 전에 어떤 수치를 입력한 후에 명령을 수행하면 뒤에 수행하는 명령을 그 앞서 입력한 수치만큼 반복한다는 것입니다. 이것은 바로 위의 u 명령이나 점(.) 명령이나 심지어 커서 이동에 대한 명령까지도 모두 해당하는 것입니다. 예를 들어 10j 이렇게 입력을 하게 되면 j가 10번 반복되는 효과가 있다는 것입니다. 결국 j가 한 라인 아래로 내려가는 것이기 때문에 10라인 아래로 내려가는 효과를 나타내는 것입니다. 이러한 반복에 대한 것을 잘 활용하면 매우 편리한 편집 기능을 사용할 수 있습니다.

3.2.9. 삭제 명령

| x | 커서가 존재하는 위치의 문자를 삭제 |
| X | 커서 왼쪽의 문자를 삭제 |

X를 입력하는 것은 커서의 왼쪽의 문자를 삭제하는 것이기 때문에 만약 커서가 가장 왼쪽에 있다면 아무 것도 삭제될 것이 없고 아무런 일도 발생하지 않게 될 것입니다.

dw	커서 부분을 포함해서 다음 단어의 앞의 공백까지 삭제
dd	커서가 위치한 하나의 라인을 삭제
d0	커서 바로 왼쪽부터 라인의 앞부분을 삭제 (커서는 포함되지 않음)
D	커서부터 라인의 끝까지 삭제 (커서 부분도 포함되어 삭제됨)
dG	커서의 줄을 포함해서 문서의 끝까지 삭제
dgg	커서의 줄을 포함해서 문서의 앞까지 삭제

d라는 것이 delete의 약자일 것이고 지우는 작업을 수행하는 것입니다. dw에서 w는 word로 단어 단위로 삭제를 하는 것입니다. 우리가 이동 명령에서 gg와 G를 배웠는데 이것이 여기서 응용이 됩니다. dG가 끝까지 뒤 부분을 삭제하는 것이고 dgg는 앞 부분을 삭제하게 됩니다.

> 반복과 관련해서 명령을 수행하기 전에 어떤 수치를 입력한 후에 명령을 수행하면 뒤에 수행하는 명령을 그 앞서 입력한 수치만큼 반복한다는 것을 말씀 드렸습니다. 10dd를 입력하게 되면 10개의 문장이 지워지게 됩니다.

```
:10d
```

만약 위와 같이 입력을 하면 라인 10번이 삭제 됩니다.

```
:2,10d
```

아주 유용한 방법으로 위와 같이 숫자를 콤마로 연결해서 입력하는 방법이 있습니다. 위 명령은 2번 라인부터 10번 라인까지를 지우라는 명령이 됩니다. 이와 같은 방식의 응용은 매우 활용도가 높은 방법입니다.

3.2.10. 치환 명령

r	커서 위치의 문자 하나를 다른 문자로 치환 (입력 모드로 변경되지 않음)
R	커서 위치부터 시작해서 계속 다른 문자로 치환 (입력 모드로 변경됨)

치환을 뜻하는 r은 replace의 약자일 것입니다. r과 R의 차이점은 입력 모드와 연관이 있습니다. r은 단순히 하나의 문자만을 변경하는 것이고 입력 모드로 변경되지 않는 반면, R은 입력모드로 변환이 되고 계속적으로 문자를 치환해 나갈 수 있습니다. 물론 여러 라인에 걸쳐서 치환 작업이 이루어지지는 않습니다. 라인의 끝에 이르러서는 그대로 입력 모드의 상태로 남아 있는 것입니다.

cw	커서 위치부터 하나의 단어가 삭제되고 입력 모드 상태가 됨
C	커서 위치부터 라인의 끝까지 삭제되고 입력 모드 상태가 됨

위 내용은 삭제 명령의 dw와 D와 매우 비슷합니다. 다만 삭제된 이후의 상태가 자동으로 입력 모드로 변경됨으로써 자유롭게 문자를 편집해서 입력할 수 있도록 바뀐다는 점이 다를 뿐입니다. 그러므로 만약 우리가 dw와 D를 입력한 이후에 i를 통해서 입력 모드로 바꾸는 것과 동일한 결과를 얻을 수 있는 방법입니다.

cc	커서가 위치한 하나의 라인을 삭제 후 그 라인에서 입력 모드로 동작
c0	커서 바로 왼쪽부터 라인의 앞부분을 삭제 후 입력 모드로 동작
cG	커서의 줄을 포함해서 문서의 끝까지 삭제 후 입력 모드로 동작
cgg	커서의 줄을 포함해서 문서의 앞까지 삭제 후 입력 모드로 동작

위 내용도 역시 삭제에서의 명령들과 매우 비슷한 것을 알 수 있습니다. 삭제 명령에서의 동작 이후에 자동으로 입력 모드로 설정이 바뀐다는 점에서만 다를 뿐입니다.

~	소문자와 대문자가 서로 바뀜 (소문자는 대문자로, 대문자는 소문자로 변경)

"~"를 입력하면 소문자는 대문자로 대문자는 소문자로 case가 변경되게 됩니다.

xp	두 개의 문자가 서로 치환됨

위 xp가 어떤 명령의 한 종류라고 생각하기 보다는 다른 관점에서 생각할 필요가 있습니다. x는 하나의 문자를 지우는 명령이고, p는 뒤에 나오게 되겠지만 이전의 결과 (이 결과는 삭제의 결과일 수도 있고 복사의 결과일 수도 있습니다.)를 커서 다음에 붙여 넣기를 하는 것입니다. 그러므로 xp를 수행하게 되면 하나의 문자를 삭제 했다가 그 문자를 커서 다음에 붙여 넣기를 함으로써 마치 두 개의 문자가 서로 자리를 바꾼 것처럼 느끼게 되기 때문입니다.

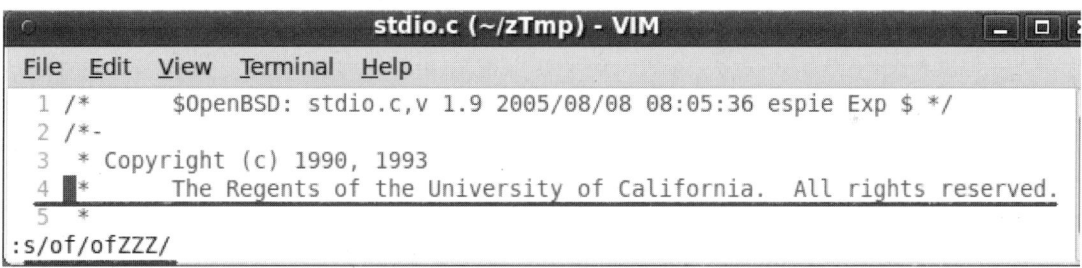

치환과 관련해서 알아야 할 부분에 패턴 매칭에 대한 치환이 있습니다. ":s/<변경을 원하는 문자열>/<변경할 문자열>/" 이렇게 입력을 하면 됩니다. 위 예를 들어 보면 of를 offZZZ로 변경하는 것입니다.

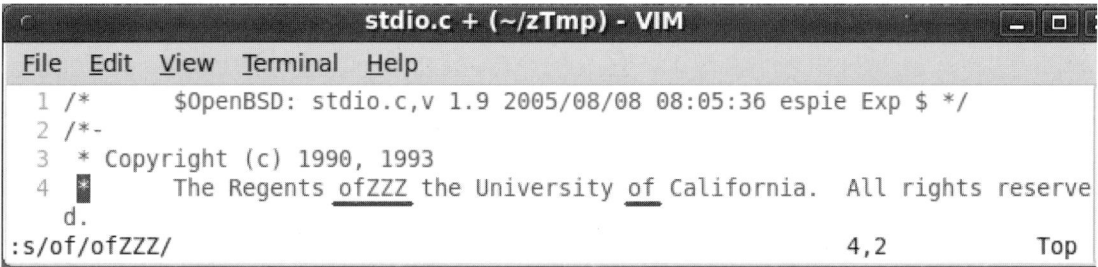

변경된 결과를 보면 커서가 위치한 라인에만 결과가 적용되는 것을 알 수 있습니다. 만약 of가 두 개 존재하고 있을 때 하나만 변경되게 됩니다.

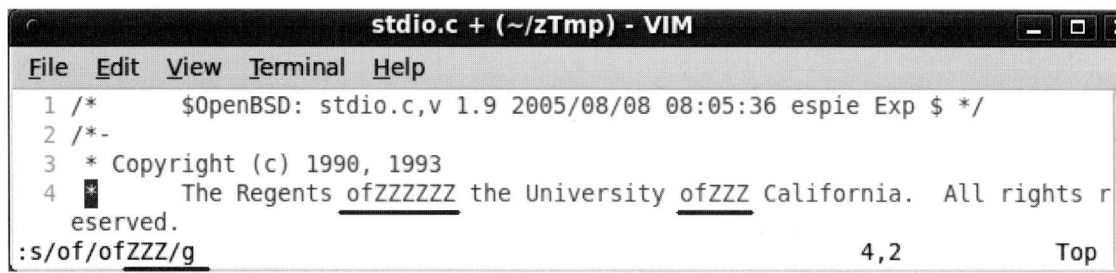

만약 라인 전체에 대해서 모두 변경하고 싶을 경우 뒤에 g라고 적어주면 됩니다. 결과를 보면 앞의 of가 또다시 ofZZZ로 변경되어 있는 것을 알 수 있습니다.

```
:10s/<변경을 원하는 문자열>/<변경할 문자열>/
:2,10s/<변경을 원하는 문자열>/<변경할 문자열>/
:%s/<변경을 원하는 문자열>/<변경할 문자열>/
```

이전에 배웠던 것처럼 라인 번호를 지정해서 줄 수 있습니다. 첫 번째 것은 10번 라인에서 치환을 하라는 것이고, 두 번째는 2번부터 10번 라인까지에서 치환을 하라는 것이고, 세 번째는 문서 전체에서 치환을 하라는 것입니다. 물론 모든 것은 라인 단위에서 한번의 치환이 일어나면 그 라인에 같은 문자가 또 존재해도 치환이 일어나지 않습니다. 라인에서 모든 단어를 검색해서 치환을 하게 하려면 뒤에 g를 써 넣어 주셔야 합니다.

3.2.11. 복사 명령

yy	커서가 위치한 하나의 라인을 복사
yw	커서를 포함해서 커서 위치의 단어 끝까지 복사
p	이전의 복사나 삭제의 결과를 커서 뒤에 삽입
P	이전의 복사나 삭제의 결과를 커서 앞에 삽입

하나의 라인을 복사하는 yy 명령은 매우 많이 사용하는 명령입니다. yw는 단어를 복사하는 것입니다. 커서를 포함해서 그 단어의 끝까지 복사가 됩니다. p는 paste의 약자로 붙여 넣기를 하는 것입니다. p는 커서의 뒤에, P는 커서의 앞에 삽입이 됩니다. 만약 yy로 라인을 복사한 이후에 p를 입력하게 되면 복사된 라인이 커서가 위치한 다음 라인에 삽입이 됩니다. 이때 입력 모드로 변경되지는 않습니다.

```
:2,10y
```

역시 마찬가지로 위와 같이 2번부터 10번 라인을 복사하도록 할 수 있습니다. 이후 적절한 위치로 이동해서 p나 P로 붙여 넣기를 하게 되면 편리한 복사 편집을 할 수 있는 것입니다.

3.2.12. 환경 설정

```
:set ic
```

우리가 위에서 set ic와 같은 환경에 대한 설정을 본적이 있는데 여기서 환경 설정과 관련한 기본적인 내용을 공부하도록 합니다.

```
:set nu
:set number
:set nonu
:set nonumber
```

set ic와 마찬가지로 모든 설정 명령은 set으로 시작하고 약자도 지원합니다. 그리고 설정을 원복 하는 경우에는 no라고 이름 붙여진 것들이 존재하는 경우가 많습니다. set nu를 하게 되면 화면에 라인 번호가 출력되게 됩니다.

```
:set all
--- Options ---
    aleph=224           nohidden            shelltemp
noarabic                history=50          shellxquote=
    arabicshape         nohkmap             noshiftround
noallowrevins           nohkmapp            shiftwidth=8
noaltkeymap             nohlsearch          noshortname
    ambiwidth=single    icon                showbreak=
noautochdir             iconstring=         noshowcmd
noautoindent            noignorecase        noshowfulltag
noautoread              imactivatekey=      noshowmatch
noautowrite             noimcmdline         showmode
noautowriteall          noimdisable         showtabline=1
    background=light    iminsert=2          sidescroll=0
nobackup                imsearch=2          sidescrolloff=0
... ... ... ... ... ...
```

set all을 해서 보면 수행할 수 있는 설정 값이 엄청나게 많이 존재하고 있습니다. 각각의 설정 값들에 대해서 모두 살펴보는 것은 무척 방대한 양입니다. 여기서 다루지는 않을 것입니다.

한가지 마지막으로 알아볼 것은 환경 설정을 고정적으로 내가 원하는 값으로 지속적으로 유지하는 방법에 대해서 살펴보겠습니다.

```
yhoh@ubuntu:~$ cat .exrc
set nu
yhoh@ubuntu:~$
```

자신의 루트 폴더에 ".exrc" 파일을 만들어서 거기에 적절한 원하는 환경 변수를 적어 놓는 것입니다. 그러면 vi가 실행될 때 이 파일을 참조해서 그곳의 설정 값이 자동으로 적용되게 됩니다. 저는 set nu로 라인 번호가 디폴트로 출력되도록 설정하였습니다.

이것을 에디터에 대한 설명은 마칩니다. 적은 내용이고 이것으로 에디터를 모두 알 수는 없지만 기본적으로 알아야 하는 내용에 대해서는 충실하게 다루었습니다. 좋은 참고 자료가 되셨기를 바랍니다.

4. Host PC와 파일 공유 - VMware Tools & 삼바(Samba)

VMware 상에서 설치를 진행하는 PC는 Host PC라 부르고 설치된 환경을 Guest라고 부르게 됩니다. 실제로 Host PC 내의 파일을 접근할 수 있어야 편리한 작업이 될 것입니다.

예전의 VMware에서는 Guest Machine이 리눅스인 경우에 단순한 방법으로는 연결이 되지 않았었습니다. 하지만 현재의 버전은 이러한 단순한 연결도 무척 쉽게 제공하고 있습니다. 여기서는 단순한 연결 방법을 먼저 살펴보고 이후 삼바를 통한 연결까지 해보도록 하겠습니다.

4.1. VMware Tools

VMware Tools는 여러 가지로 VMware를 이용해서 Host PC와 리눅스 간에 매우 편리한 기능을 제공해 주는 툴입니다.

4.1.1. VMware Tools 설치

우리가 우분투를 다운로드 받아서 설치하였는데 여기에는 기본적으로 VMware Tools가 설치되어 있습니다. 그러므로 다시 설치를 해야 할 이유는 없지만 혹시라도 설치가 되어있지 않은 분을 위해서 설명을 드리도록 합니다.

제 경우는 이미 설치가 되어 있기 때문에 메뉴가 Reinstall로 보이는 것이고, 설치가 되어있지 않다면 Install로 표시될 것입니다. 이것을 선택한 이후의 과정은 다음 절의 업데이트 과정과 동일하기 때문에 여기서는 설명하지 않겠습니다.

한번도 설치가 된 적이 없으면 Install VMware Tools, 최신 버전이 아닌 것이 설치되었을 경우는 Update VMware Tools, 현재 버전이 가장 최신일 경우는 Reinstall VMware Tools로 메뉴가 표시될 것입니다. 그러므로 Reinstall VMware Tools로 메뉴가 표시되면 굳이 재 설치 작업을 수행하실 필요가 없습니다.

4.1.2. VMware Tools 업데이트

최초 우분투를 실행했을 때 하단에 아래와 같은 문구를 발견할 수 있습니다.

| The installed version of VMware Tools is not up to date. Log in to the guest operating system and click Update Tools. |

위 그림이 너무 작아서 위에 다시 기술하였습니다. 내용은, 현재 설치되어 있는 툴이 최신이 아니니 "Update Tools"를 선택해서 설치하라는 것입니다. 당연히 업데이트를 해야 할 것입니다. "Update Tools"를 클릭합니다.

클릭을 하면 바탕화면은 위의 그림과 같은 모양이 되면서 하단에는 새로운 메시지를 출력하고 있습니다.

| Mount the virtual CD drive in the guest, launch a Terminal, and use tar to uncompress the installer. Then, execute vmware-install.pl to install VMware Tools. |

위 메시지의 내용을 보면, Virtual CD drive를 마운트하고, 터미널을 띄워서 tar를 이용해서 설치될 내용의 압축을 풀고, vmware-install.pl을 실행해서 툴을 설치하라는 것입니다. 지시하는 그대로 진행을

해보도록 하겠습니다. 위의 지시 내용을 보면 터미널을 띄워서 tar로 압축을 풀고 하는 등의 내용이 사실은 아직은 좀 어려울 수 있습니다. 그냥 쉬운 윈도우 환경에서 해보도록 하겠습니다.

VMwareTools-8.1.4-227600.tar.gz 위치에서 마우스 오른쪽 버튼을 눌러서 Extract To 메뉴를 실행합니다.

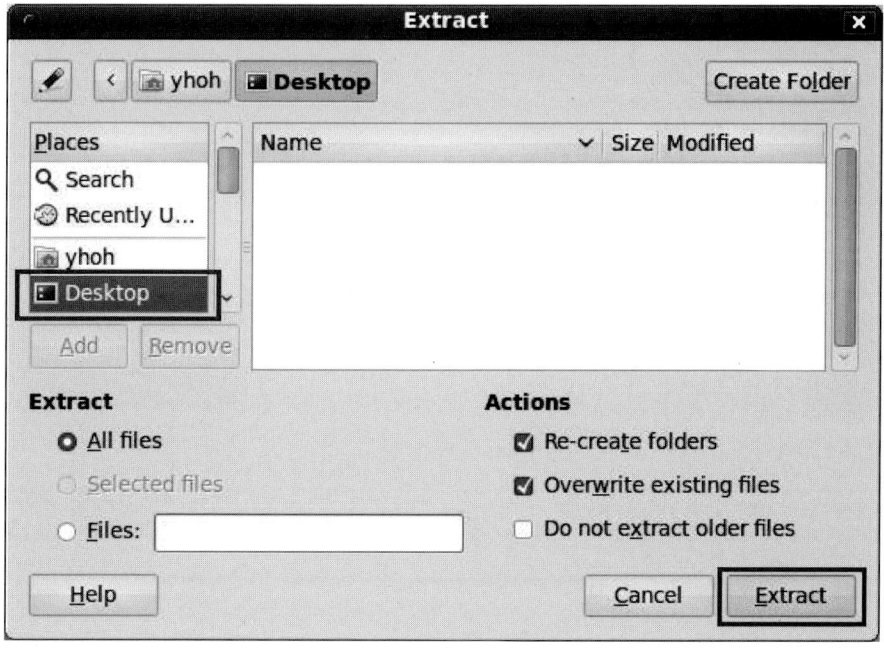

Desktop을 선택하고 Extract 버튼을 누릅니다. 그럼 바탕화면에 vmware-tools-distrib 폴더가 생기고 거기에 모든 파일 압축이 풀려 있는 것을 확인할 수 있습니다.

바탕화면에 있는 vmware-tools-distrib 폴더를 더블 클릭해서 엽니다. 여기서 vmware-install.pl 파일을 발견할 수 있습니다. 이것을 실행해서 설치하면 됩니다.

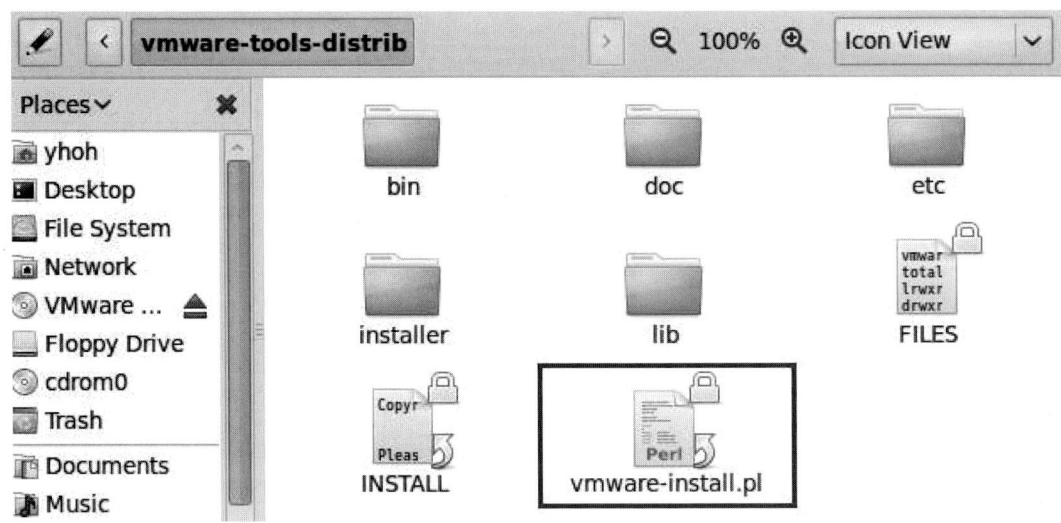

그런데 여기서부터는 그냥 GUI 환경에서 수행하기가 어렵습니다. 이제 터미널을 열어서 수행을 해야 합니다.

바탕화면은 자신의 홈 디렉토리의 Desktop 부분입니다. 그곳으로 이동해서 sudo ./vmware-install.pl 을 수행하는 것입니다. 여기서 sudo가 의미하는 것은 super user 모드로 실행하는 것을 의미합니다. 이후에 super user에 대한 암호를 넣으면 설치 작업을 계속하게 됩니다.

위 그림에서 마지막에 있는 내용처럼 뭔가 질문을 하는 내용이 여러 번 나타납니다. 그때마다 그냥 엔터를 쳐서 지나가면 됩니다. 디폴트로 설정된 것을 그대로 적용하도록 하는 것입니다.

설치 작업은 조금 시간이 걸립니다. 소스를 기본적으로 포함하고 있는 GCC를 이용해서 컴파일까지 하는 작업도 진행하게 됩니다.

```
[EXPERIMENTAL] The VMware FileSystem Sync Driver (vmsync) is a new feature that
creates backups of virtual machines. Please refer to the VMware Knowledge Base
for more details on this capability. Do you wish to enable this feature?
[no]
```

여러 가지 설치 작업들을 수행하다 보면 위와 같은 새로 추가되는 기능들에 대한 것을 볼 수 있습니다. 물론 도전적인 사용자라면 이런 기능들을 적극적으로 수용해서 해보는 것도 나쁘지는 않을 것입니다. 일단은 기본적으로 설정된 no를 선택해서 진행합니다.

```
Enjoy,

--the VMware team

Found VMware Tools CDROM mounted at /media/cdrom1. Ejecting device /dev/sr0 ...

yhoh@ubuntu:~/Desktop/vmware-tools-distrib$
```

마운트 되었던 CDROM도 사라지면서 설치 작업이 종료합니다.

4.1.3. VMware Tools 기능

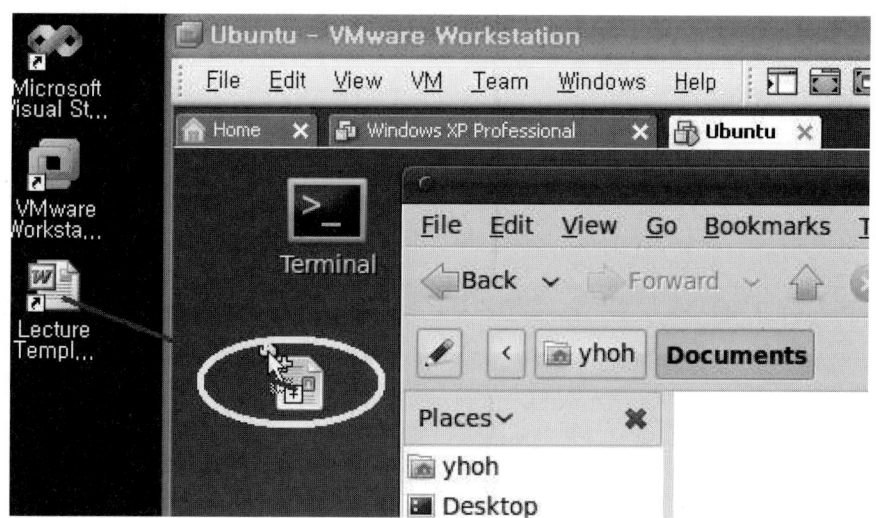

일단 설치를 마친 이후에는 우분투를 재 시작 합니다. 그래야 정확히 VMware Tools가 동작을 수행할 수 있습니다.

많은 좋은 기능들이 있지만 결국은 Host PC와 Virtual Machine 간의 원활한 공유와 관련한 부분이 주요한 기능입니다. 극명하게 알 수 있는 예가 바로 위의 그림입니다. Host PC 바탕화면에 있던 것을 우분투 Virtual Machine으로 마우스를 찍어서 이동시키면 위 그림과 같이 마우스에 문서가 딸려가면서 마치 PC Windows XP에서 파일을 드래그 하는 것과 동일한 기능을 수행하는 것을 확인할 수 있습니다.

4.1.4. 쉬운 VMware Tools 업데이트

위에서 직접 설치를 진행하는 방식보다는 보다 쉽게 설치할 수 있는 방법이 있습니다. VMware 메뉴 중에서 Edit 메뉴에서 Preferences를 선택합니다.

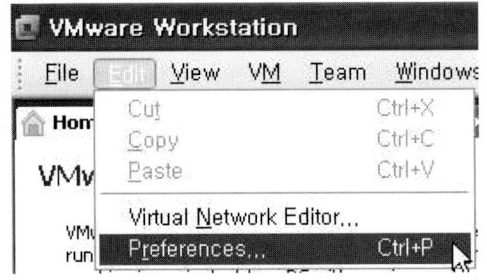

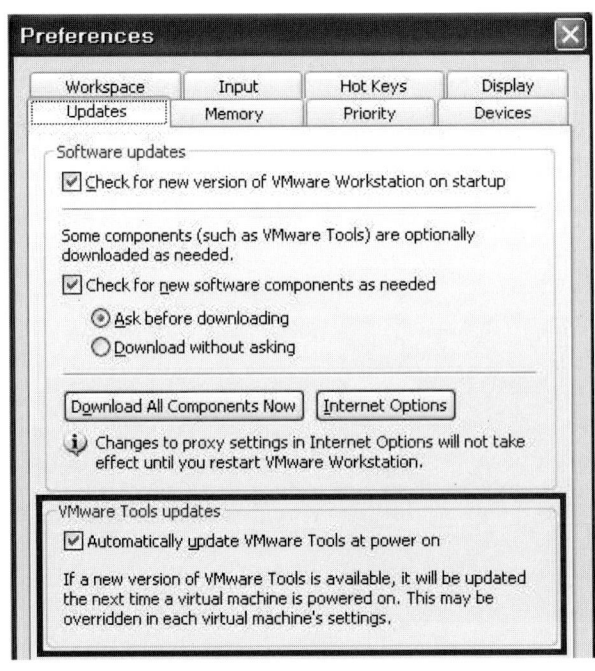

Updates 부분을 보면 VMware Tools와 관련한 부분이 보이고 이 부분을 설정한 이후에 우분투를
Power off하고 다시 시작하면 사용자에게는 아무런 정보도 주지 않으면서 백그라운드로 조용히 설치
작업을 수행해 줍니다. 전혀 어려움 없이 설치를 진행할 수 있습니다.

4.2. VMware Tools를 이용한 파일 공유

위에서 이미 VMware Tools를 이용해서 파일을 복사하는 것에 대해서 공부했습니다. 그것을 이용하면
Host PC와 리눅스 Virtual Machine 간에 파일을 복사하는 것은 쉽게 되는 것을 알았습니다. Host PC
에서 리눅스로 파일을 복사하는 것만 예를 들어서 설명했었지만 당연히 역으로 리눅스에서 Host PC
로 복사하는 것도 당연히 가능합니다. 폴더 단위로도 복사를 하는 것이 쉽게 되기 때문에 이것만을
이용해서도 모든 공유 작업은 할 수 있습니다. 물론 이러한 복사의 방법만으로 모든 것을 할 수는
있겠지만 무척 불편할 것입니다. 이제 다른 방식의 공유 방법을 알아 보도록 하겠습니다.

4.2.1. VMware File Share 이용

과거에는 마우스와 키보드를 동작시키는 것도 무척 불편했습니다. Virtual Machine을 사용하다가
Host PC로 돌아가기 위해서는 꼭 왼쪽 Control과 Shift를 동시에 눌러야만 전환이 가능했었습니다.
하지만 지금은 키보드나 마우스의 동작에는 아무런 불편이 없이 동작하고 있습니다.

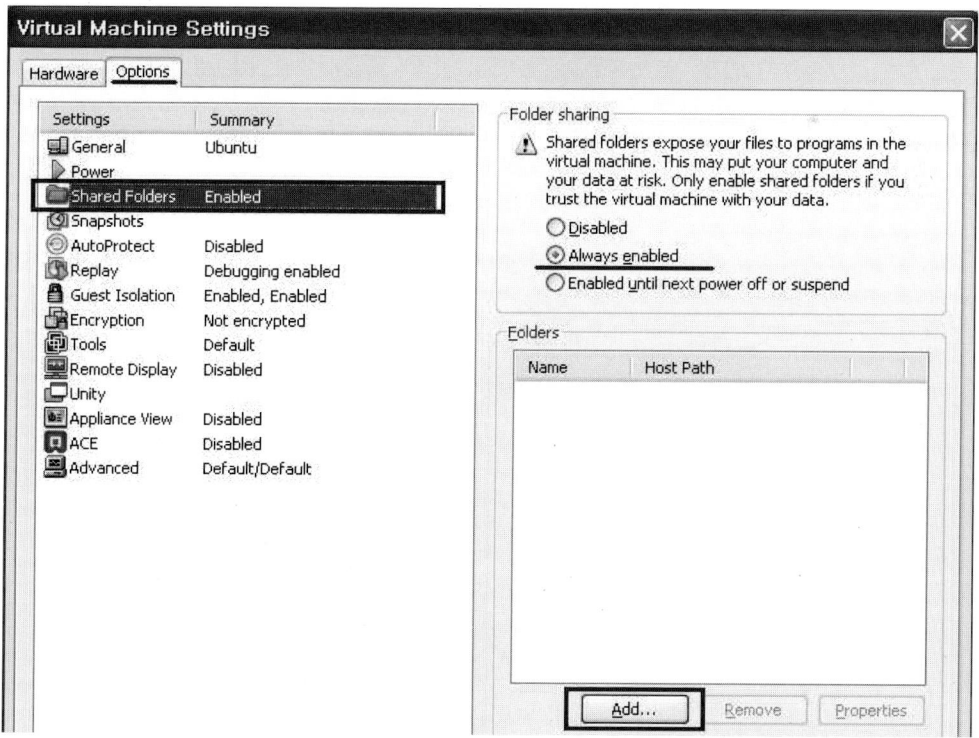

마우스나 키보드와 마찬가지로 예전 버전의 VMware에서는 File Share를 이용하는 것이 조금은 불편했었습니다. Virtual Machine으로 Windows 계열을 설치했을 경우에는 잘 작동을 하였는데 리눅스를 설치한 경우에는 잘 작동하지 않는 문제가 있었습니다. 그래서 조금은 어렵고 불편한 삼바를 이용한 방법 외에는 할 수가 없었는데 VMware가 버전이 올라가면서 이 부분이 매우 안정된 것으로 생각됩니다. 이제는 Windows 계열이 아니라 리눅스를 설치한 경우에도 무척 편리하게 작동하고 있습니다.

위 그림은 VMware에서 공유를 수행할 수 있도록 설정하는 옵션 창입니다. VMware를 띄워서 VM 메뉴에서 Settings를 선택합니다. 여기서의 설정은 나중에도 자유롭게 바꿀 수 있습니다. 추가적인 폴더를 공유할 필요가 있을 때마다 수행하면 됩니다.

Options 부분에서 Shared Folders를 선택하고, Always enabled를 선택합니다. Add를 누릅니다.

공유할 폴더를 선택하는 경우 Shared Folder Wizard의 도움을 받게 됩니다. 당연히 Next를 눌러서 진행합니다.

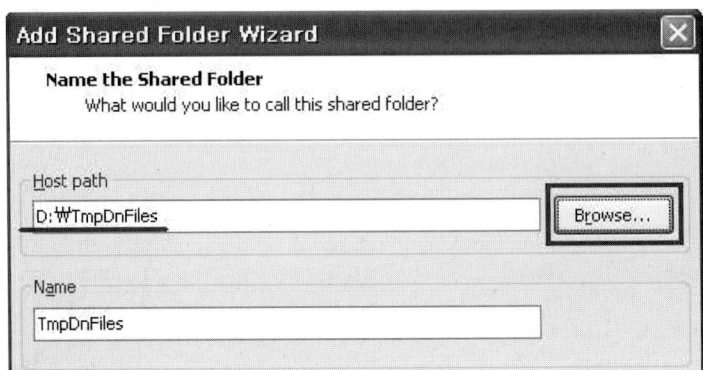

공유할 폴더를 Browse를 이용해서 선택합니다. 그 이름을 그대로 사용해도 되고 다른 이름을 주어도 상관없습니다. (물론 이름에 공백이 있다거나 해도 동작에 문제가 있지는 않습니다. 하지만 가능한 공백이 없이 하는 것이 리눅스에서 활용하는데 있어서 조금 편리할 것입니다.)

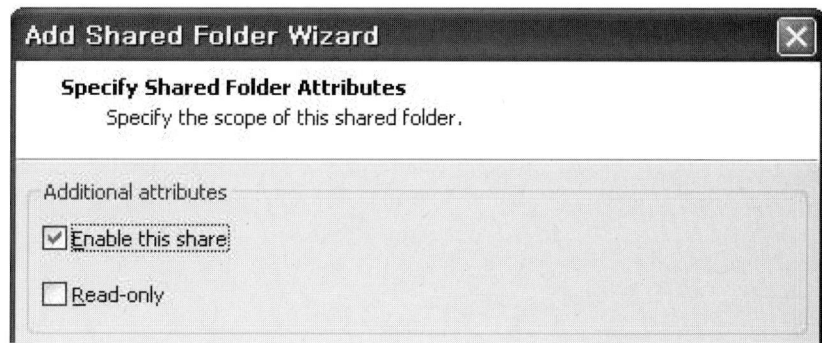

Finish를 누릅니다. Read-only를 선택하지 않으면 리눅스에서 현재 공유한 폴더를 접근해서 Write 작업을 수행할 수 있습니다. 읽기만 수행할 경우는 Read-only를 선택합니다.

VMware Tools를 이용해서 위의 파일 공유를 사용하려고 할 때 아래와 같은 에러 메시지가 나타나는 경우가 있습니다.

이 경우에 먼저 VMware를 리부트 해서 수행이 되는 지를 확인하시고, 그래도 동작하지 않을 경우는 **이를 해결하기 위해서는 VMware Tools를 다시 설치해 주어야 합니다.** Host OS 등의 변경으로 인해서 이와 같은 현상이 나타날 수 있습니다.

4.2.2. 우분투에서 공유 폴더 확인

이제 우분투로 돌아가서 공유가 정상적으로 되었는지 확인해 보도록 하겠습니다. 실제 공유 작업은 mount를 이용하는 것입니다. VMware를 통해서 두 대의 Machine 환경이 폴더를 공유하게 되는 것이고, 리눅스의 입장에서는 디스크의 공간이 마운트 되는 것입니다. 마운트와 관련해서는 보다 깊이 있게 공부할 필요가 있습니다만 여기서는 간단하게 현재 공유한 폴더가 어디에 존재하는 지만 살펴보고 지나가도록 하겠습니다.

```
yhoh@ubuntu: /mnt/hgfs
File  Edit  View  Terminal  Help
yhoh@ubuntu:~$ ls
Desktop    Downloads         Music     Public     Videos
Documents  examples.desktop  Pictures  Templates
yhoh@ubuntu:~$ cd /
yhoh@ubuntu:/$ ls
bin    dev   initrd.img      lost+found  opt   sbin     sys  var
boot   etc   initrd.img.old  media       proc  selinux  tmp  vmlinuz
cdrom  home  lib             mnt         root  srv      usr  vmlinuz.old
yhoh@ubuntu:/$ cd mnt
yhoh@ubuntu:/mnt$ ls
hgfs
yhoh@ubuntu:/mnt$ cd hgfs/
yhoh@ubuntu:/mnt/hgfs$ ls
TmpDnFiles
yhoh@ubuntu:/mnt/hgfs$ 
```

위 그림과 같이 /mnt/hgfs 부분에 방금 공유한 폴더가 위치하고 있는 것을 알 수 있습니다.

```
yhoh@ubuntu:/mnt/hgfs/TmpDnFiles$ cd
yhoh@ubuntu:~$ cd /mnt/hgfs/TmpDnFiles/
yhoh@ubuntu:/mnt/hgfs/TmpDnFiles$ mkdir Tmp
yhoh@ubuntu:/mnt/hgfs/TmpDnFiles$ cd Tmp/
yhoh@ubuntu:/mnt/hgfs/TmpDnFiles/Tmp$ 
```

mkdir로 Tmp라는 폴더를 만들고 그곳으로 이동을 해보았습니다. 공유된 폴더에 대한 write도 정상적으로 동작한다는 것을 알 수 있습니다. 이제 Host PC에 존재하는 어느 폴더라도 공유해서 리눅스에서 접근할 수 있음을 알았습니다. 이 폴더를 링크시켜서 꼭 이 폴더를 탐색해서 이동하지 않더라도 home에서도 접근을 할 수는 있을 것입니다. 이러한 방법은 사용자가 원하는 관리 방법에 따라 다를 것입니다. 각자 편리한 방법을 찾아서 수행하시기 바랍니다.

```
yhoh@ubuntu:~$ ln -s /mnt/hgfs/TmpDnFiles/ tmpPC
yhoh@ubuntu:~$ l
/home/yhoh
total 8
drwxr-xr-x 2 yhoh yhoh 4096 2010-06-21 18:52 Desktop
-rw-r--r-- 1 yhoh yhoh  167 2010-06-21 04:00 examples.desktop
lrwxrwxrwx 1 yhoh yhoh   21 2010-06-21 19:14 tmpPC -> /mnt/hgfs/TmpDnFiles/
yhoh@ubuntu:~$ cd tmpPC
yhoh@ubuntu:~/tmpPC$ ls
mango100_2010_06_16.img  mango100_zImage         sd_program.tgz.tar  sdwriter
mango100_uboot.bin       sdboot_2010_06_16.zip   sdreader            Thumbs.db
yhoh@ubuntu:~/tmpPC$
```

매번 /mnt/hgfs/로 이동해서 작업하는 것은 매우 귀찮은 일입니다. 이를 위해 제공해 주는 방법이 Symbolic Link를 만드는 것입니다. ln –s 옵션을 통해서 이를 만들 수 있습니다. 위 그림과 같이 tmpPC라는 이름으로 링크를 만들었습니다. 이제부터는 tmpPC를 이용해서 쉽게 접근이 가능하게 됩니다.

4.3. 삼바 (Samba) 이용

리눅스를 사용하다 보면 개발에서 가장 어려운 점이 바로 소스 코드 편집 입니다. vi나 Emacs에 익숙한 사용자라면 이 편이 더 낫다라고 생각할 수도 있겠지만, 그래도 많은 개발자들이 윈도우 환경의 편집을 더 편하게 생각합니다.

그런데 만약 소스 코딩과 빌드를 Windows에서 할 수 있다면 좀 더 편안한 개발이 될 수 있을 것입니다. 바로 삼바를 이용해서 Windows에서 리눅스 하드 디스크를 네트워크 드라이브로 연결해서 쓰는 것입니다. 그렇게 하면 Windows에서 리눅스 쪽의 파일을 읽고 쓸 수 있기 때문에, Windows에서도 소스 코드 수정이 가능합니다.

4.3.1. Samba 설치하기

그럼 삼바를 설치하고, 네트워크 드라이브로 설정해 보겠습니다. 삼바를 설정하는 방법은 매우 다양하게 여러 가지 방법이 있을 수 있습니다. 여기에 적혀있는 것이 바이블은 될 수 없습니다. 상황에 따라서 적절한 방법을 선택해서 사용해야 할 것입니다. VMware에서 리눅스를 구동 시키고, Terminal을 실행 시킵니다. Terminal 창에서 다음과 같이 입력한 후 엔터를 칩니다.

yhoh@ubuntu:~$ **sudo apt-get install samba smbfs**

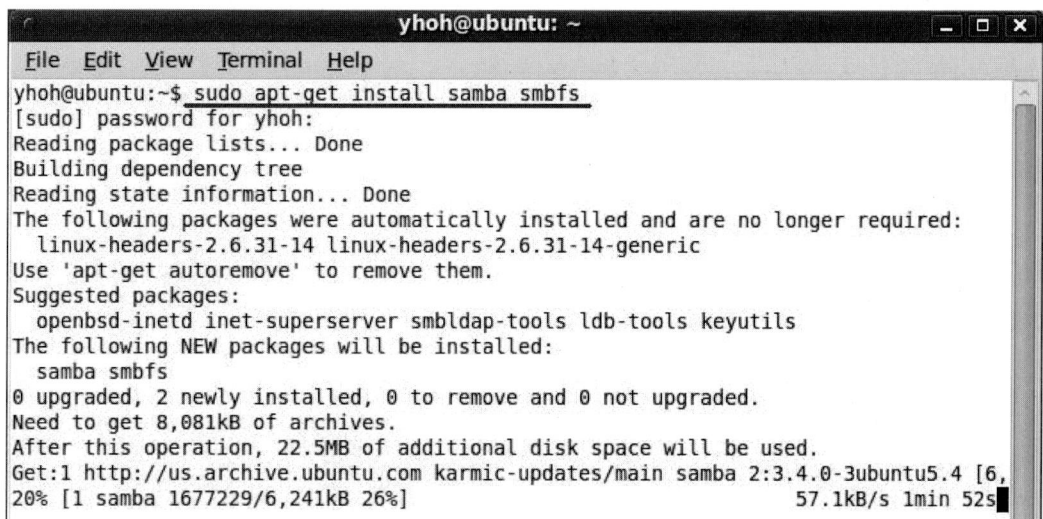

위 그림과 같이 자동으로 필요한 파일들을 다운로드 받아서 설치가 진행 됩니다. apt-get은 패키지를 받아서 설치를 진행하는 명령입니다. 뒤의 install이라는 것이 어떻게 진행할 것인가를 결정하는 것입니다. 우리는 현재 설치되지 않은 것이기 때문에 install로 설치를 진행하는 것입니다. 위 내용 중에서 smbfs는 samba 관련 file system 부분입니다. 이것도 함께 설치가 되는 것입니다.

```
account_policy_get: tdb_fetch_uint32 failed for field 16 (refuse machine password c
hange), returning 0
Importing account for nobody...ok
Importing account for yhoh...ok
 * Starting Samba daemons                                                    [ OK ]

Setting up smbfs (2:3.4.0-3ubuntu5.4) ...
yhoh@ubuntu:~$
```

Samba daemons가 자동으로 수행되고 있는데 설정을 바꾸어서 다시 실행시켜야 합니다. 아직은 리눅스와 Host PC가 연결되는 상태는 되지 않았습니다.

4.3.2. Samba 설정하기

설치 후에는 삼바 설정을 해야 합니다. gedit로 smb.conf 파일을 수정합니다. vi를 사용해도 되지만 gedit는 초보자도 쉽게 사용할 수 있는 에디터 입니다. smb.conf 파일은 /etc/samba 부분에 있습니다.

```
yhoh@ubuntu:~$ sudo gedit /etc/samba/smb.conf
```

Smb.conf에서 다음 section을 찾습니다.

```
####### Authentication #######
# "security = user" is always a good idea. This will require a Unix account
# in this server for every user accessing the server. See
# /usr/share/doc/samba-doc/htmldocs/Samba3-HOWTO/ServerType.html
# in the samba-doc package for details.
   security = user
```

문장에서 맨 앞의 '#'또는 ';'이 주석 표시이므로 행의 맨 앞 '#'을 제거 해주면 됩니다. 원래 "# security = user"로 되어 있었던 부분에서 #을 제거 합니다.

security 부분에 설정할 수 있는 값은 네 가지가 있습니다. 각각 share, user, server, domain이 될 수 있습니다. share는 권한 없이 접근이 가능한 것입니다. user는 삼바 서버에서 계정 인증을 거친 사용자만 허가되는 것입니다. server는 다른 호스트의 인증을 거친 사용자만 허가되는 것입니다. domain

은 PDC (Primary Domain Controller)를 통해 인증을 거친 호스트만 허가되는 것입니다.

다른 복잡한 설정에 대해서 아주 상세히 알면 좋겠지만 개인 사용자가 자신의 Virtual Machine에서 사용하는 데에 있어서 security = user로 설정하는 것은 가장 좋은 설정이 될 것입니다.

다음은 공유 설정입니다. 다음 section을 찾습니다.

```
#======================= Share Definitions =======================
# Un-comment the following (and tweak the other settings below to suit)
# to enable the default home directory shares.   This will share each
# user's home directory as \\server\username
;[homes]
;   comment = Home Directories
;   browseable = no
# By default, the home directories are exported read-only. Change the
# next parameter to 'no' if you want to be able to write to them.
;   read only = yes
```

[homes] 항을 다음과 같이 주석을 제거 합니다.

```
[homes]
    comment = Home Directories
    browseable = no
```

comment 부분은 공유 디렉토리에 대한 설명을 나타내는 것입니다. 말 그대로 주석이기 때문에 문자 열이 그대로 보일 것입니다. 그 다음의 browseable은 공유 이름을 브라우저에 표시할 것인지를 결정하는 것입니다. 이것을 no를 해 놓으면 다른 사용자에게 보이지 않습니다. 물론 개인 사용자의 연결을 위해서 삼바를 사용할 때는 뭐로 하든 크게 상관은 없습니다.

이제 아래의 "; read only = yes" 라인 부분을 변경하는 것입니다. 그 라인을 그대로 둔 상태에서 아래에 다음과 같이 삽입 합니다,

```
;   read only = yes
    writable = yes
```

공유 디렉토리에 대한 접근 방법에 대한 부분입니다. read only = yes로 해 놓으면 Host PC에서 쓰기 작업이 안되고 읽기만 가능하게 됩니다. 위와 같이 writable을 yes로 설정해야 합니다.

```
# File creation mask is set to 0700 for security reasons. If you want to
# create files with group=rw permissions, set next parameter to 0775.
   create mask = 0700


# Directory creation mask is set to 0700 for security reasons. If you want to
# create dirs. with group=rw permissions, set next parameter to 0775.
   directory mask = 0700

# By default, \\server\username shares can be connected to by anyone
# with access to the samba server.   Un-comment the following parameter
# to make sure that only "username" can connect to \\server\username
# This might need tweaking when using external authentication schemes
   valid users = %S
```

그 아래 부분의 create mask = 0700, directory mask = 0700, valid users = %S 라인의 주석을 제거 합니다. 이 부분은 공유하는 부분의 파일이나 폴더 등에 대해서 어떻게 설정할 것인가를 지정하는 부분입니다.

리눅스는 모든 파일에 대해서 접근 권한을 세 가지로 나눕니다. Owner, Group, Others로 세 부분에 대해서 읽기, 쓰기, 실행을 비트로 결정할 수 있게 되어 있습니다. 만약 이것을 777로 설정하게 되면 Owner, Group, Others 모두에 대해서 읽기, 쓰기, 실행 모든 것이 가능하다는 것을 의미하기 때문에 거의 보안이 안 된다고 할 수 있겠습니다.

위 설정에서 700으로 설정했다는 것은 오직 그 파일을 소유한 Owner에게만 권한을 줄 뿐 그 외에는 접근 권한을 완전히 제한하는 것입니다. 만약 개인 사용자가 연결을 위해서 삼바를 쓸 경우는 사실 어떻게 설정해도 무방 합니다만 가능한 보안이 가장 높게 유지하는 것이 좋을 것입니다.

수정이 완료 되었으면 파일을 저장하고 닫습니다.

4.3.3. Samba User 설정하기

이제 삼바 유저를 설정해야 합니다.

다음과 같이 터미널에서 입력하여 삼바 유저를 추가합니다.

```
sudo smbpasswd -a <username>
```

<username>은 본인의 리눅스 가상 머신의 로그인 아이디를 넣으면 됩니다. 새로운 삼바 패스워드를

넣으면 유저 추가가 완료 됩니다. 패스워드는 리눅스 로그인 패스워드를 그대로 넣으면 됩니다.

```
yhoh@ubuntu:~$ sudo smbpasswd -a yhoh
[sudo] password for yhoh:
New SMB password:
Retype new SMB password:
yhoh@ubuntu:~$
```

username은 시스템에서 등록된 사용자여야만 합니다. 당연히 설치할 때 사용했던 ID를 그대로 사용하는 것이 편리할 것입니다. 참고로 samba에서 사용자를 삭제하는 것은 -x option을 주면 됩니다. 물론 새로운 ID를 추가로 사용하는 것도 가능합니다. 그렇게 새로운 ID를 사용하고자 할 때는 add user 작업으로 실제 시스템 상에 user id를 설치해 주어야 합니다. System > Administration > Users and Group을 선택해서 잠금을 푼 이후에 Add User를 눌러서 새 사용자 계정을 추가하시면 됩니다. 이때 사용자 권한 부분에서 connect to wireless and ethernet networks 부분과 Share files with the local network 부분을 선택 해주어야 합니다.

4.3.4. Samba 재 시작

다음 명령을 입력하여 설정이 반영되도록 삼바를 재 시작 합니다.

```
yhoh@ubuntu:~$ sudo /etc/init.d/samba restart
```

```
yhoh@ubuntu:~$ sudo /etc/init.d/samba restart
 * Stopping Samba daemons                                        [ OK ]
 * Starting Samba daemons                                        [ OK ]
yhoh@ubuntu:~$
```

4.3.5. 네트워크 드라이브 연결

이제 윈도우 쪽에서 네트워크 드라이브를 연결하면 됩니다. 그 전에 리눅스 가상 머신의 IP 주소를 얻을 필요가 있습니다. ifconfig 명령으로 IP 주소를 확인 할 수 있습니다.

```
yhoh@ubuntu:~$ ifconfig
eth0      Link encap:Ethernet  HWaddr 00:0c:29:c2:a5:44
          inet addr:192.168.184.128  Bcast:192.168.184.255  Mask:255.255.255.0
          inet6 addr: fe80::20c:29ff:fec2:a544/64 Scope:Link
          UP BROADCAST RUNNING MULTICAST  MTU:1500  Metric:1
          RX packets:5788 errors:0 dropped:0 overruns:0 frame:0
          TX packets:3563 errors:0 dropped:0 overruns:0 carrier:0
          collisions:0 txqueuelen:1000
          RX bytes:8413086 (8.4 MB)  TX bytes:216404 (216.4 KB)
          Interrupt:19 Base address:0x2024
```

inet addr 라인에서 표시되는 본인의 리눅스 가상 머신의 IP 주소를 기록 해 둡니다. 제 경우는 192.168.184.128입니다. 이 값은 상황에 따라서 달라질 수 있습니다. 시스템을 모두 다 다시 시작했을 경우 변경될 수 있습니다. IP가 변경되는 경우에는 위에서처럼 ifconfig를 수행해서 찾아주시면 됩니다.

물론 우리는 뒤에서 이 IP 주소를 고정으로 만들어서 사용할 예정입니다. 그때까지는 현재 설정된 값으로 작업을 해보도록 하겠습니다.

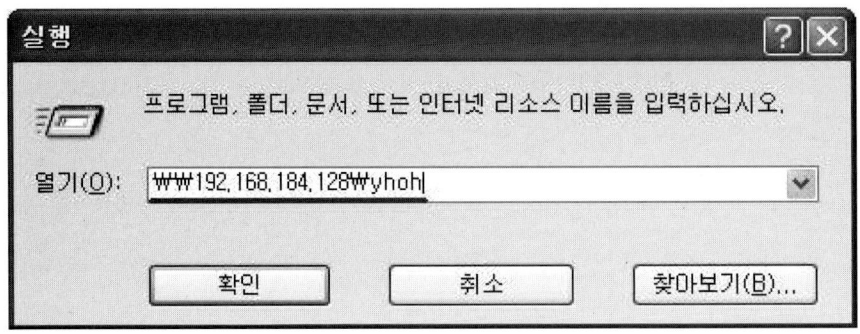

이제 위에서 찾은 IP 주소와 로그인 아이디를 이용해서 시작 프로그램 > 실행에서 위와 같이 입력합니다.

위와 같이 연결 작업이 순조롭게 되고 이것을 활용하면 됩니다. 그림의 왼쪽에 보이는 폴더들이 우분투 리눅스 yhoh 계정에서 가지고 있는 폴더의 내용입니다.

이렇게도 물론 사용할 수 있지만 네트워크 드라이브를 연결하면 보다 쉽게 활용이 가능합니다.

yhoh 부분에서 마우스 오른쪽 버튼을 눌러서 네트워크 드라이브 연결을 수행하면 새로운 드라이브를 할당해서 연결이 가능 합니다.

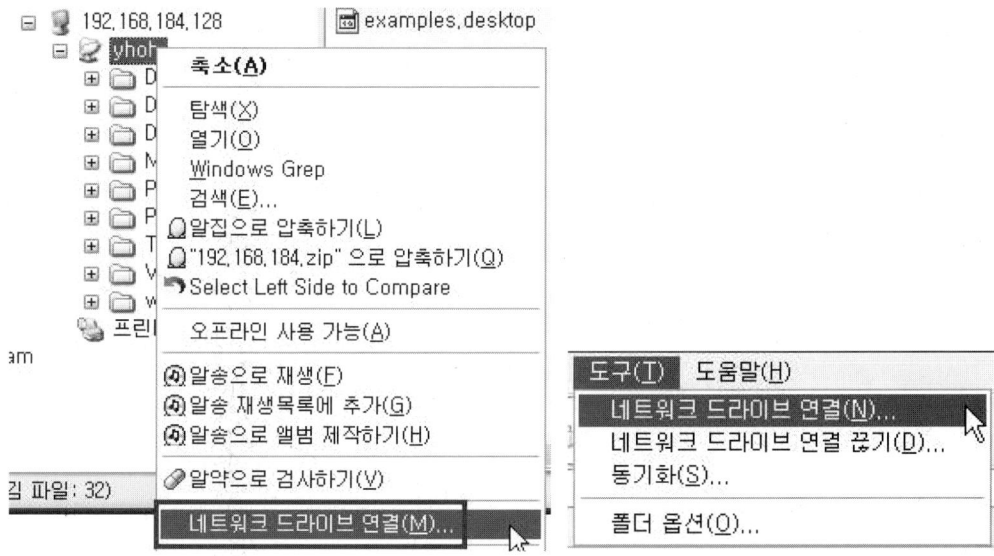

탐색기의 도구 메뉴에서 네트워크 드라이브 연결을 바로 선택해서 입력해 줄 수도 있습니다.

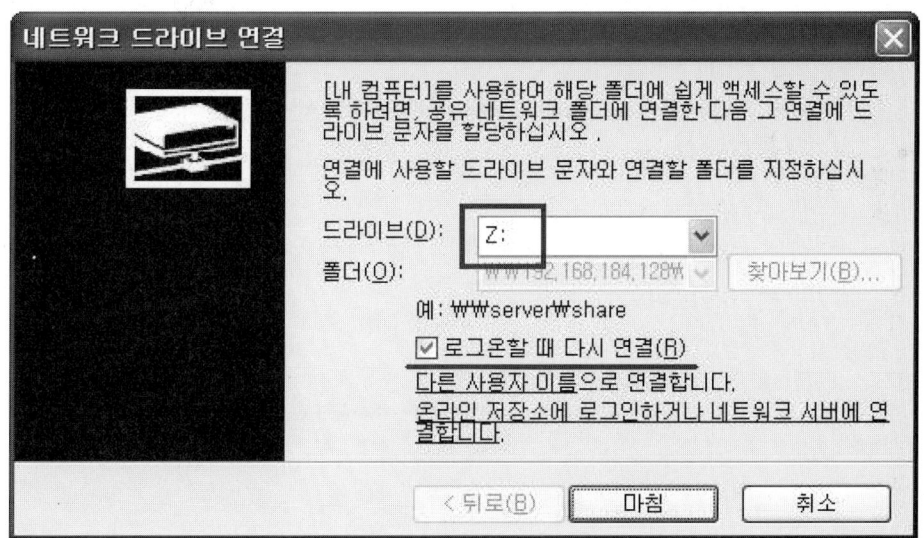

위와 같이 드라이브를 설정할 수 있습니다. 디폴트로는 Z부터 시작해서 Y, X의 순서로 배정되게 되는데 임의로 선택할 수도 있습니다.

연결을 마치면 위 그림처럼 윈도우 탐색기에서 Z 드라이브로 연결된 것을 확인할 수 있습니다. 원래는 드라이브의 이름이 무척 긴데 이름 바꾸기를 수행해서 임의로 변경할 수도 있습니다. 저는 Ubuntu_yhoh로 변경하였습니다.

Windows 7에서의 연결

사용하고 있는 Host의 OS 종류에 따라서 이 연결은 조금씩 달라질 수 있습니다. Windows 7의 경우는 윈도우 탐색기 메뉴의 **"Map network drive"**를 선택하면 됩니다.

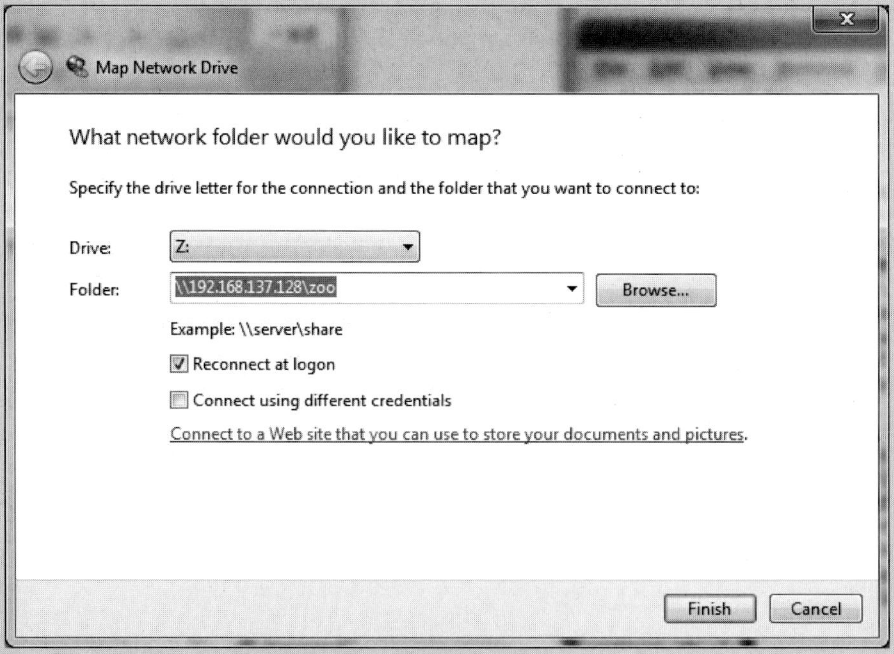

폴더 또는 패스에 네트워크 드라이브를 사용할 주소를 적어줍니다. 형식은 ₩₩리눅스 가상 머신 IP address₩삼바아이디로 넣으면 됩니다.

> 패스 지정이 완료 되면 Finish를 누르면 네트워크 드라이브 설정이 완료됩니다. 만약 윈도우 로그인 아이디와 리눅스 삼바 아이디가 틀리면 아이디/패스워드를 물어보게 됩니다. 올바른 아이디/패스워드를 넣어주면 이제 Z: 드라이브로 리눅스 가상 머신에 있는 홈 폴더를 접근 할 수 있습니다.

4.3.6. 한글 사용

예전에는 삼바를 설정할 때 한글의 사용을 위해서 꼭 UTF-8에 대한 설정을 수행해 주어야 했습니다.

```
[global]
unix charset=utf-8
dos charset=utf-8
```

smb.conf 파일에서 위와 같이 unix와 dos 부분에 utf-8에 대한 설정을 추가해 주어야만 했습니다. 하지만 현재 설치한 내용에서는 기본적으로 위 부분에 대한 설정이 필요 없는 것으로 보입니다.

현재의 설정으로 한글을 사용하는 데에 큰 문제는 없습니다.

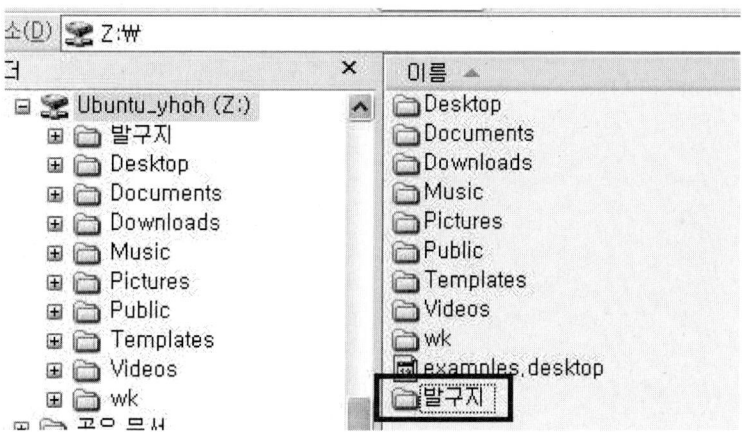

그림과 같이 Z 드라이브에서 "발구지"라는 이름으로 폴더를 하나 새로 만들었습니다. 이 폴더가 우분투 상에서도 정확히 표현되는 가를 시험해 보기 위함입니다.

위와 같이 정확히 표현되고 있는 것을 확인할 수 있습니다.

4.3.7. 삼바 연결 에러

Windows PC 상에서 아래와 같은 메시지가 나오면서 되지 않는 경우가 있습니다.

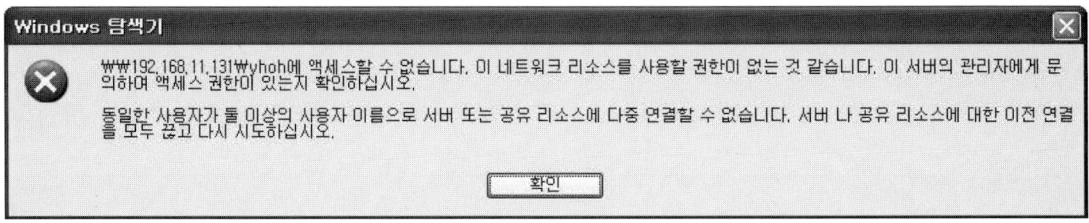

이런 경우는 중복된 연결로 인한 문제 입니다. 이를 해결하기 위해서는 이미 연결된 것을 끊어주어야 합니다.

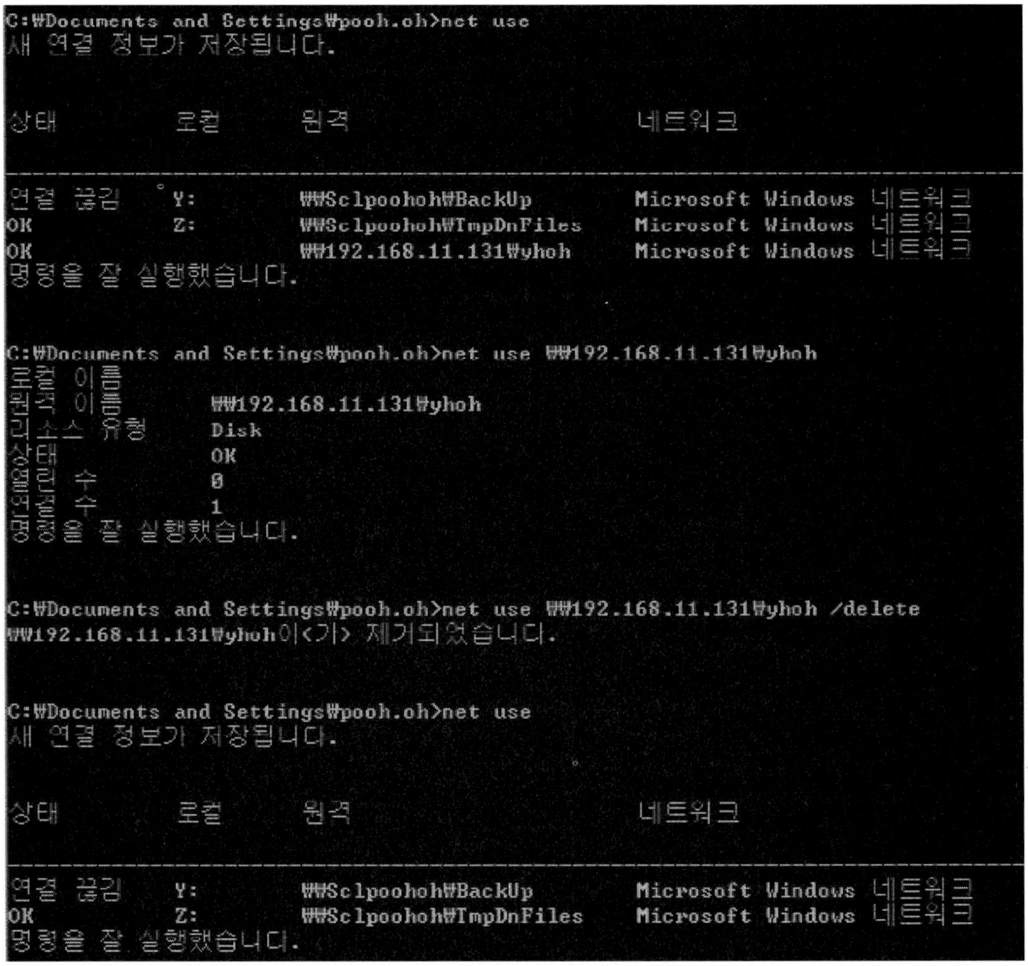

net use 명령을 이용해서 현재 연결되어 있는 상황을 살펴보고 실제 서버에 연결된 것을 끊어주어야 합니다.

```
net use ₩₩[IP주소₩directory] /delete
```

이렇게 사용해서 없애주고 다시 설정을 하면 연결이 됩니다.

5. 망고64 하드웨어와 부팅모드 설정

망고스토리 1.x에서는 하드웨어에 대해서 상당히 자세한 내용을 담고 있습니다. 여기서 그 모든 내용을 다루지는 않을 것입니다. 간단히 살펴보고 지나가도록 하겠습니다. 추가적으로 설명이 필요한 부분이 나오면 그때그때 내용을 설명하도록 할 것이며 여기서는 대략적인 내용만 기술할 것입니다.

5.1. 망고 64 하드웨어 사양

CPU	Samsung S3C6410X ARM1176JZF-S	667MHz Application Processor
Memory	Mobile DDR	128Mbytes
	SLC NAND Flash	256Mbytes
	NOR Flash	4 Mbytes [1]
Display	5" WVGA(800x480) Color TFT	with Touch Screen Interface
Audio	Wolfson WM8960 Audio Codec	with 1W Stereo Speaker Amplifier
Ethernet	SMSC LAN9220 [2]	10/100Mbps Ethernet Controller
USB	USB 1.1 Host	
	USB 2.0 OTG	
SD	SD/MMC Port 0	WiFi(Wi2Wi) or Expansion Connector
	SD/MMC Port 1	Standard SD Connector
	SD/MMC Port 2	Expansion Connector
SPI	SPI Port 0	Expansion Connector
	SPI Port 1	Expansion Connector shared with SD/MMC Port 2

Notes:

(1) 4개의 분리된 bank로 나뉠 수가 있고, 각 1 Mbyte의 메모리 공간이 S3C6410에 의해서 따로따로 접근이 가능합니다. 여러 가지 다른 부트로더를 장착해서 부팅할 수 있게 만들 수 있어서 매우 편리한 기능이라 할 수 있습니다.
(2) 알파보드에는 Cirrus Logic CS8900 10Mbps Ethernet Controller가 장착되어 있으나 베타보드부터는 SMSC LAN9220 10/100Mbps Ethernet Controller가 장착되어 있습니다.

UART	UART Port 0	GPS or Expansion Connector
	UART Port 1	Standard DSUB9
	UART Port 2	Expansion Connector
	UART Port 3	Bluetooth or Expansion Connector
JTAG	Standard ARM JTAG Interface	
TV-out	S-Video Connector	
WiFi/Bluetooth	Wi2Wi WiFi/BT combo module	Option
GPS	GPS module	Option
Power	5V/2A DC-JACK	
	Korean Standard Handset Charger	
	Charger IC	for Single-Cell Li-Ion Battery
	Li-Ion Battery Connector	
Camera Port	Camera Expansion Port	Standard Camera Interface [3]
HDD	ATA HDD Connector	
Sensors	3-Axis Acceleration Sensor	
	Pressure Sensor [4]	
Keys	General Purpose Keys	4
	Reset Key	1
	Tactile Power Key	1
	Slide Power Switch	1
Indicators	2 Indicator LEDs	Controllable GPIO ports
Connectors	Expansion Connectors	IrDA, Camera, I2S, SPI0/SPI1, SDIO0/2, EBI, UART, LCD

Notes:

(3) Interlaced와 Non-Interlaced CCIR601/656 표준 인터페이스를 지원합니다.

(4) 알파보드에는 압력센서가 장착되어 있지 않습니다.

5.2. 망고 64 부품 면

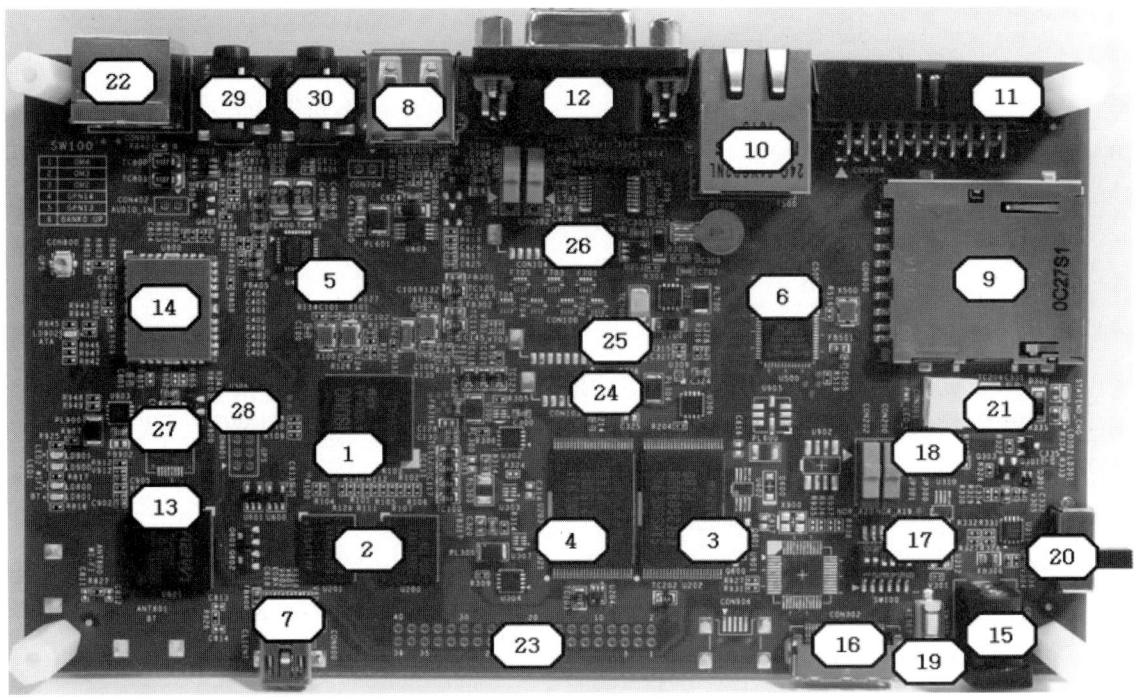

Num	Description	Num	Description
1	S3C6410X ARM1176JZF-S 667MHz AP	2	128Mbytes Mobile DDR SDRAM
3	256Mbytes SLC NAND (K9F2G08U0M)	4	4Mbytes NOR (K8P3215UQB)
5	WM8960 Audio Codec + 1W AMP	6	SMSC9220 100Mbs Ethernet Controller
7	USB 2.0 OTG Connector	8	USB 1.1 Host Connector
9	SD Card Slot	10	RJ45 Ethernet Connector
11	20pin ARM Standard JTAG	12	UART Port 1, DSUB9 Connector
13	WiFi/Bluetooth Combo (Option)	14	GPS Module (Option)
15	DC 5V Power JACK (5V/2A)	16	24P Korean Standard Charger Connector
17	Boot Mode Select SW [OM,GPN]	18	Board Configuration Shunts
19	Reset Switch	20	Power ON/OFF Slide Switch
21	Battery Connector (Single-Cell Li-Ion)	22	TV-Out Connector (S-Video Type)
23	LCD Expansion Connector	24	IrDA Connector [UART Port 3]
25	SPI Port 0 Connector	26	ADC Input Connector, AIN[3:0]
27	WiFi/BT Expansion [SD0, UART3]	28	GPS Expansion (UART Port 0)
29	Microphone Jack	30	Headphone Jack

5.3. 망고 64 보드 LCD 면

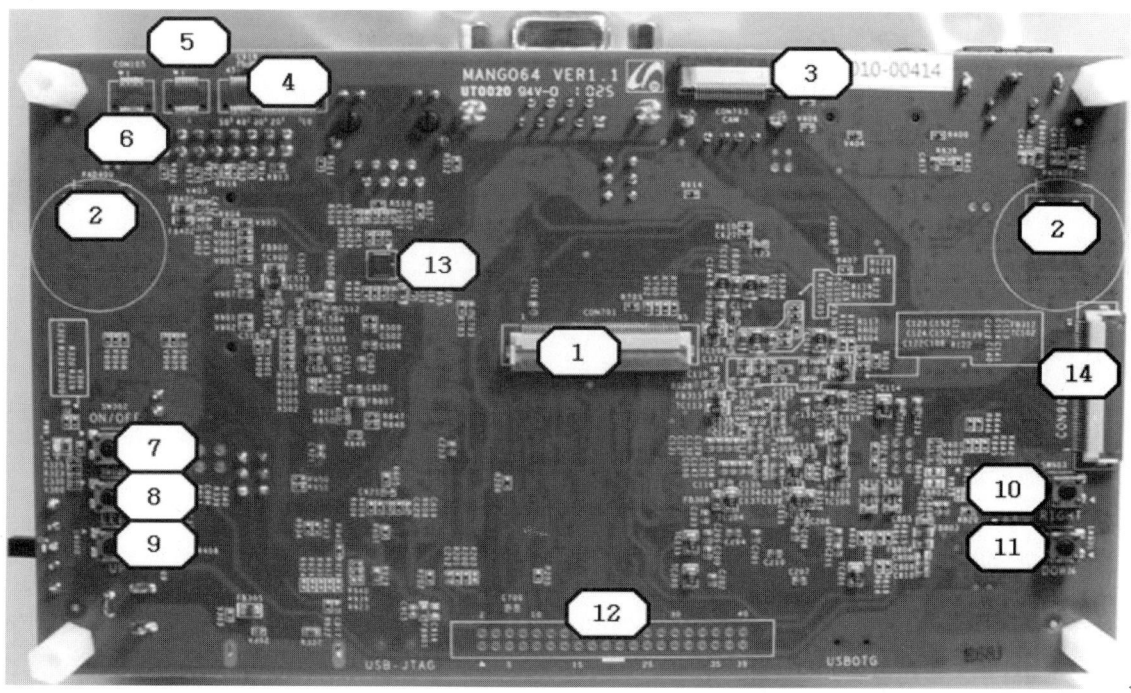

Num	Description	Num	Description
1	LCD Connector	2	Loud Speaker
3	Camera Expansion Connector	4	EBI/IO Expansion Connector
5	SPI1/SD2 Expansion Connector	6	I2S Port 2 Expansion
7	Power On/Off Switch [Tactile]	8	General Purpose Key 2 [XEINT2]
9	General Purpose Key 0 [XEINT0]	10	General Purpose Key 3 [XEINT3]
11	General Purpose Key 1 [XEINT1]	12	LCD Expansion Connector
13	3-Axis Acceleration Sensor	14	HDD Connector (Not Tested)

5.4. 망고 64 구성도

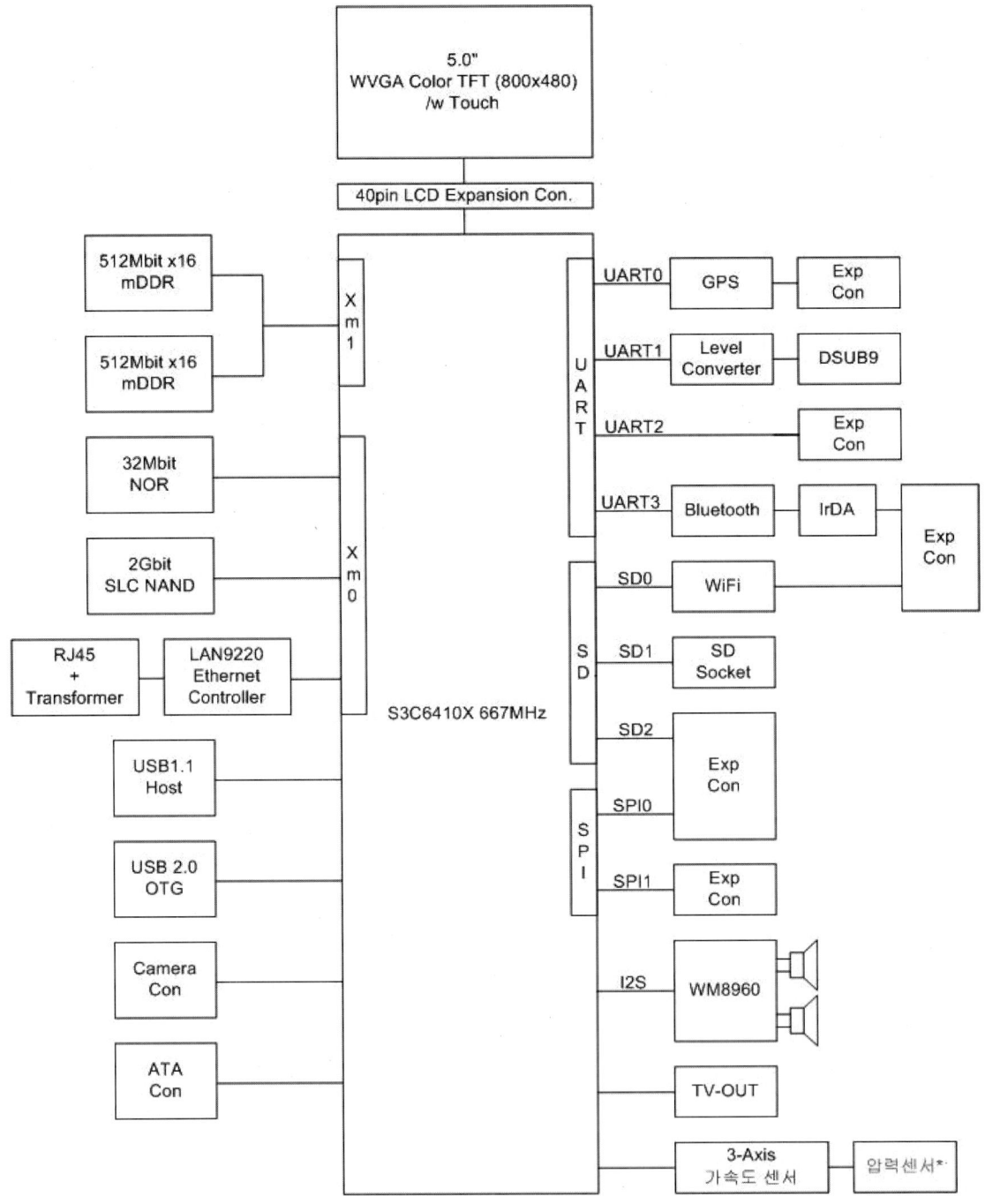

5.5. Boot Option 선택

5.5.1. NOR Mode로 부팅하기

망고64의 NOR에는 모니터 프로그램이 로딩되어 있습니다.

망고64보드 뒤 면에 SW100 스위치가 있습니다. (1번-ON, 2번->OFF, 3번->ON, 4번->OFF, 5번->ON, 6번->OFF: 그림 참조)를 하면 NOR mode로 부팅을 하도록 설정하는 것이고, 그로 인해서 Nor Flash 에 있는 Monitor Program이 동작을 하게 됩니다. DNW나 터미널 프로그램으로 연결한 후에 전원을 인가해서 아래와 같이 메시지가 출력이 되면, 정상입니다.

```
Select a file to download in DNW
If you want to quit, press any key

0: Download & Run
1: Donwload Only
2: Upload Only
3: Select Op Mode
4: Program AMD NOR Flash
5: Suspend & Resume On/Off
6: Check Suspend Current

Select the function to test : 0

Select a file to download in DNW
If you want to quit, press any key
```

5.6. NAND Mode로 부팅하기

보드 뒷면에 SW100 스위치를 1번->ON, 2번->ON, 3번->OFF, 4번->OFF, 5번->ON, 6번->OFF 합니다. 그림을 참조바랍니다. NAND에는 디폴트로 WinCE용 EBoot가 들어있습니다.

6. 망고100 하드웨어와 부팅모드 설정

6.1. Introduction

Cortex-A8에 기반한 삼성전자의 S5PC100 응용프로세서는 HD급 고성능 멀티미디어 코덱과 3D 그래픽 엔진 그리고 HDMI등 각종 외부 인터페이스를 내장하고 있어 멀티미디어 응용에 적합한 임베디드 프로세서입니다. Mango100 보드는 S5PC100을 주 프로세서로 사용하는 평가보드로 기존 Mango24/64와는 달리 간결한 모듈 형태로 만들어졌습니다.

단순, 완결, 확장성을 바탕으로 Mango100 보드를 설계하여, 이 보드를 사용하는 사람들이 각자의 용도에 맞게 다양하게 사용할 수 있도록 하였습니다.

단순성(Simplicity)	작고 간결한 형태, 직관적인 기능 구현
완결성(Completeness)	하나의 보드에 Network, Audio, Connectivity, Display IF를 모두 갖춰 별도의 Companion 보드 없이 임베디드 응용 구축이 가능
확장성(Expandability)	각종 Expansion Connector를 통해, 기능 확장이 쉽게 설계함

Mango100 보드는 작고 단순하면서도, Ethernet, Audio 입출력, 1W Speaker 출력, 4.8" WVGA(800x480) TFT 인터페이스, HDMI 인터페이스, SD Card, USB Host/Device등 필요한 모든 기능을 담고 있어, 하나의 보드로 Linux/Android, Windows CE 등 High-Level OS를 탑재하여 응용하는데 충분합니다. 또한, 2개의 120핀 B2B 커넥터에 S5PC100의 많은 IO핀들이 연결되어 있어 기능 확장이 쉽습니다. 20핀 카메라 확장 헤드도 배치되어 카메라 모듈이나 간단한 IO 테스트의 경우 이 헤드 커넥터에 확장 보드를 만들어 장착하면 편리합니다.

보드에 대한 의견 또는 질문은 아래 사이트의 게시판에 올리거나 메일을 보내 주시면 됩니다.
http://www.mangoboard.com/
http://cafe.naver.com/embeddedcrazyboys

6.2. 하드웨어 사양

항목	내용
Processor	**S5PC100 Cortex-A8** Application Processor 720p 30fps Multi-Function Codec ● Codec: H.263, H.264, MPEG4 ● Decoder: MPEG2, VC-1, DiVX 2D/3D Graphics Engine
Memory	**256MB** DDR2 SDRAM **128MB** SLC NAND
Display	LCD Connector for Samsung 4.8" WVGA(800x480) TFT with Touch **HDMI Connector**
SD Card	Mini SD Card Slot (SD0 Interface)
Ethernet	SMSC LAN9220 10/100Mbps Ethernet Controller
Audio	Wolfson WM8960 Audio Codec with 1W Audio Power Amp
USB	USB 1.1 FS Host USB 2.0 HS Device
HDD	40P ZIF ATA HDD Socket
Expansion	2x 120Pin B2B Expansion Connector 1x 20Pin Header for Camera Expansion
UART	3P Connectors for UART0, UART1
Jtag	6P Header for JTAG
Keys	1 Reset, 2 User Keys
Power	5V/2A DC Adapter Jack

6.3. 보드 구성

6.3.1. Mango100 보드 TOP 면 배치도

번호	설명	번호	설명
1	S5PC100 Application Processor	2	DDR2 SDRAM
3	SLC NAND Flash	4	10/100 Ethernet RJ45 Connector
5	Speaker Output	6	Microphone Input
7	Headphone Output	8	USB 1.1 Host Connector
9	DC +5V Power Input	10	Power On/Off Switch
11	RS232C Port from UART0 & UART1	12	Booting Mode Switch
13	Booting Mode Switch	14	USER Switch
15	Reset Switch	16	USB 2.0 OTG Connector
17	Samsung 4.8" WVGA TFT Connector	18	Camera Expansion Header
19	JTAG Connector	20	FT2232 USB/Serial/JTAG Controller

6.3.2. Mango100 보드 Bottom 면 배치도

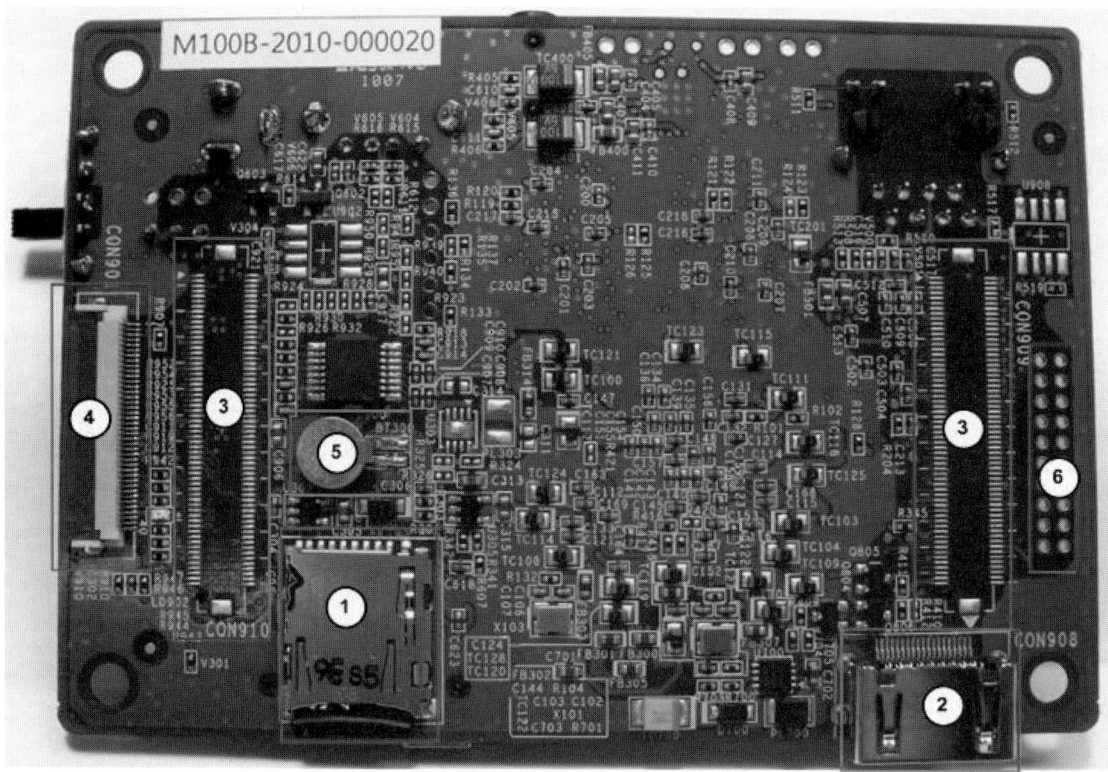

번호	설명	번호	설명
1	Micro-SD Card Connector	2	HDMI Connector
3	B2B Expansion Connector	4	40Pin ZIF ATA Connector
5	RTC Battery	6	20Pin Camera Expansion Connector

6.3.3. Mango100 보드 구조도

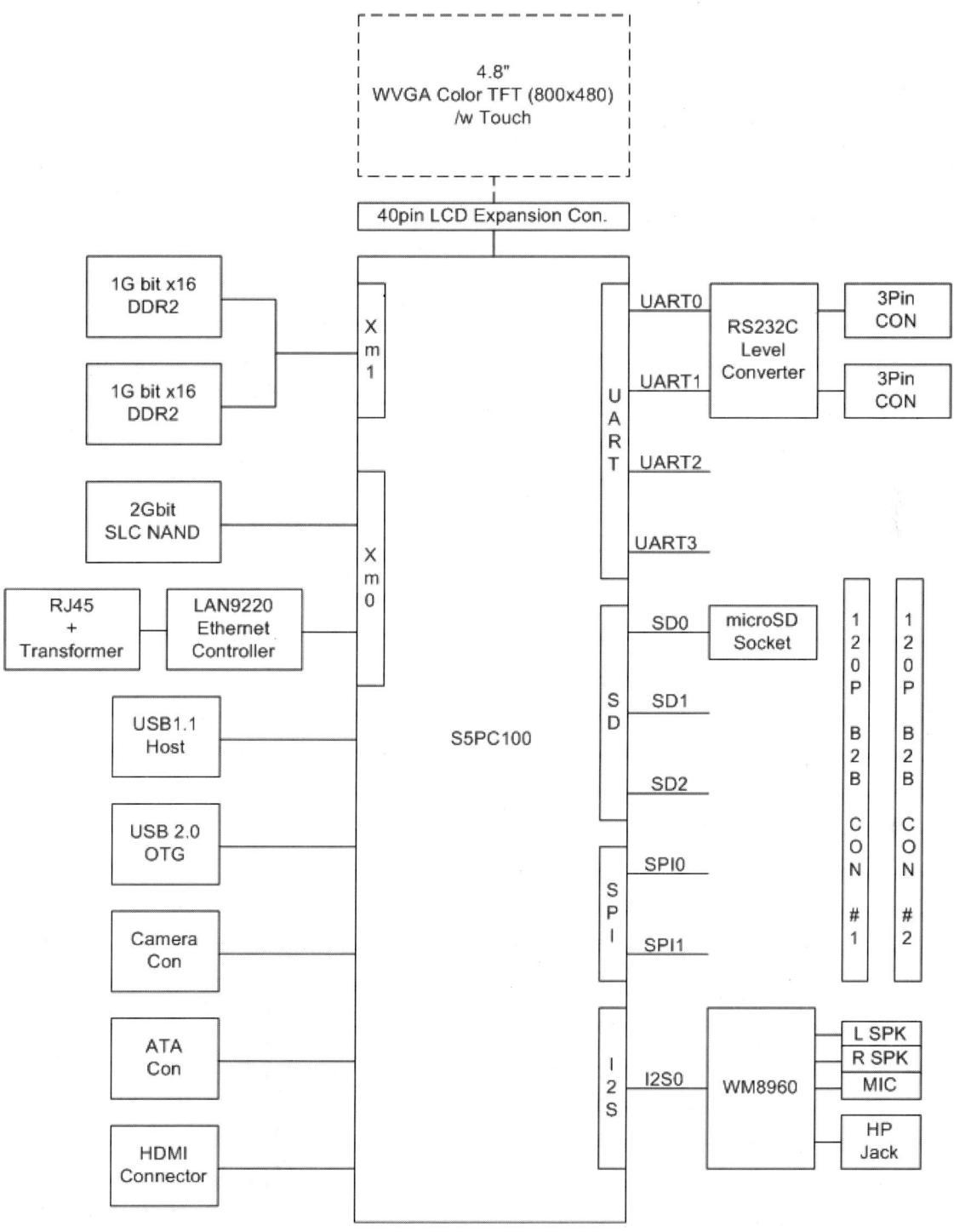

6.4. Boot Option 선택

6.4.1. 부팅 디바이스 종류

S5PC100의 부팅 디바이스는 다음과 같습니다
- NAND Flash
- OneNAND
- MMC 또는 SD Memory (movi-NAND, iNAND 등을 포함)
- USB

> 각 부팅 디바이스에 대한 컨트롤러가 여러 개 있을 경우, 첫 번째 디바이스가 부팅 디바이스로 사용됩니다. 예를 들어, S5PC100의 SD/MMC Controller는 SD0, SD1, SD2 (또는 HSMMC0, HSMMC1, HSMMC2)로 모두 3개가 있는데, SD/MMC가 부팅 디바이스로 설정된 경우, 첫 번째인 SD0가 부팅 디바이스로 사용됩니다.

6.4.2. S5PC100 부팅 과정

S5PC100의 부팅 과정을 간단히 살펴 보면 다음과 같습니다.

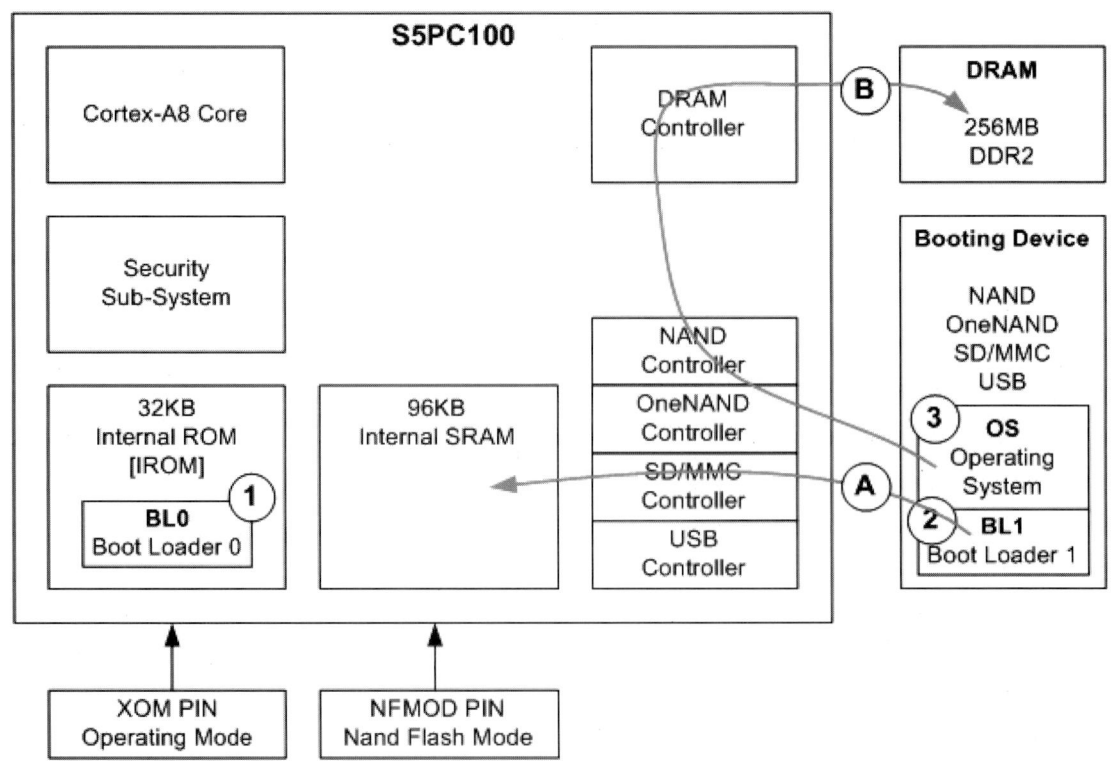

- S5PC100이 Reset 되면 내부 롬 (Internal ROM, IROM)에 탑재 되어 있는 Boot Loader 0 (BL0)가 실행 됩니다. 위 그림에서 1번에 해당하는 것입니다.
- BL0는 XOM[4:0], NFMOD[5:0]핀의 상태를 읽어, 부팅 디바이스를 선정하고, 부팅 디바이스에서 Boot Loader 1 (BL1)을 읽어 내부 SRAM에 탑재합니다. 위 그림의 A 과정입니다.
- 탑재된 SRAM에서 BL1의 코드가 수행됩니다.
- BL1은 사용자가 작성한 Boot Loader로서, 운영체제를 DRAM에 탑재하고 (B 과정입니다), 수행하기 위해, DRAM Controller등 주요 디바이스를 초기화한 후, 운영체제를 읽어 들여 운영체제로 제어를 넘기는 역할을 합니다.

6.4.3. XOM, NFMOD 핀 설정

위의 부팅 과정이 원활히 수행되기 위해서는 XOM 및 NFMOD 핀에 적절한 값이 인가하여 부팅 디바이스를 지정하고 부팅 디바이스의 상태를 알려 주어야 합니다. 이 역할을 하는 것이 부트 옵션 스위치로 Mango100 보드에는 다음 그림과 같이 SW100, SW101의 2개의 부트 옵션 스위치가 장착되어 있습니다.

SW100과 SW101은 모두 6핀의 DIP 스위치로 두 스위치의 "ON" 방향이 반대로 되어 있습니다. 스위치의 1번 핀이 서로 반대 방향에 있으므로 스위치 설정에 주의를 해주시기 바랍니다.

위 그림을 보면, SW100 스위치는 "1"번 핀이 그림상의 오른쪽 위에 있고, SW101은 "1"번 핀이 그림상의 왼쪽 아래에 있습니다. 두 스위치는 각각 SW100이 XOM[4:0], SW101이 NFMOD[5:0]와 연결되어 있습니다. 각 스위치의 신호 배치는 아래 표와 같습니다.

#	SW100	SW101
1	XOM0	NFMOD0
2	XOM1	NFMOD1
3	XOM2	NFMOD2
4	XOM3	NFMOD3
5	XOM4	NFMOD4
6	NC	NFMOD5

각 스위치의 버튼을 "ON"으로 표기된 방향으로 설정하면 "High", 그 반대 방향으로 설정하면 "Low"가 됩니다. 즉, SW100의 경우, "ON"표기가 사진상으로 아래쪽에 있으므로, 버튼을 아래쪽으로 설정하면 High, 위쪽으로 설정하면 Low가 됩니다. SW101의 경우, "ON"표기가 사진상의 위쪽에 있으므로, 버튼을 위쪽으로 설정하면 High, 아래쪽으로 설정하면 Low가 됩니다. 이점에 각별히 유의해서 설정해야 합니다.

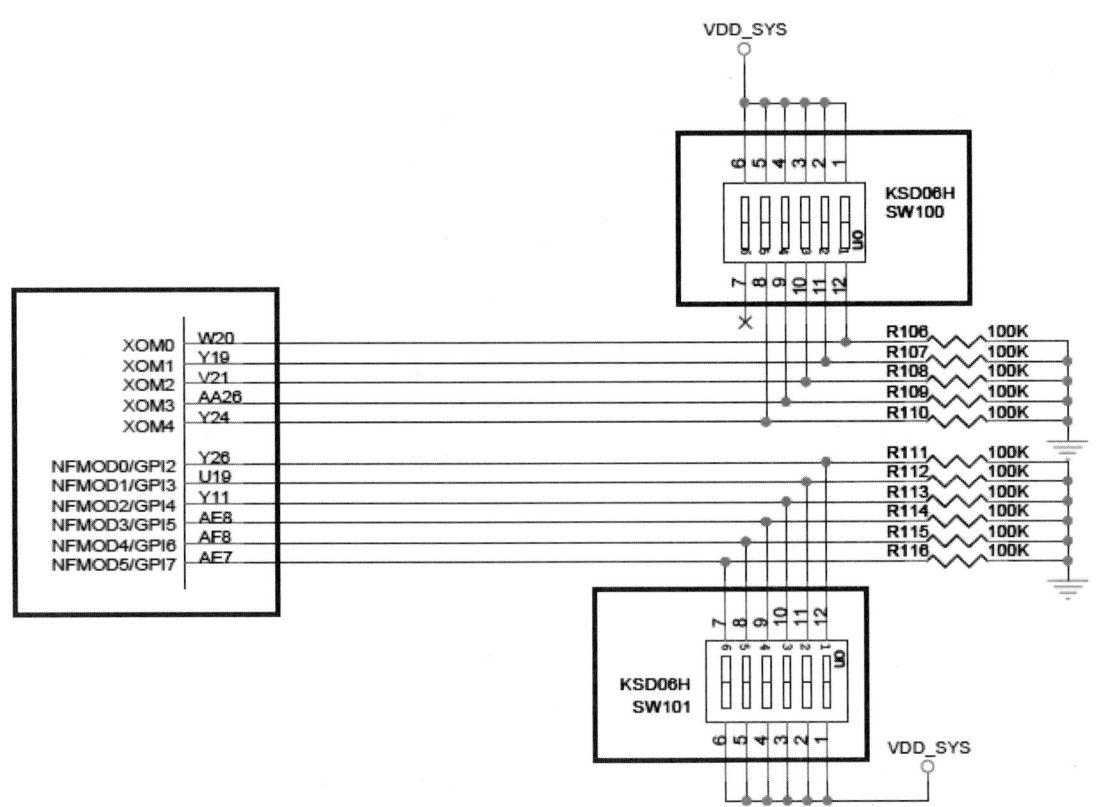

SW100과 SW101 각각의 스위치가 S5PC100 CPU와 어떻게 연결되었는지에 대한 회로도 상의 부분을 살펴보면 위 그림과 같습니다. SW100 스위치의 6번은 연결되어 있지 않은 것을 확인할 수 있습니다.

Function Signal	I/O	Description	Pad	Type

OM[4:0]	Input	OM[4]:
		  0 = normal mode, 1 = test mode
		OM[3]:
		  0 = 1st boot loader in iROM , 1 = reserved
		OM[2:1] :
		  00 = 2nd boot loader in NAND flash
		  01 = 2nd boot loader in OneNAND
		  10 = 2nd boot loader in MMC
		  11 = Reserved
		OM[0] : APLL/MPLL input selection
		  0 = XXTI
		  1 = XusbXTI
			XOM [4:0]	Dedicated

NFMOD [5:0]	Input	NFMOD [5] :
		  0 = 2nd booting from the device selected by OM[2:1]
		  1 = 2nd booting from USB
		
		When OM[2:1] = 00 (2nd boot loader in NAND Flash),
		  NFMOD [1:0]:
		    00 = Small Block (512page),
		    10 = Large Block (2048page),
		    11 = Large Block (4096page)
		  NFMOD[2]:
		    0 = 3 address cycles (for small block) or 4 cycles (for large block)
		    1 = 4 address cycles (for small block) or 5 cycles (for large block)
		  NFMOD[4]:
		    0 = 8bit ECC
		    1 = ECC off
			XNFMOD [5:0]	Muxed

XOM, NFMOD 핀 각각의 의미는 위 그림을 참고하기 바랍니다.

OM[4]는 당연히 0으로 설정이 되어야 할 것이고, OM[3]도 첫 번째 부팅이 iROM에서 이루어져야 하기 때문에 늘 0으로 설정되어야 할 것입니다. OM[2:1]의 경우는 NAND를 사용할 경우는 00으로 설정하고, 나중에 SD로 부팅하게 될 경우는 10으로 설정할 것입니다. OM[0]의 경우는 경우에 따라 달라지겠지만 일단은 0으로 설정하도록 하겠습니다.

6.4.4. USB Booting Mode

부팅 옵션에서 NFMOD[5]가 Low로 설정되면, OM[2:1]의 설정에 따라 두 번째 부팅 디바이스가 결정되게 됩니다. 하지만 이것을 High로 설정되면, 다른 옵션의 설정과 관계 없이, USB OTG Device로부터 부팅됩니다.

이 모드에서는 USB로부터 테스트코드를 DRAM에 다운로드 받아 각종 테스트를 수행하거나 NAND Flash에 부트코드 탑재 등이 가능합니다.

위 그림은 바로 USB 부팅 모드로 설정된 것입니다. 물론 NFMOD[5]를 제외한 다른 핀들의 설정도 되어 있지만 'NFMOD[5]=1'이면 다른 버튼의 설정에 관계 없이 USB Boot로 설정 됩니다. 따라서, Mango100 보드에서는, SW101의 6번 버튼을 'ON' 위치로 설정하면 USB Boot 모드로 설정 됩니다.

USB Boot 모드로 부팅 되면, Mango100의 S5PC100 CPU는 IROM의 BL0에서 USB로 BL1 이미지가 오기를 기다리게 됩니다. 이때, 삼성에서 제공하는 'DNW' 툴로, BL1 이미지를 다운로드 받으면 됩니다. 이 이미지는 'mango100_bl1_umon.bin'이란 이름으로 제공되는데, 관련 자료는 아래 링크에서 다운 받을 수 있습니다.

[Mango100] U-Boot Porting 방법
http://cafe.naver.com/embeddedcrazyboys/6042

이 내용은 바로 다음 장에서 직접 망고100 보드를 이용해서 시험해볼 것입니다.

6.4.5. NAND Booting Mode

USB나 JTAG 등으로 NAND Flash에 부트 이미지를 적재하였을 경우, NAND Flash Boot가 가능합니다. 'OM[2:1]=0b00'으로 설정 되었을 경우입니다.

부팅 옵션에서 NFMOD[5]가 Low로 설정되면, OM[2:1]의 설정에 따라 두 번째 부팅 디바이스가 결정되게 됩니다. 아래 그림은 NAND 부팅 모드로 설정된 상태의 그림을 보여주고 있습니다.

이때, NAND Flash의 구조는 NFMOD[2:0]와 NFMOD[4]에 정의 되는데, Mango100 보드에 기본 장착되어 있는 256Mbytes NAND Flash는 '5-address cycle', '2048bytes page large block'이므로, 'NFMOD[2:0]=0b110'으로 설정해 두면 됩니다. 이것은 NAND Flash를 따로 교체하지 않는 한 바꿀 필요가 없으므로, 항상 이렇게 설정 해 두는 것이 편리합니다.

망고100 보드에 현재 장착되어 있는 NAND는 K9F2G08U0B입니다. 여기서 중간의 2G가 의미하는 것이 2 Gbits를 의미하는 것입니다. 2 Gbits이기 때문에 용량은 256 Mbytes인 것입니다. 256M x 8 Bit NAND Flash Memory 입니다. 그 외의 나머지 내용도 살펴보면 아래와 같습니다.

K: Memory
9: NAND Flash

F: SLC Normal
2G: 2G Bits
08: x8
U: 2.7V~3.6V
0: Normal mode
B: 3rd Generation

아래 NAND 구조를 보여주는 그림을 통해서 page 크기를 알 수 있습니다. 한 Page의 크기는 2K bytes가 됩니다.

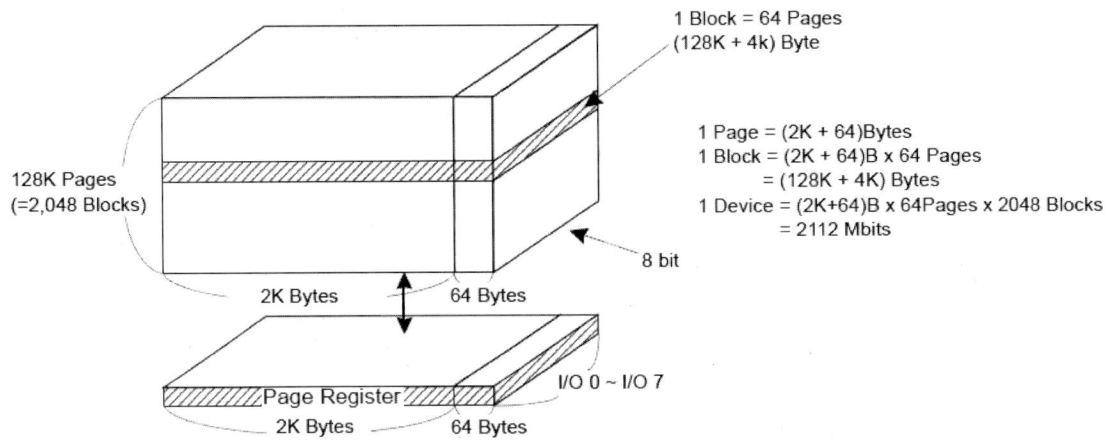

	I/O 0	I/O 1	I/O 2	I/O 3	I/O 4	I/O 5	I/O 6	I/O 7	
1st Cycle	A_0	A_1	A_2	A_3	A_4	A_5	A_6	A_7	Column Address
2nd Cycle	A_8	A_9	A_{10}	A_{11}	*L	*L	*L	*L	Column Address
3rd Cycle	A_{12}	A_{13}	A_{14}	A_{15}	A_{16}	A_{17}	A_{18}	A_{19}	Row Address
4th Cycle	A_{20}	A_{21}	A_{22}	A_{23}	A_{24}	A_{25}	A_{26}	A_{27}	Row Address
5th Cycle	A_{28}	*L	*L	*L	*L	*L	*L	*L	Row Address

또한 주소를 지정하는 Address cycle은 5 cycle인 것을 알 수 있습니다. 결국 'NFMOD[2:0]=0b110'로 설정해야 한다는 것을 위 내용을 통해 알 수 있습니다. 그리고, NFMOD[4]는 0으로 설정하게 되면 8bit ECC를 사용하는 것이 됩니다. 이 비트는 1로 설정되어야 합니다.

간단하게는, USB 부팅 모드에서 SW101의 6번 버튼을 'Low'로 설정하면 됩니다. 실제로 USB 부팅 모드에서 NAND 설정에 대한 부분은 어떤 것으로 설정되어 있어도 상관없기 때문에 늘 같은 상태로 설정한 후에, USB Boot와 NAND Boot간의 전환은 SW101 6번 버튼 만으로 간단하게 수행할 수 있습니다.

6.4.6. SD Booting Mode

NAND 부팅 모드 상태에서는 하나의 핀만 설정함으로써 SD 부팅 모드로 변경할 수 있습니다.

```
OM[2:1] :
00 = 2nd boot loader in NAND flash
01 = 2nd boot loader in OneNAND
10 = 2nd boot loader in MMC
NFMOD [5] :
0 = 2nd booting from the device selected by OM[2:1]
1 = 2nd booting from USB
```

NAND 부팅 모드와 동일하게 OM[2:1]로 두 번째 부팅 디바이스를 선택해야 하기 때문에 NFMOD [5]는 0으로 설정되어야 합니다. 그리고 OM[2:1]은 MMC를 두 번째 부팅 디바이스로 선택되도록 만들어야 하기 때문에 10으로 설정되어야 합니다.

위 그림은 SD 부팅 모드로 설정된 스위치의 상태를 나타내 주고 있습니다.

7. 우분투 minicom 및 네트워크 설정

7.1. 우분투 minicom 설정

모든 작업은 우분투 리눅스 환경에서 이루어질 것입니다. 안드로이드 소스 코드의 다운로드, 빌드, 및 모든 작업은 우분투에서 이루어질 것입니다. 가장 먼저 해야 할 작업은 시리얼 통신 프로그램의 설정입니다.

7.1.1. minicom 실행 확인 및 설치

Serial 통신을 하기 위해서는 Serial 통신 Program이 필요합니다. Linux에서 가장 많이 사용되는 Serial 통신 Program으로는 minicom이 있습니다. 말하자면, Linux의 하이퍼 터미널이라고 부를 수 있을 것입니다.

```
yhoh@ubuntu:~$ minicom
The program 'minicom' is currently not installed.  You can install it by typing:
sudo apt-get install minicom
minicom: command not found
yhoh@ubuntu:~$
```

minicom을 입력해 보면 위와 같이 현재 인스톨 되어 있지 않다는 문장과 함께 어떻게 설치를 해야 하는 가에 대해서 친절하게 설명을 하고 있습니다.

```
yhoh@ubuntu:~$ sudo apt-get install minicom
```

위에서 언급된 그대로 입력한 이후에 관리자 암호를 입력하고 나면 자동으로 설치가 진행됩니다.

```
After this operation, 1,192kB of additional disk space will be used.
Get:1 http://us.archive.ubuntu.com karmic/main minicom 2.3-1ubuntu2 [180kB]
Fetched 180kB in 3s (48.6kB/s)
Selecting previously deselected package minicom.
(Reading database ... 159071 files and directories currently installed.)
Unpacking minicom (from .../minicom_2.3-1ubuntu2_i386.deb) ...
Processing triggers for man-db ...
Setting up minicom (2.3-1ubuntu2) ...
yhoh@ubuntu:~$
```

이제 minicom을 실행 해 보겠습니다.

```
yhoh@ubuntu:~$ minicom
minicom: cannot open /dev/tty8: Permission denied
yhoh@ubuntu:~$
```

여전히 정상적으로 동작하지는 않고 있습니다. /dev/tty8로 연결되려고 하고 있지만 이것은 우리가 원하는 부분은 아닙니다. 필자는 USB-to-Serial을 사용하고 있고 이것을 통해서 연결이 이루어져야 하기 때문에 적절한 설정이 필요합니다.

7.1.2. USB-to-Serial 인식

/dev의 내용 중에서 tty 부분만 살펴보았을 때 USB와 관련한 부분은 하나도 존재하지 않는 것을 알 수 있습니다. 리눅스가 화면에서 주된 메인을 차지하고 있는 상태에서 보드에 연결된 USB 포트를 뺐다가 다시 장착해 보도록 하겠습니다.

위와 같이 /dev/ttyUSB0가 생겨 있는 것을 볼 수 있습니다. 바로 이것이 USB-to-Serial 디바이스가 연결되어 장치에 생성된 것을 나타냅니다. **만약 이 장치가 생기는 것이 원활하게 이루어지지 않으시**

는 분이 계시다면 Windows의 장치관리자에서 기존의 장치를 제거한 이후에 리눅스에서 다시 한번 시도해 보시면 잘 될 것입니다. 그 부분에 대해서는 뒤에서 따로 말씀 드리도록 하겠습니다.

7.1.3. minicom 설정

```
yhoh@ubuntu:~$ minicom –s
```

Minicom –s를 수행하면 아래 그림과 같은 메뉴를 만날 수 있습니다. -s 스위치는 설정 화면으로 바로 들어가는 옵션입니다.

```
    +-----[configuration]------+
    | Filenames and paths      |
    | File transfer protocols  |
    | Serial port setup        |
    | Modem and dialing        |
    | Screen and keyboard      |
    | Save setup as dfl        |
    | Save setup as..          |
    | Exit                     |
    | Exit from Minicom        |
    +--------------------------+
```

이 스위치는 처음 실행 할 때만 사용하면 됩니다. 이후 실행 시에는 그냥 minicom 명령만 주면 됩니다.

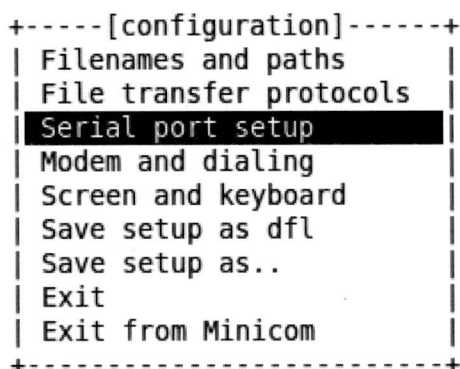

Serial port setup으로 들어가면 Serial port 설정 화면이 나옵니다.

먼저 A를 선택하면 연결에 사용될 Serial Device를 선택할 수 있습니다. 편집을 하시면 됩니다. 위에서 찾은 ttyUSB0를 입력해서 적용합니다.

보통 PC에 내장된 Serial port라면 /dev/ttyS0 정도가 될 것이고, USB-Serial 케이블이라면

/dev/ttyUSB0가 될 것입니다. 확실한 것은 ls /dev/tty*로 해당 장치가 검색되는지 확인 해야 합니다. Serial Device 설정이 완료되면 엔터를 쳐서 이전 상태로 되돌아 갑니다.

다음은 E를 눌러서 baud rate 및 각종 설정을 합니다. 우리는 115200 8N1을 사용합니다. 물론 이 부분이 디폴트로 이렇게 되어 있기 때문에 특별히 설정을 하지 않아도 됩니다.

```
    -+---------[Comm Parameters]----------+-
   e|                                     |
   c|     Current: 115200 8N1             |
   o| Speed            Parity       Data  |
   o| A: <next>        L: None      S: 5  |
    | B: <prev>        M: Even      T: 6  |
   B|                                     |
   o| C:    9600       N: Odd       U: 7  |
   o| D:   38400       O: Mark      V: 8  |
    | E: 115200        P: Space           |
    |                                     |
   -| Stopbits                            |-
   a| W: 1             Q: 8-N-1           |
   t| X: 2             R: 7-E-1           |
   t|                                     |
    |                                     |
   o| Choice, or <Enter> to exit? ▮       |
    -+-----------------------------------+-
```

'E'를 눌러 115200을 선택하고 'Q'를 눌러 8N1을 선택합니다. 그리고 다시 엔터를 쳐서 이전 상태로 되돌아갑니다. 물론 위 그림에서처럼 L을 선택하고 V를 선택하고 W를 선택해서 각각 따로 설정할 수도 있습니다. Q를 선택했을 때 나타나는 8N1에서 N이 의미하는 것은 Parity가 None이라는 것입니다. Odd를 선택하는 N이 아님을 주의하시기 바랍니다.

```
    +-----------------------------------------------+
    | A -    Serial Device     : /dev/ttyUSB0       |
    | B - Lockfile Location    : /var/lock          |
    | C -    Callin Program    :                    |
    | D -    Callout Program   :                    |
    | E -      Bps/Par/Bits    : 115200 8N1         |
    | F - Hardware Flow Control : No                |
    | G - Software Flow Control : No                |
    |                                               |
```

다음은 H/W Flow control 설정입니다. 하드웨어 Flow control은 사용하지 않을 것이기 때문에 No로 선택해야 합니다. 'F'를 누르면 Flow control이 Yes/No로 토글 됩니다. 이제 Serial port 설정이 완료되었습니다. 엔터를 눌러 이전 화면으로 돌아갑니다.

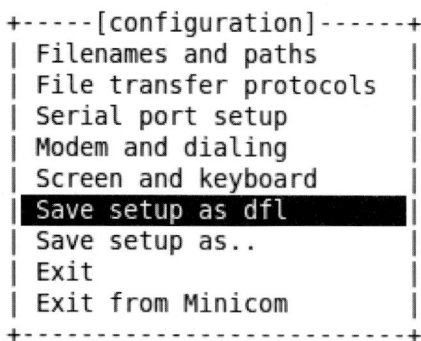

설정은 저장하지 않으면 다음 실행에 반영되지 않습니다. "Save setup as dfl"을 선택한 후 엔터를 눌러 설정을 저장합니다. 이제 minicom 설정이 완료되었습니다. "Exit from Minicom"을 눌러 minicom을 종료합니다.

7.1.4. minicom 재실행

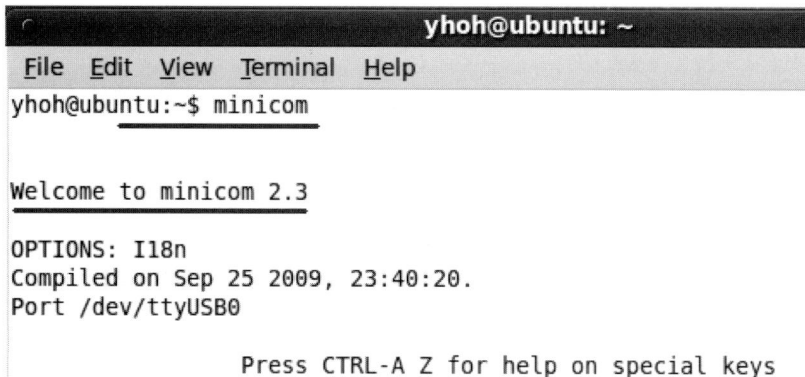

이제 minicom을 수행해 보도록 합니다. 위와 같이 수행이 된다면 정상적으로 수행된 것입니다. 터미널 창이 바로 minicom 창으로 변하게 됩니다.

yhoh@ubuntu:~$ minicom
minicom: cannot open /dev/ttyUSB0: No such file or directory

처음 minicom을 연결하려고 할 때 문제가 발생하는 경우가 있습니다. 위와 같이 파일이나 디렉토리를 찾을 수 없다는 말이 나오면서 되지 않는 경우가 있습니다. 이런 경우 /dev/에서 찾아보면 ttyUSB0가 나타나지 않게 됩니다.

모든 디바이스는 Windows나 우분투의 한쪽에서만 연결이 되게 됩니다. 시스템 장치관리자에서 PC 쪽의 것을 삭제한 이후에 우분투에서 다시 연결을 하면 정상적으로 /dev/ttyUSB0가 생기게 됩니다.

위 그림처럼 일단 windows에서 장치를 제거 합니다. 그리고 나서 우분투 부분을 화면의 가장 앞으로 오도록 만든 이후에 USB-to-Serial cable을 뺐다가 다시 연결합니다.

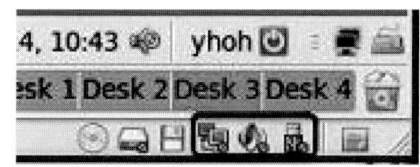

오른쪽 아래 위 그림의 부분에서 깜빡깜빡 하면서 연결되는 모습이 보입니다. 이제 minicom을 다시 실행하면 정상적으로 작동 합니다.

```
yhoh@ubuntu:~$ minicom
minicom: cannot open /dev/ttyUSB0: Device or resource busy
```

위와 같은 메시지에는 놀랄 일이 없습니다. /dev/ttyUSB0는 찾았지만 아직 준비가 덜 되었다는 것이기 때문에 조금 기다렸다가 다시 시도하면 정상적으로 동작합니다.

```
Welcome to minicom 2.3

OPTIONS: I18n
Compiled on Sep 25 2009, 23:40:20.
Port /dev/ttyUSB0

            Press CTRL-A Z for help on special keys


Unknown command '●●●托●●●●●●●●柚●●●●●●●●柚●●●●●●●' - try 'help'
MANGO100 # AT S7=45 S0=0 L1 V1 X4 &c1 E1 Q0
syntax error
MANGO100 #
MANGO100 #
```

나중에 DNW로 동작시킬 U-Boot의 수행을 마친 후에 우분투에서 상태를 보면 위 그림과 같이 프롬프트가 수행되는 모습을 볼 수 있습니다. 물론 위의 그림은 망고100의 경우이지만 망고64의 경우도 다른 것은 없습니다.

7.2. 우분투 네트워크 설정

7.2.1. TFTP - Ethernet Downloading Server 설치

위의 Serial Program 설치는 Serial 연결을 위한 것이었다면 이번에는 Ethernet을 위한 설정을 하겠습니다. Ethernet 연결은 데이터 다운로딩을 위한 것이며, 그를 위해서 데이터 전송을 해 줄 서비스가 준비되어야 합니다.

일반적으로 가장 많이 사용되는 데이터 전송프로토콜은 FTP입니다. 대부분의 웹사이트 들도 데이터 전송 부분만큼은 FTP를 사용하는 예가 많이 있습니다. 우리는 FTP와 비슷한 TFTP라는 데이터 전송을 사용할 것입니다.

TFTP는 Server로부터 필요한 File을 읽어와 자신의 Memory에 Load 시킬 때 필요한 Protocol입니다. Flash Memory에 맞도록 설계된 단순한 Protocol입니다. UDP를 이용하여 Client와 Server 사이의 통신을 하게 됩니다. Booting에 필요한 간단한 Program과 BOOTP, RARP, TFTP만 탑재한 시스템에서 많이 이용되고, 펌웨어 자동 업그레이드와 같은 곳에서도 이용이 가능합니다. 시스템이 단순하고 간단하고, 어떤 형태의 전달 서비스에서도 동작이 가능하다는 장점이 있는 반면에 정보 보호에 대한 기능이 없어서 Data에 대한 보장이 안 되는 단점이 있습니다.

TFTP는 사용자/보안의 적용이 전혀 안 되는 아주 기초적인 데이터 전송 서비스 만을 제공합니다. 임베디드 개발에서 커널이나 바이너리 Ethernet 다운로딩은 대부분 TFTP를 사용한다고 보시면 되겠습니다.

자 그럼 TFTP 서버를 설치하고, 망고보드가 바이너리 파일을 다운로딩 받을 수 있도록 설정해 보도록 하겠습니다. 먼저 tftp 관련 패키지를 설치합니다.

```
yhoh@ubuntu:~$ sudo apt-get install xinetd
yhoh@ubuntu:~$ sudo apt-get install tftp
yhoh@ubuntu:~$ sudo apt-get install tftpd
yhoh@ubuntu:~$ sudo apt-get install tftp-hpa
yhoh@ubuntu:~$ sudo apt-get install tftpd-hpa
```

위 내용을 차례로 실행합니다. 일부 패키지의 경우 함께 설치할 수 있는 부분도 있지만 가능한 따로 설치하시는 것이 안전합니다. 상황에 따라 설치되는 패키지의 종류가 조금씩은 틀려질 수 있지만 위 모든 패키지를 설치하시면 문제는 없습니다.

/etc/default/tftpd-hpa 파일을 수정합니다. 읽기 전용 파일이기 때문에 수정을 하려면 읽기 전용을 쓰기가 가능하도록 변경한 후에 편집해야 합니다. 아니면 sudo로 실행해서 강제적으로 편집 후 저장하는 방법도 있습니다.

```
#Defaults for tftpd-hpa
RUN_DAEMON="yes"
OPTIONS="-l -s /home/yhoh/tftpboot"
```

RUN_DAEMON을 yes로 설정해야 부팅 시 자동으로 띄우게 됩니다. 필자는 로컬에 디렉토리를 만들고 그곳을 지정했습니다.

-l 옵션은 데몬을 독립적으로 띄우겠다는 옵션이고,
-s 옵션은 tftp 루트 디렉토리를 지정해주는 옵션입니다.

아래는 /etc/inetd.conf에 들어있는 내용입니다.

```
1 #<off># netbios-ssn    stream  tcp     nowait  root    /usr/sbin/tcpd /usr
  /sbin/smbd
2 tftp            dgram   udp     wait    root    /usr/sbin/in.tftpd /usr/sbin/in
  .tftpd -s /var/lib/tftpboot
```

여기서 tftp 부분을 수정하면 tftp 관련한 사항을 설정하는 것입니다. inetd 수퍼 데몬을 통해서 실행하고 싶으면 위 파일을 수정해야 하는 것이죠. 하지만 우리는 **tftp-hpa를 독립적으로 사용할 것이고, 이것은 /etc/default/tftpd-hpa를 수정해야 합니다**.

tftp 데몬을 아래와 같이 restart 시켜도 되지만 리부트를 해서 정상적으로 데몬이 동작하는 지를 확인하시는 것이 좋을 것입니다.

```
$ sudo /etc/init.d/xinetd restart
```

리부트를 해서 아래와 같이 확인하면 xinetd가 떠 있는 것이 보일 것입니다.

```
yhoh@ubuntu:~$ ps -A | grep net
   13 ?        00:00:00 netns
 2107 ?        00:00:00 xinetd
yhoh@ubuntu:~$
```

ps -A는 우분투 상에 떠 있는 모든 process를 출력해 주는 것이고 이것을 | 를 통해서 pipe로 받아 grep 명령으로 net이라는 것이 들어간 것만 출력해 주는 것입니다. 이제 네트워크 설정 관련 부분을 설명 드려야 할 것입니다.

7.2.2. VMware, 우분투 네트워크 설정

먼저 minicom에서 print를 수행해서 현재 설정된 부분을 살펴보도록 합니다.

```
MANGO100 # print
bootargs=rootfstype=jffs2 root=/dev/mtdblock2 init=/init console=ttySAC1,115200
bootcmd=nand read c0008000 40000 400000;bootm c0008000
bootdelay=5
baudrate=115200
ethaddr=00:40:5c:26:0a:5b
ipaddr=192.168.0.20
serverip=192.168.0.10
gatewayip=192.168.0.1
netmask=255.255.255.0
stdin=serial
stdout=serial
stderr=serial
Environment size: 316/16380 bytes
MANGO100 #
```

여기서 중요한 부분은 Ethernet address 부분입니다. 이 값을 이용해서 IP address를 고정으로 할당 가능하도록 설정하고자 합니다.

DHCP 주소 보유 리스트

설정	컴퓨터 이름	MAC 주소	IP 주소		
✓	PoohPC	00:25:11:7b:46:34	192.168.11.100	📝	🗑
✓	MangoBoard	00:40:5c:26:0a:5b	192.168.11.110	📝	🗑

제가 사용하는 공유기의 IP 주소는 192.168.11.1로 설정되어 있고 이것은 향후 gateway IP 주소로 설정될 값입니다. 여기서는 망고 보드에 대한 주소값으로 192.168.11.110이 설정되도록 고정 IP를 할당 하였습니다. 물론 이 부분은 사용하고 계시는 네트워크 설정에 따라서 달라질 수 있을 것입니다. 저는 공유기를 이용하고 있고 이 공유기에서 위와 같이 192.168.11.110이라는 IP 주소를 위에서 찾은

Ethernet Address와 고정으로 연결하였습니다.

> 뒤에서 Ethernet Cross Cable을 이용해서 PC와 망고보드를 직접 연결해서 사용하는 부분도 살펴볼 것입니다. 하지만 그렇게 연결해서 사용하실 분들도 VMware와 우분투의 네트워크 설정에 대한 부분은 동일하게 작업해 주셔야 Cross Cable을 이용한 직접 연결 부분도 동작에 무리가 없게 됩니다. 그러므로 직접 Cross Cable을 이용해서 연결하실 분들도 이번 절에서의 내용을 충실히 이해하시고 그대로 따라서 설정을 해주시기 바랍니다.

이제 우분투 리눅스 부분에서의 IP 주소와 관련한 부분을 설정해야 합니다.

```
yhoh@ubuntu:~$ ifconfig
eth0      Link encap:Ethernet   HWaddr 00:0c:29:66:8b:b8
          inet addr:192.168.74.128  Bcast:192.168.74.255  Mask:255.255.255.0
          inet6 addr: fe80::20c:29ff:fe66:8bb8/64 Scope:Link
```

먼저 위와 같이 ifconfig를 사용해서 현재의 IP 주소 값을 살펴보았습니다. 192.168.74.128이라는 값이 설정되어 있습니다. 이 부분은 뒤에서 수정을 할 예정입니다. 여기서는 Ethernet 주소인 HWaddr 부분을 기억해 두시기 바랍니다.

> **VMware Network 설정의 주의 사항**
>
> 가장 기본적인 내용은 실제 VMware에 있어서 네트워크의 설정 부분은 디폴트로 되어 있는 것을 거의 건드릴 필요가 없다는 것입니다. 사실 공유기를 사용하는 경우 그 공유기의 DHCP 기능을 이용해서 IP 주소 값을 할당 받는 경우에 VMware는 중간의 브릿지 역할을 위한 작업만을 수행할 것이고 직접적인 IP 할당에 대한 것은 공유기가 하게 됩니다. 그러므로 네트워크와 관련한 설정은 가능한 바꾸지 마시기 바랍니다.
>
> 만약 우리가 네트워크 설정을 좀 잘못해서 뭐가 꼬이는 상황이 발생하게 되면 이를 해결하기가 무척 어려워집니다. 그럴 때 <u>해결을 위한 가장 좋은 방법은 VMware를 깨끗하게 지우고 다시 설치하는 것입니다.</u> 물론 이전에 만들어 두었던 우분투는 적절히 보관을 하고 있다가 재 설치한 VMware에서 다시 로딩하게 되면 문제없이 동작할 수 있게 됩니다.

VMware에서 설정을 해주어야 하는 부분은 거의 없지만 현재 필자의 환경을 알려드리도록 하겠습니다. VMware에서 VM > Setting을 선택 합니다. Hardware에서 Network Adapter에서 Bridged를 선택하고 Replicate 옵션도 선택합니다. 이 부분은 꼭 확인을 해주셔야 합니다.

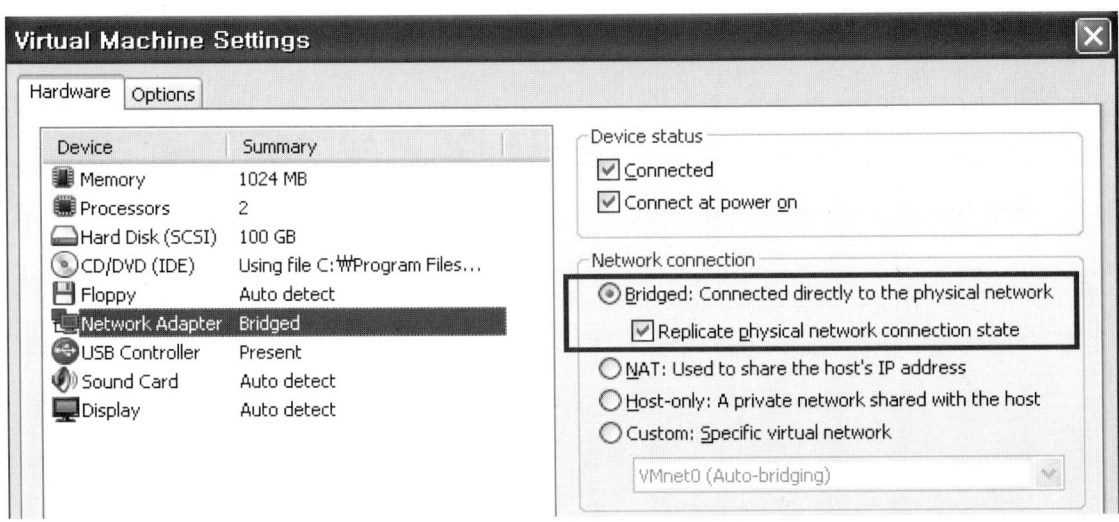

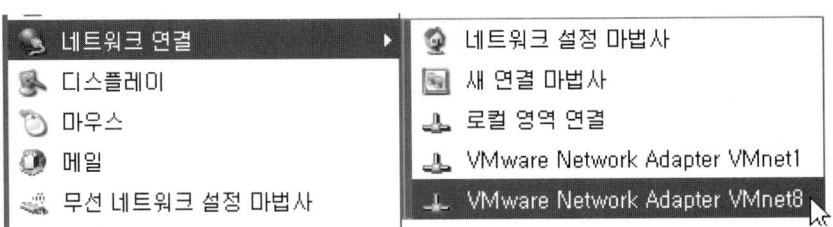

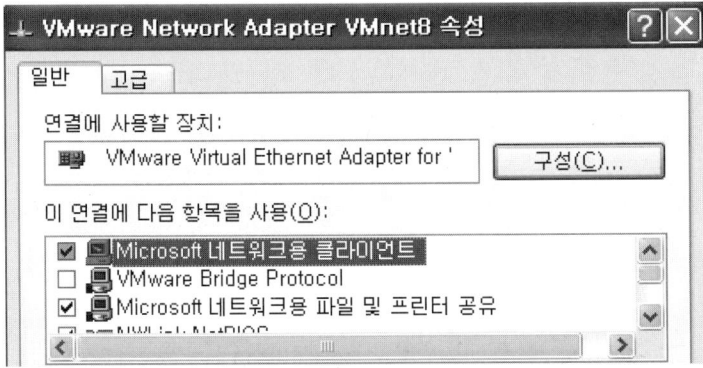

제어판에서 네트워크 연결 부분에서 VMware Network Adapter VMnet8에서 마우스 오른쪽 버튼을 눌러서 속성을 선택합니다.

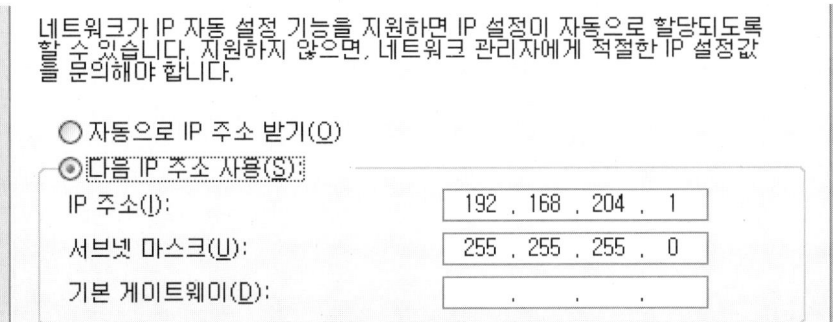

디폴트로 설정되어 있는 부분들이고 제가 변경한 부분은 없습니다.

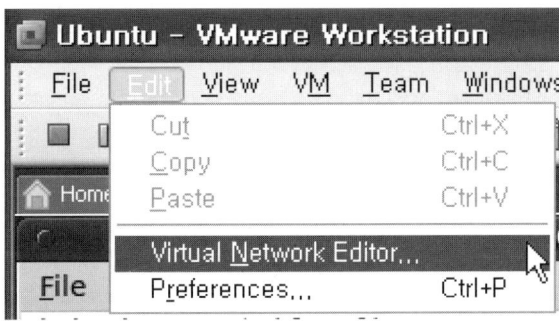

이제 VMware에서의 설정을 살펴보겠습니다. VMware 메뉴의 Edit에서 Virtual Network Editor 부분을 선택합니다.

기본적으로 설정이 되어 있는 부분이고 필자가 변경한 내용은 없습니다. 혹시라도 다르게 되어 있는 분들은 똑같게 맞추어 주시기 바랍니다. 똑같이 맞추어도 안될 경우는 VMware를 다시 설치해 주는 것이 가장 좋습니다.

설정	컴퓨터 이름	MAC 주소	IP 주소		
☑	PoohPC	00:25:11:7b:46:34	192.168.11.100		
☑	MangoBoard	00:40:5c:26:0a:5b	192.168.11.110		
☑	UbuntuLinux	00:0c:29:c2:a5:44	192.168.11.130		
☑	UbuntuAndroid	00:0c:29:66:8b:b8	192.168.11.131		

DHCP 주소 보유 리스트

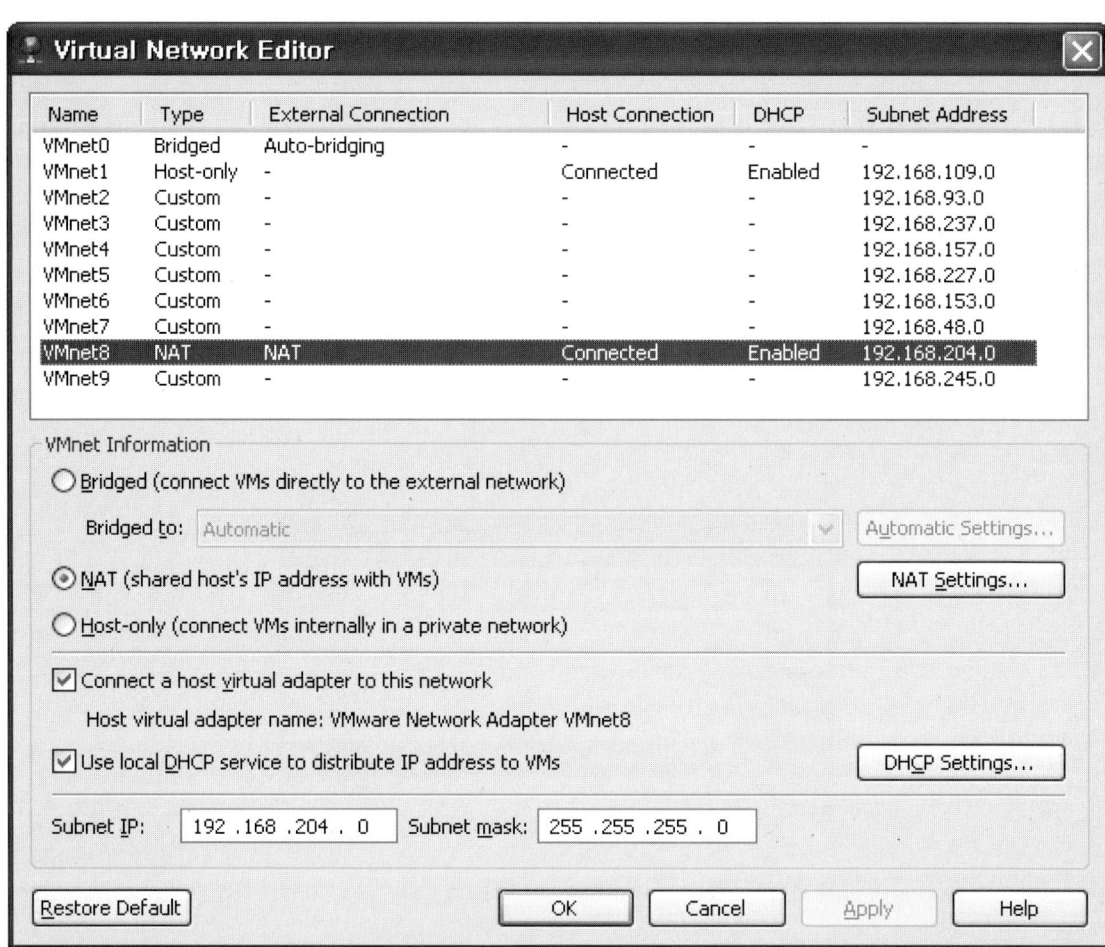

위 설정은 필자가 사용하는 공유기의 설정입니다. 이 중에서 UbuntuAndroid로 되어 있는 부분이 위에서 살펴보았던 Ethernet Address를 이용해서 고정 IP를 할당해 준 것입니다.

현재 연결된 모습도 위의 그림처럼 고정 IP로 연결된 상태를 확인할 수 있습니다.

yhoh@ubuntu:~$ **sudo ifconfig eth0 down**

```
yhoh@ubuntu:~$ sudo ifconfig eth0 up
```

eth0 down/up을 통해서 네트워크를 재 설정할 수도 있지만 리눅스를 리부팅 해도 상관 없습니다. 가능한 리부팅을 해서 사용하는 것이 보다 안정적일 것입니다.

```
MANGO100 # setenv ipaddr 192.168.11.110
MANGO100 # setenv serverip 192.168.11.131
MANGO100 # setenv gatewayip 192.168.11.1
```

이제 망고100의 IP에 대한 설정을 수행해야 합니다. 위와 같이 지금까지 작업했던 해당 IP 주소들을 적어 넣습니다.

7.2.3. Cross-Cable을 이용한 직접 연결

Cross-Cable을 이용한 작업은 그다지 힘들지 않습니다. 특히나 우분투를 사용하는 환경에서는 그다지 설정할 부분이 없습니다.

Cross-Cable을 한쪽은 PC의 Ethernet Card에 연결하고 다른 한쪽은 망고보드에 연결합니다. PC 쪽의 네트워크 부분은 변경할 필요가 없습니다. 기존의 상태를 그대로 유지한 상태에서 우분투를 열어서 네트워크 환경을 봅니다.

```
yhoh@ubuntu:~$ ifconfig
eth0      Link encap:Ethernet   HWaddr 00:0c:29:66:8b:b8
          inet6 addr: fe80::20c:29ff:fe66:8bb8/64 Scope:Link
          UP BROADCAST MULTICAST   MTU:1500   Metric:1
          RX packets:229 errors:0 dropped:0 overruns:0 frame:0
          TX packets:326 errors:0 dropped:0 overruns:0 carrier:0
          collisions:0 txqueuelen:1000
          RX bytes:21644 (21.6 KB)   TX bytes:102902 (102.9 KB)
          Interrupt:19 Base address:0x2024
```

최초 실행 시 위와 같이 ifconfig를 실행해 보면 IP 주소가 설정되지 않은 것을 볼 수 있습니다. 기존에는 공유기를 통해서 자동으로 DHCP를 통해 IP가 할당되었으나 지금은 공유기에 연결된 것이 아니기 때문에 IP를 자동으로 받지 못하고 있는 것입니다.

```
yhoh@ubuntu:~$ sudo ifconfig eth0 down
yhoh@ubuntu:~$ sudo ifconfig eth0 192.168.11.131 up
```

```
yhoh@ubuntu:~$ ifconfig
eth0      Link encap:Ethernet   HWaddr 00:0c:29:66:8b:b8
          inet addr:192.168.11.131   Bcast:192.168.11.255   Mask:255.255.255.0
          inet6 addr: fe80::20c:29ff:fe66:8bb8/64 Scope:Link
          UP BROADCAST RUNNING MULTICAST   MTU:1500   Metric:1
          RX packets:230 errors:0 dropped:0 overruns:0 frame:0
          TX packets:337 errors:0 dropped:0 overruns:0 carrier:0
          collisions:0 txqueuelen:1000
          RX bytes:21986 (21.9 KB)   TX bytes:104548 (104.5 KB)
          Interrupt:19 Base address:0x2024
```

ifconfig eth0 down으로 네트워크를 먼저 종료한 이후에 ifconfig eth0 192.168.11.131 up으로 IP 주소를 강제로 우리가 원하는 값으로 설정하게 됩니다. 그리고 나서 ifconfig를 실행해 보면 IP 주소가 정상적으로 설정된 것을 확인할 수 있습니다.

```
MANGO100 # print
... ... ... ... ... ...
gatewayip=192.168.11.1
netmask=255.255.255.0
ipaddr=192.168.11.110
serverip=192.168.11.131
Environment size: 1115/16380 bytes
MANGO100 # tftp 21000000 mango100_uboot.bin
... ... ... ... ... ...
```

망고보드를 실행해서 print를 통해서 설정되어 있는 값을 살펴보면 우리가 위에서 우분투에 설정한 IP 주소 값이 server의 IP 주소로 설정되어 있습니다.

이를 이용해서 tftp를 실행하면 정상적으로 다운로드 받을 수 있습니다. 실제 다운로드와 관련한 부분은 뒤에서 살펴볼 것입니다. 여기서는 네트워크에 대한 설정 부분만 검토하고 지나가는 것입니다.

8. 툴체인(Cross-Compiler) 설치

물론 뒤에서 우리는 안드로이드 소스 코드를 다운로드 받을 것이고 거기에는 prebuilt 부분에 Cross-Compiler가 들어 있습니다. 안드로이드 소스를 빌드하는 것은 그 툴체인을 이용하게 됩니다. 물론 이번 장에서 설치할 Cross-Compiler를 이용할 수도 있습니다. 뒤에서 받게 될 툴체인을 이용할 수도 있지만 보다 많은 환경에의 적응 능력을 키우는 차원에서 다른 툴체인을 설치해서 작업하는 것을 공부해 보도록 하겠습니다.

8.1. Tool chain 이란?

Target 시스템의 Software 개발을 진행하기 위해 필요한 host system의 cross compile (교차 컴파일) 환경을 우리는 툴체인이라고 부릅니다.

여기서 Cross라는 말이 의미하는 것은 무엇일까요? 상상을 한번 해보시기 바랍니다. 우리가 개발 환경으로 사용하는 PC는 CPU가 어떤 것이든 망고64나 망고100에서 사용하는 CPU와는 다를 것입니다. 그런데 PC에서 개발을 수행하고 있고, 그 PC에서 컴파일 해서 바이너리를 만들어야 하는데 그 바이너리가 동작하는 CPU는 다른 것입니다. 이와 같이 개발하는 곳의 환경과, 실제 개발된 코드가 동작될 환경이 다를 경우 이러한 것을 Cross라고 부르고 있는 것입니다.

툴체인은 컴파일러만을 의미하지 않습니다. source code를 compile하고 build하여 binary 실행 파일을 생성하는데 필요한 각종 Utility 및 Library의 모음이라고 생각하면 됩니다. 기본적으로는 Assembler, Linker, C compiler, C library 등으로 구성되어 있습니다.

우리는 GNU에서 제공하는 Tool-chain을 사용할 것입니다. 아래의 내용들이 포함되어 있습니다.
- GNU GCC compilers for C, C++
- GNU 바이너리 유틸리티들: assembler, linker, 다양한 오브젝트 파일 유틸리티들
- GNU C library

8.2. GCC 4.2.2 다운로드

실제로 오픈 소스이고 소스를 다운로드 받아서 빌드 작업을 거쳐서 툴체인을 만들 수도 있지만 그러한 작업이 그렇게 쉬운 것은 아닙니다. 하지만 고맙게도 이러한 것들을 미리 작업해주신 분들이 많이 있고 단순하게 다운로드 받아서 활용할 수 있습니다.

http://crztech.iptime.org:8080/
위 링크에 접속하면 아래 그림을 발견할 수 있습니다.

● Toolchain
   1) GCC 4.3.3 (2009q1)
   1) GCC 4.4 (2009q3)
   1) GCC 4.2.2

GCC 4.2.2 부분을 선택해서 다운로드 받습니다.

> 보다 높은 버전보다 낮은 버전을 다운로드 받는 것은 빌드의 상황에서 보다 많은 안정성을 위해서 입니다. 버전이 높다고 해서 늘 좋은 점만 있는 것은 아닙니다. 경우에 따라서 높은 버전의 툴체인에서 지원되지 않는 부분도 있고, 빌드 진행이 원활하게 되지 않는 경우도 있습니다. 4.2.2 버전은 이러한 부분이 거의 없는 버전이므로 이것을 받으시는 것이 좋을 것입니다.

다운로드 받게 되면 cross-4.2.2-eabi.tar.bz2 파일을 받게 됩니다. 이제 이 파일을 우분투 쪽으로 옮겨서 압축을 풀고 환경 설정을 할 것입니다.

8.3. 툴체인 설치

설치 작업은 특별한 인스톨 과정을 거치는 것은 아니고 다운로드 받은 파일을 단순히 압축을 풀어놓는 과정입니다. GCC 4.2.2 버전의 경우 압축을 풀 폴더가 /usr/local/arm 부분에 이 작업을 해주셔야 합니다.

/usr/local/에는 현재 arm이라는 폴더가 없기 때문에 아래와 같이 새로운 폴더를 만들어 주어야 합니다.

```
yhoh@ubuntu:/usr/local$ mkdir arm
mkdir: cannot create directory `arm': Permission denied
yhoh@ubuntu:/usr/local$ sudo mkdir arm
[sudo] password for yhoh:
yhoh@ubuntu:/usr/local$ ls
arm  bin  etc  games  include  lib  man  sbin  share  src
yhoh@ubuntu:/usr/local$
```

/usr/local/ 부분은 루트 권한으로 접근 가능한 곳이기 때문에 sudo로 작업하셔야 합니다.

```
yhoh@ubuntu:/usr/local/arm$ sudo tar xvf /home/yhoh/tmpPC/cross-4.2.2-eabi.tar.bz2
```

```
yhoh@ubuntu:/usr/local/arm$ l
/usr/local/arm
total 4
drwxr-xr-x 9 root root 4096 2007-12-16 19:37 4.2.2-eabi
yhoh@ubuntu:/usr/local/arm$ cd 4.2.2-eabi/
yhoh@ubuntu:/usr/local/arm/4.2.2-eabi$ ls
bin  etc  gmp  lib  mpfr  sbin  usr
yhoh@ubuntu:/usr/local/arm/4.2.2-eabi$
```

저는 VMware와 우분투가 공유하는 폴더가 ~/tmpPC 부분이고 여기에 다운로드 받은 파일이 저장되어 있습니다. /usr/local/arm 부분에 이동을 해서 위와 같이 압축을 풀었습니다.

압축을 풀면 4.2.2-eabi 폴더가 생성되고 그 폴더 안을 보면 위 그림과 같이 여러 폴더가 생성되어 있습니다.

8.4. 툴체인 환경 설정

환경 설정은 쉘 초기화 파일에 해당 설정 매크로를 적어 주는 것으로 전부입니다. bash 환경 설정 파일이 .bashrc 파일에 아래와 같은 내용을 추가해 줍니다.

```
export CROSS_COMPILE=/usr/local/arm/4.2.2-eabi/usr/bin/arm-linux-
export PATH=$PATH:/usr/local/arm/4.2.2-eabi/usr/bin
```

이와 같이 설정한 이후에 설정된 내용이 적용되는 것은 아래와 같이 source를 수행함으로써 적용됩니다.

```
yhoh@ubuntu:~$ source .bashrc
```

물론 사용하는 터미널을 종료한 이후에 다시 수행시켜도 설정한 내용이 적용되게 됩니다.

```
yhoh@ubuntu:/usr/local/arm/4.2.2-eabi/usr/bin$ ls arm-linux-*
arm-linux-addr2line   arm-linux-cpp         arm-linux-gprof        arm-linux-ranlib
arm-linux-ar          arm-linux-g++         arm-linux-ld           arm-linux-readelf
arm-linux-as          arm-linux-gcc         arm-linux-ldconfig     arm-linux-size
arm-linux-c++         arm-linux-gcc-4.2.2   arm-linux-nm           arm-linux-strings
arm-linux-cc          arm-linux-gccbug      arm-linux-objcopy      arm-linux-strip
arm-linux-c++filt     arm-linux-gcov        arm-linux-objdump
yhoh@ubuntu:/usr/local/arm/4.2.2-eabi/usr/bin$
```

/usr/local/arm/4.2.2-eabi/usr/bin/에 있는 arm-linux-로 시작하는 파일들을 살펴보면 위 그림과 같습니다. 실제 빌드를 수행할 때 위의 파일들을 이용하게 되는 것입니다. 이 파일들을 이용할 수 있도록

Path를 설정해 주는 것이 설정 작업의 전부인 것입니다.

> **CC= $(CROSS_COMPILE)gcc**
> CROSS_COMPILE은 향후에 이와 같은 형태로 사용될 것입니다. CC를 위와 같이 정의함으로써 결국은 /usr/local/arm/4.2.2-eabi/usr/bin/에 있는 arm-linux-gcc가 CC로 대체되는 것입니다.

8.5. 툴체인 확인

Path가 정상적으로 설정이 되었는지를 먼저 확인해 보겠습니다.

```
yhoh@ubuntu:~$ arm-linux-gcc -v
Using built-in specs.
Target: arm-unknown-linux-gnueabi
Configured with: /home/scsuh/workplace/coffee/buildroot-20071011/toolchain_build_arm/gcc-4.2.2/configure --prefix=/usr --build=i386-pc-linux-gnu --host=i386-pc-linux-gnu --target=arm-unknown-linux-gnueabi --enable-languages=c,c++ --with-sysroot=/usr/local/arm/4.2.2-eabi/ --with-build-time-tools=/usr/local/arm/4.2.2-eabi//usr/arm-unknown-linux-gnueabi/bin --disable-__cxa_atexit --enable-target-optspace --with-gnu-ld --enable-shared --with-gmp=/usr/local/arm/4.2.2-eabi//gmp --with-mpfr=/usr/local/arm/4.2.2-eabi//mpfr --disable-nls --enable-threads --disable-multilib --disable-largefile --with-arch=armv4t --with-float=soft --enable-cxx-flags=-msoft-float
Thread model: posix
gcc version 4.2.2
```

arm-linux-gcc –v로 실행했을 때 위와 같이 출력이 나와야 정상적으로 Path 설정이 되었고 수행이 되고 있는 것입니다. GCC 버전이 4.2.2인 것을 확인할 수 있습니다.

이제 예제 코드를 하나 만들어서 직접 빌드를 해보도록 하겠습니다.

```
yhoh@ubuntu:~/zTmp$ vi hello.c
```

아무 폴더에서나 vi hello.c를 수행해서 아래와 같이 입력합니다.

```c
#include <stdio.h>

int main(void)
{
    printf("Hello Embedded");
```

```
    return 0;
}
```

코드 내용은 누구나 아시듯 화면에 출력을 하고는 끝내는 내용입니다.

```
yhoh@ubuntu:~/zTmp$ arm-linux-gcc -o hello-arm hello.c
```

위와 같이 빌드를 수행할 수 있습니다.

```
yhoh@ubuntu:~/zTmp$ l
/home/yhoh/zTmp
total 16
-rwxr-xr-x 1 yhoh yhoh 8218 2010-08-17 17:37 hello-arm
-rw-r--r-- 1 yhoh yhoh   84 2010-08-17 17:34 hello.c
yhoh@ubuntu:~/zTmp$
```

결과를 보면 hello-arm이라는 실행 파일이 생겨 있습니다.

```
yhoh@ubuntu:~/zTmp$ ./hello-arm
bash: ./hello-arm: cannot execute binary file
```

실행을 시켜보면 위와 같이 실행할 수 없다고 나옵니다. 왜 그럴까요? 이유는 이 실행 파일은 ARM CPU에서 실행하도록 크로스 컴파일러를 통해서 빌드된 것이기 때문입니다. 당연히 망고보드와 같은 ARM을 사용하는 보드에서 구동을 해야만 정상적으로 동작할 수 있는 것입니다.

9. 안드로이드를 위한 환경 설정과 소스 코드 다운로드

안드로이드 소스 코드를 다운로드 하고 또한 그것을 빌드하기 위해서는 특별한 환경 설정이 필요합니다. 물론 안드로이드 소스 코드에는 prebuilt 부분에 Cross-Compiler의 툴체인이 설치되어 있고 이를 이용하게 됩니다. 하지만 이러한 컴파일러만으로 빌드를 수행하는 것에는 불완전하고 추가적으로 설치되어야 하는 부분이 있습니다. 이러한 환경 설정을 하나씩 차례로 수행하고 안드로이드 소스 코드 또한 다운로드 받도록 하겠습니다.

9.1. Java 5 설치

9.1.1. 우분투 버전 확인

System 메뉴의 About Ubuntu를 수행하면 아래의 화면을 볼 수 있습니다.

Ubuntu - Linux for Human Beings!

You are using Ubuntu 9.10 - the *Karmic Koala* - released in October 2009 and supported until April 2011.

우리는 현재 우분투 9.10을 사용하고 있습니다. 최신 버전이 10.04임에도 불구하고 9.10을 사용하는 것입니다. 이것은 이 버전이 보다 안정적이기 때문입니다. 우리는 일부러 9.10을 다른 곳에서 다운로드 받아서 설치한 상태입니다.

9.1.2. Java 5 설치

안드로이드 사이트에서 환경 요구 사항과 관련한 문서를 살펴보면 아래의 내용을 발견할 수 있습니다.

> Ubuntu Linux (32-bit x86)
> JDK 5.0, update 12 or higher. **Java 6 is not supported**, because of incompatibilities with @Override.

현재의 최신 버전은 Java 6입니다. 하지만 @Override와 관련한 것이 Java 6와 맞지 않기 때문에 Java 6를 사용할 수 없습니다. 그러므로 Java 5를 사용해야 하고 JDK 5.0, update 12 이상을 사용할 것을 권고하고 있습니다.

Java 5를 설치하는 방법은 "sudo apt-get install sun-java5-jdk"를 수행하면 됩니다.

```
yhoh@ubuntu:~$ sudo apt-get install sun-java5-jdk
Reading package lists... Done
Building dependency tree
Reading state information... Done
E: Couldn't find package sun-java5-jdk
```

우분투 9.10의 기본 설정에서는 apt-get install sun-java5-jdk로는 설치가 되지 않습니다. 위와 같이 패키지를 찾을 수 없다는 에러가 발생합니다. apt-get 으로 sun-java5-jdk 설치를 하기 위해서는 설정을 해주어야 하는 부분이 있습니다.

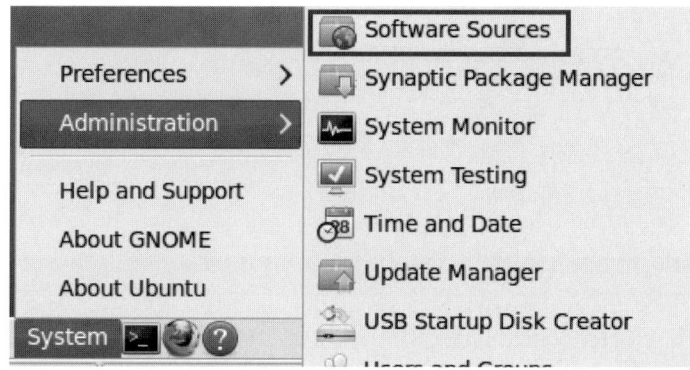

System > Administration > Software Sources를 선택합니다. 루트 패스워드를 입력하면 설정 창이 뜨게 됩니다.

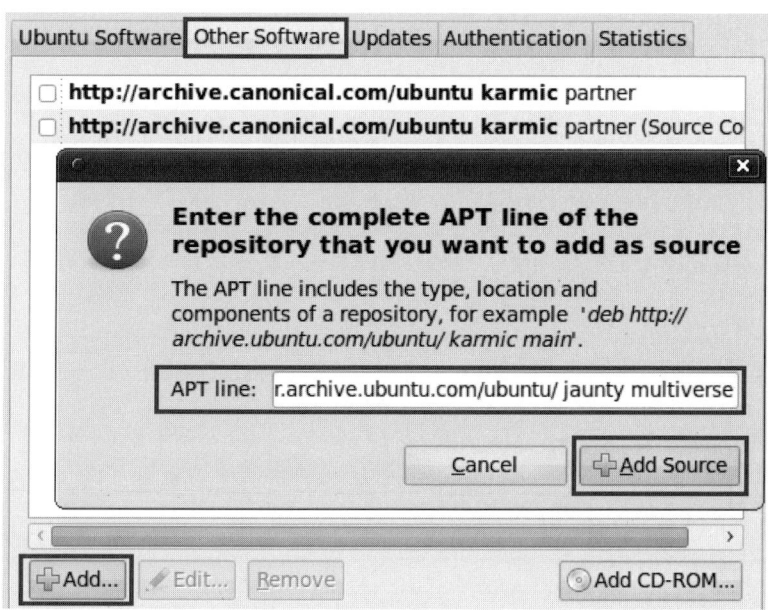

Other Software 부분에서 Add를 눌러서 아래의 두 가지 사항을 각각 추가해 줍니다.

```
deb http://kr.archive.ubuntu.com/ubuntu/ jaunty multiverse
deb http://kr.archive.ubuntu.com/ubuntu/ jaunty-updates multiverse
```

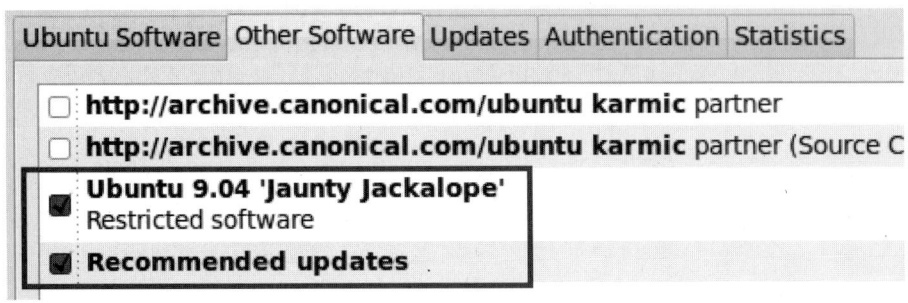

두 부분에 대한 추가가 끝나면 위 그림과 같이 우분투 9.04 'Jaunty Jackalope' 부분을 접근해서 설치가 이루어질 수 있도록 설정이 됩니다.

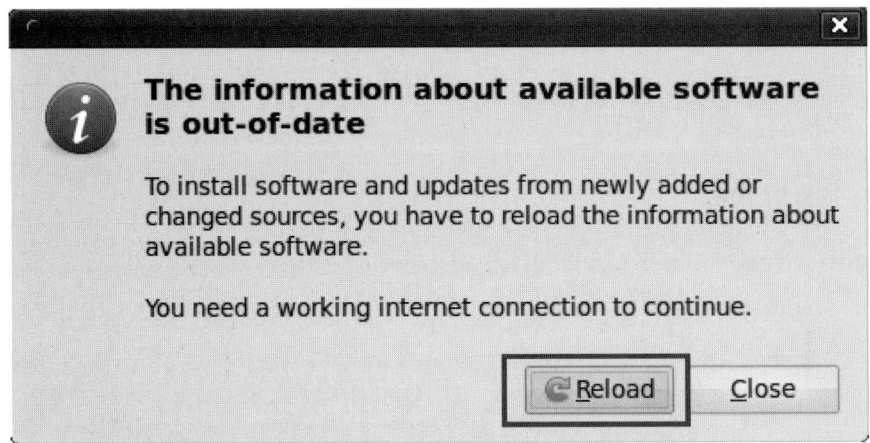

Close를 눌러서 마치게 되면 위 그림과 같이 새로 적용할 것인지를 묻는 창이 나타나고 Reload를 눌러서 업데이트를 시켜 줍니다.

```
yhoh@ubuntu:~$ vi /etc/apt/sources.list
```

```
deb http://security.ubuntu.com/ubuntu karmic-security multiverse
deb-src http://security.ubuntu.com/ubuntu karmic-security multiverse
deb http://kr.archive.ubuntu.com/ubuntu/ jaunty multiverse
deb http://kr.archive.ubuntu.com/ubuntu/ jaunty-updates multiverse
```

vi 로 /etc/apt/sources.list를 열어서 살펴보면 위와 같이 두 라인이 추가된 것을 확인할 수 있습니다. 사실 이 부분은 위에서 UI를 통해서 작업하지 않고 "**sudo** vi /etc/apt/sources.list"로 열어서 직접 입력을 수행할 수도 있습니다.

```
yhoh@ubuntu:~$ sudo apt-get install sun-java5-jdk
yhoh@ubuntu:~$ java -version
java version "1.5.0_19"
Java(TM) 2 Runtime Environment, Standard Edition (build 1.5.0_19-b02)
Java HotSpot(TM) Client VM (build 1.5.0_19-b02, mixed mode, sharing)
yhoh@ubuntu:~$
```

이제 "sudo apt-get install sun-java5-jdk"을 수행하면 정상적으로 수행이 되는 것을 확인할 수 있습니다. 그리고 나서 java 버전을 확인해 보면 1.5.0_19로 JDK 5.0, update 12 이상을 사용할 것을 권고하는 내용을 충족 시키게 됩니다.

9.1.3. Java 환경 설정

```
yhoh@ubuntu:~$ update-alternatives --config java
There are 1 choices for the alternative java (providing /usr/bin/java).

  Selection    Path                                      Priority   Status
------------------------------------------------------------
  0            /usr/lib/jvm/java-1.5.0-sun/jre/bin/java   53         auto mode
* 1            /usr/lib/jvm/java-1.5.0-sun/jre/bin/java   53         manual mode

Press enter to keep the current choice[*], or type selection number:
yhoh@ubuntu:~$
```

"update-alternatives --config java"를 수행해서 위와 같이 정상적으로 설정이 되어 있는지를 확인해 주어야 합니다.

```
yhoh@ubuntu:/usr/lib/jvm$ ls
java-1.5.0-sun   java-1.5.0-sun-1.5.0.19
yhoh@ubuntu:/usr/lib/jvm$
```

/usr/lib/jvm에 가보면 위와 같이 java-1.5.0-sun이라는 링크를 발견할 수 있습니다. 이것은 결국 java-1.5.0-sun-1.5.0.19 폴더를 가리킵니다. 버전에 따른 디렉토리의 변화에 대처하기 위해서 링크를 만들어 놓은 것입니다. 우리는 JAVA_HOME을 /usr/lib/jvm/java-1.5.0-sun으로 설정해 주어야 합니다.

JAVA setting ...

```
export JAVA_HOME=/usr/lib/jvm/java-1.5.0-sun
export ANDROID_JAVA_HOME=$JAVA_HOME
```

.bashrc 파일에 위와 같이 두 개의 문장을 추가합니다. JAVA_HOME을 설정하고 그 내용을 그대로 ANDROID_JAVA_HOME도 설정합니다.

9.2. 기타 패키지 설치

http://source.android.com/source/download.html
위 링크에 접속하면 아래의 내용을 발견할 수 있습니다.

Ubuntu Linux (32-bit x86)
To set up your Linux development environment, make sure you have the following:
Required Packages:
Git 1.5.4 or newer and the GNU Privacy Guard.
JDK 5.0, update 12 or higher. Java 6 is not supported, because of incompatibilities with @Override.
flex, bison, gperf, libsdl-dev, libesd0-dev, libwxgtk2.6-dev (optional), build-essential, zip, curl.
$ **sudo apt-get install git-core gnupg sun-java5-jdk flex bison gperf libsdl-dev libesd0-dev libwxgtk2.6-dev build-essential zip curl libncurses5-dev zlib1g-dev**

일단 위 내용에서 JAVA와 관련한 부분은 이미 앞에서 설치를 마쳤고 나머지 부분에 대한 작업을 수행하면 됩니다. 한꺼번에 설치를 진행할 경우에는 조금 설치에 문제가 발생할 수 있습니다. 위 문서의 내용은 조금은 오래된 이야기 이고 앞으로 적혀있는 내용을 그대로 따라 하시면 됩니다.

```
yhoh@ubuntu:~$ sudo apt-get install libartsc0
yhoh@ubuntu:~$ sudo apt-get install libartsc0-dev
yhoh@ubuntu:~$ sudo apt-get install libsdl1.2-dev
```

위 구글 문서의 내용에서는 libsdl-dev를 설치하도록 권고하고 있는데 이는 libsdl1.2-dev를 사용하셔야 합니다. 위와 같이 3개의 패키지를 차례로 설치해 주면 됩니다.

```
yhoh@ubuntu:~$ sudo apt-get install git-core gnupg
yhoh@ubuntu:~$ sudo apt-get install libartsc0
yhoh@ubuntu:~$ sudo apt-get install libartsc0-dev
yhoh@ubuntu:~$ sudo apt-get install libsdl1.2-dev
yhoh@ubuntu:~$ sudo apt-get install flex bison gperf libesd0-dev libwxgtk2.6-dev build-essential zip curl libncurses5-dev zlib1g-dev
```

이제 나머지 패키지들을 설치합니다. 위의 순서를 꼭 지켜서 설치할 필요까지는 없지만 가능한 위 순서대로 설치하시면 이상 없이 설치가 될 것입니다.

> You might also want Valgrind, a tool that will help you find memory leaks, stack corruption, array bounds overflows, etc.
> $ sudo apt-get install valgrind

또 다른 패키지로 valgrind에 대한 설치 권고가 나옵니다.

> yhoh@ubuntu:~$ **sudo apt-get install valgrind**

위와 같이 설치를 마쳤습니다. valgrind는 메모리 Leak과 관련된 처리를 수행할 수 있도록 해주는 것입니다.

> Intrepid (8.10) users may need a newer version of libreadline:
> $ sudo apt-get install lib32readline5-dev

우리는 우분투 9.10을 사용하기 때문에 위 내용은 수행할 필요가 없습니다.

9.3. 안드로이드 소스 코드 다운로드

http://source.android.com/source/download.html
위 링크에 보면 소스 코드를 다운로드 받기 위해서 해주어야 할 절차에 대한 것 또한 기술되어 있습니다.

9.3.1. Installing Repo

> **Installing Repo**
> Repo is a tool that makes it easier to work with Git in the context of Android.
> For more information about Repo, see Using Repo and Git.
> To install, initialize, and configure Repo, follow these steps:
> Make sure you have a ~/bin directory in your home directory, and check to be sure that this bin directory is in your path:
> $ cd ~
> $ mkdir bin
> $ echo $PATH

```
$ curl http://android.git.kernel.org/repo >~/bin/repo
$ chmod a+x ~/bin/repo
```

위와 같이 설치 과정에 대한 것이 기술되어 있습니다. 하나씩 내용을 따라 해 보도록 하겠습니다.

```
yhoh@ubuntu:~$ cd ~
yhoh@ubuntu:~$ mkdir bin
yhoh@ubuntu:~$ echo $PATH
/usr/local/sbin:/usr/local/bin:/usr/sbin:/usr/bin:/sbin:/bin:/usr/games
yhoh@ubuntu:~$ curl http://android.git.kernel.org/repo >~/bin/repo
  % Total    % Received % Xferd  Average Speed   Time    Time     Time  Current
                                 Dload  Upload   Total   Spent    Left  Speed
100 17211    0 17211    0     0   8417      0 --:--:--  0:00:02 --:--:-- 14072
yhoh@ubuntu:~$ chmod a+x ~/bin/repo
yhoh@ubuntu:~$
```

bin 폴더를 만들고 난 이후에 echo $PATH를 수행했을 때 /home/yhoh/bin은 없는 것을 확인할 수 있습니다. 위와 같이 설정한 이후에 우분투를 재 시작 했습니다. 그리고 나서 echo $PATH를 다시 수행해 보았습니다.

```
yhoh@ubuntu:~$ echo $PATH
/home/yhoh/bin:/usr/local/sbin:/usr/local/bin:/usr/sbin:/usr/bin:/sbin:/bin:/usr/games
```

/home/yhoh/bin이 추가되어 있는 것을 발견할 수 있습니다. 이것은 어떻게 가능해진 것일까요? PATH에 /home/yhoh/bin을 추가하는 작업을 수행한 일이 없는데도 자동으로 추가가 된 것입니다.

```
# set PATH so it includes user's private bin if it exists
if [ -d "$HOME/bin" ] ; then
    PATH="$HOME/bin:$PATH"
fi
```

이유는 .profile에 있습니다. 위 내용은 .profile 파일의 가장 뒤 부분에 존재하는 내용입니다. 최초 실행 시 .profile이 수행되면서 $HOME/bin이 존재하는 가를 보고 존재하게 되면 이를 PATH에 추가해 주고 있는 것입니다.

```
yhoh@ubuntu:~/bin$ l
/home/yhoh/bin
total 20
-rwxr-xr-x 1 yhoh yhoh 17211 2010-06-28 22:45 repo
yhoh@ubuntu:~/bin$
```

~/bin에는 repo라는 파일이 생겨 있고, 이것은 실행할 수 있도록 모드가 변경되어 있습니다. 편집기로 열어서 살펴보면 매우 복잡한 스크립트 파일이라는 것을 알 수 있습니다. 이제 ~/bin을 PATH에 추가해 주었기 때문에 어디에서나 repo를 실행할 수 있게 되었습니다.

9.3.2. Repo client 초기화 및 망고64용 Cupcake 다운로드

안드로이드 소스를 이제부터 다운로드 받을 것입니다. 안드로이드 소스는 2 GB가 넘는 양이고, 빌드를 위해서는 6 GB 이상의 여유 공간이 있어야 한다고 합니다. 공간을 일단 충분히 확보하고 진행해야 합니다.

```
Initializing a Repo client
Create an empty directory to hold your working files:
$ mkdir mydroid
$ cd mydroid
Run "repo init" to bring down the latest version of Repo with all its most recent bug fixes. You must specify a URL for the manifest:
$ repo init -u git://android.git.kernel.org/platform/manifest.git
If you would like to check out a branch other than "master", specify it with -b, like:
$ repo init -u git://android.git.kernel.org/platform/manifest.git -b cupcake
When prompted, configure Repo with your real name and email address. If you plan to submit code, use an email address that is associated with a Google account .
```

위와 같이 과정에 대한 것이 기술되어 있습니다. 하나씩 내용을 따라 해 보도록 하겠습니다.

```
drwxr-xr-x   5 yhoh 4096 2010-07-05 22:24 .repo
drwxr-xr-x   3 yhoh 4096 2010-06-28 22:59 .repoconfig
-rw-r--r--   1 yhoh   31 2010-07-05 23:48 .repopickle_.gitconfig
```

루트 폴더를 찾아 보았을 때 위와 같이 .repo로 시작하는 폴더나 파일이 있을 수 있습니다. 이것은 이전에 작업한 내용이 있을 때 이러한 내용들이 기록되어 있는 것입니다.

```
yhoh@ubuntu:~$ rm -rf .repo*
```

일단은 이들을 삭제하고 시작하도록 하겠습니다. 만약 한번도 소스를 다운로드 했던 적이 없으신 분들은 위 폴더들이 없을 것이고 그러면 문제가 없습니다.

```
yhoh@ubuntu:~$ mkdir mangodroid
```

```
yhoh@ubuntu:~$ cd mangodroid
yhoh@ubuntu:~/mangodroid$ mkdir mangodroid_cupcake
yhoh@ubuntu:~/mangodroid$ cd mangodroid_cupcake
```

일단 mangodroid라는 폴더를 만들고 거기에 mangodroid_cupcake를 만들고 이곳에 다운로드를 할 것입니다.

Framework별 안드로이드 소스는 1.5가 Cupcake, 1.6이 Donut, 2.0과 2.1이 Eclair, 2.2가 Froyo (Frozen yogurt)로 이름이 붙여져 있습니다. 알파벳 순서로 먹을 거리 이름이 계속 붙여지고 있습니다. 망고 64에 포팅 된 안드로이드 소스는 1.5로 Cupcake이고 망고100에 포팅 된 소스는 2.1의 Eclair 입니다. 망고64용으로 다운로드 받을 것이기 때문에 mangodroid_cupcake로 이름을 붙인 것입니다.

```
$ repo init -u git://android.git.kernel.org/platform/manifest.git -b cupcake
```

이제 수행해야 하는 것은 repo에 대한 초기화 작업입니다. 이 작업을 통해서 실제 작업할 내용에 대한 설정 작업을 수행하고 현재의 폴더를 소스를 가져와서 Sync 작업을 할 폴더로 지정하게 됩니다. 이를 수행하기 위한 작업을 하는 것입니다.

옵션 –b로 cupcake라는 것을 주고 있습니다. 그러므로 현재의 Git 서버에 있는 현재 디렉토리에서 가져오는 것이 아니라 cupcake라는 이름이 붙어있는 Branch에서 소스를 가져오는 것입니다.

```
yhoh@ubuntu:~/mangodroid/mangodroid_cupcake$ repo init -u
git://android.git.kernel.org/platform/manifest.git -b cupcake
remote: Counting objects: 457, done.
remote: Compressing objects: 100% (199/199), done.
remote: Total 457 (delta 164), reused 429 (delta 154)
Receiving objects: 100% (457/457), 109.10 KiB, done.
Resolving deltas: 100% (164/164), done.
From git://android.git.kernel.org/platform/manifest
 * [new branch]      android-1.5 -> origin/android-1.5
… … … … … … …
 * [new branch]      cupcake     -> origin/cupcake
 * [new branch]      cupcake-release -> origin/cupcake-release
 * [new branch]      donut       -> origin/donut
 * [new branch]      donut-plus-aosp -> origin/donut-plus-aosp
 * [new branch]      eclair      -> origin/eclair
 * [new branch]      froyo       -> origin/froyo
… … … … … … …
```

```
 * [new tag]           android-sdk-tools_r5 -> android-sdk-tools_r5
From git://android.git.kernel.org/platform/manifest
 * [new tag]           android-1.0 -> android-1.0
Your Name    [yhoh]:
```

위 내용은 이를 수행한 결과입니다. cupcake, donut, eclair, froyo에 대한 branch들도 보이고 있습니다. 이름부터 시작해서 몇 가지 설정 작업이 나오고 있습니다.

```
Your Name    [yhoh]:
Your Email [yhoh@ubuntu.(none)]: pooh.yhoh@gmail.com
Your identity is: yhoh <pooh.yhoh@gmail.com>
is this correct [y/n]? y
```

이름이나 이메일 주소 등에 대한 것을 변경하고자 할 때는 변경해주면 됩니다. 변경하지 않아도 상관은 없습니다.

```
Testing colorized output (for 'repo diff', 'repo status'):
  black     red       green     yellow    blue      magenta   cyan      white
  bold      dim       ul        reverse
Enable color display in this user account (y/n)? y
```

색깔을 표시해서 출력해 주는 부분에 대한 설정이 나타납니다.

```
[color]
        ui = auto
```

이것을 yes로 하였을 경우에는 ~/.gitconfig 부분에 위와 같이 저장되게 됩니다. ~/.gitconfig 파일을 삭제하지 않는 한 위 내용을 다시 물어보는 일은 없습니다.

```
repo initialized in /home/yhoh/mangodroid/mangodroid_cupcake
yhoh@ubuntu:~/mangodroid/mangodroid_cupcake$
```

위와 같이 /home/yhoh/mangodroid/mangodroid_cupcake 폴더로 repo 초기화가 완료되었음을 나타내 주는 출력문이 보입니다. 이렇게 출력문이 내가 원하는 폴더가 정확하게 지정되어 있어야 합니다. 만약 이것이 잘못되었다면 이미 어떤 결과가 잘못되게 저장되어 있는 것이고 처음부터 다시 수행하려면 .repo로 되어있는 부분을 지워주고 다시 설정해야 합니다.

```
yhoh@ubuntu:~/mangodroid/mangodroid_cupcake$ repo sync
```

repo sync를 수행하면 이제 다운로드 작업이 시작됩니다. 안드로이드 전체 소스는 2 GB 정도로 매우 크기 때문에 네트워크로 다운로드를 받을 때 무척이나 많은 시간이 필요합니다.

```
… … … … … … …
Fetching projects: 100% (116/116), done.
Checking out files: 100% (7703/7703), done.ut files:   38% (2958/7703)
Checking out files: 100% (2553/2553), done.ut files:   24% (619/2553)
Checking out files: 100% (3810/3810), done.out files:  21% (831/3810)
Checking out files: 100% (2860/2860), done.out files:  44% (1267/2860)
Checking out files: 100% (7311/7311), done.out files:  27% (1975/7311)
Checking out files: 100% (5912/5912), done.out files:  20% (1226/5912)
Checking out files: 100% (1098/1098), done. out files: 14% (161/1098)
Syncing work tree: 100% (116/116), done.
yhoh@ubuntu:~/mangodroid/mangodroid_cupcake$
```

위와 같이 정상적으로 수행을 모두 마친 것을 확인할 수 있습니다.

```
yhoh@ubuntu:~/mangodroid/mangodroid_cupcake$ l
/home/yhoh/mangodroid/mangodroid_cupcake
total 52
drwxr-xr-x  9 yhoh yhoh 4096 2010-07-05 23:05 bionic
drwxr-xr-x  5 yhoh yhoh 4096 2010-07-05 23:05 bootable
drwxr-xr-x  7 yhoh yhoh 4096 2010-07-05 23:05 build
drwxr-xr-x 18 yhoh yhoh 4096 2010-07-05 23:05 dalvik
drwxr-xr-x 16 yhoh yhoh 4096 2010-07-05 23:05 development
drwxr-xr-x 62 yhoh yhoh 4096 2010-07-05 23:06 external
drwxr-xr-x  5 yhoh yhoh 4096 2010-07-05 23:06 frameworks
drwxr-xr-x  6 yhoh yhoh 4096 2010-07-05 23:06 hardware
-r--r--r--  1 yhoh yhoh   87 2010-07-05 23:05 Makefile
drwxr-xr-x  5 yhoh yhoh 4096 2010-07-05 23:06 packages
drwxr-xr-x  9 yhoh yhoh 4096 2010-07-05 23:06 prebuilt
drwxr-xr-x  6 yhoh yhoh 4096 2010-07-05 23:07 system
drwxr-xr-x  3 yhoh yhoh 4096 2010-07-05 23:07 vendor
yhoh@ubuntu:~/mangodroid/mangodroid_cupcake$
```

bionic, bootable, build, dalvik, development, external, frameworks, hardware, packages, prebuilt, system, vendor의 폴더와 Makefile이 생겨 있습니다.

사실 다운로드를 하는 대부분의 과정에서 실제 다운로드 받은 파일이 저장될 공간에는 아무 것도 생겨 있지 않습니다. 작업이 거의 끝나가는 상황에서 "Checking out files"를 수행할 때 모든 폴더가 생성되게 됩니다. 폴더에 아무 것도 생기지 않는다고 당황하지 마시기 바랍니다.

9.3.3. Repo client 초기화 및 망고100용 Eclair 다운로드

yhoh@ubuntu:~$ **rm -rf .repo***

위에서 망고64용 Cupcake를 다운로드 받기 위해서 repo 초기화 작업을 했기 때문에 루트 폴더에 .repo로 시작하는 폴더와 파일이 있을 것입니다. 이들을 삭제해야 합니다.

yhoh@ubuntu:~/mangodroid$ **mkdir mangodroid_eclair**
yhoh@ubuntu:~/mangodroid$ **cd mangodroid_eclair**

mangodroid_eclair를 만들고 이곳에 다운로드를 할 것입니다. 망고100에 포팅 된 소스는 2.1의 Eclair 이기 때문에 mangodroid_eclair로 이름을 붙인 것입니다.

```
yhoh@ubuntu:~/mangodroid/mangodroid_eclair$ repo init -u
git://android.git.kernel.org/platform/manifest.git -b eclair
gpg: keyring `/home/yhoh/.repoconfig/gnupg/secring.gpg' created
gpg: keyring `/home/yhoh/.repoconfig/gnupg/pubring.gpg' created
gpg: /home/yhoh/.repoconfig/gnupg/trustdb.gpg: trustdb created
gpg: key 920F5C65: public key "Repo Maintainer <repo@android.kernel.org>" imported
gpg: Total number processed: 1
gpg:                imported: 1
Getting repo ...
   from git://android.git.kernel.org/tools/repo.git
remote: Counting objects: 1050, done.
remote: Compressing objects: 100% (446/446), done.
remote: Total 1050 (delta 658), reused 950 (delta 583)
Receiving objects: 100% (1050/1050), 311.82 KiB | 253 KiB/s, done.
Resolving deltas: 100% (658/658), done.
From git://android.git.kernel.org/tools/repo
 * [new branch]      maint      -> origin/maint
... ... ... ... ... ...
```

이제 repo에 대한 초기화 작업을 수행합니다. 옵션 –b로 eclair를 주어서 다운로드 할 것입니다. 망고 64용 Cupcake를 다운로드 할 때와 마찬가지로 몇 가지의 같은 설정 작업이 나오고 있습니다.

```
Your Name  [yhoh]:
Your Email [yhoh@ubuntu.(none)]: pooh.yhoh@gmail.com
Your identity is: yhoh <pooh.yhoh@gmail.com>
is this correct [y/n]? y
repo initialized in /home/yhoh/mangodroid/mangodroid_eclair
yhoh@ubuntu:~/mangodroid/mangodroid_eclair$
```

위와 같이 /home/yhoh/mangodroid/mangodroid_eclair 폴더로 repo 초기화가 완료되었음을 나타내 주는 출력문이 보입니다.

```
yhoh@ubuntu:~/mangodroid/mangodroid_eclair$ repo sync
```

repo sync를 수행하면 이제 다운로드 작업이 시작됩니다. 다운로드 작업은 정상적으로 종료되고 아래와 같이 내용을 확인할 수 있습니다.

```
yhoh@ubuntu:~/mangodroid/mangodroid_eclair$ l
/home/yhoh/mangodroid/mangodroid_eclair
total 60
drwxr-xr-x  9 yhoh yhoh 4096 2010-07-06 16:28 bionic
drwxr-xr-x  5 yhoh yhoh 4096 2010-07-06 16:28 bootable
drwxr-xr-x  8 yhoh yhoh 4096 2010-07-06 16:28 build
drwxr-xr-x  6 yhoh yhoh 4096 2010-07-06 16:28 cts
drwxr-xr-x 18 yhoh yhoh 4096 2010-07-06 16:28 dalvik
drwxr-xr-x 19 yhoh yhoh 4096 2010-07-06 16:28 development
drwxr-xr-x 76 yhoh yhoh 4096 2010-07-06 16:29 external
drwxr-xr-x  5 yhoh yhoh 4096 2010-07-06 16:29 frameworks
drwxr-xr-x  8 yhoh yhoh 4096 2010-07-06 16:29 hardware
-r--r--r--  1 yhoh yhoh   87 2010-07-06 16:28 Makefile
drwxr-xr-x  7 yhoh yhoh 4096 2010-07-06 16:29 packages
drwxr-xr-x 12 yhoh yhoh 4096 2010-07-06 16:30 prebuilt
drwxr-xr-x 26 yhoh yhoh 4096 2010-07-06 16:30 sdk
drwxr-xr-x  6 yhoh yhoh 4096 2010-07-06 16:30 system
drwxr-xr-x  7 yhoh yhoh 4096 2010-07-06 16:30 vendor
yhoh@ubuntu:~/mangodroid/mangodroid_eclair$
```

cupcake와 비교해 보았을 때는 cts, sdk 폴더가 더 들어 있고 대부분의 내용은 동일하게 나타나 있습니다.

2부 - 망고64, 망고100에 안드로이드 포팅

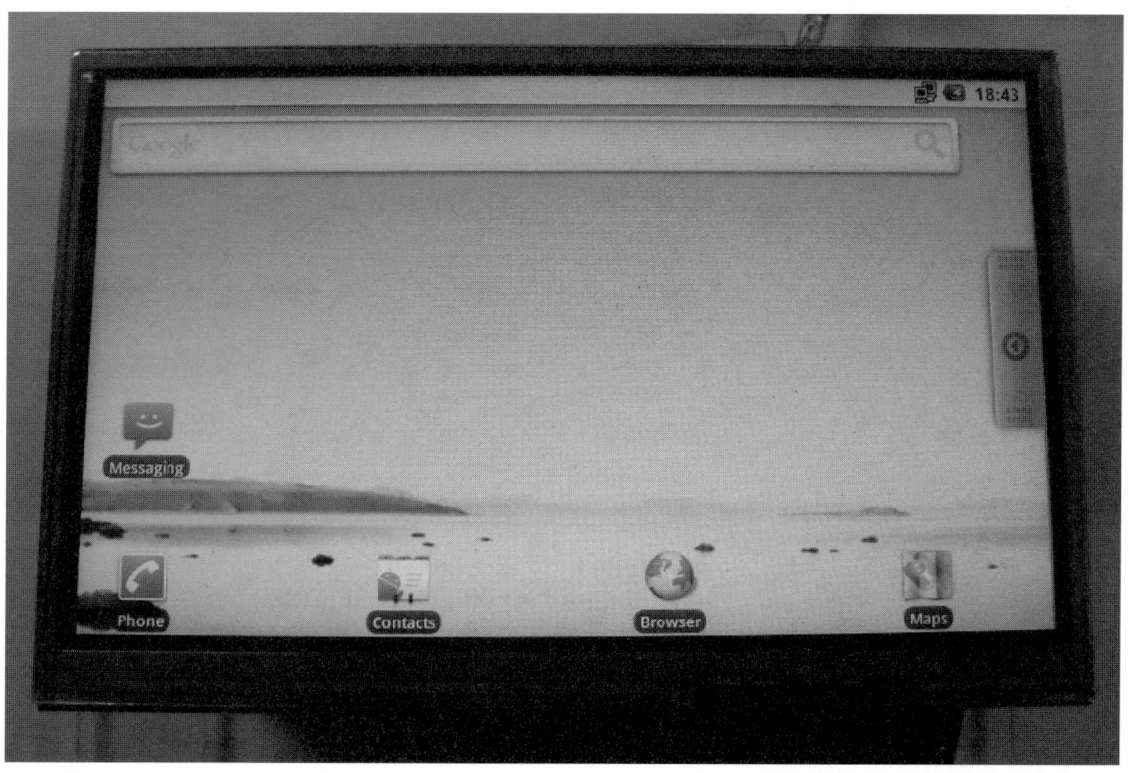

10. (망고64) DNW 수행 및 U-Boot 구동

10.1. DNW 실행 및 설정

DNW 툴은 삼성에서 제공하는 툴로서, 시리얼 통신으로 디버그 메시지를 볼 수도 있고, USB를 통해서 바이너리를 다운로드 받을 수도 있습니다.

DNW 툴은 아래 링크에서 다운로드 받을 수 있습니다.

> [망고64 매뉴얼] Wince 6.0 퓨징 방법
> http://cafe.naver.com/embeddedcrazyboys/2305

위 링크에서 etc.zip을 다운로드 받을 수 있고, 압축을 풀면 "DNW v0.60C"와 "SMDK6410 USB Driver" 폴더가 생기게 됩니다. "DNW v0.60C"에는 DNW 실행 파일이 들어 있고, "SMDK6410 USB Driver" 폴더에는 관련 USB 드라이버가 들어 있습니다.

PC와 Mini USB cable을 USBOTG 부분에 연결하고 Serial Cable을 연결합니다.

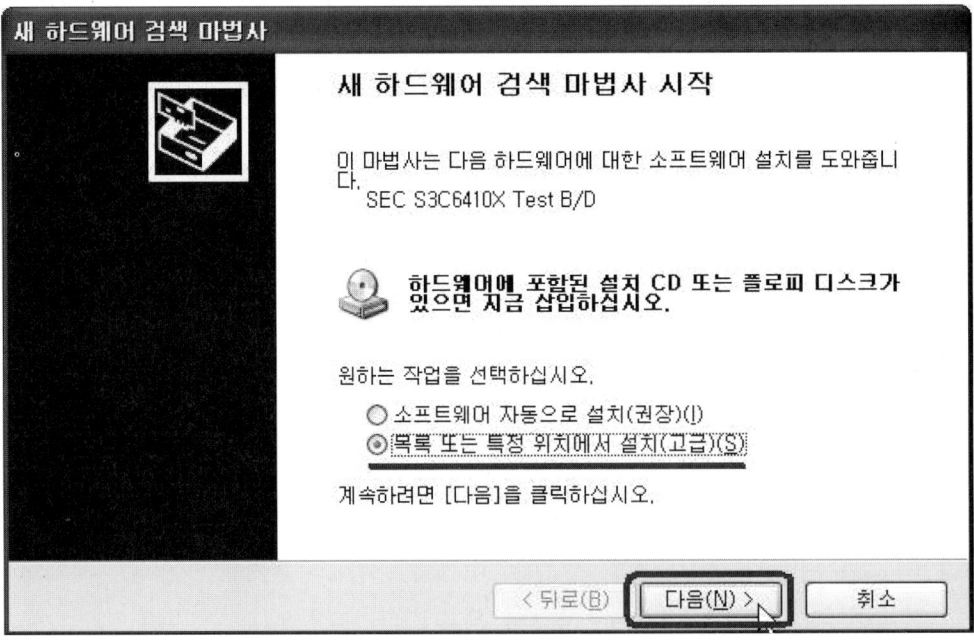

최초 수행을 하였을 경우는 위 그림과 같은 화면을 만날 수 있습니다. 이것은 현재 PC에 USB Driver가 설치되어 있지 않기 때문에 나타나는 것입니다. 보드에서 USB를 사용하기 위해서는 드라이버를 적절히 설치해 주어야 합니다.

목록 또는 특정 위치에서 설치를 선택한 후에 다음을 누릅니다. 화면에서 검색할 위치를 지정해줍니다. USB 드라이버는 아래 위치에서 찾을 수 있습니다. 위에서 다운받아서 각자 저장해 놓은 폴더를 정확히 지정해주면 됩니다.

DNW Tool을 실행합니다. 실행한 후 Configuration 메뉴에서 Options를 실행합니다.

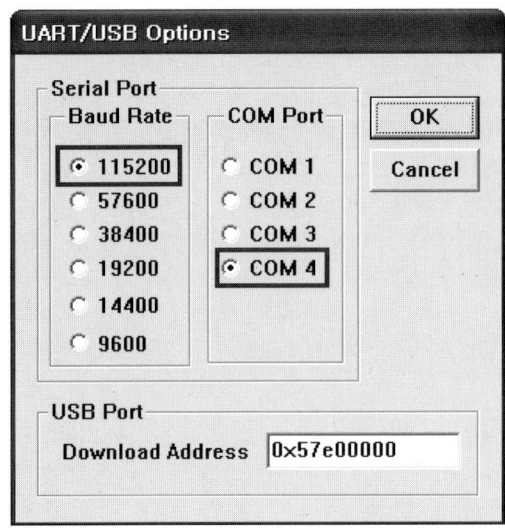

하면 위 그림이 나타나고 설정은 위와 같이 하면 됩니다.

COM Port는 "내컴퓨터->장치관리자"에서 usb to serial Port로 할당된 것을 참조해서 설정을 합니다. 제 경우는 COM 4로 되어 있습니다. COM Port에 대한 것은 사용자마다 다를 수 있습니다. 각자의 설정을 참조해서 진행하시기 바랍니다.

위 부분에 보이는 Download Address는 DNW 툴을 통해서 USB로 PC에서 다운받은 파일을 어디에 저장할 것인가를 나타내는 것입니다.

"Serial Port->Connect" 클릭하면 COM Port가 연결된 것이 보일 것입니다. 위 그림과 같이 USB:OK 상태가 되어야 하며, USB Port 메뉴에서 Transmit > Transmit 메뉴를 주로 사용하게 될 것입니다.

10.2. 망고보드 연결 및 U-Boot 구동

U-Boot는 매우 훌륭한 부트로더 입니다. 부트로더라는 말이 어려운 분들도 계시겠지만 특정 보드가 구동되는데 있어서 필수적인 작업들을 수행해주는 초기 프로그램이라고 생각하시면 쉬울 것입니다.

U-Boot는 오픈 소스로 되어 있어서 소스 코드가 모두 공개되어 있습니다. 수많은 다양한 보드들에 포팅이 되어 있으며 사용자들이 부트로더를 만들기 위해서 많은 노력을 기울이지 않아도 쉽게 활용할 수 있도록 많은 부분들이 이미 구현되어 있습니다.

망고 보드에 대해서도 이미 U-Boot가 포팅되어 적용된 버전이 공개되어 있습니다. 이를 우리는 쉽게 이용할 수 있는 것입니다.

10.2.1. 망고64 U-Boot 다운로드

아래 위치에서 망고64를 위한 U-Boot를 다운로드 받을 수 있습니다.

Mango 64 Source And Image

- **Windows CE(v6.0)**
    1) mango64-Wince 7인치
- **Linux Kernel (v2.6.29)**
    1) Mango64-kernel-V01-05
    2) Mango64_kernel_2010_07_02
- **Cupcake (v1.5)**
    1) mango64-cupcake-V01-03
- **U-boot (v1.3.4)**
    1) u-boot_1.3.4

http://cafe.naver.com/embeddedcrazyboys/6690
(mango64 & u-boot) u-boot 1.3.4 포팅하기 – 소스포함

내용 중에서 u-boot 소스에 대한 링크를 접속해서 u-boot 1.3.4 부분을 클릭하시면 아래의 파일을 받을 수 있습니다.
- **mango64-u-boot-1.3.4-V01-03.tgz.tar**

```
yhoh@ubuntu:~/android_mango64/$ tar xvf mango64-u-boot-1.3.4-V01-03.tgz.tar
```

다운 받은 파일을 우분투 쪽으로 복사한 이후에 압축을 풀면 uboot-1.3.4-pooh11 폴더가 생성됩니다. 현재 이 안에는 바이너리가 포함되어 있지 않기 때문에 반드시 빌드를 수행하셔서 바이너리를 만드

셔야 합니다.

10.2.2. 망고64 U-Boot 빌드하기

```
yhoh@ubuntu:~/android_mango64/uboot-1.3.4-pooh11$ make clobber
```

먼저 make clobber를 수행해서 기존에 만들어져 있던 모든 내용을 지우게 됩니다. 이는 clean으로 지우는 것보다도 더 깨끗하게 빌드 시에 만들어진 모든 것을 지우게 하는 것입니다. 물론 처음 다운로드 받은 파일은 이미 모든 것이 깨끗하게 지워진 소스 코드만 포함하고 있는 것이기 때문에 clean 과정은 불필요합니다.

```
yhoh@ubuntu:~/android_mango64/uboot-1.3.4-pooh11$ make mango64_config
Configuring for mango64 board...
```

make mango64_config를 수행함으로써 적절한 구성이 완료됩니다.

```
yhoh@ubuntu:~/android_mango64/uboot-1.3.4-pooh11$ make
```

이제 make를 수행하면 빌드 과정이 진행됩니다.

```
rm/4.2.2-eabi/usr/bin/arm-linux-ld -Bstatic -T /home/yhoh/android_mango64/uboot-
1.3.4-pooh11/board/mango64/u-boot.lds  -Ttext 0x57e00000 $UNDEF_SYM cpu/s3c64xx/
start.o \
                       --start-group lib_generic/libgeneric.a cpu/s3c64xx/libs3
c64xx.a cpu/s3c64xx/s3c6410/libs3c6410.a lib_arm/libarm.a fs/cramfs/libcramfs.a
fs/fat/libfat.a fs/fdos/libfdos.a fs/jffs2/libjffs2.a fs/reiserfs/libreiserfs.a
fs/ext2/libext2fs.a net/libnet.a disk/libdisk.a drivers/bios_emulator/libatibios
emu.a drivers/block/libblock.a drivers/dma/libdma.a drivers/hwmon/libhwmon.a dri
vers/i2c/libi2c.a drivers/input/libinput.a drivers/misc/libmisc.a drivers/mmc/li
bmmc.a drivers/mtd/libmtd.a drivers/mtd/nand/libnand.a drivers/mtd/nand_legacy/l
ibnand_legacy.a drivers/mtd/onenand/libonenand.a drivers/mtd/spi/libspi_flash.a
drivers/net/libnet.a drivers/net/sk98lin/libsk98lin.a drivers/pci/libpci.a drive
rs/pcmcia/libpcmcia.a drivers/spi/libspi.a drivers/rtc/librtc.a drivers/serial/l
ibserial.a drivers/usb/libusb.a drivers/video/libvideo.a common/libcommon.a libf
dt/libfdt.a api/libapi.a post/libpost.a board/mango64/libmango64.a --end-group -
L /usr/local/arm/4.2.2-eabi/usr/bin/ccache/../lib/gcc/arm-unknown-linux-gnueabi/
4.2.2 -lgcc \
                       -Map u-boot.map -o u-boot
/usr/local/arm/4.2.2-eabi/usr/bin/arm-linux-objcopy --gap-fill=0xff -O srec u-bo
ot u-boot.srec
/usr/local/arm/4.2.2-eabi/usr/bin/arm-linux-objcopy --gap-fill=0xff -O binary u-
boot u-boot.bin
yhoh@ubuntu:~/android_mango64/uboot-1.3.4-pooh11$
```

빌드 과정은 정상 종료되었고, 내용 중 0x57E00000 주소 값을 나중에 이용하게 됩니다. 이전에 설치했던 툴체인 GCC 4.2.2를 이용하고 있음을 알 수 있습니다.

yhoh@ubuntu:~/android_mango64/uboot-1.3.4-pooh11$ **cp u-boot.bin /home/yhoh/tmpPC/**

이제 PC 상의 DNW 툴을 이용해서 U-Boot를 먼저 구동시켜야 하기 때문에 PC가 접근 가능한 폴더로 u-boot.bin을 복사해 두었습니다.

10.2.3. 망고64 U-Boot 구동하기

먼저 아래와 같이 설정 옵션 창에서 빌드 시 보았던 TEXT의 주소값을 다운로드 주소로 설정해 줍니다. 0x57E00000입니다.

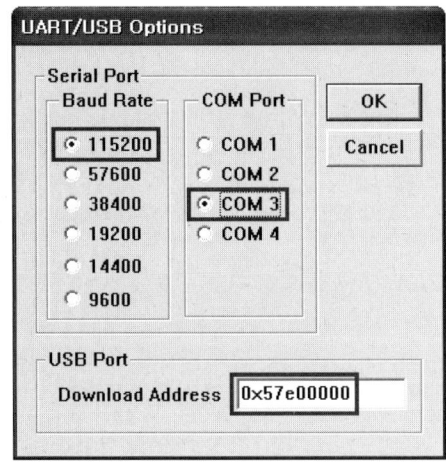

이제 NOR 모드로 부팅 모드를 설정한 후에 전원을 인가합니다.

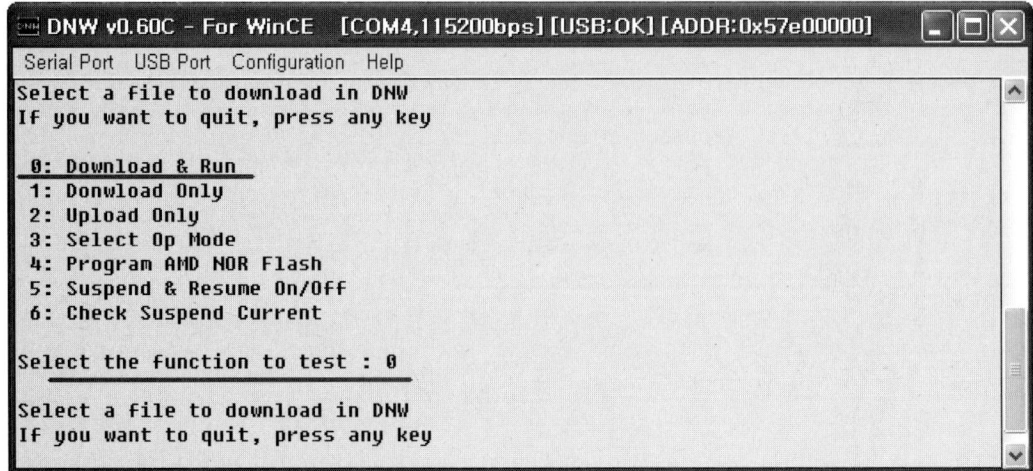

Serial Port 메뉴에서 Connect를 선택한 이후에 연결된 것을 확인하고, 망고64 보드를 NOR 모드로 부팅한 이후에 Space 바를 누르면 위 메뉴를 볼 수 있고, 이때 0번을 선택하면 Download 후 실행 상태가 되면서 대기하게 됩니다.

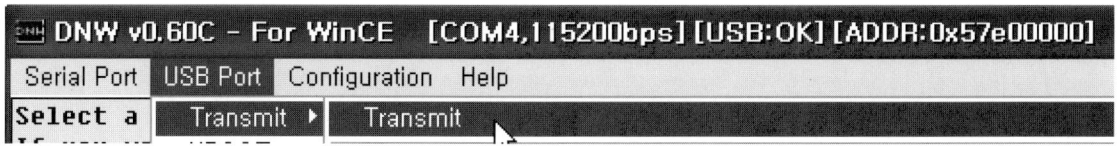

USB Port > Transmit > Transmit을 선택해서 다운로드 할 파일을 지정해 주면 됩니다. 위에서 만들어 진 바이너리를 다운로드 합니다. 한번만 다운로드를 한 이후에는 메뉴에 그 내용이 나타나기 때문에 보다 쉽게 다운로드 할 수 있게 되기 때문에 편리합니다.

```
NGO64 uboot-1.3.4-pooh11
CPU:      S3C6410@532MHz
          Fclk = 532MHz, Hclk = 133MHz, Pclk = 66MHz, Serial = CLKUART (SYNC Mode)
Board:    MANGO64
DRAM:     128 MB
Flash:    0 kB
NAND:     256 MB
*** Warning - bad CRC or NAND, using default environment
sizeof(default_environment): 311
CFG_ENV_SIZE: 16384, ENV_SIZE: 16380
In:       serial
Out:      serial
Err:      serial
Hit any key to stop autoboot:  0
MANGO64 #
```

10.2.4. 우분투에서 minicom으로 연결

위에서는 DNW를 이용해서 PC 상에서 동작시켰던 것입니다. 이 상태 그대로 우분투의 minicom에서 위의 "MANGO64 #" 프롬프트가 나타나도록 설정합니다.

이 부분과 관련해서는 이전에 설명을 드렸습니다. 자세한 내용은 이전 장을 참조 바랍니다. 간단히 설명 드리면 PC 상의 COM4를 장치관리자에서 제거한 이후에 우분투 부분으로 제어를 이동시킨 이후에 USB-to-Serial을 뺐다가 다시 장착하면 PC 쪽에서는 COM4가 잡히지 않고 우분투에서 이 시리얼 포트를 접근할 수 있도록 됩니다.

```
MANGO64 #
MANGO64 #
MANGO64 #
```

우분투에서 minicom을 실행해서 수행된 결과를 보면 위와 같이 같은 프롬프트를 볼 수 있습니다.

10.2.5. Tftp로 NAND에 다운로드 하기

먼저 minicom에서 print를 수행해서 현재 설정된 부분을 살펴보도록 합니다.

```
MANGO64 # print
bootargs=rootfstype=jffs2 root=/dev/mtdblock2 init=/init console=ttySAC1,115200
bootcmd=nand read 50008000 40000 400000;bootm 50008000
mtdpart=40000 400000 4000000
bootdelay=3
baudrate=115200
ethaddr=00:40:5c:26:0a:5b
ipaddr=192.168.11.110
serverip=192.168.11.120
gatewayip=192.168.11.1
netmask=255.255.255.0
stdin=serial
stdout=serial
stderr=serial
Environment size: 350/16380 bytes
```

설정	컴퓨터 이름	MAC 주소	IP 주소		
☑	PoohPC	00:25:11:7b:46:34	192.168.11.100		
☑	MangoBoard	00:40:5c:26:0a:5b	192.168.11.110		
☑	UbuntuLinux	00:0c:29:c2:a5:44	192.168.11.130		
☑	UbuntuAndroid	00:0c:29:66:8b:b8	192.168.11.131		

DHCP 주소 보유 리스트

공유기의 최종적인 설정 상태는 위 그림과 같습니다.

```
MANGO64 # setenv ipaddr 192.168.11.110
MANGO64 # setenv serverip 192.168.11.131
MANGO64 # setenv gatewayip 192.168.11.1
```

위와 같이 해당 IP 주소들을 적어 넣습니다.

네트워크 설정에 대한 부분은 이전 장에서 자세한 설명을 드렸습니다. 이전 장을 참조해 주시기 바랍니다.

이제 Tftp를 이용해서 다운로드 받고 NAND에 저장하고 NAND로 부팅하는 단계까지 진행해 보도록 하겠습니다.

```
yhoh@ubuntu:~/android_mango64/uboot-1.3.4-pooh11$ cp u-boot.bin /home/yhoh/tftpboot/
```

/home/yhoh/tftpboot/ 부분을 Tftp의 홈 폴더로 지정했기 때문에 이 부분에 u-boot.bin을 복사해 주어야 합니다.

```
MANGO64 # tftp 51000000 u-boot.bin
smc911x: initializing
smc911x: detected LAN9220 controller
smc911x: phy initialized
smc911x: MAC 00:40:5c:26:0a:5b
TFTP from server 192.168.11.131; our IP address is 192.168.11.110
Filename 'u-boot.bin'.
Load address: 0x51000000
Loading: ###############
done
Bytes transferred = 214808 (0x34718)
```

위와 같이 tftp를 이용해서 주소 51000000 번지에 u-boot.bin을 다운로드 받고 있습니다. 이 위치에 저장된 내용을 뒤에서 NAND에 저장하게 될 것입니다.

```
MANGO64 # nand scrub
NAND scrub: device 0 whole chip
Warning: scrub option will erase all factory set bad blocks!
         There is no reliable way to recover them.
         Use this command only for testing purposes if you
```

```
                    are sure of what you are doing!
Really scrub this NAND flash? <y/N>
Erasing at 0x23c0000 --   14% complete.
NAND 256MiB 3,3V 8-bit: MTD Erase failure: -5
Erasing at 0xeb80000 --   92% complete.
NAND 256MiB 3,3V 8-bit: MTD Erase failure: -5
Erasing at 0xffe0000 -- 100% complete.
Scanning device for bad blocks
s3c-nand: ECC uncorrectable error detected
s3c-nand: ECC uncorrectable error detected
s3c-nand: ECC uncorrectable error detected
s3c-nand: ECC uncorrectable error detected
OK
```

nand scrub을 통해서 NAND를 초기화 시키는 작업을 수행하게 되고 NAND의 모든 내용이 지워지고 최초의 상태로 돌아가게 됩니다.

```
MANGO64 # nand write 51000000 0 40000
NAND write: device 0 offset 0x0, size 0x40000
 262144 bytes written: OK
```

51000000 번지에 다운로드 받았던 u-boot.bin을 NAND에 저장합니다. 0번지에 저장하게 되고 이로서 뒤에서 NAND mode로 부팅했을 때 u-boot.bin이 부팅될 수 있는 것입니다.

```
MANGO64 # save
Saving Environment to NAND...
Erasing Nand...
Erasing at 0x20000 -- 100% complete.
Writing to Nand... done
```

마지막으로 save를 수행합니다. 각종 환경 변수 내용을 저장합니다. 리부팅을 한 이후에 위에서 지정 했던 IP 주소 등의 값이 없어지지 않으려면 반드시 수행해 주어야 합니다. 때로 save를 한번 수행했 을 경우는 정상적으로 저장이 되지 않는 경우도 있기 때문에 두 번 수행하시는 것이 좋습니다.

```
U-Boot 1.3.4 (Jul  4 2010 - 23:18:51) for MANGO64 uboot-1.3.4-pooh11
CPU:     S3C6410@532MHz
         Fclk = 532MHz, Hclk = 133MHz, Pclk = 66MHz, Serial = CLKUART (SYNC Mo
Board:   MANGO64
```

```
DRAM:      128 MB
Flash:     0 kB
NAND:      256 MB
s3c-nand: ECC uncorrectable error detected
*** Warning - bad CRC or NAND, using default environment
sizeof(default_environment): 311
CFG_ENV_SIZE: 16384, ENV_SIZE: 16380
In:     serial
Out:    serial
Err:    serial
Hit any key to stop autoboot:   0
MANGO64 #
```

이제 망고64 보드를 NAND mode로 변경한 이후에 부팅하면 위와 같이 정상적으로 부팅이 되는 것을 확인할 수 있습니다.

10.3. Cross-Cable을 이용한 직접 연결

10.3.1. 직접 연결을 통한 다운로드 작업 (우분투)

Cross-Cable을 한쪽은 PC의 Ethernet Card에 연결하고 다른 한쪽은 망고보드에 연결합니다. PC 쪽의 네트워크 부분은 변경할 필요가 없습니다. 기존의 상태를 그대로 유지한 상태에서 우분투를 열어서 네트워크 환경을 봅니다.

```
yhoh@ubuntu:~$ ifconfig
eth0      Link encap:Ethernet    HWaddr 00:0c:29:c2:a5:44
          inet6 addr: fe80::20c:29ff:fec2:a544/64 Scope:Link
          UP BROADCAST MULTICAST   MTU:1500   Metric:1
          RX packets:229 errors:0 dropped:0 overruns:0 frame:0
          TX packets:326 errors:0 dropped:0 overruns:0 carrier:0
          collisions:0 txqueuelen:1000
          RX bytes:21644 (21.6 KB)   TX bytes:102902 (102.9 KB)
          Interrupt:19 Base address:0x2024
```

최초 실행 시 위와 같이 ifconfig를 실행해 보면 IP 주소가 설정되지 않은 것을 볼 수 있습니다. 기존에는 공유기를 통해서 자동으로 DHCP를 통해 IP가 할당되었으나 지금은 공유기에 연결된 것이 아니기 때문에 IP를 자동으로 받지 못하고 있는 것입니다.

```
yhoh@ubuntu:~$ sudo ifconfig eth0 down
yhoh@ubuntu:~$ sudo ifconfig eth0 192.168.11.131 up
yhoh@ubuntu:~$ ifconfig
eth0      Link encap:Ethernet   HWaddr 00:0c:29:c2:a5:44
          inet addr:192.168.11.131  Bcast:192.168.11.255  Mask:255.255.255.0
          inet6 addr: fe80::20c:29ff:fec2:a544/64 Scope:Link
          UP BROADCAST RUNNING MULTICAST  MTU:1500  Metric:1
          RX packets:230 errors:0 dropped:0 overruns:0 frame:0
          TX packets:337 errors:0 dropped:0 overruns:0 carrier:0
          collisions:0 txqueuelen:1000
          RX bytes:21986 (21.9 KB)  TX bytes:104548 (104.5 KB)
          Interrupt:19 Base address:0x2024
```

ifconfig eth0 down으로 네트워크를 먼저 종료한 이후에 ifconfig eth0 192.168.11.131 up으로 IP 주소를 강제로 우리가 원하는 값으로 설정하게 됩니다. 그리고 나서 ifconfig를 실행해 보면 IP 주소가 정상적으로 설정된 것을 확인할 수 있습니다.

```
MANGO64 # tftp 51000000 u-boot.bin
… … … … … …
```

망고보드를 실행해서 print를 통해서 설정되어 있는 값을 살펴보면 우리가 위에서 우분투에 설정한 IP 주소 값이 server의 IP 주소로 설정되어 있습니다. 이를 이용해서 tftp를 실행하면 정상적으로 다운로드 받을 수 있습니다.

10.3.2. 페도라에서 SELINUX (Security 부분) 끄기

우리는 우분투를 사용하고 있기 때문에 네트워크의 설정이 상대적으로 매우 쉽지만 만약 우분투를 사용하지 않고 페도라와 같은 것을 사용하게 되면 설정 작업이 조금은 복잡해 집니다.

페도라와 같은 우분투와는 다른 환경을 사용할 경우 Security와 관련한 부분을 Disable 시켜야 네트워크로 작업하는 것이 가능하게 됩니다. 이에 대한 설정은 아래의 방법을 따라 하시면 됩니다.

```
$ vi /etc/sysconfig/selinux
```

편집기로 위 파일을 열어서 적절히 편집을 해주어야 합니다.

```
# This file controls the state of SELinux on the system.
# SELINUX= can take one of these three values:
#       enforcing - SELinux security policy is enforced.
#       permissive - SELinux prints warnings instead of enforcing.
#       disabled - No SELinux policy is loaded.
# SELINUX=enforcing
SELINUX=disabled
# SELINUXTYPE= can take one of these two values:
#       targeted - Targeted processes are protected,
#       mls - Multi Level Security protection.
SELINUXTYPE=targeted
```

SELINUX=enforcing으로 되어 있는 부분의 앞에 #을 붙여서 주석으로 만들고, SELINUX=disabled로 처리해서 비활성화 시키면 됩니다. 위와 같이 편집 작업을 마친 이후에 시스템을 리부팅 하면 정상적으로 적용되어서 이제부터는 네트워크 작업에 문제가 없게 됩니다.

11. (망고64) Kernel 및 안드로이드 파일시스템 포팅

이번 장에서 커널과 안드로이드 소스를 다운로드 받아서 그것을 빌드하고 망고64 보드에 올려서 구동시켜 보는 것까지 진행해 보도록 하겠습니다.

11.1. Kernel 및 안드로이드 소스 다운로드

11.1.1. 소스 다운로드

http://crztech.iptime.org:8080/
위 링크에 접속하면 아래 그림을 발견할 수 있습니다.

```
Mango 64 Source And Image

● Windows CE(v6.0)
    1)  mango64-Wince 7인치
● Linux Kernel (v2.6.29)
    1)  Mango64-kernel-V01-05
    2)  Mango64_kernel_2010_07_02
● Cupcake (v1.5)
    1)  mango64-cupcake-V01-03
● U-boot (v1.3.4)
    1)  u-boot 1.3.4
```

위 그림에서 "Mango64_kernel_2010_07_02" 부분을 선택하면 mango64_kernel_2010_07_02.tgz.tar 파일을 다운로드 받을 수 있고, "mango64-cupcake-V01-03" 부분을 선택하면 mango64-cupcake-V01-03.tgz.tar 파일을 다운로드 받을 수 있습니다.

```
yhoh@ubuntu:~/android_mango64$ cp /home/yhoh/tmpPC/* .
yhoh@ubuntu:~/android_mango64$ l
/home/yhoh/android_mango64
total 531004
-rwxr-xr-x   1 yhoh yhoh 467984244 2010-07-05 00:09 mango64-cupcake-V01-03.tgz.tar
-rwxr-xr-x   1 yhoh yhoh  75752297 2010-07-05 00:09 mango64_kernel_2010_07_02.tgz.tar
drwxr-xr-x 21 yhoh yhoh      4096 2010-07-04 23:19 uboot-1.3.4-pooh11
yhoh@ubuntu:~/android_mango64$
```

다운로드 받은 파일을 ~/android_mango64 부분에 복사하였습니다.

11.1.2. 소스 압축 해제

```
yhoh@ubuntu:~/android_mango64$ tar xvf mango64_kernel_2010_07_02.tgz.tar
yhoh@ubuntu:~/android_mango64$ tar xvf mango64-cupcake-V01-03.tgz.tar
```

위 명령들로 이 파일들을 압축해제 하였습니다.

```
yhoh@ubuntu:~/android_mango64$ l
/home/yhoh/android_mango64
total 531012
drwxr-xr-x   4 yhoh yhoh        4096 2010-04-27 23:34 cupcake-work
-rwxr-xr-x   1 yhoh yhoh 467984244 2010-07-05 00:09 mango64-cupcake-V01-03.tgz.tar
drwxr-xr-x 22 yhoh yhoh        4096 2010-07-01 21:20 mango64_kernel_2010_07_02
-rwxr-xr-x   1 yhoh yhoh   75752297 2010-07-05 00:09 mango64_kernel_2010_07_02.tgz.tar
drwxr-xr-x 21 yhoh yhoh        4096 2010-07-04 23:19 uboot-1.3.4-pooh11
yhoh@ubuntu:~/android_mango64$
```

cupcake-work와 mango64_kernel_2010_07_02 폴더가 생겨 있습니다. 이제 이들 폴더로 이동해서 빌드를 수행하도록 합니다.

11.2. Kernel 소스 빌드

11.2.1. 커널 빌드 환경 설정

```
# Cross-Compiler setting ...
export ARCH=arm
export CROSS_COMPILE=/usr/local/arm/4.2.2-eabi/usr/bin/arm-linux-
export PATH=$PATH:/usr/local/arm/4.2.2-eabi/usr/bin
```

커널을 빌드하기에 앞서서 ".bashrc" 파일의 내용을 하나 더 수정하도록 하겠습니다. "export ARCH=arm" 부분을 추가합니다. 기존에 툴체인 설치를 진행하였었고, CROSS_COMPILE과 PATH 부분에 대한 설정은 이미 있었을 것입니다. 여기에 ARCH 부분을 추가합니다. 우리가 사용하는 CPU는 arm core이고 이를 알려주는 것입니다.

뒤에서 커널을 빌드할 때 커널에 포함된 Makefile에서는 ARCH 부분이 arm으로 정의되도록 이미 정의가 되어 있기 때문에 ".bashrc" 파일에 꼭 추가할 필요는 없습니다. 사실 이 부분이 꼭 필요한 것은 아니지만 설명을 위해서 추가하는 것입니다.

11.2.2. 커널 config 빌드

```
yhoh@ubuntu:~/android_mango64/mango64_kernel_2010_07_02$ find -name zImage
yhoh@ubuntu:~/android_mango64/mango64_kernel_2010_07_02$
```

위와 같이 현재 다운로드 해 놓은 곳에서 zImage를 찾아보면 현재 폴더 상에 없습니다. 물론 http://www.mangoboard.com에 접속해서 적절한 위치에서 다운로드를 받아서 해보는 방법도 있겠지만 우리는 모든 소스를 가지고 있기 때문에 빌드를 해서 해보도록 하겠습니다.

config 파일로 사용하는 것은 mango64_V01_05_defconfig 입니다. 이 내용을 잠시 살펴보도록 하겠습니다. 내용을 보면 아래와 같은 형태의 내용이 계속 이어져 있습니다.

```
CONFIG_ARM=y
CONFIG_SYS_SUPPORTS_APM_EMULATION=y
CONFIG_GENERIC_GPIO=y
# CONFIG_GENERIC_TIME is not set
# CONFIG_GENERIC_CLOCKEVENTS is not set
```

CONFIG_로 시작하는 이름에 =을 이용해서 y라고 기술하고 있는 것입니다. 여기서 y라고 기술된 부분은 이 모듈이 커널을 빌드할 때 포함시키라는 것을 의미합니다. 이 부분에 y말고 쓸 수 있는 문자가 있는데 그것은 m 입니다. m은 module을 의미하며, 커널 빌드 시에 바로 포함시키는 것이 아니라 나중에 모듈로 추가할 수 있도록 만들라는 것입니다. 당연히 #은 주석을 의미합니다.

커널 config와 관련해서는 여러 가지 방법이 있습니다.

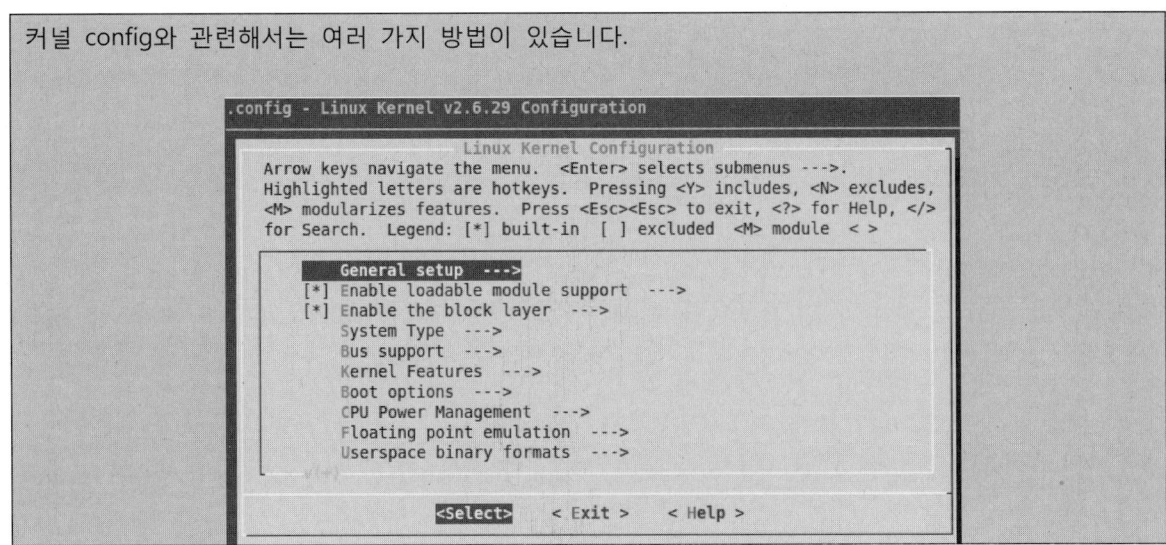

make config와 같이 config 파일을 만들어 놓고 이것을 이용해서 설정을 수행하는 방법이 있는데 이 방법은 뒤에서 우리가 활용할 방법입니다. mango64_V01_05_defconfig 파일이 바로 이 config 파일이 되겠습니다. 그리고, make menuconfig와 같이 화면에 UI 형태로 메뉴가 나타나고 이를 이용해서 커널 빌드 환경을 설정하는 방법이 있는데 위 그림이 make menuconfig를 했을 때 나타나는 화면입니다.

```
yhoh@ubuntu:~/android_mango64/mango64_kernel_2010_07_02$ make mango64_V01_05_defconfig
#
# configuration written to .config
#
```

커널 config 설정 방법은 "make mango64_V01_05_defconfig"를 수행하는 것입니다. 이 부분이 종료하고 나면 위와 같이 ".config"가 만들어졌음을 알 수 있습니다.

```
yhoh@ubuntu:~/android_mango64/mango64_kernel_2010_07_02$ rm .config
yhoh@ubuntu:~/android_mango64/mango64_kernel_2010_07_02$ make mango64_V01_05_defconfig
#
# configuration written to .config
#
yhoh@ubuntu:~/android_mango64/mango64_kernel_2010_07_02$ diff .config mango64_V01_05_defconfig
4c4
< # Tue Jul   6 01:50:34 2010
---
> # Fri Jul   2 13:07:05 2010
yhoh@ubuntu:~/android_mango64/mango64_kernel_2010_07_02$
```

위와 같이 먼저 현재의 .config를 지운 다음, "make mango64_V01_05_defconfig"를 수행해서 diff를 통해 현재 만들어진 .config와 mango64_V01_05_defconfig를 비교해 보았습니다. 날짜에 대한 것을 제외하고는 동일한 파일임을 알 수 있습니다. 결국 mango64_V01_05_defconfig를 이용해서 .config 파일을 만들어주는 작업이 "make mango64_V01_05_defconfig"를 수행했을 때의 결과인 것입니다.

11.2.3. 커널 빌드

이전 절의 커널 config를 수행한 이후에는 단순히 make를 수행하는 것으로 커널 빌드를 수행할 수 있습니다.

```
yhoh@ubuntu:~/android_mango64/mango64_kernel_2010_07_02$ make
make: arm-none-linux-gnueabi-gcc: Command not found
scripts/kconfig/conf -s arch/arm/Kconfig
make: arm-none-linux-gnueabi-gcc: Command not found
  CHK     include/linux/version.h
  UPD     include/linux/version.h
  Generating include/asm-arm/mach-types.h
  CHK     include/linux/utsrelease.h
  UPD     include/linux/utsrelease.h
  SYMLINK include/asm -> include/asm-arm
  CC      kernel/bounds.s
/bin/sh: arm-none-linux-gnueabi-gcc: not found
make[1]: *** [kernel/bounds.s] Error 127
yhoh@ubuntu:~/android_mango64/mango64_kernel_2010_07_02$
```

최초 make를 수행했을 때 arm-none-linux-gnueabi-gcc를 찾을 수 없다고 나오면서 에러가 발생하였습니다.

~/android_mango64/mango64_kernel_2010_07_02에서 Makefile의 내용을 보도록 하겠습니다.

```
ARCH            ?= arm
CROSS_COMPILE   := $(shell if [ -f .cross_compile ]; then ₩
                                cat .cross_compile; ₩
              fi)
```

"ARCH ?= arm"에서 ?=가 의미하는 것은 ARCH라는 것이 이미 정의가 되어 있는가를 먼저 묻고 있는 것입니다. 만약 정의가 되어 있다면 그것을 사용하고 만약 정의가 되어 있지 않다면 여기서 정의한 것을 이용하겠다는 의미인 것입니다. ARCH의 경우 우리는 위에서 arm으로 정의를 해주었습니다. 물론 정의를 해주지 않았더라도 여기서 arm으로 정의가 되고 있기 때문에 별 문제는 없을 것입니다.

위에서 CROSS_COMPILE은 ?=이 아닌 :=로 정의되고 있습니다. 그러므로 우리가 ".bashrc" 파일에 정의했던 CROSS_COMPILE은 사라지고 이제 여기 정의된 것을 사용하게 되는 것입니다. 내용을 보면 .cross_compile이라는 파일이 존재하면 그 파일을 "cat .cross_compile" 한 것을 이용하라는 것입니다.

```
yhoh@ubuntu:~/android_mango64/mango64_kernel_2010_07_02$ cat .cross_compile
arm-none-linux-gnueabi-
```

cat으로 .cross_compile의 내용을 출력해보면 arm-none-linux-gnueabi-로 되어 있습니다. 이것은 우리가 .bashrc 파일에 툴체인으로 정의한 부분과 다릅니다. 그리고 우리는 arm-none-linux-gnueabi-로 정의된 툴체인이 없기 때문에 빌드가 되고 있지 않은 것입니다. 이를 바꾸어주는 가장 간단한 방법은 :=로 되어 있는 것을 ?=로 바꾸어 주는 것입니다.

```
CROSS_COMPILE    ?= $(shell if [ -f .cross_compile ]; then ₩
                            cat .cross_compile; ₩
                    fi)
```

즉, 먼저 정의가 되어 있는가를 검사해서 정의되어 있으면 정의된 것을 사용하고 그렇지 않으면 현재 정의하는 것을 사용하도록 변경하는 것입니다. 우리는 ".bashrc" 파일에 CROSS_COMPILE을 이미 정의해 놓았기 때문에 그것을 이용하게 될 것입니다.

```
  LD      arch/arm/boot/compressed/vmlinux
  OBJCOPY arch/arm/boot/zImage
  Kernel: arch/arm/boot/zImage is ready
  Building modules, stage 2.
  MODPOST 4 modules
  CC      drivers/media/video/gspca/gspca_main.mod.o
  LD [M]  drivers/media/video/gspca/gspca_main.ko
  CC      drivers/net/wireless/libertas/libertas_sdio.mod.o
  LD [M]  drivers/net/wireless/libertas/libertas_sdio.ko
  CC      drivers/net/wireless/marvell8686/sd8686.mod.o
  LD [M]  drivers/net/wireless/marvell8686/sd8686.ko
  CC      drivers/scsi/scsi_wait_scan.mod.o
  LD [M]  drivers/scsi/scsi_wait_scan.ko
yhoh@ubuntu:~/android_mango64/mango64_kernel_2010_07_02$ find -name zImage
./arch/arm/boot/zImage
yhoh@ubuntu:~/android_mango64/mango64_kernel_2010_07_02$
```

arch/arm/boot/에 zImage 파일이 생성되어 있습니다. 이번에는 find를 통해 찾아보면 정확하게 발견할 수 있습니다.

11.3. Kernel 다운로드 후 NAND 저장 및 부팅

11.3.1. zImage tftp 다운로드

이제 위에서 빌드한 커널을 망고64 보드에 다운로드 해서 실행해 보아야 할 차례입니다.

```
yhoh@ubuntu:~/android_mango64/mango64_kernel_2010_07_02$ cp arch/arm/boot/zImage
/home/yhoh/tftpboot/
```

먼저 tftp로 다운로드를 받기 위해서 만들어진 zImage 파일을 tftp 폴더로 복사를 해줍니다.

```
MANGO64 # tftp 51000000 zImage
smc911x: initializing
smc911x: detected LAN9220 controller
smc911x: phy initialized
smc911x: MAC 00:40:5c:26:0a:5b
TFTP from server 192.168.11.131; our IP address is 192.168.11.110
Filename 'zImage'.
Load address: 0x51000000
Loading: #################################################################
         #################################################################
         #################################################################
         ##
done
Bytes transferred = 2890972 (0x2c1cdc)
MANGO64 #
```

tftp로 51000000 번지에 빌드한 커널을 다운로드 받았습니다.

11.3.2. NAND 저장

이제 위에서 메모리에 다운로드 한 zImage 파일을 NAND에 저장하도록 하겠습니다.

```
MANGO64 # nand erase 40000 300000
NAND erase: device 0 offset 0x40000, size 0x300000
Erasing at 0x320000 -- 100% complete.
OK
MANGO64 #
```

저장에 앞서 NAND의 저장될 부분을 지워주는 작업이 먼저 되어야 합니다. 0x40000부분부터 시작해서 0x300000의 크기만큼을 Erase 합니다. 현재 zImage의 크기는 0x2C1CDC이기 때문에 0x300000의 크기는 여유가 있습니다.

```
MANGO64 # nand write 51000000 40000 300000
NAND write: device 0 offset 0x40000, size 0x300000
 3145728 bytes written: OK
```

```
MANGO64 #
```

다운로드 받은 크기인 0x2C1CDC를 직접 입력해서 Write를 하면 에러가 생깁니다. 다운로드의 크기 보다 큰 블럭의 크기에 맞춰서 써줘야 합니다. 차이가 크지 않고 속도의 부담도 없기 때문에 Erase한 크기인 0x300000 만큼을 쓰도록 수행합니다.

11.3.3. 부트 커맨드 설정 및 커널 부팅

```
MANGO64 # setenv bootcmd "nand read 50008000 40000 300000; bootm 50008000"
MANGO64 # setenv bootargs "root=/dev/mtdblock2 rootfstype=yaffs2 init=/init
console=ttySAC1,115200"
MANGO64 # save
Saving Environment to NAND...
Erasing Nand...
Erasing at 0x20000 -- 100% complete.
Writing to Nand... done
MANGO64 #
```

위와 같이 부트 커맨드 및 Argument를 설정합니다.

bootcmd는 U-Boot가 부팅을 한 후에 자동으로 불리는 부분을 가리킵니다. 최초 U-Boot가 부팅을 했을 때 "Hit any key to stop autoboot: 0"가 출력되면서 숫자가 줄어드는데 이 값이 0에 도달하면 자동으로 커널이 동작하게 되는데 이때 수행되는 커맨드가 바로 bootcmd인 것입니다.

```
MANGO64 # boot
NAND read: device 0 offset 0x40000, size 0x300000
 3145728 bytes read: OK
Boot with zImage
Starting kernel ...
Uncompressing Linux.........................................................
Linux version 2.6.29 (yhoh@ubuntu) (gcc version 4.2.2) #1 Mon Jul 5 01:55:12 PDT 2010
```

bootcmd의 동작은 위와 같이 "MANGO64 #" 프롬프트 상에서 boot라고 치면 똑같은 결과를 얻을 수 있습니다.

bootcmd의 동작에서 최초의 수행 동작은 NAND에서 커널을 읽어서 메모리로 로딩하는 것입니다. 메모리의 주소값은 0x50008000 번지가 됩니다. NAND에서 직접 프로그램을 수행할 수는 없기 때문에 당연히 메모리로 NAND의 데이터를 로딩한 이후에 메모리에서 동작할 수 있도록 만들어 주어야 합니다. 0x50008000 번지로 저장해 놓은 데이터를 로딩하고, bootm 명령으로 리눅스 커널의 시작 주소로 점프해서 수행하도록 만들 수 있습니다. "Boot with zImage"가 출력되는 순간부터 바로 bootm 50008000이 수행되는 부분이 되겠습니다. NAND에서 읽고, bootm을 수행하는 두 가지 명령을 세미콜론(;)으로 구분해서 저장함으로써 편리하게 동작하게 만들 수 있는 것입니다.

```
MANGO64 # run bootcmd
```

위 동작은 run bootcmd를 수행함으로써 동작되게 만들 수도 있습니다.

bootargs는 커널에 전달하는 파라미터 값들이 되겠습니다. 루트 파일 시스템에 대한 설정들과 console=ttySAC1,115200는 디버그 메시지를 포트1로 출력하도록 설정하고 있는 것입니다. 개발을 진행하는 상황에서 사실 NAND에 매번 다운로드를 하고 부팅하게 만드는 것은 불편할 수 있습니다. 그래서 이 bootargs를 적절히 설정해서 NFS로 부팅을 하도록 만들 수도 있습니다. 리눅스 서버로부터 다운로드를 받아서 그것으로 부팅을 진행하게 만드는 것입니다. 여러 가지 방식으로 이 bootargs를 설정할 수 있을 것입니다.

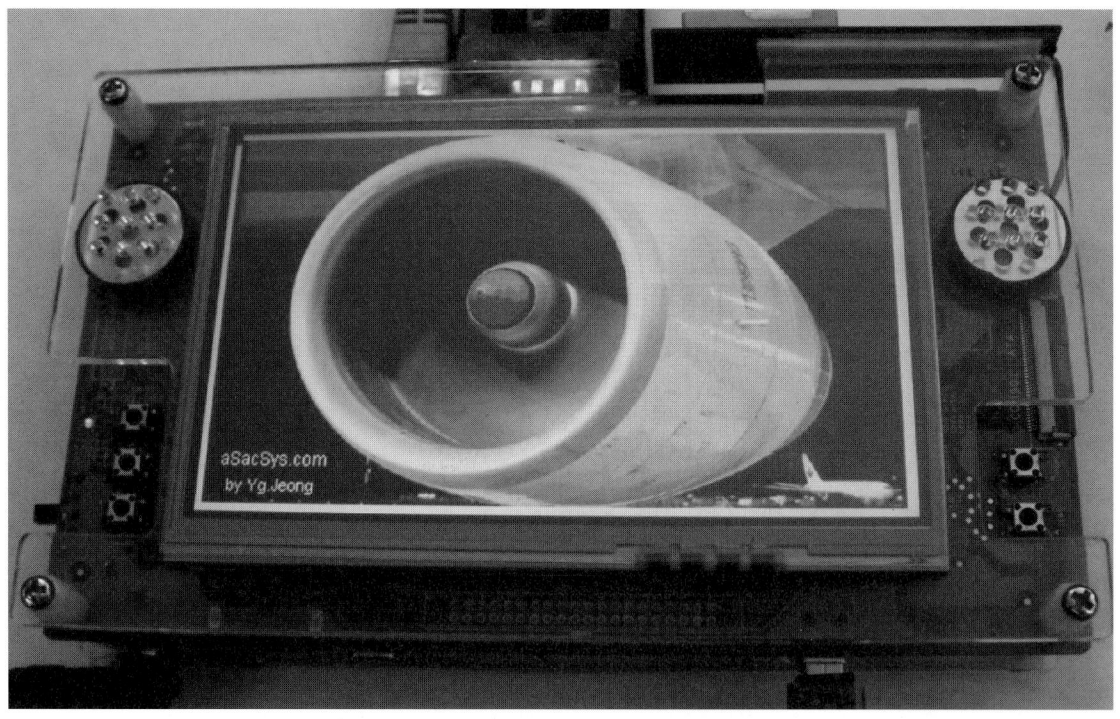

bootm 50008000이 수행되어 커널 부팅이 시작되고 나면 압축이 풀리고 비로소 커널의 부팅이 시작되게 됩니다. 현재 망고64 보드의 화면에는 위 그림과 같이 비행기의 제트엔진 사진이 표시되게 됩니다.

```
Starting kernel ...
Uncompressing Linux.........................................................................
Linux version 2.6.29 (yhoh@ubuntu) (gcc version 4.2.2) #1 Mon Jul 5 01:55:12 PDT 2010
CPU: ARMv6-compatible processor [410fb766] revision 6 (ARMv7), cr=00c5387f
CPU: VIPT nonaliasing data cache, VIPT nonaliasing instruction cache
Machine: MANGO6410
... ... ... ... ... ...
yaffs: dev is 32505858 name is "mtdblock2"
yaffs: passed flags ""
yaffs: Attempting MTD mount on 31.2, "mtdblock2"
s3c-nand: ECC uncorrectable error detected
block 273 is bad
yaffs_read_super: isCheckpointed 0
VFS: Mounted root (yaffs2 filesystem) on device 31:2.
Freeing init memory: 524K
Warning: unable to open an initial console.
Failed to execute /init.   Attempting defaults...
Kernel panic - not syncing: No init found.   Try passing init= option to kernel.
```

/init으로 설정된 부분이 없기 때문에 수행되지 못하고 있고, 결국은 커널이 panic이라고 표시하면서 더 이상 진행을 하지 못하게 됩니다. 이는 우리가 아직은 안드로이드를 부팅할 때까지 해주어야 하는 작업을 모두 진행하지 않았기 때문입니다. 파일시스템에 대한 작업을 진행해 주어야 합니다. 다음 절에서는 이 작업을 진행하도록 합니다.

11.4. 안드로이드 Cupcake 빌드 및 루트 파일시스템 생성

우리가 다운로드 한 안드로이드 소스는 ~/android_mango64/cupcake-work/에 압축이 풀려서 저장되어 있습니다.

11.4.1. Cupcake 빌드하기

```
yhoh@ubuntu:~/android_mango64/cupcake-work/src/out/target/product$ l
/home/yhoh/android_mango64/cupcake-work/src/out/target/product
total 0
```

빌드된 파일들이 위치하는 부분은 /src/out/target/product/ 부분입니다. 현재 이 부분에는 아무 것도 저장되어 있는 것이 없는 것을 확인할 수 있습니다.

```
yhoh@ubuntu:~/android_mango64/cupcake-work/src$ make
build/core/product_config.mk:261: WARNING: adding test OTA key
============================================
TARGET_PRODUCT=generic
TARGET_BUILD_VARIANT=eng
TARGET_SIMULATOR=
TARGET_BUILD_TYPE=release
TARGET_ARCH=arm
HOST_ARCH=x86
HOST_OS=linux
HOST_BUILD_TYPE=release
BUILD_ID=
============================================
build/core/copy_headers.mk:15: warning: overriding commands for target
`out/target/product/generic/obj/include/libpv/getactualaacconfig.h'
build/core/copy_headers.mk:15: warning: ignoring old commands for target
`out/target/product/generic/obj/include/libpv/getactualaacconfig.h'
```

빌드 과정에서 특별히 해주어야 할 부분은 없습니다. 다만 단순히 make라고만 치면 됩니다.

```
Install: out/target/product/generic/system/xbin/timeinfo
Copy: out/target/product/generic/system/etc/apns-conf.xml
Copy: out/target/product/generic/system/etc/vold.conf
Copying: out/target/product/generic/obj/NOTICE_FILES/src/kernel.txt
Finding NOTICE files: out/target/product/generic/obj/NOTICE_FILES/hash-timestamp
Combining NOTICE files: out/target/product/generic/obj/NOTICE.html
gzip -c out/target/product/generic/obj/NOTICE.html > out/target/product/generic/obj/NOTICE.html.gz
zip -qj out/target/product/generic/system/etc/security/otacerts.zip
build/target/product/security/testkey.x509.pem
Generated: (out/target/product/generic/android-info.txt)
Target system fs image:
out/target/product/generic/obj/PACKAGING/systemimage_unopt_intermediates/system.img
Install system fs image: out/target/product/generic/system.img
Target ram disk: out/target/product/generic/ramdisk.img
Target userdata fs image: out/target/product/generic/userdata.img
Installed file list: out/target/product/generic/installed-files.txt
yhoh@ubuntu:~/android_mango64/cupcake-work/src$
```

system.img, ramdisk.img, userdata.img 등이 생성된 것을 확인할 수 있습니다.

11.4.2. YAFFS 루트 파일시스템 용 폴더 작업

http://www.yaffs.net/
위 링크에 접속해 보면 YAFFS 파일시스템에 대한 내용을 살펴볼 수 있습니다.

> **YAFFS (Yet Another Flash File System)** is now in its second generation and provides a fast robust file system for NAND and NOR Flash. It is widely used with Linux and RTOSs, in consumer devices. It is dual licensed under commercial/GPL terms.

위의 설명을 보면 NAND나 NOR flash에 만드는 파일시스템으로 빠르고 안정적이라는 것을 알 수 있습니다. YAFFS는 성능을 높이는 것을 목적으로 만들어진 것이기 때문에 상대적으로 빠릅니다. YAFFS1에 비해서 여러 가지가 개선된 YAFFS2를 사용할 것입니다.

```
yhoh@ubuntu:~$ sudo mkdir Android_RFS
yhoh@ubuntu:~$ l
/home/yhoh
total 40
drwxr-xr-x 7 yhoh yhoh 4096 2010-06-28 23:43 android_mango100
drwxr-xr-x 5 yhoh yhoh 4096 2010-07-05 00:44 android_mango64
drwxr-xr-x 2 root root 4096 2010-07-06 04:00 Android_RFS
… … … … … … …
yhoh@ubuntu:~$
```

Android_RFS라는 작업 폴더를 하나 루트 디렉토리에 만들었습니다. 그런데 이 작업을 sudo로 진행을 했습니다. sudo로 만들었기 때문에 Android_RFS의 사용자와 그룹이 모두 root로 되어 있는 것을 확인할 수 있습니다. 추후 우리는 이 루트 파일시스템을 망고64 보드에 다운로드 받아서 사용할 것인데 사용자의 권한이 root로 되어 있어야 합니다. 그러한 이유로 작업을 sudo로 진행하는 것입니다.

```
yhoh@ubuntu:~$ sudo cp -a android_mango64/cupcake-work/src/out/target/product/generic/root/* /home/yhoh/Android_RFS/
```

```
yhoh@ubuntu:~/Android_RFS$ l
/home/yhoh/Android_RFS
total 152
drwxr-xr-x 2 yhoh yhoh    4096 2010-07-05 02:36 data
-rw-r--r-- 1 yhoh yhoh     118 2010-07-05 03:42 default.prop
drwxr-xr-x 2 yhoh yhoh    4096 2010-07-05 02:36 dev
-rwxr-xr-x 1 yhoh yhoh  106588 2010-07-05 03:01 init
-rwxr-xr-x 1 yhoh yhoh    1677 2009-07-17 21:39 init.goldfish.rc
-rwxr--r-- 1 yhoh yhoh   11671 2010-05-18 04:04 init.rc
drwxr-xr-x 2 yhoh yhoh    4096 2010-07-05 02:36 proc
drwxr-xr-x 2 yhoh yhoh    4096 2010-07-05 03:42 sbin
drwxr-xr-x 2 yhoh yhoh    4096 2010-07-05 02:36 sys
drwxr-xr-x 2 yhoh yhoh    4096 2010-07-05 02:36 system
yhoh@ubuntu:~/Android_RFS$
```

android_mango64/cupcake-work/src/out/target/product/generic/root/ 부분에 있는 모든 내용을 일단 만들어진 Android_RFS에 복사해야 합니다. –a 옵션을 주어서 모두 복사가 될 수 있도록 해주고 있습니다. init이나 init.rc 등의 파일이 보이고 있습니다.

```
yhoh@ubuntu:~$ sudo mkdir -p ~/Android_RFS/data
yhoh@ubuntu:~$ sudo mkdir -p ~/Android_RFS/system
yhoh@ubuntu:~$ sudo mkdir -p ~/Android_RFS/module
```

Android_RFS에 data, system, module 폴더를 만들었습니다. data, system은 위에서 빌드한 결과를 복사했을 때 이미 만들어져 있었습니다. module은 추후의 이용을 위해서 만들어둔 공간입니다. mkdir을 –p 옵션으로 수행하는 것은 이미 그 폴더가 있어도 에러를 출력하지 않도록 하는 것입니다. 또한 상위 폴더가 필요할 경우는 상위 폴더도 만들어주도록 하는 옵션입니다.

```
yhoh@ubuntu:~$ sudo cp -a ~/android_mango64/cupcake-work/src/out/target/product/generic/data/* ~/Android_RFS/data/
cp: cannot stat `/home/yhoh/android_mango64/cupcake-work/src/out/target/product/generic/data/*': No such file or directory
yhoh@ubuntu:~$ sudo cp -a ~/android_mango64/cupcake-work/src/out/target/product/generic/system/* ~/Android_RFS/system/
yhoh@ubuntu:~$
```

~/android_mango64/cupcake-work/src/out/target/product/generic 폴더의 data와 system의 모든 데이터를 Android_RFS로 복사를 해줍니다. 현재 data 폴더에는 아무런 데이터가 없어서 위와 같은 파일을 찾을 수 없다는 메시지를 표시한 것입니다.

```
yhoh@ubuntu:~/Android_RFS/system$ l
/home/yhoh/Android_RFS/system
total 36
drwxr-xr-x 2 yhoh yhoh 4096 2010-07-05 03:42 app
drwxr-xr-x 2 yhoh yhoh 4096 2010-07-05 03:42 bin
-rw-r--r-- 1 yhoh yhoh 1317 2010-07-05 03:42 build.prop
drwxr-xr-x 7 yhoh yhoh 4096 2010-07-05 03:43 etc
drwxr-xr-x 2 yhoh yhoh 4096 2010-07-05 02:36 fonts
drwxr-xr-x 2 yhoh yhoh 4096 2010-07-05 03:42 framework
drwxr-xr-x 3 yhoh yhoh 4096 2010-07-05 03:42 lib
drwxr-xr-x 6 yhoh yhoh 4096 2010-07-05 03:42 usr
drwxr-xr-x 2 yhoh yhoh 4096 2010-07-05 03:43 xbin
yhoh@ubuntu:~/Android_RFS/system$
```

현재 ~/Android_RFS/에 있는 3개의 폴더 중에서 system 부분에만 데이터가 존재하고 이를 살펴보면 위와 같습니다. 그런데 데이터의 소유자와 그룹 정보를 보면 모두 yhoh로 되어 있음을 알 수 있습니다. 이것들을 모두 root로 변경해야 합니다. system 부분만 그런 것이 아니라 Android_RFS 폴더에 위치하는 자료도 모두 그러합니다.

yhoh@ubuntu:~$ **sudo chown -R root.root ~/Android_RFS**
yhoh@ubuntu:~$ **sudo chmod -R 777 ~/Android_RFS**

-R 옵션은 서브 디렉토리까지 모두 변경하도록 만드는 것입니다. chown 명령으로 소유자와 그룹을 root로 변경하였고, chmod 명령으로 접근 자체에 아무런 제한이 없도록 모두 변경하였습니다.

```
yhoh@ubuntu:~/Android_RFS$ l
/home/yhoh/Android_RFS
total 156
drwxrwxrwx  2 root root   4096 2010-07-05 02:36 data
-rwxrwxrwx  1 root root    118 2010-07-05 03:42 default.prop
drwxrwxrwx  2 root root   4096 2010-07-05 02:36 dev
-rwxrwxrwx  1 root root 106588 2010-07-05 03:01 init
-rwxrwxrwx  1 root root   1677 2009-07-17 21:39 init.goldfish.rc
-rwxrwxrwx  1 root root  11671 2010-05-18 04:04 init.rc
drwxrwxrwx  2 root root   4096 2010-07-06 19:43 module
drwxrwxrwx  2 root root   4096 2010-07-05 02:36 proc
drwxrwxrwx  2 root root   4096 2010-07-05 03:42 sbin
drwxrwxrwx  2 root root   4096 2010-07-05 02:36 sys
drwxrwxrwx 10 root root   4096 2010-07-06 19:45 system
yhoh@ubuntu:~/Android_RFS$
```

위와 같이 모두 root로 변경된 것을 확인할 수 있습니다.

yhoh@ubuntu:~$ **mkyaffs2image**
mkyaffs2image: command not found

YAFFS2 이미지를 만드는 명령이 mkyaffs2image입니다. 이것을 실행해 보면 명령을 찾을 수 없다고 나타납니다.

11.4.3. mkyaffs2image 툴 빌드하기

http://cafe.naver.com/embeddedcrazyboys/6232
http://cafe.naver.com/embeddedcrazyboys/6240
위 두 링크를 참조해서 소스를 다운로드 받고 빌드해서 사용할 것입니다.

```
yhoh@ubuntu:~$ mkdir filesystem
yhoh@ubuntu:~$ cd filesystem/
```

filesystem이라는 폴더를 만들고 여기서 작업을 진행합니다.

```
yhoh@ubuntu:~/filesystem$ wget http://www.aleph1.co.uk/cgi-bin/viewcvs.cgi/yaffs2.tar.gz
--2010-07-06 04:28:23--  http://www.aleph1.co.uk/cgi-bin/viewcvs.cgi/yaffs2.tar.gz
Resolving www.aleph1.co.uk... 80.68.88.63
Connecting to www.aleph1.co.uk|80.68.88.63|:80... connected.
HTTP request sent, awaiting response... 301 Moved
Location: /cgi-bin/viewcvs.cgi/yaffs2.tar.gz?view=tar [following]
--2010-07-06 04:28:24--  http://www.aleph1.co.uk/cgi-bin/viewcvs.cgi/yaffs2.tar.gz?view=tar
Connecting to www.aleph1.co.uk|80.68.88.63|:80... connected.
HTTP request sent, awaiting response... 200 OK
Length: unspecified [application/octet-stream]
Saving to: `yaffs2.tar.gz?view=tar'

    [         <=>                          ] 401,015      175K/s   in 2.2s

2010-07-06 04:28:27 (175 KB/s) - `yaffs2.tar.gz?view=tar' saved [401015]
yhoh@ubuntu:~/filesystem$ l
/home/yhoh/filesystem
total 392
-rw-r--r-- 1 yhoh yhoh 401015 2010-07-06 04:28 yaffs2.tar.gz?view=tar
yhoh@ubuntu:~/filesystem$
```

wget을 통해서 파일을 다운로드 받습니다. "yaffs2.tar.gz?view=tar" 파일을 받은 것을 확인할 수 있습니다.

```
yhoh@ubuntu:~/filesystem$ tar xvf yaffs2.tar.gz?view=tar
```

```
yhoh@ubuntu:~/filesystem$ cd yaffs2/utils/
yhoh@ubuntu:~/filesystem/yaffs2/utils$ make
```

받은 "yaffs2.tar.gz?view=tar" 파일의 압축을 해제한 후에 yaffs2/utils/ 폴더로 이동해서 빌드를 수행합니다.

```
/home/yhoh/filesystem/yaffs2/utils
total 108
-rw-r--r-- 1 yhoh yhoh  1739 2007-03-07 00:30 Makefile
-rwxr-xr-x 1 yhoh yhoh 18214 2010-07-06 04:31 mkyaffs2image
-rw-r--r-- 1 yhoh yhoh 13692 2010-01-11 13:43 mkyaffs2image.c
-rw-r--r-- 1 yhoh yhoh  7928 2010-07-06 04:31 mkyaffs2image.o
-rwxr-xr-x 1 yhoh yhoh 17862 2010-07-06 04:31 mkyaffsimage
-rw-r--r-- 1 yhoh yhoh 14971 2009-01-25 10:21 mkyaffsimage.c
-rw-r--r-- 1 yhoh yhoh  8424 2010-07-06 04:31 mkyaffsimage.o
lrwxrwxrwx 1 yhoh yhoh    14 2010-07-06 04:30 yaffs_ecc.c -> ../y
-rw-r--r-- 1 yhoh yhoh  2496 2010-07-06 04:31 yaffs_ecc.o
lrwxrwxrwx 1 yhoh yhoh    22 2010-07-06 04:31 yaffs_packedtags2.c
```

빌드된 결과를 보면 mkyaffs2image라는 실행 파일을 발견할 수 있습니다.

```
yhoh@ubuntu:~/filesystem/yaffs2/utils$ sudo cp mkyaffs2image /usr/sbin
```

sudo를 이용해서 이 빌드한 실행 파일을 /usr/sbin로 복사합니다. ~/bin에 복사해서 사용해도 되지만 sudo를 이용해서 작업할 것이기 때문에 Super user 영역으로 복사해 두는 것이 좋습니다.

```
yhoh@ubuntu:~/bin$ mkyaffs2image
mkyaffs2image: image building tool for YAFFS2 built Jul  6 2010
usage: mkyaffs2image dir image_file [convert]
        dir         the directory tree to be converted
        image_file  the output file to hold the image
        'convert'   produce a big-endian image from a little-endian machine
yhoh@ubuntu:~/bin$
```

mkyaffs2image를 실행해 보면 사용 방법에 대한 것이 출력되는 것을 확인할 수 있습니다.

11.4.4. YAFFS 루트 파일시스템 만들기

```
yhoh@ubuntu:~$ sudo mkyaffs2image Android_RFS/ cupcake-mango64.yaffs2
yhoh@ubuntu:~$ sudo chmod 755 cupcake-mango64.yaffs2
```

```
/home/yhoh
total 47012
drwxr-xr-x 7 yhoh yhoh        4096 2010-06-28 23:43 android_mango100
drwxr-xr-x 5 yhoh yhoh        4096 2010-07-05 00:44 android_mango64
drwxrwxrwx 9 root root        4096 2010-07-06 19:43 Android_RFS
drwxr-xr-x 2 yhoh yhoh        4096 2010-07-06 04:33 bin
-rwxr-xr-x 1 root root    48092352 2010-07-06 19:52 cupcake-mango64.yaffs2
drwxr-xr-x 2 yhoh yhoh        4096 2010-06-24 18:50 Desktop
-rw-r--r-- 1 yhoh yhoh         167 2010-06-21 04:00 examples.desktop
drwxr-xr-x 3 yhoh yhoh        4096 2010-07-06 04:30 filesystem
drwxr-xr-x 4 yhoh yhoh        4096 2010-07-05 23:47 mangodroid
-rw-r--r-- 1 yhoh yhoh         490 2010-07-06 18:57 minicom.log
drwxr-xr-x 2 yhoh yhoh        4096 2010-07-06 04:41 tftpboot
lrwxrwxrwx 1 yhoh yhoh          21 2010-06-21 19:14 tmpPC -> /mnt/hgfs/TmpDnFiles/
drwxr-xr-x 2 yhoh yhoh        4096 2010-07-02 00:39 zTmp
```

sudo로 mkyaffs2image를 수행해서 작업한 Android_RFS를 cupcake-mango64.yaffs2라는 이름으로 YAFFS2 파일시스템으로 만들었습니다. chmod 755로 사용자 접근 권한도 변경해 주어야 합니다.

```
yhoh@ubuntu:~$ cp cupcake-mango64.yaffs2 /home/yhoh/tftpboot/
```

우리가 망고64 보드에 다운로드 받을 수 있게 cupcake-mango64.yaffs2 파일을 ~/tftpboot/에 복사합니다.

11.5. NAND Write 및 부팅

11.5.1. 루트 파일시스템 NAND 저장

```
MANGO64 # nand erase 400000 8000000
NAND erase: device 0 offset 0x400000, size 0x8000000
Skipping bad block at   0x02600000
Erasing at 0x83e0000 -- 100% complete.
OK
```

망고64 보드를 부팅한 이후에 파일시스템을 저장할 공간을 먼저 Erase 합니다. 0x400000 번지에서 시작해서 0x8000000 크기만큼의 공간을 지웁니다.

```
MANGO64 # tftp 51000000 cupcake-mango64.yaffs2
smc911x: initializing
smc911x: detected LAN9220 controller
smc911x: phy initialized
smc911x: MAC 00:40:5c:26:0a:5b
```

```
TFTP from server 192.168.11.131; our IP address is 192.168.11.110
Filename 'cupcake-mango64.yaffs2'.
Load address: 0x51000000
Loading: #################################################################
... ... ... ... ... ... ...
Bytes transferred = 48092352 (0x2ddd4c0)
MANGO64 #
```

tftp를 이용해서 메모리로 다운로드를 받습니다. 용량이 크기 때문에 상당히 오랜 시간이 걸립니다. 다운로드 받은 크기는 0x2ddd4c0입니다. 이 크기를 기억해 두어야 합니다. 뒤에서 NAND에 Write할 때 이 크기를 정확하게 기술해 주어야 합니다.

```
MANGO64 # nand write.yaffs 51000000 400000 0x2ddd4c0
NAND write: device 0 offset 0x400000, size 0x2ddd4c0
Bad block at 0x2600000 in erase block from 0x2600000 will be skipped
Writing data at 0x3099000 -- 100% complete.
 48092352 bytes written: OK
```

NAND에 Write를 수행할 때 단순하게 Write 명령 만으로 다운로드를 해서는 안됩니다. 위와 같이 write.yaffs로 명시를 해주어야 정확하게 다운로드가 가능합니다. 그리고 크기에 대해서는 위에서 기억해 두었던 크기인 0x2ddd4c0를 정확하게 기술해 주어야 합니다.

11.5.2. 안드로이드 최초 부팅

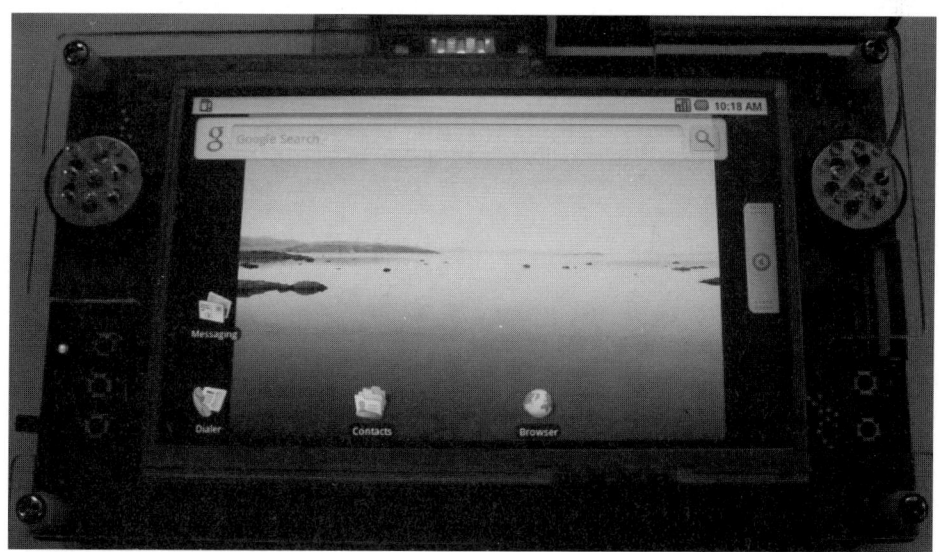

이제 전원을 껐다 켜면 위 그림과 같이 안드로이드가 실행되는 것을 확인 가능 합니다.

```
yaffs_read_super: isCheckpointed 0
VFS: Mounted root (yaffs2 filesystem) on device 31:2.
Freeing init memory: 524K
Warning: unable to open an initial console.
init: /init.rc: 194: invalid option 'chown'
init: /init.rc: 194: invalid option 'chmod'
init: /init.rc: 197: invalid option 'setprop'
init: /init.rc: 199: invalid option 'setprop'
init: cannot open '/initlogo.rle'
sh: can't access tty; job control turned off
# warning: `rild' uses 32-bit capabilities (legacy support in use)
smdk6410_hifi_hw_params: clockrate 24000000
s3c2410_dma_devconfig: channel 10, source 1, dev 7f002010, chan c05d7e54
smdk6410_hifi_hw_params: clockrate 24000000
s3c2410_dma_devconfig: channel 10, source 1, dev 7f002010, chan c05d7e54
#
```

최초 부팅 시 위와 같이 메시지가 출력되면서 #으로 된 프롬프트가 출력됩니다.

```
# ls -l
-rwxrwxrwx root     root          1677 2009-07-18 04:39 init.goldfish.rc
dr-xr-xr-x root     root               1970-01-01 00:00 proc
drwxr-xr-x root     root               2021-03-22 12:10 dev
-rwxrwxrwx root     root         11671 2010-05-18 11:04 init.rc
-rwxrwxrwx root     root        106588 2010-07-05 10:01 init
drwxrwxrwx root     root               2010-07-07 02:45 system
drwxrwxrwx root     root               2010-07-05 10:42 sbin
-rwxrwxrwx root     root           118 2010-07-05 10:42 default.prop
drwxr-xr-x root     root               1970-01-01 00:00 sys
drwxrwxrwx root     root               2010-07-07 02:43 module
lrwxrwxrwx root     root               2021-03-22 10:16 etc -> /system/etc
lrwxrwxrwx root     root               2021-03-22 10:16 lib -> /system/lib
d--------- system   system             2021-03-22 10:16 sdcard
drwxrwxrwt root     root               2021-03-22 12:10 sqlite_stmt_journals
drwxrwx--x system   system             2010-07-05 09:36 data
drwxrwx--- system   cache              2021-03-22 10:16 cache
drwxrwx--x system   system             2021-03-22 10:17 shared_prefs
drw-rw-rw- root     root               2021-03-22 12:10 lost+found
#
```

위 그림처럼 간단한 명령은 여기서도 실행이 가능합니다.

11.6. 안드로이드 포팅 과정 정리

~/android_mango64/cupcake-work/src 폴더에 보면 Android-Script라는 스크립트 파일을 발견할 수 있습니다. 지금까지 위에서 작업한 내용이 이 스크립트 하나에 정리가 되어 있습니다. 물론 그 내용은 각자의 상황에 따라서 조금은 변경이 가능할 것입니다.

```bash
#!/bin/bash
YAFFS_WORKING_DIR=/home/yhoh/android_mango64/cupcake-work
ANDROID_GENERIC_DIR=/home/yhoh/android_mango64/cupcake-work/src/out/target/product/generic
TFTPHOME_DIR=/home/yhoh/tftpboot

sudo mkdir -p $YAFFS_WORKING_DIR/Android_RFS/data
sudo mkdir -p $YAFFS_WORKING_DIR/Android_RFS/system
sudo mkdir -p $YAFFS_WORKING_DIR/Android_RFS/module

sudo cp -a $ANDROID_GENERIC_DIR/root/* $YAFFS_WORKING_DIR/Android_RFS/
echo "ANDROID GENERIC root COPY done."
sudo cp -a $ANDROID_GENERIC_DIR/data/* $YAFFS_WORKING_DIR/Android_RFS/data/
echo "ANDROID GENERIC data COPY done."
sudo cp -a $ANDROID_GENERIC_DIR/system/* $YAFFS_WORKING_DIR/Android_RFS/system/
echo "ANDROID GENERIC system COPY done."

sudo chown -R root.root $YAFFS_WORKING_DIR/Android_RFS
sudo chmod -R 777 $YAFFS_WORKING_DIR/Android_RFS

sudo mkyaffs2image $YAFFS_WORKING_DIR/Android_RFS $YAFFS_WORKING_DIR/cupcake-mango64.yaffs2
echo "YAFFS2 image make done."
sudo chmod 755 $YAFFS_WORKING_DIR/cupcake-mango64.yaffs2
cp -a $YAFFS_WORKING_DIR/cupcake-mango64.yaffs2 $TFTPHOME_DIR/
echo "YAFFS2 image tftp copy done."
```

원래의 것을 조금 변경해서 위 과정을 그대로 따라 하는 스크립트를 만들었습니다.

YAFFS_WORKING_DIR와 ANDROID_GENERIC_DIR를 앞 부분에서 명시해 주고 그 내용을 기준으로 작업이 이루어지도록 만들었습니다. tftp를 위해서 복사할 tftp 폴더도 명시해 주도록 했습니다.

지금까지 위에서 모두 설명된 내용이기 때문에 이해하시는데 어려움은 없으실 것입니다.

http://cafe.naver.com/embeddedcrazyboys/7058
위 링크를 접속해서 살펴보시면 이번 장에서 다루어진 과정에 대해서 정리된 내용을 보실 수 있습니다.

12. (망고100) USB 부팅과 U-Boot Porting

이제 USB 부팅 모드로 시험을 진행하고 최종적으로는 NAND에 U-Boot를 다운로드해서 NAND 모드로 U-Boot를 동작시키는 부분까지 진행해 보도록 하겠습니다.

12.1. USB 부팅 모드 시험

이번 절에서는 일단 DNW를 이용해서 USB BL1 부트로더를 다운로드해서 수행해 보는 것을 먼저 진행할 것입니다. DNW 툴을 다운로드 하는 것도 뒤에 나올 것입니다.

12.1.1. USB Driver 다운로드

다음 절에서 사용할 USB 드라이버를 먼저 다운로드 받도록 합니다.

```
(Mango100) USB Driver 설치
http://cafe.naver.com/embeddedcrazyboys/5677
smdkc100 usb driver.zip
```

위 링크에 이와 관련한 전반적인 설명이 들어 있고, smdkc100 usb driver.zip을 다운로드 받을 수 있습니다. 적절한 위치에 받은 파일을 풀어 놓으면 됩니다.

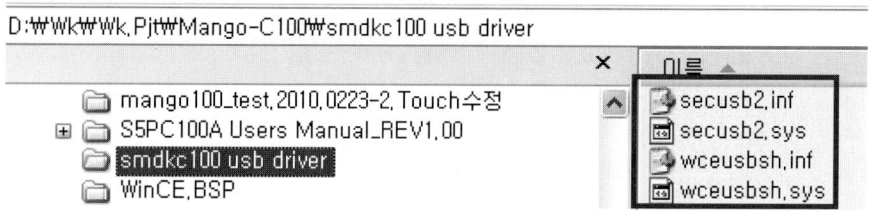

압축을 풀면 위 그림과 같이 4개의 파일이 생성됩니다.

12.1.2. USB Driver 설치

이전 장에서 배운 USB 부팅 모드로 먼저 설정합니다. 그리고 Serial Port를 컴퓨터와 연결하고, USB cable을 PC와 연결합니다. 설정한 이후에 전원을 인가 합니다.

아직은 DNW 툴을 수행해서 프로그램을 수행시킬 수 있는 상태는 아닙니다. 만약 드라이버가 이미 설치 되었다면 이번 절은 건너뛰고 다음 절로 이동하시면 됩니다. USB Driver가 설치되어 있지 않게 되면 위의 그림과 같이 새로운 디바이스를 PC가 인식하고 새 하드웨어 발견을 나타나게 됩니다.

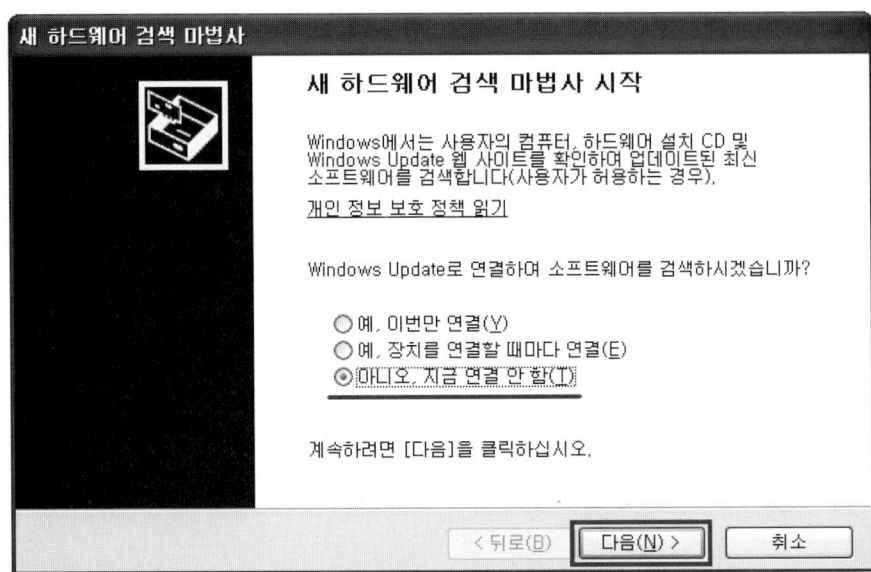

"아니오, 지금 연결 안 함"을 선택한 이후에 다음을 클릭합니다.

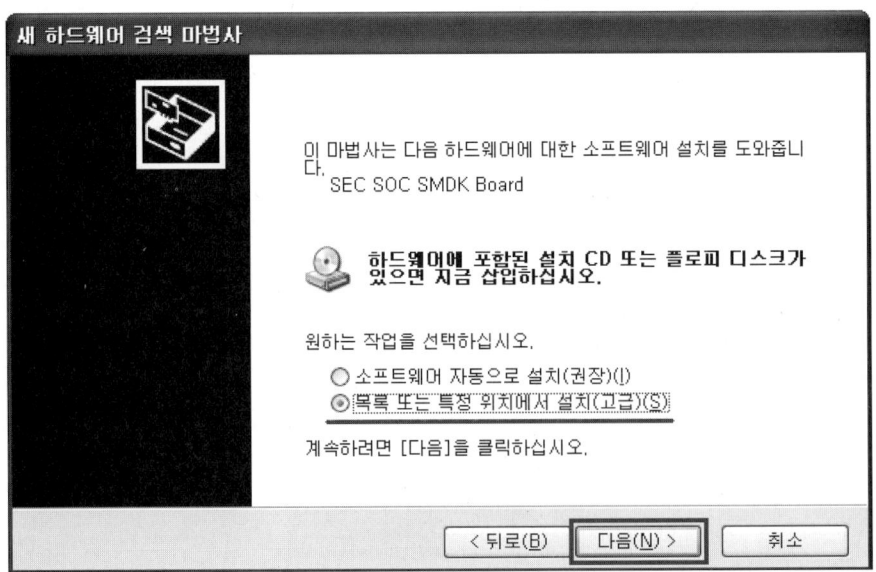

"목록 또는 특정 위치에서 설치(고급)"을 선택하고 다음을 누릅니다.

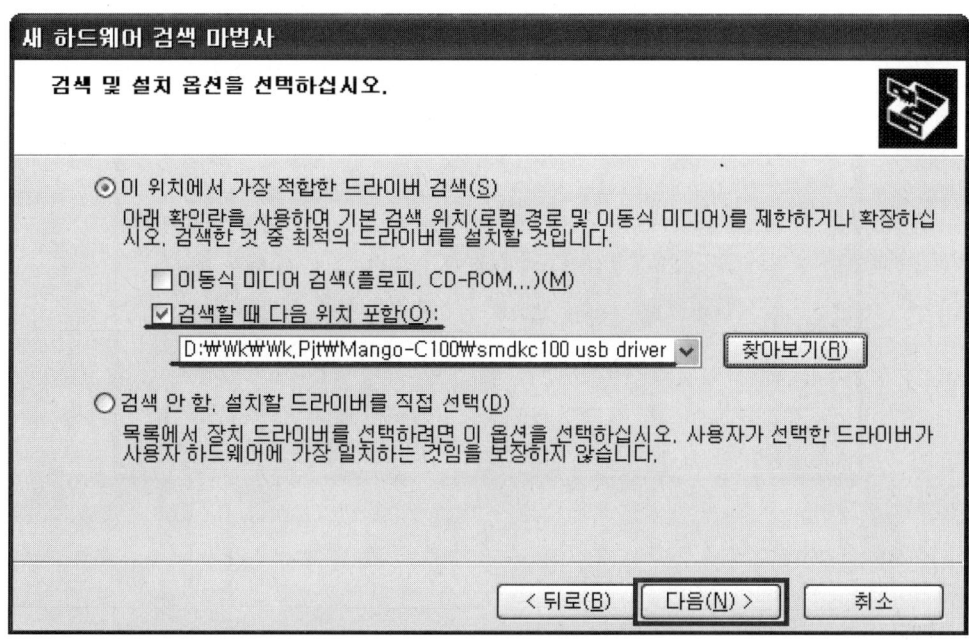

검색할 위치로 위에서 다운로드 받은 USB 드라이버를 압축 풀어 놓은 폴더의 위치를 선택하고 다음을 누릅니다.

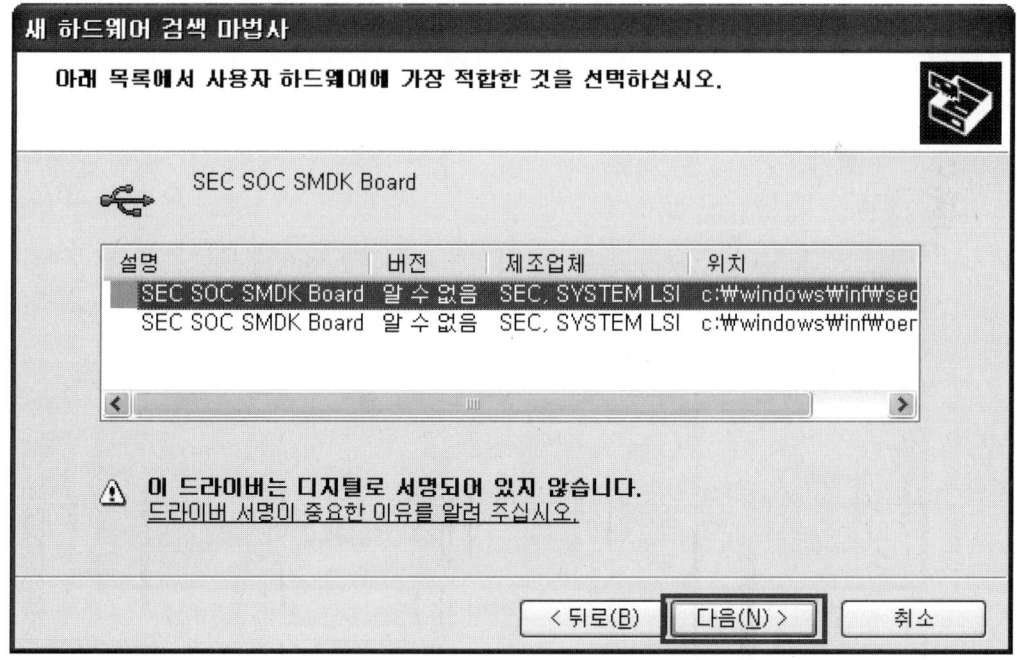

삼성에서 제공하는 USB 드라이버가 인식되었고 이를 설치하게 됩니다. 다음을 선택합니다.

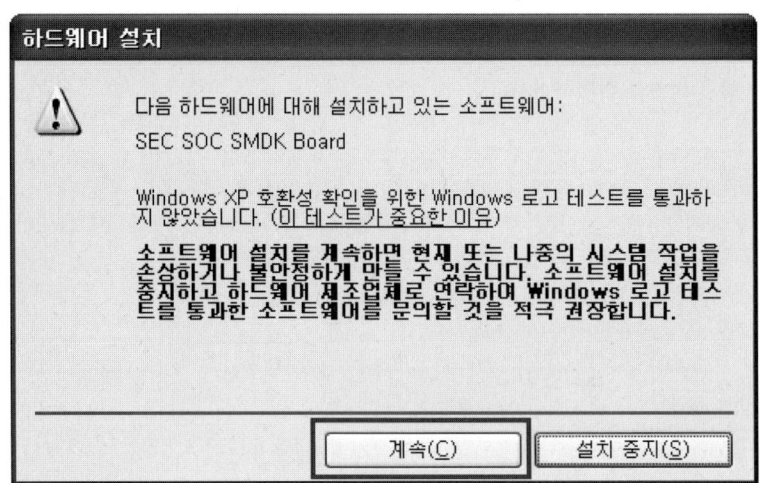

호환성 관련 경고가 나타나지만 문제는 없습니다. 계속을 누릅니다.

드라이버 설치 시에 위와 같이 다시 한번 더 해당 드라이버를 찾는 메시지가 나옵니다. 확인을 누릅니다.

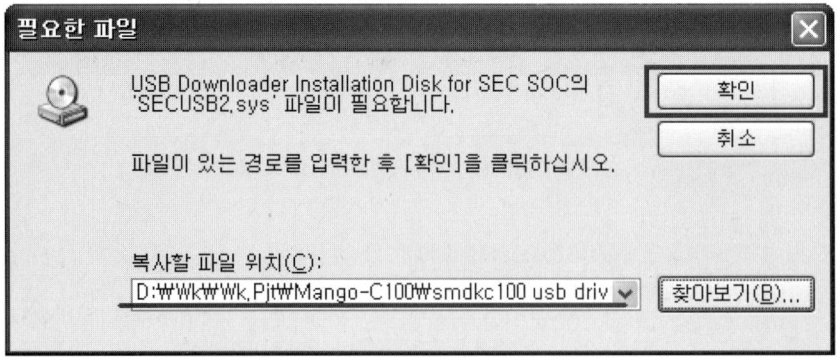

이전의 드라이버를 저장했던 폴더를 다시 한번 똑같이 위치를 잡아주면 됩니다. 파일 위치를 잡아주고 확인을 누릅니다.

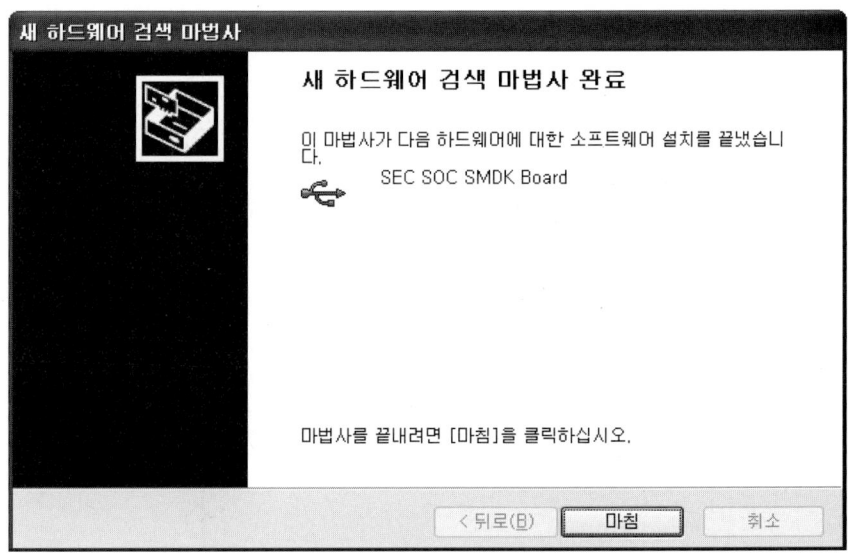

위 그림이 나타나면 드라이버는 정상적으로 설치된 것입니다.

이 내용을 하드웨어 장치 관리자를 보면 위 그림과 같이 "SEC SOC SMDK Board"라는 이름으로 장치가 잡혀있는 것을 확인할 수 있습니다.

12.1.3. DNW 다운로드 및 실행

DNW 툴은 삼성에서 제공하는 툴로서, 시리얼 통신으로 디버그 메시지를 볼 수도 있고, USB를 통해서 바이너리를 다운로드 받을 수도 있습니다. DNW 툴은 아래 링크에서 다운로드 받을 수 있습니다.

[망고64 매뉴얼] Wince 6.0 퓨징 방법
http://cafe.naver.com/embeddedcrazyboys/2305

위 링크에서 etc.zip을 다운로드 받을 수 있고, 압축을 풀면 "DNW v0.60C"와 "SMDK6410 USB Driver" 폴더가 생기게 됩니다. "DNW v0.60C"에는 DNW 실행 파일이 들어 있고, "SMDK6410 USB Driver" 폴

더는 망고64와 관련한 USB 드라이버가 들어 있습니다.

DNW Tool을 실행합니다. 메뉴에서 Configuration > Options를 선택합니다.

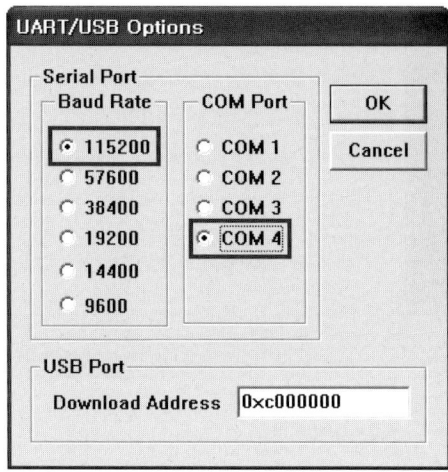

다운로드 주소는 어떤 것으로 설정하든 상관은 없습니다. 아직은 메모리로 다운로드 하는 상황은 아니기 때문에 뒤에서 U-Boot를 동작시킬 때는 이 주소를 적절히 설정할 것입니다. COM Port는 장치 관리자에서 usb to serial Port로 할당된 것을 참조해서 설정을 합니다. 제 경우는 COM 4로 되어 있습니다. COM Port에 대한 것은 사용자마다 다를 수 있습니다. 각자의 설정을 참조해서 진행하시기 바랍니다. Baud Rate은 115200입니다.

만약 위의 옵션 설정에서 다운로드 주소에 아무런 내용도 적어 넣지 않았을 경우에는 처음에는 문제가 없지만 DNW를 종료하고 다시 실행하려고 할 때 문제가 발생할 수 있습니다.

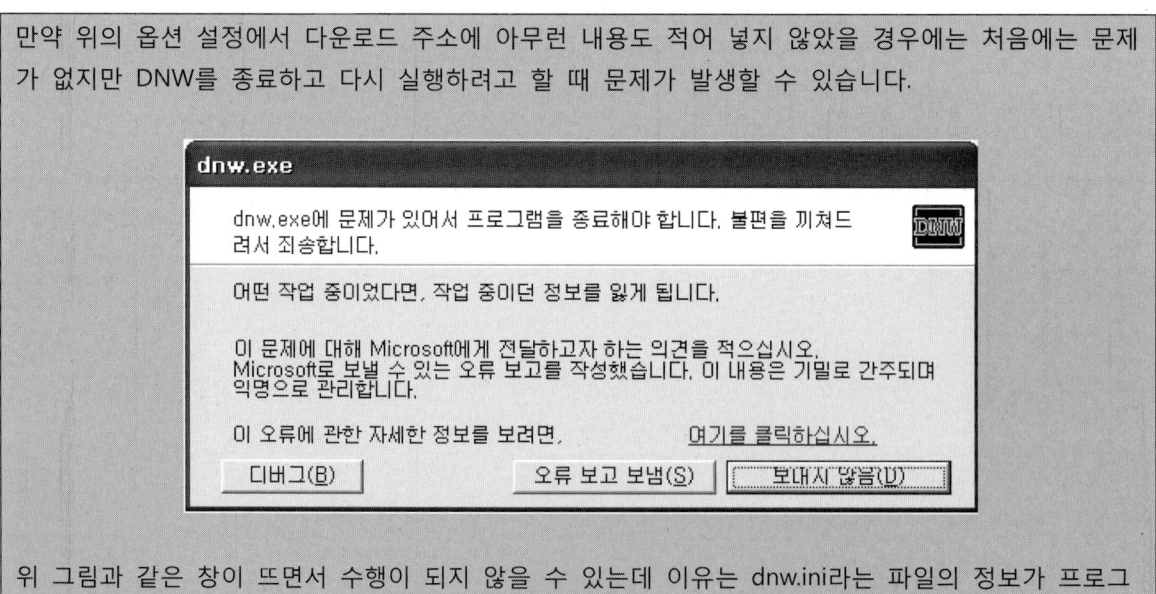

위 그림과 같은 창이 뜨면서 수행이 되지 않을 수 있는데 이유는 dnw.ini라는 파일의 정보가 프로그램 수행에서 오류를 일으키기 때문입니다. 다운로드 주소로 뭔가를 읽어서 처리하려고 하는데 그 내용이 없음으로 인해서 문제가 되는 것입니다. 프로그램의 버그로 생각됩니다. 처리 방법은

C:₩dnw.ini 파일을 삭제한 이후에 수행하면 됩니다. 이 경우 설정은 디폴트 값으로 됩니다.

실행한 후 Serial Port > Connect를 수행합니다. 위 그림과 같이 Com port가 연결되고, 보드에 전원을 넣은 후에는 USB 부분에 OK라고 나와 있어야 합니다. 만약 이 부분에 OK라고 나오지 않으면 위의 USB 드라이버가 정상적으로 설치되지 못한 것입니다. 경우에 따라서 USB cable의 문제로 정상적으로 드라이버가 설치 되었음에도 OK가 나오지 않을 수 있습니다. 그때는 케이블을 바꿔서 시도해 보시기 바랍니다. USB-Hub를 가능한 사용하지 않으시는 것이 좋습니다.

12.1.4. BL1 부트로더 다운로드 및 실행

[Mango100] U-Boot Porting 방법
http://cafe.naver.com/embeddedcrazyboys/6042

위 링크에 우리가 다운로드해서 수행해야 할 파일과 전반적인 설명이 들어 있습니다.

mango100_bl1_umon.bin과 mango100_uboot.bin을 다운로드 받을 수 있습니다. 이번 절에서 mango100_bl1_umon.bin을 이용한 USB 부팅을 수행할 것이고, 다음 절에서 mango100_uboot.bin을 NAND에 다운로드 받아서 NAND 부팅까지 수행해 볼 것입니다.

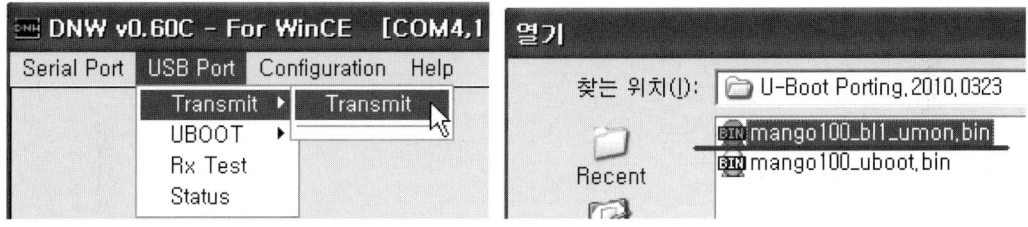

USB Port > Transmit > Transmit을 수행해서 위에서 다운로드 받은 파일 중에서 mango100_bl1_umon.bin을 선택해 줍니다.

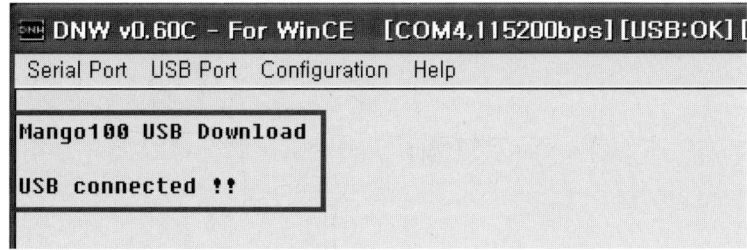

화면에 위와 같이 문자열이 출력되면 정상적으로 BL1 부트로더가 동작한 것입니다.

12.2. U-Boot Porting 및 NAND 부팅 모드 시험

이제 위에서 받은 mango100_uboot.bin을 수행시키고 이것을 이용해서 U-Boot를 NAND에 기록하고, NAND로 부팅하는 것까지 수행하도록 합니다.

12.2.1. U-Boot 수행

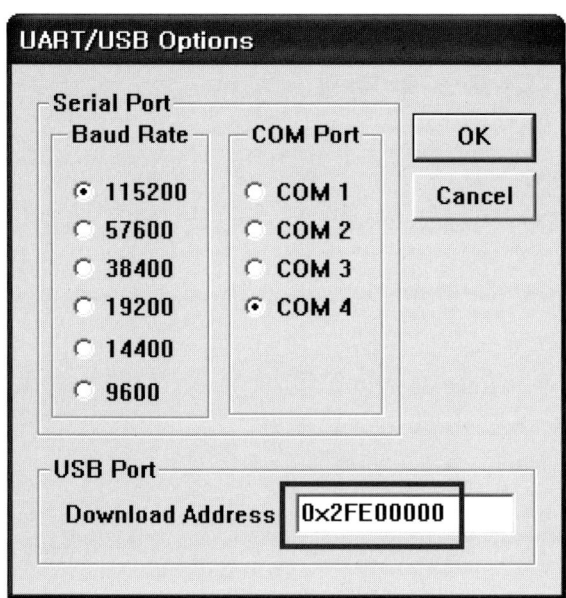

U-Boot를 수행하기 위해서는 다운로드 주소를 변경해 주어야 합니다. 0x2FE00000으로 설정합니다. 이 주소 값으로 U-Boot를 다운로드 해서 수행할 것입니다.

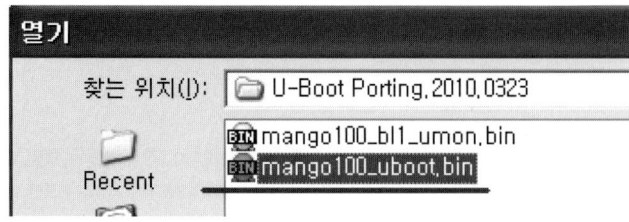

USB Port > Transmit > Transmit을 수행해서 위에서 다운로드 받은 파일 중에서 mango100_uboot.bin 을 선택해 줍니다.

```
##############################################################################
Success !!
O
U-Boot 1.3.4 (Mar  9 2010 - 19:40:52) for MANGO100
CPU:     S5PC100@666MHz
         Fclk = 1332MHz, Hclk = 166MHz, Pclk = 66MHz, DoutMpll = 133MHz, Serial = PCLK
Board:   MANGO100
DRAM:    256 MB
Flash:   0 kB
SD/MMC:  Card did not respond to voltage select!
0 MB
NAND:    256 MB
*** Warning - using default environment
In:      serial
Out:     serial
Err:     serial
Hit any key to stop autoboot:  0
MANGO100 #
```

위와 같은 화면이 출력되면 정상적으로 U-Boot가 동작한 것입니다. Hit any key to stop autoboot에 숫자가 5부터 시작해서 1씩 감소합니다. 숫자가 0까지 감소하기 전에 스페이스 바를 누르면 바로 위의 MANGO100 프롬프트를 만날 수 있습니다.

```
Welcome to minicom 2.3

OPTIONS: I18n
Compiled on Sep 25 2009, 23:40:20.
Port /dev/ttyUSB0

                 Press CTRL-A Z for help on special keys


Unknown command '���耗 ��������柚 ���������柚 �������' - try 'help'
MANGO100 # AT S7=45 S0=0 L1 V1 X4 &c1 E1 Q0
syntax error
MANGO100 #
MANGO100 #
```

이제 위에서 DNW로 동작시켰던 U-Boot를 실행 시켜놓은 상태에서 그대로 우분투의 minicom 환경에서 보았습니다. 위와 같이 정상적으로 MANGO100 프롬프트가 나타나 있는 것을 확인할 수 있습니다.

12.2.2. U-Boot 빌드하기

U-Boot의 소스 코드를 건드리거나 분석할 필요가 없으신 분들은 굳이 하지 않으셔도 되겠지만 사실 U-Boot의 소스를 분석하고 내용을 파악할 필요가 있는 경우가 많습니다. 그리고 어떤 변경 등을 수행해서 시험 등을 해볼 때 직접 빌드를 해서 사용할 필요가 있습니다. 이번 절에서 U-Boot를 빌드해서 그 빌드된 것을 이용해서 작업하는 것을 해보도록 하겠습니다.

● U-boot (v1.3.4)
 1) mango100 uboot 2010 06 04
 2) mango100 uboot 2010 06 29

http://crztech.iptime.org:8080/

위 링크에 접속해서 망고100 용의 U-Boot 소스 코드를 다운로드 받을 수 있습니다. 현재의 가장 최신 버전이 2010.06.29 일자 버전이므로 이것을 다운로드 받습니다.

mango100-uboot-2010-0629.tgz.tar 파일을 다운로드 받았고 이것을
~/android_mango100/uboot.v1.3.4에 복사해 두었습니다.

```
yhoh@ubuntu:~/android_mango100/uboot.v1.3.4$ tar xvf mango100-uboot-2010-0629.tgz.tar
```

위와 같이 압축을 풀었습니다.

```
/home/yhoh/android_mango100/uboot.v1.3.4
drwxr-xr-x 33 yhoh yhoh       4096 2010-06-29 08:22 mango100-uboot-2010-06-29
```

mango100-uboot-2010-06-29라는 폴더가 생성되어 있는 것을 볼 수 있습니다.

```
yhoh@ubuntu:~/android_mango100/uboot.v1.3.4/mango100-uboot-2010-06-29$ make clobber
```

빌드 과정은 망고64에서 하던 방법과 거의 동일합니다. 먼저 make clobber를 수행해서 기존에 만들어져 있던 모든 내용을 지우게 됩니다.

```
yhoh@ubuntu:~/android_mango100/uboot.v1.3.4/mango100-uboot-2010-06-29$ make mango100_config
Configuring for mango100 board...
```

make mango100_config를 수행함으로써 적절한 구성이 완료됩니다.

```
yhoh@ubuntu:~/android_mango100/uboot.v1.3.4/mango100-uboot-2010-06-29$ make
```

이제 make를 수행하면 빌드가 됩니다.

```
ndroid_mango100/uboot.v1.3.4/mango100-uboot-2010-06-29/board/samsung/mango100/u-
boot.lds  -Ttext 0x2fe00000      $UNDEF_SYM cpu/s5pc1xx/start.o \
                    --start-group lib_generic/libgeneric.a cpu/s5pc1xx/libs5
pc1xx.a cpu/s5pc1xx/s5pc100/libs5pc100.a lib_arm/libarm.a fs/cramfs/libcramfs.a
fs/fat/libfat.a fs/fdos/libfdos.a fs/jffs2/libjffs2.a fs/reiserfs/libreiserfs.a
fs/ext2/libext2fs.a net/libnet.a disk/libdisk.a drivers/bios_emulator/libatibios
emu.a drivers/block/libblock.a drivers/dma/libdma.a drivers/hwmon/libhwmon.a dri
vers/i2c/libi2c.a drivers/input/libinput.a drivers/misc/libmisc.a drivers/mmc/li
bmmc.a drivers/mtd/libmtd.a drivers/mtd/nand/libnand.a drivers/mtd/nand_legacy/l
ibnand_legacy.a drivers/mtd/onenand/libonenand.a drivers/mtd/spi/libspi_flash.a
drivers/net/libnet.a drivers/net/sk98lin/libsk98lin.a drivers/pci/libpci.a drive
rs/pcmcia/libpcmcia.a drivers/spi/libspi.a drivers/rtc/librtc.a drivers/serial/l
ibserial.a drivers/usb/libusb.a drivers/video/libvideo.a common/libcommon.a libf
dt/libfdt.a api/libapi.a post/libpost.a board/samsung/mango100/libmango100.a --e
nd-group -L /usr/local/arm/4.2.2-eabi/usr/bin-ccache/../lib/gcc/arm-unknown-linu
x-gnueabi/4.2.2 -lgcc \
                    -Map u-boot.map -o u-boot
/usr/local/arm/4.2.2-eabi/usr/bin/arm-linux-objcopy --gap-fill=0xff -O srec u-bo
ot u-boot.srec
/usr/local/arm/4.2.2-eabi/usr/bin/arm-linux-objcopy --gap-fill=0xff -O binary u-
boot u-boot.bin
/usr/local/arm/4.2.2-eabi/usr/bin/arm-linux-objdump -d u-boot > u-boot.dis
yhoh@ubuntu:~/android_mango100/uboot.v1.3.4/mango100-uboot-2010-06-29$
```

위와 같이 정상적으로 빌드가 되었습니다. Text base address가 0x2FE00000인 것도 확인이 가능합니다.

12.2.3. Tftp로 NAND에 다운로드 하기

이제 Tftp를 이용해서 다운로드 받고 NAND에 저장하고 NAND로 부팅하는 단계까지 진행해 보도록 하겠습니다.

```
yhoh@ubuntu:~/android/U-Boot_Porting.2010.0323$ cp mango100_uboot.bin
/home/yhoh/tftpboot/
yhoh@ubuntu:~/android_mango100/uboot.v1.3.4/mango100-uboot-2010-06-29$ cp u-boot.bin
/home/yhoh/tftpboot/mango100_uboot.bin
```

U-Boot_Porting.2010.0323이라는 이름으로 이전에 다운로드 받았던 것을 우분투 쪽으로 복사를 해주어도 되고, 이전 절에서 빌드한 u-boot.bin을 mango100_uboot.bin으로 이름을 변경해서 복사해 주어

도 됩니다. /home/yhoh/tftpboot/ 부분을 Tftp의 홈 폴더로 지정했기 때문에 이 부분에 U-Boot를 복사해 주어야 합니다. mango100_uboot.bin을 그곳에 복사했습니다.

```
MANGO100 # tftp 21000000 mango100_uboot.bin
smc911x: initializing
smc911x: detected LAN9220 controller
smc911x: phy initialized
smc911x: MAC 00:40:5c:26:0a:5b
TFTP from server 192.168.11.131; our IP address is 192.168.11.110
Filename 'mango100_uboot.bin'.
Load address: 0x21000000
Loading: *
TFTP error: 'Permission denied' (0)
Starting again
```

위와 같이 tftp를 이용해서 주소 21000000 번지에 mango100_uboot.bin을 다운로드 받고 있습니다. 그런데 문제가 생겨 있습니다. 'Permission denied'로 에러가 발생했습니다.

```
yhoh@ubuntu:~/android/U-Boot_Porting.2010.0323$ l
/home/yhoh/android/U-Boot_Porting.2010.0323
total 272
-rwx------ 1 yhoh yhoh   14236 2010-06-22 19:31 mango100_bl1_umon.bin
-rwx------ 1 yhoh yhoh  262144 2010-06-22 19:31 mango100_uboot.bin
```

에러의 이유는 위와 같은 리눅스의 permission 부분의 설정 때문입니다. mango100_uboot.bin의 설정을 보면 yhoh 사용자에 대한 부분만 Read/Write/Execution이 가능하고 그 외에는 접근이 허락되지 않도록 설정되어 있습니다. U-Boot의 경우는 root로 접근하고 있는 것이고 다른 사용자가 이 파일을 읽을 수 없도록 되어 있기 때문에 문제가 발생한 것입니다.

```
yhoh@ubuntu:~/android/U-Boot_Porting.2010.0323$ chmod 755 *
yhoh@ubuntu:~/android/U-Boot_Porting.2010.0323$ l
/home/yhoh/android/U-Boot_Porting.2010.0323
total 272
-rwxr-xr-x 1 yhoh yhoh   14236 2010-06-22 19:31 mango100_bl1_umon.bin
-rwxr-xr-x 1 yhoh yhoh  262144 2010-06-22 19:31 mango100_uboot.bin
```

위와 같이 변경을 수행한 후에 ~/tftpboot/ 부분에 있는 것을 삭제하고 위의 mango100_uboot.bin을 다시 복사해 주었습니다. 이전 절에서 빌드한 u-boot.bin을 mango100_uboot.bin으로 이름을 변경해서 복사해준 것은 이미 permission 부분이 정상적으로 되어 있기 때문에 이와 같은 문제가 발생하지 않습니다.

```
MANGO100 # setenv ipaddr 192.168.11.110
MANGO100 # setenv serverip 192.168.11.131
MANGO100 # setenv gatewayip 192.168.11.1
MANGO100 # tftp 21000000 mango100_uboot.bin
smc911x: initializing
smc911x: detected LAN9220 controller
smc911x: phy initialized
smc911x: MAC 00:40:5c:26:0a:5b
TFTP from server 192.168.11.131; our IP address is 192.168.11.110
Filename 'mango100_uboot.bin'.
Load address: 0x21000000
Loading: #################
done
Bytes transferred = 262144 (0x40000)
MANGO100 #
```

이제는 모든 문제점이 수정되었고 위와 같이 정상적으로 다운로드 되는 것을 확인할 수 있습니다. 우리가 설정을 바꾸고 BL1 부팅부터 다시 시작해서 U-Boot를 DNW를 이용해서 다운받고 다시 위의 내용을 수행하게 되면 IP에 대한 설정은 다시 해주어야 합니다. 아직은 IP에 대한 설정을 저장하지 않았기 때문에 이 부분은 다시 수행해야 합니다.

12.2.4. NAND에 저장해서 NAND 모드로 부팅하기

이제 21000000 위치에 저장한 내용을 NAND에 저장하고, 그 저장한 것을 이용해서 NAND 모드로 부팅을 해보도록 하겠습니다.

```
MANGO100 # nand scrub
NAND scrub: device 0 whole chip
Warning: scrub option will erase all factory set bad blocks!
         There is no reliable way to recover them.
         Use this command only for testing purposes if you
         are sure of what you are doing!
Really scrub this NAND flash? <y/N>
Erasing at 0x6b80000 --    42% complete.
NAND 256MiB 3,3V 8-bit: MTD Erase failure: -5
Erasing at 0x9460000 --    58% complete.
```

```
NAND 256MiB 3,3V 8-bit: MTD Erase failure: -5
Erasing at 0xffe0000 -- 100% complete.
Scanning device for bad blocks
s3c-nand: ECC uncorrectable error detected
s3c-nand: ECC uncorrectable error detected
s3c-nand: ECC uncorrectable error detected
s3c-nand: ECC uncorrectable error detected
OK
MANGO100 #
```

nand scrub을 통해서 NAND를 초기화 시키는 작업을 수행합니다. 중간에 질문이 나오면서 멈추는데 y를 입력하고 엔터를 치시면 됩니다. nand scrub을 수행하면 NAND의 모든 내용이 지워지고 최초의 상태로 돌아가게 됩니다.

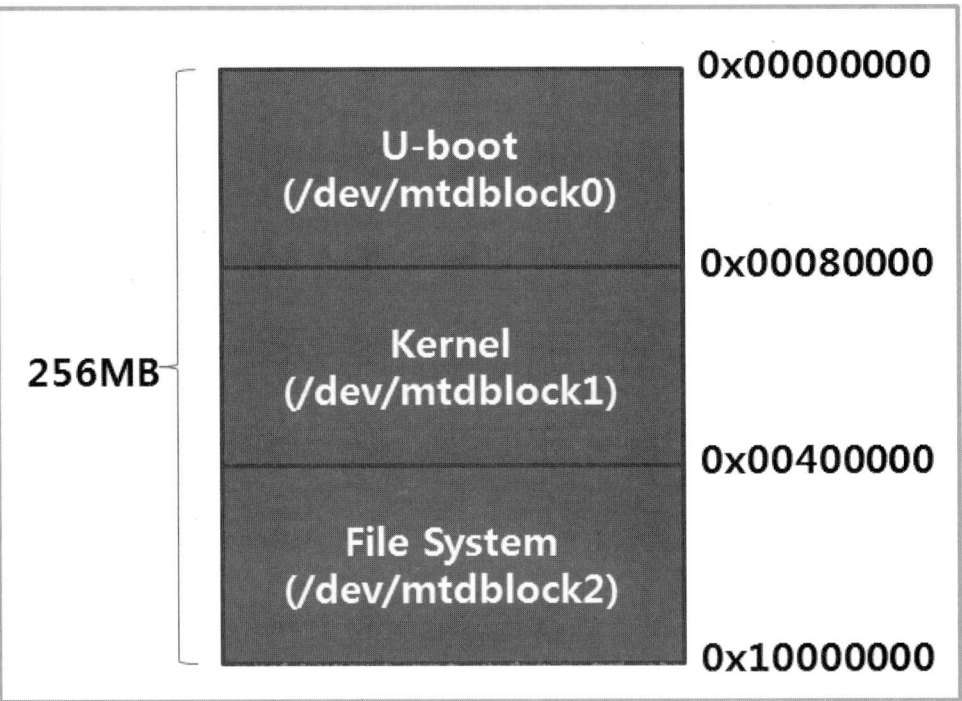

망고64에서는 NAND에서 U-Boot가 차지하는 영역을 0x40000까지 잡았지만 망고100의 경우는 0x80000의 영역까지 잡혀 있습니다. 이 그림은 뒤에서 커널과 파일 시스템에 대한 작업을 수행할 경우에도 계속 등장하는 그림이 될 것입니다.

```
MANGO100 # nand erase 0 80000
NAND erase: device 0 offset 0x0, size 0x80000
```

```
Erasing at 0x60000 -- 100% complete.
OK
MANGO100 # nand write 21000000 0 80000
NAND write: device 0 offset 0x0, size 0x80000
 524288 bytes written: OK
```

21000000 번지에 다운로드 받았던 mango100_uboot.bin을 이제 NAND에 저장하는 것입니다. 먼저 erase로 지우는 작업을 수행하고, 바로 이어서 Write를 수행합니다. 0번지에 저장하게 되고 이로서 뒤에서 NAND mode로 부팅했을 때 u-boot.bin이 부팅될 수 있는 것입니다.

```
MANGO100 # save
Saving Environment to SMDK bootable device...
Erasing Nand...
Writing to Nand...
Saved enviroment variables
```

마지막으로 save를 수행합니다. 이것은 각종 환경 변수 내용을 저장하는 것입니다. 리부팅을 한 이후에도 위에서 지정했던 IP 주소 등의 값이 없어지지 않으려면 이것을 반드시 수행해 주어야 합니다.

이제 망고100 보드를 NAND mode로 변경합니다. 모드 변경 부분은 이전 장을 참조하시기 바랍니다. 간단히 말씀 드리면 SW101의 6번 핀을 Off 시키는 것입니다.

```
U-Boot 1.3.4 (Jun  4 2010 - 16:29:16) for MANGO100
CPU:     S5PC100@666MHz
         Fclk = 1332MHz, Hclk = 166MHz, Pclk = 66MHz, Serial = PCLK
Board:   MANGO100
DRAM:    256 MB
SD/MMC:  1877 MB
NAND:    256 MB
In:      serial
Out:     serial
Err:     serial
Hit any key to stop autoboot:  0
MANGO100 #
```

부팅을 하면 위와 같이 정상적으로 부팅이 되는 것을 확인할 수 있습니다.

12.2.5. Cross-Cable을 이용한 직접 연결을 통한 다운로드

이전 장의 Cross-Cable을 이용한 직접 연결 방법으로 연결한 상태에서 다운로드를 받는 것을 수행해 볼 것입니다.

```
MANGO100 # print
... ... ... ... ... ...
gatewayip=192.168.11.1
netmask=255.255.255.0
ipaddr=192.168.11.110
serverip=192.168.11.131
Environment size: 1115/16380 bytes
MANGO100 # tftp 21000000 mango100_uboot.bin
smc911x: initializing
smc911x: detected LAN9220 controller
smc911x: phy initialized
smc911x: MAC 00:40:5c:26:0a:5b
TFTP from server 192.168.11.131; our IP address is 192.168.11.110
Filename 'mango100_uboot.bin'.
Load address: 0x21000000
Loading: #################
done
Bytes transferred = 262144 (0x40000)
MANGO100 #
```

망고보드를 실행해서 print를 통해서 설정되어 있는 값을 살펴보면 우리가 위에서 우분투에 설정한 IP 주소 값이 server의 IP 주소로 설정되어 있습니다. 이를 이용해서 tftp를 실행하면 정상적으로 다운로드 받을 수 있습니다.

다운로드 받은 이후의 NAND를 scrub하고 erase, write 하는 과정은 이전에 설명 드린 것과 동일하기 때문에 그 부분을 참조하시면 됩니다.

12.2.6. U-Boot 빌드 참고 사항 – makefile 스크립트 $(@_config=)

U-Boot 폴더에서 Makefile을 보면 아래의 내용을 발견할 수 있습니다.

```
mango100_config :        unconfig
```

> @$(MKCONFIG) $(@:_config=) arm s5pc1xx mango100 samsung s5pc100

우리가 make mango100_config를 수행했을 때 **$(@:_config=)는 mango100이** 되는데 이것이 어떻게 이렇게 되는 것일까요?

일단 하나씩 설명을 드려 보겠습니다.

make mango100_config를 수행하게 되면 가장 먼저 mango100_config 부분을 찾게 됩니다.

> mango100_config의 다음에는 반드시 콜론 (:)이 존재해야 합니다. 이것은 separator라는 이름이 붙여져 있고, 만약 콜론이 없을 경우는 "missing separator"라는 에러를 출력하게 됩니다.

위에서는 바로 unconfig를 수행하게 됩니다.

```
unconfig:
        @rm -f $(obj)include/config.h $(obj)include/config.mk ₩
              $(obj)board/*/config.tmp $(obj)board/*/*/config.tmp ₩
              $(obj)include/autoconf.mk $(obj)include/autoconf.mk.dep
```

맨 처음의 unconfig는 단순합니다. 위의 정의와 마찬가지로 이전에 configuration을 통해서 만들어진 파일들을 삭제하고 있습니다. unconfig 역시 mango100_config와 마찬가지로 특정한 target을 의미하고 이 역시 콜론으로 separator로 구분이 되어 있습니다.

```
SRCTREE         := $(CURDIR)
MKCONFIG        := $(SRCTREE)/mkconfig
export MKCONFIG
```

그 다음은 @$(MKCONFIG) 부분입니다. Makefile의 규칙에 맞게 @$(MKCONFIG) 앞은 반드시 Tab으로 되어 있어야 할 것입니다. MKCONFIG는 위와 같이 현재 폴더의 mkconfig라는 스크립트 파일을 실행하는 것입니다. $(MKCONFIG)는 이와 같이 정의된 그것을 가져다가 수행을 시키는 것이고, 앞에 붙어 있는 @는 현재 실행되는 명령이 화면에 출력되지 못하도록 만드는 것입니다.

> @$(MKCONFIG) $(@:_config=) arm s5pc1xx mango100 samsung s5pc100

즉, 위 문장은 mkconfig라는 스크립트 파일에 6개의 파라미터를 주어서 실행하고 있는 것입니다. 그럼 다른 부분들은 평범한 문자열이기 때문에 문제가 되지 않는데 $(@:_config=)는 도대체 무슨 의미일까요?

> 콜론 (:)과 =로 이루어진 이 부분은 문자열의 치환을 의미합니다. 공식은 아래와 같습니다.
> $(<문자열>:<우측으로부터 매칭될 문자열>=<치환될 문자열>)

위 부분은 바로 문자열의 치환에 대한 것입니다.

$@가 가리키는 것은 현재의 Target을 의미합니다. 만약 현재의 Target이 test.o라면 $@는 test.o를 가리키고 $*는 이중에서 ".o"를 제외한 확장자가 없는 현재의 Target인 test를 의미하게 되겠습니다.

현재의 Target 이름은 mango100_config입니다. 여기서 $(@:_config=) 중에서 @는 현재의 Target 문자열에서 "_config"를 찾게 됩니다. 그리고 그것을 아무 것으로도 치환하지 않게 되기 때문에 그 부분을 삭제해 버리는 효과를 나타내는 것입니다. 만약 위 부분이 $(@:_config=_yhoh)와 같이 표현되었다면 이 결과는 mango100_yhoh가 되었을 것입니다.

```
SRCS    := $(AOBJS:.o=.S) $(COBJS:.o=.c)
```

여러 Makefile에서 우리는 위와 같은 문장을 찾을 수 있습니다. 이것은 AOBJS라고 정의된 오브젝트 파일에 대해서는 ".o"로 되어 있는 부분을 ".S"로 변경하라는 의미이고, COBJS라고 정의된 오브젝트 파일에 대해서는 ".o"로 되어 있는 부분을 ".c"로 변경하라는 의미인 것입니다.

모든 오브젝트 파일에 대해서 소스 파일을 정의하는 것을 일일이 하지 않아도 되기 때문에 무척 편리한 방법인 것입니다.

```
$(subst 변경될 문자열, 변경할 문자열, 타겟 문자열)
```

한가지만 더 살펴보도록 하겠습니다. 위에서 살펴본 방법은 문자열에서 꼭 뒤부터 일치하는 부분을 찾게 됩니다. 그러므로 중간의 어떤 부분을 바꾸려고 하면 위 방법을 사용할 수 없습니다. 그 때 사용하는 방법이 바로 subst를 사용해서 구현할 수 있습니다.

```
@$(MKCONFIG) $(subst onfi,yhoh,$@) arm s5pc1xx mango100 samsung s5pc100
```

만약 위와 같이 바꾸었다고 한다면 결과는 어떻게 될까요?
$(subst onfi,yhoh,$@) 부분은 mango100_c**yhoh**g가 됩니다.
이때 주의할 것 중의 하나는 onfi,yhoh 부분에서 콤마를 기준으로 공백이 있어서는 안 된다는 것입니다. 공백이 있게 되면 공백까지 문자로 생각해서 조금 이상한 결과가 나오게 됩니다.

13. (망고100) Kernel 및 안드로이드 파일시스템 포팅

이전 장에서 우리는 USB 부팅을 통한 최초 구동에서부터, 네트워크를 이용한 다운로드 및 NAND 부팅까지 공부하였습니다. 이번 장에서는 커널과 안드로이드 소스를 다운로드 받아서 그것을 빌드하고 망고100 보드에 올려서 구동시켜 보는 것까지 진행해 보도록 하겠습니다.

> 이전에 망고64 부분의 커널 및 안드로이드 빌드와 포팅 과정 부분을 혹시 읽지 않으신 분들은 꼭 그 부분을 참조하셔야 합니다. 상당히 비슷한 부분들이 많고 자세한 설명은 이미 되어 있기 때문에 이번 장에서는 중복된 설명 부분은 단순히 언급하고 지나갈 것입니다.

13.1. Kernel 및 안드로이드 소스 다운로드

13.1.1. 소스 다운로드

http://crztech.iptime.org:8080/
위 링크에 접속하면 아래 그림을 발견할 수 있습니다.

- **Linux Kernel (v2.6.29)**
    1) mango100_kernel_2010_06_04
    2) mango100_kernel_2010_06_11
    3) mango100_kernel_2010_06_16
    4) mango100_kernel_2010_06_22
    5) mango100_kernel_2010_06_30
    6) **mango100_kernel_2010_07_15**

- **Android (Eclair, v2.1)**
    1) mango100_eclair_2010_06_04
    2) mango100_eclair_2010_06_11
    3) mango100_eclair_2010_06_22
    4) mango100_eclair_2010_06_30
    5) **mango100_eclair_2010_07_15**

"6) mango100_kernel_2010_07_15" 부분을 선택해 다운로드 하면
mango100_kernel_2010_07_15.tgz.tar 파일을 받게 되고, "5) mango100_eclair_2010_07_15" 부분을 선택하면 mango100_eclair_2010_07_15.tgz.tar 파일을 받게 됩니다.

```
yhoh@ubuntu:~/android_mango100/Eclair$ l
-rwx------ 1 yhoh yhoh 621099644 2010-08-02 10:33 mango100_eclair_2010_07_15.tgz.tar
```

```
yhoh@ubuntu:~/android_mango100/Kernel_v2.6.29$ l
-rwx------ 1 yhoh yhoh 80326653 2010-08-02 10:32 mango100_kernel_2010_07_15.tgz.tar
```

다운로드 받은 파일을 ~/android_mango100 부분에 각각 Eclair, Kernel_v2.6.29라는 폴더를 만들어서 복사하였습니다.

13.1.2. 소스 압축 해제

```
yhoh@ubuntu:~/android_mango100/Kernel_v2.6.29$ tar xvf mango100_kernel_2010_07_15.tgz.tar
yhoh@ubuntu:~/android_mango100/Kernel_v2.6.29$ l
drwxr-xr-x 22 yhoh yhoh        4096 2010-07-15 21:07 mango100_kernel_2010_07_15
-rwx------  1 yhoh yhoh    80326653 2010-08-02 10:32 mango100_kernel_2010_07_15.tgz.tar
```

mango100_kernel_2010_07_15.tgz.tar 파일의 압축해제를 하였고, mango100_kernel_2010_07_15 폴더가 생성되었습니다.

```
yhoh@ubuntu:~/android_mango100/Eclair$ tar xvf mango100_eclair_2010_07_15.tgz.tar
yhoh@ubuntu:~/android_mango100/Eclair$ l
drwxr-xr-x 17 yhoh yhoh        4096 2010-07-15 20:57 mango100_eclair_2010_07_15
-rwx------  1 yhoh yhoh   621099644 2010-08-02 10:33 mango100_eclair_2010_07_15.tgz.tar
```

mango100_eclair_2010_07_15.tgz.tar 파일의 압축해제를 하였고, mango100_eclair_2010_07_15 폴더가 생성되었습니다.

이제 이들 폴더로 이동해서 빌드를 수행하도록 합니다.

13.2. Kernel 소스 빌드

13.2.1. 커널 빌드 환경 설정

이 부분은 망고64의 경우와 동일합니다. 간단히 설명하고 지나가겠습니다.

```
# Cross-Compiler setting ...
export ARCH=arm
export CROSS_COMPILE=/usr/local/arm/4.2.2-eabi/usr/bin/arm-linux-
export PATH=$PATH:/usr/local/arm/4.2.2-eabi/usr/bin
```

".bashrc" 파일에 "export ARCH=arm" 부분을 추가합니다. 커널에 포함된 Makefile에 ARCH 부분이 arm으로 정의가 되어 있기 때문에 ".bashrc" 파일에 꼭 추가할 필요는 없습니다. 사실 이 부분이 꼭 필요한 것은 아니지만 설명을 위해서 추가하는 것입니다.

13.2.2. 커널 config 빌드

```
yhoh@ubuntu:~/android_mango100/Kernel_v2.6.29/mango100_kernel_2010_07_15$ find -name
zImage
```

위와 같이 현재 다운로드 해 놓은 곳에서 zImage를 찾아보면 현재 폴더 상에 없습니다. config 파일로 사용하는 것은 **mango100_android_defconfig** 입니다.

```
yhoh@ubuntu:~/android_mango100/Kernel_v2.6.29/mango100_kernel_2010_07_15$ make
mango100_android_defconfig
  HOSTCC   scripts/basic/fixdep
scripts/basic/fixdep.c: In function 'traps':
scripts/basic/fixdep.c:377: warning: dereferencing type-punned pointer will break strict-aliasing rules
scripts/basic/fixdep.c:379: warning: dereferencing type-punned pointer will break strict-aliasing rules
  HOSTCC   scripts/basic/docproc
  HOSTCC   scripts/basic/hash
  HOSTCC   scripts/kconfig/conf.o
scripts/kconfig/conf.c: In function 'conf_askvalue':
scripts/kconfig/conf.c:105: warning: ignoring return value of 'fgets', declared with attribute
warn_unused_result
scripts/kconfig/conf.c: In function 'conf_choice':
scripts/kconfig/conf.c:307: warning: ignoring return value of 'fgets', declared with attribute
warn_unused_result
  HOSTCC   scripts/kconfig/kxgettext.o
  SHIPPED  scripts/kconfig/zconf.tab.c
  SHIPPED  scripts/kconfig/lex.zconf.c
  SHIPPED  scripts/kconfig/zconf.hash.c
  HOSTCC   scripts/kconfig/zconf.tab.o
  HOSTLD   scripts/kconfig/conf
sound/soc/s3c24xx/Kconfig:166:warning: choice value used outside its choice group
# configuration written to .config
```

여러 가지 warning들이 나오고 있지만 크게 신경 쓸 부분은 없습니다. "make mango100_android_defconfig"의 수행으로 위와 같이 ".config"가 만들어졌습니다.

```
yhoh@ubuntu:~/android_mango100/Kernel_v2.6.29/mango100_kernel_2010_07_15$ diff .config
```

```
mango100_android_defconfig
4c4
< # Mon Aug   2 11:08:58 2010
---
> # Thu Jun 10 19:03:15 2010
```

.config와 mango100_android_defconfig를 비교해 보면 날짜에 대한 것을 제외하고는 동일한 파일임을 알 수 있습니다.

13.2.3. 커널 빌드

망고64의 경우와 마찬가지로 ~/android_mango100/Kernel_v2.6.29/mango100_kernel_2010_07_15에서 Makefile의 내용을 보면 아래와 같습니다.

```
ARCH                ?= arm
CROSS_COMPILE       := $(shell if [ -f .cross_compile ]; then ₩
                                       cat .cross_compile; ₩
                     fi)
```

CROSS_COMPILE은 ?=이 아닌 :=로 정의되고 있습니다. 그러므로 우리가 ".bashrc" 파일에 정의했던 CROSS_COMPILE은 사라지고 이제 여기 정의된 것을 사용하게 되는 것입니다.

```
CROSS_COMPILE       ?= $(shell if [ -f .cross_compile ]; then ₩
                                       cat .cross_compile; ₩
                     fi)
```

먼저 정의가 되어 있는가를 검사해서 정의되어 있으면 정의된 것을 사용하고 그렇지 않으면 현재 정의하는 것을 사용하도록 변경하는 것입니다. 우리는 ".bashrc" 파일에 CROSS_COMPILE을 이미 정의해 놓았기 때문에 그것을 이용하게 될 것입니다.

```
yhoh@ubuntu:~/android_mango100/Kernel_v2.6.29/mango100_kernel_2010_07_15$ make
scripts/kconfig/conf -s arch/arm/Kconfig
sound/soc/s3c24xx/Kconfig:166:warning: choice value used outside its choice group
  CHK     include/linux/version.h
  UPD     include/linux/version.h
  Generating include/asm-arm/mach-types.h
  CHK     include/linux/utsrelease.h
```

```
UPD     include/linux/utsrelease.h
SYMLINK include/asm -> include/asm-arm
CC      kernel/bounds.s
GEN     include/linux/bounds.h
CC      arch/arm/kernel/asm-offsets.s
GEN     include/asm/asm-offsets.h
CALL    scripts/checksyscalls.sh
… … … … … … …
```

단순히 make를 수행하면 빌드가 진행됩니다.

```
OBJCOPY arch/arm/boot/zImage
  Kernel: arch/arm/boot/zImage is ready
cp -f arch/arm/boot/zImage /work/image/mango100_zImage
cp: cannot create regular file `/work/image/mango100_zImage': No such file or directory
make[1]: *** [arch/arm/boot/zImage] Error 1
make: *** [zImage] Error 2
```

arch/arm/boot/zImage는 정상적으로 만들어졌으나 에러가 발생했습니다. 내용을 보면 /work/image/mango100_zImage를 만들 수 없다는 것입니다. 제 경우 /work/image 폴더가 없기 때문에 발생한 에러로 보입니다.

```
yhoh@ubuntu:~/android_mango100/Kernel_v2.6.29/mango100_kernel_2010_07_15$ myfind Makefile mango100_zImage
        cp -f $(obj)/zImage /work/image/mango100_zImage
./arch/arm/boot/Makefile
```

위와 같이 이 내용을 찾아보면 /arch/arm/boot/Makefile에 이 내용이 있는 것을 알 수 있습니다.

```
$(obj)/zImage:  $(obj)/compressed/vmlinux FORCE
        $(call if_changed,objcopy)
        @echo '  Kernel: $@ is ready'
#       cp -f $(obj)/zImage /work/image/mango100_zImage
```

/arch/arm/boot/Makefile의 내용을 위와 같이 수정했습니다. 굳이 /work/image 폴더로 복사할 필요가 없기 때문에 위 문장을 #으로 주석 처리 했습니다.

```
yhoh@ubuntu:~/android_mango100/Kernel_v2.6.29/mango100_kernel_2010_07_15$ make
```

```
    CHK     include/linux/version.h
make[1]: `include/asm-arm/mach-types.h' is up to date.
    CHK     include/linux/utsrelease.h
    SYMLINK include/asm -> include/asm-arm
    CALL    scripts/checksyscalls.sh
<stdin>:1097:2: warning: #warning syscall fadvise64 not implemented
<stdin>:1265:2: warning: #warning syscall migrate_pages not implemented
<stdin>:1321:2: warning: #warning syscall pselect6 not implemented
<stdin>:1325:2: warning: #warning syscall ppoll not implemented
<stdin>:1365:2: warning: #warning syscall epoll_pwait not implemented
    CHK     include/linux/compile.h
    Kernel: arch/arm/boot/Image is ready
    LD      arch/arm/boot/compressed/vmlinux
    OBJCOPY arch/arm/boot/zImage
    Kernel: arch/arm/boot/zImage is ready
    Building modules, stage 2.
    MODPOST 2 modules
    CC      drivers/hid/hid-dummy.mod.o
    LD [M]  drivers/hid/hid-dummy.ko
    CC      drivers/scsi/scsi_wait_scan.mod.o
    LD [M]  drivers/scsi/scsi_wait_scan.ko
yhoh@ubuntu:~/android_mango100/Kernel_v2.6.29/mango100_kernel_2010_07_15$ find -name zImage
./arch/arm/boot/zImage
```

이제 다시 make를 수행해 보면 위와 같이 정상적으로 빌드 수행을 종료하고 있음을 확인할 수 있습니다. arch/arm/boot/에 zImage 파일이 생성되어 있습니다. 이번에는 find를 통해 찾아보면 정확하게 발견할 수 있습니다.

13.3. Kernel 다운로드 후 NAND 저장 및 부팅

13.3.1. zImage tftp 다운로드

이제 위에서 빌드한 커널을 망고100 보드에 다운로드 해서 실행해 보아야 할 차례입니다.

```
yhoh@ubuntu:~/android_mango100/Kernel_v2.6.29/mango100_kernel_2010_07_15$ cp arch/arm/boot/zImage ~/tftpboot/
```

먼저 tftp로 다운로드를 받기 위해서 만들어진 zImage 파일을 tftp 폴더로 복사를 해줍니다.

```
MANGO100 # tftp 21000000 zImage
smc911x: initializing
smc911x: detected LAN9220 controller
smc911x: phy initialized
smc911x: MAC 00:40:5c:26:0a:5b
TFTP from server 192.168.11.131; our IP address is 192.168.11.110
Filename 'zImage'.
Load address: 0x21000000
Loading: ################################################################
         ################################################################
         ##############################
done
Bytes transferred = 2354108 (0x23ebbc)
```

tftp로 21000000 번지에 빌드한 커널을 다운로드 받았습니다.

13.3.2. NAND 저장

이제 위에서 메모리에 다운로드 한 zImage 파일을 NAND에 저장하도록 하겠습니다.

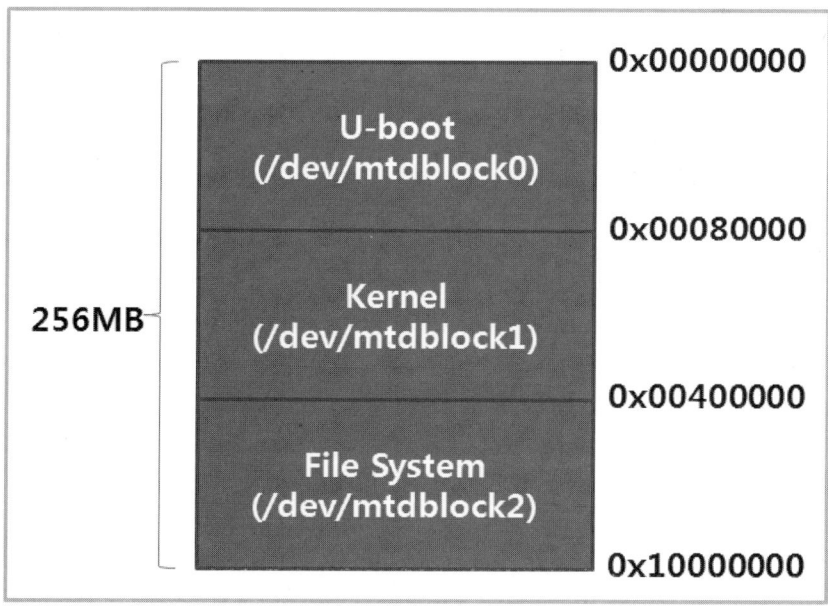

위 그림은 앞선 장에서도 살펴본 바 있습니다. 이번에는 커널을 저장할 것입니다.

```
MANGO100 # nand erase 80000 300000
NAND erase: device 0 offset 0x80000, size 0x300000
Erasing at 0x360000 -- 100% complete.
OK
```

저장에 앞서 NAND의 저장될 부분을 지워주는 작업이 먼저 되어야 합니다. 0x40000부분부터 시작해서 0x300000의 크기만큼을 Erase 합니다. 현재 zImage의 크기는 0x23e250이기 때문에 0x300000의 크기는 여유가 있습니다.

```
MANGO100 # nand write 21000000 80000 300000
NAND write: device 0 offset 0x80000, size 0x300000
 3145728 bytes written: OK
```

다운로드 받은 크기인 0x23e2ec를 직접 입력해서 Write를 하면 에러가 생깁니다. 다운로드의 크기보다 큰 블럭의 크기에 맞춰서 써줘야 합니다. 차이가 크지 않고 속도의 부담도 없기 때문에 Erase한 크기인 0x300000 만큼을 쓰도록 수행합니다.

13.3.3. 부트 커맨드 설정 및 커널 부팅

```
MANGO100 # setenv bootcmd "nand read 20008000 80000 300000; bootm 20008000"
MANGO100 # setenv bootargs
MANGO100 # save
Saving Environment to SMDK bootable device...
Erasing Nand...
Writing to Nand...
Saved enviroment variables
```

위와 같이 부트 커맨드 및 Argument를 설정합니다. 부트 커맨드 및 Argument에 대해서는 이전에 망고64에서 설명을 드렸습니다. 망고64의 경우와 다른 부분은 NAND에서 읽어서 저장하는 메모리의 주소값이 틀리고 크기가 틀리고 나머지는 매우 비슷한 것을 알 수 있습니다. 일단 부트 Argument에 대해서는 설정된 부분을 지우는 것입니다. 뒤에서 여러 가지 방식으로 부팅을 하기 위해서 부트 Argument 설정이 될 것입니다. 일단 지금은 빈 상태로 시작하도록 하겠습니다.

이제 boot나 "run bootcmd"를 수행하거나 전원을 껐다가 켜면 커널이 부팅되는 것을 확인할 수 있습니다. bootm 20008000이 수행되어 커널 부팅이 시작되고 나면 압축이 풀리고 비로소 커널의 부팅이 시작되게 됩니다.

```
MANGO100 # boot
NAND read: device 0 offset 0x80000, size 0x300000
 3145728 bytes read: OK
Boot with zImage
Starting kernel ...
Uncompressing Linux..........................................................
Linux version 2.6.29 (yhoh@ubuntu) (gcc version 4.2.2) #1 Thu Jul 8 22:14:53 PDT 2010
CPU: ARMv7 Processor [412fc081] revision 1 (ARMv7), cr=10c5387f
CPU: VIPT nonaliasing data cache, VIPT nonaliasing instruction cache
Machine: MANGO100

… … … … … … …
Creating 3 MTD partitions on "NAND 256MiB 3,3V 8-bit":
0x000000000000-0x000000080000 : "Bootloader"
0x000000080000-0x000000400000 : "Kernel"
0x000000400000-0x000010000000 : "File System"
… … … … … … …
List of all partitions:
1f00              512 mtdblock0 (driver?)
1f01             3584 mtdblock1 (driver?)
1f02           258048 mtdblock2 (driver?)
b300          1921024 mmcblk0 driver: mmcblk
  b301          945469 mmcblk0p1
  b302          472750 mmcblk0p2
  b303          472750 mmcblk0p3
No filesystem could mount root, tried:   ext3 ext2 vfat msdos yaffs yaffs2
Kernel panic - not syncing: VFS: Unable to mount root fs on unknown-block(1,0)
```

커널이 panic이라고 표시하면서 더 이상 진행을 하지 못하고 있습니다. 파일시스템에 대한 작업을 진행해 주어야 합니다. 다음 절에서는 이 작업을 진행하도록 합니다.

13.3.4. 램디스크를 이용한 부팅

아래 링크에서 망고100용 램디스크를 다운로드 받으실 수 있습니다.
http://e-crazyboys.com/Mango/Release/Mango100/ramdisk.gz

다운을 받으면 ramdisk.gz 파일입니다. 정확하게 16MB의 크기를 가지고 있는 파일입니다.

> http://cafe.naver.com/embeddedcrazyboys/6461
> **mango100 안드로이드 포팅 이미지 및 방법**
> 이번 절에서 설명 드리는 내용은 위 링크에 자세한 또 다른 설명이 있습니다. 내용이 잘 이해가 가지 않으시는 분들은 위 링크의 내용도 참조 바랍니다.

```
yhoh@ubuntu:~$ cp tmpPC/ramdisk.gz /home/yhoh/tftpboot/
```

일단 다운로드 받은 램디스크 파일을 ~/tftpboot/ 폴더에 복사해 줍니다.

```
MANGO100 # tftp 21000000 ramdisk.gz
smc911x: initializing
smc911x: detected LAN9220 controller
smc911x: phy initialized
smc911x: MAC 00:40:5c:26:0a:5b
TFTP from server 192.168.11.131; our IP address is 192.168.11.110
Filename 'ramdisk.gz'.
Load address: 0x21000000
Loading: ################################################################
         ################################################################
... ... ... ... ... ...
         ####################################
done
Bytes transferred = 16777216 (0x1000000)
```

현재 0x21000000 번지에 램디스크 파일시스템의 내용이 존재하지 않습니다. 그러므로 메모리의 이 영역에 이전에 다운로드 받았던 ramdisk.gz 파일을 tftp로 다운로드 받습니다.

```
MANGO100 # setenv bootargs "root=/dev/ram0 rw ramdisk=16384 initrd=0x21000000,16M console=ttySAC1,115200"
MANGO100 # save
Saving Environment to SMDK bootable device...
Erasing Nand...
Writing to Nand...
Saved enviroment variables
```

이제 bootargs를 적절히 설정해 주고 NAND에 save로 저장합니다. root 폴더를 RAM 영역으로 맞춘 상태에서 그 주소값은 0x21000000으로 해주고 크기는 16MB로 설정하고 있는 것입니다.

MANGO100 # **re**

이 상태에서 re를 입력하면 바로 리부팅이 됩니다. 그러면 아래의 그림을 만날 수 있습니다.

마치 MANGO처럼 보이는 그림도 보이고 로그인 화면이 나타나 있습니다. 이 로그인 화면에서 단순하게 root 라고만 치면 됩니다.

Mango login: **root**
root@Mango:~# **ls**
ipsetup   mangoev   mangoev.c   nfsmnt   ubimount
root@Mango:~# **pwd**
/home/root

root라고만 치면 접속이 되고 ls나 pwd도 모두 동작하고 있습니다.

만약 이 상태에서 망고100의 전원을 Off 했다가 다시 동작시키면 어떻게 될까요?

RAMDISK: **Couldn't find valid RAM disk image starting at 0**.
… … … … … …
No filesystem could mount root, tried: ext3 ext2 vfat msdos yaffs yaffs2
Kernel panic - not syncing: VFS: Unable to mount root fs on unknown-block(1,0)

램디스크를 찾을 수 없다는 메시지를 뿌리면서 다시 커널 패닉 상황이 되어버렸습니다. 우리가 이전에는 tftp를 이용해서 0x21000000 번지에 메모리로 다운로드를 받았고 그 다운로드 받은 내용을 이

용해서 램디스크를 만들고 부팅을 진행했던 것입니다. 하지만 다 아시듯 메모리의 내용은 전원 공급이 차단되면 모두 사라지게 됩니다. re를 이용해서 바로 부팅을 시키는 상황에서는 전원 공급이 차단된 적이 없었기 때문에 문제가 없었지만 전원을 Off 했다가 다시 켜는 상황은 전원 공급의 차단으로 문제가 되는 것입니다. 다음 절에서는 램디스크를 NAND에 저장해 놓고 부팅을 시키는 것을 해보도록 하겠습니다.

13.3.5. 램디스크를 NAND에 저장 후 부팅

```
MANGO100 # tftp 21000000 ramdisk.gz
... ... ... ... ... ...
Bytes transferred = 16777216 (0x1000000)
```

U-Boot까지 부팅한 상태에서 위와 같이 tftp로 다시 램디스크 이미지를 다운로드 받습니다.

```
MANGO100 # nand erase 400000 1000000
NAND erase: device 0 offset 0x400000, size 0x1000000
Erasing at 0x13e0000 -- 100% complete.
OK
MANGO100 # nand write 21000000 400000 1000000
NAND write: device 0 offset 0x400000, size 0x1000000
 16777216 bytes written: OK
```

다운로드 한 이미지를 NAND의 영역에 저장합니다. 400000 부분부터 시작해서 0x1000000의 크기만큼 erase하고 write 합니다.

```
MANGO100 # setenv bootcmd "nand read 21000000 400000 1000000; nand read 20008000 80000 300000; bootm 20008000"
MANGO100 # save
Saving Environment to SMDK bootable device...
Erasing Nand...
Writing to Nand...
Saved enviroment variables
```

이제 부팅이 되면서 NAND에 저장한 내용을 읽어서 메모리로 올리는 작업이 수행될 필요가 있습니다. bootcmd에서 커널을 읽기 전에 NAND에서 램디스크 부분을 읽어서 21000000 주소로 복사하는 작업을 먼저 수행하도록 변경합니다. 환경 변수 저장을 한 이후에 보드의 전원을 Off 했다가 다시 켭니다.

```
… … … … … … …
Err:      serial
Hit any key to stop autoboot:   0
NAND read: device 0 offset 0x400000, size 0x1000000
 16777216 bytes read: OK
NAND read: device 0 offset 0x80000, size 0x300000
 3145728 bytes read: OK
Boot with zImage
Starting kernel …
… … … … … … …
```

커널을 시작하기에 앞서서 두 번의 NAND read 작업이 수행되는 것을 발견할 수 있습니다. 이제 정 상적으로 부팅이 되어서 로그인 부분이 나타난 것을 확인할 수 있습니다.

13.4. 안드로이드 Eclair 빌드 및 루트 파일시스템 생성

이전 절에서 일단 커널 부팅까지 작업이 된 상태에서 이제 안드로이드 파일 시스템을 올리는 작업을 수행할 것입니다. 위에서 램디스크로 부팅이 이루어졌지만 이번 절에서는 램디스크를 사용하는 것이 아니고 안드로이드 파일 시스템을 그대로 사용하도록 할 것입니다. 하나 준비해 두셔야 하는 것은 Micro SD 카드입니다. 파일 시스템을 만드는 작업이 SD 카드에 복사한 tar 파일을 그대로 NAND 에 복사를 할 것이기 때문에 SD 카드를 준비해 주셔야 합니다.

우리가 다운로드 한 안드로이드 소스는 ~/android_mango100/Eclair/mango100_eclair_2010_07_15에 압축이 풀려서 저장되어 있습니다.

13.4.1. Eclair 빌드하기

```
yhoh@ubuntu:~/android_mango100/Eclair/mango100_eclair_2010_07_15$ ./mango100_build.sh
make -j2 PRODUCT-mango100-eng
============================================
PLATFORM_VERSION_CODENAME=REL
PLATFORM_VERSION=2.1-update1
TARGET_PRODUCT=mango100
TARGET_BUILD_VARIANT=eng
TARGET_SIMULATOR=
TARGET_BUILD_TYPE=release
TARGET_ARCH=arm
```

```
HOST_ARCH=x86
HOST_OS=linux
HOST_BUILD_TYPE=release
BUILD_ID=ECLAIR
============================================
```

빌드 과정에서 특별히 해주어야 할 부분은 없습니다. 다만 단순히 mango100_build.sh를 수행시키면 됩니다.

```
libelfcopy: Warning: DW_FORM_data8 is unsupported when sizeof (unsigned long) != 8
libelfcopy: Warning: Location lists in .debug_info section aren't in ascending order!
target Strip: libandroid_servers (out/target/product/mango100/obj/lib/libandroid_servers.so)
```
Install: out/target/product/mango100/system/bin/system_server
Install: out/target/product/mango100/system/lib/libandroid_servers.so
Finding NOTICE files: out/target/product/mango100/obj/NOTICE_FILES/hash-timestamp
Combining NOTICE files: out/target/product/mango100/obj/NOTICE.html
Target system fs image:
out/target/product/mango100/obj/PACKAGING/systemimage_unopt_intermediates/system.img
Install system fs image: **out/target/product/mango100/system.img**
Installed file list: out/target/product/mango100/installed-files.txt
Total compile time is 69 minutes 59 seconds

빌드 시간이 한 시간이 넘게 걸렸습니다. VMware를 사용하는 것이 아니고 PC를 온전히 우분투로 사용하시면 보다 빠르게 빌드가 가능할 것입니다.

```
/home/yhoh/android_mango100/Eclair/mango100_eclair_2010_07_15/out/target/product/mango100
total 76720
-rw-r--r--  1 yhoh yhoh        7 2010-08-02 12:01 android-info.txt
-rw-r--r--  1 yhoh yhoh     1594 2010-08-02 16:24 clean_steps.mk
-rw-r--r--  1 yhoh yhoh    16536 2010-08-02 13:06 installed-files.txt
drwxr-xr-x 13 yhoh yhoh     4096 2010-08-02 13:06 obj
-rw-r--r--  1 yhoh yhoh       61 2010-08-02 16:24 previous_build_config.mk
-rw-r--r--  1 yhoh yhoh   158505 2010-08-02 12:55 ramdisk.img
drwxr-xr-x  4 yhoh yhoh     4096 2010-08-02 12:54 symbols
-rw-------  1 yhoh yhoh 78355200 2010-08-02 13:06 system.img
-rw-------  1 yhoh yhoh     2112 2010-08-02 12:31 userdata.img
```

system.img가 생성된 것을 확인할 수 있습니다.

```
yhoh@ubuntu:~/android_mango100/Eclair/mango100_eclair_2010_07_15/out/target/product$ |
```

```
/home/yhoh/android_mango100/Eclair/mango100_eclair_2010_07_15/out/target/product
total 4
drwxr-xr-x 7 yhoh yhoh 4096 2010-08-02 16:35 mango100
```

out/target/product 부분에 mango100이 생성되어 있습니다.

```
rm -rf rootfs
mkdir rootfs
cp -a out/target/product/mango100/root/* ./rootfs
cp -a out/target/product/mango100/data ./rootfs
cp -a out/target/product/mango100/system ./rootfs
cp -a ./rootfs_base/* ./rootfs
```

mango100_build.sh의 가장 마지막 부분에는 위 명령들이 들어 있습니다. mango100_build.sh의 자세한 내용에 대해서는 뒤에서 살펴볼 것이고, 위 내용으로 알 수 있는 것은 우리가 뒤에 활용할 것이 바로 rootfs 부분이라는 것을 알 수 있습니다. 만약 mango100_build.sh를 수행해서 빌드한 것이 아니라면 위 작업을 반드시 해주어야 합니다. mango100_build.sh를 수행한 경우는 이미 위 작업이 되어 있을 것입니다.

13.4.2. 루트 파일시스템 용 폴더 작업

mango100_build.sh을 통해서 rootfs가 만들어졌고, 이것을 이용해서 루트 파일시스템을 만들 것입니다.

```
/home/yhoh/android_mango100/Eclair/mango100_eclair_2010_07_15/rootfs
total 156
drwxr-xr-x  2 yhoh yhoh    4096 2010-08-02 16:31 data
-rw-r--r--  1 yhoh yhoh     118 2010-08-02 16:32 default.prop
drwxr-xr-x  2 yhoh yhoh    4096 2010-08-02 16:31 dev
-rwxr-xr-x  1 yhoh yhoh  103668 2010-08-02 12:54 init
-rw-r--r--  1 yhoh yhoh    1677 2010-05-15 09:55 init.goldfish.rc
-rwxr--r--  1 yhoh yhoh     749 2010-07-14 12:07 init.mango100.rc
-rwxr--r--  1 yhoh yhoh   12323 2010-07-13 16:31 init.rc
drwxr-xr-x  2 yhoh yhoh    4096 2010-08-02 16:31 proc
drwxr-xr-x  2 yhoh yhoh    4096 2010-08-02 16:33 sbin
drwxr-xr-x  2 yhoh yhoh    4096 2010-08-02 16:31 sys
drwxr-xr-x 10 yhoh yhoh    4096 2010-05-27 15:19 system
```

위 그림의 내용은 rootfs 폴더에 들어있는 내용입니다. 데이터의 소유자와 그룹 정보를 보면 모두 yhoh로 되어 있음을 알 수 있습니다. 이것들을 모두 root로 변경해야 합니다.

yhoh@ubuntu:~/android_mango100/Eclair/mango100_eclair_2010_07_15$ **sudo chown -R root.root rootfs/**
[sudo] password for yhoh:

-R 옵션으로 서브 디렉토리까지 모두 변경하도록 만듭니다. chown 명령으로 소유자와 그룹을 root로 변경하였습니다.

yhoh@ubuntu:~/android_mango100/Eclair/mango100_eclair_2010_07_15$ **sudo chmod -R 777 rootfs/**

chmod 명령으로 접근 자체에 아무런 제한이 없도록 모두 변경하였습니다.

아래와 같이 모두 root로 변경된 것을 확인할 수 있습니다.

```
/home/yhoh/android_mango100/Eclair/mango100_eclair_2010_07_15/rootfs
total 156
drwxrwxrwx  2 root root   4096 2010-08-02 16:31 data
-rwxrwxrwx  1 root root    118 2010-08-02 16:32 default.prop
drwxrwxrwx  2 root root   4096 2010-08-02 16:31 dev
-rwxrwxrwx  1 root root 103668 2010-08-02 12:54 init
-rwxrwxrwx  1 root root   1677 2010-05-15 09:55 init.goldfish.rc
-rwxrwxrwx  1 root root    749 2010-07-14 12:07 init.mango100.rc
-rwxrwxrwx  1 root root  12323 2010-07-13 16:31 init.rc
drwxrwxrwx  2 root root   4096 2010-08-02 16:31 proc
drwxrwxrwx  2 root root   4096 2010-08-02 16:33 sbin
drwxrwxrwx  2 root root   4096 2010-08-02 16:31 sys
drwxrwxrwx 10 root root   4096 2010-05-27 15:19 system
```

이상으로 폴더에 대한 작업은 모두 마쳤습니다. 특별히 해주는 작업은 없습니다. 다만 폴더의 모든 내용을 tar로 묶을 것입니다.

yhoh@ubuntu:~/android_mango100/Eclair/mango100_eclair_2010_07_15/rootfs$ **sudo tar cvf android.rootfs.tar ***

위와 같이 tar로 묶어서 **android.rootfs.tar**라는 파일로 저장합니다.

13.4.3. Micro SD 카드에 복사하기

Micro SD 카드를 준비해서 위에서 만든 android.rootfs.tar 파일을 복사할 것입니다.

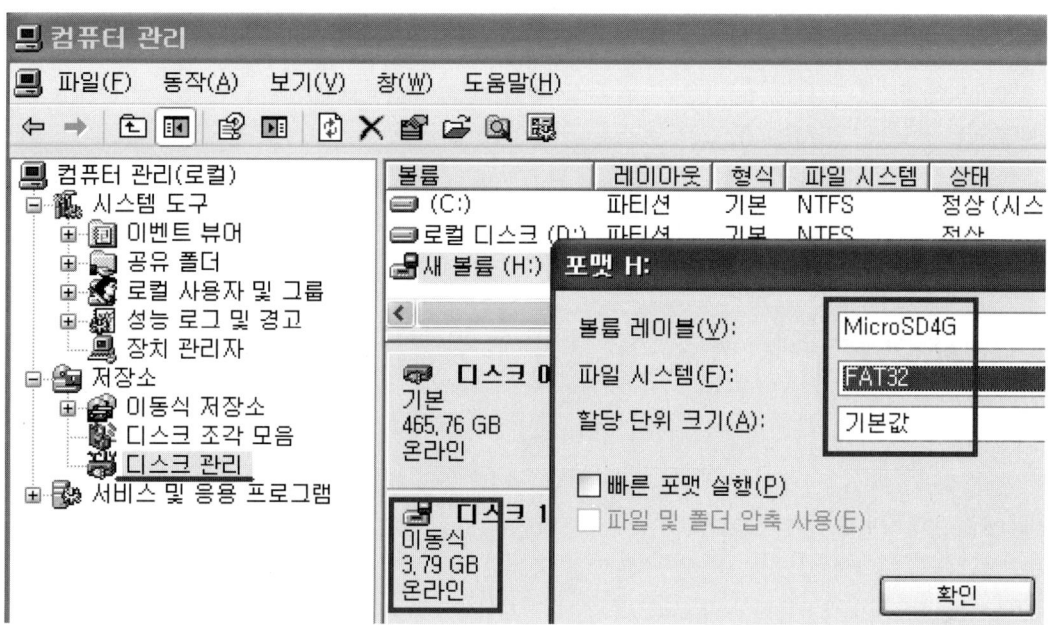

만약 이전에 어떤 파티션 같은 것들이 설치되어 있었다면 제거를 해주시고 하나의 크기로 만드시는 것이 좋습니다. 제어판에서 컴퓨터 관리를 수행하고 디스크 관리에서 작업을 진행합니다. MicroSD4G 라는 이름을 지정하고 FAT 파일시스템으로 포맷을 진행했습니다.

이 과정은 물론 우분투에서 수행하셔도 상관없습니다. 다만 XP 상에서 수행해도 문제가 되지 않는다는 것을 보여드리고 있는 것입니다.

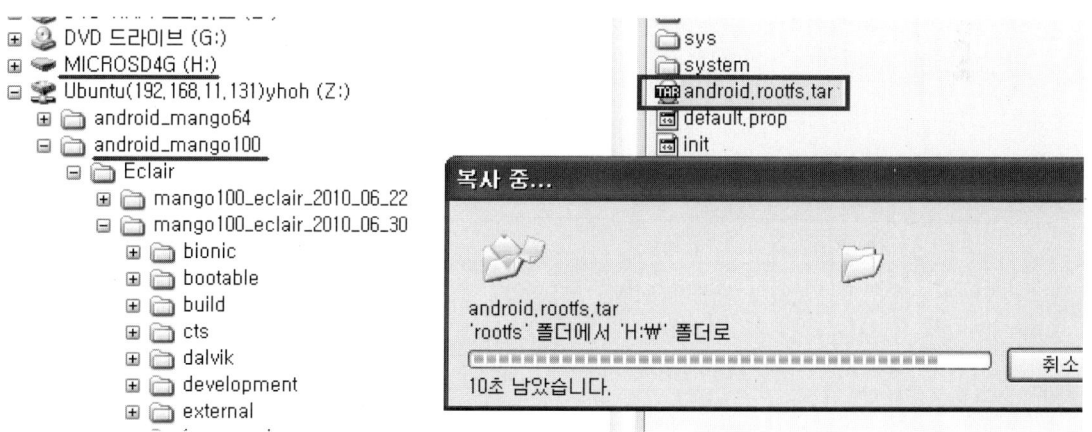

~/android_mango100/Eclair/mango100_eclair_2010_07_15/rootfs에 들어있는 android.rootfs.tar를 SD 카드에 복사합니다.

13.5. NAND Write 및 부팅

```
Mango login: root
root@Mango:~#
```

망고100 보드를 커널이 부팅된 위 상태까지 만들어 둡니다. 이전 절에서 이미 수행을 했고 이 상태까지 부팅되도록 만듭니다.

13.5.1. UBIMOUNT 수행

```
root@Mango:~# ls
ipsetup     mangoev     mangoev.c  nfsmnt        ubimount
root@Mango:~# ./ubimount
ubi mount program ver 1.0
ex) ./ubimount m 2 rootfs
Argument 1 : m -> mount, u -> unmount
Argument 2 : partition number
Argument 3 : Partition Name or none
```

ls를 해서 보면 루트 폴더에 ubimount라는 스크립트를 발견할 수 있습니다. ./ubimount로 수행을 시켜보면 사용 방법을 알 수 있습니다. 예를 보면 "./ubimount m 2 rootfs"라고 되어 있습니다.

첫 번째 파라이터는 m이라고 주면 mount이고, u라고 주면 unmount 입니다.

```
Creating 3 MTD partitions on "NAND 256MiB 3,3V 8-bit":
0x000000000000-0x000000080000 : "Bootloader"
0x000000080000-0x000000400000 : "Kernel"
0x000000400000-0x000010000000 : "File System"
```

커널의 부팅 로그에서 보면 MTD partition이 위와 같이 구분되어 있다는 것을 본 적이 있을 것입니다. 이 부분은 각각 MTD 0, 1, 2가 됩니다.

```
root@Mango:~# cat /proc/mtd
dev:     size      erasesize   name
mtd0: 00080000 00020000 "Bootloader"
mtd1: 00380000 00020000 "Kernel"
mtd2: 0fc00000 00020000 "File System"
```

위와 같이 cat /proc/mtd을 수행해서도 확인할 수 있습니다.

파일 시스템 부분은 MTD partition 2가 되는 것입니다. ubimount를 수행할 때 주는 두 번째 파라미터가 바로 파일 시스템 부분인 2를 주면 됩니다.

마지막 파라미터인 rootfs는 파일 시스템을 만들면서 Volume 이름을 주는 것입니다. 쓰지 않으면 디폴트로 rootfs로 만들게 되고 만약 써주면 그 써준 이름으로 만듭니다.

만약 우리가 "./ubimount m 2"로 명령을 주게 되면 결국 수행되는 내용은 아래와 같습니다.

```
flash_eraseall /dev/mtd2
ubiattach /dev/ubi_ctrl -m 2
ubimkvol /dev/ubi0 -N rootfs -m
mount -t ubifs ubi0:rootfs /mnt/mtd
```

mtd2 영역을 모두 지우고 그 영역을 UBI 파일 시스템으로 만든 이후에 그 부분을 /mnt/mtd라는 이름으로 마운트를 하고 있는 것입니다. UBIFS는 Unsorted Block Image File System의 약자입니다.

이제 "./ubimount m 2"를 실행해 보도록 하겠습니다.

```
root@Mango:~# ./ubimount m 2
ubi mount program ver 1.0
Erasing mtdblock2 Area
… … … … … … …
Erasing 128 Kibyte @ f460000 -- 96 % completeUBI: attaching mtd2 to ubi0
UBI: physical eraseblock size:     131072 bytes (128 KiB)
UBI: logical eraseblock size:      129024 bytes
UBI: smallest flash I/O unit:      2048
UBI: sub-page size:                 512
UBI: VID header offset:             512 (aligned 512)
UBI: data offset:                  2048
Erasing 128 Kibyte @ fc00000 -- 100 % complete.
UBI: empty MTD device detected
… … … … … … …
Volume ID 0, size 1990 LEBs (256757760 bytes, 244.9 MiB), LEB size 129024 bytes (126.0 KiB),
dynamic, name "rootfs1
UBIFS: default file-system created
```

```
UBIFS: mounted UBI device 0, volume 0, name "rootfs"
UBIFS: file system size:     255209472 bytes (249228 KiB, 243 MiB, 1978 LEBs)
UBIFS: journal size:         12773376 bytes (12474 KiB, 12 MiB, 99 LEBs)
UBIFS: media format:         4 (latest is 4)
UBIFS: default compressor: lzo
UBIFS: reserved for root:   5182151 bytes (5060 KiB)
mounting Success!!!
```

먼저 flash_eraseall /dev/mtd2가 수행되면서 총 0xFC00000 크기의 영역이 Erase 되고 있습니다. "mounting Success"까지 출력되면 성공적으로 수행이 된 것입니다.

```
root@Mango:~# cd /mnt/mtd
root@Mango:/mnt/mtd# ls
```

방금 NAND의 파일 시스템 영역을 마운트 한 /mnt/mtd 부분에 가서 보면 아무 것도 존재하지 않는 것을 확인할 수 있습니다.

13.5.2. SD 카드에서 안드로이드 파일시스템 복사

android.rootfs.tar를 복사한 SD 카드를 망고100 보드에 장착합니다.

```
root@Mango:~# mmc0: new high speed SDHC card at address 0001
mmcblk0: mmc0:0001 00000 3.79 GiB
 mmcblk0: p1
FAT: invalid media value (0xb9)
VFS: Can't find a valid FAT filesystem on dev mmcblk0.
yaffs: dev is 187695104 name is "mmcblk0"
yaffs: passed flags ""
yaffs: Attempting MTD mount on 179.0, "mmcblk0"
yaffs: dev is 187695104 name is "mmcblk0"
yaffs: passed flags ""
yaffs: Attempting MTD mount on 179.0, "mmcblk0"
```

MMC 카드로 인식이 되는 것을 확인할 수 있습니다.

```
root@Mango:~# df
Filesystem           1K-blocks      Used Available Use% Mounted on
```

/dev/root	15863	14809	235	98% /
none	64	12	52	19% /dev
tmpfs	64	12	52	19% /dev
tmpfs	87072	28	87044	0% /var/volatile
tmpfs	87072	0	87072	0% /dev/shm
tmpfs	87072	0	87072	0% /media/ram
/dev/mmcblk0p1	3968288	75916	3892372	2% /media/mmc1

df 명령을 수행해 보면 어느 폴더에 마운트가 되어 있는지 확인할 수 있습니다. /media/mmc1 폴더가 SD 카드가 마운트 된 부분입니다.

```
root@Mango:~# cd /media/mmc1
root@Mango:/media/mmc1# ls -lag
drwxr-xr-x   2 root    root        4096 Jan  1  1970 .
drwxr-xr-x   5 500     500         1024 Apr 29  2010 ..
-rwxr-xr-x   1 root    root    79011840 Aug  2  2010 android.rootfs.tar
```

/media/mmc1에서 보면 android.rootfs.tar를 확인할 수 있습니다.

```
root@Mango:~# cd /mnt/mtd
root@Mango:/mnt/mtd# tar xvf /media/mmc1/android.rootfs.tar
… … … … … …
system/lib/libopencore_rtspreg.so
system/lib/libemoji.so
system/lib/libreference-ril.so
system/lib/libcrypto.so
system/lib/libdbus.so
system/lib/libthread_db.so
system/lib/libopencore_downloadreg.so
system/lib/libFFTEm.so
system/lib/libmedia.so
system/lib/libChunkAlloc.so
root@Mango:/mnt/mtd#
```

tar xvf를 이용해서 android.rootfs.tar를 풀어서 /mnt/mtd 부분에 위치시킵니다.

```
root@Mango:/mnt/mtd# ls -lag
drwxr-xr-x   8 root    root         904 Aug  2 16:57 .
```

```
drwxr-xr-x    4 500     500         1024 Apr 29  2010 ..
drwxrwxrwx    2 root    root         160 Aug  2   2010 data
-rwxrwxrwx    1 root    root         118 Aug  2   2010 default.prop
drwxrwxrwx    2 root    root         160 Aug  2   2010 dev
-rwxrwxrwx    1 root    root      103668 Aug  2   2010 init
-rwxrwxrwx    1 root    root        1677 May 15   2010 init.goldfish.rc
-rwxrwxrwx    1 root    root         749 Jul 14   2010 init.mango100.rc
-rwxrwxrwx    1 root    root       12323 Jul 13   2010 init.rc
drwxrwxrwx    2 root    root         160 Aug  2   2010 proc
drwxrwxrwx    2 root    root         224 Aug  2 16:57 sbin
drwxrwxrwx    2 root    root         160 Aug  2   2010 sys
drwxrwxrwx   10 root    root         752 Aug  2 16:58 system
```

폴더의 내용을 보면 우리가 ~/android_mango100/Eclair/mango100_eclair_2010_06_30/rootfs에서 만들었던 모든 내용이 포함되어 있는 것을 발견할 수 있습니다.

```
root@Mango:/mnt/mtd# cd
root@Mango:~# ./ubimount u 2
ubi mount program ver 1.0
UBIFS: un-mount UBI device 0, volume 0
UBI: mtd2 is detached from ubi0
unmount Success!!!
```

복사를 완료한 이후에는 반드시 홈 폴더로 돌아와서 unmount 작업을 해주어야 합니다. "./ubimount u 2"를 입력하면 마운트가 해제되었다는 메시지가 나옵니다. **만약 unmount 작업을 해주지 않으면 알 수 없는 문제가 발생할 가능성이 있습니다. 꼭 unmount 작업을 해주시기 바랍니다.**

13.5.3. 부트 Argument 변경

이제 안드로이드 파일시스템의 복사는 완료되었습니다. 이제 부팅하기 위한 환경 설정만 남아 있습니다. 망고보드의 전원을 리부트하고 U-Boot까지만 동작되도록 3초가 지나기 전에 uboot 카운트에서 space bar를 누릅니다.

```
MANGO100 # setenv bootargs "ubi.mtd=2 root=ubi0:rootfs rootfstype=ubifs console=ttySAC1,115200"
MANGO100 # setenv bootcmd "nand read 20008000 80000 300000; bootm 20008000"
MANGO100 # save
Saving Environment to SMDK bootable device...
```

```
Erasing Nand...
Writing to Nand...
Saved enviroment variables
```

bootcmd는 NAND에서 램디스크를 읽어오던 작업은 없애고 기본적으로 커널만 로딩하는 것으로 변경하였습니다. 그리고 bootargs는 루트 파일시스템이 ubi0:rootfs가 되도록 만들었고, UBIFS로 사용할 것을 명시해 주고 있습니다. save로 이 내용을 저장한 이후에 보드를 리부트 합니다.

만약 save 명령어를 쳤는데, ECC 에러에 대한 메시지가 나오면 save 수행을 한번 더 해봅니다. 만약 한번 더 수행했는데도 계속 에러 메시지가 나온다면 뭔가 작업에 오류가 발생한 것입니다. 이전의 과정을 처음부터 다시 작업해야 합니다. nand erase 과정에서 문제가 발생했을 수 있습니다. nand scrub부터 U-Boot를 포팅하는 작업부터 다시 수행해 주시기 바랍니다.

13.5.4. 안드로이드 최초 부팅

이제 전원을 껐다 켜면 그림과 같이 안드로이드가 실행되는 것을 확인 가능 합니다.

```
UBIFS: mounted UBI device 0, volume 0, name "rootfs"
UBIFS: file system size:    255209472 bytes (249228 KiB, 243 MiB, 1978 LEBs)
UBIFS: journal size:         12773376 bytes (12474 KiB, 12 MiB, 99 LEBs)
UBIFS: media format:         4 (latest is 4)
UBIFS: default compressor: lzo
UBIFS: reserved for root:   5182151 bytes (5060 KiB)
VFS: Mounted root (ubifs filesystem) on device 253:1.
Freeing init memory: 156K
Warning: unable to open an initial console.
init: cannot find '/system/etc/init.mango100.sh', disabling 'mango100-setup'
# warning: `rild' uses 32-bit capabilities (legacy support in use)
enabling adb
adb_open
s3c-fimc s3c-fimc.2: set interface clock rate to 133000000
net eth0: SMSC911x/921x identified at 0xd2200000, IRQ: 43
#
```

최초 부팅 시 위와 같이 메시지가 출력되면서 #으로 된 프롬프트가 출력됩니다.

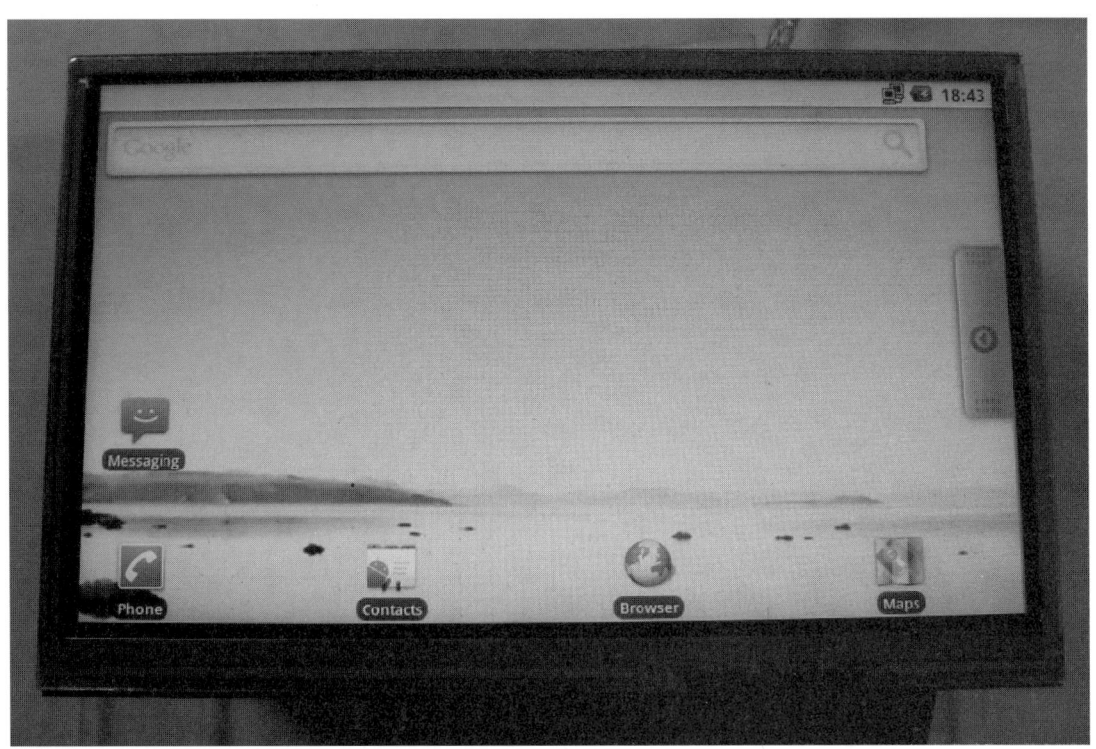

```
request_suspend_state: wakeup (3->0) at 39918085002 (2030-08-02 17:01:52.329264)
init: untracked pid 1852 exited
binder: 1852: binder_alloc_buf, no vma
binder: 1933:1933 transaction failed 29201, size76-4
binder: 1852: binder_alloc_buf, no vma
binder: 1933:1933 transaction failed 29201, size84-0
```

경우에 따라서 최초 부팅 시에 위와 같은 로그를 찍으면서, 화면에 안드로이드 초기 화면이 나타나지 않는 경우가 있을 수 있습니다.

```
s3c2410-rtc s3c2410-rtc: setting system clock to 2030-08-02 17:02:58 UTC (19119)
```
UBIFS: recovery needed
UBIFS: recovery completed
```
UBIFS: mounted UBI device 0, volume 0, name "rootfs"
```

이 때 다시 한번 전원을 내렸다가 다시 부팅을 하면 UBIFS: recovery completed를 출력하면서 부팅이 정상적으로 됩니다.

```
# ls -l
lrwxrwxrwx root      root              2030-07-12 18:41 d -> /sys/kernel/debug
drwxr-xr-x root      root              2030-07-12 18:42 dev
lrwxrwxrwx root      root              2030-07-12 18:41 etc -> /system/etc
drwxr-xr-x root      root              1970-01-01 00:00 sys
drwxrwx--x system    system            2030-07-12 18:42 data
-rwxrwxrwx root      root       103628 2010-07-09 08:58 init
dr-xr-xr-x root      root              1970-01-01 00:00 proc
drwxrwxrwx root      root              2030-07-12 16:36 sbin
-rwxrwxrwx root      root          118 2010-07-09 07:46 default.prop
drwxrwx--- system    cache             2030-07-12 18:41 cache
-rwxrwxrwx root      root         1677 2010-05-15 00:55 init.goldfish.rc
-rwxrwxrwx root      root        12252 2010-06-21 01:57 init.rc
d---rwxrwx system    system            2030-07-12 18:43 sdcard
drwxrwxrwt root      root              2030-07-12 18:42 sqlite_stmt_journals
drwxrwxrwx root      root              2030-07-12 16:36 system
dr-x------ root      root              2030-07-12 18:41 config
-rwxrwxrwx root      root          547 2010-05-26 02:55 init.mango100.rc
#
```

위 그림처럼 간단한 명령은 여기서도 실행이 가능합니다.

```
# cat /proc/mtd
dev:    size     erasesize   name
mtd0: 00080000 00020000 "Bootloader"
mtd1: 00380000 00020000 "Kernel"
mtd2: 0fc00000 00020000 "File System"
```

/proc/mtd의 내용을 출력해 보면 우리가 mtd 파티션을 어떻게 나누었는가에 관한 정보를 살펴볼 수 있습니다.

yhoh@ubuntu:~/android_mango100/Kernel_v2.6.29/mango100_kernel_2010_07_15/**arch/arm/plat-s3c/include/plat**$ vi **partition.h**

실제로 이에 대한 정보는 Kernel 소스에서 위의 /arch/arm/plat-s3c/include/plat/partition.h에서 발견할 수 있습니다.

```
struct mtd_partition s3c_partition_info[] = {
        {
                .name           = "Bootloader",
                .offset         = 0,
                .size           = (512*SZ_1K),
//              .mask_flags     = MTD_CAP_NANDFLASH,
```

```
            },
            {
                    .name           = "Kernel",
                    .offset         = (512*SZ_1K),
                    .size           = (4*SZ_1M) - (512*SZ_1K),
//                  .mask_flags     = MTD_CAP_NANDFLASH,
            },
#if defined(CONFIG_SPLIT_ROOT_FILESYSTEM)
            {
                    .name           = "Rootfs",
                    .offset         = (4*SZ_1M),
                    .size           = (5*SZ_1M),
            },
#endif
            {
                    .name           = "File System",
                    .offset         = MTDPART_OFS_APPEND,
                    .size           = MTDPART_SIZ_FULL,
            }
};
```

부트로더의 크기는 0x80000인데 이것은 512kB 입니다. 그리고 Kernel의 경우는 0x380000인데 이것은 0x400000에서 0x80000이 빼진 것입니다. 즉, 4 MB에서 512 kB가 빼진 것입니다. 이 내용이 위의 소스 코드 상에서 확인할 수 있습니다.

14. (망고100) Eclair 빌드 과정 분석

이번 장은 내용이 그리 많지는 않습니다. 가볍게 지나가실 수 있을 것입니다. 안드로이드의 빌드와 관련한 부분을 조금 다루어 보겠습니다. mango100_build.sh 빌드 스크립트를 먼저 분석해서 그 과정을 이해해 보겠습니다. 스크립트를 분석 해야만 빌드된 결과가 어떻게 작업되는가를 알 수 있을 것입니다. 내용을 하나하나 살펴보도록 하겠습니다. 뒤의 다른 장에서 우리는 전반적인 안드로이드 빌드 시스템에 대해서 살펴보는 기회가 있을 것입니다.

14.1. CPU_JOB_NUM 계산

```
CPU_JOB_NUM=$(grep processor /proc/cpuinfo | awk '{field=$NF};END{print field+1}')
```

가장 처음에 나타나는 부분은 바로 위의 CPU_JOB_NUM 값을 구하는 것입니다. 실제 이 값은 어떤 숫자 값이 됩니다. 1, 2, 4와 같은 값이 될 것입니다. 사용하는 프로세서가 단일 코어라면 1을 가질 것이고, 듀얼 코어라면 2를 가질 것이고, 쿼드 코어라면 4 값을 가지게 될 것입니다. 코어에 대한 정보를 가지고 실제 빌드 시에 이것을 알려주면 보다 빠른 빌드가 가능해 지는 것입니다. 이를 위해서 계산해서 값을 가져오는 것입니다.

14.1.1. grep으로 /proc/cpuinfo 프로세서 정보 추출

먼저 grep을 이용해서 /proc/cpuinfo 파일에서 processor라는 부분을 찾고 있습니다.

```
yhoh@ubuntu:/proc$ ls -lag cpu*
-r--r--r-- 1 root 0 2010-07-08 23:34 cpuinfo
yhoh@ubuntu:/proc$ grep processor /proc/cpuinfo
processor       : 0
processor       : 1
[1]+  Done                    gedit cpuinfo
```

/proc에 가보면 cpuinfo라는 파일을 찾을 수 있습니다. 이것은 지금 우분투 머신이 수행되는 컴퓨터의 프로세서에 대한 정보를 포함하고 있는 것입니다. 실제 그 파일에서 processor를 찾으면 두 개의 문장이 검색되고 있습니다. 그 정보를 뒤에 awk에 주어서 숫자를 계산하도록 할 것이지만 우리는 결국 값이 2가 될 것이라는 것을 예측할 수 있습니다.

14.1.2. awk로 프로세서 수 계산

```
awk '{field=$NF};END{print field+1}'
```

이제 우리가 살펴보아야 하는 부분은 바로 위의 코드 내용입니다. awk에 위에서 grep을 통해서 얻은 "processor: 0, processor: 1" 이라는 정보가 전달되고, 이러한 문자열을 해석하게 되는 것입니다.

awk가 레코드를 읽을 때는 레코드 내 모든 필드를 변수로 저장합니다. 각 필드를 참조할 때는 $를 사용합니다. 즉, $1은 첫 번째 필드를 가리키고, $2는 두 번째 필드를 가리킵니다. $NF는 마지막 필드를 가리킵니다. 위 내용에서 보면 field라는 값에 이 마지막 필드인 $NF를 저장하고, 뒤에서 그 field에 1을 더해서 출력하도록 만들고 있습니다. 그런데 사실 여기서 field라는 변수를 만들어서 이용하는 것은 조금은 불필요한 작업입니다. awk '{print $NF+1}'과 같이 field 없이 $NF를 직접 사용해도 문제는 없기 때문입니다.

여기서 한가지 유의해야 할 부분이 있습니다. awk는 모든 처리를 하나의 라인 단위로 이루어진다는 점입니다. 아래의 실행 결과를 참조해 주시기 바랍니다.

```
yhoh@ubuntu:~$ grep processor /proc/cpuinfo | awk '{print $NF+1}'
1
2
```

우리가 위에서 예상한 field 없이 $NF를 직접 사용한 것을 실제로 수행해 보면 위와 같이 1과 2가 출력되고 있는 것을 확인할 수 있습니다. 이는 grep을 통해서 얻은 "processor: 0, processor: 1" 이라는 정보가 각각의 라인마다 전달되어서 awk가 수행되고 각각의 라인에서 $NF는 0과 1이 되기 때문에 그 값에 1을 더한 1과 2를 출력해 주고 있는 것입니다. 우리는 사실 맨 뒤의 2라는 값만 얻으면 되기 때문에 위 내용을 조금 수정할 필요가 있습니다.

```
yhoh@ubuntu:~$ grep processor /proc/cpuinfo | awk 'END {print $NF+1}'
2
```

바로 END라는 키워드를 사용해서 문제를 해결할 수 있습니다. END는 라인 단위로 처리하는 과정에서 가장 마지막 부분을 가리킵니다. 결국 앞의 라인은 모두 버리고 마지막 라인만 출력하게 되는 것입니다.

NF 변수는 현재 레코드 내 필드의 개수를 나타냅니다. NF 변수는 값이지만, $NF로 앞에 $를 붙이게 되면 이것은 이제 값이 아니라 레코드 마지막 필드를 가리키게 됩니다. 즉, 레코드에 필드가 50개 있다면, print NF는 50이라는 값을 출력하게 되겠지만, print $NF라고 하면 print $50과 같게 50번째의 필드, 즉 마지막 필드의 내용을 출력하게 되는 것입니다.

14.2. 시간 계산

빌드의 과정은 사실 상당히 긴 시간을 소요하게 됩니다. 아주 짧게 끝난다면 시간의 계산 따위는 중요하지 않겠지만 너무 길게 동작하면 시간이 얼마나 걸리나 측정해서 알아둔 다음 그 정도의 시간은 수행을 시켜놓고 잠시 잊고 지내는 것이 건강상 도움이 될 것입니다.

```
START_TIME=`date +%s`
END_TIME=`date +%s`
```

위와 같이 두 개의 변수를 정의하고 있습니다. date를 이용해서 현재의 시간을 얻어서 그것을 각각 그것이 수행되었던 시간에 각각의 변수에 저장하는 것입니다.

```
yhoh@ubuntu:/proc$ date
Thu Jul  8 23:33:34 PDT 2010
yhoh@ubuntu:/proc$ date +%s
1278657219
yhoh@ubuntu:/proc$ date +%s
1278657240
```

date를 수행하면 위와 같이 현재의 년도 날짜 시간이 표시됩니다. 그런데 %s 옵션을 +와 함께 입력해 주면 1970-01-01 00:00:00 UTC 시간부터의 초 단위의 시간 정보가 출력됩니다. "date +%s"를 입력하고 잠시 뒤에 다시 입력하면 그 시간 동안 경과한 시간이 초 단위로 어떻게 되는 지를 계산할 수 있습니다.

```
echo "Total compile time is $((($END_TIME-$START_TIME)/60)) minutes $((($END_TIME-$START_TIME)%60)) seconds"
```

END_TIME에서 START_TIME을 뺀 초 시간을 60으로 나누면 분이 되고 %로 나머지를 구하면 초가 나옵니다. 이 값을 echo를 이용해서 출력해 주고 있습니다.

14.3. make PRODUCT-mango100-eng 수행

```
rm -rf out/target/product/mango100/root
rm -rf out/target/product/mango100/system
rm -rf out/target/product/mango100/data
```

위 내용은 이전에 빌드 되었던 부분을 모두 제거하는 것입니다.

> make -j$CPU_JOB_NUM PRODUCT-mango100-eng

이제 결국 우리가 수행하고자 하는 빌드 명령이 나타나 있습니다. CPU_JOB_NUM은 위에서 2로 계산이 되었기 때문에 "make -j2 PRODUCT-mango100-eng"가 수행되게 됩니다.

> -j [N], --jobs[=N]   **Allow N jobs at once**; infinite jobs with no arg.

make의 옵션 중에서 –j 옵션은 jobs를 의미하는 것으로 동시에 몇 개의 일을 수행하도록 할 것인가를 의미합니다. 프로세서의 코어가 멀티 코어일 경우 그 개수만큼 동시에 일을 수행하게 하는 것은 의미 있는 일일 것입니다. 위의 경우는 –j2로 두 개의 일을 동시에 수행하도록 하게 됩니다.

make의 뒤에 주어지는 PRODUCT-mango100-eng는 우리가 어떤 것을 빌드해야 하는 가를 결정하게 됩니다. 이것이 어떻게 작동하게 되는지 살펴보도록 하겠습니다.

```
### DO NOT EDIT THIS FILE ###
include build/core/main.mk
### DO NOT EDIT THIS FILE ###
```

위 내용은 ~/android_mango100/Eclair/mango100_eclair_2010_06_30 부분에 있는 Makefile의 내용입니다. 아무런 내용이 없이 main.mk 파일을 include하는 것으로 전부입니다. 모든 내용은 main.mk에 들어 있을 것입니다.

/build/core/main.mk에는 아래 내용이 포함되어 있습니다.
include $(BUILD_SYSTEM)/config.mk

$(BUILD_SYSTEM)/config.mk에는 아래 내용이 포함되어 있습니다.
include $(BUILD_SYSTEM)/envsetup.mk

$(BUILD_SYSTEM)/envsetup.mk에는 아래 내용이 포함되어 있습니다.
include $(BUILD_SYSTEM)/product_config.mk

```
product_goals := $(strip $(filter PRODUCT-%,$(MAKECMDGOALS)))
ifdef product_goals
  # which should be of the form PRODUCT-<productname>-<buildname>.
… … … … … … …
  product_goals := $(patsubst PRODUCT-%,%,$(product_goals))
  product_goals := $(subst -, ,$(product_goals))
```

```
… … … … … … …
# The product they want
TARGET_PRODUCT := $(word 1,$(product_goals))
# The variant they want
TARGET_BUILD_VARIANT := $(word 2,$(product_goals))
```

~/android_mango100/Eclair/mango100_eclair_2010_06_30/build/core에 들어 있는 product_config.mk의 파일 내용 중의 일부가 바로 위의 내용입니다. 우리가 알아볼 것은 make에 전달된 PRODUCT-mango100-eng가 TARGET_PRODUCT과 TARGET_BUILD_VARIANT에 어떻게 할당되는가 하는 것입니다.

`$(filter PRODUCT-%,$(MAKECMDGOALS))`

먼저 우리는 $(MAKECMDGOALS)를 알아야 합니다. 이 MAKECMDGOALS는 make의 특수한 변수입니다. 우리가 명령 라인에서 make 다음에 지정한 목표 타겟이 바로 이 변수로 할당되게 됩니다. 아무 것도 지정하지 않는다면 이 값은 Null이 되어 있을 것입니다. 우리는 PRODUCT-mango100-eng를 주었고, 이 값이 바로 MAKECMDGOALS이 되는 것입니다.

그런데 거기서 PRODUCT-xxx로 되어 있는 문자열을 찾아내려고 합니다. 그러므로 위의 결과는 그대로 PRODUCT-mango100-eng가 됩니다.

`product_goals := $(strip $(filter PRODUCT-%,$(MAKECMDGOALS)))`

strip은 여분의 공백 문자를 제거하는 작업을 하게 됩니다. 하지만 우리가 입력한 문자열에는 공백이 없고 결국 결과는 동일해집니다. product_goals는 PRODUCT-mango100-eng이 되는 것입니다.

`product_goals := $(patsubst PRODUCT-%,%,$(product_goals))`

patsubst는 세 번째 파라미터의 문자열에서 첫 번째 파라미터의 패턴을 찾아서 두 번째 파라미터로 변경하도록 만듭니다. 여기서는 두 번째 파라미터가 %로 주어졌기 때문에 이전의 $(product_goals)인 PRODUCT-mango100-eng에서 PRODUCT-로 시작하는 부분을 PRODUCT-가 없어진 상태로 만들게 됩니다. 결국 이 부분을 지나게 되면 $(product_goals)는 mango100-eng가 됩니다.

`product_goals := $(subst -, ,$(product_goals))`

subst는 세 번째 파라미터의 문자열에서 첫 번째 파라미터의 문자를 찾아서 두 번째 파라미터로 변경하도록 만듭니다. 여기서는 -를 공백으로 변경하고 있습니다. 위에서 $(product_goals)가 mango100-eng가 되었기 때문에 결국 여기서 $(product_goals)는 -가 빠진 "mango100 eng"가 됩니다.

```
TARGET_PRODUCT := $(word 1,$(product_goals))
```

word는 두 번째 파라미터의 문자열에서 처음 파라미터 숫자 번째의 문자열을 의미하는 것입니다. $(product_goals)가 "mango100 eng"이기 때문에 위에서 첫 번째 부분인 mango100이 결과가 되는 것입니다. 결국 TARGET_PRODUCT은 mango100이 되는 것입니다.

```
TARGET_BUILD_VARIANT := $(word 2,$(product_goals))
```

TARGET_BUILD_VARIANT는 "mango100 eng"에서 두 번째 부분인 eng가 되는 것입니다.

```
if [ $? != 0 ] ; then
        exit $?
fi
```

이제 마지막으로 "make -j2 PRODUCT-mango100-eng"가 수행된 결과를 분석하는 부분이 되겠습니다. 만약 처리 결과가 0이 아닌 다른 값을 가지게 되면 이것은 에러의 상황입니다. 그때 그 값을 그대로 exit의 파라미터로 전달하고 스크립트를 끝내게 됩니다. 에러의 상황에서 이후에 작업할 부분을 진행 하면 안되기 때문에 처리하는 부분인 것입니다.

14.4. 루트 파일시스템 용 폴더 작업

```
rm -rf rootfs
mkdir rootfs
```

rootfs라고 만들어졌던 폴더를 삭제하고 새로 만들고 있습니다.

```
cp -a out/target/product/mango100/root/* ./rootfs
cp -a out/target/product/mango100/data ./rootfs
cp -a out/target/product/mango100/system ./rootfs
```

빌드를 통해서 만들어진 out/target/product/mango100/에 만들어진 내용을 위에서 만든 rootfs 폴더 로 복사하고 있는 부분입니다.

```
cp -a ./rootfs_base/* ./rootfs
```

mango100_eclair_2010_06_30/rootfs_base는 빌드를 통해서 만들어진 부분이 아닙니다. 이 부분은 미

리 작업이 되어 있는 폴더입니다. 폴더 안에 들어있는 내용을 살펴보겠습니다. 내부에는 system 폴더가 들어 있고 그 안에 app, etc, framework의 세 폴더가 들어 있습니다.

```
/home/yhoh/android_mango100/Eclair/mango100_eclair_2010_06_30/rootfs_base/system/app
total 3212
-rwxr-xr-x 1 yhoh yhoh 2830052 2010-05-27 14:37 Maps.apk
-rwxr-xr-x 1 yhoh yhoh  456675 2010-05-27 14:37 YouTube.apk
```

app 부분에는 구글 맵과 관련한 어플리케이션과 YouTube 관련 어플리케이션이 들어 있습니다. 이들 어플리케이션은 인터넷에서 다운로드 받은 것을 망고100 보드에서 돌리도록 하기 위해서 미리 넣어 놓은 것입니다.

```
/home/yhoh/android_mango100/Eclair/mango100_eclair_2010_06_30/rootfs_base/system/etc/permissions
total 12
-rwxr-xr-x 1 yhoh yhoh 832 2010-05-27 15:20 com.google.android.gtalkservice.xml
-rwxr-xr-x 1 yhoh yhoh 816 2010-05-27 15:20 com.google.android.maps.xml
-rwxr-xr-x 1 yhoh yhoh 935 2010-05-27 15:20 extra_permissions.xml
```

etc 폴더에는 permissions 폴더가 들어 있고, 여기에는 위의 세 파일이 존재합니다. 접근 권한과 관련한 정보가 들어있는 부분이 되겠습니다.

```
/home/yhoh/android_mango100/Eclair/mango100_eclair_2010_06_30/rootfs_base/system/framework
total 192
-rwxr-xr-x 1 yhoh yhoh  27884 2010-05-27 14:38 com.google.android.gtalkservice.jar
-rwxr-xr-x 1 yhoh yhoh 164834 2010-05-27 14:37 com.google.android.maps.jar
```

framework 부분에는 위의 두 파일이 존재하고 있습니다.

15. (망고100) SD Card를 이용한 쉬운 안드로이드 포팅

이전에 사용했던 복잡한 방법이 아닌 SD Card를 이용한 쉬운 안드로이드 포팅 방법에 대해서 공부해 보도록 하겠습니다.

15.1. 이미지, 툴, 및 소스 코드 다운로드

15.1.1. Git 서버 및 자료실

http://crztech.iptime.org:8080/

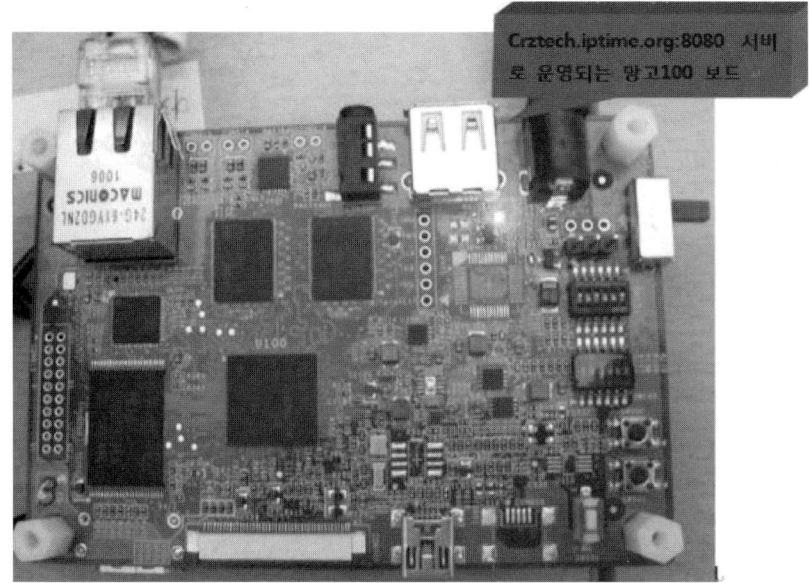

위 그림은 망고100 보드의 사진인데, 우리가 http://crztech.iptime.org:8080/으로 접속해서 다운 받게 되는 파일들을 서버로 관리하고 있는 역할을 바로 이 망고100 보드가 하고 있습니다.

http://cafe.naver.com/embeddedcrazyboys/6805
위 링크에 관련한 정보들이 들어 있습니다.

Git 서버: http://crztech.dyndns.org
자료실: http://crztech.iptime.org:8080

git clone git://crztech.dyndns.org/+src명
위 방법으로 Git 서버를 활용할 수 있습니다.

15.1.2. SD booting Image 다운로드

http://crztech.iptime.org:8080/
위 링크에 모든 우리가 사용할 이미지, 툴, 그리고 소스 코드들이 들어 있습니다.

Mango 100 Source And Image

- **SD booting Image (uboot, kernel, gnome, android)**
  1) sdboot_2010_06_04
  2) sdboot_2010_06_16
  3) sdboot_2010_06_22
  4) sdboot_2010_06_22(4GB Image)
  5) sdboot_2010_06_30(4GB Image)
  6) sdboot_2010_07_15(4GB Image)

링크에 접속하면 위와 같은 그림을 발견할 수 있습니다. 이번 장에서 다룰 내용은 사실 SD booting Image와 관련한 부분이기 때문에 그 부분에서 가장 최신의 것을 다운로드 받으시면 될 것입니다. 위 그림은 가장 최신의 것이 2010년 7월 15일자이지만 독자 여러분께서 접속하셨을 당시에는 보다 최신의 것이 있을 수 있으니 그것을 이용하시면 되겠습니다.

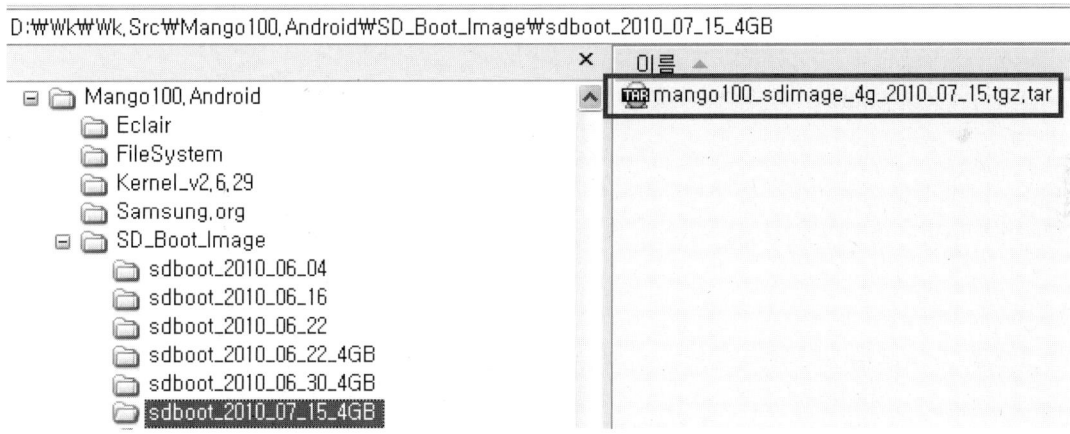

필자는 위 링크의 모든 내용을 다운로드 받아서 Mango100.Android 라는 폴더에 각각의 부분을 폴더로 만들어서 저장해 두었습니다. SD booting Image 부분에서 받은 최신 파일은 압축 파일 형태이고 이를 풀어 놓아 두었습니다.

SD booting Image 부분에서 다운받은 sdboot_2010_06_16.zip, sdboot_2010_06_22.zip 두 파일을 비교해 보면 크기가 매우 차이가 나는 것을 알 수 있습니다. 압축을 풀어 놓았을 때의 결과로 나타나는 파일들의 크기는 큰 차이가 없지만 압축을 했을 때의 결과는 거의 1/10입니다. 이유는 sdboot_2010_06_22의 경우는 SD card를 Low Format으로 완전히 깨끗하게 만들고 난 이후에 작업한 결과로 만들어진 파일을 압축했기 때문입니다. 그러므로 파일의 대부분의 내용이 압축 시에 효율이 매우 높도록 만들어지기 때문에 크기의 차이가 큰 것입니다.

다운로드 받은 mango100_sdimage_4g_2010_07_15.tgz.tar 파일을 우분투의 적절한 부분으로 복사한 이후에 압축을 풀어야 합니다.

```
yhoh@ubuntu:~/android_mango100/SD_Boot_Image/sdboot_2010_07_15_4GB$ l
/home/yhoh/android_mango100/SD_Boot_Image/sdboot_2010_07_15_4GB
total 955516
-rwx------ 1 yhoh yhoh 978442581 2010-07-29 17:20 mango100_sdimage_4g_2010_07_15.tgz.tar
yhoh@ubuntu:~/android_mango100/SD_Boot_Image/sdboot_2010_07_15_4GB$ tar xvf
mango100_sdimage_4g_2010_07_15.tgz.tar
```

위와 같이 tar xvf를 이용해서 압축을 풀었습니다.

```
/home/yhoh/android_mango100/SD_Boot_Image/sdboot_2010_07_15_4GB
total 3847056
-rw-r--r-- 1 yhoh yhoh 3936852992 2010-07-15 23:13 mango100_sdimage_4g_2010_07_15.img
-rwxr-xr-x 1 yhoh yhoh    195928 2010-06-04 16:30 mango100_uboot.bin
-rwxr-xr-x 1 yhoh yhoh   2325784 2010-07-15 21:23 mango100_zImage
-rwxr--r-- 1 yhoh yhoh      3617 2010-07-08 13:27 sdwriter
```

mango100_sdimage_4g_2010_07_15.tgz.tar 파일은 이제 필요가 없기 때문에 지웠고, 4GB 크기의 image 파일과 uboot, zImage 커널 파일과 SD 카드 기록에 사용하는 sdwriter 스크립트 파일이 들어 있습니다.

15.1.3. SD Program 다운로드

사실 위에서 압축을 풀었을 때 나타난 sdwriter 스크립트 파일은 다른 곳에서도 받을 수 있습니다.

- **SD Program (Linux)**
    1) SD Reader 2.0 / Writer 3.0 / Format 2.0

같은 링크에서 위 내용을 찾아서 다운로드 받으시기 바랍니다. 다운로드를 위해서 사용할 툴이 SD Program입니다. SD에 데이터를 저장하는 프로그램이 툴로 제공되고 있습니다.

```
yhoh@ubuntu:~/android_mango100/SD_Program_Linux/2010.0715$ tar xvf sdtool.tgz.tar
sdformat
sdreader
sdwriter
```

다운로드 받은 sdtool.tgz.tar 파일을 역시 우분투에 복사하고 압축을 풀면 위와 같이 3개의 파일이 생성됩니다. 모두 스크립트 파일입니다. 이 내용과 관련해서는 뒤에서 자세하게 살펴볼 기회가 있을 것입니다.

```
yhoh@ubuntu:~/android_mango100/SD_Program_Linux/2010.0715$ diff
sdwriter ../../SD_Boot_Image/sdboot_2010_07_15_4GB/sdwriter
yhoh@ubuntu:~/android_mango100/SD_Program_Linux/2010.0715$
```

위에서 SD booting Image에서 다운받은 것을 압축 풀었을 때 생성되었던 sdwriter와 SD Program에서 다운로드 받은 sdwriter를 diff를 이용해서 비교해 보면 완전히 똑같은 파일이라는 것을 알 수 있습니다.

15.2. SD Booting Image를 T-flash에 다운로드 하기

위에서 다운로드 받은 SD Program을 이용해서 T-flash에 다운로드를 해서 그것을 이용해서 망고100 보드를 부팅하는 것을 해볼 것입니다. SD Program은 스크립트 파일이고 내용을 우리가 볼 수 있습니다. 이에 대한 자세한 내용은 뒤에서 살펴보겠습니다. 먼저 일단 실행을 해서 동작되는 것을 보도록 합니다.

15.2.1. MMC/SD card 준비

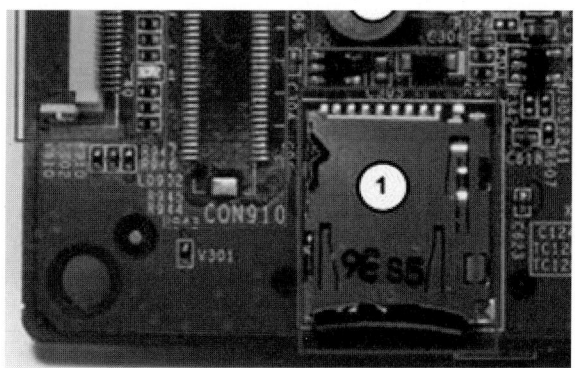

하드웨어에 대한 부분에서도 살펴보았던 것처럼 망고100 보드에는 Micro-SD Card Connector가 장착

되어 있습니다. 이것을 활용해서 부팅을 할 것입니다.

당연히 Micro-SD Card가 있어야 합니다. 그런데 필수적인 사항이 2GB 이상의 MMC/SD card여야 한다는 것입니다. 2GB 짜리여도 상관은 없지만 속도가 매우 느립니다. 가능한 4GB 이상의 것을 이용하시는 것이 편리하실 것입니다.

우분투 리눅스를 이용해서 작업이 이루어질 것입니다. Window XP에서도 불가능한 것은 아니지만 여러 가지로 문제가 있어서 완벽한 작업을 위해서는 반드시 우분투에서 작업을 해주시기 바랍니다. 당연히 카드 리더기가 PC에 장착되어 있다면 그것을 이용하시면 되고, 그렇지 않다면 카드 리더기가 있어야 할 것입니다.

MMC Card를 우분투에서 인식시키면 위 그림과 같이 장착된 내용이 나타납니다. 필자가 사용하는 4GB의 MMC가 위와 같이 인식이 되었습니다. 나타나는 부분은 사용자들의 환경이나 사용하는 SD

카드나 파티션에 따라서 다를 것입니다.

> 이미지를 Write하면, MMC/SD card에 있는 내용은 모두 지워집니다. 중요한 자료가 있는 경우 완전히 없어지기 때문에 주의하시기 바랍니다.

15.2.2. MMC/SD card 디바이스 확인

우분투에서 인식된 디바이스를 확인해야 합니다.

```
yhoh@ubuntu:~$ dmesg | tail
[ 2402.382303] scsi 3:0:0:0: Direct-Access     ChipsBnk SD/MMCReader     4081 PQ: 0 ANSI: 2
[ 2402.401301] sd 3:0:0:0: Attached scsi generic sg2 type 0
[ 2402.418303] sd 3:0:0:0: [sdb] 7954432 512-byte logical blocks: (4.07 GB/3.79 GiB)
[ 2402.422375] sd 3:0:0:0: [sdb] Write Protect is off
[ 2402.422380] sd 3:0:0:0: [sdb] Mode Sense: 0b 00 00 08
[ 2402.422383] sd 3:0:0:0: [sdb] Assuming drive cache: write through
[ 2402.435920] sd 3:0:0:0: [sdb] Assuming drive cache: write through
[ 2402.435927]  sdb: sdb1
[ 2402.464286] sd 3:0:0:0: [sdb] Assuming drive cache: write through
[ 2402.464292] sd 3:0:0:0: [sdb] Attached SCSI removable disk
```

dmesg를 통해서 가장 뒤에 추가된 디바이스에 대한 정보를 확인할 수 있습니다. sdb라는 것을 확인할 수 있습니다.

```
yhoh@ubuntu:~$ df
Filesystem           1K-blocks      Used Available Use% Mounted on
/dev/sda1            100252020  36641160  58518260  39% /
udev                    513228       272    512956   1% /dev
none                    513228       220    513008   1% /dev/shm
none                    513228      3032    510196   1% /var/run
none                    513228         0    513228   0% /var/lock
none                    513228         0    513228   0% /lib/init/rw
.host:/             244196000 144245736  99950264  60% /mnt/hgfs
/dev/sdb1              3968288     75964   3892324   2% /media/MICROSD4G
```

df를 이용해서 정보를 살펴보면 /dev/sdb1이 발견되어 있습니다.

```
yhoh@ubuntu:~$ ls -lag /dev/sdb*
brw-rw---- 1 disk 8, 16 2010-06-27 22:13 /dev/sdb
brw-rw---- 1 disk 8, 17 2010-06-27 22:13 /dev/sdb1
yhoh@ubuntu:~$
```

우리가 SD 카드를 사용하는데 있어서 특정 파티션 등으로 나뉘어 있을 경우 sdb1, sdb2 등으로 구분이 될 것입니다. 하지만 우리가 작업을 하는 것은 SD 카드 전체를 대상으로 완전히 물리적으로 데이터를 기록할 것입니다. 그러므로 **/dev/sdb를 이용해서 작업을 해야 합니다.**

15.2.3. 이미지 Write 작업

yhoh@ubuntu:~/android_mango100/SD_Boot_Image/sdboot_2010_07_15_4GB$ mv sdwriter /home/yhoh/bin/

sdwriter 프로그램이 꼭 해당 폴더에 들어있어야 하는 것은 아닙니다. 저는 이 프로그램을 path가 지정되어 있는 ~/bin 부분으로 옮겼습니다.

yhoh@ubuntu:~/android_mango100/SD_Boot_Image/sdboot_2010_07_15_4GB$ **sdwriter**
SD Card Writer program **V3.0**
Create by Pyeongjeong Lee, Crztech
Usage: /home/yhoh/bin/sdwriter device input-image-name
ex) **/home/yhoh/bin/sdwriter /dev/sdb test.img**

sdwriter를 실행시키면 사용 방법에 대한 부분이 출력됩니다. 버전은 3.0입니다. 여러분들께서 글을 읽고 계신 동안에 보다 높은 버전이 릴리즈 되어 있을 수 있습니다. 높은 버전을 사용하셔도 문제는 없습니다. SD 카드에 대한 디바이스 이름과 파일시스템 이미지 이름을 주면 됩니다.

yhoh@ubuntu:~/android_mango100/SD_Boot_Image/sdboot_2010_07_15_4GB$ **sudo ~/bin/sdwriter /dev/sdb mango100_sdimage_4g_2010_07_15.img**
SD Card Writer program V3.0
Create by Pyeongjeong Lee, Crztech
T-Flash-device:/dev/sdb Mango-image:mango100_sdimage_4g_2010_07_15.img
NSectors:7954432, Do you want to continue(yes/no): **yes**

실행은 반드시 sudo로 수행하셔야 합니다. 위에서 우리는 SD 카드 디바이스 이름이 /dev/sdb인 것을 알았습니다. 이 부분은 사용자의 환경에 따라서 다를 것입니다. 이미지 파일 이름까지 위와 같이 수행을 하면 계속 진행할 것인지를 묻게 되고 yes를 입력해 주어야 합니다.

```
Erase Uboot and Kernel Area : success
```

가장 먼저 U-Boot와 커널 영역을 Erase해줍니다. U-Boot와 커널 영역은 SD 카드의 가장 뒤 부분에 기록하게 됩니다. 이 부분을 지워주는 것입니다. 이 작업은 리눅스의 dd 명령을 이용해서 작업하는 것입니다. success가 표시되면 성공한 것입니다.

```
Erase Filesystem : very long times
/dev/zero -> /dev/sdb :
################################################### : 100%
success
```

이제 SD 카드의 앞부터 커널 영역 이전까지를 지우게 됩니다. 이 과정은 "very long times" 라는 주석에서도 느끼실 수 있듯이 무척 오래 걸립니다. 만약 컴퓨터가 리눅스가 단독으로 깔려 있는 경우면 위 예 보다는 약 4~5배 정도 빠를 것입니다. VMware 상에서 USB 디바이스로 SD 카드를 장착해서 작업하는 경우는 매우 느립니다. 위의 Erase 작업만 한 시간이 넘게 걸립니다. 과정이 진행됨에 따라서 # 기호가 출력되고 뒤에 진행된 과정의 진행률이 표시됩니다. 역시 success가 표시되면 성공한 것입니다.

```
Write BL1 : success
Write Uboot : success
Write Kernel : success
```

위 작업은 U-Boot와 커널을 복사하고 있는 것입니다. 다음 장에서 우리가 지금 사용하는 sdwriter 프로그램 스크립트에 대해서 분석을 해보면 자세히 알게 되겠지만 여기서 저장을 진행할 때 U-Boot는 두 번 Write를 진행합니다. 최초 SD의 가장 뒤 부분의 9kB 영역에 8kB를 복사하고, 그 다음의 잡아놓은 영역에 다시 U-Boot를 복사하게 됩니다.

왜 이렇게 진행하는 것일까요? 그 내용은 뒤에서 살펴볼 것이지만 간단히 말씀 드리면 U-Boot의 앞의 8kB 부분은 특별한 영역이 됩니다. 이 부분은 부팅 디바이스에서 최초로 수행되는 코드가 들어 있습니다. 우리가 SD MMC 카드로 부팅을 할 때 CPU는 부팅을 수행하는 디바이스에서 아주 작은 코드를 읽어와서 실행시키는 능력을 가지게 됩니다. 이러한 능력이 반드시 있어야만 부팅을 할 수 있게 되는 것입니다. SD 부팅 시에 S5PC100 CPU는 SD 카드의 가장 뒤 부분에서 9kB 부분을 읽어 옵니다. 이것은 우리가 SD 부팅 모드로 설정하기만 하면 하드웨어적으로 자동으로 수행되는 부분입니다. 실제로 읽어오는 부분은 9kB이지만 U-Boot에서 이러한 용도로 사용되는 부분의 크기는 8kB입니다. 이 때문에 U-Boot를 해당 부분에 복사하는 작업을 수행하는 것이고, 이어서 나머지 U-Boot가 수행될 수 있도록 한번 더 복사하는 작업이 일어나게 됩니다. 그리고 커널의 복사까지 수행하게 됩니다.

```
Write filesystem : very long times
mango100_sdimage_4g_2010_07_15.img -> /dev/sdb :
#################################################### : 100%
success
```

마지막으로 image file을 복사하는 부분이 진행됩니다. 위에서 지우는 작업과 마찬가지로 복사하는 작업 역시 매우 긴 시간이 소요되는 작업입니다. 역시 한 시간 이상의 시간이 소요되었습니다. 역시 success가 출력되면 정상적으로 작업이 된 것입니다.

15.3. SD Booting 하기

15.3.1. U-Boot & Kernel 부팅

이제 T-Flash를 우분투에서 제거하고 망고100 보드에 장착한 이후에, 부팅 모드를 SD/MMC 모드로 변경하고 전원을 인가하면 최초에 U-Boot가 동작하는 것을 볼 수 있습니다.

```
U-Boot 1.3.4 (Jun  4 2010 - 16:29:16) for MANGO100
CPU:      S5PC100@666MHz
          Fclk = 1332MHz, Hclk = 166MHz, Pclk = 66MHz, Serial = PCLK
Board:    MANGO100
DRAM:     256 MB
SD/MMC:   3884 MB (SDHC)
NAND:     256 MB
*** Warning - using default environment
In:       serial
Out:      serial
Err:      serial
Hit any key to stop autoboot:  0
MANGO100 #
```

위 내용을 최초 3초의 시간이 경과하기 전에 스페이스를 누르게 되면 U-Boot 프롬프트가 뜨는 상황이 됩니다.

```
Hit any key to stop autoboot:  0
Reading kernel from sector 7945166 (8192 sectors).. completed
Boot with zImage
Starting kernel ...
```

```
Uncompressing Linux.................................................
Linux version 2.6.29 (leepjung@PJNux) (gcc version 4.3.3 (Sourcery G++ Lite 2000
CPU: ARMv7 Processor [412fc081] revision 1 (ARMv7), cr=10c5387f
CPU: VIPT nonaliasing data cache, VIPT nonaliasing instruction cache
Machine: MANGO100
… … … … … … …
NAND device: Manufacturer ID: 0xec, Chip ID: 0xda (Samsung NAND 256MiB 3,3V 8-b)
Creating 3 MTD partitions on "NAND 256MiB 3,3V 8-bit":
0x000000000000-0x000000080000 : "Bootloader"
0x000000080000-0x000000400000 : "Kernel"
0x000000400000-0x000010000000 : "File System"
… … … … … … …

   ___  ___  ___  ___  ___
  |   |_| |    |    |    |
  |   | | |    |_|  -|
  |_|_|_|_|_|_|__|

(C)2010 Embedded Crazyboys Forum.
MANGO Embedded Linux Platform.
System   : Mango
Console : s3c2410_serial1
Mango login:
```

3초가 지날 때까지 스페이스를 누르지 않고 그대로 두면 자동으로 Kernel을 읽어와서 압축을 풀고 Kernel 부팅이 이루어지게 됩니다. 모든 부팅 과정을 마치게 되면 자동으로 Mango login이 나타나게 됩니다.

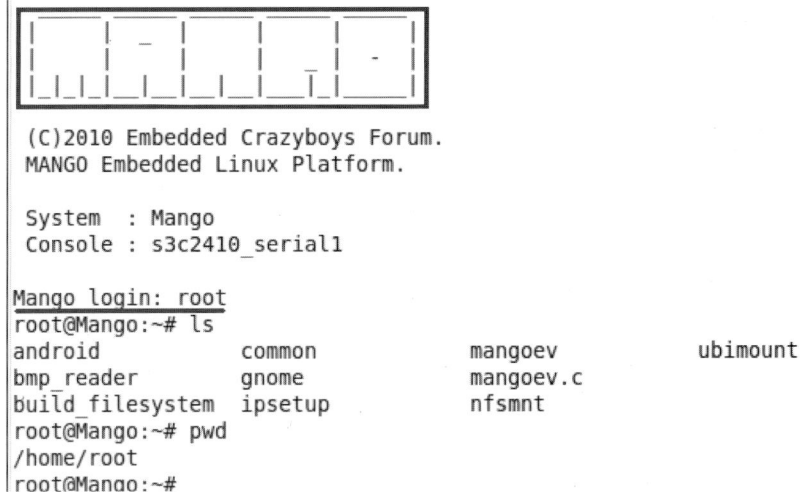

텍스트를 복사해온 것에는 MANGO라는 글자가 잘 인지되기 어려워서 아래 그림으로 복사를 해봤습니다. 선을 이용해서 MANGO를 만들어주신 검전님께 감사 드립니다.

Mango login이 나타났을 때 root라고 입력하면 로그인이 됩니다. 패스워드는 설정되어 있지 않기 때문에 root라고 입력하는 것으로 자동으로 로그인이 됩니다. ls나 pwd와 같은 리눅스 명령어들도 정상적으로 작동되는 것을 확인하실 수 있습니다.

이 상태에서 실제 보드 상에서 나타나는 모습은 어떨지 확인해 보면 아래와 같은 화면이 LCD에 나타나 있는 것을 볼 수 있습니다. 이제 SD로 부팅이 완료된 것이고 여기서부터 NAND에 파일시스템을 구축하는 작업을 수행해 보도록 하겠습니다.

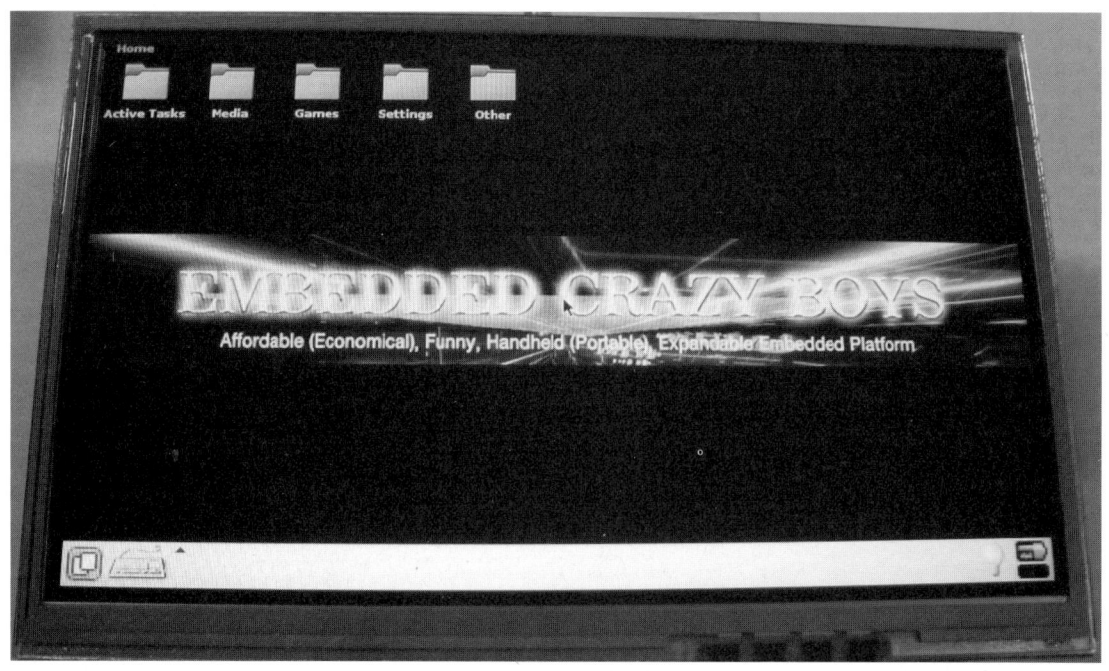

15.4. SD를 이용한 NAND 파일시스템 구축

```
root@Mango:~# ls
android            common              mangoev             ubimount
bmp_reader         gnome               mangoev.c
build_filesystem   ipsetup             nfsmnt
```

ls를 수행했을 때 나타나는 파일 중에서 build_filesystem이라는 것을 이용하게 됩니다. 이 역시 스크립트 파일입니다. 이에 대한 분석은 뒤에서 하도록 하겠습니다.

사용 방법은 ./build_filesystem gnome이나 ./build_filesystem android를 수행하게 됩니다. 그렇게 되면 해당 파일시스템이 NAND에 자동으로 설치되게 됩니다. 물론 NAND의 전체 내용이 지워지고, U-Boot, Kernel, File System까지 모든 내용이 복사되며 이후 NAND로 부팅까지 수행할 수 있게 됩니다. 이제 하나씩 수행을 해보도록 하겠습니다.

15.4.1. build_filesystem 수행 전 주의 사항

build_filesystem을 수행하기에 앞서서 한가지 확인을 해주어야 하는 부분이 있습니다. NAND에 원래 gnome이나 안드로이드 파일시스템이 들어 있는 경우는 문제가 되지 않지만 만약 WinCE와 같은 것이 설치되어 있는 경우에는 추가적으로 해주셔야 하는 작업이 있습니다.

```
CPU:      S5PC100@666MHz
          Fclk = 1332MHz, Hclk = 166MHz, Pclk = 66MHz, Serial = PCLK
Board:    MANGO100
DRAM:     256 MB
SD/MMC:   3884 MB (SDHC)
NAND:     256 MB
*** Warning - using default environment
In:       serial
Out:      serial
Err:      serial
Hit any key to stop autoboot:  0
MANGO100 # nand scrub
NAND scrub: device 0 whole chip
Warning: scrub option will erase all factory set bad blocks!
         There is no reliable way to recover them.
         Use this command only for testing purposes if you
         are sure of what you are doing!
Really scrub this NAND flash? <y/N>
```

최초 부팅 시에 동작하는 U-Boot에서 자동 수행을 기다리는 시간이 지나가기 전에 스페이스를 눌러서 U-Boot 프롬프트가 동작하도록 만든 상태에서 nand scrub을 수행하는 것입니다. 이것은 NAND를 완전히 깨끗하게 초기화 하는 작업이 수행되도록 만듭니다. 이제부터는 안전하고 정확하게 이후 작업을 수행하실 수 있을 것입니다.

15.4.2. gnome 환경 리눅스 파일시스템 구축

./build_filesystem gnome을 수행하면 gnome 환경의 리눅스 파일시스템을 만들게 됩니다.

```
root@Mango:~# ./build_filesystem gnome
Mango Create Filesystem ver 1.0
gnome Filesystem build
Erasing 128 Kibyte @ 80000 -- 100 % complete.
Erasing 128 Kibyte @ 380000 -- 100 % complete.
```

최초에 수행되는 부분은 적절한 파티션의 부분을 지워주는 작업입니다.

```
Creating 3 MTD partitions on "NAND 256MiB 3,3V 8-bit":
0x000000000000-0x000000080000 : "Bootloader"
0x000000080000-0x000000400000 : "Kernel"
0x000000400000-0x000010000000 : "File System"
```

우리는 부팅 시에 나타나는 로그의 내용 중에서 위의 내용을 발견할 수 있습니다. NAND의 영역이 위와 같이 작업될 것이고 해당하는 영역을 지워주고 적절히 복사하는 작업이 진행될 것입니다. 위의 로그는 각각 Bootloader 부분과 Kernel 부분이 지워진 것을 보여주고 있는 것입니다.

```
Uboot Image Writing...
92+1 records in
92+1 records out
```

위 내용은 Bootloader 부분에 mango100_uboot.bin을 복사하는 작업입니다. mtdblock0에 복사가 됩니다.

```
Uboot Image Writing...
1132+1 records in
1132+1 records out
```

위 내용은 Kernel 부분에 mango100_zImage를 복사하는 작업입니다. mtdblock1에 복사됩니다. 출력되는 내용은 "Uboot Image Writing"으로 나와 있지만 실제는 Kernel을 복사하는 것입니다. 착오 없으시기 바랍니다. 스트립트에서 출력되는 출력문에 오류가 있는 것입니다.

```
UBI mount program ver 1.1
```

Create by pjlee

Erasing Partition 2 Area

Erasing 128 Kibyte @ 68a0000 -- 41 % complete.0 --   9 % complete.

Skipping bad block at 0x068c0000

Erasi % complete.e @ 9020000 -- 57 % complete.

Skipping bad block at 0x090a0000

Erasing 128 Kibyte @ f460000 -- 96 % completeUBI: attaching mtd2 to ubi0

UBI: physical eraseblock size: 131072 bytes (128 KiB)

UBI: logical eraseblock size: 129024 bytes

UBI: smallest flash I/O unit: 2048

UBI: sub-page size: 512

UBI: VID header offset: 512 (aligned 512)

UBI: data offset: 2048

Erasing 128 Kibyte @ fc00000 -- 100 % complete.

UBI: empty MTD device detected

UBI: create volume table (copy #1)

UBI: create volume table (copy #2)

UBI: attached mtd2 to ubi0

UBI: MTD device name: "File System"

UBI: MTD device size: 252 MiB

UBI: number of good PEBs: 2014

UBI: number of bad PEBs: 2

UBI: max. allowed volumes: 128

UBI: wear-leveling threshold: 4096

UBI: number of internal volumes: 1

UBI: number of user volumes: 0

UBI: available PEBs: 1990

UBI: total number of reserved PEBs: 24

UBI: number of PEBs reserved for bad PEB handling: 20

UBI: max/mean erase counter: 0/0

UBI: background thread "ubi_bgt0d" started, PID 1671

UBI device number 0, total 2014 LEBs (259854336 bytes, 247.8 MiB), available 19)

Set volume size to 256757760

Volume ID 0, size 1990 LEBs (256757760 bytes, 244.9 MiB), LEB size 129024 bytes1

UBIFS: default file-system created

UBIFS: mounted UBI device 0, volume 0, name "rootfs"

UBIFS: file system size: 255209472 bytes (249228 KiB, 243 MiB, 1978 LEBs)

UBIFS: journal size: 12773376 bytes (12474 KiB, 12 MiB, 99 LEBs)

```
UBIFS: media format:        4 (latest is 4)
UBIFS: default compressor: lzo
UBIFS: reserved for root:   5182151 bytes (5060 KiB)
mounting Success!!!
```

위의 내용은 "ubimount f 2"를 수행한 결과입니다. 물론 이 내용도 다음 장에서 스크립트에 대한 분석 작업을 수행하면서 자세하게 다루게 될 것입니다. "ubimount f 2"에서 2가 의미하는 것은 mtdblock2로 마운트 작업을 수행하라는 의미입니다.

먼저 mtdblock2에 대한 Erase 작업이 수행되고, 다음에 /dev/ubi0로 attach 작업이 수행됩니다. 이후 rootfs라는 이름으로 파일시스템 볼륨을 만들고 그곳으로 마운트를 수행하게 됩니다. mounting Success가 출력되면 모든 작업이 정상적으로 동작한 것을 의미합니다.

```
gnome Filesystem Writing...
```

위 문장이 출력된 이후에는 조금 긴 시간 동안 멈춰있게 됩니다. 이것은 파일시스템을 복사하는 작업이 이루어집니다. /mnt/mtd로 마운트 했던 부분으로 SD 카드에 들어 있는 파일시스템의 내용을 모두 복사해 주게 됩니다.

```
UBI mount program ver 1.1
Create by pjlee
UBIFS: un-mount UBI device 0, volume 0
UBI: mtd2 is detached from ubi0
unmount Success!!!
```

이전에 마운트 했던 것을 해제하는 작업이 반드시 이루어져야 합니다. 만약 그렇지 않았을 경우 예상치 못한 오류가 발생할 수 있습니다. 위 내용은 "ubimount u 2"가 수행된 결과이고 mtdblock2에 대한 마운트 작업이 해제됩니다. umount가 수행되고, ubiattach가 수행되었던 것의 반대로 ubidetach도 수행되게 됩니다. unmount Success가 출력되면서 성공한 것을 알 수 있습니다.

```
Create Done...
Please Jumper Setting, and reset
```

이제 모든 작업이 완료된 것입니다.

15.4.3. gnome 환경 리눅스 NAND 부팅

이제 NAND에 gnome 환경 리눅스 파일시스템이 설치된 것입니다.

망고100 보드의 부팅 모드를 NAND 부팅 모드로 변경한 이후에 리셋을 시켜보도록 하겠습니다. 리셋 후에 잠시 지나면 위 화면과 같은 그림을 만나게 됩니다. 그냥 초기 화면이 안드로이드의 실행 화면과 비슷한 이미지를 사용했을 뿐 안드로이드가 수행되는 것은 아닙니다.

```
U-Boot 1.3.4 (Jun   4 2010 - 16:25:10) for MANGO100
CPU:      S5PC100@666MHz
          Fclk = 1332MHz, Hclk = 166MHz, Pclk = 66MHz, Serial = PCLK
Board:    MANGO100
… … … … … … …
NAND read: device 0 offset 0x80000, size 0x300000
 3145728 bytes read: OK
Boot with zImage
Starting kernel …
Uncompressing Linux………………………………………
Linux version 2.6.29 (leepjung@PJNux) (gcc version 4.3.3 (Sourcery G++ Lite 2000
CPU: ARMv7 Processor [412fc081] revision 1 (ARMv7), cr=10c5387f
CPU: VIPT nonaliasing data cache, VIPT nonaliasing instruction cache
Machine: MANGO100
… … … … … … …
Starting GPE display manager: gpe-dm

   ___  ___  ___  ___  ___
  |   ||  _||   ||   ||   |
  |   ||   ||   || _|| - |
  |_|_||_|_||_|_||_|  |___|
(C)2010 Embedded Crazyboys Forum.
MANGO Embedded Linux Platform.
 System   : Mango
```

```
Console : s3c2410_serial1
Mango login: root
root@Mango:~# ls
android           common          mangoev          ubimount
bmp_reader        gnome           mangoev.c
build_filesystem  ipsetup         nfsmnt
root@Mango:~# pwd
/home/root
```

수행 결과는 SD로 부팅했을 때와 동일한 상황이라는 것을 알 수 있습니다.

15.4.4. 안드로이드 파일시스템 구축

이제 NAND에 안드로이드 파일시스템을 구축하는 것을 살펴보도록 하겠습니다. 먼저 SD 부팅 모드로 다시 변경한 상태에서 아래의 명령을 입력하면 됩니다.

```
root@Mango:~# ./build_filesystem android
```

수행 결과는 위에서 gnome 파일시스템을 구축하는 것과 크게 다르지 않습니다.

```
Mango Create Filesystem ver 1.0
android Filesystem build
… … … … … … …
Uboot Image Writing…
… … … … … … …
UBI mount program ver 1.1
… … … … … … …
mounting Success!!!
android Filesystem Writing…
… … … … … … …
unmount Success!!!
Create Done…
Please Jumper Setting, and reset
```

gnome으로 출력되던 것이 android로 바뀌었을 뿐 동작 사항은 다르지 않습니다. 물론 내부적으로는 SD Card에서 복사해오는 위치가 다를 텐데 그것은 내용이 출력되지는 않습니다.

15.4.5. 안드로이드 NAND 부팅

이제 NAND에 안드로이드 파일시스템이 설치된 것입니다. 망고100 보드의 부팅 모드를 NAND 부팅 모드로 변경한 이후에 리셋을 시켜보도록 하겠습니다.

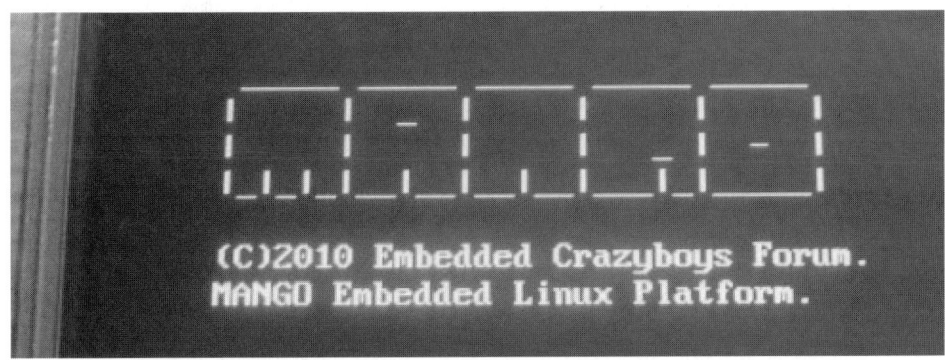

리셋 후에 잠시 지나면 위 화면과 같은 그림들을 차례로 만나게 됩니다. 이후에는 이전에 포팅 했던 것과 동일하게 정상적으로 부팅된 안드로이드 화면을 만날 수 있습니다.

```
Starting kernel ...
Uncompressing Linux............................................
Linux version 2.6.29 (leepjung@PJNux) (gcc version 4.3.3 (Sourcery G++ Lite 2000
… … … … … …
Kernel command line: ubi.mtd=2 root=ubi0:rootfs rootfstype=ubifs rw console=tty0
… … … … … …
Creating 3 MTD partitions on "NAND 256MiB 3,3V 8-bit":
0x000000000000-0x000000080000 : "Bootloader"
0x000000080000-0x000000400000 : "Kernel"
0x000000400000-0x000010000000 : "File System"
UBI: attaching mtd2 to ubi0
UBI: physical eraseblock size:    131072 bytes (128 KiB)
UBI: logical eraseblock size:     129024 bytes
UBI: smallest flash I/O unit:     2048
```

```
UBI: sub-page size:           512
UBI: VID header offset:       512 (aligned 512)
UBI: data offset:             2048
... ... ... ... ... ...
# enabling adb
adb_open
warning: `rild' uses 32-bit capabilities (legacy support in use)
s3c-fimc s3c-fimc.2: set interface clock rate to 133000000
net eth0: SMSC911x/921x identified at 0xd2200000, IRQ: 43
```

부팅되는 로그를 살펴보면 gnome과 비교해서 달라진 점은 gnome 파일시스템의 경우는 EXT3 파일시스템을 사용하였지만 안드로이드의 경우는 UBI 파일시스템을 사용하고 있다는 점입니다. 이를 위해서 커널 커맨드 부분이 달라져 있습니다. 이 부분과 관련해서는 다음 절에서도 살펴보겠습니다. 이 때문에 UBI 파일시스템을 attach 하는 작업이 보입니다. adb를 활성화시키는 부분도 보입니다.

```
# ls -l
lrwxrwxrwx root      root                     2030-07-30 11:00 d -> /sys/kernel/debug
drwxr-xr-x root      root                     2030-07-30 14:26 dev
lrwxrwxrwx root      root                     2030-07-30 11:00 etc -> /system/etc
drwxr-xr-x root      root                     1970-01-01 00:00 sys
d--------- system    system                   2010-07-15 11:57 usb
drwxrwx--x system    system                   2010-07-15 11:59 data
-rwxrwxr-x 500       500              103668  2010-07-15 04:48 init
dr-xr-xr-x root      root                     1970-01-01 00:00 proc
drwxrwxr-x 500       500                      2010-07-15 11:56 sbin
-rw-rw-r-- 500       500                 118  2010-07-15 11:56 default.prop
drwxrwx--- system    cache                    2010-07-15 11:57 cache
-rw-rw-r-- 500       500                1677  2010-05-15 00:55 init.goldfish.rc
-rwxr--r-- 500       500               12323  2010-07-13 07:31 init.rc
d---rwxrwx system    system                   2030-07-30 14:26 sdcard
drwxrwxrwt root      root                     2030-07-30 14:26 sqlite_stmt_journals
drwxrwxr-x 500       500                      2010-05-27 06:19 system
dr-x------ root      root                     2010-07-15 11:57 config
drwx------ root      root                     2010-07-15 12:51 lost+found
-rwxr--r-- 500       500                 749  2010-07-14 03:07 init.mango100.rc
```

#으로 프롬프트가 나타나 있고 ls를 해보면 파일시스템의 파일들을 살펴볼 수 있습니다.

15.5. SD 부팅에서 직접 안드로이드 파일시스템 구동

우리는 위에서 NAND에 저장해서 NAND를 이용한 부팅을 통해서 gnome 파일시스템도 구동하였고 안드로이드 파일시스템도 구동시켜 보았습니다. 그런데 SD 카드로 부팅을 한 상태에서 NAND에 직접 write하지 않고 SD 카드만을 이용해서 안드로이드를 동작시키고 싶을 경우에 어떻게 해야 하는지 그 방법을 알려드리도록 하겠습니다.

```
root@Mango:~# df
Filesystem          1K-blocks    Used  Available  Use%  Mounted on
/dev/root             516040   246596     243232   50%  /
none                      64       64          0  100%  /dev
tmpfs                     64       64          0  100%  /dev
/dev/mmcblk0p3        516040   246596     243232   50%  /media/mmc3
/dev/mmcblk0p1       2790504   814848    1975656   29%  /media/mmc1
/dev/mmcblk0p2        516040   115080     374748   23%  /media/mmc2
tmpfs                  87144      464      86680    1%  /var/volatile
tmpfs                  87144        0      87144    0%  /dev/shm
tmpfs                  87144        0      87144    0%  /media/ram
```

SD 카드로 부팅을 수행한 이후에 df 명령을 쳐 보면 위와 같은 결과를 확인할 수 있습니다. 여기서 /dev/mmcblk0p2와 /dev/mmcblk0p3가 각각 gnome과 안드로이드 파일시스템이 들어 있는 공간입니다. U-Boot가 구동될 때 어떤 부분을 지정해주느냐에 따라서 어떤 것으로 먼저 구동될 것인지를 결정해 줄 수 있는 것입니다.

```
MANGO100 # print
bootargs=root=/dev/mmcblk0p3 rw rootfstype=ext3 console=ttySAC1,115200 rootdelay=1
bootcmd=movi read kernel 20008000;bootm 20008000
bootdelay=3
baudrate=115200
ethaddr=00:40:5c:26:0a:5b
ipaddr=192.168.1.121
serverip=192.168.1.2
gatewayip=192.168.1.1
netmask=255.255.255.0
stdin=serial
stdout=serial
stderr=serial
```

```
Environment size: 313/16380 bytes
```

SD 카드로 부팅을 할 때 초기 U-Boot가 동작될 때 3초 이내에 스페이스를 누르면 U-Boot 프롬프트 상태가 되고 이때 print를 입력하면 위의 화면을 볼 수 있습니다. 여기서 bootargs를 보면 루트 디바이스가 /dev/mmcblk0p3인 것을 알 수 있습니다. /dev/mmcblk0p3는 gnome 파일시스템이고 결국 이로 인해서 gnome 파일시스템으로 동작하게 되는 것입니다. 이것을 안드로이드 파일시스템인 /dev/mmcblk0p2로 바꾸어주면 안드로이드로 동작하도록 만들 수 있습니다.

```
MANGO100 # setenv bootargs "root=/dev/mmcblk0p2 rw rootfstype=ext3 console=ttySAC1,115200 rootdelay=1"
MANGO100 # save
Saving Environment to SMDK bootable device...
done
```

bootargs를 안드로이드 파일시스템인 /dev/mmcblk0p2로 바꾸어준 이후에 save를 해서 저장하고 리부트를 하면 안드로이드로 정상적으로 부팅이 되는 것을 확인할 수 있습니다.

다시 파일 복구 프로그램인 gnome 리눅스 파일시스템으로 동작하고 싶으면, 이전 상태로 바꿔주면 됩니다.

```
MANGO100 # setenv bootargs "root=/dev/mmcblk0p3 rw rootfstype=ext3 console=ttySAC1,115200 rootdelay=1"
MANGO100 # save
Saving Environment to SMDK bootable device...
done
```

/dev/mmcblk0p3로 원복을 한 이후에 리부트 해서 보면 정상적으로 이전 상태로 부팅되는 것을 확인할 수 있습니다.

여기서 한가지 주의할 점이 있습니다. 바로 ECC와 관련한 부분입니다. ECC는 Error Correction Code 로서 비트 단위로 에러를 검사하고 수정까지도 가능한 기능입니다. 그런데 이 ECC가 U-Boot에서 사용하는 것과 Kernel에서 사용하는 것이 서로 다릅니다. 문제는 우리가 SD 카드로 부팅을 해서 커널까지 동작이 된 상태에서 build_filesystem을 이용해서 NAND에 복사를 하는 상황에서는 작업하는 것은 커널에서 이루어지게 됩니다. 이전 장에서 안드로이드를 포팅하는 과정에서 NAND에 작업이 이루어지는 것은 U-Boot 상에서 작업을 했습니다. 결국 NAND에 복사를 하는 과정 즉, ECC에 대한 작업이 이루어지기 위해서 기초가 되는 환경이 서로 다름으로 인해서 문제를 발생시킬 수 있는 것입니다.

이러한 이유로 현재 build_filesystem을 이용해서 NAND에 복사를 하는 상황에서 복사하는 U-Boot의 경우는 NAND의 ECC 동작이 제거된 U-Boot를 사용하고 있습니다. 그렇기 때문에, 이 U-Boot를 이용해서 NAND에 무언가 Write하는 동작을 하시면 문제가 발생할 수도 있습니다. 물론 U-Boot로 따로 아무것도 하지 않으신다면 상관은 없지만 이러한 상황에 대해서 이해하셔야 한다는 점을 말씀 드리는 것입니다.

16. (망고100) sdwriter & build_filesystem 스크립트 분석

이전 장에서 우리는 SD 카드로 안드로이드를 포팅하는 작업을 해보았습니다. 그런데 작업을 쉽게 하기 위해서 사용했던 프로그램들이 있었는데 바로 sdwriter와 build_filesystem 스크립트입니다. 이 내용을 분석해서 알고 있어야 정확하게 어떻게 동작하고 있는가에 대한 이해가 생길 수 있을 것입니다. 이번 장에서는 이 내용들을 살펴볼 것입니다.

16.1. sdwriter 내용 분석

sdreader와 sdwriter는 실행 파일의 형태를 가지고 있지만 사실은 스크립트 파일입니다. 텍스트 에디터로 이 파일들을 열어서 볼 수도 있고, 편집도 가능합니다. sdreader는 각자 보시고, 여기서는 sdwriter 부분에서 주요한 부분만 설명을 드리도록 하겠습니다.

16.1.1. 내부 변수 정의 – 파일 및 디바이스 이름 지정

```
LC_ALL="C"
```

sdwriter는 뒤에서 grep을 이용해서 어떤 문자열을 찾을 것입니다. 그런데 이때 출력되는 문장이 Locale에 따라서 다르게 되면 결과가 달라질 수 있기 때문에 가장 처음에 이 문장을 수행해서 디폴트 상태인 C library에서 지원되는 영어로 바꾸어 준다는 의미입니다.

```
yhoh@ubuntu:~/bin$ sdwriter
SD Card Writer program V3.0
Create by Pyeongjeong Lee, Crztech
Usage: /home/yhoh/bin/sdwriter device input-image-name
ex) /home/yhoh/bin/sdwriter /dev/sdb test.img
```

sdwriter를 위와 같이 아무런 파라미터 없이 수행하면 사용 방법을 출력해 주면서 종료합니다. argument로 두 개를 주어야 합니다. 하나는 저장될 SD 카드에 대한 디바이스 이름과 저장할 이미지 파일의 이름을 차례로 주어야 합니다.

```
TFLASH=$1
ROOTFS=$2
UBOOT=mango100_uboot.bin
KERNEL=mango100_zImage
```

우리는 뒤에서 SD에 부팅과 관련한 작업이 될 수 있도록 SD에 write 작업을 진행할 것이고 그것을 이 sdwriter 스크립트를 이용해서 할 것입니다. 그때 커맨드 상에서의 입력은 아래와 같은 형태가 될 것입니다.

```
yhoh@ubuntu:~$ sudo ./sdwriter /dev/sdb mango100_2010_07_15.img
```

$1이 의미하는 것은 sdwriter에 입력해 주는 첫 번째 파라미터이므로 /dev/sdb가 되고, 결국 TFLASH가 이것을 의미하게 되고, ROOTFS는 이미지 파일의 이름이 됩니다. UBOOT와 KERNEL은 각각 강제적으로 이름을 부여했기 때문에 반드시 이 이름으로 되어 있어야 할 것입니다.

```
if [ -b "$TFLASH" ] && [ -e "$ROOTFS" ]; then
if [ -e "$UBOOT" ] && [ -e "$KERNEL" ]; then
[프로그램 주요 내용]
else
    echo "Not found Uboot or Kernel Image"
    echo "Please Check Image : $UBOOT or $KERNEL"
    exit 1
fi
else
    echo "Usage: $0 device input-image-name"
    echo "ex) $0 /dec/sdb test.img"
    exit 1
fi
```

위 내용은 전체적인 구조를 나타내 주는 것으로서 전달해준 파라미터와 내부적으로 지정했던 UBOOT와 KERNEL 파일 이름이 적절히 존재하고 있는 가를 검사해서 이상이 있으면 에러를 출력해 주고 끝내고, 에러가 없을 경우만 동작이 될 수 있도록 만들어 주는 것입니다.

16.1.2. 내부 변수 정의 – 섹터 오프셋 값 설정

```
# Check TFlash Sectors
TFLASH_SECTORS=`fdisk -l -u $TFLASH | grep sectors | head -n 1 \
| cut -d',' -f4 | cut -d' ' -f3`
```

위 내용은 주된 프로그램 내용 중에서 가장 먼저 나오는 것으로서 fdisk 명령을 이용해서 현재 장착시킨 T-Flash의 sector가 어떻게 되는지를 알아내는 것입니다.

```
yhoh@ubuntu:~$ sudo fdisk -l -u /dev/sdb
```

```
Disk /dev/sdb: 4072 MB, 4072669184 bytes
126 heads, 62 sectors/track, 1018 cylinders, total 7954432 sectors
Units = sectors of 1 * 512 = 512 bytes
Disk identifier: 0xd1bd9720

   Device Boot      Start         End      Blocks   Id  System
/dev/sdb1              62     5592013     2795976   83  Linux
Partition 1 does not end on cylinder boundary.
/dev/sdb2         5592014     6640589      524288   83  Linux
Partition 2 does not end on cylinder boundary.
/dev/sdb3         6640590     7689165      524288   83  Linux
Partition 3 does not end on cylinder boundary.
```

우리가 원하는 값은 위 결과에서 7954432 값입니다. 위 작업은 결국은 이 값을 얻어내기 위한 작업인 것입니다.

```
yhoh@ubuntu:~$ sudo fdisk -l -u /dev/sdb | grep sectors
126 heads, 62 sectors/track, 1018 cylinders, total 7954432 sectors
Units = sectors of 1 * 512 = 512 bytes
```

```
yhoh@ubuntu:~$ sudo fdisk -l -u /dev/sdb | grep sectors | head -n 1
126 heads, 62 sectors/track, 1018 cylinders, total 7954432 sectors
```

결과를 grep에 넘겨서 sectors라는 문자열을 포함한 것만 취하면 두 개의 문장이 남고, 여기서 head를 통해서 하나의 문장만 남도록 만들고 있습니다. 이제 이 하나의 문장에서 7954432를 취하기 위해서 cut을 사용합니다.

```
yhoh@ubuntu:~$ sudo fdisk -l -u /dev/sdb | grep sectors | head -n 1 | cut -d',' -f4
 total 7954432 sectors
```

','를 기준으로 나누어서 4번째에 위치하는 부분만 취하고 있습니다. 그러므로 " total 7954432 sectors" 부분만 남게 되는 것입니다. 만약 –f2를 했었다면 " 62 sectors/track"이 되었을 것입니다.

```
yhoh@ubuntu:~$ sudo fdisk -l -u /dev/sdb | grep sectors | head -n 1 | cut -d',' -f4 | cut -d' ' -f3
7954432
```

이제 마지막으로 ' ' (space)를 기준으로 구분을 하게 됩니다. ',' 쉼표로 구분해서 얻은 결과에는 맨 앞에 space가 하나 있고, 그러므로 space를 기준으로 구분하게 될 경우 3번째인 –f3를 주어야 원하는 결과를 얻을 수 있습니다. 결국 위의 작업을 통해서 알 수 있는 것은 **TFLASH_SECTORS가 결국**

7954432로 치환된다는 것입니다.

```
OFFSET_BL1=$(($TFLASH_SECTORS-18))
OFFSET_BL2=$(($TFLASH_SECTORS-1074))
OFFSET_KERNEL=$(($TFLASH_SECTORS-9266))
```

이제 전체 섹터의 갯수는 알았고 이것을 이용해서 UBoot와 Kernel이 저장될 위치를 알아야 합니다. 위의 정의 값들이 이에 대한 offset 값을 가지는 것인데 이것이 어떻게 구성되는 것인지를 알아야 합니다.

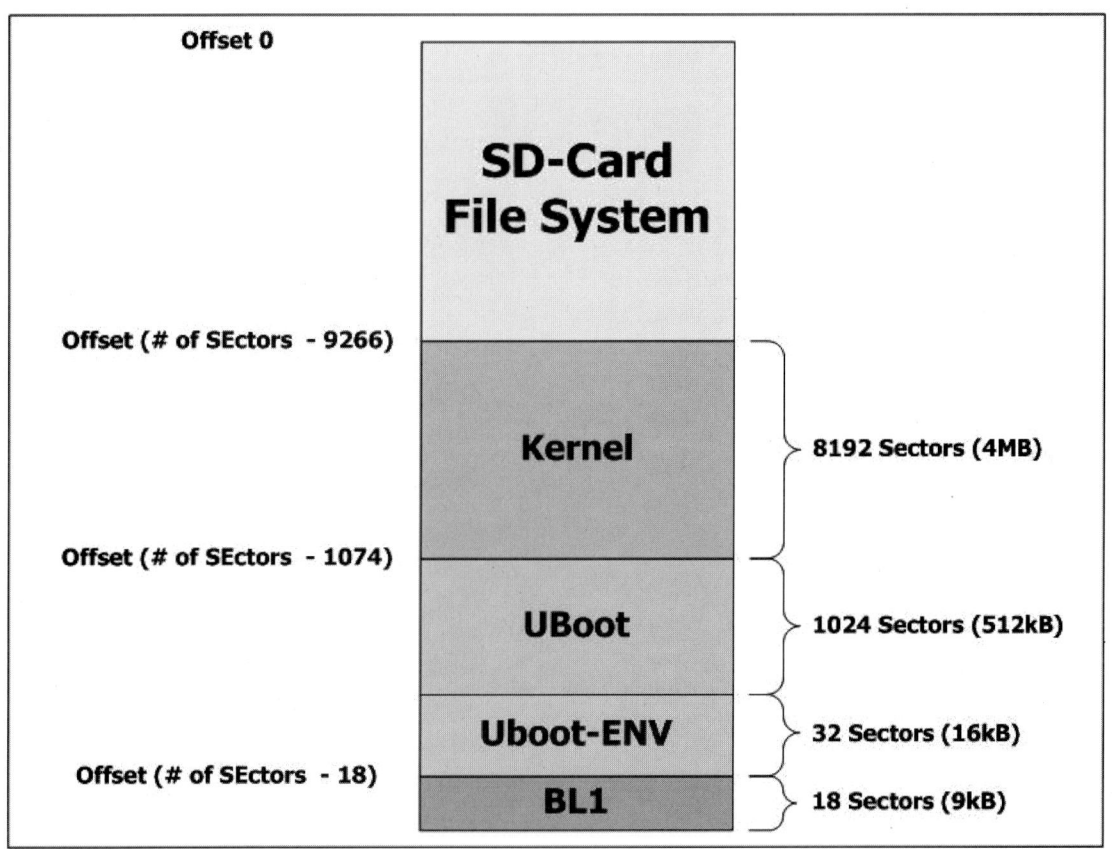

각 부분의 크기와 512 kB짜리 Sector의 갯수를 적어 놓은 것이 바로 아래의 표입니다.

Name	Size	# of Sectors
BL1	9 kB	18
UBOOT-ENV	16 kB	32
UBOOT	512 kB	1024
KERNEL	4 MB	8192

여기서 UBOOT-ENV 부분은 UBoot에서 사용하는 환경 변수를 저장하게 될 위치를 가리킵니다. 그런데 이들의 SD 카드에서의 위치에 대해서 알아야 합니다.

부팅이 일어날 때 하드웨어적으로 일부의 데이터를 읽어오는 작업이 자동으로 이루어지게 되는데 SD 카드로 부팅을 하는 경우는 SD 카드의 가장 뒤의 9 kB의 영역을 읽어오게 됩니다.

위 그림의 내용 중에서 SD-Card File System 부분만 따로 떼어서 살펴 보면 아래와 같은 그림을 그려볼 수 있습니다.

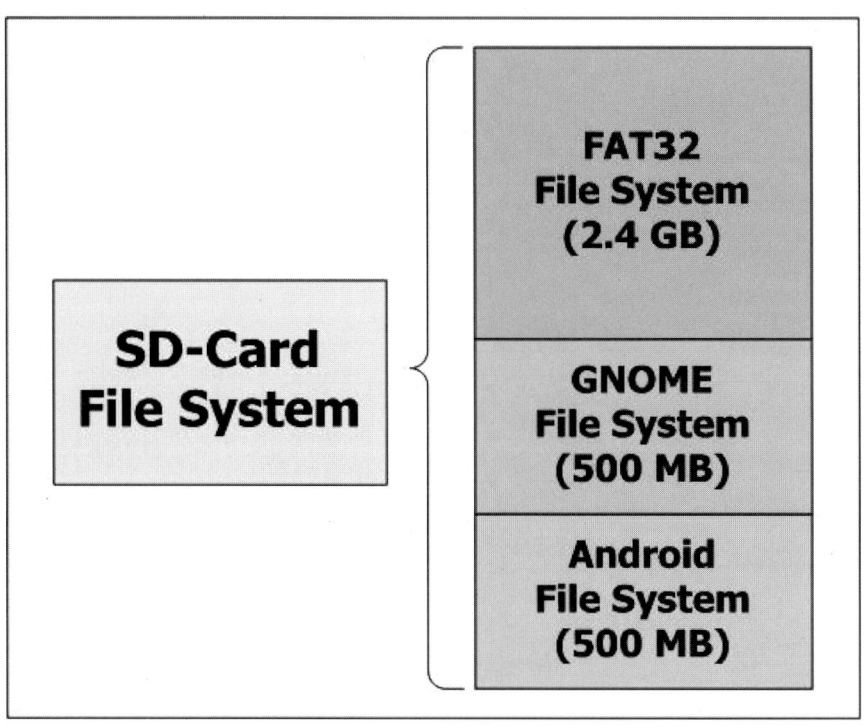

일반적인 파일들을 저장하는 용도로 파일 시스템 용도로 활용할 수 있는 공간이 맨 앞 부분에 존재하고 그 크기는 2.4 Gbytes입니다. 그 이후에 그놈 파일 시스템과 안드로이드 파일 시스템을 이어서 각각 500 Mbytes씩 할당이 되어 있습니다.

```
Mkfs.ext3   /dev/sdb1
Mkfs.ext3   /dev/sdb2
Mkfs.ext3   /dev/sdb3
Mount   -t ext3   /dev/sdb2 /media/android
```

위와 같은 방식으로 파일 시스템을 만들게 됩니다. 만들어진 공간에 적절한 내용을 복사해 두고 나중에 이용을 하게 되는 것입니다.

> NOTE. In case of **SD/MMC, iROM code loads 9KB at 0x34000 from the end of the booting device.**
> NOTE. In case of OneNAND and NAND, iROM code loads 16KB at 0x34000 from the beginning (Block 0) of the booting device.

위 내용이 S5PC100 CPU의 User Manual에서 발췌한 내용입니다. NAND와 같은 디바이스에서 부팅이 될 때는 16 kB의 크기를 디바이스의 시작 부분에서 읽어오는데, SD/MMC의 경우는 디바이스의 끝에서 9 kB의 크기를 읽어온다는 것을 알 수 있습니다.

$TFLASH_SECTORS에서 18을 빼는 것은 offset의 값을 계산하는 것입니다.

0	1	
1	2	
2	3	
3	4	
4	5	
5	6	
6	7	
7	8	
8	9	
9	10	

우리가 어떤 값을 계산할 때 컴퓨터의 offset은 늘 헷갈리는 것 중의 하나입니다. 위 그림과 같이 예를 들어 보았습니다. 만약 10개의 sector가 있다고 했을 때 그 중에서 맨 뒤의 2개의 sector를 차지한다고 하면 10에서 2를 뺀 8이 offset이 됩니다. 위에서 ($TFLASH_SECTORS-18)이 의미하는 것은 결국 SD 카드의 맨 뒤에서 18개의 sector를 차지하는 공간에 대한 offset 값을 구하는 것이 됩니다.

OFFSET_BL2의 경우는 BL1의 18 섹터와 UBoot-ENV의 32 섹터와 UBoot가 저장될 영역의 크기인 1024 부분을 더한 1074만큼을 빼주면 그 오프셋 값을 구할 수 있는 것입니다. 커널에 대한 오프셋 값은 위의 1074에 커널 크기인 8192를 더하면 9266이 계산되는 것입니다.

16.1.3. 내부 변수 정의 – 루트 파일시스템 크기 값 설정

```
ROOTFS_SIZE=$((`stat -c%s $ROOTFS` / 512))
```

stat은 파일이나 파일시스템의 상태 정보에 대한 것을 출력해주는 명령이 됩니다. $ROOTFS는 우리가

argument로 넘겨 주게 되는 이미지 파일 이름입니다. 결국 mango100_sdimage_4g_2010_07_15.img 이 될 것입니다.

```
yhoh@ubuntu:~/android_mango100/SD_Boot_Image/sdboot_2010_07_15_4GB$ l
-rw-r--r-- 1 yhoh yhoh 3936852992 2010-07-15 23:13 mango100_sdimage_4g_2010_07_15.img
-rwxr-xr-x 1 yhoh yhoh     195928 2010-06-04 16:30 mango100_uboot.bin
-rwxr-xr-x 1 yhoh yhoh    2325784 2010-07-15 21:23 mango100_zImage
yhoh@ubuntu:~/android_mango100/SD_Boot_Image/sdboot_2010_07_15_4GB$ stat -c%s mango100_sdimage_4g_2010_07_15.img
3936852992
```

stat -c%s는 그 다음에 파일 이름을 주면 그 파일의 크기를 바이트 단위로 표시하게 됩니다. 얻은 결과는 3936852992이고 이것을 섹터의 크기인 512로 나누어 줍니다. 결국 7689166을 ROOTFS_SIZE로 가지게 되는 것입니다.

16.1.4. 주요 기능 Erase & Write

이제 결국 수행하고자 하는 SD 카드에 대한 Erase 작업과 Write 작업에 대한 부분을 살펴보겠습니다. sdwriter 스크립트의 내용 중에서 단순히 화면상에 진행된 진행률을 표시하는 부분에 대한 것은 설명을 생략하도록 하겠습니다.

```
echo -n "Erase Uboot and Kernel Area : "
dd bs=512 seek=$OFFSET_KERNEL if=/dev/zero of=$TFLASH count=9226 > /dev/null 2>&1
print_success "$?"
```

Erase 작업과 Write 작업은 결국 dd 명령을 이용하게 됩니다.

dd는 결국은 복사를 수행하는 명령이 됩니다. 그런데 파일시스템 상에서 수행되는 복사와는 달리 디바이스의 Raw level에서 복사를 수행할 수 있는 유용한 명령이 됩니다. dd에서 사용되는 명령들은 아래와 같습니다.

bs=BYTES	한 번에 읽거나 쓰는 양	위의 경우는 512 bytes
if=FILE	stdin 대신에 읽어올 파일 지정	위 경우는 /dev/zero로 모두 0으로 채우고 있는 것입니다.
of=FILE	stdout 대신에 Write를 할 파일 지정	위 경우는 $TFLASH로 SD 카드가 됩니다.
count=BLOCKS	복사할 블록의 숫자	위 경우 9226으로 적혀 있는데 이 부분은

		9266으로 수정되어야 합니다.
skip=BLOCKS	입력 파일의 시작에서 몇 블럭을 skip할 것인지 지정	모두 0으로 채우는 것이기 때문에 위 경우는 skip이 없습니다.
seek=BLOCKS	출력 파일의 시작에서 몇 블럭을 skip할 것인지 지정	$OFFSET_KERNEL로 커널이 위치할 공간부터 SD 카드의 끝까지 지우게 됩니다.

위의 표로 정리한 것들 외에도 여러 가지가 존재하지만 sdwriter에서 사용되는 것은 위의 것들뿐입니다.

"> /dev/null 2>&1" 부분에 대한 것을 잠시 말씀 드려야 할 듯 합니다. 일단 "> /dev/null" 부분은 dd 명령을 통한 화면의 출력 부분을 /dev/null로 redirection을 합니다. 결국 화면에 이에 대한 결과 출력을 나타내지 않는 것입니다. 그런데 이렇게만 할 경우에는 에러가 났을 때 그 에러를 감지할 수 없습니다. 그래서 뒤에 "2>&1" 부분을 추가하는 것입니다. 이것은 표준 에러를 표준 출력으로 redirection을 합니다. 그래서 에러가 발생하였을 경우에 "$?"로 그 결과를 인지할 수 있는 것입니다.

```
print_success()
{
    if [ "$1" == 0 ]; then
        echo "success"
    else
        echo "failed"
        exit -1
    fi
}
```

print_success는 매우 단순한 함수입니다. print_success "$?"의 형태로 호출이 되어서 이전에 수행된 dd의 결과가 $?에서 알 수 있고, 이것을 print_success 함수에 넘겨서 결과를 비교하는 것입니다. 결과가 0이어야 정상적으로 수행된 것을 의미하게 됩니다. 에러가 발생했을 경우는 에러를 출력하고 종료합니다.

```
echo "Erase Filesystem : very long times"
print_percent "/dev/zero" "$TFLASH" "$OFFSET_KERNEL" "50"
print_success "$?"
```

print_percent 역시 print_success와 비슷하게 함수입니다. 하지만 함수의 내용이 무척 많고 복잡합니다. 대부분의 내용은 화면에 '#'을 찍으면서 진행률을 표시하기 위한 계산에 대한 것입니다.

```
Write filesystem : very long times
mango100_sdimage_4g_2010_07_15.img -> /dev/sdb :
######################......................... : 46%
```

위와 같이 Write 작업을 수행할 때 현재 얼만큼 진행되었는지를 알려주기 위해서 계산을 하는 것이 대부분의 내용을 차지하는 것입니다. 이 함수의 이 계산과 관련한 사항은 자세히 말씀 드리지는 않겠습니다.

```
FS_OFFSET=$(($FS_SIZE * $COUNT_ROOTFS))
dd bs=512 if=$1 of=$2 count=$FS_SIZE skip=$FS_OFFSET seek=$FS_OFFSET > /dev/null 2>&1
```

위 내용은 print_percent 함수에서 가장 주된 역할을 하는 부분입니다. 결국 이러한 것을 가능하게 만들어 주는 것은 위의 dd 작업을 수행할 때 skip과 seek를 동일한 크기로 맞추어 줌으로써 input file에서도 같은 옵셋을 이동시키고, output file에서도 같은 옵셋을 이동시켜서 FS_SIZE 크기 만큼씩 write를 하면서 그 비율을 계산해서 화면에 출력해 주고 있는 것입니다.

```
echo -n "Write BL1 : "
dd bs=512 seek=$OFFSET_BL1 count=16 if=$UBOOT of=$TFLASH > /dev/null 2>&1
print_success "$?"
echo -n "Write Uboot : "
dd bs=512 seek=$OFFSET_BL2 if=$UBOOT of=$TFLASH > /dev/null 2>&1
print_success "$?"
echo -n "Write Kernel : "
dd bs=512 seek=$OFFSET_KERNEL if=$KERNEL of=$TFLASH > /dev/null 2>&1
print_success "$?"
echo "Write filesystem : very long times"
print_percent "$ROOTFS" "$TFLASH" "$ROOTFS_SIZE" "50"
print_success "$?"
```

모든 Erase 작업을 마치면 비로소 Write 작업이 수행됩니다. BL1과 UBoot, 및 Kernel을 Write하고 마지막으로 파일시스템에 대해 쓰기 작업을 마치면 종료하게 됩니다.

16.2. build_filesystem 내용 분석

16.2.1. linux_write 함수 내용 분석

```
echo "Mango Create Filesystem ver 1.0"
```

```
case "$1" in
        android)
                linux_write $1
        gnome)
                linux_write $1
        *)
                about
                exit 2
esac
exit $?
```

최초에 수행되는 부분은 위의 내용입니다. build_filesystem 스크립트의 사용 방법은 ./build_filesystem gnome이나 ./build_filesystem android를 수행하게 됩니다. 결국 넘겨지는 argument는 android이거나 gnome인 것입니다. 위에서 case 문을 통해서 "linux_write $1"로 결국은 linux_write gnome이나 linux_write android가 수행되는 것입니다. 그 외의 경우는 about을 호출하고는 종료합니다.

```
about() {
        echo "Usage: $0 gnome or $0 android"
        exit 0
}
```

about은 너무나 단순한 함수로 사용 방법에 대한 것을 화면에 출력하고 끝내게 됩니다.

```
#!/bin/sh
HOME=/home/root
linux_write() {
        echo "$1 Filesystem build"
        flash_eraseall /dev/mtd0
        flash_eraseall /dev/mtd1
        echo "Uboot Image Writing..."
        dd if=$HOME/common/mango100_uboot.bin of=/dev/mtdblock0 bs=2048
        echo "Uboot Image Writing..."
        dd if=$HOME/$1/mango100_zImage of=/dev/mtdblock1 bs=2048
        $HOME/ubimount f 2
        echo "$1 Filesystem Writing..."
        cd /mnt/mtd
        case "$1" in
                android)
```

```
                        cp -a /media/mmc2/* .
            gnome)
                        cp -a /media/mmc3/* .
    esac
    cd $HOME
    $HOME/ubimount u 2
    echo "Create Done... Please Jumper Setting, and reset"
}
```

결국 linux_write 함수가 하는 일의 전부임을 알 수 있습니다. 여기에서 또한 주되게 사용하는 기능이 ubimount인데 이 부분은 뒤에서 살펴볼 것입니다.

가장 먼저 수행하는 것이 flash_eraseall /dev/mtd0와 flash_eraseall /dev/mtd1입니다. mtd0와 mtd1에는 각각 UBoot와 Kernel이 들어갈 곳입니다.

```
root@Mango:/dev# ls -l mtd*
crw-rw----    1 root      root    90,  0 Aug  3  2030 mtd0
crw-rw----    1 root      root    90,  1 Aug  3  2030 mtd0ro
crw-rw----    1 root      root    90,  2 Aug  3  2030 mtd1
crw-rw----    1 root      root    90,  3 Aug  3  2030 mtd1ro
crw-rw----    1 root      root    90,  4 Aug  3  2030 mtd2
crw-rw----    1 root      root    90,  5 Aug  3  2030 mtd2ro
brw-rw----    1 root      root    31,  0 Aug  3  2030 mtdblock0
brw-rw----    1 root      root    31,  1 Aug  3  2030 mtdblock1
brw-rw----    1 root      root    31,  2 Aug  3  2030 mtdblock2
```

/dev 부분을 찾아보면 mtd와 관련해서 위와 같이 결과를 얻을 수 있습니다. mtd0에 대한 것만 보면 mtd0와 mtd0ro는 character device이고 mtdblock0는 block device인 것을 알 수 있습니다. mtd0ro에서 ro가 의미하는 것은 read only입니다.

```
root@Mango:/# find . -name flash_erase* -print
./media/mmc3/sbin/flash_eraseall
./media/mmc3/sbin/flash_erase
./sbin/flash_eraseall
./sbin/flash_erase
```

프로그램 중 flash_eraseall은 character device에 작업이 되어야 하도록 만들어진 프로그램입니다. 이 것은 소스 코드로 실행 파일을 만들어 놓은 것입니다. 위와 같이 찾아보면 /sbin에 들어 있는 것을 알 수 있습니다.

```
root@Mango:~# flash_eraseall --help
Usage: flash_eraseall [OPTION] MTD_DEVICE
Erases all of the specified MTD device.
```

help로 사용 예를 보면 MTD device를 주게 되는데, 또한 작업은 Erase 작업을 flash_eraseall을 통해서 하게 되는데 이 때는 /dev/mtd0와 /dev/mtd1을 주어서 작업이 되어야 하는 것입니다.

```
dd if=$HOME/common/mango100_uboot.bin of=/dev/mtdblock0 bs=2048
dd if=$HOME/$1/mango100_zImage of=/dev/mtdblock1 bs=2048
```

위와 같이 실제 Write 작업이 이루어지는 것은 dd 명령을 이용하게 되고 이때 선택하는 디바이스는 /dev/mtdblock0나 /dev/mtdblock1이 되는 것입니다. dd는 블럭 단위로 작업이 되기 때문에 블럭 디바이스를 설정해 주어야 합니다.

```
root@Mango:~# pwd
/home/root
root@Mango:~# ls
android           common         mangoev          ubimount
bmp_reader        gnome          mangoev.c
build_filesystem  ipsetup        nfsmnt
root@Mango:~/common# ls
mango100_uboot.bin
root@Mango:~# cd ~/android/
root@Mango:~/android# ls
mango100_zImage
root@Mango:~/android# cd ../gnome/
root@Mango:~/gnome# ls
mango100_zImage
root@Mango:~/gnome#
```

내용 중에서 mango100_uboot.bin은 gnome이나 android나 같은 파일을 이용하게 되고, mango100_zImage은 $HOME/$1/에 있는 것을 이용하게 됩니다. $1은 argument로 전달된 값이고 이것은 gnome이나 android를 가리키게 될 것입니다. 위의 내용을 보면 /home/root 부분에 common, android, gnome 폴더가 존재하고 각각의 폴더 안에 해당 파일들이 들어 있는 것을 발견할 수 있습니다.

```
HOME=/home/root
$HOME/ubimount f 2
$HOME/ubimount u 2
```

이제 파일시스템에 대한 것을 작업하기 위해서는 반드시 마운트 작업을 수행해야 합니다. 뒤에서 살펴볼 ubimount 스크립트를 이용하게 됩니다. "ubimount f 2"를 수행하는 것은 mtd2에 대해서 마운트를 수행하는 것이고, "ubimount u 2"를 수행하는 것은 마운트를 해제하는 작업이 됩니다.

```
cd /mnt/mtd
… … …
android) cp -a /media/mmc2/* .
gnome) cp -a /media/mmc3/* .
```

이제 남은 수행 작업은 오직 복사를 수행하는 일뿐입니다. 위 코드가 바로 이 부분을 수행하는 것입니다. "ubimount f 2"를 수행하게 되면 /mnt/mtd 부분에 mtd2에 대한 마운트 작업이 됩니다. 그렇게 마운트 된 부분으로 이동해서 그곳에 각각의 경우에 따라 mmc2나 mmc3에서 모든 파일을 복사해서 저장하게 되면 모든 작업이 종료하는 것입니다.

```
root@Mango:~# cd /media/mmc2
root@Mango:/media/mmc2# ls
cache              init                sdcard
config             init.goldfish.rc    sqlite_stmt_journals
d                  init.mango100.rc    sys
data               init.rc             system
default.prop       lost+found          usb
dev                proc
etc                sbin
root@Mango:/media/mmc2# cd /media/mmc3
root@Mango:/media/mmc3# ls
app      dev      lib        media          sbin      usr
bin      etc      linuxrc    mnt            sys       var
boot     home     lost+found proc           tmp
root@Mango:/media/mmc3#
```

media mmc 부분은 SD 카드에 이미 존재하는 내용이 됩니다. 내용을 살펴보면 위와 같이 mmc2 폴더에는 안드로이드 파일 시스템의 내용이 존재하고, mmc3에는 gnome 파일 시스템의 내용이 존재하고 있음을 알 수 있습니다.

16.2.2. ubimount 스크립트 내용 분석

"ubimount f 2"를 수행하는 것은 mtd2에 대해서 마운트를 수행하는 것이고, "ubimount u 2"를 수행하는 것은 마운트를 해제하는 작업이 된다는 것을 말씀 드렸습니다. 이제 이 부분이 어떻게 동작되는 지를 살펴보도록 하겠습니다.

```sh
#!/bin/sh
echo "UBI mount program ver 1.1"
echo "Create by pjlee"
MOUNT_NUM=$2
RETVAL=0
```

"ubimount f 2"를 수행할 때 주었던 숫자 2는 MOUNT_NUM에 저장되게 됩니다.

```sh
if [ "$2" != "" ]; then
        case "$1" in
                "f")
… … … … … … …
                "m")
… … … … … … …
                "u")
… … … … … … …
                "")
                        usage
        esac
else
        usage
fi
```

이제 "ubimount f 2"를 수행할 때 주었던 f (혹은 마운트를 해제할 때 주었던 u)에 따라서 구분되는 동작을 수행하도록 합니다. 여기서 m은 마운트만을 수행하는 것이고, f는 format과 마운트를 동시에 수행하도록 하는 것입니다. 명령을 잘못 입력한 경우에는 usage를 호출하게 됩니다.

```sh
usage()
{
echo "ex) $0 m 2 rootfs"
echo "Arg 1 : m -> mount, u -> unmount, f -> format,mount"
echo "Arg 2 : partition number"
```

```
echo "Arg 3(option) : Partition Name or none"
echo " "
}
```

usage의 내용은 명령의 수행에 필요한 방법에 대해서 출력해주는 단순한 함수 입니다.

m은 마운트만을 수행하는 것이고, f는 format과 마운트를 동시에 수행하도록 하는 것이기 때문에 m에 대한 것은 중복되는 내용이라서 f에 대한 부분과 u에 대한 부분만 살펴보도록 하겠습니다.

```
"f")
        echo "Erasing Partition $MOUNT_NUM Area"
        flash_eraseall /dev/mtd$2
        ubi_attach
        if [ "$3" != "" ]; then
                ubimkvol /dev/ubi0 -N $3 -m
        else
                ubimkvol /dev/ubi0 -N rootfs -m
        fi
        vol_mount
        RETVAL=$?
        if [ $RETVAL = 0 ]; then
                echo "mounting Success!!!"
… … … … … … …
```

먼저 flash_eraseall /dev/mtd2가 수행되면서 Erase 작업이 수행됩니다. 이후 ubi_attach, ubimkvol, vol_mount가 차례로 수행되면 끝나게 됩니다. ubi_attach, vol_mount 부분은 뒤에서 다시 살펴볼 것이고 여기서는 ubimkvol 부분만 살펴보도록 하겠습니다.

```
root@Mango:~# ubimkvol –h
```

ubimkvol –h를 수행하면 관련 도움말을 보실 수 있습니다. ubimkvol은 UBI 볼륨을 생성해 주는 도구입니다. –N 옵션은 볼륨의 이름을 지정하는 것입니다. 우리는 "ubimount f 2"로 세 번째 파라미터가 없이 수행하였기 때문에 디폴트 값인 rootfs로 볼륨 이름을 정하게 됩니다. 마지막의 –m 옵션은 maximum available size로 볼륨의 크기를 지정하라는 뜻입니다.

ubimkvol의 첫 번째 파라미터는 UBI device node file name입니다. 이 값이 /dev/ubi0으로 되어 있는데 이것은 바로 이전에 호출되는 ubi_attach에 의해서

```
"u")
        ubi_deattach
... ... ... ... ... ... ...
```

"ubimount u 2"를 수행하는 것은 마운트를 해제하는 작업이 이것은 단순히 ubi_deattach를 불러주는 것으로 끝입니다. 이 부분은 뒤에서 살펴보겠습니다.

16.2.3. ubi_attach 함수 내용 분석

"ubimount f 2"를 수행할 때 먼저 flash_eraseall /dev/mtd2가 수행되면서 Erase 작업이 수행되고, 이후 ubi_attach, ubimkvol, vol_mount가 차례로 수행되어 끝난다는 것을 말씀 드렸습니다. 여기서는 ubi_attach에 대한 부분을 살펴보도록 하겠습니다.

```
ubi_attach()
{
if [ -c "/dev/ubi0" ]; then
          echo "UBI Attached!!!"
else
          ubiattach /dev/ubi_ctrl -m $MOUNT_NUM
fi
}
```

ubi_attach의 내용은 무척 단순합니다. "/dev/ubi0"가 존재하면 이미 attach되었다고 출력하고 종료하고 그렇지 않으면 ubiattach를 호출하는 것입니다.

```
root@Mango:~# ubiattach –h
```

ubiattach –h를 수행하면 관련 도움말을 보실 수 있습니다. ubiattach는 MTD device를 UBI에 attach 시켜주는 툴입니다. 먼저 <UBI control device node file name>을 적어 줍니다. 여기서는 /dev/ubi_ctrl 을 명시해 주어야 합니다. –m 옵션은 MTD device의 번호를 적어주면 됩니다. $MOUNT_NUM으로 이 값은 2가 됩니다. –d 옵션으로 UBI device의 번호 또한 적어 줄 수가 있는데 위에서는 이 내용은 빠져 있습니다. 만약 –d 옵션으로 UBI device의 번호를 명시하지 않으면 디폴트 번호가 할당되게 되고 이로써 /dev/ubi0가 할당되게 되는 것입니다.

16.2.4. vol_mount 함수 내용 분석

"ubimount f 2"를 수행할 때 ubi_attach, ubimkvol, vol_mount가 차례로 수행되는데 여기서는 마지막

으로 수행되는 vol_mount에 대한 부분을 살펴보도록 하겠습니다. 결국 이 함수가 원하는 것은 /mnt/mtd로 UBI 파일시스템을 마운트 하려고 하는 것입니다.

```
vol_mount()
{
VOL_NAME=`ubinfo -a | grep Name | head -n 1 | cut -d':' -f2 | tr -d ' '`
if [ "$VOL_NAME" != "" ]; then
        MOUNT_INFO=`df | grep $VOL_NAME | cut -d':' -f2 | cut -d' ' -f1`
        if [ "$VOL_NAME" == "$MOUNT_INFO" ]; then
                echo "Mounted!!!"
                RETVAL=0
        else
                mount -t ubifs ubi0:$VOL_NAME /mnt/mtd
                RETVAL=$?
        fi
else
        RETVAL=1
fi
}
```

ubinfo –a를 통해서 볼륨의 이름을 얻고 있습니다. 사실 이 과정을 정확히 이해하기 위해서는 ubimount 스크립트를 이용하는 것이 아니라 하나씩 명령을 수행시키면서 해보면 더욱 쉽습니다. 다음 절에서는 이 부분을 해볼 것입니다.

```
root@Mango:~# ubinfo -a
UBI version:                            1
Count of UBI devices:                   1
UBI control device major/minor: 10:62
Present UBI devices:            ubi0
ubi0
Volumes count:                          1
Logical eraseblock size:        129024 bytes, 126.0 KiB
Total amount of logical eraseblocks:    2014 (259854336 bytes, 247.8 MiB)
Amount of available logical eraseblocks: 0 (0 bytes)
Maximum count           128
Count of bad physical eraseblocks:      2
Counter value:      2
Minimum input/output unit size:         2048 bytes
```

```
Character device major/minor:        252:0
Present volumes:                     0
Volume ID:    0 (on ubi0)
Type:         dynamic
Alignment:    1
Size:         1990 LEBs (256757760 bytes, 244.9 MiB)
State:        OK
Name:         rootfs
Character device major/minor: 252:1
```

ubinfo –a에서 얻으려는 것은 바로 Name 부분입니다.

```
root@Mango:~# ubinfo -a | grep Name
Name:         rootfs
```

이 부분을 grep을 통해서 얻고 있습니다. 이후의 과정은 cut을 이용해서 rootfs 이름을 얻고 있는 것입니다. 우리의 경우는 사실 볼륨 이름을 지정하지 않았기 때문에 굳이 이렇게까지 검색을 해서 찾을 필요는 없지만 임의로 값을 입력할 경우를 대비한 프로그램이라고 할 수 있습니다.

```
root@Mango:~# df
Filesystem       1K-blocks     Used Available Use% Mounted on
/dev/root         516040     246596    243232   50% /
none                  64         60         4   94% /dev
tmpfs                 64         60         4   94% /dev
/dev/mmcblk0p1   2790504     814796   1975708   29% /media/mmc1
/dev/mmcblk0p3    516040     246596    243232   50% /media/mmc3
/dev/mmcblk0p2    516040     115080    374748   23% /media/mmc2
tmpfs              87144        472     86672    1% /var/volatile
tmpfs              87144          0     87144    0% /dev/shm
tmpfs              87144          0     87144    0% /media/ram
ubi0:rootfs       233700         20    228620    0% /mnt/mtd
```

위 내용은 실제로 마운트가 이루어진 이후에 df를 통해서 살펴본 것입니다. ubi0:rootfs가 정확하게 마운트 된 것을 확인할 수 있습니다. df를 통해서 이 정보를 추출해서 실제 현재 마운트가 이미 되어 있는가를 검사하려고 하는 것입니다.

```
root@Mango:~# df | grep rootfs
ubi0:rootfs       233700         20    228620    0% /mnt/mtd
```

역시 grep과 cut을 이용해서 rootfs라는 이름을 찾게 됩니다. 찾은 이후에 이미 존재한다면 "Mounted!!!"를 출력하고 끝내는 것이고, 존재하지 않으면 마운트를 수행하는 것입니다.

```
mount -t ubifs ubi0:rootfs /mnt/mtd
```

$VOL_NAME은 rootfs가 될 것이고 결국 수행하려고 하는 것은 위 명령인 것입니다. UBI 파일 시스템으로 ubi0:rootfs와 /mnt/mtd를 마운트 하고 있습니다.

16.2.5. ubi_deattach 함수 내용 분석

마운트를 해제하기 위해 호출한 "ubimount u 2"는 단순히 ubi_deattach를 불러주었습니다. 여기서는 ubi_deattach를 살펴보겠습니다.

```
ubi_deattach()
{
if [ -c "/dev/ubi0" ]; then
        umount /mnt/mtd
        ubidetach /dev/ubi_ctrl -m $MOUNT_NUM
        RETVAL=$?
else
        echo "UBI Not Attached!!!"
        RETVAL=1
fi
}
```

"/dev/ubi0"가 존재하지 않으면 attach되어 있지 않다는 메시지를 출력하고 끝내고, 존재하면 ubidetach를 수행하게 됩니다. ubidetach는 MTD device를 UBI에 attach 시켜주었던 것을 해제하는 툴입니다.

가장 먼저 수행되어야 하는 작업은 /mnt/mtd로 마운트 되어 있던 것을 해제하는 작업입니다. umount 명령을 통해서 마운트를 해제하는 작업이 수행됩니다.

ubidetach의 과정은 ubiattach의 과정의 완전히 역의 과정을 수행하게 될 것입니다. 사용 방법은 ubiattach와도 거의 동일 합니다. ubiattach와 마찬가지로 먼저 <UBI control device node file name>을 적어 줍니다. 여기서는 /dev/ubi_ctrl을 명시해 주어야 합니다. –m 옵션으로 MTD device의 번호를 적어주는 것과 –d 옵션으로 UBI device의 번호를 주는 것도 동일합니다. 물론 여기서도 –m 옵션으로 MTD device 번호만을 주었습니다. $MOUNT_NUM으로 이 값은 2가 됩니다.

16.2.6. 마운트 과정 직접 수행해보기

스크립트를 분석했는데 마지막으로 각 명령 별로 직접 수행을 시켜보면 보다 쉽게 이해하실 수 있을 것입니다.

```
root@Mango:~# flash_eraseall /dev/mtd2
Erasing 128 Kibyte @ 68a0000 -- 41 % complete.ete.16 % complete.8a0000 -- 16 % .
Skipping bad block at 0x068c0000
Erasing 128 Kibyte @ 9080000 -- 57 % complete.
Skipping bad block at 0x090a0000
Erasing 128 Kibyte @ fc00000 -- 100 % complete.te @ a620000 -- 65 % complete.
```

최초 Erase 작업은 위와 같이 수행됩니다.

```
root@Mango:~# ubiattach /dev/ubi_ctrl -m 2
UBI: attaching mtd2 to ubi0
UBI: physical eraseblock size:    131072 bytes (128 KiB)
UBI: logical eraseblock size:     129024 bytes
UBI: smallest flash I/O unit:     2048
UBI: sub-page size:               512
UBI: VID header offset:           512 (aligned 512)
UBI: data offset:
           UBI: empty MTD device detected
UBI: create volume table (copy #1)
UBI: create volume table (copy #2)
UBI: attached mtd2 to ubi0
UBI: MTD device name:             "File System"
UBI: MTD device size:             252 MiB
UBI: number of good PEBs:         2014
UBI: number of bad PEBs:          2
UBI: max. allowed volumes:        128
UBI: wear-leveling threshold:     4096
UBI: number of internal volumes: 1
UBI: number of user volumes:      0
UBI: available PEBs:              1990
UBI: total number of reserved PEBs: 24
UBI: number of PEBs reserved for bad PEB handling: 20
```

```
UBI: max/mean erase counter: 0/0
UBI: background thread "ubi_bgt0d" started, PID 1680
UBI device number 0, total 2014 LEBs (259854336 bytes, 247.8 MiB), available 19)
```

mtd 디바이스 2를 ubi0에 attach하는 과정이 이루어지고 있습니다.

```
root@Mango:~# ubimkvol /dev/ubi0 -N rootfs -m
Set volume size to 256757760
Volume ID 0, size 1990 LEBs (256757760 bytes, 244.9 MiB), LEB size 129024 bytes (126.0 KiB),
dynamic, name "rootfs", alignment 1
```

볼륨을 지정하는 작업은 위와 같이 이루어집니다.

```
root@Mango:~# mount -t ubifs ubi0:rootfs /mnt/mtd
UBIFS: default file-system created
UBIFS: mounted UBI device 0, volume 0, name "rootfs"
UBIFS: file system size:     255209472 bytes (249228 KiB, 243 MiB, 1978 LEBs)
UBIFS: journal size:         12773376 bytes (12474 KiB, 12 MiB, 99 LEBs)
UBIFS: media format:         4 (latest is 4)
UBIFS: default compressor: lzo
UBIFS: reserved for root:    5182151 bytes (5060 KiB)
```

마운트 작업이 위와 같이 수행됩니다.

마운트 작업에 대한 해제 작업에 대한 것도 해보도록 하겠습니다.

```
root@Mango:~# umount /mnt/mtd
UBIFS: un-mount UBI device 0, volume 0
```

```
root@Mango:~# ubidetach /dev/ubi_ctrl -m 2
UBI: mtd2 is detached from ubi0
```

umount와 ubidetach 작업은 매우 간단하게 수행됩니다.

17. 커널 빌드 과정에서의 config 변경

이번 장은 매우 짧은 내용입니다. 커널의 빌드 함에 있어서 config를 어떻게 변경할 것인지에 대한 내용을 다룰 것입니다.

17.1. make xxx_config

망고64와 망고100에 안드로이드를 포팅하는 작업을 수행했는데 이 과정에서 수행했던 내용이 아래의 내용입니다.

```
yhoh@ubuntu:~/android_mango64/mango64_kernel_2010_07_02$ make mango64_V01_05_defconfig
#
# configuration written to .config
#
```

```
yhoh@ubuntu:~/android_mango100/Kernel_v2.6.29/mango100_kernel_2010_07_15$ make mango100_android_defconfig
… … … … … … …
#
# configuration written to .config
#
```

모두 결국은 .config 파일을 만들기 위한 작업입니다. 이전에도 살펴보았던 것처럼 mango64_V01_05_defconfig이나 mango100_android_defconfig와 그로 인해서 만들어진 .config 파일과는 날짜만 틀릴 뿐 동일한 내용입니다.

여기서 망고100의 .config 파일을 잠시 살펴보겠습니다.

```
CONFIG_ARM=y
CONFIG_HAVE_PWM=y
CONFIG_SYS_SUPPORTS_APM_EMULATION=y
CONFIG_GENERIC_GPIO=y
# CONFIG_GENERIC_TIME is not set
… … … … … … …
CONFIG_VECTORS_BASE=0xffff0000
CONFIG_DEFCONFIG_LIST="/lib/modules/$UNAME_RELEASE/.config"
… … … … … …
```

```
CONFIG_INIT_ENV_ARG_LIMIT=32
… … … … … … … …
# CONFIG_SCSI_SCAN_ASYNC is not set
CONFIG_SCSI_WAIT_SCAN=m
```

모두 CONFIG_로 시작하는 변수들을 지정하고 있습니다. 대부분의 내용은 y로 되어 있으며 이것은 커널을 빌드할 때 포함시켜서 빌드를 하라는 지시입니다. 보통의 경우 빌드할 때 포함시키지 않을 것이면 주석으로 처리하게 됩니다. 일부는 수치나 다른 정보를 가지고 있는 것도 있으면 이는 빌드 시에 활용될 것입니다. m으로 되어 있으면 커널 빌드 시에는 포함되지 않지만 모듈 형태로 포함될 수 있다는 것을 가리킵니다.

커널 config와 관련해서는 여러 가지 방법이 있습니다. 가장 단순한 방법은 mango64_V01_05_defconfig이나 mango100_android_defconfig 파일을 직접 편집하는 것입니다. 물론 내용을 정확히 알고 있는 경우에는 이 방법을 사용할 수 있을 것입니다. 하지만 대부분의 경우는 이 방법을 잘 사용하지 않습니다. 흔히 사용하는 두 가지 방법에 대해서 살펴보도록 하겠습니다.

17.2. make menuconfig

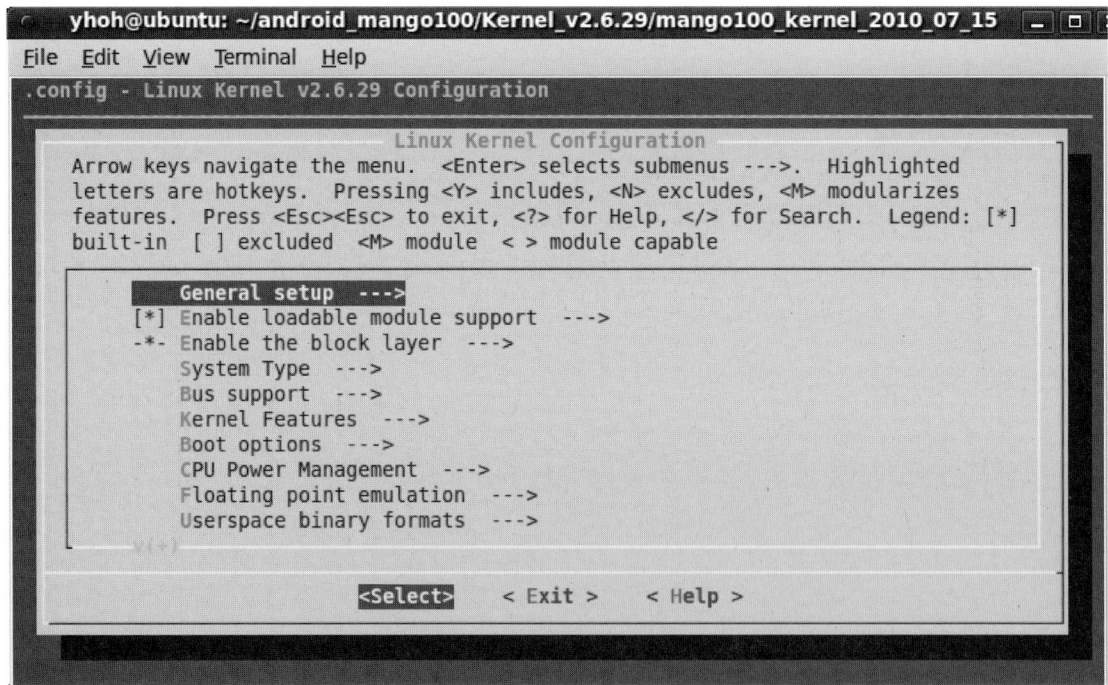

yhoh@ubuntu:~/android_mango100/Kernel_v2.6.29/mango100_kernel_2010_07_15$ **make menuconfig** make menuconfig를 수행하면 위의 그림을 볼 수 있습니다. 보면 터미널 창이 GUI 형태로 변하고 각종 설정과 관련한 것을 쉽게 수행할 수 있도록 되어 있는 것을 확인할 수 있습니다.

```
Arrow keys navigate the menu. <Enter> selects submenus --->. Highlighted letters are hotkeys.
Pressing <Y> includes, <N> excludes, <M> modularizes features. Press <Esc><Esc> to exit, <?> for
Help, </> for Search. Legend: [*] built-in  [ ] excluded   <M> module   < > module capable
```

위 내용이 설명으로 들어 있습니다. 키를 이용해서 이동할 수 있으며 엔터를 치면 서브 메뉴로 진입할 수 있고, 하이라이트 되어 있는 문자는 단축키입니다. 해당하는 항목에 들어가서 Y를 입력하면 포함되는 것이고, N은 포함되어 있던 것을 제외시키는 것이고, M은 모듈화 시키는 것을 의미합니다. Esc 키를 두 번 연속으로 누르면 상위 메뉴로 올라가거나 빠져나올 수 있습니다.

예를 들어서 살펴보는 것이 쉬울 것입니다.

```
         System Type      --->
         Bus support      --->
         Kernel Features  --->
         Boot options     --->
         CPU Power Management --->
```

Kernel Features를 선택하고 엔터를 누릅니다.

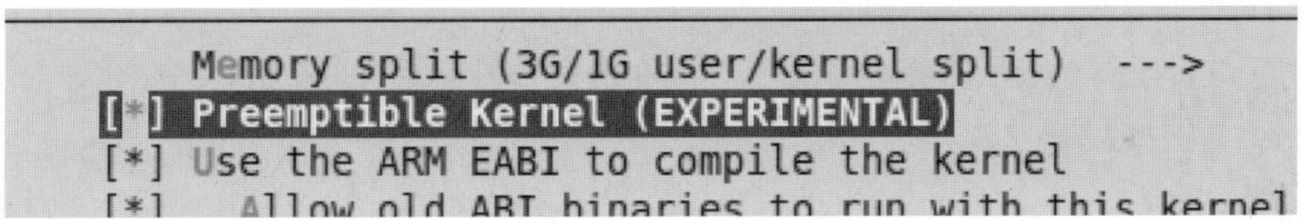

```
         Memory split (3G/1G user/kernel split)  --->
     [*] Preemptible Kernel (EXPERIMENTAL)
     [*] Use the ARM EABI to compile the kernel
     [*]     Allow old ABI binaries to run with this kernel
```

Preemptible Kernel 부분에서 y를 눌러서 포함시키도록 만듭니다.

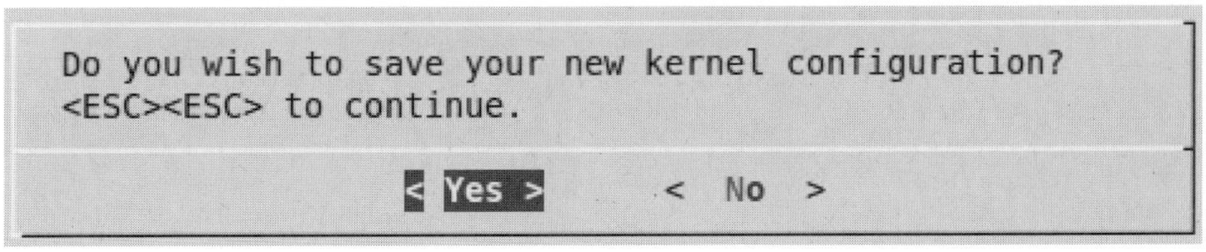

```
     Do you wish to save your new kernel configuration?
     <ESC><ESC> to continue.

              < Yes >        < No >
```

계속 Esc를 눌러서 빠져나올 때 위와 같이 저장할 것인지를 묻는데 yes를 선택합니다.

```
yhoh@ubuntu:~/android_mango100/Kernel_v2.6.29/mango100_kernel_2010_07_15$ make
menuconfig
  HOSTCC   scripts/kconfig/lxdialog/checklist.o
```

```
    HOSTCC   scripts/kconfig/lxdialog/inputbox.o
    HOSTCC   scripts/kconfig/lxdialog/menubox.o
    HOSTCC   scripts/kconfig/lxdialog/textbox.o
    HOSTCC   scripts/kconfig/lxdialog/util.o
    HOSTCC   scripts/kconfig/lxdialog/yesno.o
    HOSTCC   scripts/kconfig/mconf.o
    HOSTLD   scripts/kconfig/mconf
scripts/kconfig/mconf arch/arm/Kconfig
sound/soc/s3c24xx/Kconfig:166:warning: choice value used outside its choice group
#
# configuration written to .config
#
*** End of Linux kernel configuration.
*** Execute 'make' to build the kernel or try 'make help'.
```

이 경우에도 이전에 수행했던 make mango100_android_defconfig와 마찬가지로 .config 파일을 만들고 있는 것을 알 수 있습니다.

```
yhoh@ubuntu:~/android_mango100/Kernel_v2.6.29/mango100_kernel_2010_07_15$ diff
mango100_android_defconfig .config
4c4
< # Thu Jun 10 19:03:15 2010
---
> # Wed Aug  4 16:16:29 2010
35a36
> CONFIG_LOCK_KERNEL=y
275c276
< # CONFIG_PREEMPT is not set
---
> CONFIG_PREEMPT=y
1700a1702
> CONFIG_DEBUG_PREEMPT=y
```

이제 지금 만들어진 .config 파일과 mango100_android_defconfig를 비교해 보았습니다. CONFIG_LOCK_KERNEL=y, CONFIG_PREEMPT=y, CONFIG_DEBUG_PREEMPT=y의 세 개의 설정이 추가되어 있는 것을 확인할 수 있습니다. 이 부분을 GUI를 통하지 않고 텍스트를 편집해서 설정한다는 것은 매우 어려울 것이라는 것은 충분히 예상하실 수 있을 것입니다.

```
yhoh@ubuntu:~/android_mango100/Kernel_v2.6.29/mango100_kernel_2010_07_15$ make
mango100_android_defconfig
sound/soc/s3c24xx/Kconfig:166:warning: choice value used outside its choice group
#
# configuration written to .config
#
```

바뀐 .config 파일을 원래의 것으로 바꾸려면 이전에 했던 것과 마찬가지로 make mango100_android_defconfig를 수행하면 됩니다.

17.3. make xconfig

make menuconfig보다 더 GUI 부분이 강력한 것이 make xconfig입니다. 예전에는 menuconfig를 많이 사용했었는데 xconfig가 무척 편리합니다. 리눅스도 이제는 UI가 상당히 좋아졌습니다.

```
yhoh@ubuntu:~/android_mango100/Kernel_v2.6.29/mango100_kernel_2010_07_15$ make xconfig
   CHECK    qt
*
* Unable to find the QT3 installation. Please make sure that
* the QT3 development package is correctly installed and
* either install pkg-config or set the QTDIR environment
* variable to the correct location.
*
sed < scripts/kconfig/lkc_proto.h > scripts/kconfig/lkc_defs.h 's/P(₩([^,]*₩),.*/#define ₩1 (₩*₩1_p)/'
   HOSTCC   scripts/kconfig/kconfig_load.o
make[1]: *** No rule to make target `scripts/kconfig/.tmp_qtcheck', needed by
`scripts/kconfig/qconf.o'.  Stop.
make: *** [xconfig] Error 2
```

make xconfig를 실행했는데 위와 같이 표시가 된다면 현재 QT3가 설치되어 있지 않기 때문에 에러를 출력하는 것입니다.

```
yhoh@ubuntu:~/android_mango100/Kernel_v2.6.29/mango100_kernel_2010_06_30$ sudo apt-get
install qt3-dev-tools
Reading package lists... Done
Building dependency tree
Reading state information... Done
```

```
The following packages were automatically installed and are no longer required:
  linux-headers-2.6.31-14 linux-headers-2.6.31-14-generic
... ... ... ... ... ... ...
Setting up libqt3-mt-dev (3:3.3.8-b-5ubuntu3) ...
Processing triggers for libc-bin ...
ldconfig deferred processing now taking place
```

qt3-dev-tools을 위와 같이 설치해 줍니다. 설치가 모두 끝난 이후에는 다시 make xconfig를 수행합니다.

```
yhoh@ubuntu:~/android_mango100/Kernel_v2.6.29/mango100_kernel_2010_06_30$ make xconfig
  CHECK    qt
/usr/bin/moc -i scripts/kconfig/qconf.h -o scripts/kconfig/qconf.moc
... ... ... ... ... ...
```

결국은 .config 파일을 읽어서 그 파일이 지정하는 configuration 정보를 사용자가 편하게 볼 수 있도록 만들어 주는 것이고, 그러한 UI를 통한 사용자의 설정 사항이 다시 .config에 저장되는 것입니다.

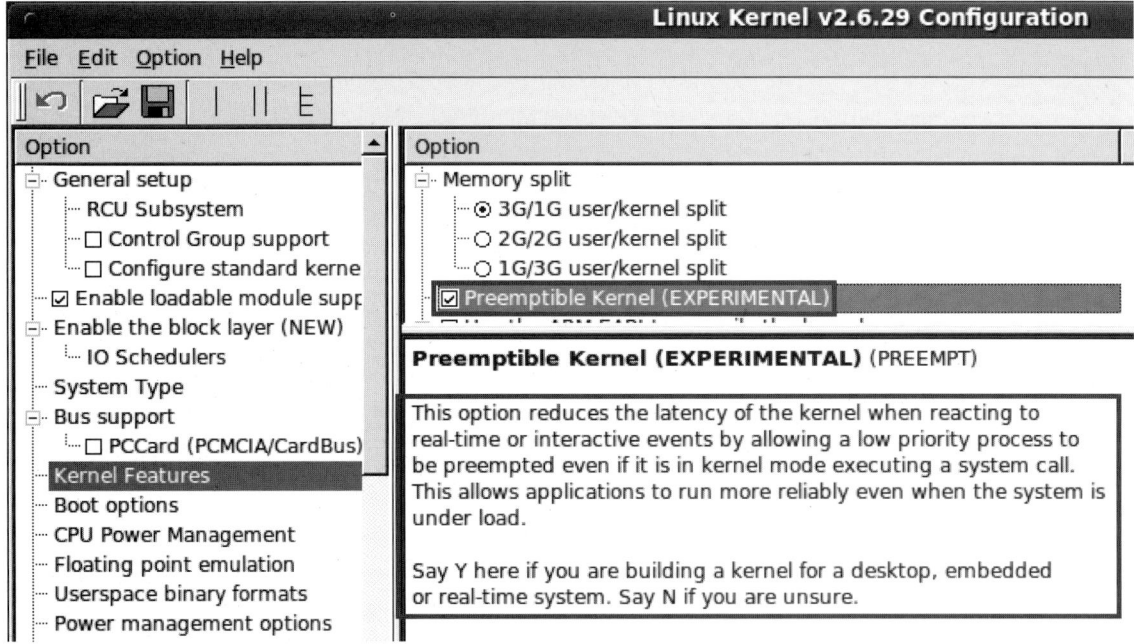

동작은 menuconfig와 다를 것은 하나도 없습니다. 다만 위 그림과 같이 보다 사용자가 편집하는데 쉽도록 GUI가 무척 편리하게 되어 있다는 것입니다. 같은 예를 시험해 보도록 하겠습니다. 위와 같이 Kernel Features > Preemptible Kernel 부분을 설정한 이후에 저장을 하고 빠져 나옵니다. 오른쪽 아래에 설명들도 있기 때문에 보다 더 명확하게 알 수가 있습니다.

```
yhoh@ubuntu:~/android_mango100/Kernel_v2.6.29/mango100_kernel_2010_07_15$ make xconfig
CHECK   qt
sed < scripts/kconfig/lkc_proto.h > scripts/kconfig/lkc_defs.h 's/P(\([^,]*\),.*/#define \1 (\*\1_p)/'
  HOSTCC   scripts/kconfig/kconfig_load.o
/usr/bin/moc -i scripts/kconfig/qconf.h -o scripts/kconfig/qconf.moc
  HOSTCXX scripts/kconfig/qconf.o
  HOSTLD   scripts/kconfig/qconf
scripts/kconfig/qconf arch/arm/Kconfig
sound/soc/s3c24xx/Kconfig:166:warning: choice value used outside its choice group
#
# configuration written to .config
#
```

위와 같이 결국 .config에 다시 저장이 되는 것입니다.

```
yhoh@ubuntu:~/android_mango100/Kernel_v2.6.29/mango100_kernel_2010_07_15$ diff mango100_android_defconfig .config
4c4
< # Thu Jun 10 19:03:15 2010
---
> # Wed Aug   4 17:31:10 2010
35a36
> CONFIG_LOCK_KERNEL=y
275c276
< # CONFIG_PREEMPT is not set
---
> CONFIG_PREEMPT=y
1700a1702
> CONFIG_DEBUG_PREEMPT=y
```

mango100_android_defconfig와 비교를 해보면 menuconfig를 통해서 얻은 결과와 완전하게 동일한 것을 발견할 수 있습니다.

18. NFS로 구동시키기

이번 장에서 SD나 NAND가 아닌 네트워크 상으로 부팅이 이루어지는 NFS를 이용한 부팅에 대해서 살펴보도록 하겠습니다.

사실 개발을 하는 과정에 있어서 일일이 SD나 NAND를 이용해서 파일시스템을 로딩하고 저장하고 하는 과정은 너무나도 시간이 많이 소모되는 작업이 됩니다. 부트로더만 메인 부팅 디바이스에 장착해 두고 그 외의 Kernel과 안드로이드 파일시스템은 NFS를 이용해서 개발이 이루어지는 우분투에서 바로 가져다가 사용할 수 있도록 만드는 것은 너무나도 필수적인 일이라고 할 수 있습니다.

실제로는 특별히 많이 변경이 이루어질 일이 없는 UBoot만을 NAND에 장착하고 부팅의 용도로 사용하고, 커널은 TFTP를 이용해서 서버로부터 다운로드 받아서 압축을 풀어서 커널로 부팅을 진행하고 NFS로는 파일시스템을 연결하도록 사용하게 됩니다.

18.1. NFS (Network File System) 란?

NFS는 SUN사가 개발한 RPC(Remote Procedure Call) 기반 시스템입니다. Remote Computer의 파일을 마치 자신의 컴퓨터에 있는 것처럼 이용할 수 있는 것입니다. Server/Client 기반 응용 프로그램으로서 File System이 존재하지 않는 Client 시스템에서 원격의 Host 시스템에서 설정된 일부 디렉터리를 이용할 수 있기 때문에 무척이나 편리한 것입니다. 임베디드 시스템 개발 시 많이 이용되는 것입니다. 필자 역시 항상 이것만 이용한다고 해도 과언은 아닙니다.

아래 그림과 같은 연결을 생각해 볼 수 있을 것입니다. 서버와 클라이언트로 연결된 구조를 가지고 있는 것입니다.

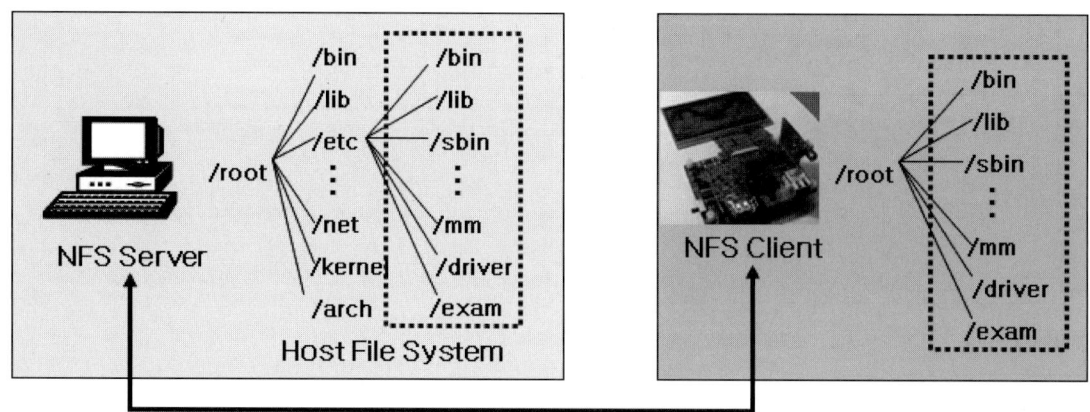

개념도를 그려보면 아래의 그림과 같습니다.

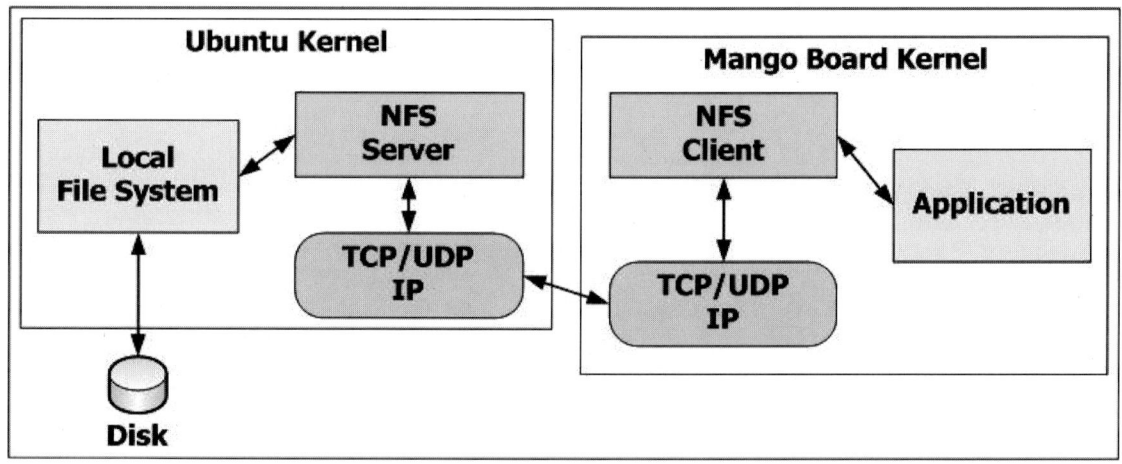

NFS 시스템은 아래와 같은 장단점을 가집니다.

장점	● 개발 호스트에서 작업한 것을 NFS 시스템을 이용하여 Target Board의 리눅스 상에서 mount 시켜 사용하면 download 할 필요가 없습니다. ● 개발 호스트 상의 파일이 Target Board의 리눅스 파일시스템 위에서 접근이 가능하고 실행이 가능합니다. ● 램 디스크 상에서 올리기에 너무 큰 파일도 NFS 상에서는 호스트의 기억 용량에 의존하기 때문에 쉽게 처리가 가능합니다.
단점	● 특수 파일은 NFS에 연결된 디렉토리에 만들 수 없습니다. 예를 들면 장치 파일과 같은 것들은 연결시키기가 곤란합니다. ● 읽고 쓰는 속도가 빠른 파일로는 사용이 곤란합니다. 예를 들면 멀티미디어 파일과 같은 것들은 NFS로 처리하기에는 무리가 있을 수 있습니다.

18.2. NFS 서버 설정

18.2.1. NFS 서버 패키지 설치

가장 먼저 해주어야 하는 것은 NFS 서버를 우분투 상에 설치해 주는 것입니다.

```
yhoh@ubuntu:~$ apt-cache search nfs | grep kernel
nfs-kernel-server - support for NFS kernel server
yhoh@ubuntu:~$ apt-cache search nfs | grep common
nfs-common - NFS support files common to client and server
yhoh@ubuntu:~$ apt-cache search nfs | grep portmap
portmap - RPC port mapper
yhoh@ubuntu:~$
```

위와 같이 검색을 했을 때 모든 패키지가 정상적으로 설치되어 있어야 합니다. 만약 그렇지 않을 경우는 아래와 같이 설치 작업을 해주시기 바랍니다.

```
yhoh@ubuntu:~$ sudo apt-get install nfs-kernel-server nfs-common portmap
[sudo] password for yhoh:
Reading package lists... Done
Building dependency tree
Reading state information... Done
The following packages were automatically installed and are no longer required:
  linux-headers-2.6.31-14 linux-headers-2.6.31-14-generic
Use 'apt-get autoremove' to remove them.
The following extra packages will be installed:
  libgssglue1 libnfsidmap2 librpcsecgss3
The following NEW packages will be installed:
  libgssglue1 libnfsidmap2 librpcsecgss3 nfs-common nfs-kernel-server portmap
0 upgraded, 6 newly installed, 0 to remove and 0 not upgraded.
Need to get 490kB of archives.
After this operation, 1,528kB of additional disk space will be used.
Do you want to continue [Y/n]? y
… … … … … … …
Creating config file /etc/default/nfs-kernel-server with new version
 * Exporting directories for NFS kernel daemon...                    [ OK ]
 * Starting NFS kernel daemon                                        [ OK ]
Processing triggers for libc-bin ...
ldconfig deferred processing now taking place
yhoh@ubuntu:~$
```

18.2.2. NFS 서버 환경 설정

NFS 서버에서 사용할 루트 디렉토리를 설정해 주어야 합니다. 필자는 제 로컬 폴더에 nfsroot라는 폴더를 하나 만들었습니다.

```
yhoh@ubuntu:~$ sudo mkdir nfsroot
[sudo] password for yhoh:
yhoh@ubuntu:~$ sudo chmod -R 777 nfsroot
```

sudo를 사용해서 root 권한으로 만들어지도록 설정했습니다. 그리고 접근 권한도 모두 되도록 777로 설정하였습니다.

이제 NFS 환경 설정 파일을 수정할 차례입니다. 수정할 파일은 **/etc/exports**입니다.

```
 1 # /etc/exports: the access control list for filesystems which may be expor
   d
 2 #               to NFS clients.  See exports(5).
 3 #
 4 # Example for NFSv2 and NFSv3:
 5 # /srv/homes       hostname1(rw,sync,no_subtree_check) hostname2(ro,sync,n
   subtree_check)
 6 #
 7 # Example for NFSv4:
 8 # /srv/nfs4        gss/krb5i(rw,sync,fsid=0,crossmnt,no_subtree_check)
 9 # /srv/nfs4/homes  gss/krb5i(rw,sync,no_subtree_check)
10 #
11 /home/yhoh/nfsroot *(rw,no_root_squash,no_all_squash,sync)
```

`/home/yhoh/nfsroot *(rw,no_root_squash,no_all_squash,sync)`

위 내용을 추가해 주었습니다. 지금 만들었던 /home/yhoh/nfsroot 폴더를 추가해 주는 작업입니다. 그리고 몇 가지 옵션 사항들에 대한 것들을 설정하고 있습니다. 위의 적혀있는 내용이 어떤 것인지 조금은 알아볼 필요가 있어 보입니다.

Option Name	Description
rw	read-write가 가능하도록 만들어 준다는 것입니다.
no_root_squash	우리의 우분투에 해당하는 NFS 서버에 root 사용자가 있습니다. 그리고 망고 보드와 같은 NFS 클라이언트에도 root 사용자가 있습니다. 이 둘은 같지 않습니다. 그런데 이것을 같게 만들어 주는 것입니다. 디폴트 값은 root_squash로 클라이언트 root를 nobody 사용자로 만들어 버립니다. 만약 이럴 경우 우리가 사용하는데 매우 불편할 것이기 때문에 no_root_squash로 설정한 것입니다. 이제부터 망고보드에서 사용하는 것은 우분투 쪽에서도 똑같은 root 권한으로 접근이 될 것입니다.
no_all_squash	이것은 위의 root_squash와는 반대의 상황이 됩니다. 디폴트 값이 no_all_squash입니다. 이때 root 이외의 모든 사용자에 대해 NFS 서버나 클라이언트 모두 같은 UID를 가진 사용자는 모두 동일한 권한을 가진다고 고려하는 것입니다. 만약 이것을 all_squash로 바꾸게 되면 모든 UID를 nobody로 만들어 버리게 될 것입니다. 우리의 경우 망고 보드는 늘 root로 설정되어 있기 때문에 이 옵션은 큰 의미는 없습니다.
sync	NFS 간에 sync를 맞추어 준다는 것을 의미합니다.

18.2.3. NFS 서버 재 시작

이제 모든 설정은 마쳤고 NFS 서버를 재 시작해야 합니다.

```
yhoh@ubuntu:~$ sudo /etc/init.d/nfs-kernel-server restart
 * Stopping NFS kernel daemon                                          [ OK ]
 * Unexporting directories for NFS kernel daemon...                    [ OK ]
 * Exporting directories for NFS kernel daemon...            exportfs:
/etc/exports [1]: Neither 'subtree_check' or 'no_subtree_check' specified for export
"*:/home/yhoh/nfsroot".
  Assuming default behaviour ('no_subtree_check').
  NOTE: this default has changed since nfs-utils version 1.0.x
                                                                       [ OK ]
 * Starting NFS kernel daemon                                          [ OK ]
```

```
yhoh@ubuntu:~$ sudo exportfs -r
exportfs: /etc/exports [1]: Neither 'subtree_check' or 'no_subtree_check' specified for export
"*:/home/yhoh/nfsroot".
  Assuming default behaviour ('no_subtree_check').
  NOTE: this default has changed since nfs-utils version 1.0.x
```

"sudo exportfs –r"만 수행해도 될 수는 있지만 가능하면 restart를 수행해 주시는 것이 좋습니다. 위의 로그 메시지를 보아도 알 수 있는 것처럼 "/etc/init.d/nfs-kernel-server restart"를 수행하면 exportfs도 함께 수행이 되게 됩니다.

이제 우분투 서버에서는 모든 준비를 마쳤습니다. 물론 실제로 사용하게 될 파일시스템과 커널 파일에 대한 것을 복사하는 작업이 필요하지만 그 부분은 뒤에서 각 보드에 대한 것을 작업할 때 함께 수행하도록 하겠습니다. 망고64와 망고100에 대해서 각각의 경우 NFS로 부팅하는 작업을 수행하도록 하겠습니다.

18.3. 망고64 NFS 부팅

18.3.1. Kernel 복사 및 tftp 다운로드 후 부팅

일단 Kernel만 복사해서 NAND에 저장한 것이 아닌 네트워크로 다운로드 받아서 부팅하는 것까지만 먼저 해보도록 하겠습니다.

```
yhoh@ubuntu:~$ cd ~/android_mango64/mango64_kernel_2010_07_02
yhoh@ubuntu:~/android_mango64/mango64_kernel_2010_07_02$ cp arch/arm/boot/zImage
/home/yhoh/tftpboot/zImage_mango64
```

android_mango64/mango64_kernel_2010_07_02로 이동해서 arch/arm/boot/zImage를 tftp 폴더에 zImage_mango64라는 이름으로 저장을 했습니다.

일단 망고64를 UBoot까지만 부팅된 상태로 만들고 아래와 같이 설정합니다.

```
MANGO64 # setenv bootcmd "tftpboot 51000000 zImage_mango64; bootm 51000000"
MANGO64 # save
Saving Environment to NAND...
Erasing Nand...
Erasing at 0x20000 -- 100% complete.
Writing to Nand... done
```

bootcmd를 위와 같이 지정하고 저장합니다. 내용을 보면 알 수 있지만 51000000번지에 zImage_mango64를 다운받아 저장하고 그 부분으로 bootm을 이용해서 부팅을 하고 있다는 것을 알 수 있습니다.

이제 망고64 보드를 리부트를 해보도록 하겠습니다.

```
U-Boot 1.3.4 (Jul  4 2010 - 23:18:51) for MANGO64 uboot-1.3.4-pooh11
CPU:     S3C6410@532MHz
         Fclk = 532MHz, Hclk = 133MHz, Pclk = 66MHz, Serial = CLKUART (SYNC Mode)
Board:   MANGO64
DRAM:    128 MB
Flash:   0 kB
NAND:    256 MB
In:      serial
Out:     serial
Err:     serial
Hit any key to stop autoboot:  0
smc911x: initializing
smc911x: detected LAN9220 controller
smc911x: phy initialized
smc911x: MAC 00:40:5c:26:0a:5b
TFTP from server 192.168.11.131; our IP address is 192.168.11.110
```

```
Filename 'zImage_mango64'.
Load address: 0x51000000
Loading: ################################################################
        ################################################################
        ################################################################
        ##
done
Bytes transferred = 2890972 (0x2c1cdc)
Boot with zImage
Starting kernel ...
Uncompressing Linux.................................................................
Linux version 2.6.29 (yhoh@ubuntu) (gcc version 4.2.2) #1 Mon Jul 5 01:55:12 PDT 2010
CPU: ARMv6-compatible processor [410fb766] revision 6 (ARMv7), cr=00c5387f
CPU: VIPT nonaliasing data cache, VIPT nonaliasing instruction cache
Machine: MANGO6410
… … … … … … …
# s3c2410_dma_devconfig: channel 10, source 1, dev 7f002010, chan c05d7e54
smdk6410_hifi_hw_params: clockrate 24000000
s3c2410_dma_devconfig: channel 10, source 1, dev 7f002010, chan c05d7e54
```

UBoot가 부팅된 이후에 TFTP를 이용해서 커널을 다운로드 받고, 그 다운로드 받은 커널을 이용해서 부팅이 이루어지고 있는 것을 확인할 수 있습니다.

그리고 안드로이드까지 정상적으로 부팅이 되었습니다. 하지만 이것은 파일시스템까지 NFS로 부팅된 것은 아닙니다. 이전에 이미 NAND에 파일시스템 부분은 저장이 되어 있었고, bootargs를 변경하지 않았기 때문에 이전에 NAND로 부팅하는 것과 마찬가지로 NAND의 mtd2 부분을 JAFFS로 부팅하고 있는 것입니다.

```
bootargs=root=/dev/mtdblock2 rootfstype=yaffs2 init=/init console=ttySAC1,115200
bootcmd=tftpboot 51000000 zImage_mango64; bootm 51000000
```

지금 UBoot의 설정 상태는 위와 같습니다. bootargs가 예전 상태로 남아 있기 때문에 NAND를 통해서 부팅이 이루어졌는데 이제는 이 부분을 변경해서 완전한 NFS 부팅을 시도해 보도록 하겠습니다.

18.3.2. bootargs 변경 및 NFS 부팅

```
yhoh@ubuntu:~/nfsroot$ sudo mkdir mango64_android
[sudo] password for yhoh:
```

파일시스템을 NFS를 이용해서 우분투에서 이용하기 위해서는 그렇게 할 수 있는 파일들이 존재하고 있어야 합니다. 이를 위해서 사용되어야 하는 공간이 바로 이전에 NFS 서버 설정에서 만든 ~/nfsroot입니다. 여기에 mango64_android라는 폴더를 새로 만들었습니다. 생성시 sudo를 사용해서 root 소유로 되도록 합니다.

```
yhoh@ubuntu:~/nfsroot$ cd mango64_android/
yhoh@ubuntu:~/nfsroot/mango64_android$ sudo cp -a /home/yhoh/android_mango64/cupcake-work/Android_RFS/* .
[sudo] password for yhoh:
```

우리가 NAND 부팅을 위해서 사용했던 파일시스템은 android_mango64/cupcake-work/Android_RFS/에 있습니다. 이 모든 내용을 위에서 만든 mango64_android 폴더로 복사를 합니다.

```
yhoh@ubuntu:~/nfsroot/mango64_android$ cd
yhoh@ubuntu:~$ sudo chmod -R 777 nfsroot/
```

모두 복사를 한 이후에는 nfsroot 부분의 파일 접근 권한과 관련한 부분을 모두 접근할 수 있도록 777로 변경하는 작업까지 수행해 줍니다.

```
MANGO64 # setenv bootargs "root=/dev/nfs rw
nfsroot=192.168.11.131:/home/yhoh/nfsroot/mango64_android
ip=192.168.11.110:192.168.11.131:192.168.11.1:255.255.255.0:::off init=/init
console=ttySAC1,115200"
MANGO64 # save
Saving Environment to NAND...
Erasing Nand...
Erasing at 0x20000 -- 100% complete.
Writing to Nand... done
```

이제 마지막으로 bootargs 부분만 설정해 주면 모든 작업이 종료됩니다. 먼저 root는 /dev/nfs로 설정해 주고 init=/init과 console=ttySAC1,115200는 이전과 달라진 것은 없습니다. nfsroot가 192.168.11.131:/home/yhoh/nfsroot/mango64_android로 서버 IP 주소 값에 nfsroot 폴더의 mango64_android로 설정해 주었습니다.

```
ipaddr=192.168.11.110
serverip=192.168.11.131
gatewayip=192.168.11.1
```

```
netmask=255.255.255.0
```

그리고 여러 IP 주소에 대한 설정이 나옵니다. 순서는 IP addr: Server IP: Gateway IP: Net Mask입니다. UBoot에서 확인을 해보면 위와 같이 설정되어 있는 것을 알 수 있습니다. 이 내용을 차례로 기술해 준 것입니다.

이제 망고64 보드를 리부트를 하도록 합니다. NFS 서버로부터 정상적으로 안드로이드 부팅까지 이루어짐을 확인할 수 있습니다.

```
yhoh@ubuntu:~/nfsroot/mango64_android$ mkdir aaabbbccc
```

정확하게 이루어지고 있는 것인지를 확인하기 위해서 위의 nfsroot/mango64_android 부분에 임의 폴더를 하나 만들어 보았습니다.

```
# ls -l
-rwxrwxrwx root      root            1677 2009-07-18 04:39 init.goldfish.rc
dr-xr-xr-x root      root                 1970-01-01 00:00 proc
drwxrwx--x system    system               2010-08-05 07:07 data
drwxr-xr-x root      root                 2021-03-29 19:12 dev
-rwxrwxrwx root      root           11671 2010-05-18 11:04 init.rc
drwxrwxrwt root      root                 2021-03-29 19:14 sqlite_stmt_journals
-rwxrwxrwx root      root          106588 2010-07-05 10:01 init
drwxrwxrwx root      root                 2010-07-07 05:35 system
drwxrwxrwx root      root                 2010-07-05 10:42 sbin
drwxr-xr-x system    system               2010-08-05 07:19 aaabbbccc
d--------- system    system               2010-08-05 07:06 sdcard
-rwxrwxrwx root      root             118 2010-07-05 10:42 default.prop
lrwxrwxrwx root      root                 2010-08-05 07:06 etc -> /system/etc
drwxrwx--- system    cache                2010-08-05 07:06 cache
drwxrwx--x system    system               2010-08-05 07:08 shared_prefs
drwxr-xr-x root      root                 1970-01-01 00:00 sys
drwxrwxrwx root      root                 2010-07-07 05:35 module
lrwxrwxrwx root      root                 2010-08-05 07:06 lib -> /system/lib
```

그리고 나서 망고64 보드 쪽에서 확인을 해보면 위와 같이 aaabbbccc 폴더가 생겨 있는 것을 볼 수 있습니다.

```
# rmdir aaabbbccc
```

위와 같이 망고64 보드 쪽에서 삭제를 해주면 우분투 폴더에서도 사라지는 것 또한 확인 하실 수 있습니다.

18.4. 망고100 NFS 부팅

18.4.1. Kernel 복사 및 tftp 다운로드 후 부팅

망고100에서도 똑같은 작업을 수행해 보도록 하겠습니다. 일단 Kernel만 복사해서 NAND에 저장한 것이 아닌 네트워크로 다운로드 받아서 부팅하는 것까지만 먼저 해보도록 하겠습니다.

```
yhoh@ubuntu:~/android_mango100/SD_Boot_Image/sdboot_2010_07_15_4GB$ cp mango100_zImage /home/yhoh/tftpboot/
```

android_mango100/SD_Boot_Image/sdboot_2010_07_15_4GB로 이동해서 mango100_zImage를 tftp 폴더에 저장 했습니다.

일단 망고100을 UBoot까지만 부팅된 상태로 만들고 아래와 같이 설정합니다.

```
MANGO100 # setenv bootcmd "tftpboot 21000000 mango100_zImage; bootm 21000000"
MANGO100 # save
```

bootcmd를 위와 같이 지정하고 저장합니다. 내용을 보면 알 수 있지만 21000000번지에 mango100_zImage를 다운받아 저장하고 그 부분으로 bootm을 이용해서 부팅을 하고 있다는 것을 알 수 있습니다.

이제 망고100 보드를 리부트를 해보면 커널을 TFTP로 다운로드 받아서 정상적으로 부팅이 됩니다. NAND에 파일시스템이 존재했다면 그것을 이용해서 부팅되었을 것이고 그렇지 않다면 kernel panic 이 발생했을 수도 있습니다.

18.4.2. bootargs 변경 및 NFS 부팅

```
yhoh@ubuntu:~$ cd nfsroot/
yhoh@ubuntu:~/nfsroot$ sudo mkdir mango100_android
```

파일시스템을 NFS를 이용해서 우분투에서 이용하기 위해서 사용되어야 하는 공간인 ~/nfsroot에 mango100_android 폴더를 새로 만들었습니다. 생성 시 sudo를 사용해서 root 소유로 되도록 합니다.

```
yhoh@ubuntu:~/nfsroot/mango100_android$ sudo cp -a
~/android_mango100/Eclair/mango100_eclair_2010_07_15/rootfs/* .
yhoh@ubuntu:~$ sudo chmod -R 777 nfsroot/
```

우리가 NAND 부팅을 위해서 사용했던 파일시스템은 android_mango100/Eclair/mango100_eclair_2010_07_15/rootfs/에 있습니다. 이 모든 내용을 위에서 만든 mango100_android 폴더로 복사를 합니다.

모두 복사를 한 이후에는 nfsroot 부분의 파일 접근 권한과 관련한 부분을 모두 접근할 수 있도록 777로 변경하는 작업까지 수행해 줍니다.

```
/home/yhoh/nfsroot/mango100_android
total 156
drwxrwxrwx   2 root root    4096 2010-08-02 16:31 data
-rwxrwxrwx   1 root root     118 2010-08-02 16:32 default.prop
drwxrwxrwx   2 root root    4096 2010-08-02 16:31 dev
-rwxrwxrwx   1 root root  103668 2010-08-02 12:54 init
-rwxrwxrwx   1 root root    1677 2010-05-15 09:55 init.goldfish.rc
-rwxrwxrwx   1 root root     749 2010-07-14 12:07 init.mango100.rc
-rwxrwxrwx   1 root root   12323 2010-07-13 16:31 init.rc
drwxrwxrwx   2 root root    4096 2010-08-02 16:31 proc
drwxrwxrwx   2 root root    4096 2010-08-02 16:33 sbin
drwxrwxrwx   2 root root    4096 2010-08-02 16:31 sys
drwxrwxrwx  10 root root    4096 2010-05-27 15:19 system
yhoh@ubuntu:~/nfsroot/mango100_android$
```

모든 작업이 된 이후에 살펴보면 위 그림과 같습니다.

```
MANGO100 # setenv bootargs "root=/dev/nfs rw
nfsroot=192.168.11.131:/home/yhoh/nfsroot/mango100_android
ip=192.168.11.110:192.168.11.131:192.168.11.1:255.255.255.0:::off console=ttySAC1,115200"
MANGO100 # save
```

이제 마지막으로 bootargs 부분만 설정해 주면 됩니다. 먼저 root는 /dev/nfs로 설정해 주고 console=ttySAC1,115200는 이전과 달라진 것은 없습니다. nfsroot가 192.168.11.131:/home/yhoh/nfsroot/mango100_android로 서버 IP 주소 값에 nfsroot 폴더의 mango100_android로 설정해 주었습니다.

```
ipaddr=192.168.11.110
serverip=192.168.11.131
```

```
gatewayip=192.168.11.1
netmask=255.255.255.0
```

IP 주소에 대한 설정도 망고64 경우와 똑같습니다. 순서는 IP addr: Server IP: Gateway IP: Net Mask 입니다. UBoot에서 확인한 결과를 차례로 기술해 준 것입니다.

이제 망고100 보드를 리부트를 하도록 합니다. NFS 서버로부터 정상적으로 안드로이드 부팅까지 이루어짐을 확인할 수 있습니다.

망고64에서 시험해 보았던 우분투에서 임의의 폴더를 만들고 망고100 보드에서 지우는 시험을 똑같이 수행해 보면 망고100에서도 정상적으로 동작하는 것을 확인할 수 있습니다. 모두 한번씩 해보시기 바랍니다.

3부 - 안드로이드 SDK & Application

19. 리눅스와 안드로이드 개요

이번 장에서는 리눅스와 안드로이드에 대한 기초적인 사항을 배워보도록 하겠습니다. 안드로이드의 기반은 다 아시듯 리눅스 입니다. 리눅스에 대한 것을 모르면 안드로이드를 이해하기가 무척 어렵습니다. 한 권의 책으로 모든 것을 이해할 수는 없겠지만 가능한 쉽게 설명 드리도록 하겠습니다.

19.1. 리눅스 (Linux)의 개요

19.1.1. 리눅스 역사(history)

이 책의 목적이 리눅스의 역사나 각 버전 별 차이점이나 그런 것을 다루는 것은 아니기 때문에 아주 간단히 살펴보고 지나가겠습니다. 핀란드 대학원생 Linus B. Torvalds에 의해 1991년 버전 version 0.01로 처음 개발된 리눅스가 이렇게까지 세계를 호령하리라고 예상한 사람은 아마도 없었을 것입니다.

http://ko.wikipedia.org/wiki/리눅스
위 링크에 리눅스와 관련한 간단한 설명이 있습니다.

Torvalds는 타넨바움 교수가 운영체제 디자인을 가르치기 위해 만든 교육용 유닉스인 Minix를 사용하고 있었는데 이를 기초로 POSIX에 호환되는 운영체제 커널로 발전시켜 개발하였습니다. 초창기 리눅스는 설치와 부팅을 하기 위해서는, Minix와 같은 다른 운영체제가 필요했는데 lilo와 같은 부트로더가 개발되고, GNU 프로젝트가 만들어낸 모든 유틸리티를 리눅스에서 사용할 수 있게 됨에 따라, 리눅스는 빠른 속도로 미닉스를 능가하게 되었습니다. 현재 리눅스는 X윈도우를 기반으로 한 GNOME이나 KDE와 같은 통합 데스크탑 환경과 수많은 응용 프로그램을 실행시킬 수 있습니다.

> 리눅스라는 이름은 Torvalds가 아닌, 아리람케라는 사람이 지었다고 합니다. 그는 ftp.funet.fi 사이트의 운영자였는데, 미리 리눅스라는 이름의 폴더를 ftp에 만들어, Torvalds가 커널을 올릴 수 있게 배려해 주었고, Torvalds는 원래 자신이 만든 커널의 이름을 Freax로 하려 했는데, 결국 리눅스라는 이름을 선택하게 되었다고 합니다. 어원은 LINUs' miniX에서 나온 것으로 알려져 있습니다.

1994년에 리눅스 커널 버전이 1.0으로 발표되고, 1996년에 2.0, 1999년 2.2 버전의 발표로, 엔터프라이즈 환경에 진입할 수 있는 초석을 마련하게 됩니다. 현재의 버전은 2.6입니다. 2.6이 발표된 이후에 현재까지도 계속 2.6.xx로 뒤의 버전만 올라가고 있는 상황입니다. 굉장히 많은 변화들이 있는데도 불구하고 앞 숫자는 변하지 않고 있습니다.

리눅스에서 유명한 사람들을 잠시 보면, Linus Torvalds는 최초의 리눅스 커널을 만든 역사적인 인물이고, 리눅스 소스코드를 GNU의 GPL(General Public License)에 따라 인터넷에 공개함으로써 현재와

같이 리눅스가 전 세계적으로 활성화 되도록 만든 공이 지대한 사람입니다. Richard Stollman이라는 분은 GNU 프로젝트의 리더로 FSF(Free Software Foundation)를 설립하였고, Copyright의 반대로 CopyLeft를 주창하고 계십니다. Larry Wall은 펄의 제작자로 오픈 소스 프로그램과 여러 가지 게임 등도 만들었습니다. Bob Young은 RedHat의 공동 창립자이자 오픈 소스 운동의 선구자라 할 수 있습니다.

커널 버전 숫자는 X.Y.ZZ의 구조를 가집니다. X는 커널의 버전이고, Y는 릴리즈 번호인데, 홀수는 개발 중인 버전을 의미하고, 짝수는 안정된 버전을 의미합니다. ZZ는 Modifications 번호로서, 사소한 변화를 의미하는데, 요즘은 사실 이 Modifications 번호만 증가하고 있습니다. 그리고 변화도 사소한 변화가 아니라 매우 크게 달라지고 있기도 합니다.

19.1.2. 리눅스와 GNU, GPL

모두들 아마도 GNU라는 것을 들어 보셨을 것입니다. Stallman은 GNU를 "그누"로 읽자고 제안합니다. GNU는 "GNU's Not Unix"입니다. 80년대 초반 Richard Stallman에 의하여 시작된 것입니다. GPL (GNU Public License)라는 것을 만들어서 GPL에 의거한 모든 소프트웨어는 무료로 제공하며, 변경 사항을 포함해서 재판매 하는 것은 허용하나 소스는 공개해야 한다는 원칙을 가지고 있습니다.

리눅스 커널과 대부분 GNU 소프트웨어는 GPL을 따라야 합니다. GNU GPL의 조항에 따르면, 수정이 가능한 소스코드를 배포해야 하며 수정된 소스코드는 반드시 같은 라이선스로 배포해야 합니다. 때로 이 라이선스는 카피레프트라고도 불립니다.

http://ko.wikipedia.org/wiki/GNU
http://ko.wikipedia.org/wiki/GNU_일반_공중_사용_허가서
위 링크들에 GNU 및 GPL에 대한 관련한 간단한 설명이 있습니다.

GNU 프로젝트는 누구나 자유롭게 "실행, 복사, 수정, 배포"할 수 있고, 누구도 그런 권리를 제한하면 안 된다는 License 아래 소프트웨어를 배포합니다. 카피레프트로 불리는 이런 생각은 GPL(GNU 일반 공중 사용 허가서)에 나타나 있습니다. 1985년에 Stallman은 GNU 프로젝트를 철학적, 법률적, 금융적으로 지원하기 위해 자선단체인 자유 소프트웨어 재단(FSF, Free Software Foundation)을 세웠습니다.

1990년까지, GNU 시스템엔 확장 가능한 문서 편집기인 emacs, 뛰어난 최적화 컴파일러인 GCC, 그리고 표준 유닉스 배포판의 핵심 라이브러리와 유틸리티가 있었지만, 여기엔 주요 구성요소인 커널이 빠져 있었습니다. 1991년 Torvalds는 유닉스 호환의 리눅스 커널을 작성하여 GPL 라이선스 아래에 배포했습니다. 1992년 리눅스는 GNU 시스템과 통합되었고, 이로서 완전한 공개 운영 체제가 탄생되었습니다.

소프트웨어에 관련된 다섯 가지 의무가 아래와 같이 기술되어 있습니다. GNU Public License는 누구

에게나 다음의 다섯 가지의 의무를 저작권의 한 부분으로서 강제합니다.
- 어떠한 목적으로든지 사용할 수 있지만 법으로 제한하는 행위는 할 수 없습니다.
- 실행 복사본은 언제나 소스 코드와 함께 판매하거나 소스코드를 무료로 배포해야 합니다.
- 프로그램의 소스 코드를 용도에 따라 변경할 수 있습니다.
- 변경된 프로그램 역시 프로그램의 소스 코드를 반드시 공개 배포해야 합니다.
- 변경된 프로그램 역시 반드시 똑같은 GPL 라이선스를 취해야 합니다.

19.2. 안드로이드 (Android)의 개요

19.2.1. 안드로이드 참고 사이트

http://www.android.com/
먼저 가장 기본이 되는 곳이 바로 위 사이트 입니다.

위의 맛있게 보이는 디저트가 Froyo로 생각됩니다. Android 2.2가 출시되었음을 알려주고 있습니다. 이곳에서 기본적인 정보들을 얻을 수 있습니다.

Partners

Access to the entire platform source and information on how to contribute.

Learn more »

Developers

Tools and documentation on how to create Android applications.

Learn more »

http://source.android.com/
위 그림의 왼쪽에 있는 부분을 선택하면 위 링크에 접속됩니다. 플랫폼의 소스와 정보에 대한 것을 얻을 수 있습니다.

http://developer.android.com/index.html
위 그림의 오른쪽에 있는 부분을 선택하면 위 링크에 접속됩니다. 위 링크가 개발자들이 가장 자주 들어가 보아야 할 곳입니다. 개발과 관련한 정말 상세한 내용들이 많이 있습니다. 문턱이 닳도록 드 나들어야 할 곳입니다.

19.2.2. 안드로이드란?

> **What is Android?**
> Android is a software stack for mobile devices that includes an operating system, middleware and key applications. The Android SDK provides the tools and APIs necessary to begin developing applications on the Android platform using the Java programming language.

http://developer.android.com/guide/basics/what-is-android.html
위에 소개해 드렸던 개발자 사이트의 위 링크에서 안드로이드의 소개 글을 찾을 수 있습니다. 우리 말로 번역을 해보면 아래와 같습니다.

> 안드로이드는 모바일 디바이스에 대한 소프트웨어 스택 입니다.
>
> 여기에 포함되어 있는 것들은 아래와 같습니다.
> - 운영체제 (Operating System)
> - 미들웨어 (Middleware)
> - 그리고 핵심 애플리케이션 (Key Applications)
>
> Android SDK는 Android platform에 대한 어플리케이션을 개발하는데 필요한 툴과 API들을 제공하고 있습니다. 이용하는 프로그램 언어는 Java입니다.

운영체제와 미들웨어 그리고 어플리케이션을 모두 망라하는 방대한 내용이라는 것을 파악할 수 있습니다. 또한 강력한 SDK도 제공하고 있습니다.

같은 링크에 Features에 대한 것도 기술되어 있습니다. 이 내용도 역시 번역을 해보았습니다.

Name	Description
Application framework	components를 재사용하고 치환할 수 있도록 해줍니다.

Dalvik virtual machine	모바일 디바이스에 최적화된 가상 머신
Integrated browser	오픈 소스인 WebKit engine에 기반한 통합 브라우저
Optimized graphics	2D graphics library가 제공되고, OpenGL ES 1.0 규격에 기반한 3D graphics도 제공합니다. 하드웨어적으로 지원 가능하다면, 하드웨어 가속기를 사용할 수도 있습니다.
SQLite	구조화된 데이터 저장을 위해 사용합니다.
Media support	오디오, 비디오, 사진 (MPEG4, H.264, MP3, AAC, AMR, JPG, PNG, GIF)
GSM Telephony	하드웨어에서 지원한다면 GSM 통신 기능을 제공합니다.
Bluetooth, EDGE, 3G, and WiFi	역시 하드웨어에서 지원한다면 기능을 제공합니다.
Camera, GPS, compass, and accelerometer	역시 하드웨어에서 지원한다면 기능을 제공합니다.
Rich development environment	많은 개발 환경을 제공합니다. device emulator, debugging 툴, memory & performance profiling, Eclipse IDE에 대한 plugin

어플리케이션 프레임워크에는 여러 가지가 포함되어 있습니다. 어플리케이션과 라이프 사이클 관련한 부분을 관리하는 Activity Manager, 시스템에 등록된 어플리케이션과 관련된 정보들을 관리하는 Package Manager, 모든 어플리케이션과 관련된 윈도우를 관리하는 Window Manager, 어플리케이션 구성을 위한 Widget을 제공하는 View System 등 많은 것들이 있습니다.

Dalvik 가상 머신은 안드로이드 플랫폼의 가상 머신을 의미합니다. Java로 프로그래밍을 할 때 하드웨어 위의 가상 머신이 돌고 그 가상 머신 위에서 사용자의 어플리케이션이 동작하는데 안드로이드에서 Java 어플리케이션을 수행시키는 가상 머신이 바로 Dalvik입니다.

WebKit engine에 기반한 통합 브라우저라는 말도 주목해 보아야 합니다. 사실 웹킷은 오픈 소스 라이브러리 입니다. 웹 브라우저를 만드는데 있어서 기반을 제공하고 있는 것입니다. 애플 아이폰에 있는 브라우저도 웹킷이고, 노키아의 심비안도 웹킷이고, 구글 크롬도 역시 웹킷을 기반으로 하고 있는 것입니다.

19.2.3. Android Architecture

아래에 나와있는 그림은 이 책의 가장 처음의 소개 글에서도 보았던 것입니다. 안드로이드 운영 체제 시스템의 가장 주요한 요소들을 그림으로 그려 놓은 것입니다.

사실 그림에서 맨 아래에 존재하는 Linux Kernel 부분과 Libraries 사이에는 하나의 레이어가 더 존재한다고 생각해야 합니다. 바로 HAL layer로 불리는 Hardware Abstraction Layer 입니다. 최초 Android SDK 발표 시에는 없던 부분이 G1 phone이 처음 만들어지면서 이 부분에 대해서 추가가 되었다고 합니다. HW를 개발하는 업체에게 있어서 많은 know-how 부분이 포함될 수 있는 부분이고, 우리에게도 매우 관심 있는 부분이기도 합니다.

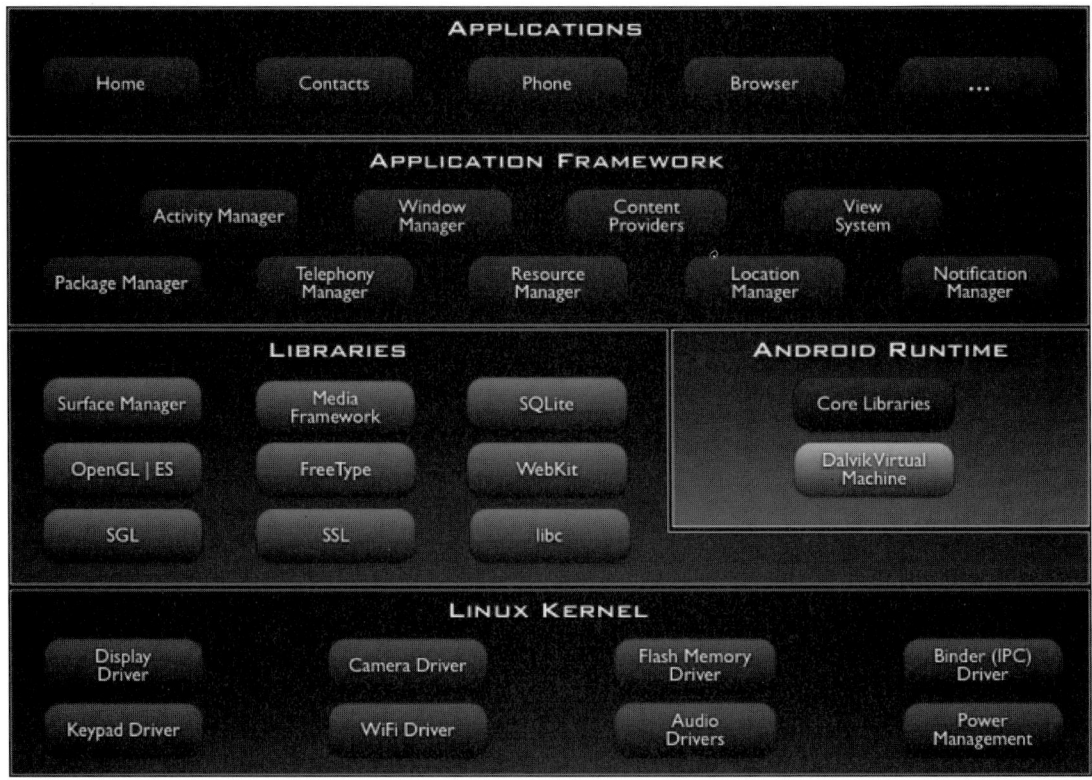

Email Client, SMS Program, Calendar, Maps, Browser, Contacts와 다른 주요한 어플리케이션들과 함께 제공이 됩니다. 모든 어플리케이션들은 Java 프로그래밍 언어로 개발된 것입니다.

개발자들에게 혁신적인 어플리케이션들을 개발할 수 있도록 여러 환경들을 제공하고 있습니다. 개발자들은 디바이스의 하드웨어를 다루는데 있어서 편리한 많은 기능들을 제공 받게 됩니다. 프래임워크 API를 통해서 여러 부분에 대한 접근이 가능한 것입니다.

19.2.4. 안드로이드 버전 별 특징

http://ko.wikipedia.org/wiki/구글_안드로이드
위 위키 사이트에서 안드로이드의 버전 별 특징을 살펴볼 수 있습니다.

버전 이름	번호	Kernel	내용
Cupcake	1.5	2.6.27	2009/4/30 공식 1.5 (Cupcake) 업데이트 공개 • 캠코더 모드(camcorder mode) 비디오 녹화와 재생 • Bluetooth A2DP, AVRCP 지원

이름	버전	커널	내용
Donut	1.6	2.6.29	2009/9/15 1.6 (Donut) SDK 공개 • CDMA/EVDO, 802.1x, VPNs, gestures, text-to-speech engine • WVGA 화면 해상도 지원
Eclair	2.0 2.1	2.6.29	**2009/10/26 2.0 (Eclair) SDK 공개** **2009/12/3 2.0.1 SDK 공개** **2010/1/12 2.1 SDK 공개** • 새로운 브라우저 UI와 HTML5 지원 • 구글 지도 3.1.2의 향상 • **Microsoft Exchange 지원** • 카메라를 위한 내장 플래쉬 지원 • 블루투스 2.1
Froyo (Frozen Yogurt)	2.2	2.6.32	2010/5/20 2.2 (Froyo) SDK 공개 • Chrome V8 JavaScript engine 브라우저 통합 • USB tethering과 WiFi hotspot 기능 • 어도비 플래시 10.1 지원

이후 리눅스 커널 2.6.33이나 34를 기반으로 하는 진저브레드 (Gingerbread) 버전이 계획 중이나 아직 언제 릴리즈 될 것인지 확정되지는 않았습니다. 올해 말에 발표될 것이라는 예상 되고 있습니다.

20. 안드로이드 SDK & EClipse

이번 장에서는 안드로이드 SDK와 Eclipse 환경을 설치하고 구동해 보는 작업을 수행하도록 합니다. 대부분의 정보는 아래 안드로이드 개발자 링크에서 얻을 수 있습니다.
http://developer.android.com/index.html

20.1. SDK 설치 전 준비 과정

20.1.1. 안드로이드 SDK

http://developer.android.com/sdk/index.html
위 링크에서 안드로이드 SDK를 발견할 수 있습니다.

탭으로 구성된 많은 자료들 속에서 SDK에 대한 부분을 선택합니다. 사실 이곳의 자료들은 엄청나게 방대하고 앞으로 늘 찾아와서 참조해야 할 곳입니다.

Platform	Package	Size	MD5 Checksum
Windows	android-sdk_r06-windows.zip	23293160 bytes	7c7fcec3c6b5c7c3df6ae654b27effb5
Mac OS X (intel)	android-sdk_r06-mac_86.zip	19108077 bytes	c92abf66a82c7a3f2b8493ebe025dd22
Linux (i386)	android-sdk_r06-linux_86.tgz	16971139 bytes	848371e4bf068dbb582b709f4e56d903

기존의 사용자가 업그레이드 만을 수행하는 것이라면 위 내용을 받아서 설치만 하면 되겠지만 일단 은 한번도 설치한 적이 없는 사용자를 기준으로 설명을 진행하도록 하겠습니다.

20.1.2. System Requirements 점검

http://developer.android.com/sdk/requirements.html
위 링크에 관련한 내용이 존재합니다.

Supported Operating Systems
- **Windows XP (32-bit)** or Vista (32- or 64-bit)
- Mac OS X 10.5.8 or later (x86 only)
- Linux (tested on Linux Ubuntu Hardy Heron)

OS는 여러 가지를 지원하고 있지만 일단은 Windows XP를 사용하는 것을 가정하고 설명 드리도록 하겠습니다.

Supported Development Environments - **Eclipse IDE**
Eclipse 3.4 (Ganymede) or **3.5 (Galileo)**
Caution: There are known issues with the ADT plugin running with Eclipse 3.6. Please stay on 3.5 until further notice.
Eclipse JDT plugin (included in most Eclipse IDE packages)
If you need to install or update Eclipse, you can download it from http://www.eclipse.org/downloads/. Several types of Eclipse packages are available for each platform. For developing Android applications, we recommend that you install one of these packages:
- Eclipse IDE for Java EE Developers
- Eclipse IDE for Java Developers
- Eclipse for RCP/Plug-in Developers
- **Eclipse Classic (versions 3.5.1 and higher)**

JDK 5 or **JDK 6** (JRE alone is not sufficient)
Android Development Tools plugin (optional)

우리는 Windows 기반의 Eclipse IDE를 사용할 것입니다. 위의 내용을 보면 Eclipse 3.6 (Helios)는 약간의 문제를 가지고 있다고 적혀 있습니다. 3.5 (Galileo)를 사용하도록 하겠습니다.

Eclipse IDE의 종류를 4개 중의 하나를 선택할 것을 권고하고 있습니다. 어떤 것을 사용해도 되지만 다른 문서를 보면 "Eclipse for RCP/Plug-in Developers"를 권고합니다. 그런데 **Eclipse 3.5에 대해서는 "Eclipse Classic" version을 권고합니다.** 우리도 "Eclipse Classic"을 사용하도록 하겠습니다. JDK와 ADT에 대한 것도 뒤에서 설치 작업을 진행하도록 하겠습니다.

20.2. SDK 설치

http://developer.android.com/sdk/installing.html
위 링크의 내용을 차례로 수행할 것입니다.

20.2.1. SDK 설치 Step 1 - 개발 환경 준비

> **Step 1. Preparing Your Development Computer**
> In particular, you may need to **install the JDK** before continuing, if it's not already installed on your computer.
> If you will be developing in **Eclipse with the Android Development Tools (ADT) Plugin** — the recommended path if you are new to Android — make sure that you have a suitable version of Eclipse installed on your computer (3.4 or newer is recommended). If you need to install Eclipse, you can download it from this location: http://www.eclipse.org/downloads/ A Java or RCP version of Eclipse is recommended. **For Eclipse 3.5, the "Eclipse Classic" version is recommended.**

가장 먼저는 JDK의 설치를 권고하고 있습니다. ADT Plugin과 Eclipse를 함께 사용하는 것이 가장 좋은 방법이라고 권고 하고 있습니다. 이는 뒤에서 설치 작업이 이루어질 것입니다. 우리는 Eclipse 3.5 를 사용할 것이고, "Eclipse Classic" version을 권고하고 있습니다.

20.2.2. JDK 6 설치

http://www.oracle.com/technetwork/java/javase/downloads/jdk6-jsp-136632.html

위 링크에 접속해서 Download를 선택합니다.

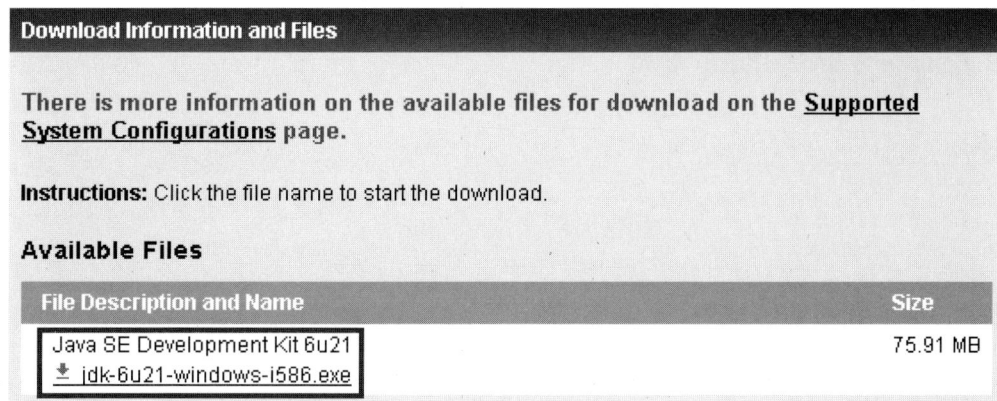

플랫폼은 Windows를 선택하고 사용자 이름과 패스워드를 설정해서 Continue를 누릅니다.

jdk-6u21-windows-i586.exe 파일을 받았고 실행합니다.

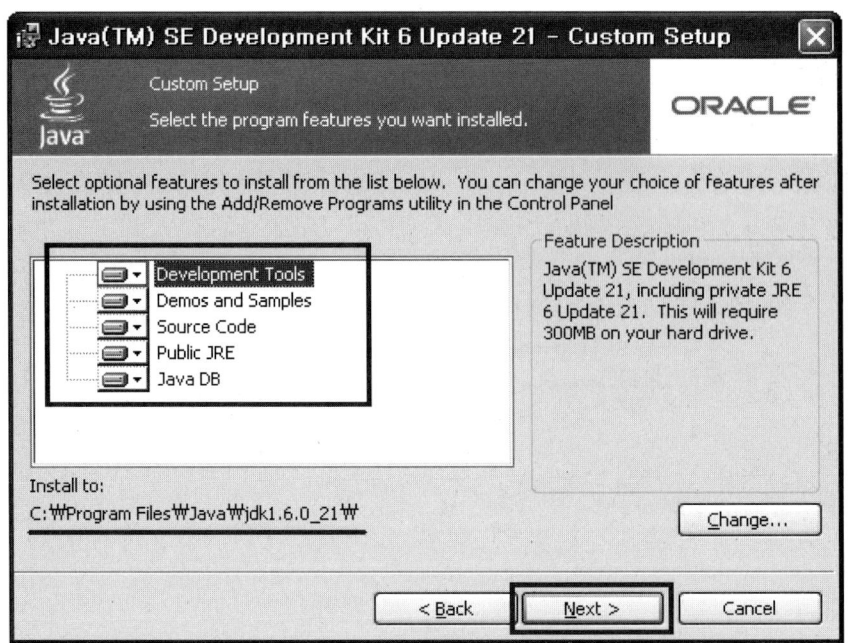

디폴트로 되어 있는 것을 바꿀 필요는 없습니다. 그대로 설치 작업을 진행하면 됩니다.

모든 설치 작업을 마치고 프로그램 추가/제거에서 확인을 해보면 위와 같이 JDK6가 정상적으로 설치되어 있음을 확인할 수 있습니다.

20.2.3. Eclipse 3.5 (Galileo) 설치

http://www.eclipse.org/downloads/

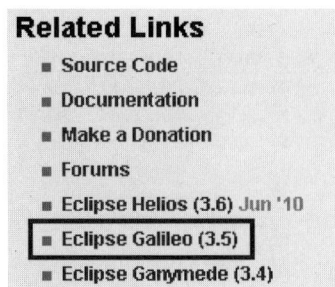

위 링크에 접속하면 디폴트로 Eclipse 3.6 (Helios)의 내용이 나타납니다. 우리는 Eclipse 3.5를 사용할 것이기 때문에 위의 Eclipse 3.5 (Galileo) 부분에 접속합니다.

http://www.eclipse.org/galileo/

위 링크에 접속해서 Download Now를 선택합니다.

http://www.eclipse.org/downloads/packages/release/galileo/sr2

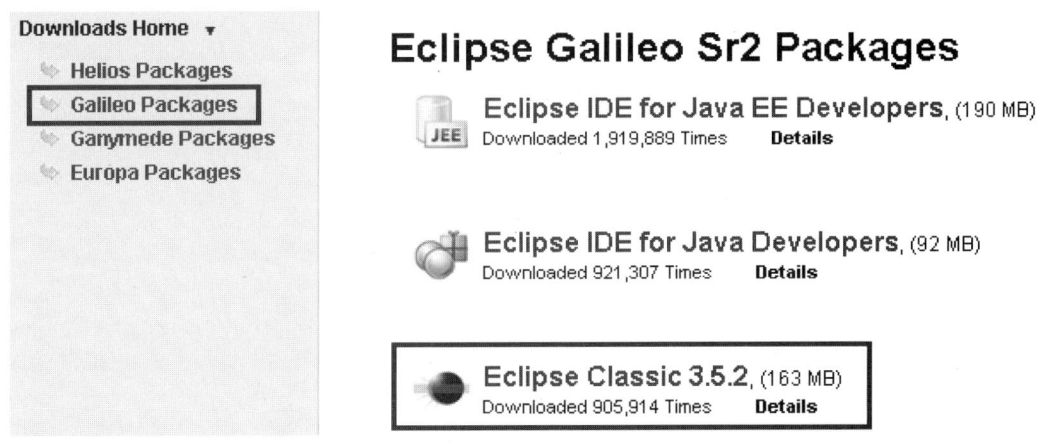

왼쪽의 링크 중에서 Galileo Packages를 선택하면 위 링크에 접속할 수 있습니다. "Eclipse Classic" version을 권고하고 있기 때문에 Eclipse Classic 3.5.2를 선택합니다. 물론 다른 것을 선택해서 사용해도 되기는 하지만 Classic 버전을 권고하니 이것을 깔아주는 것이 좋을 것입니다.

Android plugin을 설치하거나 또 Eclipse를 쓰면서 뭔가 부족한 부분이 있으면 Eclipse라는 이 똑똑한 녀석은 자기가 알아서 부족한 부분을 자동으로 찾아서 설치를 하기 때문에 매우 편리한 툴입니다.

http://www.eclipse.org/downloads/packages/eclipse-classic-352/galileosr2

Eclipse Classic 3.5.2

Package Details

The classic Eclipse download: the Eclipse Platform, Java Development Tools, and Plug-in Development Environment, including source and both user and programmer documentation. Please look also at the Eclipse Project download page.

Feature List

Download Links
- **Windows 32-bit**
- Windows 64-bit
- Mac OS X(Carbon)
- Mac OS X(Cocoa 32)
- Mac OS X(Cocoa 64)
- Linux 32-bit
- Linux 64-bit

오른쪽의 Windows 32-bit를 선택합니다.

http://www.eclipse.org/downloads/download.php?file=/eclipse/downloads/drops/R-3.5.2-201002111343/eclipse-SDK-3.5.2-win32.zip

Eclipse downloads - mirror selection

All downloads are provided under the terms and conditions of the **Eclipse Foundation Software User Agreement** unless otherwise specified.

Download eclipse-SDK-3.5.2-win32.zip **from:**

[Korea, Republic Of] KAIST (http)

Checksums: [MD5] [SHA1]

...or pick a mirror site below.

위 다운로드 링크를 선택하게 되면 설치 파일을 받을 수 있습니다. eclipse-SDK-3.5.2-win32.zip 파일을 받게 됩니다.

다운받은 파일을 적절한 위치에 압축을 풉니다.

> 필자는 **C:\eclipse**에 압축을 풀었습니다. Eclipse와 Android SDK는 MS-like한 SW들과는 달리 setup을 실행한다던가 하는 것이 없습니다. 그냥 압축 풀어서 아무 directory에나 복사하면 끝입니다.

매번 C:\eclipse에 접속해서 eclipse.exe를 실행하기가 불편하기 때문에 압축을 풀어서 저장한 이후에는 바로가기를 만들어서 바탕화면에 복사를 해 두었습니다. 이제 실행을 해보겠습니다.

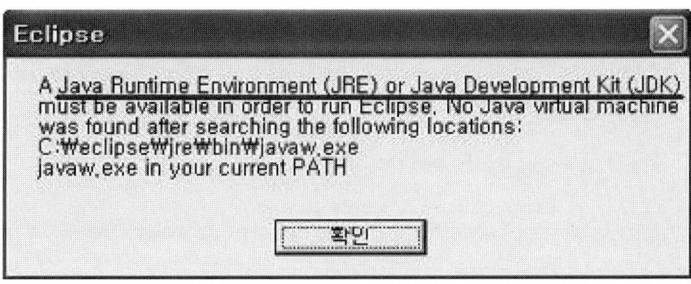

처음 실행을 하면 위와 같은 에러가 발생할 수 있습니다. 이것은 Java 관련 툴이 설치가 되어있지 않을 때 발생하는 것입니다. 우리는 위에서 JDK6를 설치하였기 때문에 위와 같은 에러는 발생하지 않고 있습니다.

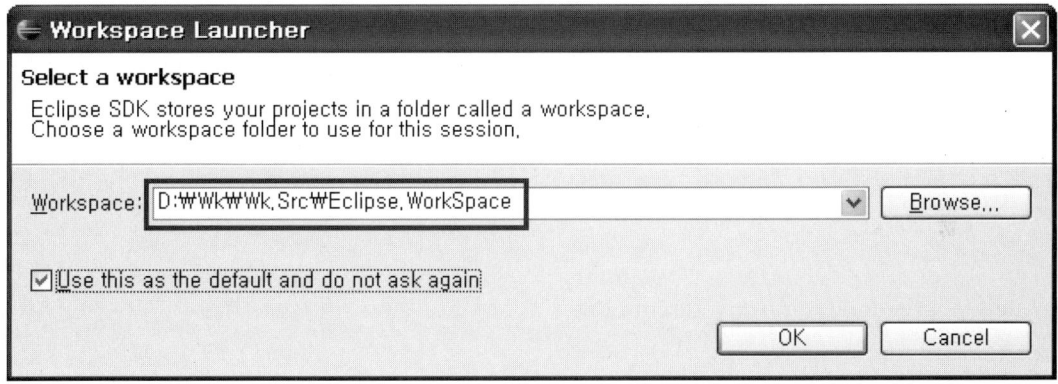

이클립스와 관련해서 작업을 수행할 디폴트 작업 공간을 지정합니다. 위의 작업 공간에 대한 설정은 사람마다 다를 것입니다.

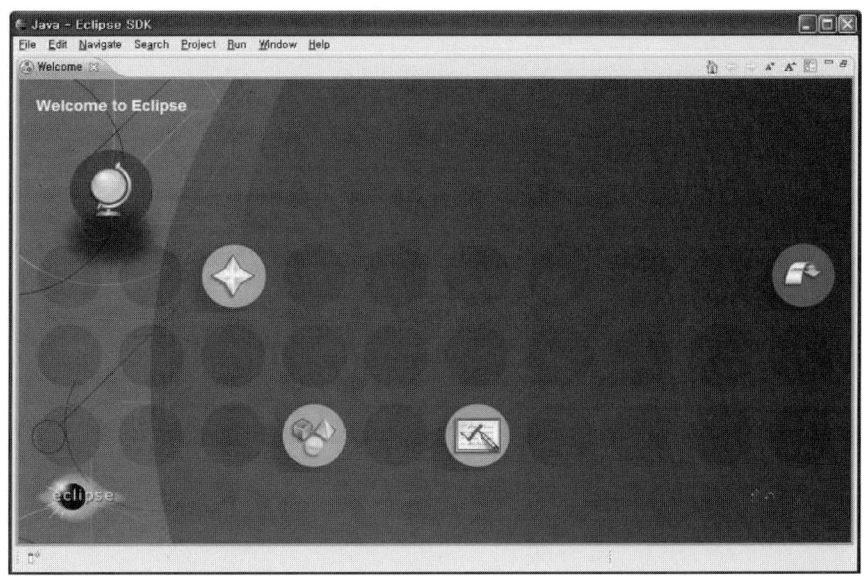

위와 같은 화면이 뜨면 정상적으로 설치를 마친 것입니다.

20.2.4. SDK 설치 Step 2 – SDK Starter 패키지 다운로드

> **Step 2. Downloading the SDK Starter Package**
> The first step in setting up your environment for developing Android applications is downloading the Android SDK starter package. The **starter package is not a full development environment** — it includes **only the core SDK Tools**, which you can use to download the rest of the SDK components. You can get the latest version of the SDK starter package from the SDK download page. Make sure to download the package that is appropriate for your development computer.

이제 SDK Starter Package를 다운로드 받습니다. SDK Starter Package는 완전한 개발 환경은 아닙니다. 코어라고 할 수 있는 SDK Tools 만을 포함하고 있습니다. 예전에는 많은 부분이 포함된 SDK를 다운로드 받을 수 있었지만 요즘은 SDK Starter Package라고 해서 매우 작은 최소한의 것만 다운로드를 받고 나머지 필요한 것들은 "Android SDK and AVD Manager" 툴을 이용해서 나중에 추가하게 됩니다.

http://developer.android.com/sdk/index.html

Platform	Package	Size	MD5 Checksum
Windows	android-sdk_r06-windows.zip	23293160 bytes	7c7fcec3c6b5c7c3df6ae654b27effb5
Mac OS X (intel)	android-sdk_r06-mac_86.zip	19108077 bytes	c92abf66a82c7a3f2b8493ebe025dd22
Linux (i386)	android-sdk_r06-linux_86.tgz	16971139 bytes	848371e4bf068dbb582b709f4e56d903

이제 비로소 최초에 보았던 안드로이드 SDK를 다운로드 받게 됩니다. android-sdk_r06-windows.zip 파일을 받았습니다.

> After downloading, **unpack the Android SDK archive to a safe location on your machine.** By default, the SDK files are unpacked into a directory named android-sdk-<machine-platform>. Make a note of the name and location of the unpacked SDK directory on your system — you will **need to refer to the SDK directory later, when setting up the ADT plugin** or when using the SDK tools.

압축을 풀면 디폴트 이름이 생성되게 되지만 필자는 파일이름과 똑같은 폴더를 만들어 그곳에 압축을 풀어 두었습니다. 뒤에서 ADT plugin을 설정할 때 반드시 이 부분에 대한 폴더를 지정해 주어야 하기 때문에 기억하고 있어야 합니다.

SDK Setup.exe는 Windows SDK에서만 있는 것입니다. 이것을 실행하면 "Android SDK and AVD Manager" 툴이 실행되게 됩니다. 이 툴을 이용해서 SDK에 필요한 구성 요소들을 추가할 수 있습니다.

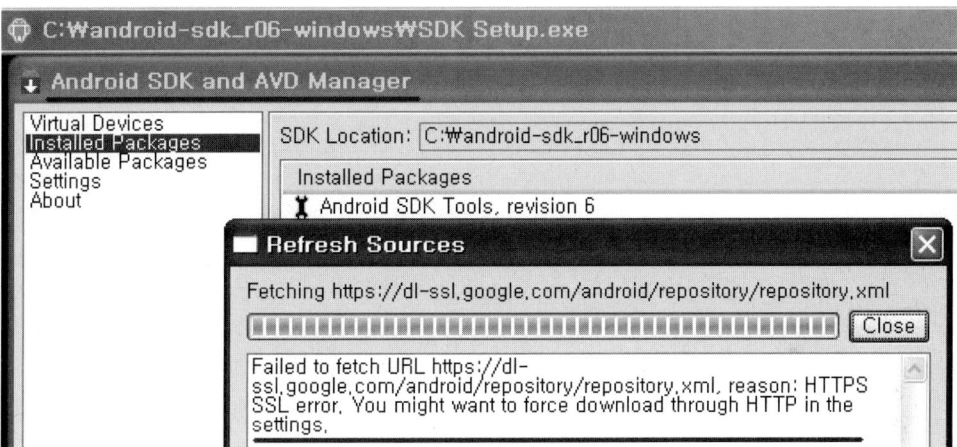

실행을 시켜보면 알겠지만 위와 같이 현재까지는 조금 문제가 있습니다. 이 부분에 대해서는 뒤에 말씀 드리도록 하겠습니다.

Optionally, you may want to add the location of the SDK's primary tools directory to your system PATH. The primary tools/ directory is located at the root of the SDK folder. **Adding tools to your path lets you run Android Debug Bridge (adb) and the other command line tools without needing to supply the full path to the tools directory.**
On Windows, right-click on My Computer, and select Properties. Under the Advanced tab, hit the Environment Variables button, and in the dialog that comes up, double-click on Path (under System Variables). Add the full path to the tools/ directory to the path.

adb와 같은 툴을 나중에 사용하게 될 때 어떤 곳에서도 쉽게 실행할 수 있도록 Path를 설정해 줄 필요가 있습니다.

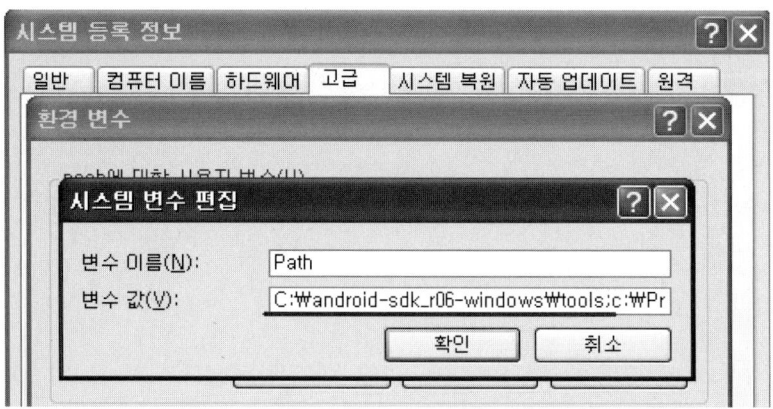

내컴퓨터에서 속성을 선택해서 위와 같이 환경 변수 Path에 안드로이드 SDK Tools를 추가하도록 설정 합니다.

20.2.5. SDK 설치 Step 3 – Eclipse ADT Plugin 설치

물론 안드로이드 어플리케이션을 개발하는 환경이 이것만 있는 것은 아니겠지만 Eclipse를 사용하면서 ADT를 함께 쓰는 것은 가장 쉽고 권고되는 방법입니다.

Step 3. Installing the ADT Plugin for Eclipse
Android offers a custom plugin for the Eclipse IDE, called **Android Development Tools (ADT)** that is designed to give you a **powerful, integrated environment** in which to build Android applications. It extends the capabilities of Eclipse to let you quickly set up new Android projects, create an application UI, add components based on the Android Framework API, debug your applications using the Android SDK tools, and even **export signed (or unsigned) APKs in order to distribute your application.** In general, developing in Eclipse with ADT is a highly recommended approach and is the fastest way to get started with Android.
If you'd like to use ADT for developing Android applications, install it now. Read ADT Plugin for Eclipse for step-by-step installation instructions, then return here to continue with the last step in setting up your SDK: adding platforms and other components.

---

http://developer.android.com/sdk/eclipse-adt.html

위 링크에 접속해서 ADT 설치 작업을 수행할 것입니다. Eclipse IDE를 위한 Android Development Tools (ADT) plugin은 안드로이드 어플리케이션을 만드는 데 있어서 매우 강력하고 통합된 개발 환경을 제공해 주게 됩니다. 안드로이드 프로젝트를 새로 만들고, 어플리케이션 User Interface를 만들고, Android Framework API를 기반으로 하는 구성 요소들을 추가하고, Android SDK 툴들을 이용한 디버깅 및 어플리케이션을 배포하는 것까지 매우 빠르게 할 수 있도록 도와줄 수 있습니다.

> **ADT 0.9.7 (May 2010)**
> **Library projects**:
> The ADT Plugin now supports the use of library projects during development, a capability that lets you store shared Android application code and resources in a separate development project. You can then reference the library project from other Android projects and, at build time, the tools compile the shared code and resources as part of the dependent applications. More information about this feature is available in the Developing in Eclipse with ADT document.

우리가 사용할 ADT의 버전은 0.9.7이고, 이것은 Library projects를 지원한다고 합니다. 공통으로 사용하는 코드들을 라이브러리로 만들어서 공유하도록 만드는 기능이 지원됩니다.

이제 ADT Plugin을 설치하는 작업을 하나씩 따라서 진행해 보도록 하겠습니다.

1. Start Eclipse, then select Help > Install New Software.
2. In the Available Software dialog, click Add....

Eclipse를 실행해서 Help 메뉴에서 "Install New Software"를 선택합니다.

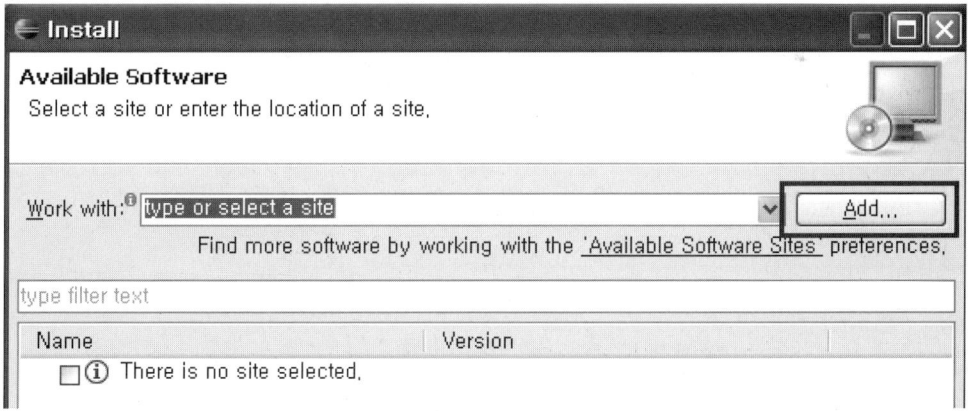

위 그림과 같이 창이 나타났을 때 Add를 누릅니다.

3. In the Add Site dialog that appears, enter a name for the remote site (for example, "**Android Plugin**") in the "Name" field.
In the "Location" field, enter this URL:

https://dl-ssl.google.com/android/eclipse/
Note: If you have trouble acquiring the plugin, you can try using "http" in the URL, instead of "https" (https is preferred for security reasons). Click OK.

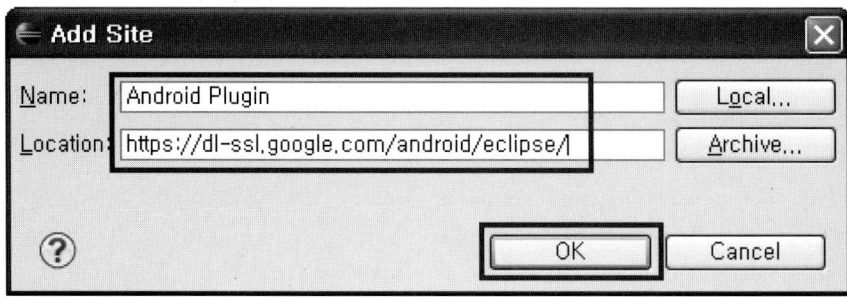

위와 같은 사이트를 추가하는 창이 나타났을 때 Android Plugin이라고 이름을 주고 https://dl-ssl.google.com/android/eclipse/를 위치 정보에 추가합니다.

HTTPS (Secure Hypertext Transfer Protocol)는 보안 관련된 부분이 추가된 것입니다. 혹 https가 안될 경우 http를 사용하면 됩니다. https를 사용하는 위 링크가 정상적으로 작동하지 않는 경우는 http://dl-ssl.google.com/android/eclipse/로 http를 사용하도록 링크를 수정해서 이용해 보시기 바랍니다.

4. Back in the Available Software view, you should now see "**Developer Tools**" added to the list. Select the checkbox next to Developer Tools, which will automatically select the nested tools **Android DDMS and Android Development Tools**. Click Next.

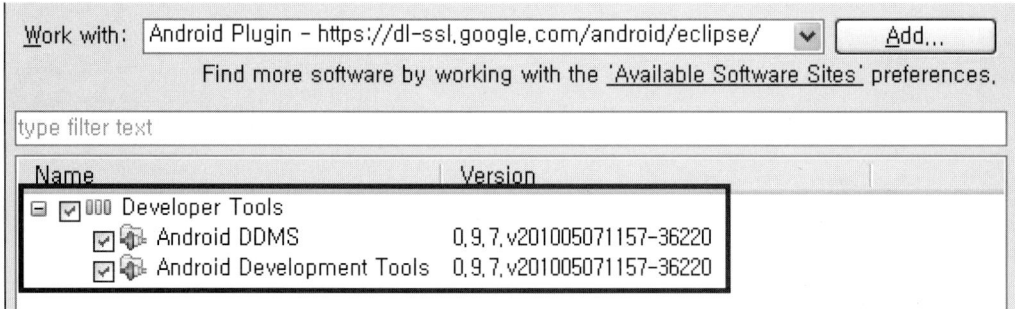

이제 이전 창으로 돌아오면 위와 같이 "Developer Tools"가 생성되어 있는 것을 볼 수 있습니다. 이것을 선택하면 자동으로 Android DDMS와 Android Development Tools가 선택됩니다.

5. In the resulting Install Details dialog, the Android DDMS and Android Development Tools features are listed. Click Next to read and accept the **license agreement** and install any dependencies, then

click Finish.
6. **Restart Eclipse.**

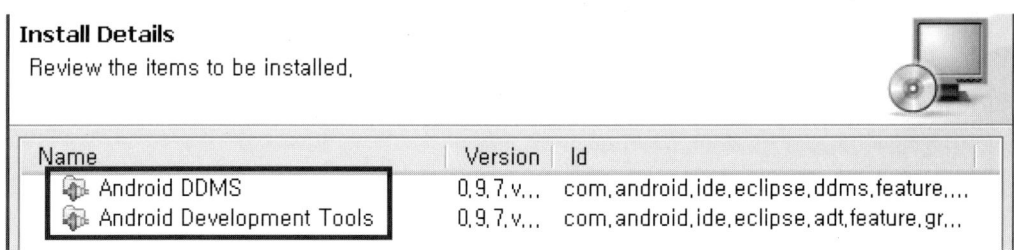

Next를 누르면 라이센스와 관련한 창이 나오고 여기서 accept 라이센스를 선택한 이후에 Finish를 누릅니다.

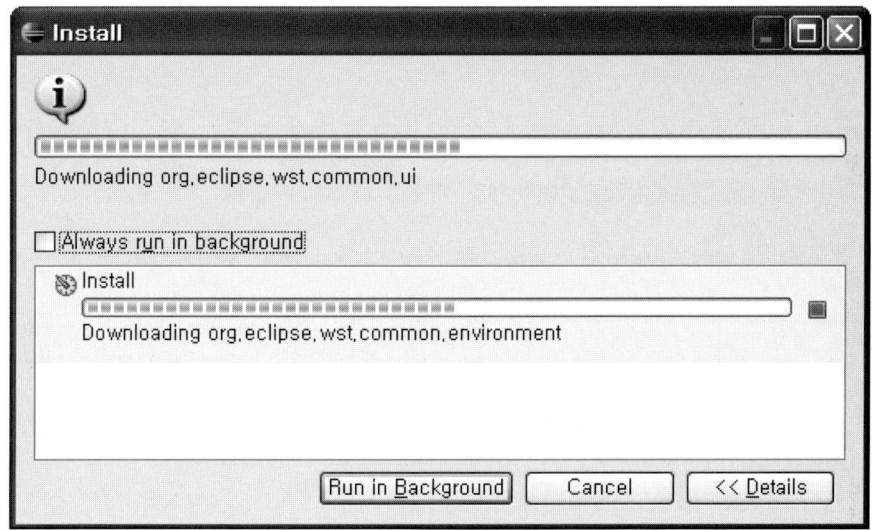

위와 같이 설치 작업이 진행됩니다.

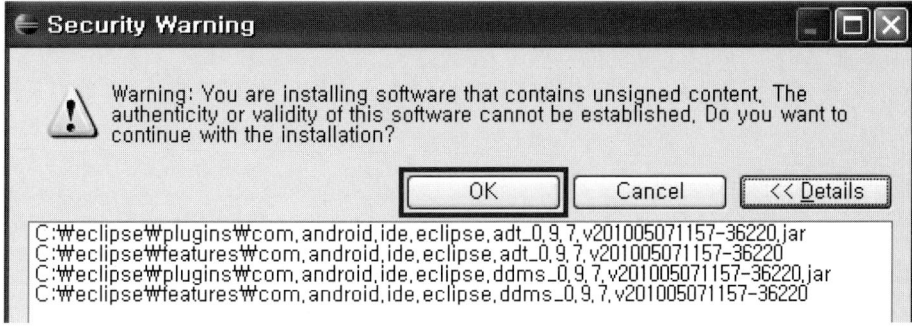

위 그림과 같은 경고가 나올 수 있는데 크게 문제되는 부분은 아닙니다. OK를 누릅니다.

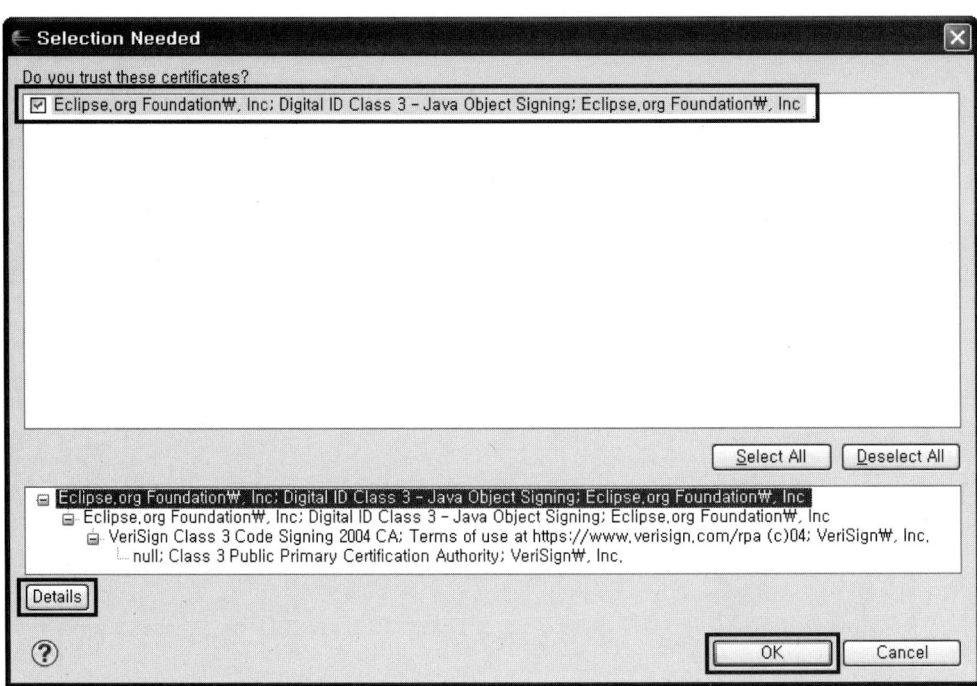

certificate와 관련한 위 내용이 나타날 수 있는데 역시 선택을 하고 OK를 누릅니다.

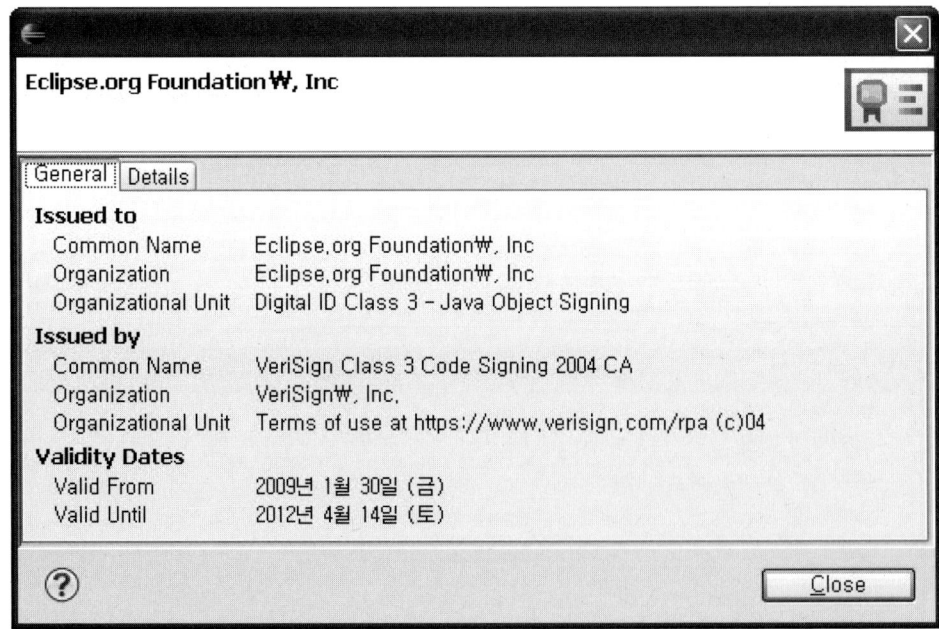

Details를 선택해서 보면 위 내용을 참조할 수 있습니다.

반드시 재 시작을 해야 합니다. Yes를 눌러서 재 시작 시킵니다.

20.2.6. Eclipse ADT Plugin 설정

이제 설치 작업은 되었고, Eclipse ADT preferences를 수정해서 Android SDK 폴더와 연결시켜주는 작업을 수행해야 합니다.

1. Select Window > Preferences... to open the Preferences panel

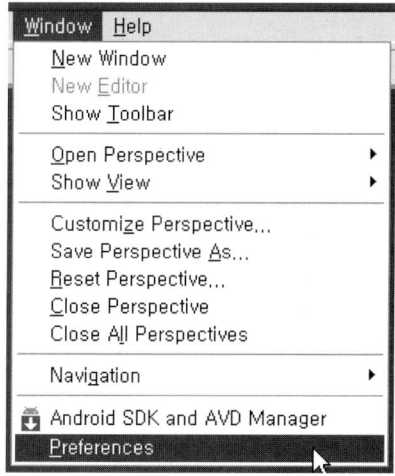

Window 메뉴에서 Preferences 부분을 선택합니다.

2. Select Android from the left panel.

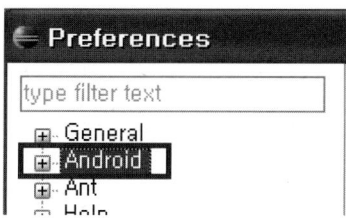

나타난 창의 왼편을 보면 위 그림과 같이 항목이 나타나는데 여기서 Android 부분을 선택합니다.
Android 부분을 선택하자마자 아래의 내용을 만날 수 있습니다.

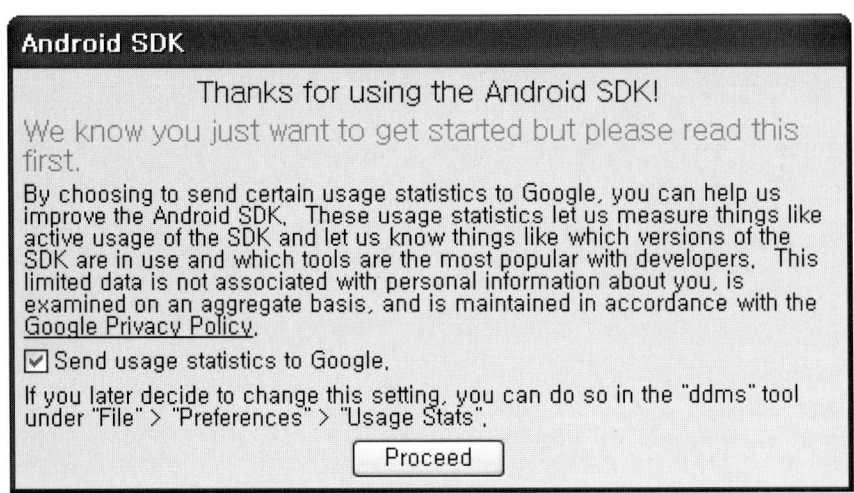

사용 통계에 대한 것을 구글에 제공할 것인지를 묻고 있습니다. 제공을 바라지 않으시는 분들께서는 디폴트로 선택되어 있는 것을 해제하시면 됩니다.

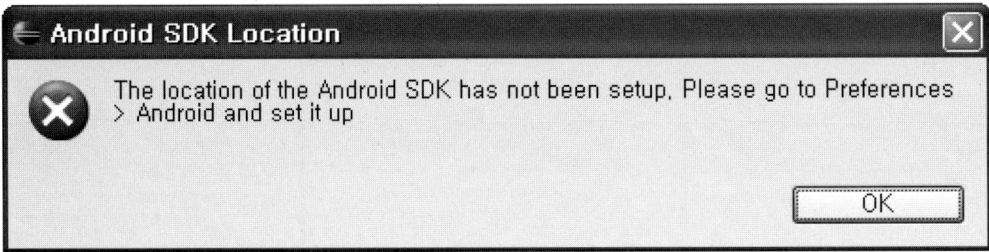

아직은 설정이 되어 있지 않기 때문에 위와 같은 경고 창이 나타납니다.

---

3. For the SDK Location in the main panel, **click Browse**... and locate your downloaded **SDK directory.**
4. Click Apply, then OK.

이제 여기서 SDK 폴더의 정보를 알려 주어야 합니다. Browse 버튼을 눌러서 위에서 SDK를 설치했던 C:\android-sdk_r06-windows 부분을 선택해 줍니다.

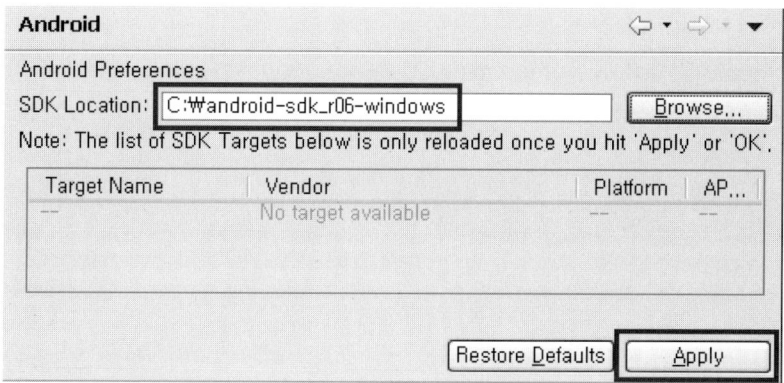

20.2.7. Eclipse ADT Plugin 설정

때때로 새로운 ADT Plugin이 나오거나 새로운 기능이나 버그 등이 고쳐진 것이 릴리즈 될 수 있습니다. 이때 업데이트를 수행해야 하는데 무척이나 간단합니다.

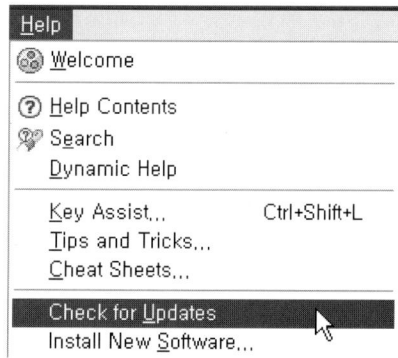

Help 메뉴에서 Check for Updates를 선택하면 자동으로 수행이 됩니다.

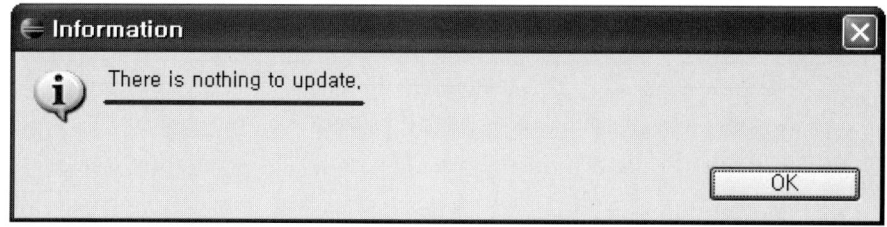

지금 처음 설치한 것이기 때문에 업데이트를 해야 할 것이 있지는 않을 것입니다.

20.2.8. SDK 설치 Step 4 – 안드로이드 플랫폼과 구성 요소 추가

이제 SDK 설치 작업의 마지막 단계를 진행합니다.

> **Step 4. Adding Android Platforms and Other Components**
> The last step in setting up your SDK is using a tool included the SDK starter package — the **Android SDK and AVD Manager** — to download essential components into your development environment. Read the information below to understand what components you'll need, then see Adding SDK Components for step-by-step instructions on how to launch the Android SDK and AVD Manager and download the components into your environment.

SDK starter package에는 최소한도의 툴만 들어있다고 말씀 드렸습니다. 이제 필요한 다른 구성 요소들을 설치해야 할 시점입니다. 이 작업은 "Android SDK and AVD Manager"를 이용하게 됩니다.

> The SDK uses a **modular structure** that separates the major parts of the SDK — **Android platform versions, add-ons, tools, samples**, and the API documentation — into a set of separately **installable components**. The SDK starter package, which you've already downloaded, includes only a single component: the latest version of the **SDK Tools**. To develop any Android application, you also need to download at least one **Android platform** into your environment, although downloading additional components is highly recommended. See Which components do I need? for information about which components are required and which are optional.

SDK는 매우 모듈화된 구성 요소들로 이루어져 있습니다. Android platform, add-ons, tools, samples, 그리고 문서들입니다. 이들은 모두 설치와 삭제가 가능한 구성 요소들입니다. SDK starter package에는 오직 SDK Tools만 들어 있습니다. 안드로이드 어플리케이션을 개발하기 위해서는 반드시 적어도 하나의 Android platform이 있어야 합니다. 물론 그 외에도 다른 구성 요소들도 가능한 설치하는 것이 좋습니다.

SDK repository는 아래의 구성 요소들을 제공합니다.

Name	Description
SDK Tools	Android SDK starter package에 이미 설치되어 있습니다. C:\android-sdk_r06-windows\tools에 이 내용이 들어 있습니다.
Android platforms	안드로이드 디바이스에 적용되는 모든 Android platform에 대해서 SDK platform이 제공됩니다. 각 플랫폼에는 완전히 호환되는 Android library와 시스템 이미지, 샘플 코드, emulator skins와 버전 별로 특별한 툴들까지 모두 제공됩니다.
SDK Add-Ons	SDK Add-Ons는 특별한 안드로이드 외부 라이브러리나 시스템 이미지 등에 대한 개발 환경을 제공하게 됩니다. Android SDK repository는 Google APIs Add-On을 제공하는데, 이것은 어플리케이션으로 하여금 com.google.android.maps library를 통해서 강력한 매핑 능력에 접근할 수 있도록 해주게 됩니다. 다른

	SDK Add-Ons도 추가할 수 있습니다.
USB Driver for Windows	윈도우가 깔려있는 컴퓨터에 설치해서 실제 디바이스에 어플리케이션을 수행시키거나 디버깅을 수행할 수 있습니다.
Samples	각 안드로이드 개발 플랫폼에서 사용할 수 있는 샘플 코드와 어플리케이션들을 제공합니다.
Documentation	Android framework API에 대한 최신의 여러 버전의 문서들을 제공합니다.

20.2.9. SDK 구성 요소 설치

이제 드디어 "Android SDK and AVD Manager"를 사용할 시점이 되었습니다.

http://developer.android.com/sdk/adding-components.html
위 링크에 이와 관련한 전반적인 내용이 나와 있습니다.

"Android SDK and AVD Manager"를 구동하는 방법은 아래의 세 가지가 있습니다.
- Eclipse를 실행해서 Windows 메뉴에서 "Android SDK and AVD Manager"를 선택합니다.
- C:\android-sdk_r06-windows에서 SDK Setup.exe을 수행합니다.
- C:\android-sdk_r06-windows\tools에서 android.bat를 수행합니다.

Eclipse를 실행해서 Windows 메뉴에서 선택해서 수행한 경우에는 위 그림과 같이 정확하게 수행이 되는 것으로 판단됩니다.

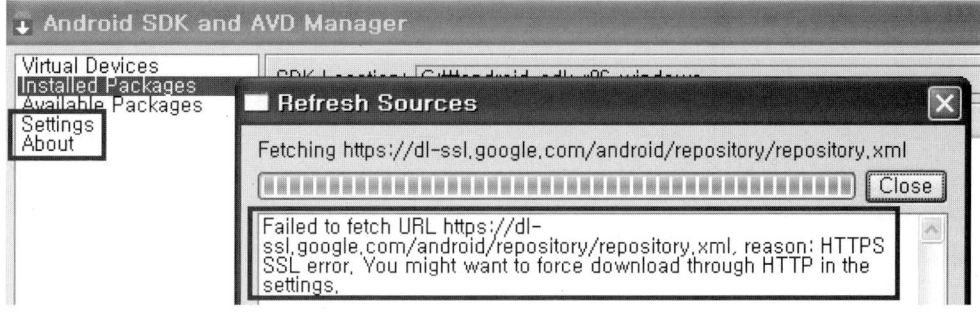

그런데 SDK Setup.exe이나 android.bat을 통해서 수행했을 경우에는 https와 관련한 에러가 출력되면

서 Available Packages에 대한 정보를 가져오지 못하는 문제가 발생합니다. 그리고 이 경우에는 위에서는 발견하지 못했던 메뉴 두 개가 추가로 보입니다.

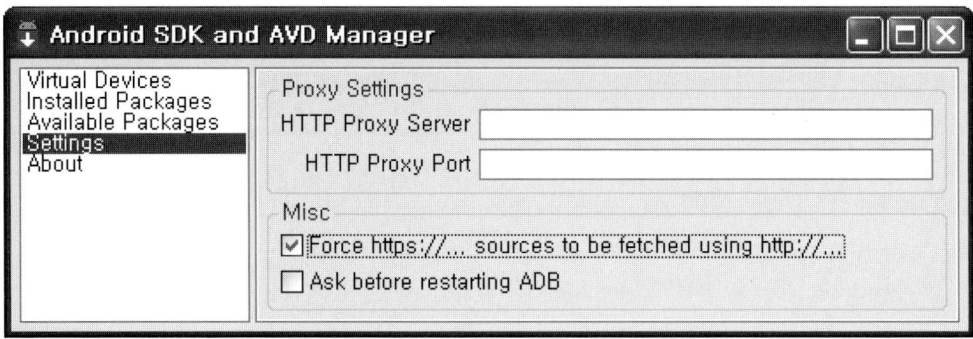

일단 위 문제의 해결을 위해서 Settings 부분에 https를 늘 http를 사용하도록 설정을 변경하였습니다. 설정을 변경한 이후에 종료하고, 다시 SDK Setup.exe를 실행하였습니다.

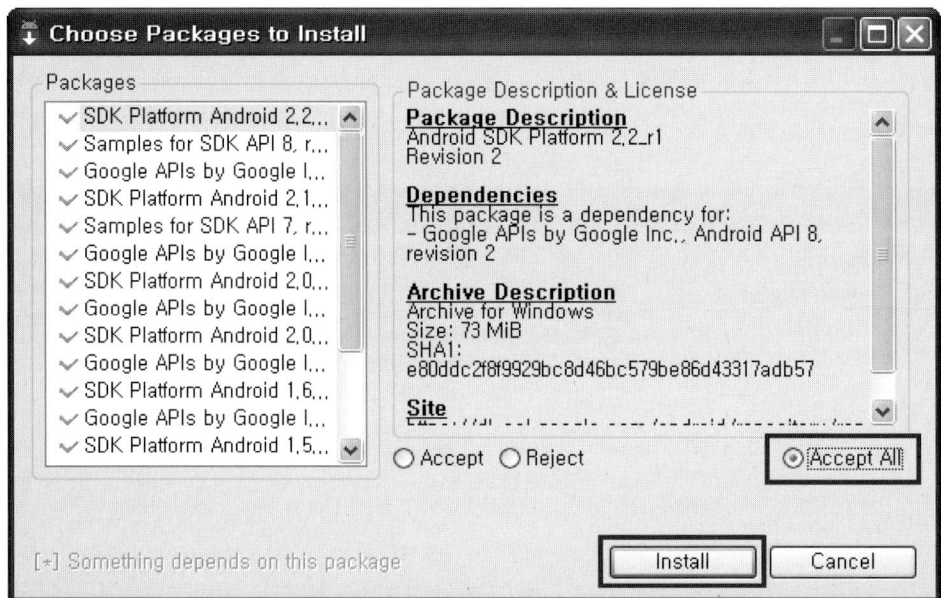

<주의 사항>
물론 위 그림과 같이 모든 패키지를 선택해서 작업하셔도 무방합니다. 하지만 긴 시간을 설치에 소모 하셔야 하고 불필요한 것들을 굳이 설치하실 필요가 없습니다. 설치를 해보시면 알지만 많은 부분이 Obsolete가 되어 있습니다. 이렇게 모두 작업하실 필요는 없을 듯 합니다. **Available Packages 에 있는 것들만 설치하시기 바랍니다.** 필자 역시 모두 설치한 이후 Obsolete 패키지들은 모두 삭제하였습니다.

설치할 패키지를 선택하도록 되어 있습니다. 모든 부분을 선택하도록 하고 Install을 수행했습니다. 모든 부분을 설치할 필요는 없지만 필자는 모든 부분을 설치하도록 하였습니다. 망고64와 망고100에서 다루어지게 될 내용도 조금 다르기 때문에 여러 버전을 설치해서 사용해야 합니다.

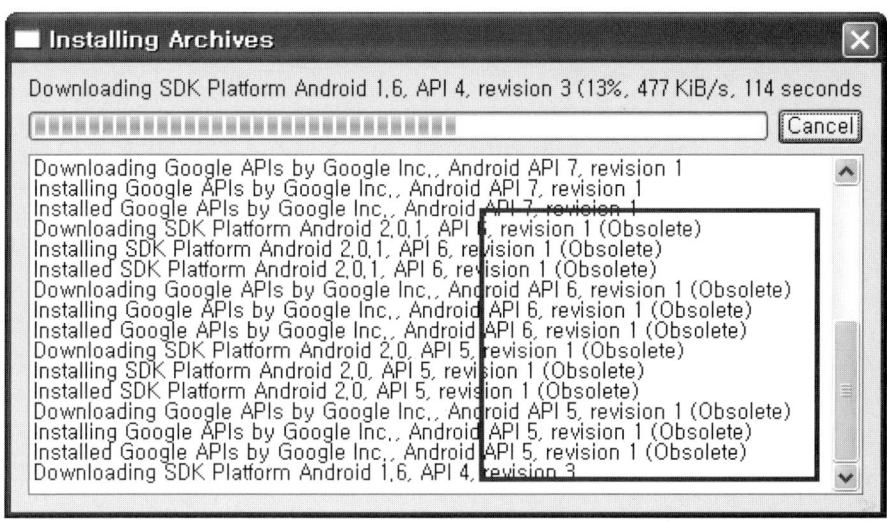

위의 주의 사항에서도 말씀 드렸던 것처럼 Available Packages에 있는 것들만 설치하시면 될 것입니다. 매우 많은 부분이 Obsolete로 사용하지 않는 것들입니다.

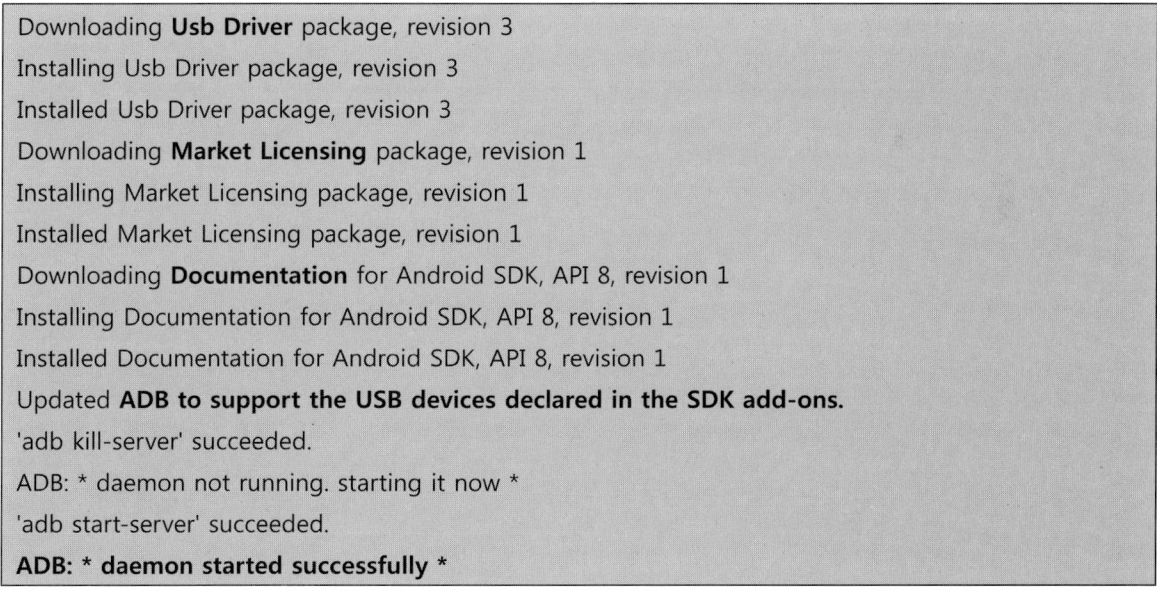

위와 같이 마지막으로 USB Driver, Market Licensing package, Documentation이 설치되었고, ADB에 대한 구동이 수행되고 난 이후에 종료하였습니다.

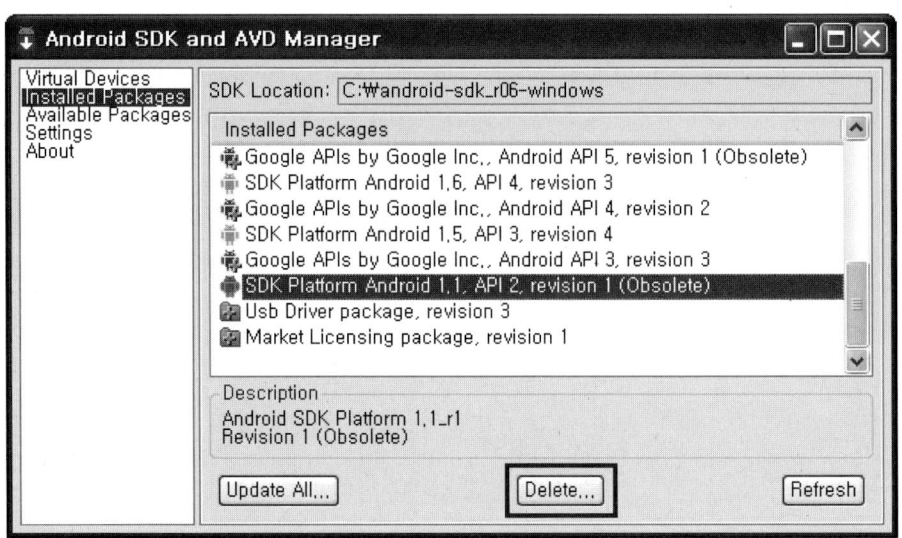

일단 Obsolete인 부분들을 굳이 유지할 필요는 없는 것으로 판단합니다. 모든 Obsolete package들을 모두 삭제하였습니다. Delete를 누르면 아래 창이 나타납니다.

지우게 되면 폴더까지 모두 삭제되고 이것은 복구될 수 없습니다. Yes를 누르게 되면 모두 삭제 됩니다.

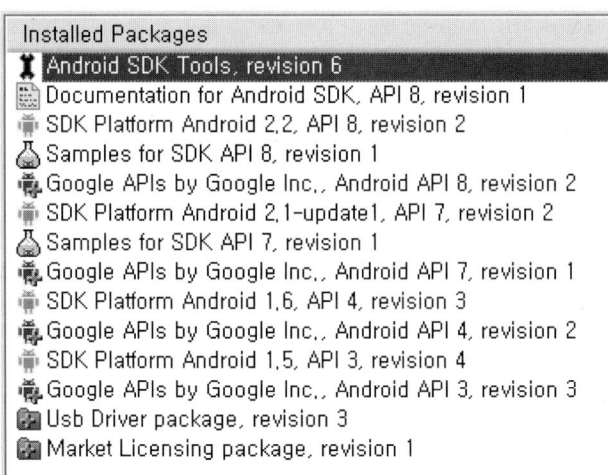

최종적으로 설치된 패키지들은 위의 것들입니다. Android 1.6이 API 버전은 4이고, Android 2.2는 API 버전이 8인 것을 알 수 있습니다.

20.2.10. SDK 설치 Step 5 – SDK 둘러 보기

이제 설치된 SDK의 내용을 둘러 보도록 하겠습니다.

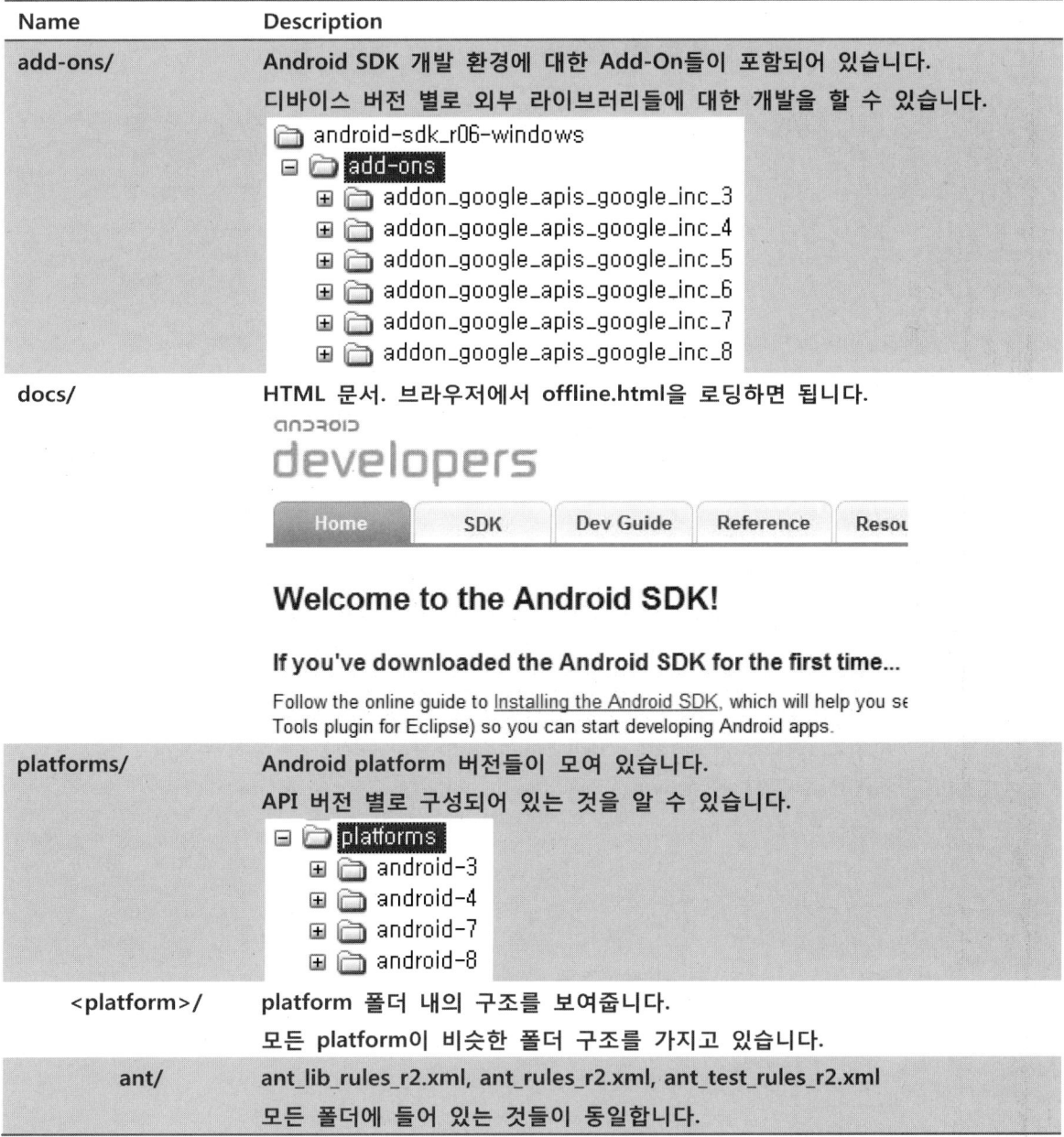

Name	Description
add-ons/	Android SDK 개발 환경에 대한 Add-On들이 포함되어 있습니다. 디바이스 버전 별로 외부 라이브러리들에 대한 개발을 할 수 있습니다.
docs/	HTML 문서. 브라우저에서 offline.html을 로딩하면 됩니다.
platforms/	Android platform 버전들이 모여 있습니다. API 버전 별로 구성되어 있는 것을 알 수 있습니다.
<platform>/	platform 폴더 내의 구조를 보여줍니다. 모든 platform이 비슷한 폴더 구조를 가지고 있습니다.
ant/	ant_lib_rules_r2.xml, ant_rules_r2.xml, ant_test_rules_r2.xml 모든 폴더에 들어 있는 것들이 동일합니다.

	ant는 Java 기반의 Build 도구로, 파일 형식은 XML입니다. make와 같은 툴은 각종 Shell에 의존적일 수밖에 없습니다. 이와 달리 ant는 플랫폼 독립적으로 사용 가능하도록 xml 문서를 빌드 스크립트로 사용하게 됩니다. Eclipse는 Ant 플러그인을 기본으로 내장하기 때문에 따로 설치할 필요는 없습니다. http://ant.apache.org/ 참조
data/	기본적인 폰트와 리소스 정의 부분을 저장하는 곳입니다. android-3의 경우 data 폴더에 모두 1038개의 파일이 있는데, android-8에서는 무려 2160개의 파일이 존재하고 있습니다.
images/	default disk image들에 대한 저장 공간입니다. Android system image, default user data image, default ramdisk image 등이 저장됩니다. C:\android-sdk_r06-windows\platforms\android-8\images kernel-qemu 1,432KB NOTICE.txt 307KB ramdisk.img 161KB system.img 79,217KB userdata.img 3,954KB 이 이미지들은 emulator session에서 사용됩니다.
samples/	emulator에서 수행 가능한 예제 어플리케이션들이 들어 있습니다. android-7, android-8에 대해서는 samples 폴더가 없고 상위 폴더인 C:\android-sdk_r06-windows\samples 부분에 존재합니다.
skins/	emulator skin들이 들어 있습니다.
templates/	SDK development tool에서 사용되는 file template들이 들어 있습니다.
tools/	각 platform 버전에 따라 다른 개발 툴들이 들어 있습니다.
android.jar	어플리케이션 빌드 시 사용되는 Android library 입니다.
tools/	emulator, adb, ddms와 같은 각종 개발 및 profiling 툴들이 있습니다.

Android SDK를 설치하는데 기본적으로 Eclipse Plugin (ADT, Android Development Tools)이 함께 제공됩니다. 이것을 설치하고 나면 너무나도 쉽게 통합환경을 제공받게 됩니다. 어떤 형태이든 개발환경이라는 것이 SW의 개발자들에게 참 얄궂은 존재였는데, Eclipse는 이것을 참 편하게 만들어주는 강력한 도구입니다. Android라는 것이 뒤늦게 나온 것이고 자신을 사용하는 툴로서 그냥 Eclipse에 plugin 만을 제공해서 가능하게 만드는 것은 참 멋진 방법입니다.

그리고 plugin을 제공하는 방법도 또한 멋집니다. Eclipse에 site만 등록을 해 놓고 설치 역시 자동으로 이루어지고, 만약 plugin이 update 되었을 때 우리가 크게 신경 쓰지 않아도 Eclipse를 통해서 자동으로 update도 이루어지게 됩니다.

21. 최초 어플리케이션 Hello Android

어플리케이션의 시작은 Hello를 찍어보는 것입니다. 안드로이드도 이에 대한 것을 제공하고 있는데 그 어느 것보다 쉬운 것으로 판단됩니다.

21.1. Hello Android 프로젝트 생성

21.1.1. 새 프로젝트 생성

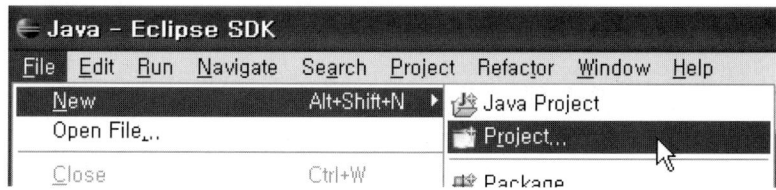

eclipse를 띄워서 File 메뉴의 New에서 Project를 선택합니다.

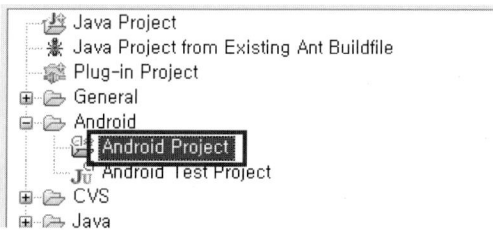

왼쪽의 Android 부분에서 Android Project를 선택하고 Next를 누릅니다.

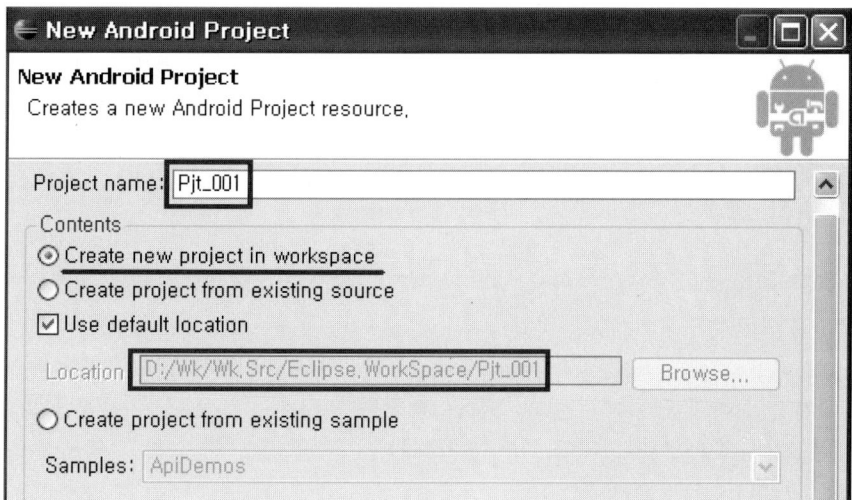

사실 처음이라서 Android Project가 나타나지 않는 것이고, 다음부터 만들 때는 File 메뉴의 New 부분에서 Android Project라는 메뉴를 발견할 수 있을 것입니다.

프로젝트의 이름은 Pjt_001로 정했습니다. 새로운 프로젝트를 생성하도록 하였고, 위치는 이전에 디폴트 위치로 지정했던 곳에 저장될 것입니다.

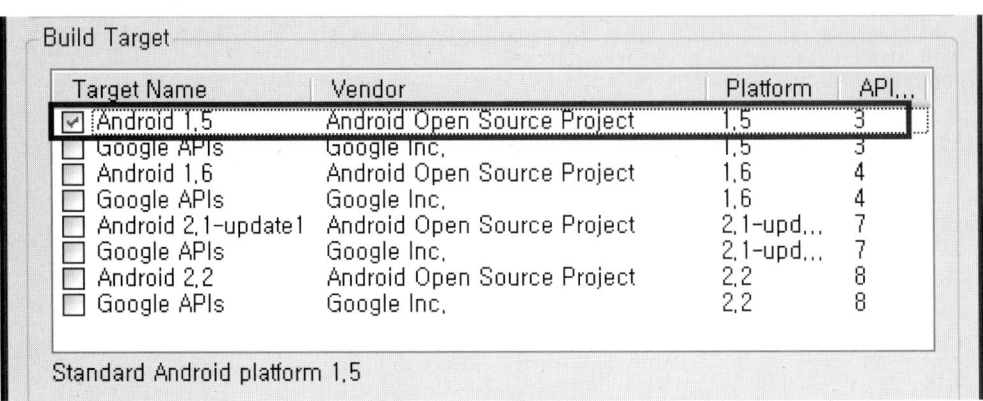

이번 프로젝트는 일단 안드로이드 Virtual Device에서 수행될 것이지만 망고64에서 수행되도록 할 것입니다. Android 1.5를 선택한 것은 그 때문입니다. 물론 어떤 것을 선택하던지 그에 맞는 AVD를 만들어 주시면 수행을 시킬 수 있습니다.

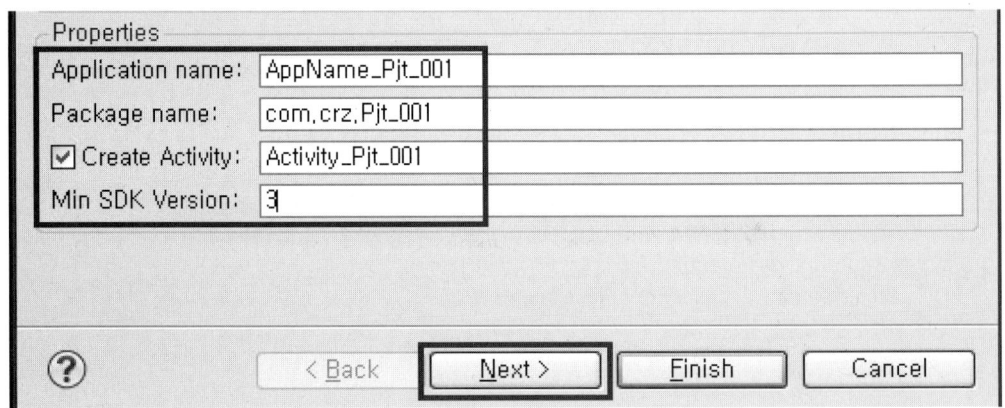

어플리케이션, 패키지, Activity의 이름은 잘 지어 주어야 합니다. 각각의 경우를 명확하게 하기 위해서 모두 Pjt_001을 포함하도록 이름을 지었습니다.

내용 중에서 패키지 이름과 관련해서는 권고하는 방식은 인터넷의 주소를 주는 방식과 비슷하게 dot로 구분해서 주도록 권고하고 있습니다. com에 crz라는 이름을 먼저 부여하고 역시 Pjt_001을 패키지 이름으로 부여했습니다.

Min SDK 버전은 안드로이드 1.5 기반이 API 버전이 3이기 3으로 주었습니다. 다른 버전을 선택할 경우에는 이 숫자 역시 달라져야 할 것입니다.

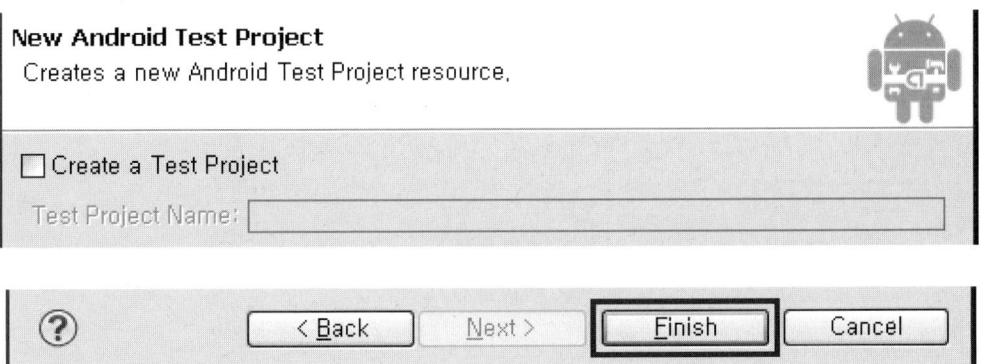

Android Test Project 은 JUnit을 이용하는 단위 테스트용 프로젝트입니다. 일단 이것을 사용할 것은 아니기 때문에 선택하지 않습니다. 이제 Finish를 누르면 프로젝트 생성 과정은 종료하게 됩니다.

21.1.2. 프로젝트 최초 생성시의 에러

프로젝트를 최초로 만들면 항상 아래와 같은 두 개의 에러가 발생하는 것을 발견할 수 있습니다.

> Project 'Pjt_004' is missing required source folder: 'gen'
> The project cannot be built until build path errors are resolved

첫 번째 에러는 gen 부분에 필요한 리소스가 없다는 것이고, 이것은 아직 모든 자동으로 생성되는 것들이 미처 만들어지지 않았고 이로 인해서 에러가 발생했다는 것을 나타내 주고 있는 것입니다. 이럴 경우 가장 간단한 해결 방법은 자동으로 이 과정이 될 수 있도록 기다리는 것인데 쉬운 방법으로는 eclipse를 다시 구동하면 간단하게 해결됩니다.

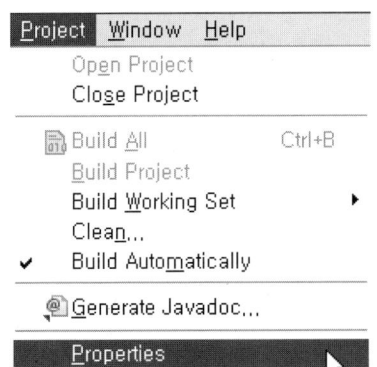

또 다른 근본적인 해결 방법은 위와 같이 Project 메뉴에서 Properties를 선택해서 수정을 해주는 방법이 있습니다.

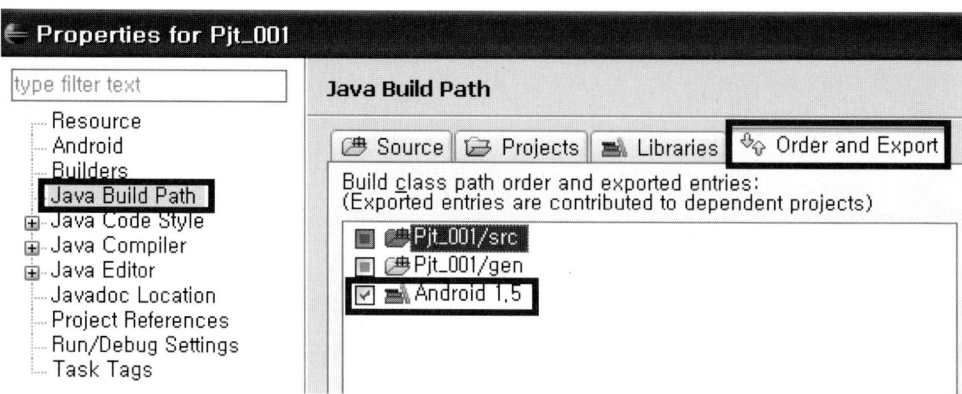

왼쪽의 메뉴 중에서 "Java Build Path"를 선택합니다. 여러 개의 탭 중에서 "Order and Export" 부분을 선택하면 디폴트로는 Android 1.5 부분이 선택되어 있지 않습니다. 여기서 이 부분을 선택해 주면 위의 두 가지 에러는 모두 사라집니다.

물론 이 부분이 반드시 필요한 것은 아니고 실제로 eclipse만 새로 실행해도 에러는 없어지지만 그렇게 하는 것이 불편하신 분들은 위에서와 같이 Android 1.5 부분을 선택해서 해결하시면 될 것입니다. 조금은 불편하게 되어 있는 이 부분은 살짝 문제점으로 느껴지기는 합니다.

21.1.3. 프로젝트 빌드와 수행

이제 실행을 시켜볼 것인데 한가지 먼저 확인해보실 부분이 있습니다.

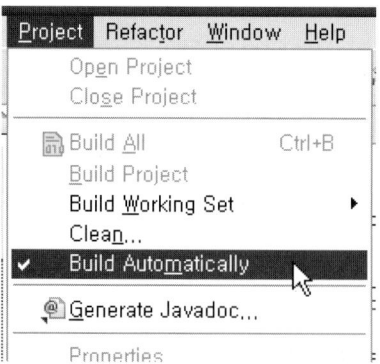

Project 메뉴를 살펴보면 "Build Automatically"라는 부분이 선택되어 있는 것을 알 수 있습니다. 이것은 빌드 과정이 자동으로 수행된다는 것을 의미합니다. 우리가 소스를 편집하고 따로 빌드를 수행하는 과정을 실행하지 않아도 자동으로 빌드가 되어서 결과를 가지고 있게 되는 것입니다. 물론 어떤 에러가 발생하게 되면 정상적으로 수행이 되지 않을 것이고 그 내용은 사용자들이 알 수 있도록 표시됩니다.

프로젝트가 생성된 것을 확인해 보면 아래 그림과 같이 왼쪽에 만들어진 Pjt_001의 프로젝트 이름이 보이고, 그 아래에 src 부분에 이전에 만들었던 패키지 이름인 com.crz.Pjt_001가 존재하고 그 아래에 자바 파일이 있는데 이름은 Activity 이름과 동일한 것이 만들어 집니다.

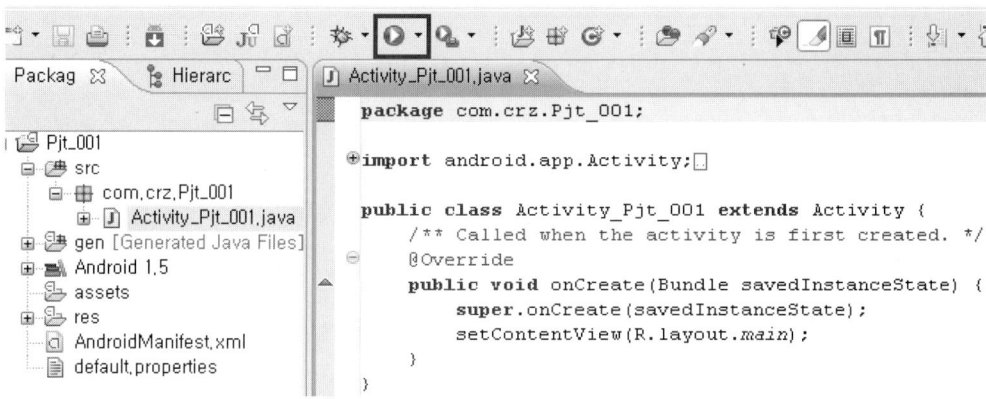

오른쪽의 내용을 보면 Activity라는 클래스에서 파생된 Activity_Pjt_001 클래스가 생성되어 있는 것을 확인할 수 있습니다. Play 모양의 버튼이나 Run 메뉴에서 Run을 수행합니다.

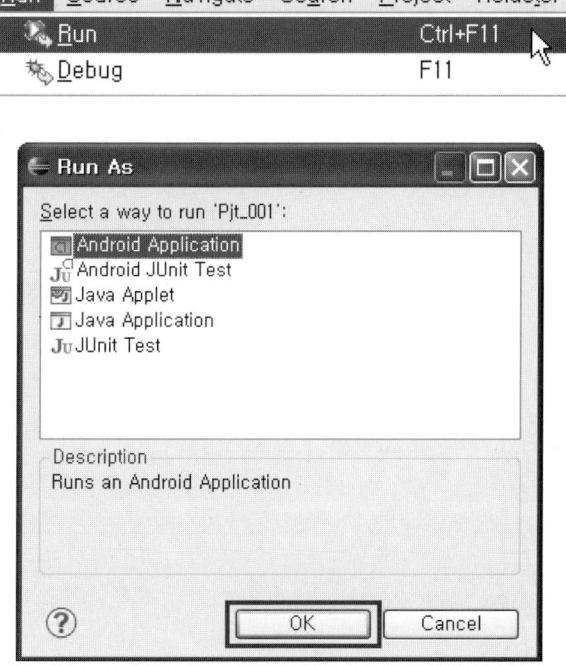

Android Application을 선택하고 OK를 누릅니다.

이때 위와 같은 에러 창을 만나게 될 것입니다. 이것은 지금 만든 어플리케이션을 실행시킬 타겟 디바이스가 없기 때문입니다. 위 에러 창에서 Yes를 선택하면 바로 Android Virtual Device (AVD)를 만들게 됩니다.

21.2. Android Virtual Device (AVD) 만들기 및 수행

이제 우리가 만든 어플리케이션을 수행시켜 줄 수 있는 디바이스를 만들게 됩니다. 이름에서도 느껴지듯이 실제 디바이스가 아니라 Virtual 디바이스를 가상으로 만드는 것입니다. 물론 뒤에서 우리는 어플리케이션을 실제 망고 보드에서도 돌려볼 것입니다.

21.2.1. Android SDK and AVD Manager에서 AVD 생성

Android Virtual Device (AVD)를 만드는 곳은 지난 장에서 살펴보았던 "Android SDK and AVD Manager" 입니다. 이것을 따로 불러서 편집할 수도 있습니다만 위 과정 중에서 에러가 났을 때 Yes를 누르면 자동으로 수행이 됩니다.

오른쪽의 버튼 중에서 New를 선택해서 새로운 디바이스의 이름과 타겟을 지정합니다. 우리는 Android 1.5를 이용할 것이고 이름도 그에 맞게 AVD_1.5로 지어 주었습니다.

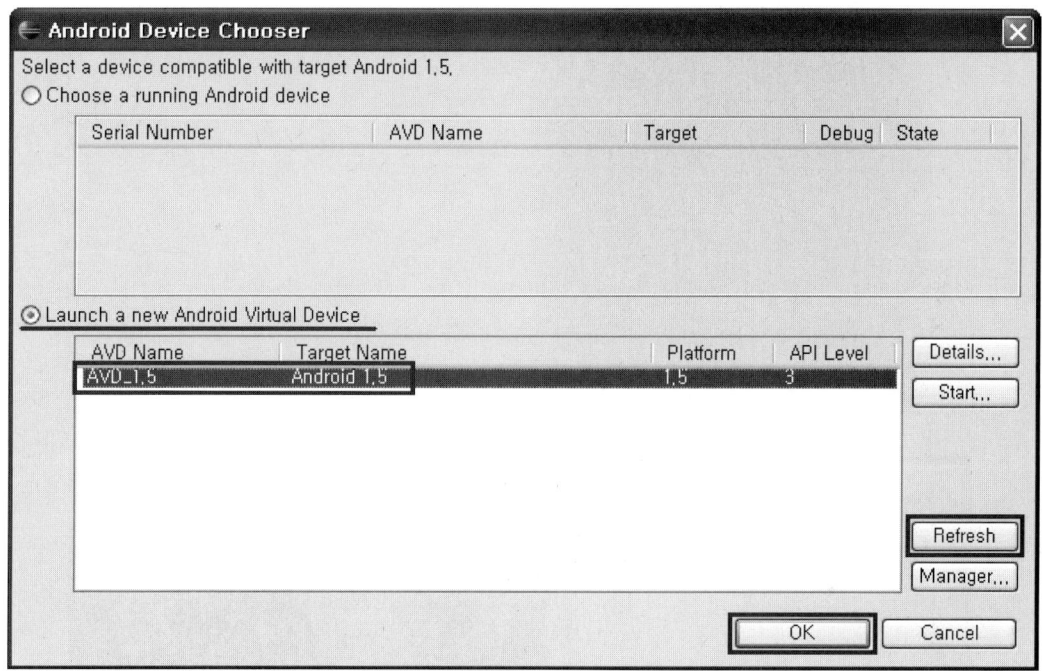

정상적으로 만들어 지면 위 그림과 같이 AVD_1.5 디바이스가 나타납니다.

최초에 작업을 마쳤을 때 위 그림에서 지금 만든 Virtual Device가 나타나지 않을 수 있습니다. 그때는 오른쪽 버튼 중에서 Refresh를 누르면 정상적으로 나타날 것입니다. "Launch a new Android Virtual Device"를 선택한 후 AVD_1.5 디바이스를 선택하고 OK를 누릅니다.

처음에 수행이 될 때는 조금 시간이 걸릴 수 있습니다. 잠시 동안 기다리고 있으면 아래의 창이 나타나는 것을 확인할 수 있습니다.

21.2.2. 에뮬레이터 수행

에뮬레이터를 수행해서 작업하는 것은 사실 너무나도 쉽습니다. 우리가 인지하는 그대로 활용이 가능합니다. 키보드도 모두 동작하고 마우스 역시 원활하게 사용이 가능합니다.

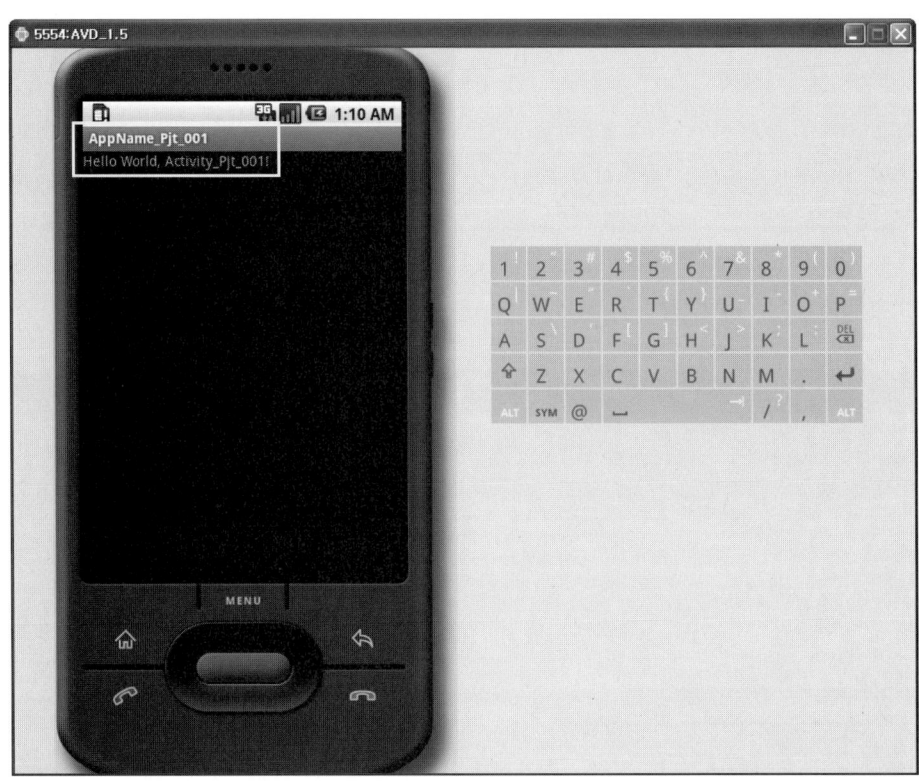

혹시라도 지금 우리가 작업한 어플리케이션이 바로 동작하지 않을 수도 있는데 그때는 오른쪽 버튼 중에서 집 모양의 홈 버튼을 눌러서 홈으로 가서 우리의 어플리케이션을 찾아서 실행해 주시면 정상 작동이 될 것입니다.

위 그림의 왼쪽이 홈 화면이고 여기서 아래 부분을 클릭하면 모든 어플리케이션을 찾을 수 있고 오른쪽 그림에서 표시한 것인 AppName_Pjt_001 어플리케이션입니다. 이것을 실행하면 됩니다.

Android emulator는 무척이나 잘 만들어진 emulator입니다. 기본적인 library 상에서도 모든 키 동작과 touch, drag까지 다 작동하는 것을 보실 수 있습니다. 구글 검색이나 internet site의 접속에도 무리가 없습니다.

21.3. Hello Android 내용 분석

http://developer.android.com/resources/tutorials/hello-world.html
위 내용을 기반으로 설명이 될 것입니다.

21.3.1. Project, Application, Package, Activity 이름

Project Name, Application Name은 그냥 이름일 뿐입니다. Project가 생성될 directory 이름과 application이 로딩될 때 상단에 표시되는 이름 정도의 의미를 가지는 것이라고 생각하시면 됩니다.

Package Name은 약간은 중요한 부분이 됩니다. namespace라는 개념이 나오고 이것은 어떤 boundary나 공간의 개념이라고 생각하시면 됩니다. 언어들마다 각자의 고유한 명칭과 같은 것들이 있지만 C++나 C#, Java 등 object-oriented 방식의 언어들은 기본적인 개념에 있어서는 비슷한 내용이 많이 있습니다. namespace라는 개념도 이러한 object-oriented 방식 언어들의 기본적인 개념입니다.

```java
package com.crz.Pjt_001;
import android.app.Activity;
import android.os.Bundle;
public class Activity_Pjt_001 extends Activity {
    /** Called when the activity is first created. */
    @Override
    public void onCreate(Bundle savedInstanceState) {
        super.onCreate(savedInstanceState);
        setContentView(R.layout.main);
    }}
```

위 코드는 자동으로 생성된 코드 전체입니다. 여기서 package라고 되어 있는 부분에 우리가 패키지 이름으로 주었던 com.crz.Pjt_001이 존재하고 있습니다.

package는 namespace 개념과도 동일한 의미를 갖는 것입니다. conflict가 일어나지 않는 공간의 개념, 즉 다른 package에서는 같은 이름을 사용해도 문제가 없는 conflict가 일어나지 않도록 묶음을 지어주는 개념으로 생각하시면 됩니다.

unique한 이름을 꼭 사용해야 하기 때문에 standard domain-style을 사용합니다. 어디선가 이런 형태를 본적이 있는데 이런 것이죠. org, com, kr 등의 domain의 가장 나중 부분의 것을 기본으로 해서 그 다음 회사이름 다음에 프로젝트의 이름을 사용해서 unique한 상태로 만드는 방법입니다. 여기서는 예로 "com.crz"를 사용했습니다.

Activity Name은 실제 사용될 class 이름을 지정합니다. 여기에 Android's Activity class가 나오는데 기본적으로 우리가 지정한 Activity Name으로 이름 지워진 class가 Activity class로부터 상속을 받아서 생성되게 됩니다.

몇 가지 import를 하고 있는 것도 있습니다. import라는 것은 다른 package에 있는 것을 access하기 쉽게 하기 위해서 사용하는 것입니다. 만약 android.app.Activity가 import되어있지 않았으면 Activity 라는 class 이름을 직접 사용할 수는 없고 android.app.Activity.Activity라고 썼어야 했을 것입니다.

21.3.2. Customizing해서 구동하기

이제 몇 가지 부분을 수정해서 구동해 보도록 하겠습니다.

```java
package com.crz.Pjt_001;
import android.app.Activity;
import android.os.Bundle;
import android.widget.TextView;
public class Activity_Pjt_001 extends Activity {
    /** Called when the activity is first created. */
    @Override
    public void onCreate(Bundle savedInstanceState) {
        super.onCreate(savedInstanceState);
        TextView tv = new TextView(this);
        tv.setText("POOH");
        // setContentView(R.layout.main);
        setContentView(tv);
```

```
    }
}
```

수정된 내용에 대해서는 뒤에서 살펴볼 것이고, 이제 위의 수정된 내용을 에뮬레이터로 먼저 수행을 시켜 보도록 하겠습니다.

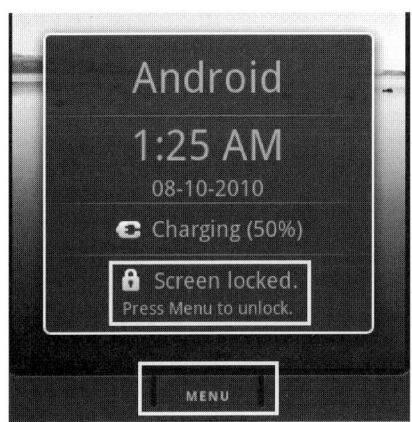

종종 Screen locked가 표시되면서 실행이 안될 수 있습니다. 적혀 있는 것처럼 MENU를 누르면 해제됩니다. 수행을 시켜보면 달라진 것은 POOH라는 문자열을 찍는 것입니다. 기존에 출력되던 "Hello World, Activity_Pjt_001!"이 사라지고 POOH로 바뀌었습니다. 이 부분에 대한 것을 하나씩 살펴보도록 하겠습니다.

21.3.3. TextView instance 추가

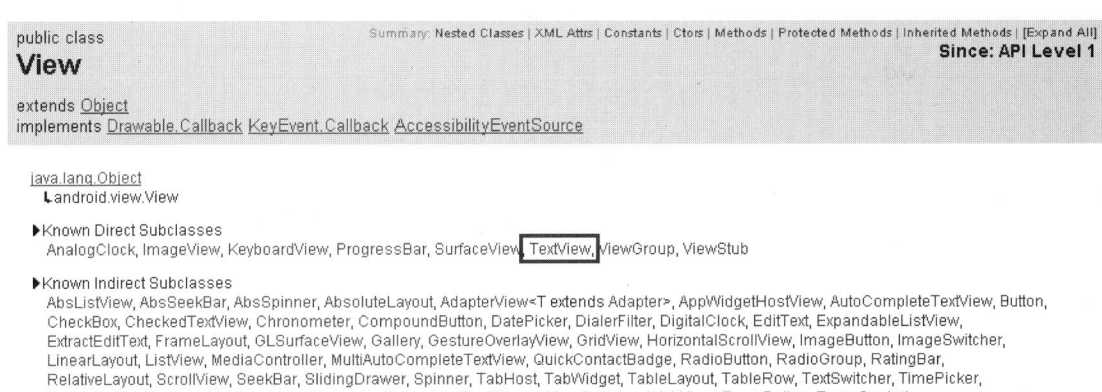

가장 먼저 추가된 내용은 TextView instance를 추가한 것입니다. TextView는 View 클래스에서 상속을 받은 클래스입니다. 이름에서 알 수 있듯이 문자열에 대한 것임을 예상할 수 있습니다.

http://developer.android.com/reference/android/view/View.html
안드로이드의 View에 대한 것은 위 링크에서 자세한 내용을 찾을 수 있습니다.

기본적으로 알기 쉬운 View 중에는 ImageView, TextView와 같은 것들이 있을 것입니다.

TextView의 위치에서 마우스 오른쪽 버튼을 누르면 아래 그림과 같은 메뉴가 나타납니다. 여기서 "Open Type Hierarchy"를 수행해 보시기 바랍니다. 이것은 F4를 눌러도 똑같은 내용이 수행될 것입니다.

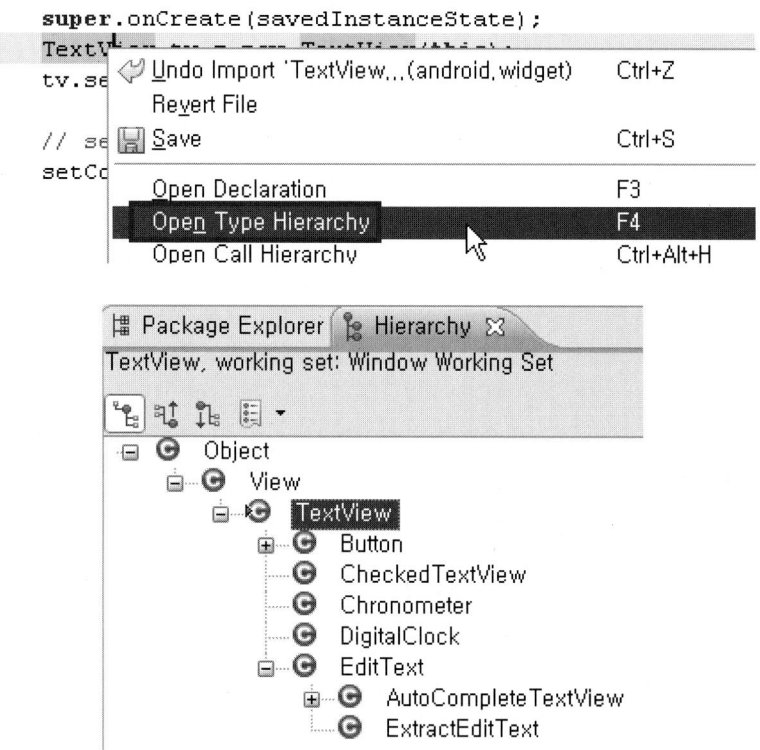

위 그림에서 살펴보면 TextView에서 각종 button이나 edit text와 같은 형태들이 상속되어 내려오는 것을 볼 수가 있습니다. View는 단순하게 보면 하나의 UI상의 object의 개념입니다. 우리는 TextView를 사용해서 단순히 문자만 출력하는 기본 기능을 사용해볼까 합니다.

TextView tv = new TextView(this);

이것이 실제로 instance를 생성하는 것이며, constructor로 this를 전달하고 있습니다.

Activity 부분에서 F4를 눌러서 Type Hierarchy 내용을 살펴보면 아래 그림과 같습니다. TextView constructor에 전달되는 argument는 Android Context instance 입니다. 프로그램 내에서는 this로 전

달을 하고 있고, 이 this가 바로 Activity_Pjt_001의 instance를 의미합니다. Activity_Pjt_001은 Activity로부터 상속을 받는 subclass이고, 이것 또한 Context입니다. Context는 단순하게 말하자면 시스템에 대한 핸들을 의미합니다. 어떤 데이터 베이스나 preferences에 대한 접근을 포함하는 리소스에 대한 서비스를 제공하는 것입니다.

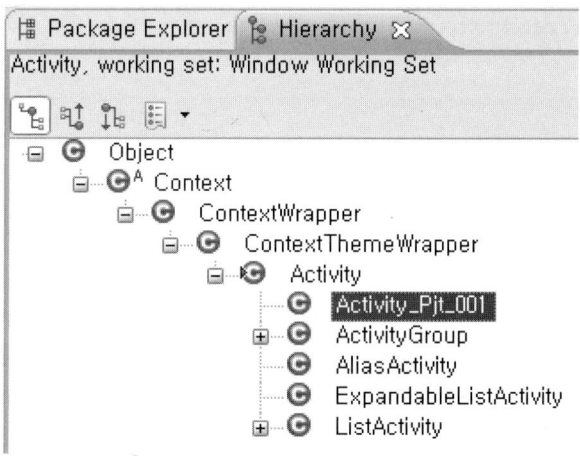

TextView를 처음 추가했을 때 아래 그림과 같이 TextView의 아래에 붉은 색 줄이 쳐 지면서 타입을 알 수 없는 것이라는 표시가 나타납니다. 마치 워드에서 맞춤법 검사가 수행된 상태와 비슷합니다.

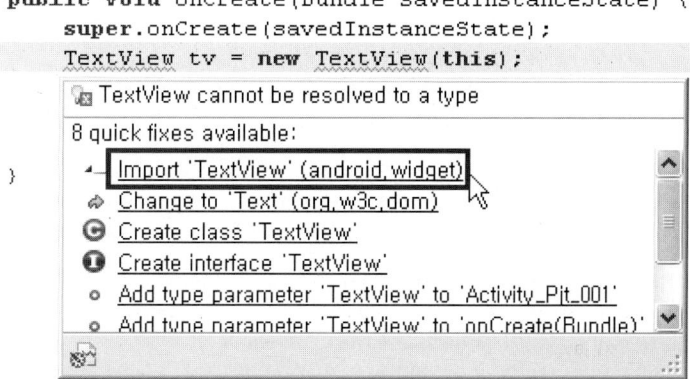

이때 TextView 위에 마우스를 가져가면 자동으로 이 에러를 처리할 수 있는 8가지의 방법이 소개되고 있습니다. 우리는 TextView를 새롭게 정의하려는 것이 아니고 기존에 있는 것을 import 하면 되기 때문에 그에 대한 것을 선택할 것입니다.

import android.widget.TextView;

"Import 'TextView' (android.widget)" 부분을 선택하면 위 문장이 자동으로 추가됩니다.
android.widget에 들어있는 TextView를 추가하라는 것입니다.

이를 쉽게 할 수 있는 방법이 있습니다. 바로 Ctrl-Shift-O를 누르는 것입니다. Ctrl-Shift-O는 import 'TextView'를 수행하는 것입니다. 위에서 마우스 오른쪽 버튼을 눌러서 메뉴를 선택한 것과 똑같은 효과가 나타나게 됩니다.

21.3.4. TextView 문자열 설정

```
tv.setText("POOH");
```

TextView를 생성한 이후에 멤버 함수 중의 하나인 setText를 이용해서 그 내부의 문자열을 설정하는 작업을 수행하고 있고, 그 값으로 POOH라고 지정하고 있습니다. 이 시점에 아무런 작용도 일어나지 않습니다. 실제로 화면 상에 내용이 출력되기 위해서는 다른 작업을 수행해야 합니다.

```
// setContentView(R.layout.main);
setContentView(tv);
```

setContentView()는 Activity의 method로서 View가 Activity의 UI와 연결되어야 한다는 것을 시스템에 알려주는 역할을 합니다. 원래 있었던 setContentView(R.layout.main)을 지우고 setContentView(tv)를 추가함으로써 위에서 tv instance에 설정한 내용이 Activity의 UI에 나타날 수 있도록 만들어 준 것입니다.

그럼 여기서 원래 있었던 setContentView(R.layout.main)의 내용을 살펴볼 필요가 있습니다. R.layout.main은 어디에 존재하고 있는 것일까요?

프로젝트 창에서 gen 부분에 com.crz.Pjt_001 부분을 보면 R.java라는 파일이 존재하고 있는 것을 알 수 있습니다. 이 부분을 보면 R이라는 클래스가 있고 거기에 layout이 있고 그 안에 main이 정의되어 있습니다. R.layout.main은 바로 이 부분을 가리키고 있는 것입니다.

안드로이드에서 layout XML 파일은 리소스로 ₩res₩layout₩main.xml에 저장 됩니다. Eclipse에서 프로젝트 저장 시에 res 폴더의 여러 리소스들을 컴파일하고 ₩gen₩com.crz.Pjt_001₩R.java라고 하는 클래스를 생성하게 됩니다.

R.java를 살펴보면 각 리소스의 별로 layout, drawable, string 등의 내부 클래스가 선언 되어 있고, 내부 클래스의 멤버 변수는 컴파일 된 리소스를 가리킬 수 있는 주소로 설정되어 있습니다. 위에서 살펴본 layout class는 main이라는 변수를 가지고 있고, main 변수는 컴파일 된 main.xml의 주소가 지정되어 있는 것입니다.

setContentView(R.layout.main)는 위의 R.java에 정의된 main이라는 변수를 이용해서 XML의 메모리 상의 주소와 연결이 되는 방법인 것입니다. layout의 멤버 변수인 main은 컴파일 된 main.xml이 저장되어 있는 메모리 공간을 가리키는 포인터인 것입니다.

```xml
<?xml version="1.0" encoding="utf-8"?>
<LinearLayout xmlns:android="http://schemas.android.com/apk/res/android"
    android:orientation="vertical"
    android:layout_width="fill_parent"
    android:layout_height="fill_parent">
<TextView
    android:layout_width="fill_parent"
    android:layout_height="wrap_content"
    android:text="@string/hello"/>
</LinearLayout>
```

XML 파일은 안드로이드에서 UI를 구성하는데 매우 중요한 요소입니다. 우리가 위에서 만든 것과 같이 setContentView(tv)로 tv 객체를 만들어서 POOH라는 문자열을 기록하는 방법을 통해서 화면에 문자열을 나타나게 할 수 있지만 사실 이것은 별로 좋은 방법이 아닙니다. POOH라는 문자열이 만약 한국어로 포팅이 되어야 한다고 했을 때 "푸우"로 바뀌어야 하고, 일본 중국 등 여러 나라의 문자로 바뀌어야 한다고 하면 그때마다 소스 코드가 새로 바뀌고 빌드 되어야 할 것입니다. 이것은 매우 비효율적인 방법입니다. 이러한 상황에 가장 효율적으로 적용될 방법이 바로 XML을 이용하는 것입니다.

기본적으로 생성되는 코드인 main.xml과 Activity_Pjt_001.java을 보면 위의 원칙이 작 적용되어 있습니다. main.xml은 UI와 관련한 내용이 Activity_Pjt_001.java는 실제 작업이 수행될 소스 코드로 구분되어 있는 것입니다.

LinearLayout이 보입니다. LinearLayout은 Layout의 일종입니다. Layout은 UI 상에서 어떤 요소들(View가 될 것입니다)을 배치하는 작업이라고 생각하면 됩니다. LinearLayout은 일자로 나열하는 배치를 의미할 것입니다. android:orientation은 표시되는 View의 방향을 나타냅니다. vertical은 위에서 아래 방향으로 배치되는 것이고, horizontal은 왼쪽에서 오른쪽으로 배치되는 것입니다. android:layout_width는 가로를 의미하고, android:layout_height는 세로를 의미합니다. fill_parent는 여백이 없이 꽉 채우라는 것이고, wrap_content는 wrap이라는 말에서도 느낄 수 있는 것처럼 줄이 넘어갈 때 아래로 내려서 출력이 되는 것입니다. 아래 그림과 같이 예제를 변경해서 출력되도록 한 것입니다.

TextView에서도 LinearLayout에서 사용한 layout_width와 layout_height가 존재합니다. 다른 점이 하나 있는데 android:text입니다. 화면에 표시될 문자열이 들어가게 됩니다. 그런데 그 내용이 "@string/hello"입니다. 이것은 어디에 있는 것일까요?

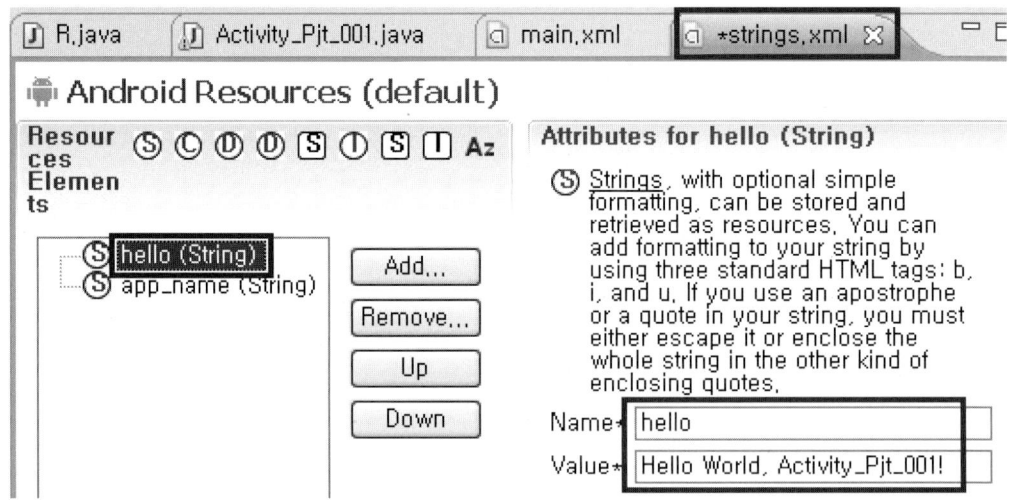

strings.xml을 열어보면 기본적으로 위와 같은 모습으로 보일 것입니다. XML 파일이지만 보다 편리한 방식으로 볼 수 있도록 만들어 놓은 것입니다.

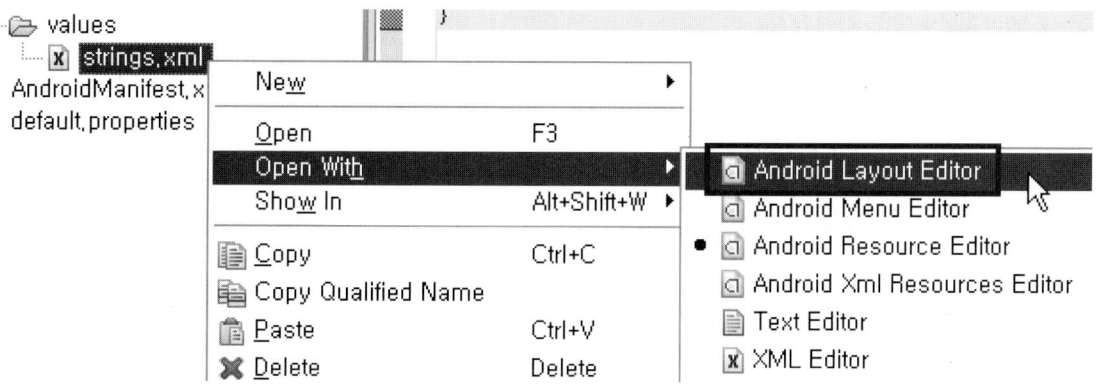

기본적으로 오픈 하는 방법이 Resource Editor로 되어 있기 때문입니다. 만약 이것을 위와 같이 Layout Editor로 오픈 하도록 변경하면 아래의 XML 파일을 읽어볼 수 있습니다.

```
<?xml version="1.0" encoding="utf-8"?>
<resources>
    <string name="hello">Hello World, Activity_Pjt_001!</string>
    <string name="app_name">AppName_Pjt_001</string>
</resources>
```

내용은 너무나도 단순합니다. string이라는 것들을 리소스로 정의하고 있고, 그곳에 hello라는 이름으로 정의된 문자열을 발견할 수 있습니다. 바로 이것을 접근하고 있는 것이 "@string/hello"입니다.

이번 장에서 우리는 Hello Android를 최초로 구동해 보았습니다. 다음 장에서는 이 어플리케이션을 망고 보드에 올려서 돌려보도록 하겠습니다.

22. ADB를 이용 망고 보드에 어플리케이션 구동

이번 장에서는 이전에 작업했던 Pjt_001을 망고64에서 구동하는 방법들에 대해서 알아보고, 이와 같은 작업을 망고100에서도 해보기 위해서 같은 어플리케이션을 망고100 용으로 만들어서 망고100에서도 구동시켜보도록 할 것입니다.

22.1. (망고64) NFS에 복사해서 구동시키기

일단 먼저 가장 쉬운 방법인 NFS 폴더 공유를 이용해서 구동시켜 보는 것을 해보겠습니다.

22.1.1. NFS 폴더 공유

```
# cd system/app
# ls
Phone.apk              HTMLViewer.apk         Music.apk              Camera.apk
CalendarProvider.apk   DownloadProvider.apk   PackageInstaller.apk
SoundRecorder.apk      GoogleSearch.apk       Settings.apk           AlarmClock.apk
SpareParts.apk         Mms.apk                Contacts.apk           MediaProvider.apk
DrmProvider.apk        TelephonyProvider.apk  Launcher.apk           LatinIME.apk
Development.apk        Term.apk               SubscribedFeedsProvider.apk   Calendar.apk
ContactsProvider.apk   UserDictionaryProvider.apk   Browser.apk      SettingsProvider.apk
```

위 내용은 망고64를 NFS로 부팅한 상태에서 system/app 폴더의 내용을 리스트업 해본 것입니다.

```
yhoh@ubuntu:~/nfsroot/mango64_android/system/app$ ls
AlarmClock.apk              DrmProvider.apk             Phone.apk
Browser.apk                 GoogleSearch.apk            Settings.apk
Calendar.apk                HTMLViewer.apk              SettingsProvider.apk
CalendarProvider.apk        LatinIME.apk                SoundRecorder.apk
Camera.apk                  Launcher.apk                SpareParts.apk
Contacts.apk                MediaProvider.apk           SubscribedFeedsProvider.apk
ContactsProvider.apk        Mms.apk                     TelephonyProvider.apk
Development.apk             Music.apk                   Term.apk
DownloadProvider.apk        PackageInstaller.apk        UserDictionaryProvider.apk
yhoh@ubuntu:~/nfsroot/mango64_android/system/app$
```

이와 똑같은 내용이 ~/nfsroot/mango64_android/system/app 부분에도 나타나고 있습니다. 이전에 NFS 부팅하는 방법에 대한 것을 공부하면서 이 부분에 대한 것을 이미 알았습니다.

이제 우리는 이전 장에서 만든 어플리케이션을 이곳에 복사해서 그것을 실제로 망고64 보드에서 구동하는 것을 해보려고 하는 것입니다.

22.1.2. NFS 폴더에 어플리케이션 복사 및 실행

이전 장에서 만든 어플리케이션의 실행 파일을 먼저 찾아보아야 할 것입니다. 실행 파일은 어디에 있는 것일까요?

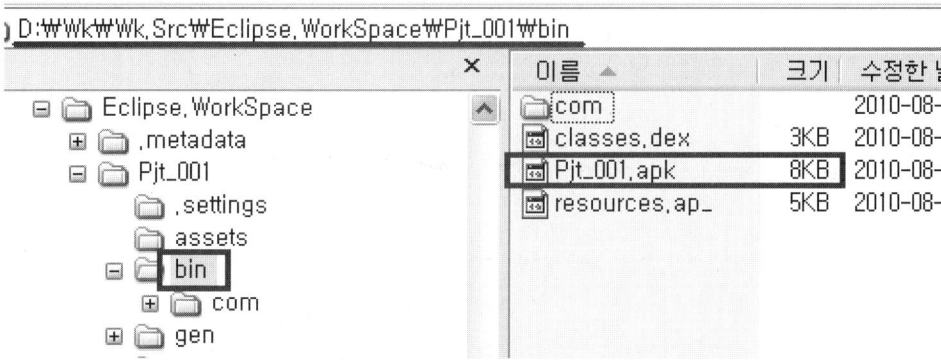

D:\Wk\Wk.Src\Eclipse.WorkSpace\Pjt_001\bin 부분에 들어 있는 Pjt_001.apk가 바로 실행 파일입니다. 이 내용을 복사해서 구동해 주면 되는 것입니다.

```
yhoh@ubuntu:~/nfsroot/mango64_android/system/app$ sudo cp /home/yhoh/tmpPC/Pjt_001.apk .
yhoh@ubuntu:~/nfsroot/mango64_android/system/app$ l Pj*
/home/yhoh/nfsroot/mango64_android/system/app
-rwxr-xr-x 1 root root 7323 2010-08-10 12:12 Pjt_001.apk
```

저는 XP의 D:\TmpDnFiles 부분이 우분투의 ~/tmpPC와 링크를 맺어 놓았기 때문에 D:\TmpDnFiles 부분에 먼저 복사한 다음 위와 같이 ~/nfsroot/mango64_android/system/app 부분으로 복사를 수행 했습니다. 이 명령을 sudo를 사용해서 수행함으로써 소유자가 root가 되도록 한 것입니다.

복사를 수행한 직후에 보드를 재 부팅하지 않은 상태에서 보았을 경우에는 복사한 실행 파일이 나타나지 않습니다. 반드시 망고보드를 리부팅 해 주셔야 합니다. 위 그림과 같이 리부팅 한 상태에서 보면 AppName_Pjt_001이 나타나 있는 것을 확인할 수 있습니다.

위 그림을 잘 보면 사진을 찍거나 한 것이 아니라는 것을 확인할 수 있습니다. 마치 보드의 내용을 그대로 화면 캡춰해서 저장한 듯한 모습입니다. 맞습니다. 위 그림은 DDMS의 Screen Capture 기능을 이용해서 현재 보드에서 구동되는 화면을 캡춰한 것입니다. 이에 대해서는 뒤에서 살펴볼 것입니다.

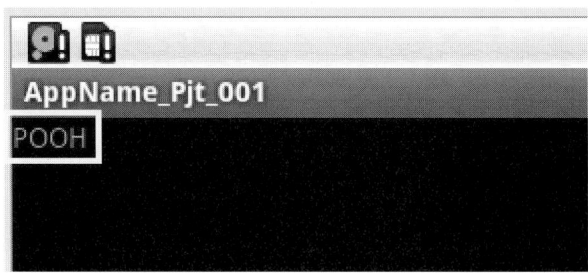

AppName_Pjt_001을 실행해 보면 위 그림처럼 에뮬레이터에서 동작시키는 것과 동일하게 실행되고 있습니다.

```
yhoh@ubuntu:~/nfsroot/mango64_android/system/app$ rm Pjt_001.apk
rm: remove write-protected regular file `Pjt_001.apk'? y
```

이제 위에서 복사했던 Pjt_001.apk 파일을 삭제하고 보드를 리부트 하도록 합니다. ADB를 이용한 작업을 수행하는 시험을 할 수 있도록 만드는 것입니다.

복사하는 폴더가 꼭 ~/nfsroot/mango64_android/system/app이어야 하는 것은 아닙니다. ~/nfsroot/mango64_android/data/app 부분에 복사해도 system/app에 복사하는 것과 동일한 효과를 나타낼 수 있습니다. 실제로 뒤에서 ADB를 이용한 작업을 수행할 때 어플리케이션이 복사되는 곳이 바로 data/app 부분입니다.

<주의 사항>
우리가 만든 어플리케이션을 실제 망고 보드에 구동시키는 상황에서 반드시 버전은 일치해야 합니다. 현재 망고64에 포팅되어 있는 버전이 안드로이드 1.5 (Cupcake)입니다. 그러므로 반드시 여기에 올려서 동작을 시킬 어플리케이션도 안드로이드 1.5 (Cupcake) API Level 3로 만들어진 것이어야 위에서처럼 복사를 수행한 이후에 보드를 리부트 했을 때 나타나게 됩니다. 만약 안드로이드 1.6 이상으로 만들어진 어플리케이션을 망고64에 복사한 이후에 리부트를 해도 그 어플리케이션은 나타나지 않

게 됩니다. 물론 하위 호환성이 있는 보다 낮은 버전으로 만들어진 어플리케이션은 동작하는데 무리는 없을 것입니다. 이점을 주의하셔야 합니다.

22.2. (망고64) ADB를 이용해서 구동시키기

이제 ADB를 이용한 구동을 살펴보도록 하겠습니다.

22.2.1. Android Debug Bridge (ADB)

ADB는 Android Debug Bridge의 약자입니다. 실행 파일의 위치는 C:\android-sdk_r06-windows\tools에 들어 있습니다. 어느 곳에서든지 adb 실행 파일을 수행할 수 있도록 이미 Path에 이 부분을 추가했습니다.

ADB는 에뮬레이터나 안드로이드 디바이스의 상태 등을 조회하거나 관리하는데 사용되는 툴입니다. 연결된 단말기나 에뮬레이터를 조회하는 명령이 adb devices입니다.

이전 장에서 수행했던 것처럼 eclipse를 띄워서 에뮬레이터에서 동작이 되도록 만든 상태에서 에뮬레이터가 수행된 상태에서 윈도우즈 커맨드 창을 하나 띄워서 "adb devices"를 수행해 보도록 합니다. "emulator-5554 device"라고 표시되어 있는 이것이 에뮬레이터 디바이스 입니다. 5554는 오른쪽 그림의 에뮬레이터 실행 창에서도 찾아 볼 수 있습니다.

에뮬레이터를 종료하고 "adb devices"를 다시 수행해 보면 "emulator-5554 device"라고 표시된 디바이스는 사라지게 됩니다.

ADB는 많은 기능을 가지고 있습니다. 한가지 예를 들자면 Shell 기능을 가지고 있습니다. 위와 같이

adb shell을 수행했을 때 바로 에뮬레이터의 Shell로 들어가게 됩니다. data/app를 보면 지금 실행되고 있는 com.crz.Pjt_001.apk가 존재하는 것을 알 수 있습니다.

```
C:\Documents and Settings\pooh>adb devices
List of devices attached
emulator-5554    device
0123456789ABCDEF         offline
```

위 그림은 망고64 보드를 연결한 상태에서 adb devices를 수행해본 것입니다. 이 부분은 뒤에서 나올 것이지만 여기서 Shell 관련 부분을 설명하기 위해서 잠시 말씀 드리는 것입니다.

adb devices의 수행 결과 하나 이상의 디바이스가 존재할 경우에는 조금 다른 결과가 나오게 됩니다. 아래 실행 결과를 보시면 adb shell이 에러가 발생하고 있습니다.

```
C:\Documents and Settings\pooh>adb shell
error: more than one device and emulator

C:\Documents and Settings\pooh>adb -s emulator-5554 shell
# ls data/app
ls data/app
com.crz.Pjt_001.apk
#
```

하나 이상의 디바이스가 존재하기 때문에 어느 디바이스로 Shell을 접속할 것인지를 알 수 없기 때문입니다. 이때는 -s 옵션을 주어서 접속할 디바이스를 지정하면 됩니다.

22.2.2. ADB USB 드라이버 설치

ADB가 망고64 보드와 연결되는 것은 USB를 이용하게 됩니다. 망고64 보드를 구동한 상태에서 USBOTG 부분에 케이블을 연결합니다.

케이블을 연결 하자마자 PC에서 위 그림과 같이 Mango Android USB 하드웨어가 발견된 것을 확인할 수 있습니다. 이 디바이스 드라이버는 어디에 있을까요?

http://crztech.iptime.org:8080/
위 링크에서 드라이버를 다운로드 받을 수 있습니다.

Tools의 USB Driver 부분에서 USB-Driver 부분을 클릭합니다. Android_ADB_Driver.zip 파일을 다운로드 받게 되고 적절한 위치에 폴더의 압축을 풀어 놓으시면 됩니다.

Tools
- **Toolchain**
    1) GCC 4.3.3 (2009q1)
    1) GCC 4.4 (2009q3)
    1) GCC 4.2.2
- **SD Program (Linux)**
    1) SD Reader 2.0 / Writer 3.0 / Format 2.0
- **USB Driver**
    1) USB-Driver

새 하드웨어 검색 마법사가 시작되어 있으면 Windows Update 연결 관련해서 물어 보게 되는데 "아니오, 지금 연결 안 함"을 선택하고 다음을 누릅니다. 이후 "목록 또는 특정 위치에서 설치(고급)"을 선택하고 다음을 누릅니다.

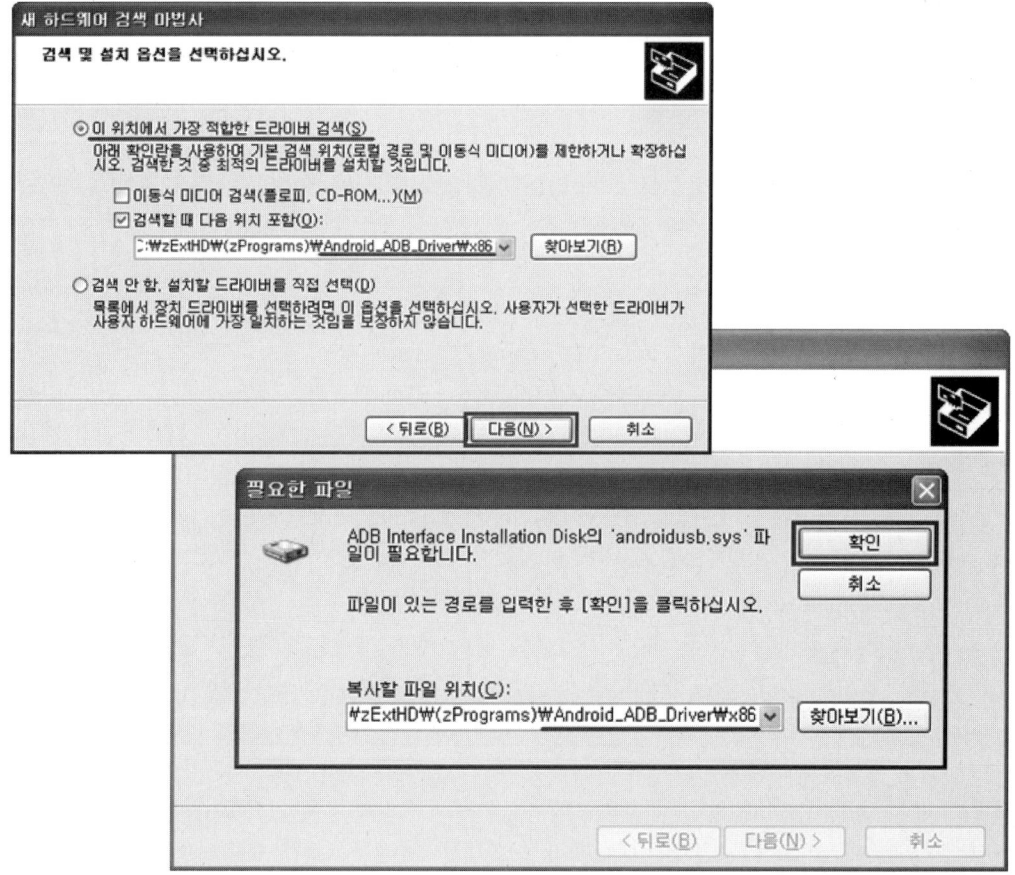

각 경우에 다운로드 받아서 풀어놓은 위치를 선택해서 설치하면 설치 작업은 문제없이 진행될 것입니다.

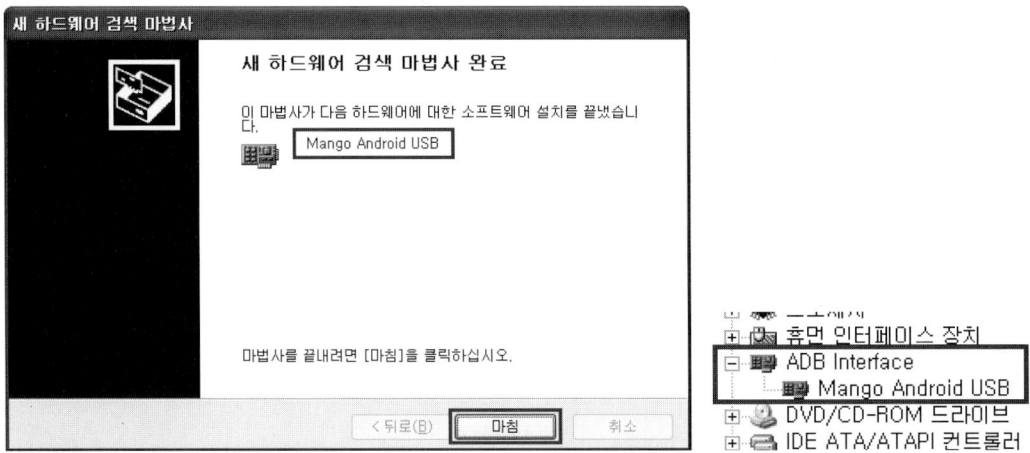

모든 작업이 끝나면 장치관리자에서 확인해 보면 위 오른쪽 그림과 같이 ADB Interface 부분이 생겨 있고 Mango Android USB 드라이버가 설치된 것을 찾을 수 있습니다.

22.2.3. ADB 데몬 실행

망고 보드에서 ADB 기능을 이용하려면 adbd라는 이름의 ADB deamon이 반드시 수행이 되어야 합니다.

```
# ps
USER      PID    PPID   VSIZE  RSS     WCHAN    PC         NAME
root      1      0      288    200     c011ea10 0000c87c S /init
… … … … … … …
root      1852   1      804    308     c03e4e20 afe0c1bc S /system/bin/installd
root      1855   1      4364   176     ffffffff 0000e8f4 S /sbin/adbd
system    1880   1848   196792 27364   ffffffff afe0c45c S system_server
… … … … … …
root      2033   2031   680    332     c035fcdc afe0c1bc S logcat
system    2038   1848   102840 17784   ffffffff afe0d3e4 S com.android.settings
root      2047   1842   892    340     00000000 afe0c1bc R ps
```

망고64 보드에서 ps를 수행해 보면 위 내용에서처럼 /sbin/adbd가 수행되고 있음을 찾아볼 수 있습니다. 여러분들께서도 책의 내용을 충실히 따라 오셨다면 이미 adbd가 수행되어 있을 것입니다. 하지만 혹시라도 이것이 이미 수행되어 있는 경우가 아니라면 수동으로 수행을 시켜주어야 합니다.

망고64 보드에서 DOWN이라고 마킹이 되어있는 오른쪽 아래의 키를 누르면 아래 그림과 같이 보드 화면의 하단에 메뉴가 나타나는 것을 볼 수 있습니다.

여기서 Settings를 선택합니다.

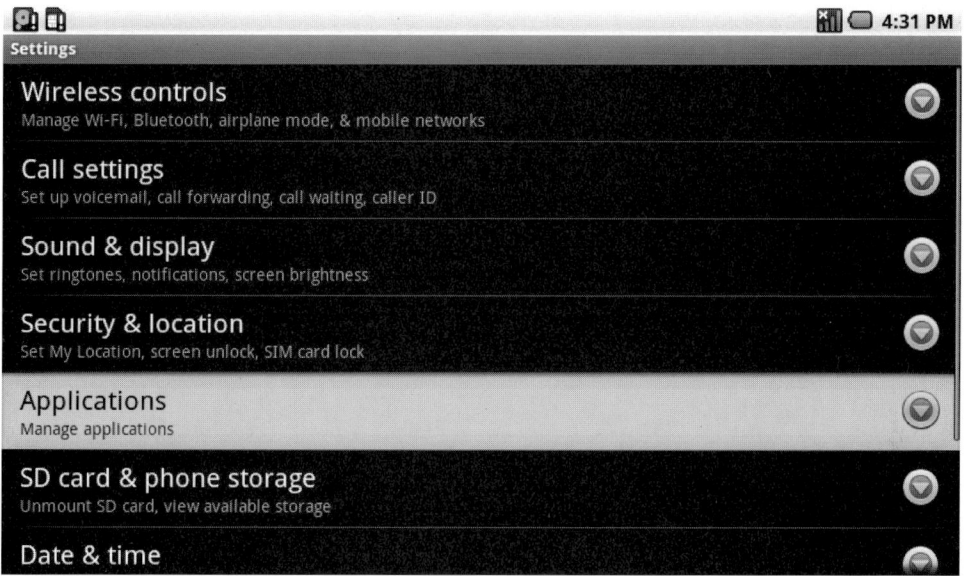

Applications를 선택합니다. 혹시라도 잘못 선택했을 경우는 망고64 보드의 RIGHT라고 표시되어 있는 오른쪽 위의 키를 누르면 이전 단계로 돌아가게 됩니다.

Development 부분을 선택하면 아래의 그림을 발견할 수 있습니다.

USB debugging의 오른쪽의 체크 박스가 체크되어 있으면 adbd가 수행되고 이 박스가 체크되어 있지 않으면 adbd가 종료되게 됩니다. 체크 해보고 해보지 않은 상태에서 ps를 수행해서 프로세스가 어떻게 되는지 확인해 보시기 바랍니다.

22.2.4. ADB 동작 문제 발생 시 대처 방법

아직 ADB 동작에 대한 것을 진행하기도 전에 문제 발생에 대한 대처 방법을 말씀 드리는 것이 좀 빠른 감이 없지는 않지만 내용을 미리 알고 계시는 것이 문제 시에 대처할 수 있기 때문에 먼저 말씀 드리도록 하겠습니다.

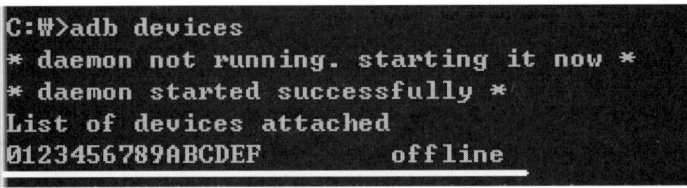

경우에 따라서 위와 같이 망고64 보드에 대한 디바이스가 offline으로 될 경우가 있습니다. 이것은 USB 드라이버와 PC 간에 미스 매치가 발생했기 때문입니다.

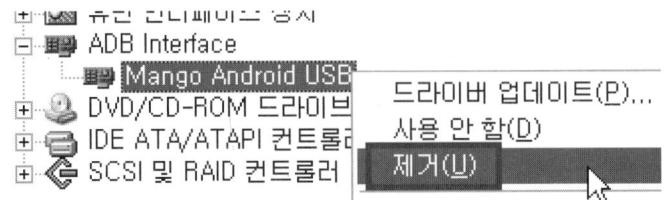

위와 같이 시스템의 장치관리자에서 Mango Android USB 드라이버를 제거 하는 방법이 조금은 간편한 방법입니다. 아래 그림에서 확인을 눌러서 드라이버를 제거합니다. 그리고 나서 망고64 보드를 리부팅 한 이후에 다시 USB 케이블을 연결하면 위에서 살펴본 드라이버 설치 작업이 다시 이루어지게 됩니다. 최초 드라이버가 설치된 이후에는 문제없이 동작이 됩니다.

또 다른 해결 방법으로는 망고 보드와 PC를 모두 리부트 하는 것입니다. 하지만 이 방법은 PC를 리부트 하기 때문에 조금은 불편한 방법이라고 생각됩니다. 문제가 발생할 경우 위의 드라이버를 제거하고 다시 설치하는 방법을 사용하시기 바랍니다.

사용자에 따라서는 eclipse를 닫고, kill-server, adb devices를 반복 수행하면 정상적으로 동작하는 경우도 있다는 것을 들었지만 필자의 경우에는 잘 동작하지 않았습니다.

22.2.5. ADB 수행 – eclipse에서 수행

```
C:\>adb version
Android Debug Bridge version 1.0.26
```

현재 수행하는 adb의 버전은 1.0.26 입니다.

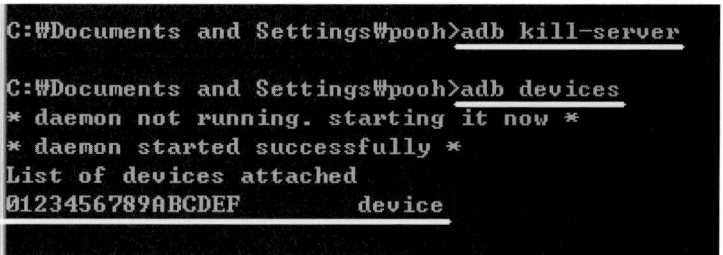

adb kill-server를 수행하면 수행을 멈추게 되고, adb devices를 부르면 자동으로 재 시작이 되면서 현재 구동되는 디바이스들을 보여주게 됩니다.

```
0123456789ABCDEF        device
```

0123456789ABCDEF로 표시된 것이 바로 망고64 보드입니다. 오른쪽에 device라고 표시가 되어야 정상적으로 연결이 된 것입니다. 만약 이것이 device가 아니라 offline이라면 위에서 문제에 대한 대처 방법을 말씀 드린 내용을 참조해서 해결하시기 바랍니다.

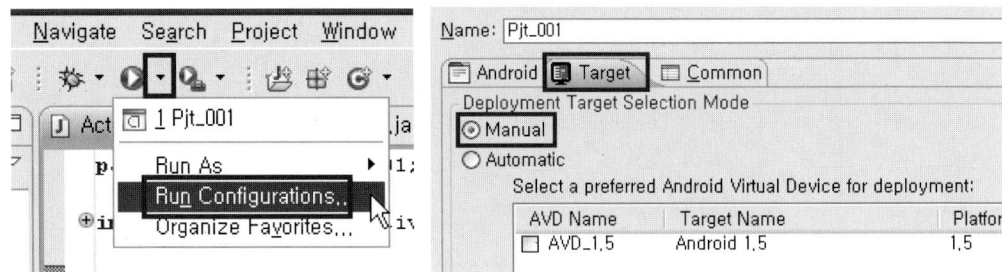

이제 eclipse를 띄웁니다. Pjt_001 프로젝트가 열려있는 상태에서 실행 버튼의 오른쪽의 아래 화살표 모양을 선택해서 Run Configurations를 실행합니다. 그리고 위의 오른쪽 화면에서 Target의 Manual을 선택하고 Run을 실행하면 아래 그림이 나옵니다.

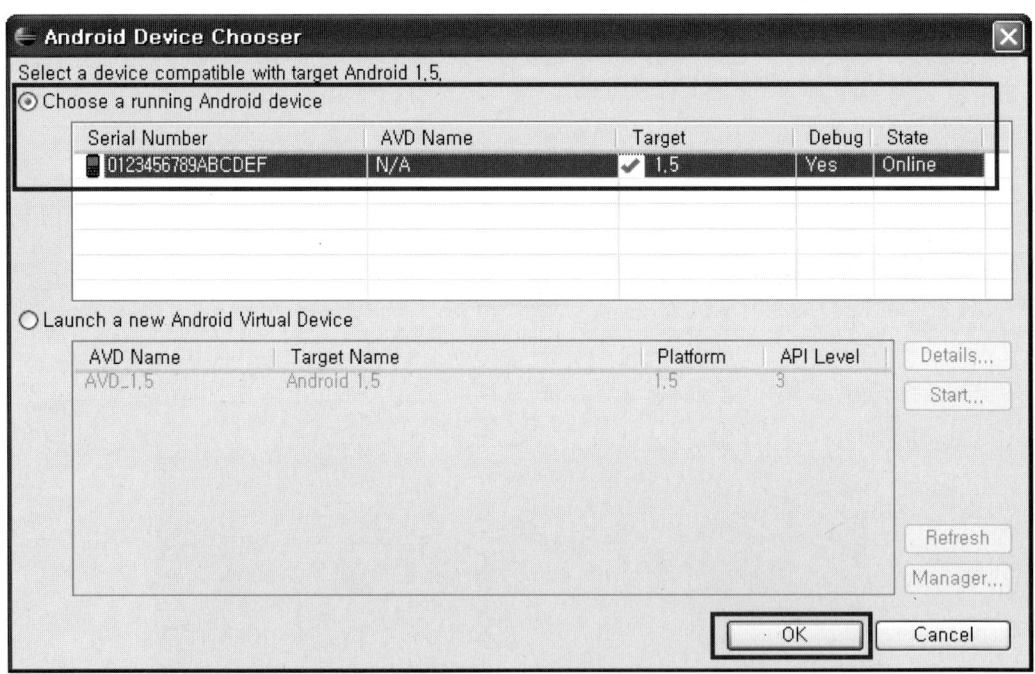

안드로이드 디바이스가 바로 망고64 보드가 됩니다. 이것을 선택하고 0123456789ABCDEF를 선택한 상태에서 OK를 선택하면 망고64에서 Pjt_001이 실행된 것을 찾을 수 있습니다.

아래 그림과 같이 우리가 직접 복사를 해서 수행한 것과 동일하게 수행이 되고 있는 것을 확인할 수 있습니다.

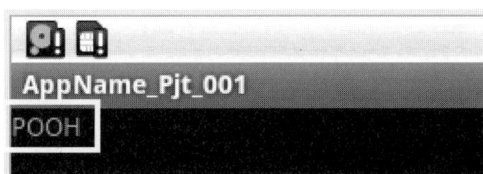

```
C:\>adb shell
# cd data/app
cd data/app
# ls
ls
com.crz.Pjt_001.apk
```

adb shell로 망고64에 들어가서 /data/app에 com.crz.Pjt_001.apk를 확인했습니다.

22.2.6. ADB 커맨드 라인 수행 (push, pull, install, uninstall)

```
C:\>adb pull /data/app/com.crz.Pjt_001.apk
457 KB/s (0 bytes in 7323.000s)
```

adb pull로 com.crz.Pjt_001.apk를 다운 받아 보았습니다.

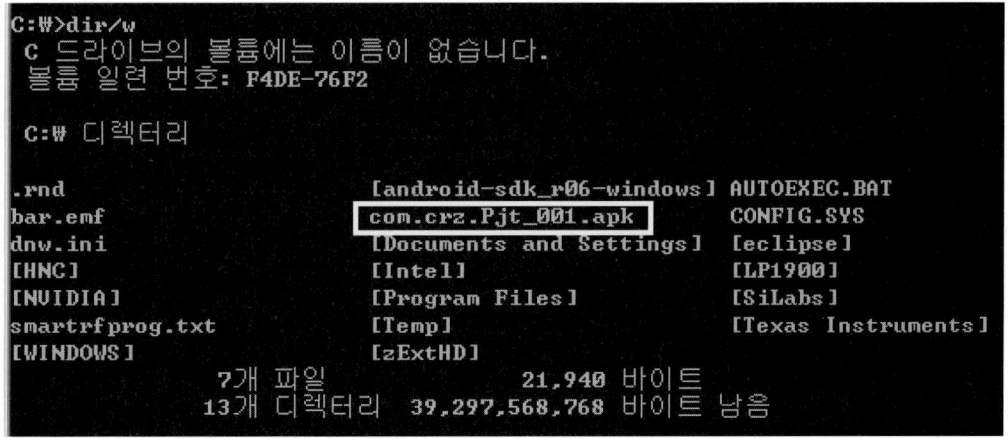

위와 같이 C 루트 폴더에 com.crz.Pjt_001.apk가 받아져 있는 것을 확인할 수 있습니다.

```
adb push <local> <remote>      - copy file/dir to device
adb pull <remote> [<local>]    - copy file/dir from device
```

adb pull에서도 느낄 수 있는 것처럼 adb push도 존재합니다. pull은 망고64 보드에 존재하는 파일을 가져오는 것이고, push는 PC에 있는 파일을 망고64 보드로 복사하는 명령입니다. 위의 사용 예에서 보듯이 각 경우에 따라서 remote, local을 지정해 주어야 합니다. 위에서 adb pull을 수행할 때처럼 pull의 경우 local은 생략할 수 있습니다. 그러면 현재 폴더로 복사가 됩니다.

```
adb install [-l] [-r] [-s] <file> - push this package file to the device and install it
                    ('-l' means forward-lock the app)
                    ('-r' means reinstall the app, keeping its data)
                    ('-s' means install on SD card instead of internal storage)
adb uninstall [-k] <package> - remove this app package from the device
                    ('-k' means keep the data and cache directories)
```

push, pull만 있는 것이 아니라 install과 uninstall도 있습니다. push를 사용해서 apk 파일을 복사할 경우에는 반드시 적절한 위치로 복사를 해주어야 하는데 install을 이용하면 보다 편리하게 작업을 수행할 수 있습니다.

```
yhoh@ubuntu:~/nfsroot/mango64_android/data/app$ rm com.crz.Pjt_001.apk
yhoh@ubuntu:~/nfsroot/mango64_android/data/app$ l
/home/yhoh/nfsroot/mango64_android/data/app
total 0
```

먼저 위와 같이 삭제를 한 이후에 install을 진행해 보았습니다.

```
C:\>adb install com.crz.Pjt_001.apk
152 KB/s (0 bytes in 7323.000s)
Can't dispatch DDM chunk 46454154: no handler defined
Can't dispatch DDM chunk 4d505251: no handler defined
        pkg: /data/local/tmp/com.crz.Pjt_001.apk
Failure [INSTALL_FAILED_ALREADY_EXISTS]
```

이미 존재한다는 에러가 발생하면서 install이 정상적으로 되지 않고 있습니다. 임의로 파일만 지우는 것으로 부족한 것입니다. 실제로 어플리케이션의 위치를 보드에서 찾아 보았을 때 AppName_Pjt_001이 여전히 존재하고 있는 것을 알 수 있습니다. 물론 위에서 우리는 그 파일을 지워버렸기 때문에 실행은 되지 않습니다.

정상적인 시험을 위해서 망고 보드를 리부트 시켜야 합니다.

```
C:₩>adb install com.crz.Pjt_001.apk
228 KB/s (0 bytes in 7323.000s)
Can't dispatch DDM chunk 46454154: no handler defined
Can't dispatch DDM chunk 4d505251: no handler defined
        pkg: /data/local/tmp/com.crz.Pjt_001.apk
Success
```

이제는 install이 성공하고 있습니다.

```
C:₩>adb uninstall com.crz.Pjt_001
Can't dispatch DDM chunk 46454154: no handler defined
Can't dispatch DDM chunk 4d505251: no handler defined
Success
```

uninstall도 정상적으로 성공하였습니다. uninstall 시에는 apk라는 확장자를 반드시 빼고 수행해야 합니다.

```
Can't dispatch DDM chunk 46454154: no handler defined
Can't dispatch DDM chunk 4d505251: no handler defined
```

그런데 install이나 uninstall의 경우 모두 위의 에러 메시지가 출력되는 것을 볼 수 있습니다. 이것은 에러는 아니고 일종의 Warning과 같은 메시지입니다. 그렇기 때문에 메시지가 출력된다고 해도 실제 동작 상에서 문제는 없습니다. 나타내는 뜻은 adb 데몬과 AVD가 약간 호환성에서 맞지 않는다는 것을 나타냅니다. 예를 들면 우리가 툴은 최신의 안드로이드 2.2 툴을 설치해서 사용하고 있는데 이를 망고64 보드에서 수행되는 안드로이드 1.6 버전에서 돌리게 되면 이러한 메시지를 만날 수 있는 것입니다.

22.3. DDMS (Dalvik Debug Monitor Service) 사용

이제 DDMS라는 툴에 대한 것을 공부해 보도록 하겠습니다.

22.3.1. DDMS 구동

DDMS는 Dalvik Debug Monitor 서비스를 의미합니다. 이것이 해줄 수 있는 일은 사실 매우 많습니다. 여기서 모두를 살펴볼 수는 없고 몇 가지 주요 부분에 대한 것을 살펴볼 것입니다. 가장 처음 볼 것은 이전에 잠시 보았던 Screen Capture부터 해보도록 하겠습니다.

C:\android-sdk_r06-windows\tools에는 ddms.bat가 있습니다. 이것을 실행하면 DDMS를 수행할 수 있습니다. 이 경우는 독자적으로 수행을 시키는 것입니다.

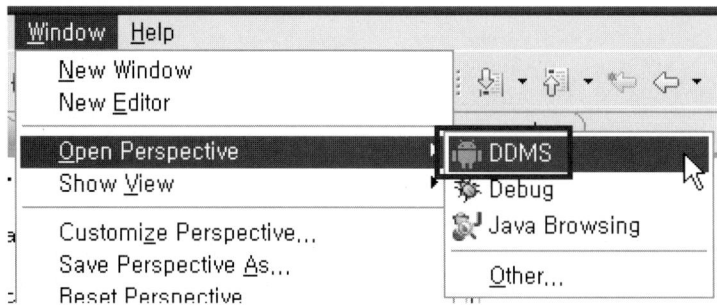

이와 같은 것을 eclipse를 통해서도 실행할 수 있습니다. 다만 각 경우에 따라서 조금 화면의 모습이 다른 부분이 있지만 내용에 있어서는 크게 다른 점은 없습니다.

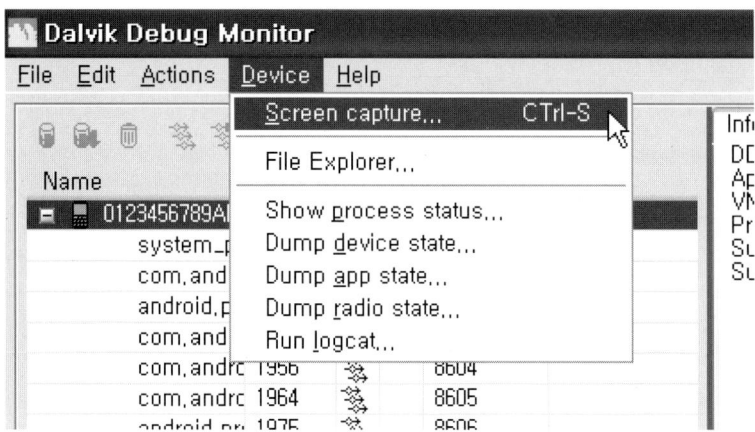

위 내용인 C:\android-sdk_r06-windows\tools\ddms.bat를 실행시켜서 DDM을 띄운 상태에서 Screen Capture 기능을 수행하기 위해서 메뉴로 선택을 하는 모습입니다.

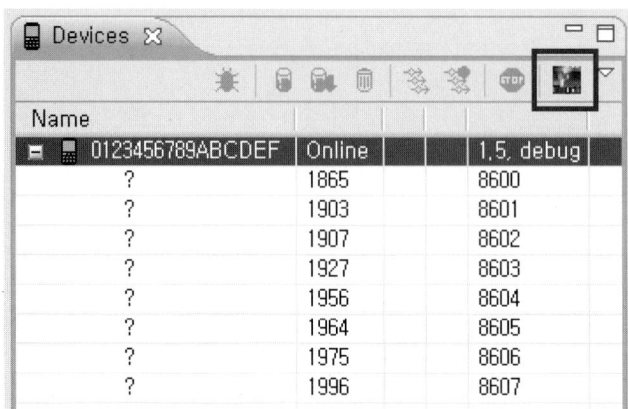

위 화면은 eclipse에서 DDMS를 수행했을 때의 것이고, 그림 모양의 아이콘을 선택하면 Screen Capture 기능을 똑같이 수행할 수 있습니다.

22.3.2. DDMS - 로그와 각종 정보 출력

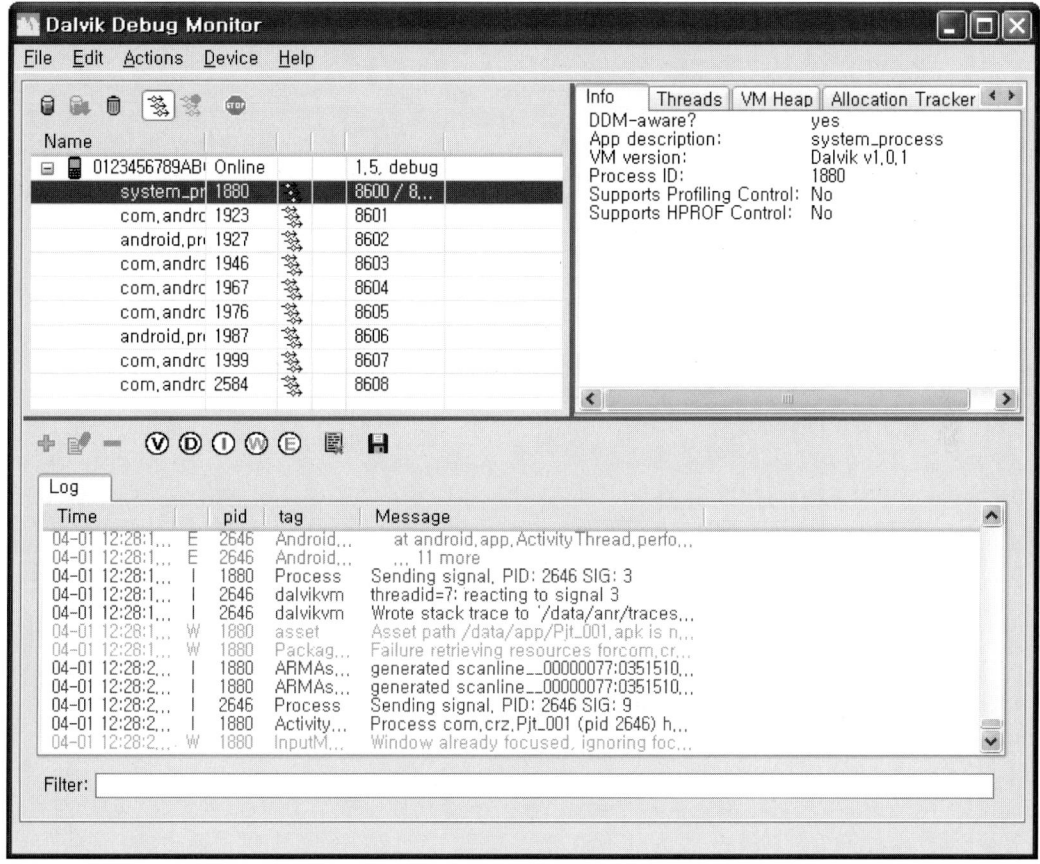

위의 실행 화면을 보면 아래 부분에 여러 가지 색깔로 로그가 출력되고 있는 것을 볼 수 있습니다. 매우 다양한 로그들이 출력됩니다.

Log 창에는 위 그림처럼 5가지의 버튼이 존재합니다. 각각 Verbose, Debug, Information, Warning, Error를 의미합니다.

Error부터 시작해서 Warning, Information, Debug, Verbose의 순서로 된다는 것을 알아야 합니다. 즉,

Error가 가장 중요하고 그 다음 순으로 되는 것입니다. 만약 위 버튼에서 E 부분을 누르면 표시되는 화면에는 Error 부분만 나타나게 됩니다. 그리고 Warning을 누르면 Warning 로그가 나타나는데 그때 Error 부분도 함께 나타나는 것입니다.

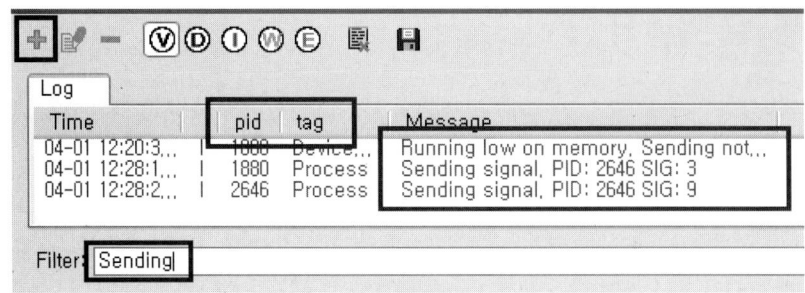

로그 메시지에 대한 필터 기능은 무척 막강하고 빠릅니다. 아래의 Filter 부분에 문자열을 칠 때마다 그에 해당하는 메시지만 남도록 필터 기능이 작동합니다.

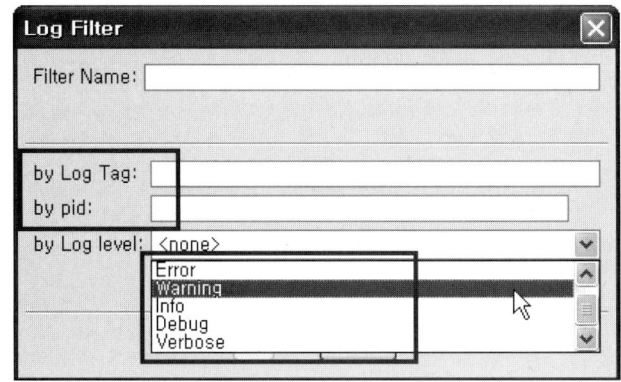

화면의 녹색 플러스(+) 버튼을 누르면 위 창이 나타나고 여기서 보다 정밀한 필터 기능을 만들 수 있습니다. Pid와 Log Tag를 이용한 것까지 Log level 별로 설정할 수 있기 때문에 무척 강력한 필터 기능을 구현할 수 있습니다.

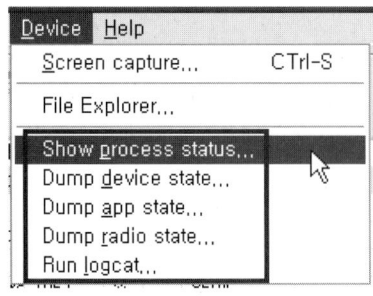

위의 Device 메뉴에 있는 5가지의 내용은 각각 여러 정보들을 얻을 수 있는 것들입니다. 이 중에서

하나의 내용만 살펴보겠습니다.

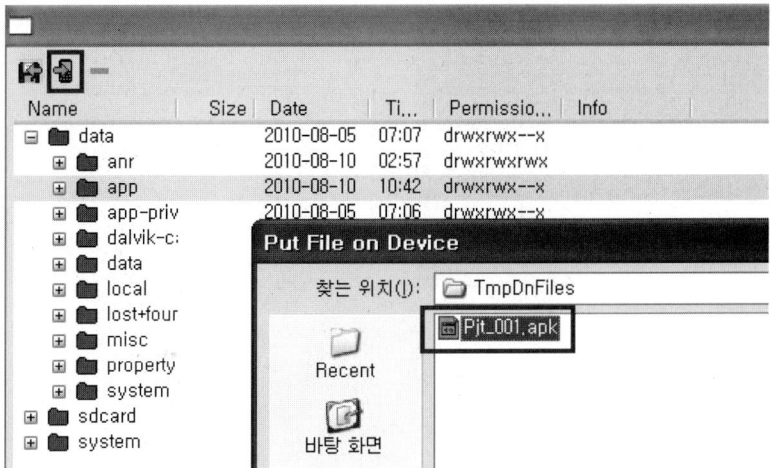

위 내용은 "Show process status"가 수행된 결과입니다. 실제로 터미널에서 "ps -x"를 수행했을 때와 완전히 동일한 내용이 출력된다는 것을 알 수 있습니다. 예전에 보았던 adbd 데몬 프로세스가 동작 하고 있는 것도 확인할 수 있습니다.

22.3.3. DDMS – File Explorer

Device 메뉴에서 File Explorer를 선택합니다. 왼쪽 위에 존재하는 버튼에 마우스를 가져다 대면 Pull, Push가 수행될 것이라는 것을 예상할 수 있습니다. 이것은 이전에 터미널 창에서 adb pull push를 수행하는 작업과 완전히 동일한 작업입니다. 다만 UI 인터페이스로 수행된다는 점만 다를 뿐입니다. data/app에 Pjt_001.apk를 push해서 넣는 작업을 수행해 보겠습니다.

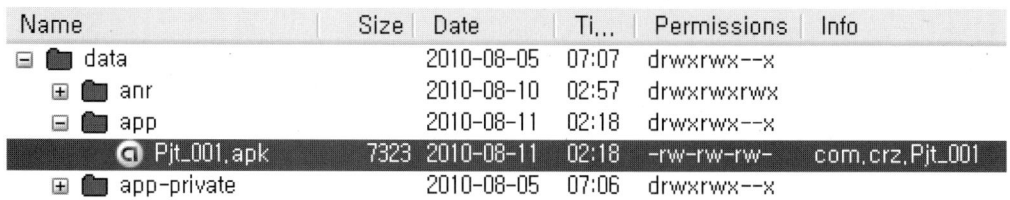

위와 같이 수행이 완료된 것을 확인할 수 있습니다.

22.3.4. DDMS - 에뮬레이터 제어

에뮬레이터를 이용하는 경우에 있어서 매우 유용한 기능들을 DDMS를 이용해서 수행할 수 있습니다.

에뮬레이터를 띄워 놓은 상태에서 eclipse에서 DDMS를 수행해서 그 중에 "Emulator Control"이라는 탭에서 Voice Call을 에뮬레이터 디바이스에게 보내는 시험을 수행할 수 있습니다. 전화번호를 지정해서 전화를 거니까 에뮬레이터 창에 Incoming call이 왔다는 알림이 뜨는 것을 볼 수 있습니다.

DDMS "Emulator Control"에서 지정했던 전화 번호도 그대로 나타나고 있습니다. 정말 편리한 기능이라 할 수 있습니다. 전화 이외에도 SMS 등도 보낼 수 있고 기타 다양한 기능들이 존재하고 있습니다.

22.4. (망고64) Ethernet을 이용해서 ADB 구동시키기

USB를 이용해서 망고보드와 연결하는 것은 안정성의 부분에서 약간의 문제가 있습니다. NFS를 이용해서 부팅을 하는 상황에서 보다 안정적인 것은 Ethernet을 이용하는 것입니다. 이와 관련한 내용을 살펴보도록 하겠습니다.

22.4.1. 네트워크 설정

우리는 다음 절에서 Ethernet을 이용한 ADB 구동을 수행해 보려고 합니다. 그전에 먼저 네트워크 설정에 대한 것을 알아보겠습니다.

```
gatewayip=192.168.11.1
netmask=255.255.255.0
ipaddr=192.168.11.110
serverip=192.168.11.131
```

우리는 이전에 망고 보드에 포팅을 진행하면 네트워크 설정을 위와 같이 수행했던 것을 기억하고 계실 것입니다.

```
bootargs=root=/dev/nfs rw nfsroot=192.168.11.131:/home/yhoh/nfsroot/mango64_android
ip=192.168.11.110:192.168.11.131:192.168.11.1:255.255.255.0:::off init=/init
console=ttySAC1,115200
```

또한 NFS로 부팅을 하기 위해서 역시 네트워크의 설정을 위와 같이 수행했습니다. 망고64 보드의 IP 주소는 192.168.11.110이었고, 서버인 우분투의 주소는 192.168.11.131입니다. 그런데 지금 현재 NFS로 부팅을 수행했고, 이 상태에서 우분투의 폴더와 망고64의 내부 폴더의 내용이 Sync가 맞고 있는 것도 확인했습니다.

결국 우리는 네트워크와 관련해서 특별한 작업을 해줄 필요가 없다는 것입니다. 위의 NFS 설정으로 충분한 것입니다.

이번 절에서는 위와 같이 NFS로 작업하는 것이 아닐 경우 네트워크 설정을 수행해야 하는 경우에 있어서 몇 가지 방법에 대해서 알려드리는 것으로 마치도록 하겠습니다.

```
# ifconfig eth0
eth0: ip 192.168.11.110 mask 255.255.255.0 flags [up broadcast running multicast]
```

ifconfig eth0를 수행해 보면 192.168.11.110이 설정되어 있는 것을 확인할 수 있습니다.

```
# ifconfig eth0 down
# ifconfig eth0 192.168.11.110 up
```

IP 주소를 직접 입력하는 방식을 사용하려면 위와 같이 eth0를 down하고 up하는 방법으로 사용할 수 있습니다. 만약 현재 NFS로 연결되어 있는 상태에서 eth0를 down하게 되면 문제가 발생합니다. 위 방법은 NFS를 사용하지 않는 분들만 사용하시기 바랍니다.

```
# setprop net.dns1 192.168.11.1
# netcfg eth0 dhcp
```

DHCP를 이용해서 자동으로 할당 받게 하는 방법도 있습니다. 먼저 prop net.dns1 192.168.11.1을 실행해서 주소 할당을 받을 공유기의 주소를 적습니다. netcfg eth0 dhcp를 실행하면 서버를 통해서 자동으로 주소를 할당 받게 될 것입니다.

22.4.2. ADB를 Ethernet을 이용하도록 커널 수정

ADB가 Ethernet으로 동작하기 위해서는 커널을 수정해 주어야 합니다.

```
yhoh@ubuntu:~/android_mango64/mango64_kernel_2010_07_02$ make xconfig
```

make xconfig를 수행해서 커널 부분에 대한 수정을 수행합니다.

```
☑ USB Gadget Drivers
    ○ Gadget Zero (DEVELOPMENT)
    ○ Ethernet Gadget (with CDC Ethernet support)
    ○ Gadget Filesystem (EXPERIMENTAL)
    ○ File-backed Storage Gadget
    ○ Serial Gadget (with CDC ACM and CDC OBEX support)
    ○ MIDI Gadget (EXPERIMENTAL)
    ○ Printer Gadget
    ○ Android Gadget
    ○ CDC Composite Device (Ethernet and ACM)
    ◉ Android ADB Gadget
```

make xconfig를 수행해서 Device Drivers 부분에서 USB support > USB Gadget Support 부분을 선택한 이후에 보면 위와 같이 Android ADB Gadget이 설정되어 있습니다. 이 부분은 이제 사용되지 않기 때문에 삭제를 하게 됩니다.

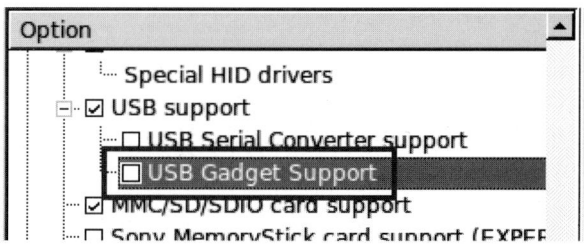

USB Gadget Support 부분을 이제는 더 이상 사용할 필요가 없기 때문에 위와 같이 선택되지 않도록 변경합니다.

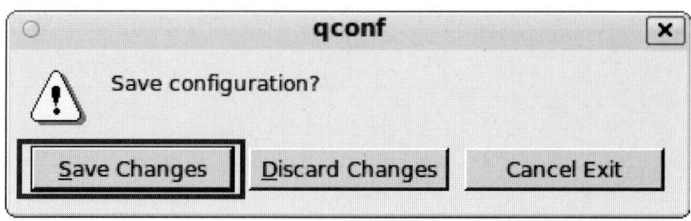

설정을 저장하고 마칩니다.

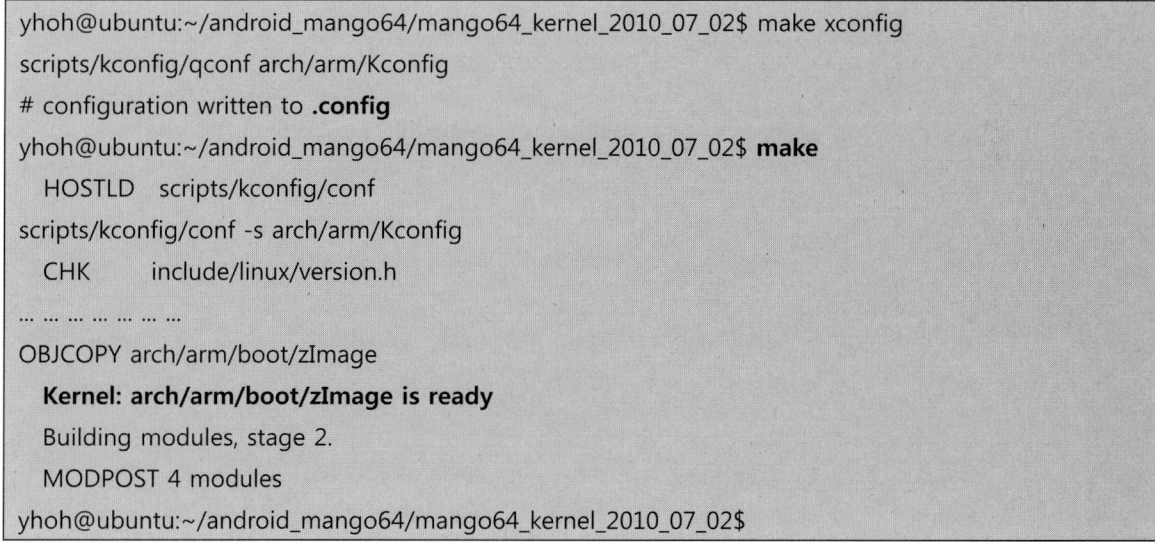

arch/arm/boot/zImage 파일이 위와 같이 정상적으로 생성된 것을 확인합니다.

```
yhoh@ubuntu:~/android_mango64/mango64_kernel_2010_07_02$ cp arch/arm/boot/zImage
/home/yhoh/tftpboot/zImage_mango64
```

NFS로 부팅을 시키기 위해서 TFTP 폴더에 zImage 파일을 복사해 줍니다.

22.4.3. ADB Host 설정

```
C:\>set adbhost=192.168.11.110
```

Ethernet을 통한 ADB 구동에서 반드시 해주어야 하는 것은 위에서와 같이 adbhost라는 환경 변수를 설정하는 것입니다. 물론 set 명령을 통해서 위에서처럼 설정하여도 문제는 없지만 매번 이러한 작업을 수행하는 것은 귀찮은 일입니다.

```
set adbhost=192.168.11.110
adb kill-server
adb devices
:: adb install HelloAndroid.apk
```

위와 같은 형태로 배치파일을 만들어서 작업하는 것도 한가지 방법입니다. 적절한 폴더에 복사해 두고 사용시마다 수행하도록 만들면 편리할 것입니다. install 기능과 같은 것도 활용할 수 있을 것입니다. 위의 예에서 install 부분은 주석으로 되어 있습니다.

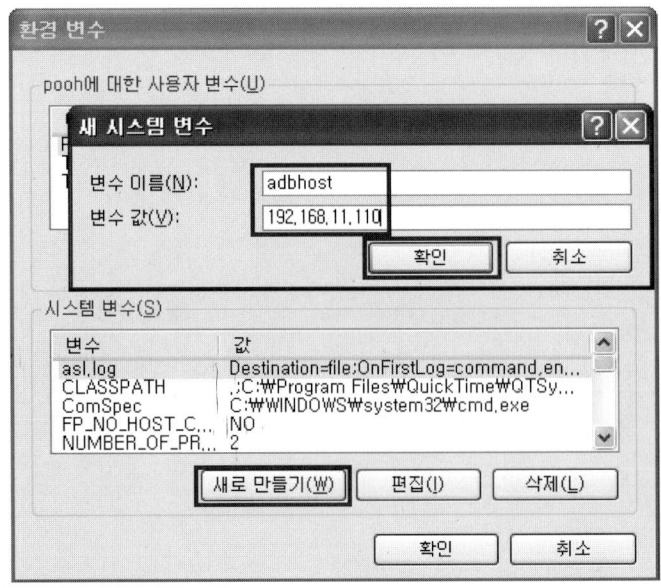

또 다른 한가지 방법은 PC의 환경 변수에 이에 대한 내용을 항목을 만들어서 저장해 놓는 것입니다.

내 컴퓨터 속성의 고급 탭에서 환경변수에서 시스템 변수 부분에 한 아이템을 추가합니다. 새로 만들기를 선택해서 위 그림과 같이 adbhost를 변수 이름으로 정하고 적절한 IP 주소 값을 넣어 줍니다.

이제 커맨드 창을 종료하고 다시 시작하면 위의 환경 변수를 추가한 내용이 적용되게 됩니다.

```
C:\Documents and Settings\pooh>set
adbhost=192.168.11.110
ALLUSERSPROFILE=C:\Documents and Settings\All Users
APPDATA=C:\Documents and Settings\pooh\Application Data
asl.log=Destination=file;OnFirstLog=command,environment
CLASSPATH=.;C:\Program Files\QuickTime\QTSystem\QTJava.zip
CommonProgramFiles=C:\Program Files\Common Files
COMPUTERNAME=YHOH
```

22.4.4. Ethernet을 통한 ADB 구동

```
C:\>adb kill-server
C:\>adb devices
* daemon not running. starting it now *
* daemon started successfully *
List of devices attached
emulator-5554    device
```

USB로 구동하는 것과 동일하게 kill-server와 devices를 똑같이 수행해야 합니다. emulator-5554가 망고64 입니다. 이 경우 한가지 주의해야 할 사항은 망고64와 에뮬레이터가 같은 serial ID로 인식된다는 것입니다. 그러므로 망고64도 수행시키고 에뮬레이터도 동시에 수행시키게 되면 안됩니다. 이점을 주의해 주시기 바랍니다.

22.5. 망고100 용 Hello Android 생성

이제부터는 위에서 수행했던 모든 작업을 망고100에서도 똑같이 수행을 시켜볼 것입니다. 중복되는 부분에 대해서는 다시 언급되지는 않을 것이기 때문에 망고100을 사용하시는 분들도 반드시 앞에서의 내용을 읽어 보시기 바랍니다.

22.5.1. 망고100 Hello Android 프로젝트 생성 – Pjt_002

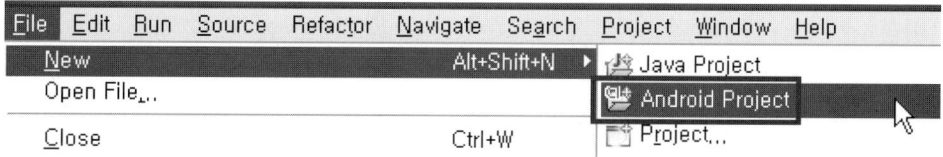

eclipse를 띄워서 File 메뉴의 New에서 Android Project를 선택합니다. 이전에는 이 메뉴가 없었지만 이제는 생겨 있기 때문에 바로 이 메뉴를 선택하면 됩니다.

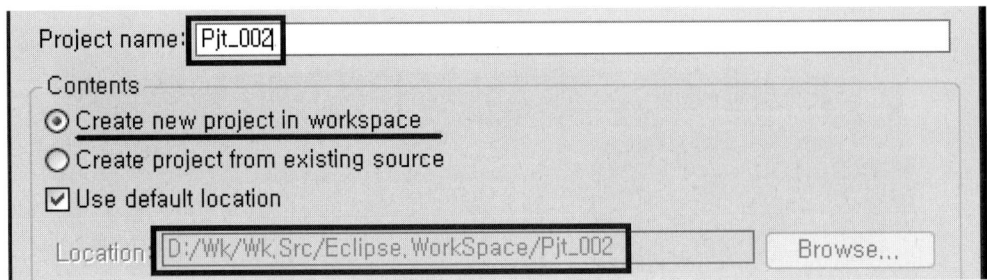

프로젝트의 이름은 Pjt_002로 정했습니다. 위치는 디폴트 위치로 지정했던 곳에 저장됩니다.

망고100에서 수행되도록 할 것이므로 Android 2.1을 선택합니다.

어플리케이션, 패키지, Activity의 이름에 모두 Pjt_002를 포함하여 이름을 지었습니다. Min SDK 버전은 안드로이드 2.1 기반이 API 버전이 7이기 7으로 주었습니다. 이제 Finish를 누릅니다.

22.5.2. AVD 2.1 생성과 실행

Activity_Pjt_002.java가 생성되어 있는 것을 확인할 수 있습니다. Play 모양의 버튼이나 Run 메뉴에서 Run을 수행합니다. Android Application을 선택하고 OK를 누릅니다.

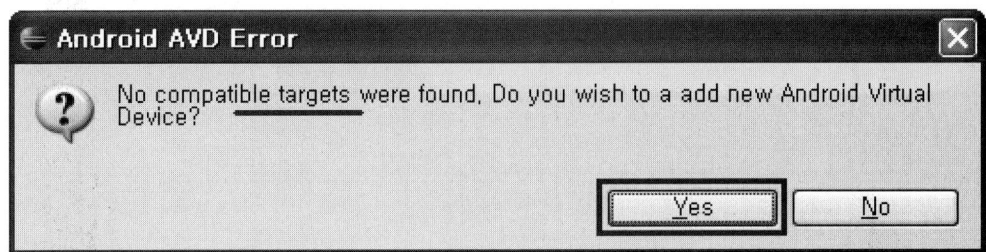

역시 위의 에러 창을 만나게 될 것입니다. AVD 1.5를 현재 가지고 있지만 우리가 만든 어플리케이션은 안드로이드 2.1 기반이고 이것을 수행시킬 수 없기 때문에 위 에러 메시지가 나타난 것입니다. 지금 만든 어플리케이션을 실행시킬 타겟 디바이스가 없기 때문입니다. 위 에러 창에서 Yes를 선택해서 Android Virtual Device (AVD)를 만듭니다.

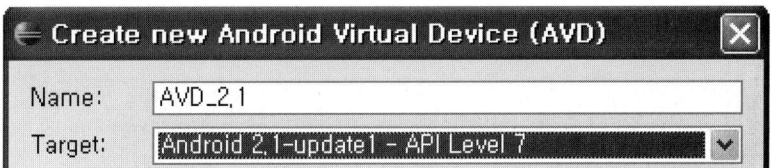

AVD_2.1로 이름을 지어서 새로 생성해 주었습니다.

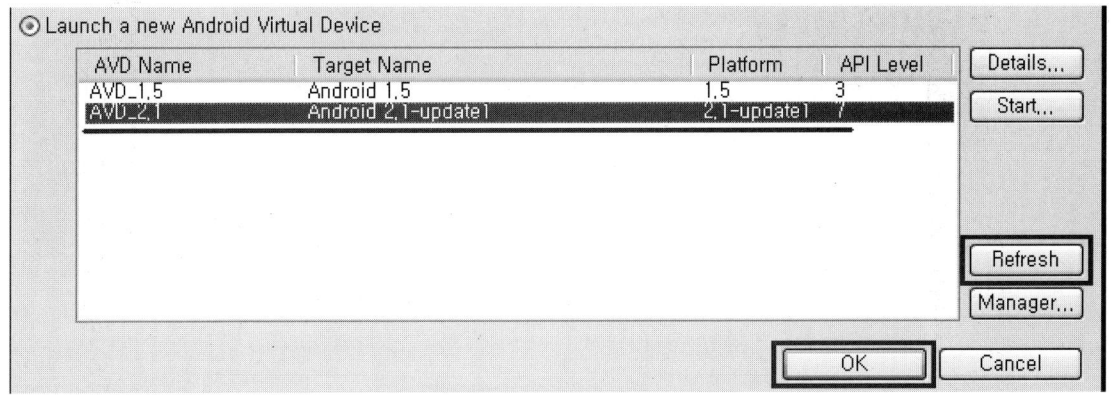

최초에 작업을 마쳤을 때 그림에서 지금 만든 Virtual Device가 나타나지 않을 수 있습니다. 그때는

오른쪽 버튼 중에서 Refresh를 누르면 정상적으로 나타날 것입니다. "Launch a new Android Virtual Device"를 선택한 후 AVD_2.1 디바이스를 선택하고 OK를 누릅니다.

처음에 수행이 될 때는 조금 시간이 걸릴 수 있습니다. 잠시 동안 기다리고 있으면 아래의 창이 나타나는 것을 확인할 수 있습니다. 아래 그림과 같이 정상적으로 수행된 것을 확인할 수 있습니다.

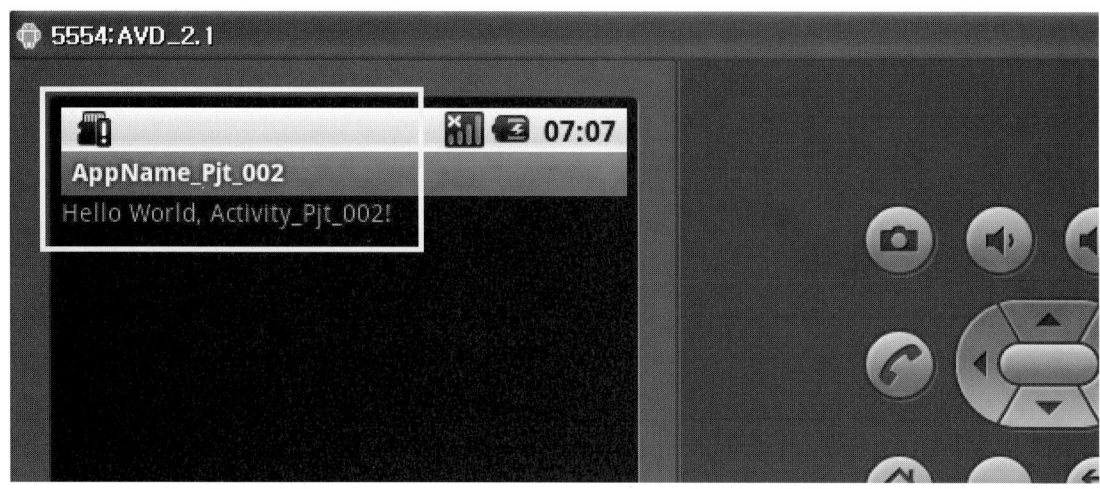

에뮬레이터의 모습이 조금 달라졌지만 수행 자체에는 큰 변화는 없습니다.

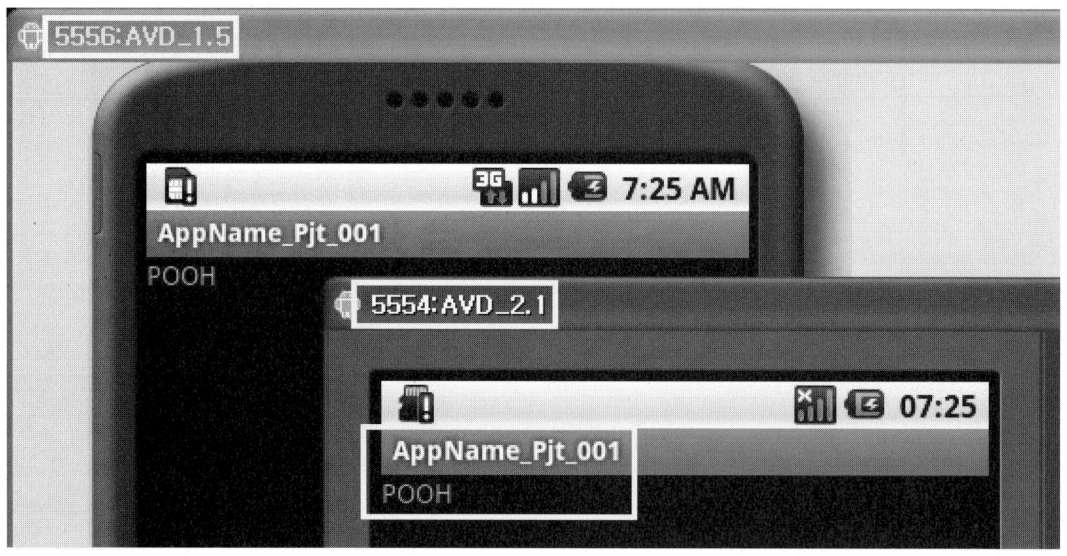

이번에는 AVD_1.5도 수행을 시켜보았습니다. 두 대의 에뮬레이터가 동시에 수행되고 있는 것을 확인할 수 있습니다. 나중에 수행시킨 AVD_1.5는 포트 번호가 5556입니다. 이 값이 고정되어 있는 것이 아니라 수행이 됨에 따라서 증가하는 값을 부여 받게 되는 것입니다. AVD_2.1에 망고64용 어플리케이션을 돌려보았는데 위 그림처럼 잘 수행되는 것을 확인할 수 있습니다.

22.6. (망고100) NFS에 복사해서 구동시키기

망고100에서 NFS 폴더 공유를 이용해서 구동시켜 보는 것을 해보겠습니다.

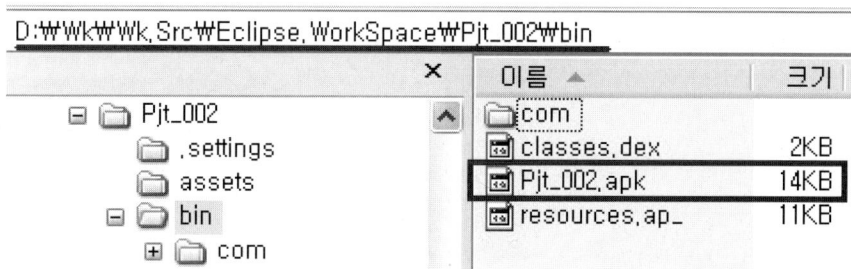

D:\Wk\Wk.Src\Eclipse.WorkSpace\Pjt_002\bin 부분에 들어 있는 Pjt_002.apk가 바로 실행 파일입니다. 이 내용을 복사해서 구동해 주면 되는 것입니다.

```
yhoh@ubuntu:~/nfsroot/mango100_android/system/app$ sudo cp
/home/yhoh/tmpPC/Pjt_002.apk .
yhoh@ubuntu:~/nfsroot/mango100_android/system/app$ l Pj*
/home/yhoh/nfsroot/mango100_android/system/app
-rwxr-xr-x 1 root root 13354 2010-08-11 16:42 Pjt_002.apk
```

XP의 D:\TmpDnFiles 부분이 우분투의 ~/tmpPC와 링크를 맺어 놓았기 때문에 D:\TmpDnFiles 부분에 먼저 복사한 다음 위와 같이 ~/nfsroot/mango100_android/system/app 부분으로 복사를 수행했습니다. 이 명령을 sudo를 사용해서 수행함으로써 소유자가 root가 되도록 한 것입니다.

복사를 수행한 후에 보드를 망고100 보드를 리부팅 해 주어야 합니다. 리부팅 한 상태에서 보면 AppName_Pjt_002이 어플리케이션 목록에 나타나 있는 것을 확인할 수 있습니다.

AppName_Pjt_002를 실행해 보면 위 그림처럼 에뮬레이터에서 동작시키는 것과 동일하게 실행되고 있습니다.

```
yhoh@ubuntu:~/nfsroot/mango100_android/system/app$ rm Pjt_002.apk
rm: remove write-protected regular file `Pjt_002.apk'? y
```

이제 위에서 복사했던 Pjt_002.apk 파일을 삭제하고 보드를 리부트 하도록 합니다. ADB를 이용한 작업을 수행하는 시험을 할 수 있도록 만드는 것입니다.

22.7. (망고100) ADB를 이용해서 구동시키기

22.7.1. ADB USB 드라이버 설치

ADB가 망고100 보드와 연결되는 것은 USB를 이용하게 됩니다. 드라이버에 대한 설치 작업은 위에서 망고64 부분에서 충분히 설명을 드렸습니다. 다운로드 받은 것과 설치에 대한 것은 그 부분을 참조해 주시기 바랍니다.

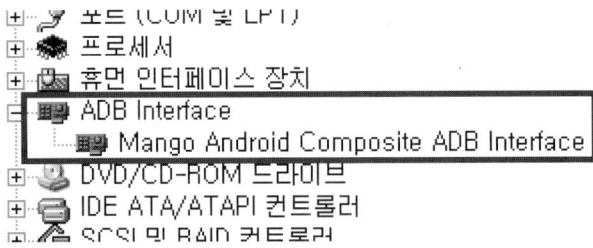

모든 작업이 끝나면 장치관리자에서 확인해 보면 위 그림과 같이 ADB Interface 부분이 생겨 있고 Mango Android Composite ADB Interface 드라이버가 설치된 것을 찾을 수 있습니다. 망고64와 다른 점은 이름이 Mango Android USB이었던 것이 바뀌어 있는 것을 알 수 있습니다.

22.7.2. ADB 데몬 실행

ADB 기능을 이용하려면 adbd라는 이름의 ADB deamon이 반드시 수행이 되어야 합니다.

```
# ps
USER     PID   PPID  VSIZE   RSS    WCHAN     PC        NAME
root     1     0     292     204    c00ab734  0000c9ec  S /init
root     2     0     0       0      c00642a4  00000000  S kthreadd
... ... ... ... ... ...
keystore 1843  1     1600    408    c0297090  afe0d4cc  S /system/bin/keystore
root     1845  1     3368    168    ffffffff  0000f464  S /sbin/adbd
system   1860  1839  182788  32992  ffffffff  afe0cb3c  S system_server
```

```
… … … … … …
app_21     2061    1839   111756  21520 ffffffff afe0dad8 S com.cooliris.media
root       2081    1833     848     344 00000000 afe0c89c R ps
```

망고64와 마찬가지로 망고100 보드에서도 ps를 수행해 보면 위 내용에서처럼 /sbin/adbd가 수행되고 있음을 찾아볼 수 있습니다. 혹시라도 이것이 이미 수행되어 있는 경우가 아니라면 수동으로 수행을 시켜주어야 합니다. 수동 수행에 대한 것은 망고64 부분에서 설명 드린 내용을 참고해 주시기 바랍니다.

한가지 아셔야 하는 것은 망고100 보드 안드로이드의 메뉴가 나타나도록 하려면 위 그림의 버튼을 누르면 된다는 것입니다. 그 위에 있는 버튼은 Back으로 돌아가는 버튼으로 할당되어 있습니다. 어플리케이션 등을 띄웠다가 이전으로 돌아갈 때 사용하시면 됩니다.

22.7.3. ADB 수행 – eclipse에서 수행

```
C:\Documents and Settings\pooh>adb kill-server

C:\Documents and Settings\pooh>adb devices
* daemon not running. starting it now *
* daemon started successfully *
List of devices attached
0123456789ABCDEF        device
```

adb kill-server를 수행하면 수행을 멈추게 되고, adb devices를 부르면 자동으로 재 시작이 되면서 현재 구동되는 디바이스들을 보여주게 됩니다. 망고64의 경우와 완전히 동일합니다.

0123456789ABCDEF로 표시된 것이 바로 망고100 보드입니다. 오른쪽에 device라고 표시가 되어야 정상적으로 연결이 된 것입니다. 만약 이것이 device가 아니라 offline이라면 망고64 부분에서 문제에 대한 대처 방법을 말씀 드린 내용을 참조해서 해결하시기 바랍니다.

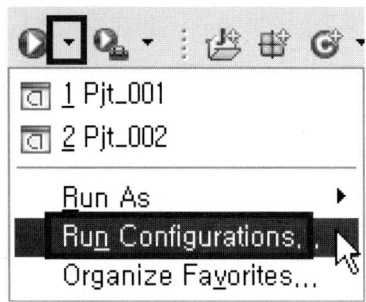

이제 eclipse를 띄웁니다. 실행 버튼의 오른쪽의 아래 화살표 모양을 선택해서 Run Configurations를 실행합니다.

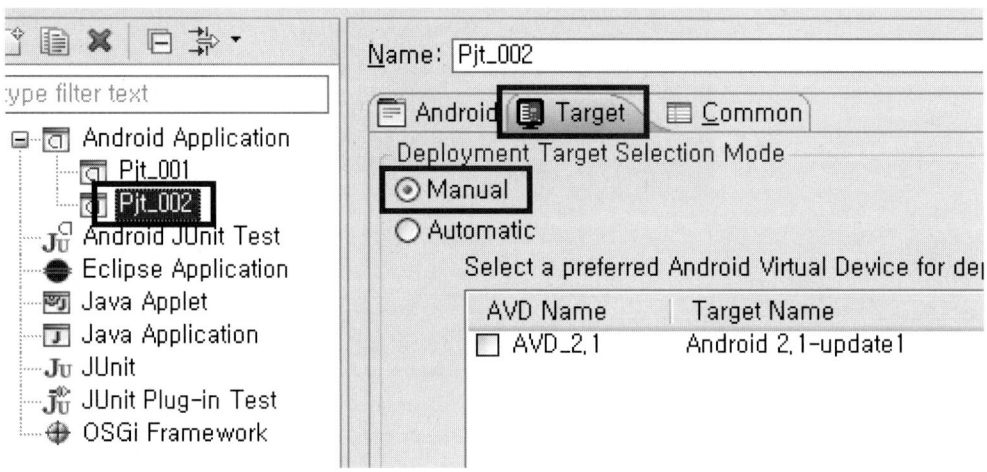

위 그림의 왼편을 보면 Android Application 부분에서 프로젝트를 선택할 수 있습니다. 당연히 Pjt_002를 선택해야 할 것입니다. 오른쪽에서 Target의 Manual을 선택하고 Run을 실행하면 아래 그림이 나옵니다.

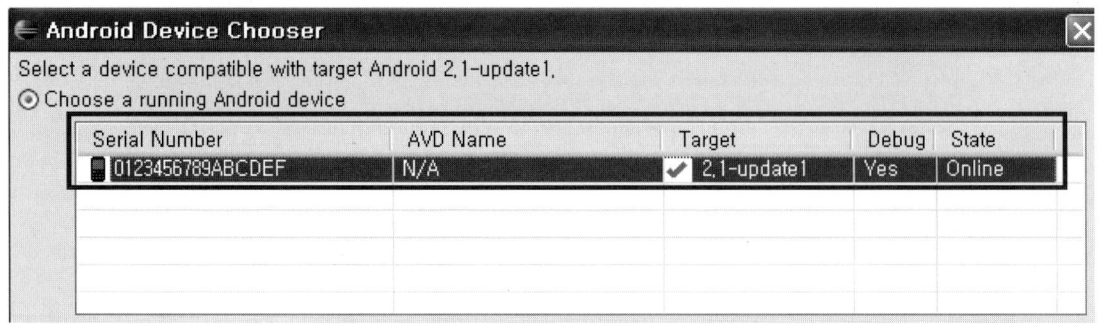

안드로이드 디바이스가 바로 망고100 보드입니다. 이것을 선택하고 0123456789ABCDEF를 선택한 상

태에서 OK를 선택하면 망고100에서 Pjt_002가 실행된 것을 찾을 수 있습니다.

```
C:\>adb shell
# ls data/app
ls data/app
com.crz.Pjt_002.apk
#
```

adb shell로 망고100에 들어가서 /data/app에 com.crz.Pjt_002.apk를 확인했습니다.

22.7.4. ADB 커맨드 라인 수행 (pull, install, uninstall)

```
C:\>adb pull /data/app/com.crz.Pjt_002.apk
834 KB/s (0 bytes in 13354.000s)
```

adb pull로 com.crz.Pjt_002.apk를 다운 받았습니다. C 루트 폴더에서 다운로드를 받았기 때문에 C 루트 폴더에 com.crz.Pjt_002.apk가 받아져 있을 것입니다.

```
C:\>adb uninstall com.crz.Pjt_002
Success
C:\>adb install com.crz.Pjt_002.apk
417 KB/s (0 bytes in 13354.000s)
        pkg: /data/local/tmp/com.crz.Pjt_002.apk
Success
C:\>adb uninstall com.crz.Pjt_002
Success
```

uninstall, install, uninstall을 차례로 수행했습니다. 모두 정상적으로 성공하였습니다.

```
Can't dispatch DDM chunk 46454154: no handler defined
Can't dispatch DDM chunk 4d505251: no handler defined
```

망고64의 경우 install이나 uninstall의 경우 모두 위의 메시지가 출력되었습니다. 하지만 망고100에서는 이러한 메시지가 출력되지 않고 있습니다. adb 데몬과 AVD의 호환성 문제가 없는 것을 알 수 있습니다.

22.8. (망고100) Ethernet을 이용해서 ADB 구동시키기

망고100의 경우는 USB를 이용해서 연결하는 것도 문제는 거의 없습니다. 하지만 NFS를 이용해서 부팅을 하는 상황에서 보다 편리한 것은 Ethernet을 이용하는 것입니다. 망고64에서 수행했던 것과 거의 동일한 내용입니다. 그 부분을 참조해서 진행하시기 바랍니다.

22.8.1. 네트워크 설정

네트워크의 IP 주소와 관련한 사항은 망고64와 망고100이 완전히 동일하도록 설정하였습니다. IP 주소 역시 192.168.11.110입니다.

```
MANGO100 # setenv bootargs "root=/dev/nfs rw
nfsroot=192.168.11.131:/home/yhoh/nfsroot/mango100_android
ip=192.168.11.110:192.168.11.131:192.168.11.1:255.255.255.0:::off console=ttySAC1,115200"
```

NFS로 부팅을 하기 위해서 네트워크의 설정을 위와 같이 수행했습니다. 현재 NFS로 부팅을 수행했고, 이 상태에서 우분투의 폴더와 망고100의 내부 폴더의 내용이 Sync가 맞고 있는 것도 확인했습니다. 우리는 네트워크와 관련해서 특별한 작업을 해줄 필요가 없습니다. 위의 NFS 설정으로 충분한 것입니다. NFS로 작업하는 경우가 아닌 상황에 대한 것은 이전 망고64 부분에 설명 드린 내용을 참조 바랍니다.

22.8.2. ADB를 Ethernet을 이용하도록 커널 수정

```
yhoh@ubuntu:~/android_mango100/Kernel_v2.6.29/mango100_kernel_2010_07_15$ make xconfig
```

```
☑ USB Gadget Drivers
    ○ Gadget Zero (DEVELOPMENT)
    ○ Ethernet Gadget (with CDC Ethernet support)
    ○ Gadget Filesystem (EXPERIMENTAL)
    ○ File-backed Storage Gadget
    ○ Serial Gadget (with CDC ACM and CDC OBEX support)
    ○ MIDI Gadget (EXPERIMENTAL)
    ○ Printer Gadget
    ◉ Android Gadget
    ○ CDC Composite Device (Ethernet and ACM)
```

make xconfig를 수행해서 Device Drivers 부분에서 USB support > USB Gadget Support 부분을 선택하면 디폴트로는 Android ADB Gadget이 설정되어 있습니다. 이 부분이 이제는 필요 없기 때문에 삭제할 것입니다.

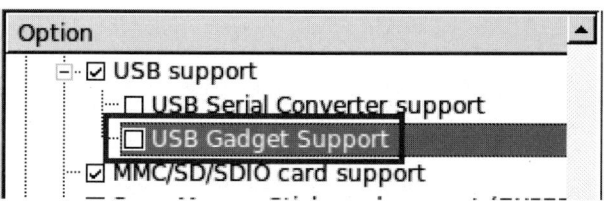

위 그림처럼 USB Gadget Support 부분을 선택된 것을 해제합니다.

```
yhoh@ubuntu:~/android_mango100/Kernel_v2.6.29/mango100_kernel_2010_07_15$ make
scripts/kconfig/conf -s arch/arm/Kconfig
sound/soc/s3c24xx/Kconfig:166:warning: choice value used outside its choice group
  CHK     include/linux/version.h
make[1]: `include/asm-arm/mach-types.h' is up to date.
  CHK     include/linux/utsrelease.h
… … … … … … …
  Kernel: arch/arm/boot/zImage is ready
  Building modules, stage 2.
  MODPOST 2 modules
  CC      drivers/hid/hid-dummy.mod.o
  LD [M]  drivers/hid/hid-dummy.ko
  CC      drivers/scsi/scsi_wait_scan.mod.o
  LD [M]  drivers/scsi/scsi_wait_scan.ko
yhoh@ubuntu:~/android_mango100/Kernel_v2.6.29/mango100_kernel_2010_07_15$
```

arch/arm/boot/zImage 파일이 위와 같이 정상적으로 생성된 것을 확인합니다.

```
yhoh@ubuntu:~/android_mango100/Kernel_v2.6.29/mango100_kernel_2010_07_15$ cp
arch/arm/boot/zImage /home/yhoh/tftpboot/mango100_zImage
```

NFS로 부팅을 시키기 위해서 TFTP 폴더에 zImage 파일을 복사해 줍니다. 이제 망고100 보드를 리부트 합니다.

22.8.3. ADB Host 설정 및 Ethernet을 통한 구동

```
C:\>set adbhost=192.168.11.110
```

Ethernet을 통한 ADB 구동에서 반드시 해주어야 하는 것은 adbhost 환경 변수 설정입니다. 이 설정 부분은 망고64 부분에서 했던 내용과 동일한 것입니다. 그 부분을 참조 바랍니다.

```
C:\>adb kill-server
C:\>adb devices
* daemon not running. starting it now *
* daemon started successfully *
List of devices attached
emulator-5554     device
```

USB로 구동하는 것과 동일하게 kill-server와 devices를 똑같이 수행해야 합니다. emulator-5554가 망고100 입니다. 역시 주의해야 할 사항은 망고100과 에뮬레이터가 같은 serial ID로 인식된다는 것입니다. 그러므로 망고100도 수행시키고 에뮬레이터도 동시에 수행시키게 되면 안됩니다.

23. Android Application 기초 사항

이번 장에서는 API Level 및 Activity 등 안드로이드 어플리케이션에 대한 아주 기초적인 내용들을 다루도록 하겠습니다.

23.1. Android API Levels

http://developer.android.com/guide/appendix/api-levels.html
위 링크에서 안드로이드 API에 대한 기초적인 문서를 발견할 수 있습니다.

안드로이드 어플리케이션을 개발하면서 API 레벨에 대한 것은 반드시 알아야 하는 부분이라고 할 수 있습니다. 이것은 개발된 어플리케이션이 어떤 디바이스에 설치되어 동작될 것인가와 호환성이 어떻게 되는 가를 판단할 수 있는 부분입니다.

API Level에 대해서 정리한 표가 바로 아래의 표입니다. 정수 값으로 나타내져 있는 것을 알 수 있습니다.

Platform Version	API Level
Android 2.2	8
Android 2.1	7
Android 2.0.1	6
Android 2.0	5
Android 1.6	4
Android 1.5	3
Android 1.1	2
Android 1.0	1

1부터 시작해서 현재의 최신 버전인 안드로이드 2.2의 경우 API Level이 8이 됩니다. 우리가 이 책에서 관심을 가지고 있는 부분은 망고64에 포팅 된 안드로이드 1.5의 API Level 3과 망고100에 포팅 된 안드로이드 2.1의 API Level 7이 되겠습니다.

API Level은 유니크한 정수 값으로 안드로이드 플랫폼의 버전이 증가함에 따라서 달라지게 됩니다. 프레임워크의 API는 다음의 것들로 구성되어 있습니다. 패키지들과 클래스들의 집합, XML 요소들과 어트리뷰트들, Intents, Permissions 등입니다. 물론 새로운 프레임워크가 업데이트 될 때 이전 버전의

API들과는 호환이 될 수 있도록 유지하게 됩니다. 대부분의 변화는 새로운 것이 추가되는 것입니다. 물론 완전히 다른 것이 새로 만들어질 수 있고 이것은 이전의 것을 완전히 대체하게 됩니다. 하지만 이전 것을 삭제하지는 않습니다. 그러므로 이전 API를 사용하게 될 경우 호환성에는 문제가 없게 되는 것입니다.

23.2. Application과 Activity 이해

Application과 Activity를 구분해서 이해해야 합니다. 하나의 Application은 Activity들로 구성되어 있습니다. Application은 적어도 하나의 Activity를 가지고 있게 됩니다. 실제로 만든 것으로 한번 살펴보겠습니다.

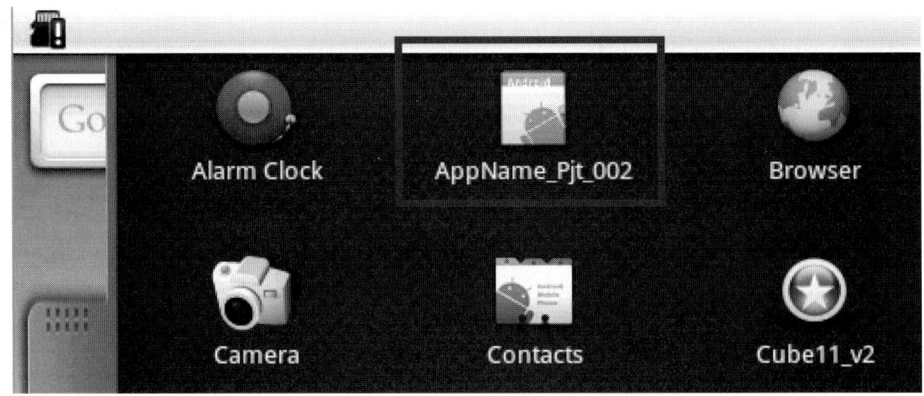

위 그림은 AppName_Pjt_002로 만든 어플리케이션을 망고100에 인스톨한 이후에 나타나는 그림입니다. 여기서 바로 위의 AppName_Pjt_002가 Application 이름이 되는 것입니다. 다운로드 된 상태에서 위의 그림을 보면 바로 그 이름으로 표시되고 있습니다.

```
Activity_Pjt_002.java
    package com.crz.Pjt_002;

    import android.app.Activity;

    public class Activity_Pjt_002 extends Activity {
        /** Called when the activity is first created. */
        @Override
        public void onCreate(Bundle savedInstanceState) {
            super.onCreate(savedInstanceState);
            setContentView(R.layout.main);
        }
    }
```

Activity의 이름은 위 java 파일에서 Activity_Pjt_002라는 이름으로 만들고 있습니다. extends라는 키워드를 사용해서 Activity class에서 상속을 받고 있는 것을 알 수 있습니다. 내부적으로는 onCreate라는 함수를 오버로딩 해서 구현해주고 있습니다.

> Application은 Activity들을 담는 그릇이라고 생각하면 됩니다. 하나의 어플리케이션이 만들어질 때 하나의 Activity만으로 생성될 수도 있고, 여러 개의 Activity를 가질 수도 있습니다. 만약 Application에서 Window나 Screen을 만들 때 그 각각의 Window나 Screen은 Activity로 구분이 될 것입니다.

하나의 Activity는 하나의 Visual 사용자 인터페이스를 나타냅니다. 사용자는 focus된 이 사용자 인터페이스를 통해서 여러 작업을 수행할 수 있는 것입니다. Application은 이러한 Activity들을 여러 개 모아 놓은 것입니다. Application이 시작 될 때 어떠한 Activity를 가장 먼저 수행할 것인가를 결정할 수 있습니다. 하나의 Activity가 시작된 이후에 다른 Activity를 수행시킬 수도 있고 종료시킬 수도 있을 것입니다. 여러 Activity들 사이에서 이러한 작업들이 무수히 일어나면서 어플리케이션이 동작되는 것입니다.

23.3. Android Project의 기본적인 files

생성이 되는 기본적인 파일들에 대해서 살펴보도록 하겠습니다. Eclipse의 Package Explorer에서 막 생성시킨 project를 살펴보면 아래와 같습니다.

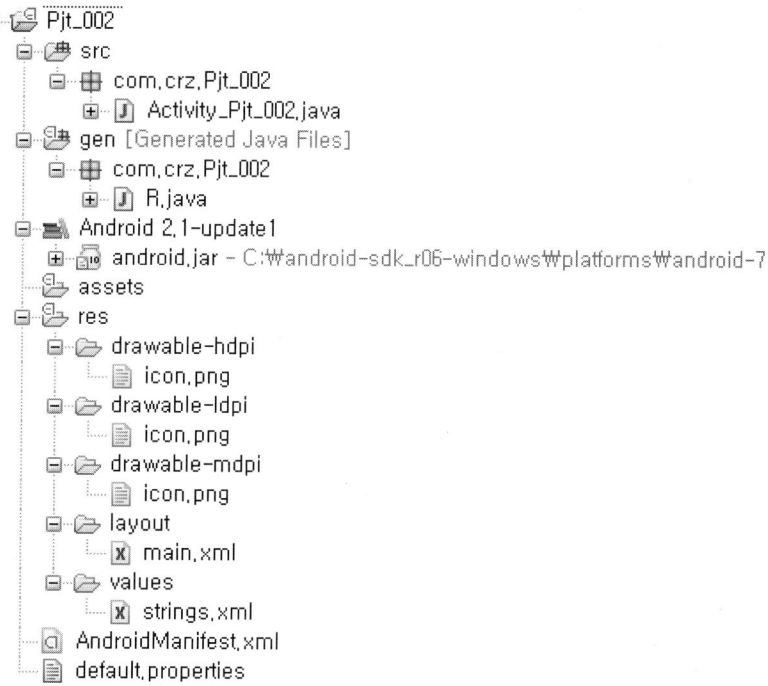

혹시라도 Package Explorer가 사라졌을 경우 아래 그림처럼 창을 다시 열면 됩니다. Window 메뉴에

서 Show View를 선택하면 많은 내용이 기술 됩니다. 여기서 Package Explorer를 수행하면 됩니다.

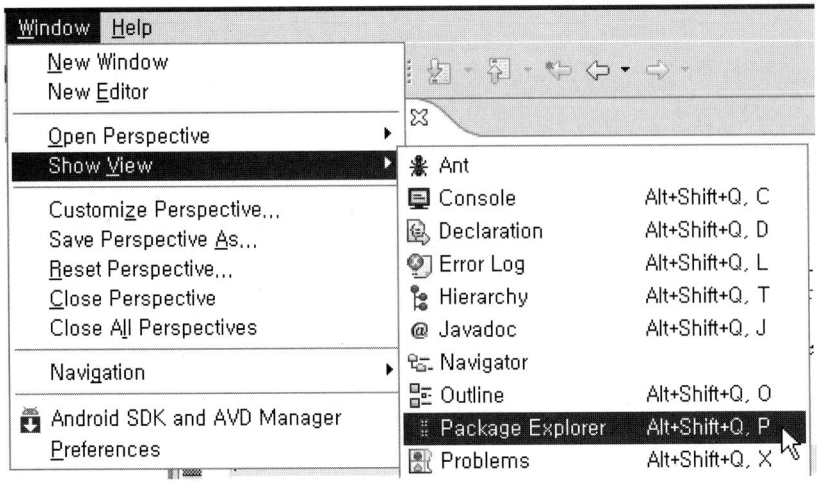

23.3.1. AndroidManifest.xml

AndroidManifest.xml file은 global setting이 저장되어있는 곳입니다. application permissions, Activities, intent filters 등이 저장되어 있습니다.

모든 Application에게 있어서 동일한 파일 이름을 가지고 있습니다. 모두 AndroidManifest.xml이라는 파일을 가지고 있게 됩니다. 자동으로 생성해 주는 파일이고 마음대로 편집해서 바꿀 수도 있습니다. 확장자에서도 느낄 수 있는 것처럼 XML 파일이고 매우 구조화 되어 있습니다.

```xml
<?xml version="1.0" encoding="utf-8"?>
<manifest xmlns:android="http://schemas.android.com/apk/res/android"
      package="com.crz.Pjt_002"
      android:versionCode="1"
      android:versionName="1.0">
    <application android:icon="@drawable/icon" android:label="@string/app_name
        <activity android:name=".Activity_Pjt_002"
              android:label="@string/app_name">
            <intent-filter>
                <action android:name="android.intent.action.MAIN" />
                <category android:name="android.intent.category.LAUNCHER" />
            </intent-filter>
        </activity>

    </application>
    <uses-sdk android:minSdkVersion="7" />

</manifest>
```

위 그림에서 보듯이 AndroidManifest.xml 파일을 열어 보면 하단에 5개의 탭이 존재합니다. 이 중에서 AndroidManifest.xml 탭을 선택하면 XML 파일의 내용을 바로 볼 수가 있고 이 내용을 편집할 수도 있습니다. 하지만 바로 XML 형식으로 편집을 하는 것은 매우 어려운 일입니다.

하단의 5개의 탭 중에서 Manifest, Application, Permissions, Instrumentation의 4개 탭은 사용자로 하여금 쉽게 항목을 추가하거나 편집할 수 있도록 UI를 제공해주고 있는 것입니다.

```
<uses-sdk android:minSdkVersion="7" />
```

<uses-sdk android:minSdkVersion="7" />이 추가되어 있습니다. 이는 프로젝트를 만들 때 minimum SDK version을 지정했기 때문입니다. Android SDK 2.1을 선택했었고, SDK API 레벨을 7로 지정했기 때문에 최소한의 minimum SDK 버전을 7로 설정하도록 나타나있는 것입니다.

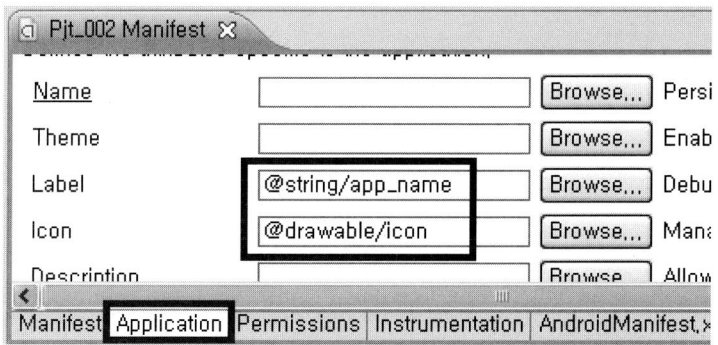

Application 탭에 보면 위 그림을 볼 수 있습니다.

23.3.2. @drawable

여기서 @drawable은 /res/drawable에 있는 내용을 접근한다는 의미입니다. 실제로 제가 사용하는 D:₩Wk₩Wk.Src₩Eclipse.WorkSpace₩Pjt_002₩res₩drawable-hdpi에 가보면 icon.png가 들어있는 것을 확인할 수 있습니다.

@drawable로 /res/drawable 폴더를 의미하지만 실제로 res 폴더를 보면 아래 그림과 같이 3 종류의 폴더가 존재합니다.

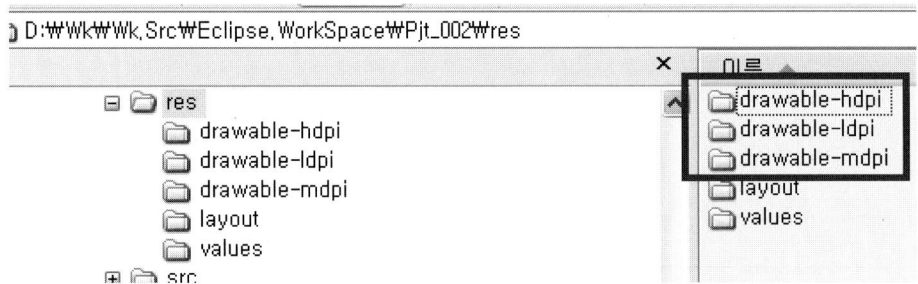

http://developer.android.com/guide/practices/screens_support.html
위 링크를 참조하면 이에 대한 내용을 찾을 수 있습니다.

	Low density (120), *ldpi*	Medium density (160), *mdpi*	High density (240), *hdpi*
Small screen	• QVGA (240x320), 2.6"-3.0" diagonal		
Normal screen	• WQVGA (240x400), 3.2"-3.5" diagonal • FWQVGA (240x432), 3.5"-3.8" diagonal	• HVGA (320x480), 3.0"-3.5" diagonal	• WVGA (480x800), 3.3"-4.0" diagonal • FWVGA (480x854), 3.5"-4.0" diagonal
Large screen		• WVGA (480x800), 4.8"-5.5" diagonal • FWVGA (480x854), 5.0"-5.8" diagonal	

망고64나 망고100의 경우 화면은 모두 800 x 480을 사용합니다. 그러므로 HDPI 부분의 Normal screen을 사용한다고 생각하시면 됩니다.

drawable-hdpi, drawable-ldpi, drawable-mdpi는 해상도에 따라서 적절하게 이미지를 보여줄 수 있도록 기존의 drawable을 나눈 것입니다. 다양한 해상도를 지원할 수 있도록 만들어 놓은 것입니다.

23.3.3. @string

@string으로 표시된 것은 /res/values/strings.xml에 존재하는 string이라는 리소스를 접근하는 것을 말 합니다.

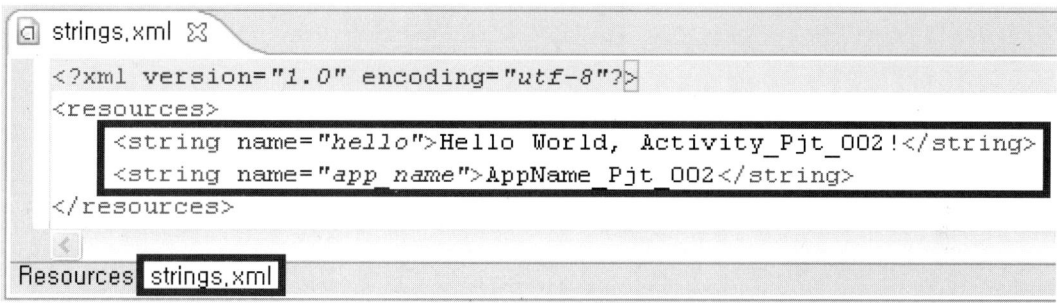

strings.xml을 보면 위와 같이 hello라는 이름을 가진 문자열과 app_name이라는 이름을 가진 문자열까지 총 두 개의 문자열을 가지고 있습니다. @string/app_name은 이 중에서 app_name 부분을 접근하고 있는 것입니다.

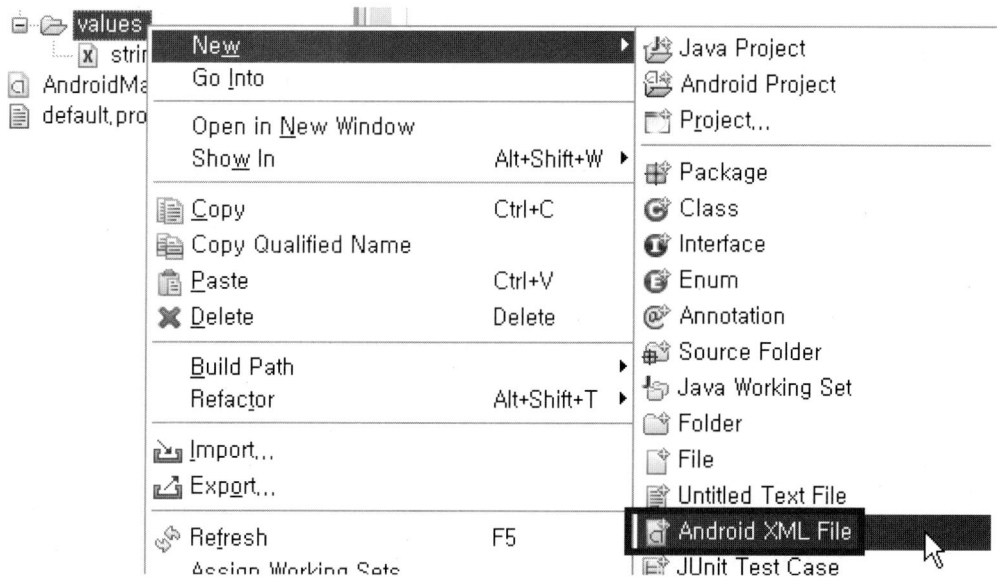

strings.xml이라는 파일 이름이 중요한 것이 아니라 그 안에 들어있는 리소스가 중요한 것입니다. 파일 이름이 **strings**가 아니라 그 어떤 이름이더라도 안에 리소스로 포함하고 있는 부분이 <string 으로 시작하게 되면 그 리소스를 참조하는 것입니다.

위 내용이 중요한 것인데 이것을 명확하게 이해하기 위해서는 직접 다른 이름을 가지는 xml 파일을 만들어 보면 보다 쉽게 이해가 됩니다. 위 그림과 같이 values 부분에서 오른쪽 마우스 버튼을 눌러서 New > Android XML File을 선택합니다.

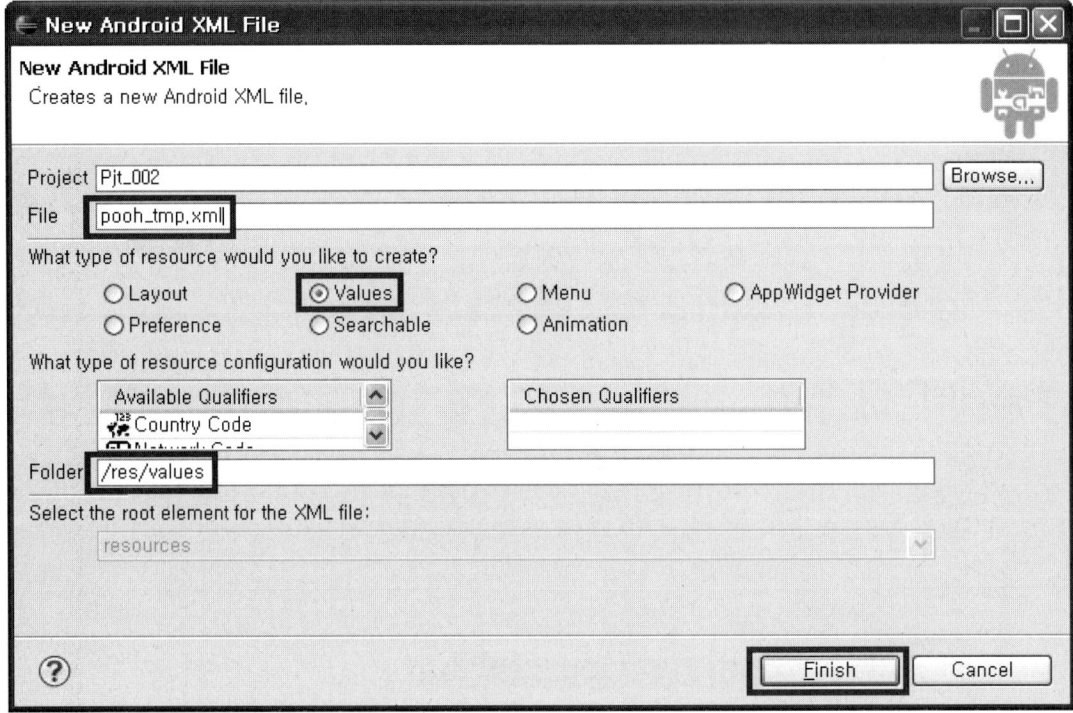

여기에 string과는 전혀 관련 없는 엉뚱한 이름인 pooh_tmp.xml이라는 파일을 만듭니다. 파일 이름을 지정하고 이것의 리소스 종류를 선택하면 Folder 부분은 자동으로 지정이 됩니다. 물론 이 값을 변경하고 싶으면 변경할 수는 있습니다.

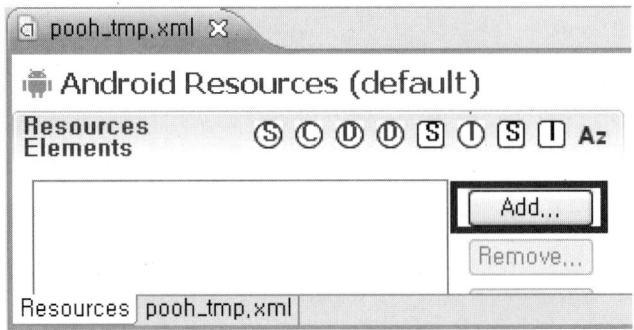

직접 xml 파일을 만들려고 노력하기 보다는 UI를 이용하는 것이 편리합니다. Resources 탭을 선택해서 Add를 누릅니다.

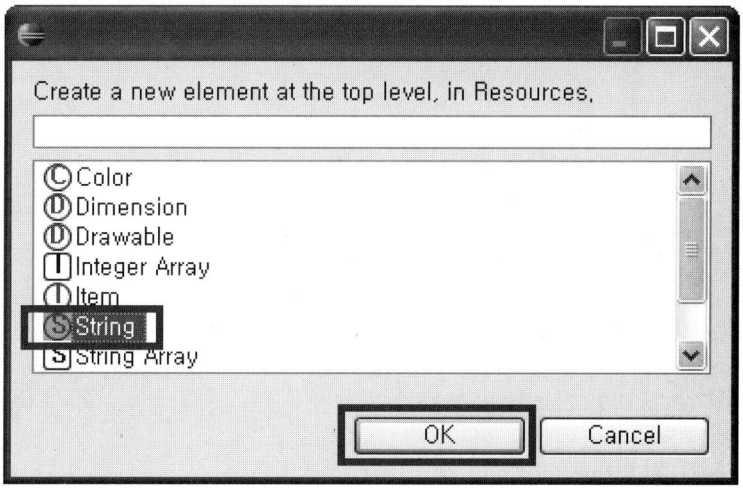

String을 선택해서 OK를 누릅니다.

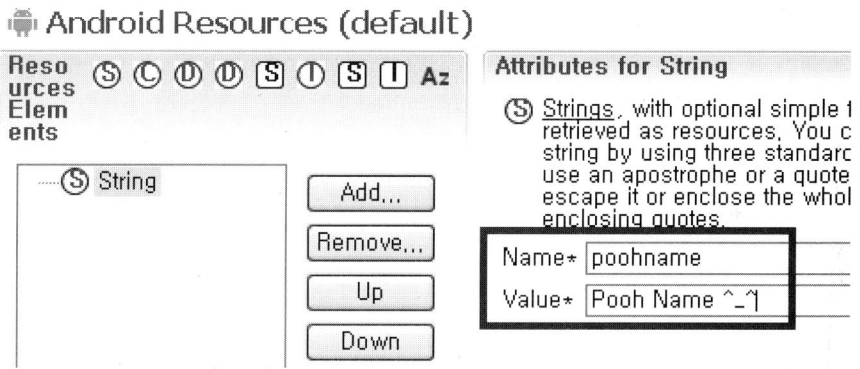

오른쪽에 위 그림이 보이게 되고 거기에 적절한 이름과 값을 적어 넣습니다. Pooh Name ^_^가 문자열이 되는 것이고, @string/app_name으로 사용했듯이 이 문자열을 참조하기 위해서 사용하는 이름이 poohname이 되는 것입니다.

```
<?xml version="1.0" encoding="utf-8"?>
<LinearLayout xmlns:android="http://schemas.android.com/apk/res/android"
    android:orientation="vertical"
    android:layout_width="fill_parent"
    android:layout_height="fill_parent"
```

```
    >
<TextView
    android:layout_width= "fill_parent"
    android:layout_height= "wrap_content"
    android:text= "@string/hello"
    />
<TextView
    android:layout_width= "fill_parent"
    android:layout_height= "wrap_content"
    android:text= "@string/poohname"
    />
</LinearLayout>
```

이제 이것을 main.xml에서 추가를 해보도록 합니다. @string/hello를 참조하는 TextView 부분을 그대로 복사해서 이름만 poohname으로 변경합니다.

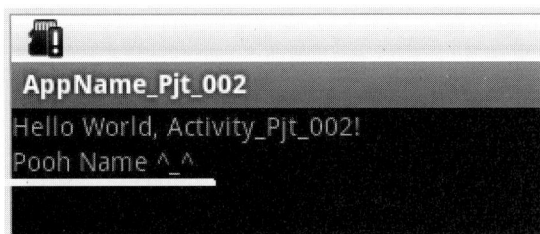

실행을 시켜보면 위와 같이 예쁘게 표시가 됩니다.

23.3.4. Android Library

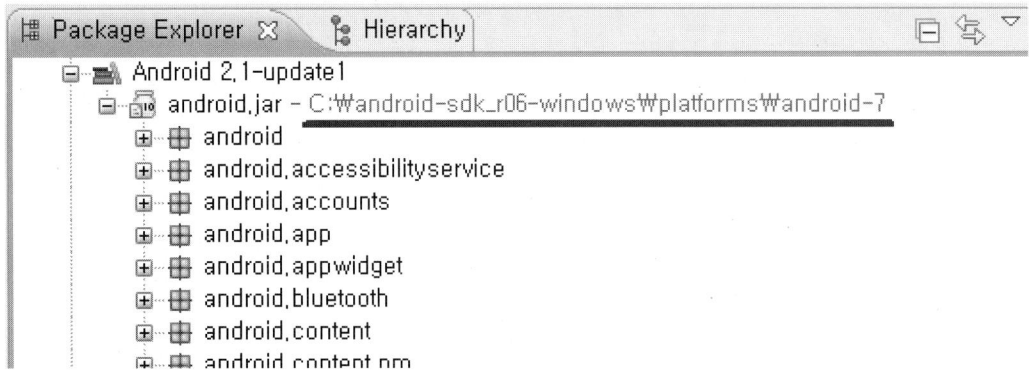

Android 2.1-update1으로 표시된 부분을 보면 android.jar 파일을 볼 수 있습니다. 이것을 확장시켜보

면 엄청나게 많은 내용이 나옵니다. 각종 View, Control 등등 참조할 수 있는 class들이 들어 있습니다.

마우스를 가까이 가져가면 들어있는 위치에 대한 정보가 나옵니다. platforms/android-7 위치에 있는 것을 사용하고 있는 것입니다.

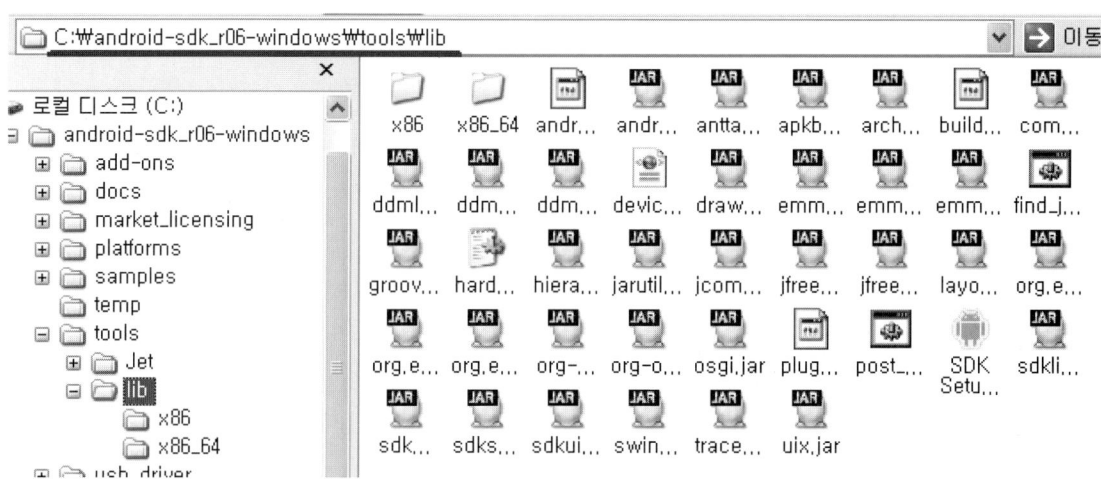

C:\android-sdk_r06-windows\tools\lib 부분에는 android.jar 파일을 제외한 나머지 jar 파일들이 들어 있습니다. swt.jar 부분이 x86과 x86_64로 나뉘어져 있습니다. swt는 Standard Widget Toolkit을 의미합니다.

23.3.5. <activity>.java File

D:\Wk\Wk.Src\Eclipse.WorkSpace\Pjt_002\src\com\crz\Pjt_002 부분에 Activity_Pjt_002.java 파일이 들어 있습니다. 소스를 다시 가져와서 보겠습니다.

```
package com.crz.Pjt_002;
import android.app.Activity;
import android.os.Bundle;

public class Activity_Pjt_002 extends Activity {
    /** Called when the activity is first created. */
    @Override
    public void onCreate(Bundle savedInstanceState) {
        super.onCreate(savedInstanceState);
        setContentView(R.layout.main);
```

```
    }
}
```

위에서 처음 세 줄은 전형적인 **preprocessor directives** 입니다. 다른 언어들에서처럼 application process를 진행하기 전에 compiler에게 뭔가 지시를 내려주는 입니다. 특별한 package를 import하기 위한 것도 2줄이 보입니다.

모든 application은 Activity class를 상속 받아야 하고 이것은 필수 사항 입니다. onCreate()가 정의되어 있고, bundle로 savedInstanceState를 받고 있습니다. 현재의 상태 정보가 이곳에 들어 있는 것이고 이것을 처음 생성될 때 전달하고 있는 것입니다.

23.3.6. R.java

모든 리소스에 대한 정보를 보관하고 있는 곳입니다. 이 파일에는 drawable, layout, values directories 또는 그 directory내의 item(string, icon)들에 대한 포인터를 가지고 있습니다. 자동으로 이 포인터 값을 가져다가 이 파일을 만들어주는 것입니다. 당연하게 자동으로 만들어주기 때문에 이 파일은 직접 변경을 해서는 안됩니다. 파일 내 comment에도 분명하게 적혀있습니다. Do not modify.

```java
/* AUTO-GENERATED FILE. DO NOT MODIFY.
 * This class was automatically generated by the aapt tool from the resource data it found.
   It should not be modified by hand. */
package com.crz.Pjt_002;
public final class R {
    public static final class attr {
    }
    public static final class drawable {
        public static final int icon=0x7f020000;
    }
    public static final class layout {
        public static final int main=0x7f030000;
    }
    public static final class string {
        public static final int app_name=0x7f040002;
        public static final int hello=0x7f040001;
        public static final int poohname=0x7f040000;
    }
}
```

위 부분과 연관해서 Activity_Pjt_002.java에 들어있던 아래의 코드 내용은 이전에 한번 설명을 드린 적이 있습니다.

```
setContentView(R.layout.main);
```

위 코드에서 R은 R.java에 들어있는 class R 입니다. class R의 member class인 layout을 R.layout으로 접근하고 있고, 다음에 layout class의 member 변수인 main을 접근하고 있습니다. 그럼 결국 setContentView에 전달되는 값은 0x7f030000이 되는 것입니다. 무척 편리하게도 main 위에 마우스만 갖다 대도 값이 화면에 출력됩니다.

23.3.7. assets

D:\Wk\Wk.Src\Eclipse.WorkSpace\Pjt_002\assets에는 현재 아무런 내용이 들어있지 않습니다. 여기에 저장될 파일은 멀티미디어 파일들이나 여러 가지 용도로 활용될 수 있는 파일들이 들어가면 됩니다.

이 directory 안에는 raw asset file이 들어가게 됩니다. 예로 드는 것을 보면 streaming을 위한 audio file, animation file 등등 입니다.

23.3.8. res

D:\Wk\Wk.Src\Eclipse.WorkSpace\Pjt_002\res 부분은 UI에서 사용되는 리소스들이 저장되는 곳입니다. 현재 5개의 subdirectory가 있습니다. drawable 관련해서 화면 크기에 따라 3개의 폴더가 존재하고 있고, layout, values가 있습니다.

res/drawable 부분에는 UI에서 사용되는 이미지 파일들이 들어가게 됩니다. 현재는 icon.png 파일만 들어 있습니다. res/layout 부분에는 XML 스타일의 View Layout 파일들이 저장되게 됩니다. res/values 부분에는 스트링이나 설정 파일들이 저장되게 됩니다.

> **PNG, Portable Network Graphics**
> Jpeg은 손실 압축 방식인데 반해서 PNG는 비 손실 압축 방식입니다. 그래서 Jpeg보다는 파일 크기가 크지만 보다 더 선명하다고 할 수 있습니다. 특히 관련 문제가 없기 때문에 android 같은 open platform에서 많이 사용합니다.

23.3.9. main.xml

layout에 들어있습니다. 말 그대로 UI와 밀접한 관계가 있는 것입니다.

```xml
<?xml version="1.0" encoding="utf-8"?>
<LinearLayout xmlns:android="http://schemas.android.com/apk/res/android"
    android:orientation="vertical"
    android:layout_width="fill_parent"
    android:layout_height="fill_parent"
    >
<TextView
    android:layout_width="fill_parent"
    android:layout_height="wrap_content"
    android:text="@string/hello"
    />
<TextView
    android:layout_width="fill_parent"
    android:layout_height="wrap_content"
    android:text="@string/poohname"
    />
<TextView
    android:layout_width="fill_parent"
    android:layout_height="wrap_content"
    android:text="Direct String Pooh"
    />
</LinearLayout>
```

TextView를 하나 더 만들었고 여기에 Direct String Pooh라고 적었습니다. 이것은 @string이 없습니다. 즉, 리소스 xml 파일에서 가져오는 것이 아니라 직접적으로 문자열을 그대로 기술하는 방식인 것입니다. 기존에는 strings.xml에서 가져왔던 것을 직접 입력하도록 변경한 것입니다.

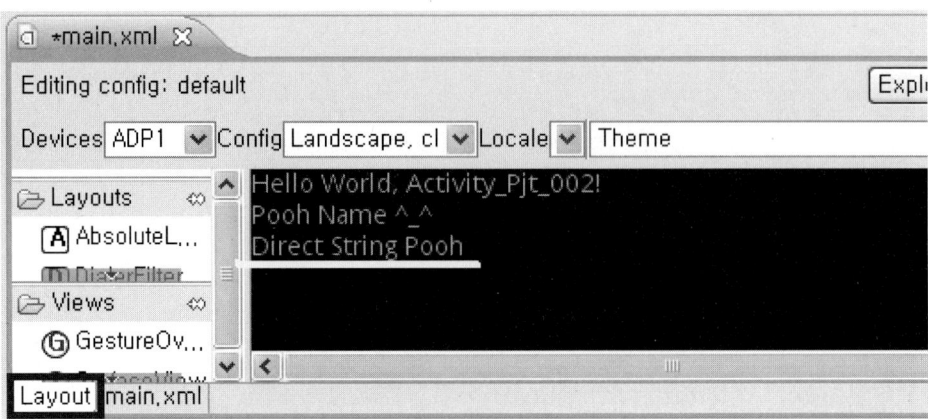

변경을 수행한 이후에 "Layout" tab을 누르면 그 결과를 바로 볼 수 있습니다. 참 편리한 기능입니다. 이렇게 Layout tab으로 보는 것과 동일한 결과를 run을 해서 emulator에서나 망고 보드에 띄워서도 볼 수가 있습니다.

23.3.10. Programmatic UI layout vs. XML-based layout

android에서는 UI를 구성하는 두 가지 방법이 있습니다. 한 가지는 **코드 상에서 직접 표현하는 방법과 XML을 이용하는 방법**입니다. TextView를 이용해서 코드상에 직접 표현하는 방법이 첫 번째 방법이고 위의 XML을 이용한 방법이 두 번째 방법입니다.

```
import android.widget.TextView;
public class Activity_Pjt_001 extends Activity {
… … … … …
    public void onCreate(Bundle savedInstanceState) {
        super.onCreate(savedInstanceState);
        TextView tv = new TextView(this);
        tv.setText("POOH");
        setContentView(tv);
    }
}
```

예전에 최초 안드로이드 어플리케이션을 작성하면서 위와 같이 소스를 변경해서 시험해본 적이 있습니다. TextView class를 이용해서, setText 함수에 직접 문자열을 기입하는 것입니다. 사용자의 application UI를 source code 상에서 직접적으로 만들어 낼 수 있는 것을 **"programmatic" UI layout**이라고 부릅니다. 전통적인 방식이라고 할수 있겠죠.

이러한 방식은 사실 가능한 사용하지 않는 것이 좋습니다. 만약 우리가 어떤 변경이 필요할 경우에 소스 코드를 직접 수정하게 만드는 것은 좋은 방법은 결코 아닙니다. 프로그램이 다양한 국가에서 사용되는 것이어서 언어적으로 여러 언어를 지원해야 한다면 더구나 소스 코드에서 직접 관리하는 방식은 매우 불편하고 힘든 일일 것입니다. 대안으로 제시하는 방식이 **XML-based layout** 입니다. Android XML layout file의 일반적인 구조는 단순 합니다. tag의 tree이고 이 각각의 tag는 View class 의 이름 입니다.

아래 google document 상의 설명을 참조 바랍니다.

Attribute	Meaning

xmlns:android	XML name space 정의를 가리키는 것입니다. 이것은 사용자가 Android namespace 상에 정의된 common attributes에 참조하게 될 Android tools를 의미합니다. 모든 Android layout file의 outermost tag는 반드시 이 attribute를 가지고 있어야 합니다.
android:layout_width	이 View가 소비하게 될 스크린 상에서의 할당 가능한 폭을 정의 합니다. 전체 화면을 다 차지하고자 할때 "fill_parent"를 부여합니다.
android:layout_height	android:layout_width과 비슷하고, 높이를 정의합니다.
android:text	TextView가 가져야 할 문자열을 설정하는 것입니다.

24. Image View와 Button 만들기

이번 장에서는 Image View를 만드는 것과 버튼을 만드는 것을 통해서 안드로이드 어플리케이션의 일부 기능을 접해 보도록 하겠습니다. 우리가 모든 어플리케이션의 기능들을 다 살펴볼 것은 아니지만 아주 기본적인 것들은 다루려고 하고 있고, 이미지를 출력하는 것이나 버튼과 관련한 것은 매우 기초적인 사항이라 꼭 다루어야 할 것입니다.

24.1. Image View 만들기

이번에는 화면에 그림을 띄워보는 것을 해보도록 하겠습니다.

24.1.1. 프로젝트 생성 - Pjt_003

이미지를 다루는 프로젝트를 위해서 Pjt_003이라는 이름으로 새로운 프로젝트를 만듭니다.

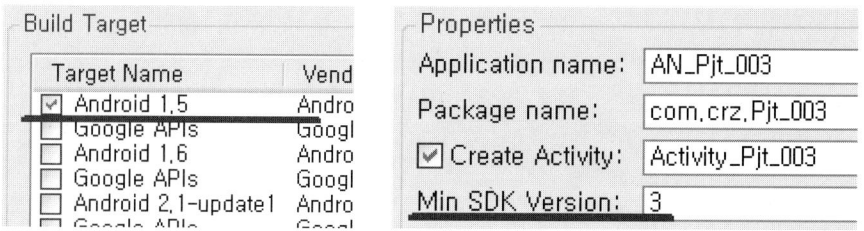

망고64와 망고100 모두에서 수행이 되도록 안드로이드 1.5를 타겟으로 지정했고, 최소 SDK 버전도 3으로 지정했습니다.

24.1.2. 활용할 이미지 복사

C:\android-sdk_r06-windows\samples\android-7\ApiDemos\res\drawable 부분에는 많은 이미지 파일이 있습니다. 이중에서 몇몇 파일을 가져다가 시험을 수행해 보도록 하겠습니다.
gallery_photo_1.jpg, sample_1.jpg 파일을 D:\Wk\Wk.Src\Eclipse.WorkSpace\Pjt_003\res\drawable 부분에 복사했습니다.

> Pjt_003의 경우는 Android 1.5를 빌드 타겟으로 지정해서 만들었습니다. 그러므로 res 폴더에는 그냥 drawable로 폴더가 만들어져 있습니다. Pjt_002\res에서와 같이 drawable-hdpi, drawable-ldpi, drawable-mdpi로 구분되어 있지 않다고 해서 당황하지 마시기 바랍니다.

복사한 gallery_photo_1.jpg, sample_1.jpg 파일들의 이름을 살짝 바꾸어 보았습니다. 각각

gallery_Photo_1.jpg, sample_1#.jpg으로 변경했습니다.

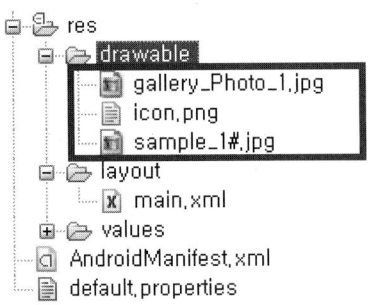

Pjt_003 프로젝트에서 res의 drawable 부분에서 F5를 눌러서 새로 고침을 수행하면 위 그림과 같이 추가한 2개의 파일이 나타나는 것을 확인할 수 있습니다.

[2010-08-16 17:45:02 - Pjt_003] res\drawable\gallery_Photo_1.jpg: Invalid file name: must contain only [a-z0-9_.]
[2010-08-16 17:45:02 - Pjt_003] res\drawable\sample_1#.jpg: Invalid file name: must contain only [a-z0-9_.]

그런데 위와 같은 에러 메시지가 발생합니다. 파일 이름이 잘못되었다는 에러입니다. 파일 이름에 사용할 수 있는 것은 **a부터 z까지, 0부터 9까지 그리고 under bar(_)와 점(.) 입니다.** 일단 #을 포함해서 대문자나 space 등도 사용이 불가능합니다.

필자가 일부러 위와 같은 에러를 유발한 것은 안드로이드에서 사용할 수 있는 파일 이름으로 사용되는 문자열에 대한 것을 공부하기 위함입니다. gallery_photo_1.jpg, sample_1.jpg으로 원래 이름으로 모두 변경하였습니다.

24.1.3. R.java 확인

```
public final class R {
    public static final class attr { }
    public static final class drawable {
        public static final int gallery_photo_1=0x7f020000;
        public static final int icon=0x7f020001;
        public static final int sample_1=0x7f020002;
    }
    public static final class layout {
        public static final int main=0x7f030000;
```

```
    }
    public static final class string {
        public static final int app_name=0x7f040001;
        public static final int hello=0x7f040000;
    }}
```

gallery_photo_1, sample_1이 R class의 drawable에 포함된 것이 보입니다. 이미지를 복사한 것만으로 R.java 파일이 자동으로 생성되는 것입니다.

24.1.4. 이미지 출력 코드 추가 – Programmatic UI layout

이미지를 출력하기 위한 코드를 추가합니다.

```
import android.os.Bundle;
import android.widget.ImageView;
public class Activity_Pjt_003 extends Activity {
    /** Called when the activity is first created. */
    @Override
    public void onCreate(Bundle savedInstanceState) {
        super.onCreate(savedInstanceState);
        ImageView iv = new ImageView(this);
        setContentView(R.layout.main);
    }}
```

ImageView 인스턴스를 만들고, 이에 대한 android.widget.ImageView 부분도 import해서 넣어주었습니다. 이전에 TextView로 작업하던 것과 근본적으로는 같은 내용이어서 어렵지 않게 하실 수 있을 것입니다.

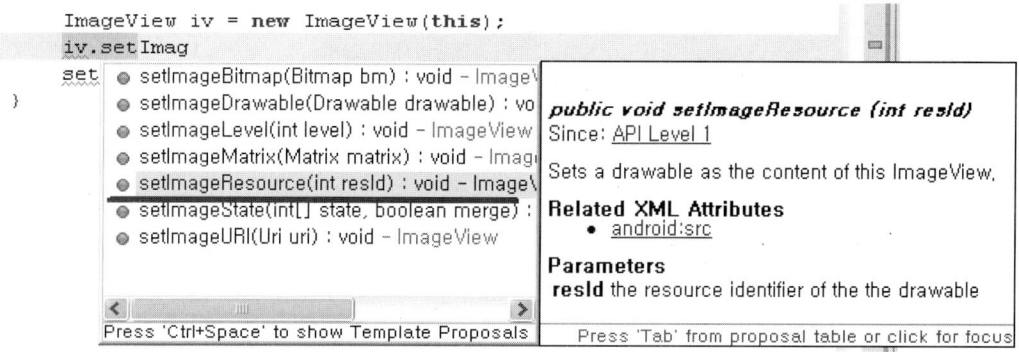

우리가 사용할 것은 위에서 추가했던 ImageView 인스턴스에서 setImageResource 함수를 호출할 것입니다. 타이핑을 수행하면서 바로 내부의 멤버 함수들이 나타나고 있음을 알 수 있습니다.

```
ImageView iv = new ImageView(this);
iv.setImageResource(R.drawable.);
setContentView(R.layout.main);
```

- gallery_photo_1 : int - R.drawable
- icon : int - R.drawable
- sample_1 : int - R.drawable
- class : Class<com.crz.Pjt_003.R.drawable>
- this

실제로 위 코드에서처럼 R.drawable.까지 입력하면 바로 어떤 것을 사용할 수 있는지 오른쪽에 그 내용이 나타나고 있습니다. 이들 내용 중에서 적절한 이미지를 선택하면 됩니다. 위 작업까지 수행한 다고 화면에 그림이 나타나는 것은 아닙니다. setContentView를 iv에 연결해 주어야 합니다.

```java
public void onCreate(Bundle savedInstanceState) {
    super.onCreate(savedInstanceState);
    ImageView iv = new ImageView(this);
    iv.setImageResource(R.drawable.sample_1);
    //setContentView(R.layout.main);
    setContentView(iv);
}
```

TextView 때와 마찬가지로 R.layout.main을 이용해서 setContentView를 호출하던 것을 iv를 이용하도록 변경합니다.

sample_1.jpg를 선택했을 때 나타난 화면의 모습이 위의 그림입니다.

gallery_photo_1.jpg를 선택했을 때 나타난 화면의 모습입니다. 원래의 작은 이미지가 화면 크기에 맞게 확대되어 매우 흐릿하게 나타나고 있습니다.

24.1.5. 이미지 출력 코드 추가 – XML-based layout

그럼 위와 같이 코드 상에서 선택하도록 하는 것이 아니라 XML 파일을 변경해서 동작시켜 보도록 하겠습니다.

```java
public void onCreate(Bundle savedInstanceState) {
    super.onCreate(savedInstanceState);
    //ImageView iv = new ImageView(this);
    //iv.setImageResource(R.drawable.sample_1);
    //iv.setImageResource(R.drawable.gallery_photo_1);
    setContentView(R.layout.main);
    //setContentView(iv);
```

}

위에서 사용했던 코드들은 주석으로 지우고 원복을 했습니다.

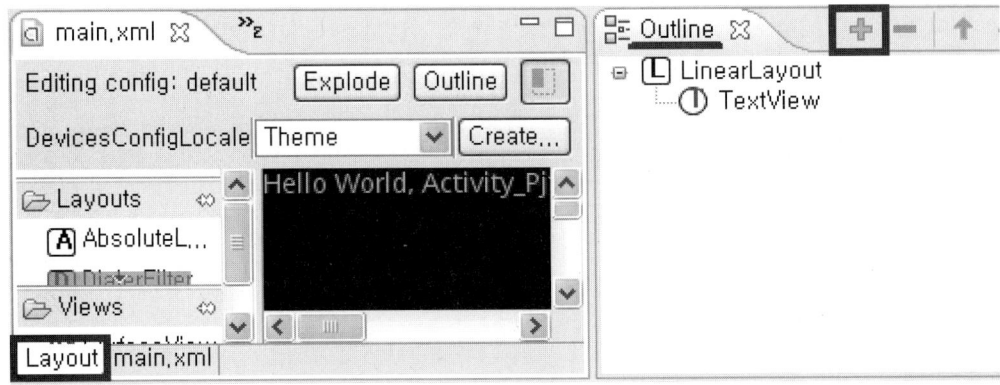

main.xml 파일을 열어서 xml 코드를 띄우지 말고, layout 탭을 선택하도록 합니다. Outline 부분에서 LinearLayout에서 오른쪽 버튼을 눌러서 Add를 선택하거나, 위에 존재하는 녹색의 플러스 표시는 선택해도 됩니다.

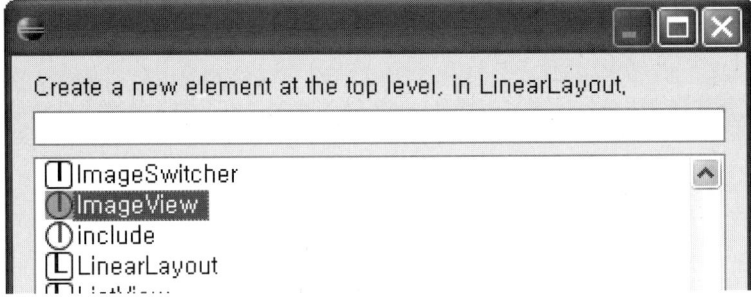

ImageView를 선택하고 OK를 누릅니다.

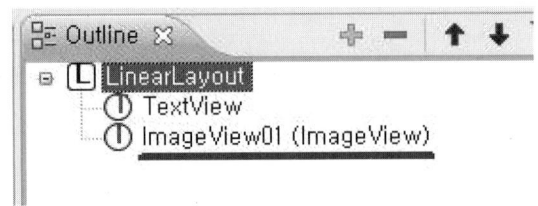

ImageView01이라는 이름으로 하나가 추가된 것이 보입니다.

```
<ImageView android:id="@+id/ImageView01" android:layout_width="wrap_content"
android:layout_height="wrap_content"></ImageView>
```

코드를 보면 위 내용이 자동으로 추가가 되어 있습니다. 여기에는 아직 그림을 추가하는 부분이 없습니다. 그것을 해보도록 하겠습니다.

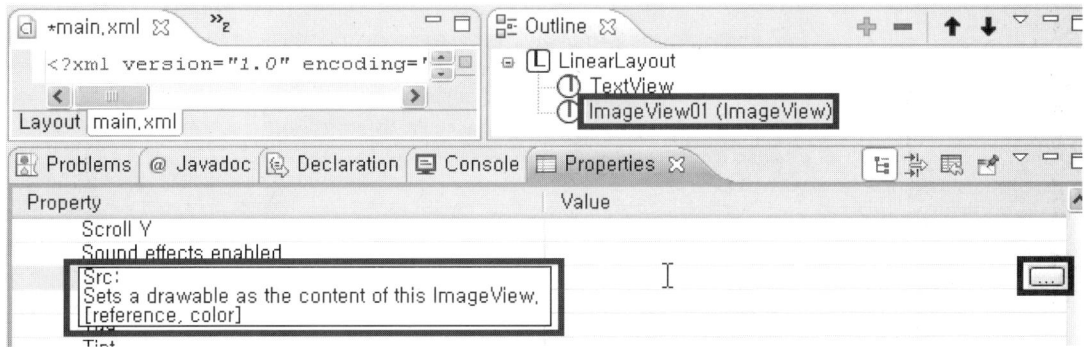

ImageView01 부분을 클릭해서 아래 부분을 보면 Properties를 지정하는 부분이 있습니다. 정말 많은 내용을 설정할 수 있습니다. 일단은 그림만 연결해 보도록 합니다. Src 부분의 Value 부분을 클릭하면 오른쪽에 버튼이 하나 나옵니다. 이 버튼을 클릭합니다.

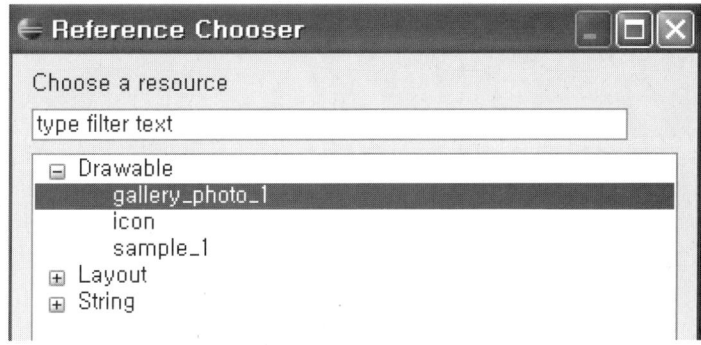

Drawable에서 먼저 gallery_photo_1을 선택하고 OK를 누릅니다. 먼저 보드에서 수행하기 전에 Layout 상에서 어떻게 나타나는 지를 보도록 하겠습니다.

이제 layout 탭을 가서 보면 gallery_photo_1.jpg 그림이 나타나 있는 것을 확인할 수 있습니다. 이번에는 똑같은 과정으로 ImageView02를 추가하고, Src에서 sample_1을 선택합니다.

위와 같이 그림이 나타나는 것을 볼 수 있습니다. 그림이 다 표시되는 것이 아니라 아래 부분이 약간 잘려서 표시되는 것을 확인할 수 있습니다.

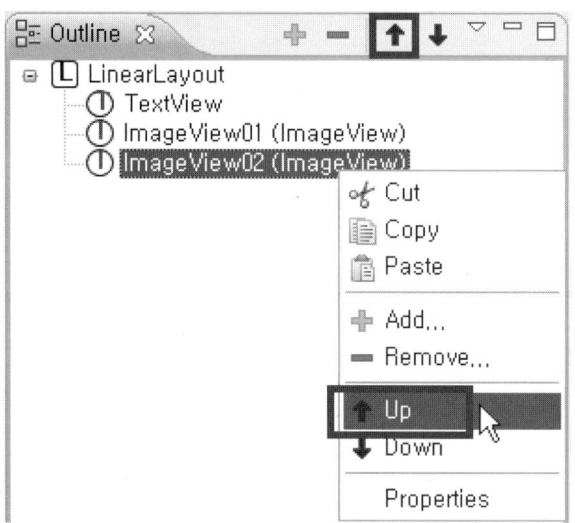

보면 재미있는 기능이 존재하고 있습니다. ImageView02 부분에서 마우스 오른쪽 버튼을 눌러 Up을 선택하거나, 위의 툴바 부분에서 위쪽 화살표 버튼을 눌러보도록 하겠습니다.

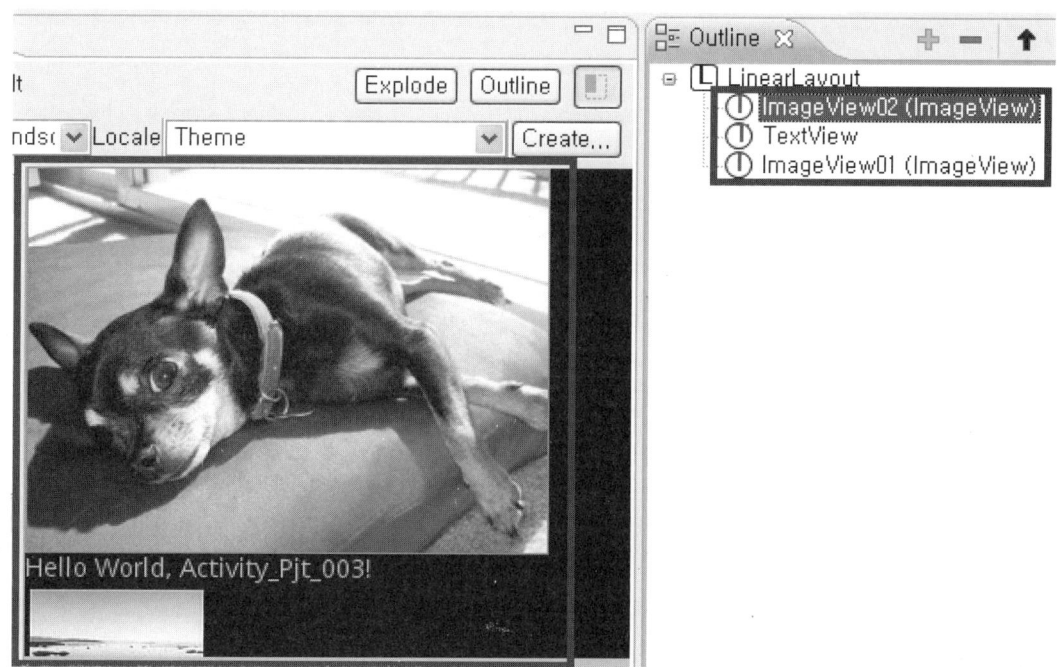

sample_1의 그림이 버튼을 누를 때마다 출력되는 위치가 변하고 있습니다. 위의 결과를 보드에 올려서 수행해보면 Layout에서 나타나는 것과 비슷하게 망고보드에서도 나타나는 것을 확인할 수 있습니다.

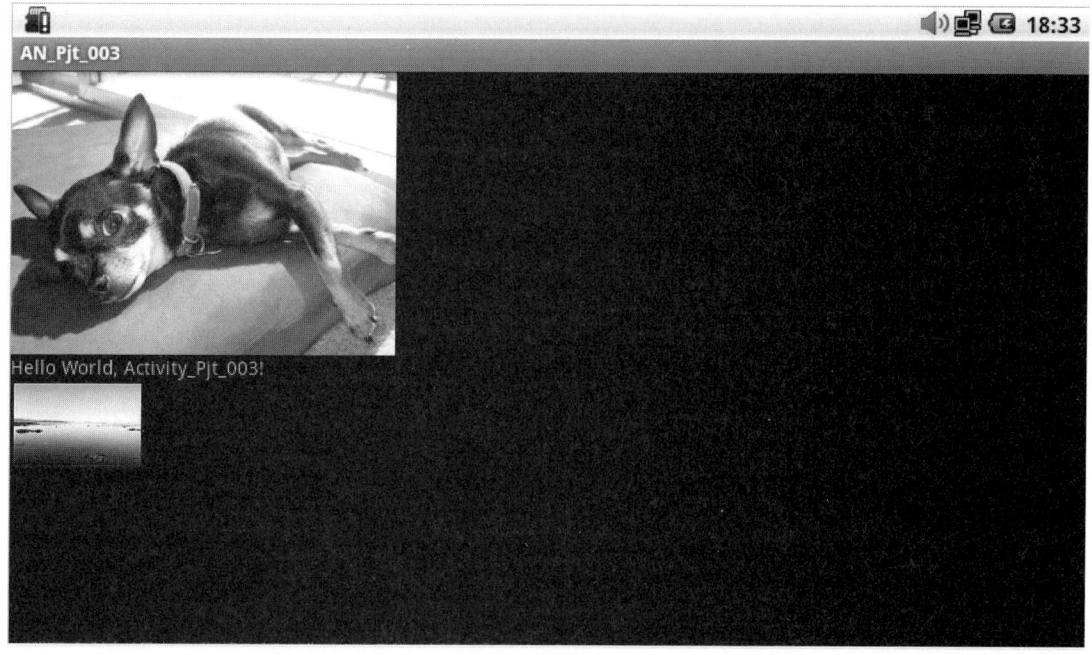

그런데 위 그림과 같이 망고 보드에서의 결과와 main.xml의 Layout에서 나타나는 결과는 조금 다릅

니다. 이유가 뭘까요? 결과가 비슷하기는 하지만 화면의 크기가 조금 다른 것으로 보입니다.

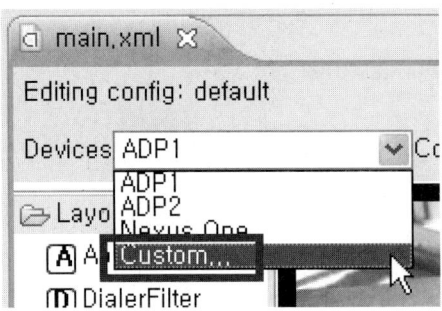

이를 알기 위해서 Devices 부분을 선택해서 Custom 부분을 보도록 합니다.

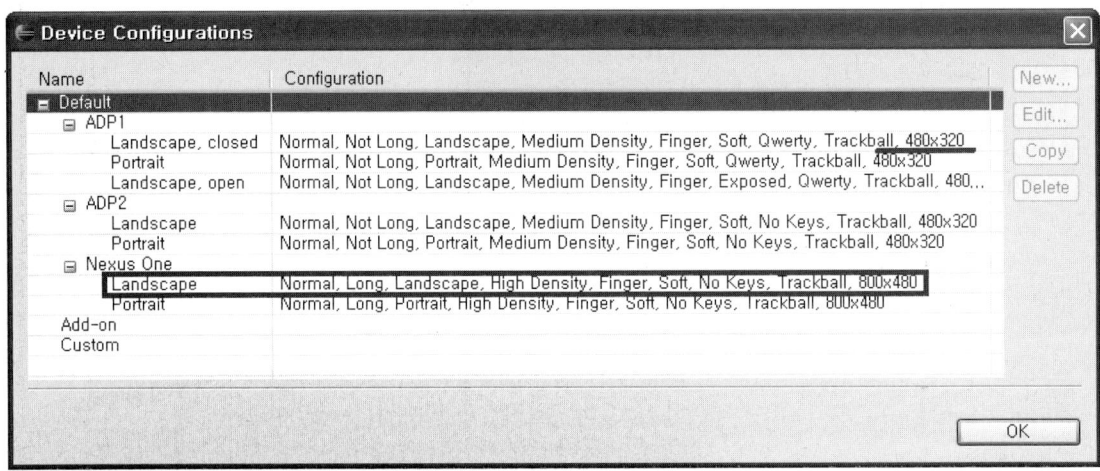

현재 설정된 디바이스가 어떤 화면을 가지고 있는 지를 확인할 수 있습니다. 디폴트로 되어 있는 ADP1, Landscape의 경우 480x320임을 알 수 있습니다. 그렇기 때문에 이 부분이 망고보드와 달랐던 것입니다. 기본적으로 들어있는 것 중에서 Nexus One, Landscape를 보니 800x480입니다. 이것은 망고보드와 정확하게 일치하고 있습니다. 이것을 선택할 경우 나타나는 그림이 망고보드에서 나타난 것과 동일한 것을 알 수 있습니다.

24.2. Button 만들기

이번에는 버튼을 한번 만들어 보도록 하겠습니다.

24.2.1. 프로젝트 생성 – Pjt_004

Button을 만드는 프로젝트를 위해서 Pjt_004라는 이름으로 새로운 프로젝트를 만듭니다.

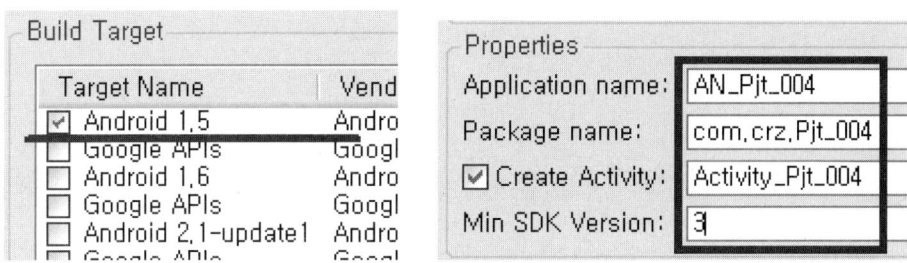

역시 망고64와 망고100 모두에서 수행이 되도록 안드로이드 1.5를 타겟으로 지정했고, 최소 SDK 버전도 3으로 지정했습니다.

24.2.2. Button 코드 추가 – Programmatic UI layout

코드를 아래와 같이 변경했습니다.

```
import android.widget.Button;

public class Activity_Pjt_004 extends Activity {
    /** Called when the activity is first created. */
    @Override
    public void onCreate(Bundle savedInstanceState) {
        super.onCreate(savedInstanceState);
        Button bt;
        bt = new Button(this);
        setContentView(bt);
        //setContentView(R.layout.main);
    }
}
```

Button을 하나 만들고, 이 버튼을 setContentView에 전달해 주었습니다. 당연히

android.widget.Button이 import 되도록 만들어야 합니다.

실행을 시키면 위 그림과 같이 어마어마하게 큰 버튼이 생겼습니다.

버튼을 누르면 별로 달라지는 것은 없고 색깔만 자동으로 변하는 것을 확인할 수 있습니다. 이제 다음은 XML을 이용해보는 것을 확인 하도록 하겠습니다.

24.2.3. Button 코드 추가 – XML-based layout

```
//import android.widget.Button;
public class Activity_Pjt_004 extends Activity {
    /** Called when the activity is first created. */
    @Override
    public void onCreate(Bundle savedInstanceState) {
        super.onCreate(savedInstanceState);
        //Button bt;
        //bt = new Button(this);
        //setContentView(bt);
        setContentView(R.layout.main);
    }
}
```

역시 기존에 추가했던 소스는 삭제했습니다.

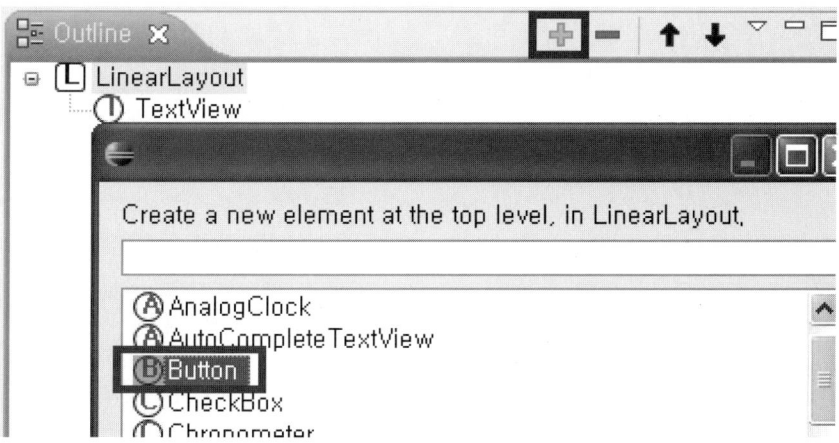

위와 같이 main.xml을 열어서 layout에 Button을 추가 합니다.

```
public final class R {
    public static final class attr {
    }
    public static final class drawable {
```

```
        public static final int icon=0x7f020000;
    }
    public static final class id {
        public static final int Button01=0x7f050000;
    }
… … … … … … …
}
```

기본적으로 Button을 추가하면 위와 같이 R.java에 Button01이 추가됩니다.

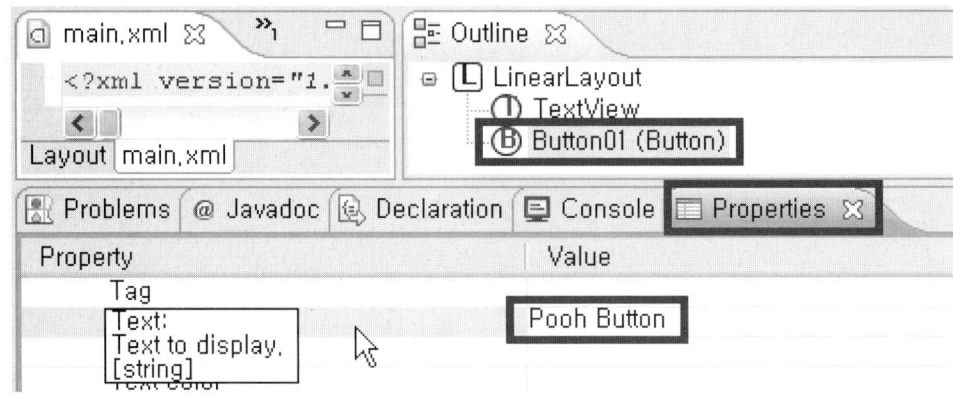

버튼에 표시되는 이름은 default로는 ID의 이름이 적히는데 이것을 바꾸겠습니다. Button01 부분에서 Properties를 선택해서 보면 Text에 원래는 위에서 생성된 버튼에 대한 @+id/Button01이 선택되어 있습니다. 이것을 Pooh Button이라는 이름으로 바꾸었습니다.

버튼의 크기는 상당히 작아졌습니다. 크기는 작아졌지만 역시나 눌렀을 때 색깔이 바뀌는 것은 동일합니다.

24.2.4. Button이 눌렸을 때의 동작 추가

이미지가 출력되는 것은 이미지의 출력으로 그 역할을 다 했다고 생각할 수 있지만 버튼의 경우는 버튼이 눌렸을 때 어떤 일을 하도록 설정을 할 수 있습니다. 이에 대한 것을 추가하도록 하겠습니다. 버튼이 눌렸을 때 뭔가를 하도록 만들어 보겠습니다.

음 버튼이 눌린 것을 어떻게 알 수 있을까요? 뭔가 버튼이 눌렸다는 것을 알아야 합니다. 버튼이 눌렸을 때 어떤 함수가 불리도록 설정하고, 그 함수 내에서 화면에 어떤 문자열을 출력하는 방식으로 구현을 할 것입니다.

먼저 구현한 내용이 동작하는 것을 보도록 하겠습니다.

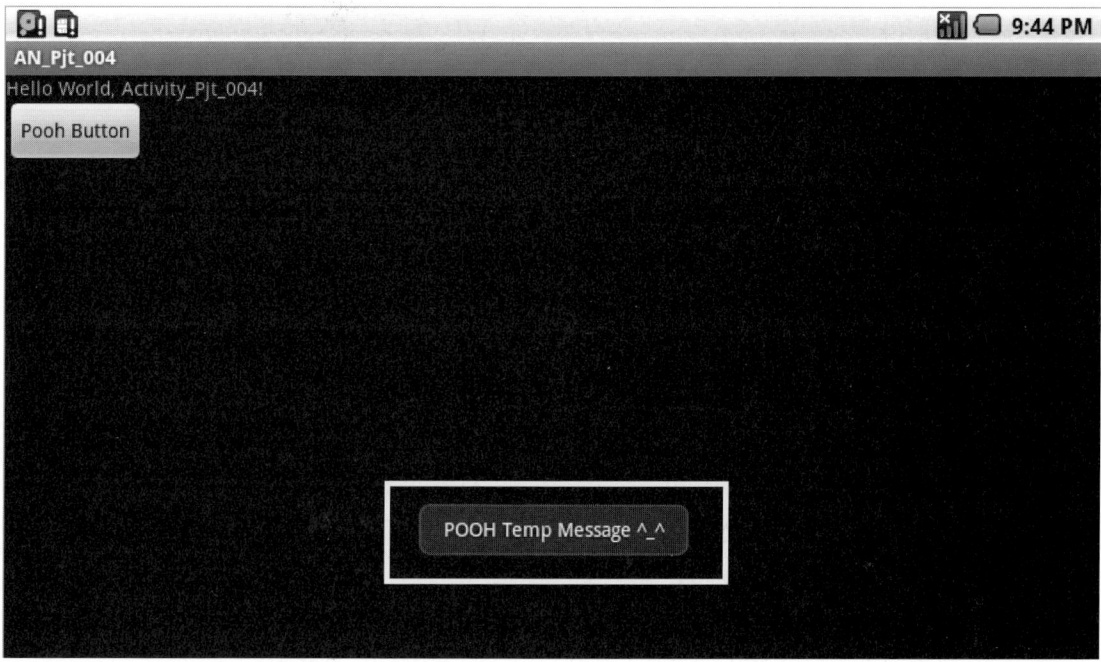

기존에 만들었던 Pooh Button을 누르면 화면에 "POOH Temp Message ^_^"가 잠시 동안 나타났다가 사라집니다.

바뀐 코드를 먼저 보고 이 내용을 살펴보도록 하겠습니다. 프로그램의 내용이 지금까지와는 달리 상당히 복잡해졌지만 내용이 그렇게 어렵지는 않습니다. 하나씩 살펴보겠습니다.

```
import android.view.View;
import android.widget.Button;
import android.widget.Toast;
```

위 세 부분이 반드시 import 되어 있어야 합니다. 클릭했을 때 처리될 View를 만들기 위해서 View

부분이 들어가야 하고 버튼에 대한 클릭했을 때의 처리를 등록하기 위한 함수를 호출하기 위해서 버튼 부분이 있어야 하고, 마지막으로 문자열을 화면에 출력하기 위해서 Toast 부분이 포함되어야 합니다.

```java
public class Activity_Pjt_004 extends Activity {
    /** Called when the activity is first created. */
    @Override
    public void onCreate(Bundle savedInstanceState) {
        super.onCreate(savedInstanceState);
        setContentView(R.layout.main);

        Button bt = (Button)findViewById(R.id.Button01);
        bt.setOnClickListener(new View.OnClickListener(){
         public void onClick(View v) {
                    // TODO Auto-generated method stub
                    showTempMsg("POOH Temp Message ^_^");
            }
        });
    }
    private void showTempMsg(String strData) {
        //Toast.LENGTH_LONG
        Toast tmpToast = Toast.makeText(this, strData, Toast.LENGTH_SHORT);
        tmpToast.show();
    }
}
```

주요한 내용은 onClick() 입니다. 부분 부분으로 나누어서 하나씩 살펴보도록 하겠습니다.

```
Button bt = (Button)findViewById(R.id.Button01);
```

버튼을 만들면서 이미 main.xml에서 정의했던 그 버튼 ID를 가져옵니다. findViewById는 정수 값인 ID를 주어서 View를 찾아주는 함수입니다. onCreate(Bundle)에서 수행된 XML로부터 얻어진 id attribute로 정의된 View를 찾게 됩니다. 찾게 되면 그 View를 리턴하게 되고 찾지 못하면 Null을 리턴하게 됩니다.

```
bt.setOnClickListener(new View.OnClickListener(){
    public void onClick(View v) { showTempMsg("POOH Temp Message ^_^"); }});
```

버튼에서 setOnClickListener를 호출해주면 됩니다. 이름에서도 느껴지듯이 Click이 되는 상황을 감지하는 것을 설정하는 것입니다. 이 함수는 View가 클릭되었을 때 호출이 될 callback을 등록해주는 함수입니다. (만약 넘겨주는 View가 clickable하지 않으면, clickable로 변경되게 됩니다.) 이때 넘겨주는 데이터는 View.OnClickListener의 인스턴스입니다.

이전에 만들어 놓은 인스턴스가 없기 때문에 위 코드에서는 바로 new를 통해서 인스턴스를 만들어서 전달하고 있습니다. 재미있는 것이 파라미터로 전달하면서 바로 new를 통해서 인스턴스를 그 자리에서 만들어 전달하고 있습니다. 그러면서 그 안에서 바로 그 클래스의 멤버 함수인 onClick을 정의하고 있는 것입니다.

onClick 함수는 반드시 오버로딩이 되어서 다시 정의해 주어야 합니다. 이 함수의 내용이 바로 버튼이 클릭되었을 때 하는 일이 되는 것입니다. 우리는 showTempMsg라는 이름으로 하나의 함수를 만들었습니다.

```
private void showTempMsg(String strData) {
    Toast tmpToast = Toast.makeText(this, strData, Toast.LENGTH_SHORT);
    tmpToast.show();
}
```

이 함수는 전달된 문자열을 화면에 잠시 출력하는 기능을 가집니다.

android.widget.Toast는 사용자에게 작은 메시지를 출력해주는 기능을 가집니다. 사실 위에서 showTempMsg로 만든 함수 정도의 일이 전부라고 해도 과언은 아닙니다. UI focus를 가지지도 않고 매우 단순한 일을 수행하는 것입니다.

위에서 makeText 부분에서 LENGTH_LONG으로 설정하면 길게, LENGTH_SHORT으로 설정하면 짧은 시간 동안 화면에 나타나는 것입니다. 그리고 나서 show를 부르면 화면에 출력이 됩니다.

25. Activity Creation & Execute

이번에는 Activity를 하나 만들고 그것을 실행해 보는 것을 해보도록 하겠습니다.

25.1. Activity 생성 – Class 추가

Pjt_005를 만듭니다. 프로젝트를 만드는 부분과 관련해서 이전과 동일합니다.

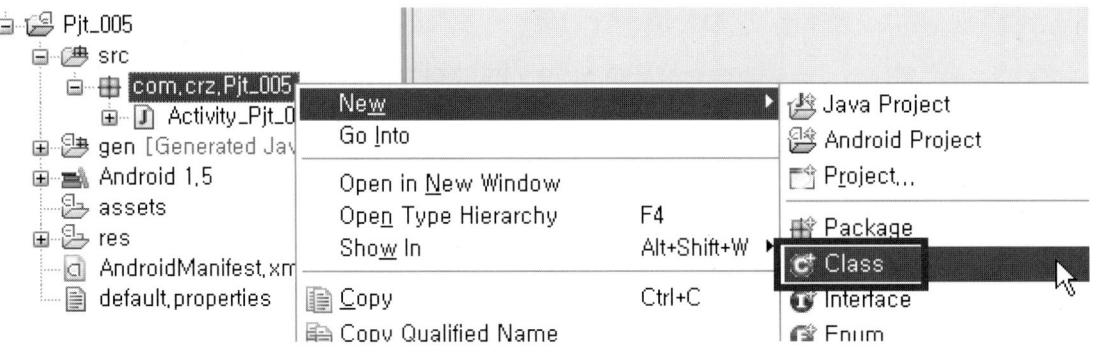

그림과 같이 src > com.crz.Pjt_005 부분에서 마우스 오른쪽 버튼을 눌러서 New > Class를 선택합니다.

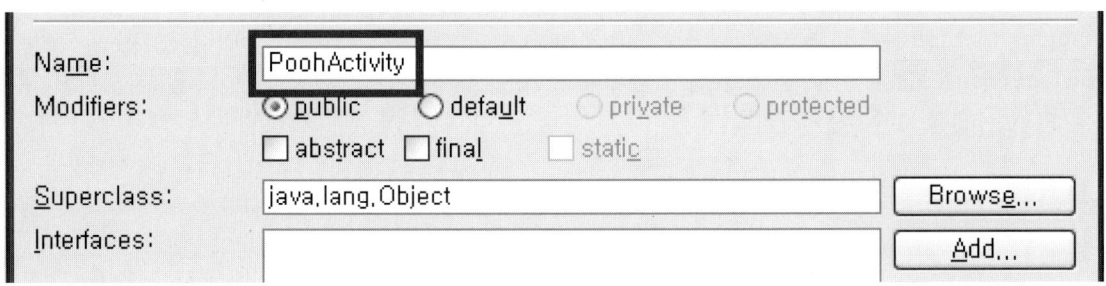

일단 Name 부분만 PoohActivity로 기록하고 Superclass 부분을 비롯해서 기본적으로 들어있는 내용을 바꾸지 않았습니다. 이 상태로 Finish를 눌러 보았습니다.

PoohActivity.java 파일이 생겨 있습니다. 내용을 보면 아래와 같습니다.

```
package com.crz.Pjt_005;
public class PoohActivity {

}
```

25.2. Class 변경 – Super Class 추가

Activity_Pjt_005 class와 비교해보았을 때 다른 점은 상위 클래스에 대한 것이 없다는 것입니다.

```
public class Activity_Pjt_005 extends Activity {
```

위와 같이 Activity_Pjt_005 class는 Activity 클래스에서 상속을 받고 있습니다. 우리가 새로 만들 클래스 역시 Activity 클래스에서 상속을 받도록 변경해야 합니다. 이를 추가하는 작업을 해보도록 하겠습니다. 물론 직접 코드를 복사해서 붙여 넣기를 해도 되겠지만 메뉴를 이용해서 하는 방법을 소개하도록 하겠습니다.

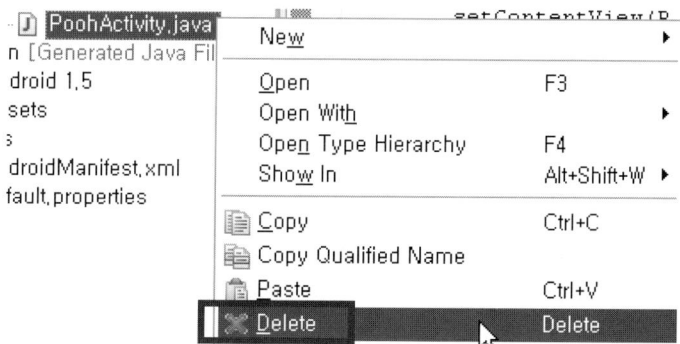

위에서 만들었던 PoohActivity.java 파일을 삭제했습니다.

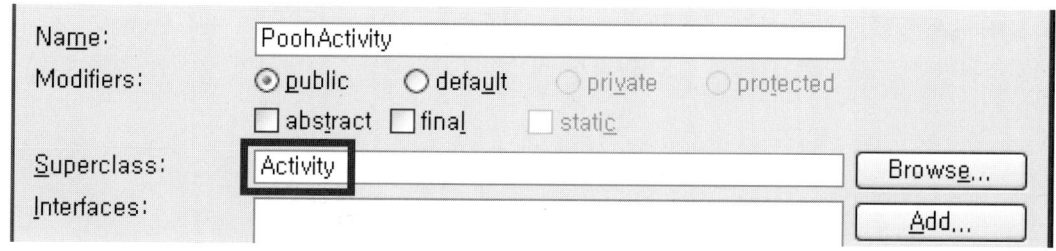

위와 같이 이제 다시 생성을 하면서 Superclass 부분에 Activity를 적어 넣었습니다. 이 상태에서 Finish를 눌러서 종료를 시켜 보겠습니다. 이제는 이전에 생성되었던 것과는 다른 결과를 얻었습니다. Activity라는 것을 import하고 그것에서 상속을 받도록 되어 있습니다.

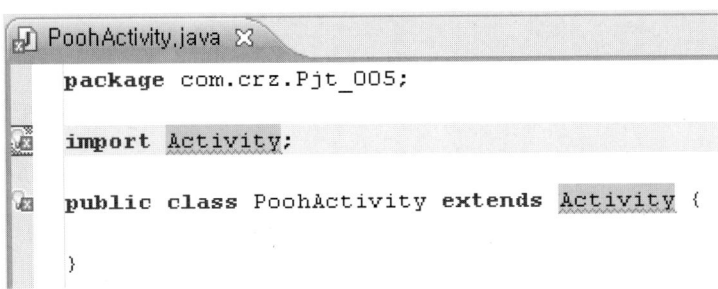

그런데 생성된 파일을 보면 조금은 마음에 안 드는 상황입니다. import 부분에 Activity로만 적혀 있어서 에러가 발생하고 있습니다.

`import android.app.Activity;`

Activity_Pjt_005.java에서 내용을 보면 위와 같이 Activity 클래스는 android.app.Activity로 되어 있어야 합니다.

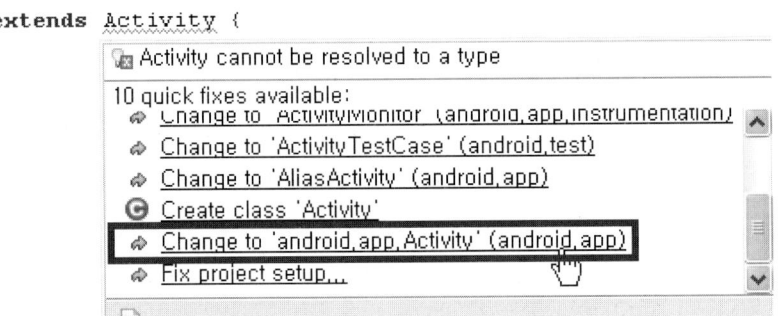

물론 우리는 Activity가 android.app.Activity 임을 알고 있기 때문에 직접 편집을 할 수도 있고, 위와 같이 빠르게 에러를 수정할 수 있는 10가지 방법 중에서 이를 선택해서 활용하는 방법도 있습니다.

위와 같이 수동으로 수정을 해도 되지만 생성하는 작업에서 자동으로 되도록 만드는 것이 보다 좋은 방법일 것입니다. 자동으로 수행이 되도록 다시 작업을 해보겠습니다. 이전에 생성한 것을 다시 지웁니다.

새로 생성하는 창에서 이번에는 Browse를 선택합니다.

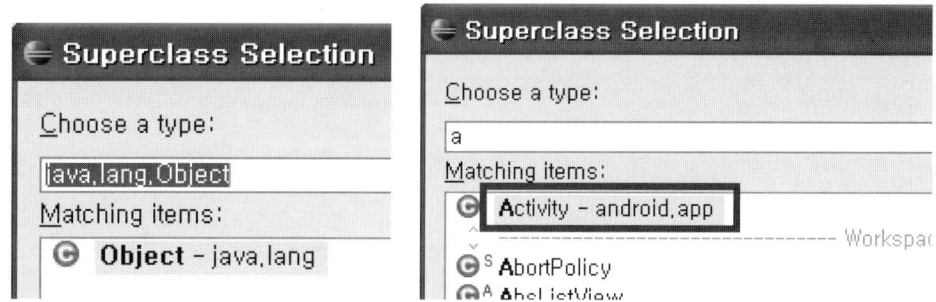

원래 디폴트로 java.lang.Object가 있었기 때문에 위 그림 중 왼쪽처럼 Object가 나타나는 것이고 여기에 a라고만 치면 a와 연관된 모든 것들이 나타납니다. 가장 위에 우리가 원하는 android.app.Activity가 존재합니다. Activity - android.app를 선택합니다.

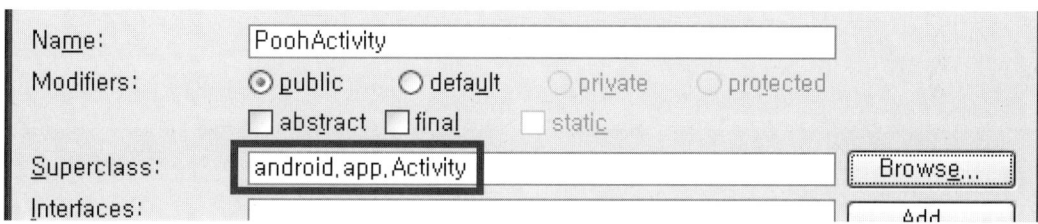

이렇게 했더니 android.app.Activity가 적히게 됩니다.

```
package com.crz.Pjt_005;
import android.app.Activity;
public class PoohActivity extends Activity {

}
```

이제는 아무런 에러 없이 정상적으로 위 코드가 생성 되었습니다.

25.3. Layout XML 파일 추가

화면의 레이아웃을 위해서 XML 파일을 만들어서 작업할 것입니다. 우리는 화면에 레이아웃을 만드는 방법에서 Programmatic UI layout과 XML-based layout에 대한 것을 배웠습니다. 가능한 모든 작업은 XML을 기반으로 한 레이아웃으로 작업하는 것이 좋습니다. 여기서는 그 예제로 기존에 있던 main.xml외에 새로운 XML 파일을 만들어서 작업하도록 하겠습니다.

layout 폴더에서 마우스 오른쪽 버튼을 눌러서 New를 선택하고, Android XML File을 선택해서 추가하도록 합니다.

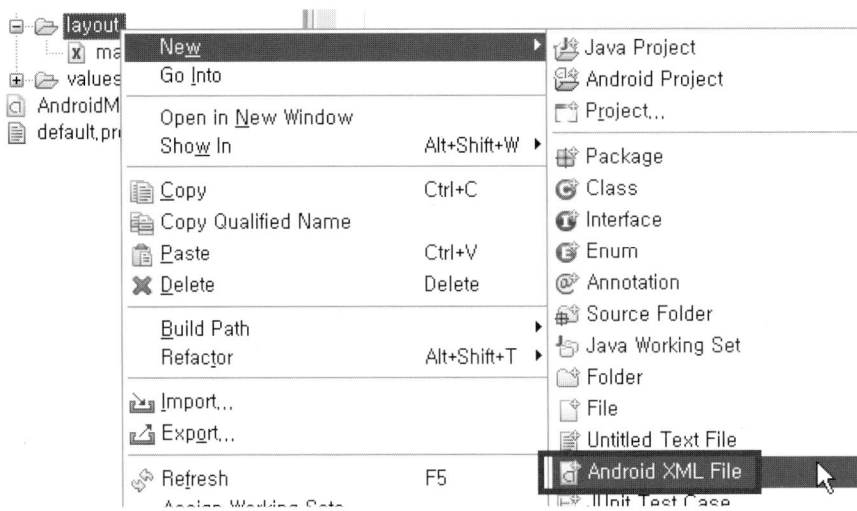

layout에서 새로운 XML 파일을 만들도록 합니다.

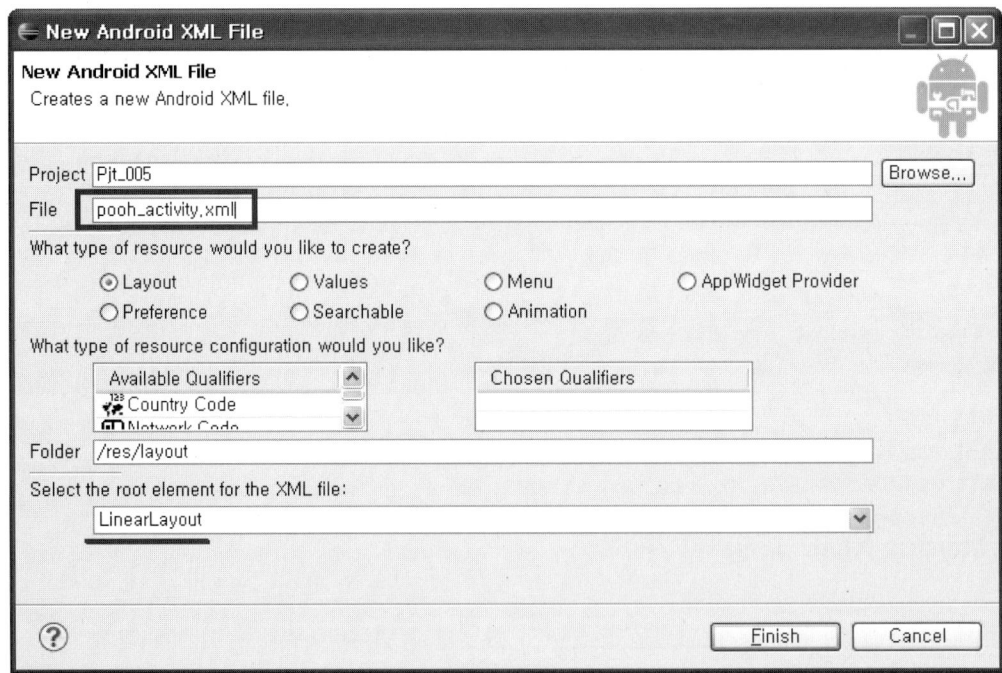

pooh_activity.xml로 이름을 지었고, 기본적으로 되어있는 LinearLayout은 그대로 두었습니다. (이름을 PoohActivity.xml 등으로 만들면 안됩니다. 기본적으로 이름으로 지원되는 문자는 소문자와 숫자와 Under Bar(_)만 사용해야 합니다.)

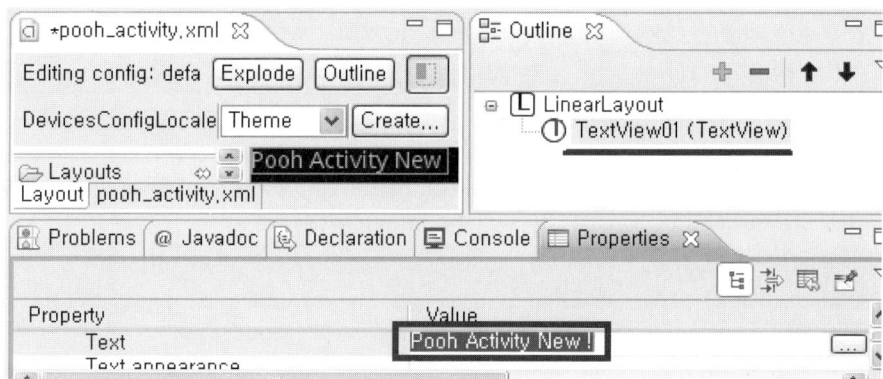

이전에 공부했던 방법으로 TextView를 하나 추가하였고, 그곳에 문자열로 "Pooh Activity New !"를 넣었습니다.

```
<?xml version="1.0" encoding="utf-8"?>
<LinearLayout
    xmlns:android="http://schemas.android.com/apk/res/android"
    android:layout_width="wrap_content"
    android:layout_height="wrap_content">
<TextView android:id="@+id/TextView01" android:layout_width="wrap_content"
android:layout_height="wrap_content" android:text="Pooh Activity New !"></TextView>
</LinearLayout>
```

25.4. AndroidManifest.xml 파일 수정

25.4.1. Activity 생성

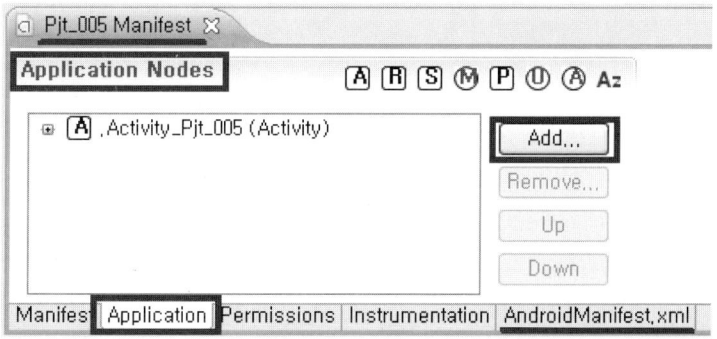

이제 AndroidManifest.xml 파일을 수정해야 합니다.

AndroidManifest.xml 파일은 이름에 대문자가 들어 있습니다. res 폴더에 들어 있는 파일들에만 소문자로 이름을 써야 하는 규칙이 있는 것으로 생각됩니다.

AndroidManifest.xml 파일을 열어서 Application 탭을 열어보면 Application Nodes라는 부분이 있습니다. 여기서 Add를 선택합니다.

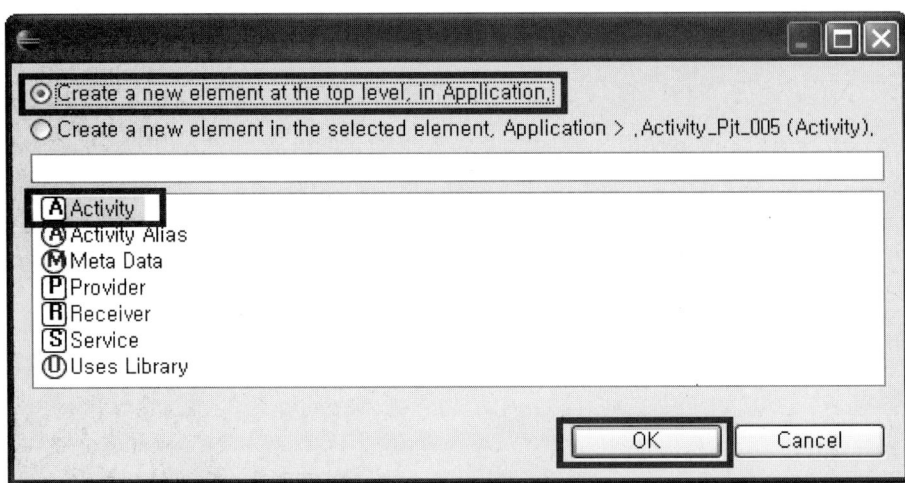

새로운 요소를 Top level에 추가하는 것입니다. 기존에 존재하는 Activity_Pjt_005에 추가하는 것이 아닙니다. "Create a new element at the top level, in Application"을 선택하고, Activity를 선택하고 OK를 누릅니다.

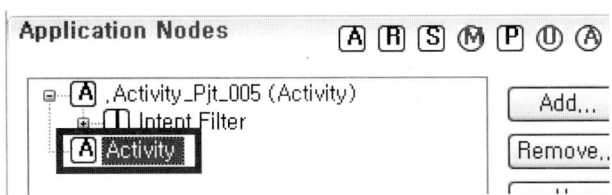

Application Nodes에 Activity란 이름으로 아이템이 하나 생겨있을 것입니다.

이것을 우리가 만든 PoohActivity에 연결해 주어야 합니다. 이를 위해서 Attributes for Activity 부분에서 Name 부분의 Browse를 선택합니다.

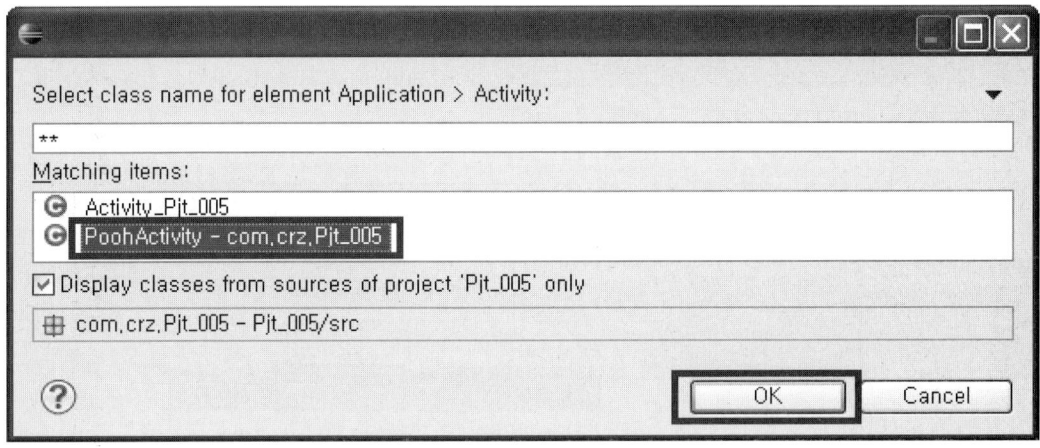

위와 같이 PoohActivity가 자동으로 보이게 되고 이를 선택하면 됩니다.

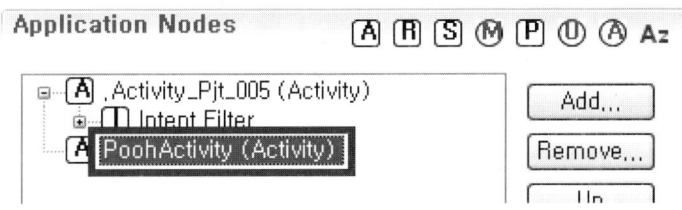

이제 Application Nodes 부분에서 Activity로 만들어졌던 부분을 살짝 건드리면, 위 그림과 같이 PoohActivity로 변하는 모습을 볼 수 있습니다.

```
<activity android:name="PoohActivity"></activity>
```

XML 파일을 살펴보면 위의 단 한 줄이 추가되어 있는 것을 알수 있습니다.

```
<activity android:name=".Activity_Pjt_005"
              android:label="@string/app_name">
    <intent-filter>
        <action android:name="android.intent.action.MAIN" />
        <category android:name="android.intent.category.LAUNCHER" />
    </intent-filter>
</activity>
```

Activity_Pjt_005와 비교해 보면 여러 가지를 더 추가해야 한다는 것을 예상하실 수 있을 것입니다.

25.4.2. Label 생성

일단 label을 만들어 보겠습니다. label은 우리가 화면에 창을 띄울 때 Title에 표시되는 문자열이 되겠습니다. 물론 XML 부분을 직접 편집해도 되지만 strings.xml을 변경하고, 그 부분에서 값을 참조하는 방식으로 수행해 보겠습니다.

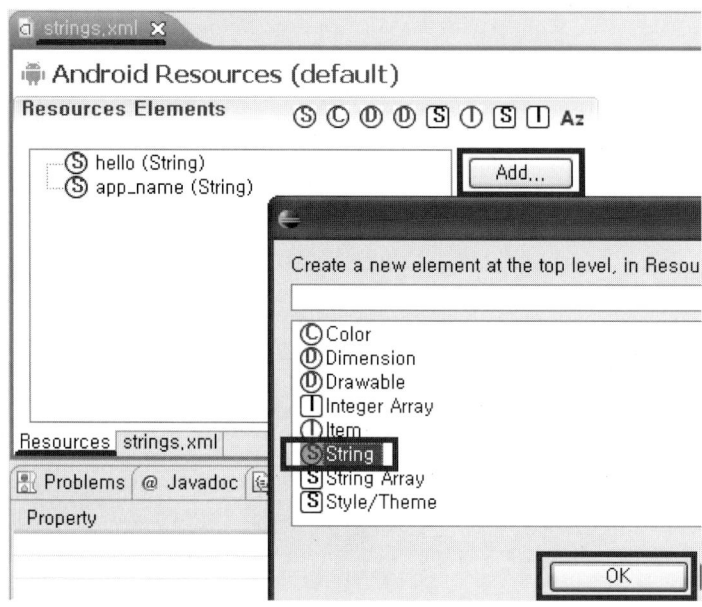

strings.xml을 열어서 Resources 탭을 선택하고, Add 버튼을 눌러서 추가할 항목 중에서 String을 선택하고 OK를 누릅니다.

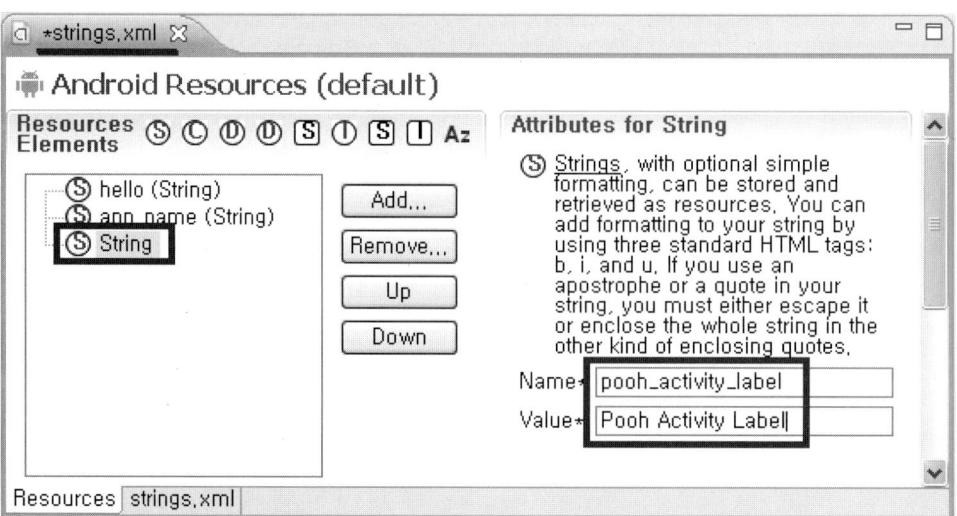

Attributes for String 부분에 적절한 이름과 문자열을 적어 넣습니다. 역시 이 부분에서 Name 부분은 안드로이드의 이름 규칙을 따라야 합니다. 소문자와 Under Bar를 이용해서 이름을 만들었습니다. Value 부분은 화면에 출력되는 부분이고 자유롭게 값을 넣어주면 됩니다.

이제 다시 AndroidManifest.xml 파일로 돌아가서, Application 탭에서, "Attributes for PoohActivity" 중에서 Label 부분의 Browse를 선택해서 지금 만든 pooh_activity_label을 선택합니다. (이것이 보이지 않는 경우가 있을 수 있는데 그것은 strings.xml 부분이 미처 저장되지 않았기 때문일 수 있습니다. strings.xml에 가서 저장을 하면 보이게 됩니다.)

위와 같이 @string/pooh_activity_label이 선택되어 있는 것을 확인할 수 있습니다.

25.5. onCreate method 생성

이제는 onCreate method를 override해서 지정할 수 있도록 해야 할 것입니다. onCreate method를 만들어서 붙여보도록 하겠습니다.

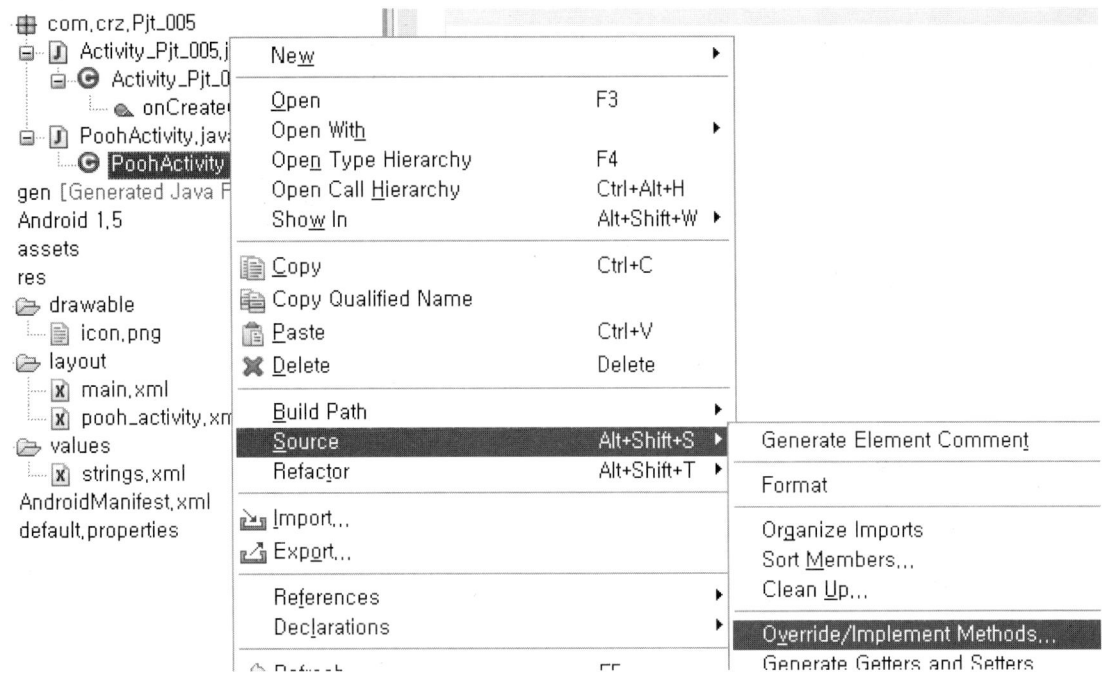

PoohActivity를 선택해서 오른쪽 마우스 버튼을 눌러서 Source > Override/Implement Methods를 선택합니다.

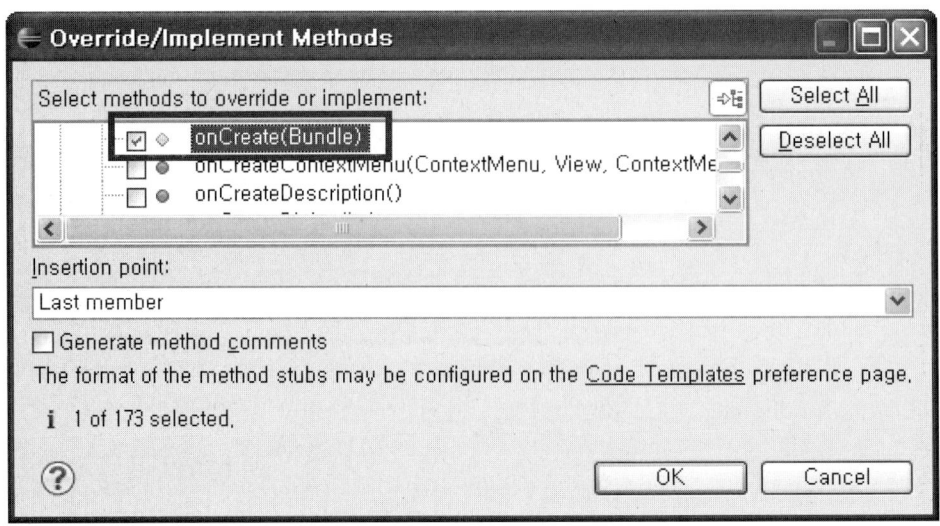

onCreate(Bundle)을 찾아서 선택합니다.

```
public class PoohActivity extends Activity {
    @Override
    protected void onCreate(Bundle savedInstanceState) {
        // TODO Auto-generated method stub
        super.onCreate(savedInstanceState);
        setContentView(R.layout.
    }
}
```
　　　　　　　　　　　　　　　　o⁵ main : int - R.layout
　　　　　　　　　　　　　　　　o⁵ pooh_activity : int - R.layout
　　　　　　　　　　　　　　　　o⁵ class : Class<com.crz.Pjt_005.R.layout>
　　　　　　　　　　　　　　　　　 this

protected void onCreate(Bundle savedInstanceState) 부분이 자동으로 만들어지게 되고 여기에 setContentView(R.layout.을 추가해서 pooh_activity를 선택합니다.

25.6. Intent Filter 추가 및 Activity 실행

이제 구현은 거의 끝났습니다. 먼저 실행을 한번 해보도록 하겠습니다.

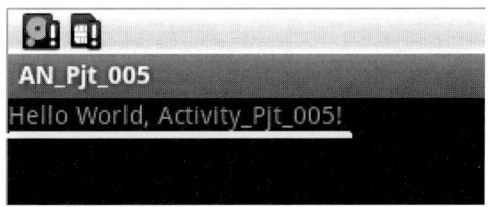

실행된 결과를 보면 main.xml 부분에 출력해 주는 hello 문자열만 출력이 되고 있습니다. pooh_activity.xml에서 출력해 주었던 pooh_activity_label 문자열은 출력이 되지 않고 있습니다. 이는 현재의 실행에 대한 설정이 Activity_Pjt_005 Activity가 수행되도록 되어 있기 때문입니다. 이 수행 부분을 PoohActivity가 수행되도록 변경해 주어야 합니다. 이 부분을 수행해 보도록 하겠습니다.

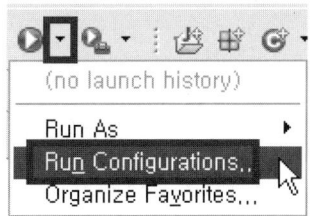

Run Configurations를 실행합니다. 여기에서 어떤 Activity를 수행할 것인가를 결정해 주어야 하는 것

입니다.

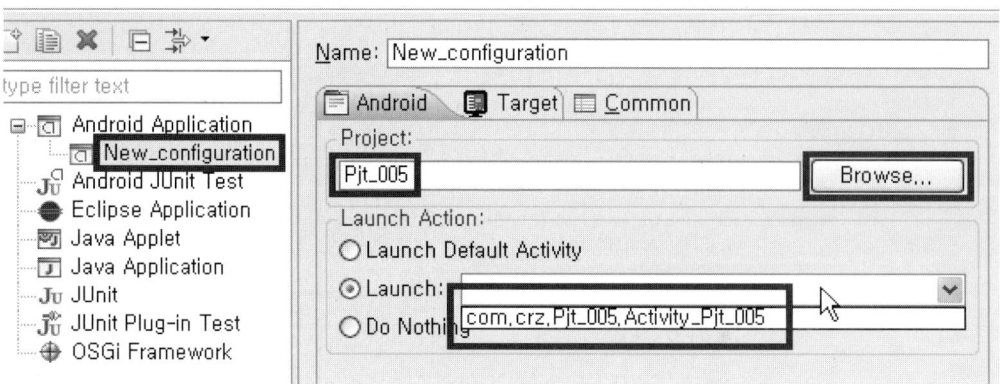

New_configuration을 만든 이후에 Browse를 클릭해서 Pjt_005를 선택합니다. 그리고 Launch 부분에서 우리가 만든 Activity를 선택해야 합니다. 그런데 Activity_Pjt_005 Activity만 보일 뿐 우리가 만든 Activity는 보이지를 않습니다. 어디로 간 것일까요? 이유는 Intent Filter에 있습니다. 우리는 아직 새로 만든 Activity에 Intent Filter를 포함하지 않았고 이로 인해서 아무 할 일이 없으니까 아예 실행조차 되지 않는 것입니다.

AndroidManifest.xml 파일로 돌아가서 Application 탭에서 Application Nodes에서 PoohActivity를 선택해서 Add를 클릭합니다.

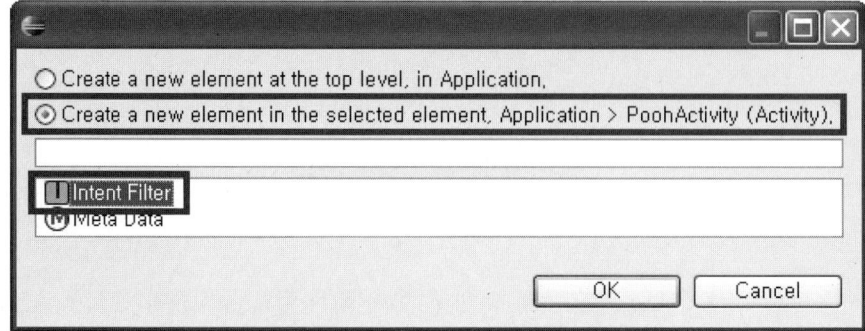

기존 element에 새로운 element를 추가하는 부분을 클릭하고, Intent Filter를 선택합니다.

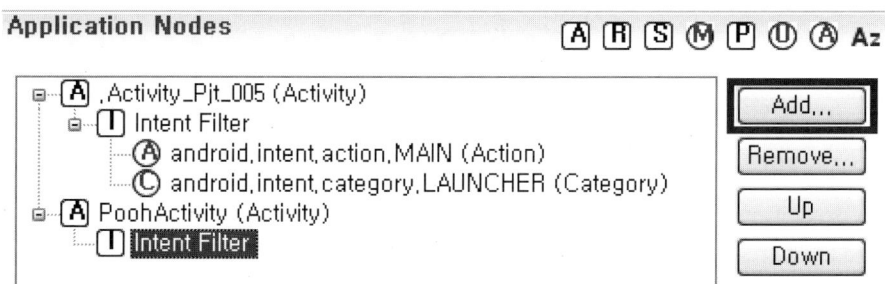

이번에는 방금 생긴 Intent Filter 부분을 선택하고 Add를 누릅니다.

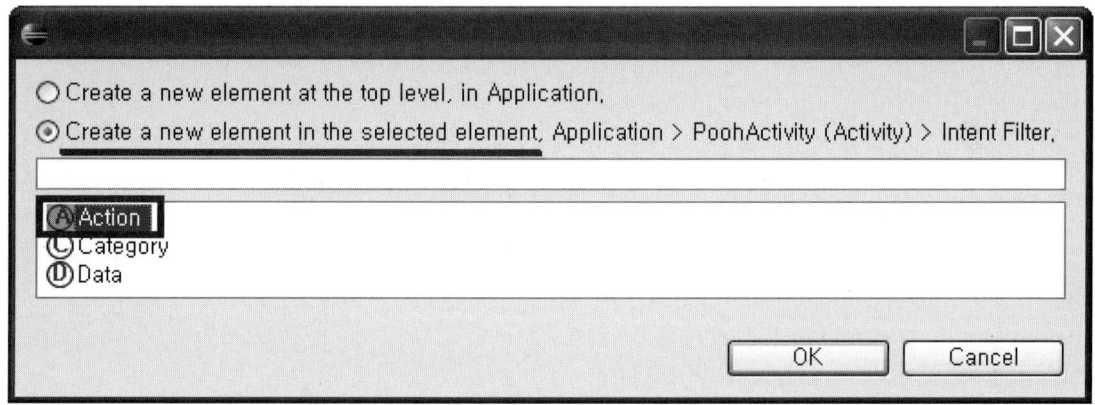

이번에는 Action을 선택합니다.

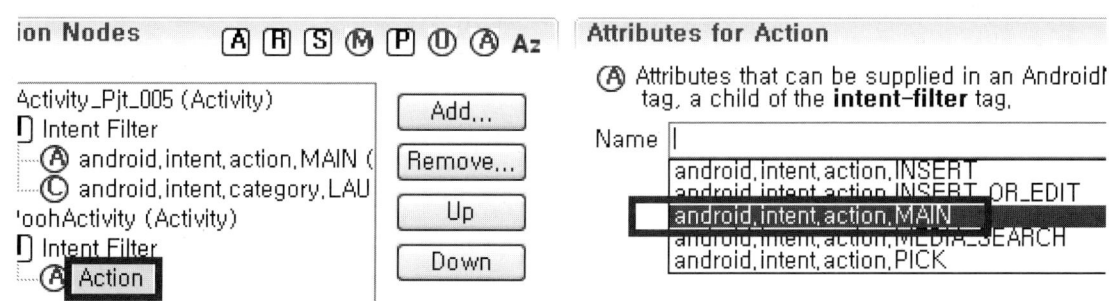

Intent Filter에 새로 생긴 Action 부분을 선택한 이후에, 오른쪽의 Attributes에서
android.intent.action.MAIN을 선택합니다.

Intent라는 말은 영어의 원 뜻으로는 어떤 '의도'라고 번역할 수 있을 것입니다. 간단하게 생각하자면 어떤 메시지의 전달로 생각하면 쉬울 것입니다. Intent Filter는 필터라는 말에서도 느낄 수 있는 것처럼 걸러주는 것이고, 해당하는 내용을 적어준다고 생각하면 됩니다. Intent Object가 처리되는 Component에는 Intent Filter가 존재하고 이것을 비교해서 어떤 것들이 처리되는 지를 알려주는 것입니다.

AndroidManifest.xml 파일을 저장한 이후에 다시 Run Configurations를 실행합니다. 그리고 New_configuration를 선택합니다.

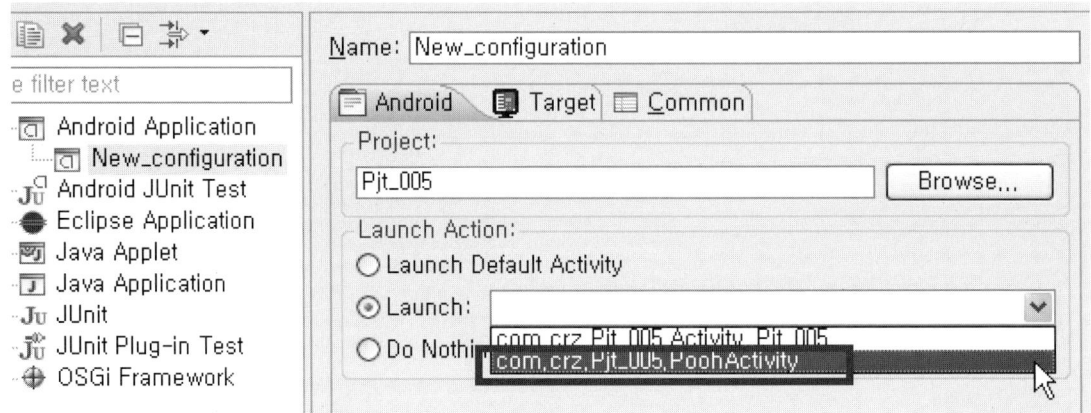

이제는 com.crz.Pjt_005.PoohActivity가 나타나는 것을 발견할 수 있습니다.

이제 이것을 망고 보드에서 실행해 보겠습니다.

Pooh Activity Label이란 Title로 내부에는 우리가 지정한 Pooh Activity New !가 선명하게 찍혀있는 모습을 볼 수 있습니다.

26. Debugging Throw Error & Log

이번 장은 어플리케이션과 관련한 마지막 장입니다. 사실 해야 할 내용은 너무나도 많지만 모든 내용을 다룰 수는 없기 때문에 마지막으로 Error와 Log에 대한 것을 다루고 마치도록 하겠습니다.

26.1. Open Perspective – DDMS, Debug

먼저 Window 메뉴에서 "Close All Perspectives"를 수행합니다.

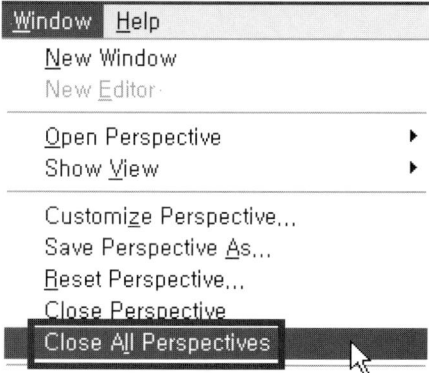

위와 같이 Close All Perspective를 수행하면 지금 실행되고 있는 모든 Perspective들을 닫을 수 있습니다.

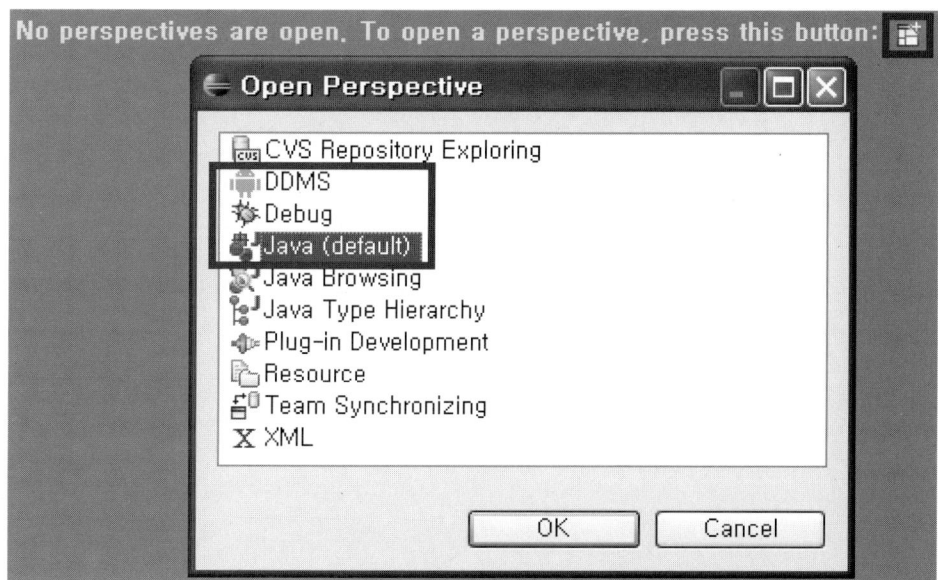

아무런 Perspective가 수행되지 않고 있다는 메시지가 나오면서 오른쪽의 버튼을 클릭하면 어떤 것을 수행할 지가 나타납니다. Java 관련 부분이 디폴트이고 이것은 늘 실행되던 것입니다. 여기서 살펴볼 것은 DDMS와 Debug인 것입니다.

> Perspective라는 것은 작업 및 디버깅을 위해서 여러 가지를 모아놓은 것을 말합니다. DDMS perspective의 경우는 프로그램을 수행시킬 디바이스의 각종 상태를 감시할 수 있는 기능들을 모아놓은 것이고, Debug perspective는 break point를 설정하거나 Log를 보는 등의 디버깅을 위한 작업들을 수행할 수 있는 기능들이 모여 있습니다. Java perspective는 코드 작성이나 프로젝트에 대한 탐색 작업 등을 수행할 수 있는 기능들이 모여 있는 것입니다. 만약 Java perspective 마저 닫아 버리면 아무 것도 할 수 없게 될 것입니다. Java perspective는 default perspective입니다.

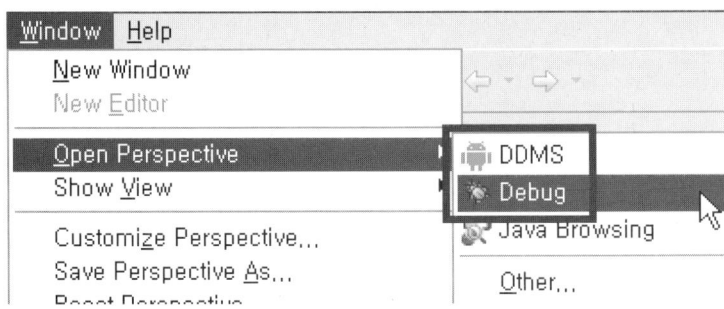

위 그림과 같이 Window 메뉴에서 Open Perspective를 선택해서 DDMS를 실행시키는 것에 대해서는 예전에 한번 다루었던 적이 있습니다. 여기서 Debug 메뉴를 수행할 수도 있습니다.

26.2. Throw Error 수행

이번에는 throw Error를 수행해 보고 간단한 디버깅을 해보도록 합니다.

26.2.1. 에러 생성 코드 작성

Pjt_006을 만들고, 아래와 같이 소스를 수정하도록 합니다.

```java
public class Activity_Pjt_006 extends Activity {
    /** Called when the activity is first created. */
    @Override
    public void onCreate(Bundle savedInstanceState) {
        super.onCreate(savedInstanceState);
        setContentView(R.layout.main);
        makeError();
```

```
    }
    public void makeError(){
        throw new Error("Error made by Pooh");
    }}
```

makeError()라는 새로운 함수를 만들었고, 이 함수를 onCreate에서 호출하도록 했습니다. 함수의 내용은 무척 단순합니다.

> java.lang.Error.Error(String detailMessage)
> public **Error (String detailMessage)**
> Since: API Level 1
> Constructs a **new Error with the current stack trace and the specified detail message.**
> Parameters: the detail message for this error.

Error라는 함수는 새로운 에러를 만들어주는 함수가 되겠습니다. 앞에 throw라는 키워드가 있는데 우리가 흔히 try catch문을 이용하는 경우에 catch에서 잡아내기 위해서 throw를 이용해서 에러를 전달하는 것입니다.

26.2.2. 에러 코드 수행

위 내용을 수행시켜보면 아래와 같은 그림이 뜨게 됩니다.

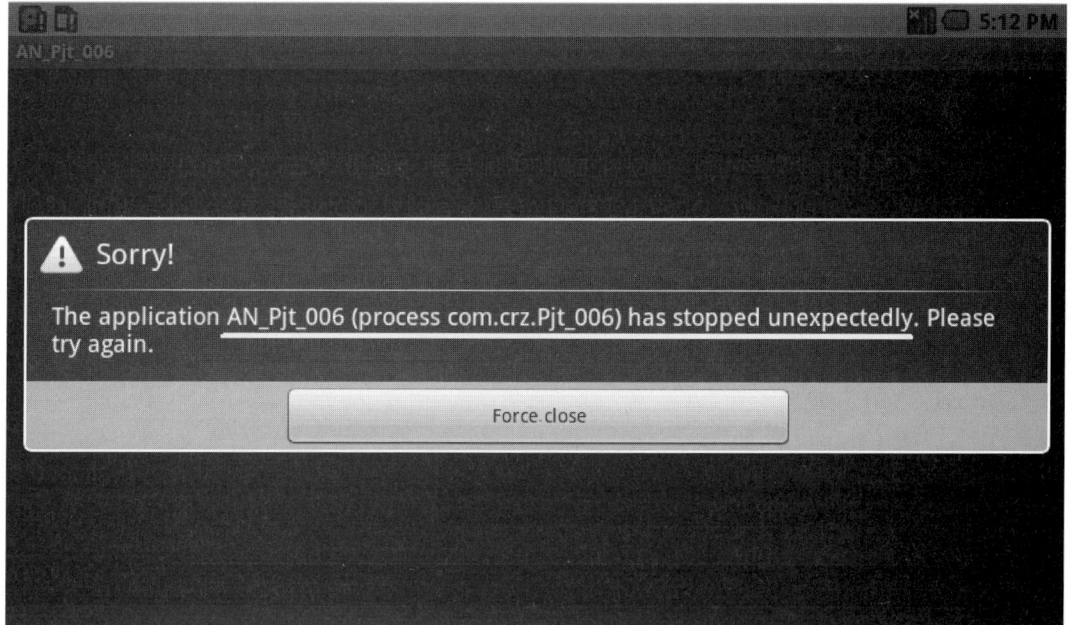

예상치 못한 에러가 발생했으며 다시 시도하라는 메시지 입니다. Force close를 클릭하면 프로그램이 종료하게 됩니다. 이러한 상황이 발생하게 된 것은 당연히 throw new Error()를 수행해서 에러를 발생시켰기 때문입니다.

26.2.3. 에러 코드 디버깅

이제 디버깅을 한번 수행해 보도록 하겠습니다.

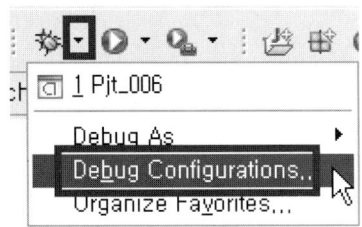

툴바 중에서 벌레 모양으로 되어 있는 그림의 오른쪽을 누르면 위 그림과 같이 메뉴가 확장되고, 이 중에서 Debug Configurations를 선택합니다.

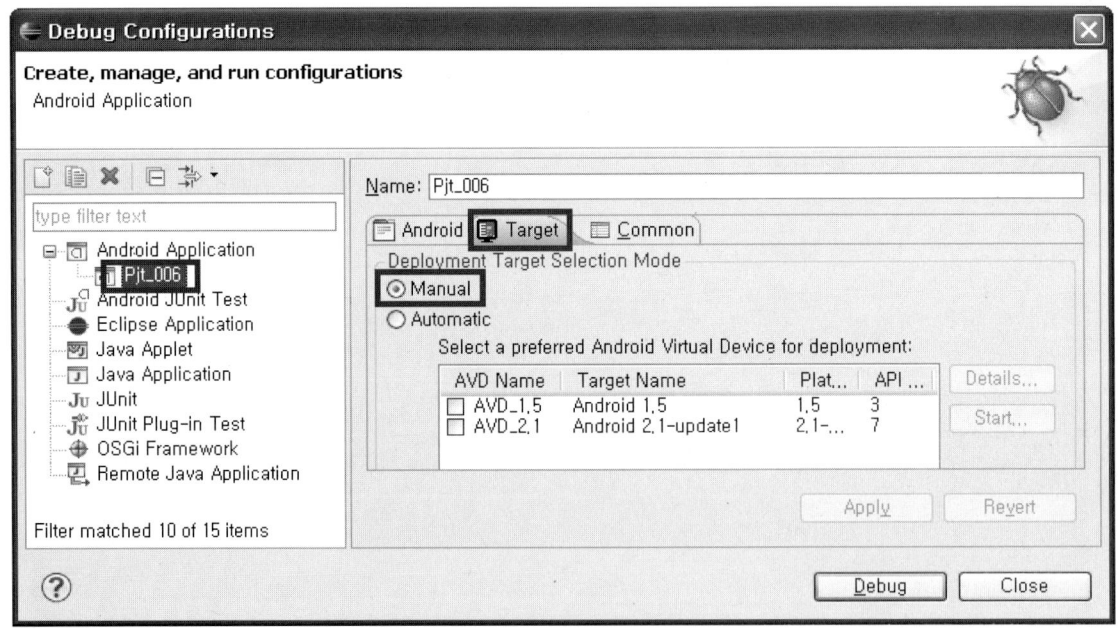

Target 탭에서 Manual을 선택하고 Debug를 누릅니다. 실행을 하는 것과 거의 동일하다는 것을 알 수 있습니다.

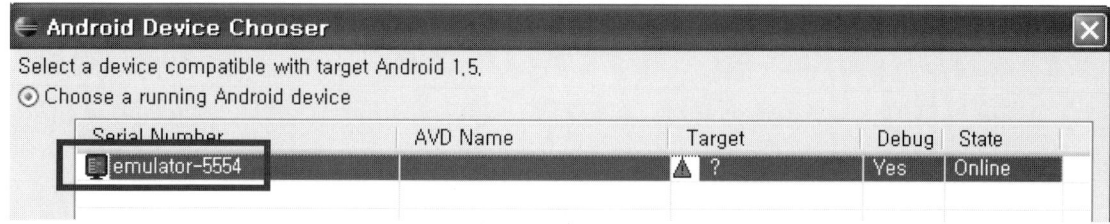

emulator-5554인 망고 보드를 선택하고 OK를 누릅니다.

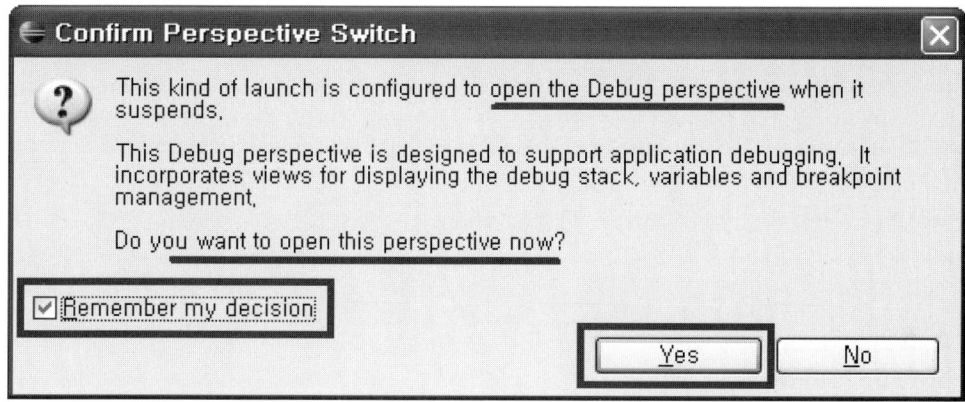

디버깅을 수행할 때 위와 같은 창을 만날 경우가 있습니다. Debug perspective를 open할 것인가를 묻고 있는데 가능하면 Debug perspective를 열어서 보는 것이 편리하고 많은 정보를 얻을 수 있습니다. 만약 이 창이 나타나는 것을 더 이상 보기 싫으면 "Remember my decision"을 선택하고 Yes를 누르면 됩니다.

```java
package com.crz.Pjt_006;

import android.app.Activity;
import android.os.Bundle;

public class Activity_Pjt_006 extends Activity {
    /** Called when the activity is first created. */
    @Override
    public void onCreate(Bundle savedInstanceState) {
        super.onCreate(savedInstanceState);
        setContentView(R.layout.main);
        makeError();
    }
    public void makeError(){
        throw new Error("Error made by Pooh");
    }
}
```

위와 같이 throw new 부분에서 멈춰있는 것을 볼 수 있습니다.

디버깅 부분에서 할 수 있는 일은 참 많이 있습니다.

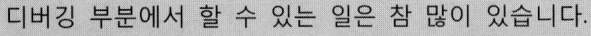

위 그림과 같이 특정 라인의 맨 앞 부분에서 마우스로 더블 클릭을 하면 Break point를 지정할 수 있습니다. 위 그림은 setContentView 부분과 바고 그 다음을 makeError를 호출하는 부분에 Break point를 지정하도록 설정한 것입니다. 그 부분을 다시 더블 클릭을 하면 지정했던 Break point가 사라집니다. Break point를 지정하면 다음 번 수행 때는 이 지점에서 멈추게 될 것입니다.

그럼 여기서 한 단계를 더 진행해 보도록 하겠습니다.

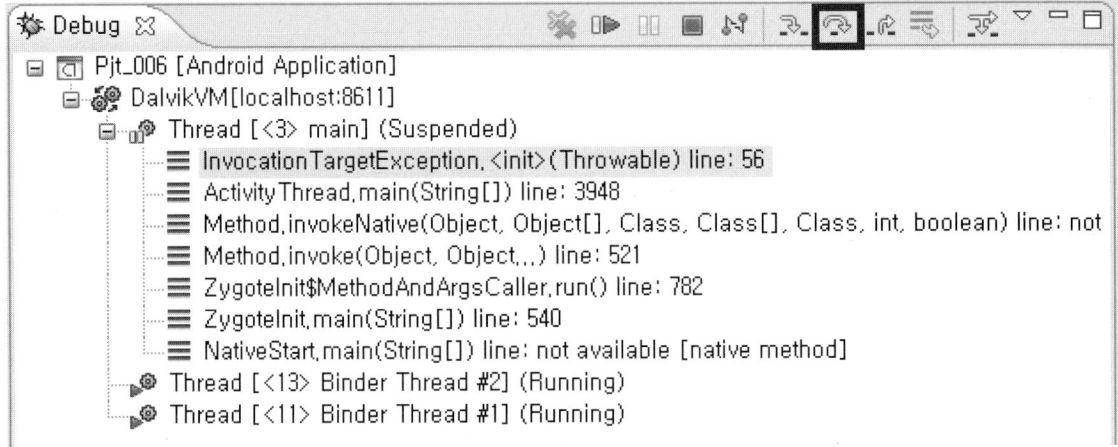

Debug 창에서 Step Over (F6) 버튼을 누르면 위 그림과 같이 변하게 됩니다.

그러면 결국 exception이 발생하게 되고, 코드 상에서 throw를 통해서 송출한 "Error made by Pooh"

라는 메시지가 전달된 것을 Variables 창에서 이 내용을 확인할 수 있습니다.

위에서 Step Over (F6)를 하기 위해서 버튼을 눌렀으나 실제로 디버깅을 하는 과정에서는 버튼 보다는 Function key를 이용하는 것이 편리합니다.

F5: Step Into
F6: Step Over
F7: Step Return
F8: Resume

각각의 버튼이 어떤 것을 의미하는 지를 잘 숙지해서 키를 익혀두면 좋을 것입니다. F5는 함수 안으로 들어가는 것이고, F6는 함수 안으로 들어가지 않고 라인을 지나가고, F7은 함수를 호출한 곳으로 돌아가는 것이고, F8은 break 되었다가 다시 수행하는 것입니다.

이제 break point를 한번 설정해 보겠습니다.

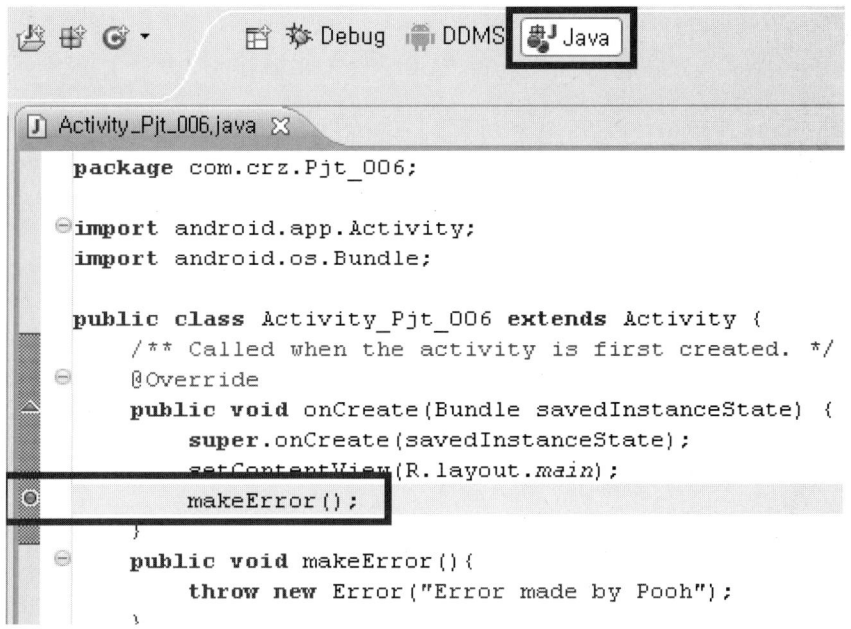

Java 코드 상에서도 왼쪽 부분에서 마우스를 더블 클릭하면 break point를 지정할 수 있습니다. 이후 위에서 했던 디버깅을 수행하면 이 위치에서 진행이 멈추게 됩니다.

26.3. 안드로이드 Log

안드로이드의 Log에 대한 것을 살펴보도록 하겠습니다.

```java
public class Activity_Pjt_007 extends Activity {
    /** Called when the activity is first created. */
    @Override
    public void onCreate(Bundle savedInstanceState) {
        super.onCreate(savedInstanceState);
        setContentView(R.layout.main);
        Log.i(POOH_LOG_INFO_TAG, "Pooh Log info message");
    }
}
```

Pjt_007로 프로젝트를 새로 만들고, 만들어진 파일에서 위와 같이 한 줄을 추가했습니다. 위에서 Log 와 POOH_LOG_INFO_TAG는 현재까지는 에러가 발생한 상태입니다.

```
import android.util.Log;
```

Log 부분에서 마우스를 가져다 대고 위 내용이 추가 되도록 설정해서 Log에 대한 에러는 해결할 수 있습니다. android.util.Log를 import하는 문장이 자동으로 추가됩니다.

이제 POOH_LOG_INFO_TAG 부분에 마우스를 가져다 대면 자동으로 창이 뜨면서 에러를 없앨 수 있는 22가지의 방법이 제시되고 있습니다. 이 중에서 첫 번째 항목인 POOH_LOG_INFO_TAG 상수를 생성하는 것을 선택합니다.

위와 같이 자동으로 String 변수가 생성됩니다. 초기 값으로 이 변수에 null이 들어 있는데 이것을 적절한 값으로 변경합니다.

```
public class Activity_Pjt_007 extends Activity {
    private static final String POOH_LOG_INFO_TAG = "PoohLogInfo";
    /** Called when the activity is first created. */
    @Override
    public void onCreate(Bundle savedInstanceState) {
        super.onCreate(savedInstanceState);
        setContentView(R.layout.main);
        Log.i(POOH_LOG_INFO_TAG, "Pooh Log info message");
    }
}
```

위와 같이 PoohLogInfo라는 문자열을 입력하였습니다.

이제 구현을 끝냈으니 망고보드에서 실행을 시켜보도록 하겠습니다.

```
LogCat
Log
Time              pid   tag              Message
04-07 17:53...  I 1862  ActivityManager  Start proc com.crz.Pjt_007 for ac...
04-07 17:53...  D 4620  AndroidRuntime   Shutting down VM
04-07 17:53...  D 4620  dalvikvm         DestroyJavaVM waiting for non-dae...
04-07 17:53...  I 4634  jdwp             received file descriptor 10 from ADB
04-07 17:53...  D 1832  dalvikvm         GC freed 222 objects / 8416 bytes...
04-07 17:53...  D 4620  dalvikvm         DestroyJavaVM shutting VM down
04-07 17:53...  D 4620  dalvikvm         HeapWorker thread shutting down
04-07 17:53...  D 4620  dalvikvm         HeapWorker thread has shut down
04-07 17:53...  D 4620  jdwp             JDWP shutting down net...
04-07 17:53...  D 4620  jdwp             Got wake-up signal, bailing out o...
04-07 17:53...  I 4620  dalvikvm         Debugger has detached; object reg...
04-07 17:53...  D 4620  dalvikvm         VM cleaning up
04-07 17:53...  W 4634  System.err       Can't dispatch DDM chunk 46454154...
04-07 17:53...  W 4634  System.err       Can't dispatch DDM chunk 4d505251...
04-07 17:53...  D 4620  dalvikvm         LinearAlloc 0x0 used 636788 of 41...
04-07 17:53...  D 1832  dalvikvm         GC freed 2 objects / 56 bytes in ...
04-07 17:53...  D 1832  dalvikvm         GC freed 2 objects / 56 bytes in ...
04-07 17:53...  I 4634  PoohLogInfo      Pooh Log info message
04-07 17:53...  W 4634  InputConnectio.. showStatusIcon on inactive InputC...
04-07 17:53...  I 1862  ActivityManager  Displayed activity com.crz.Pjt_00...
```

DDMS 부분에서 LogCat 창에 나타나는 로그들을 살펴보면 방금 넣었던 로그가 출력되고 있는 것을 확인할 수 있습니다.

로그로 출력되는 내용은 너무나도 많습니다. 이중에서 자신이 출력하는 것을 추려내는 것은 매우 유용한 방법입니다. 실제 우리가 위에서 설정한 Tag를 이용해서 PoohLogInfo라는 Tag를 가지고 있는 로그만 출력이 되도록 설정을 해보도록 하겠습니다.

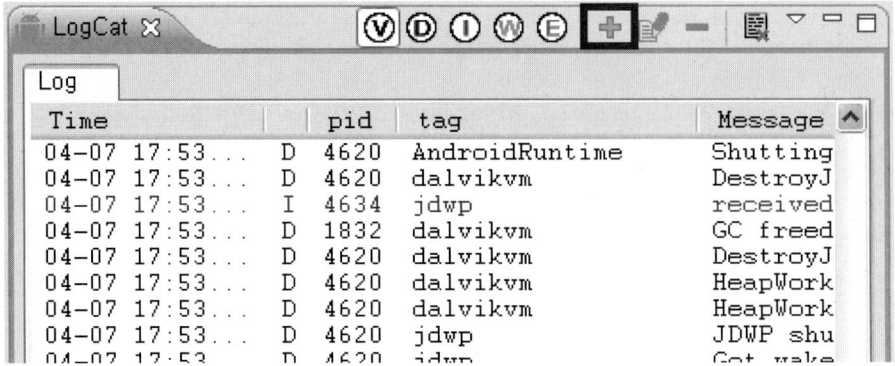

DDMS 부분의 LogCat 창에서 + 기호를 눌러서 새로운 필터를 만듭니다.

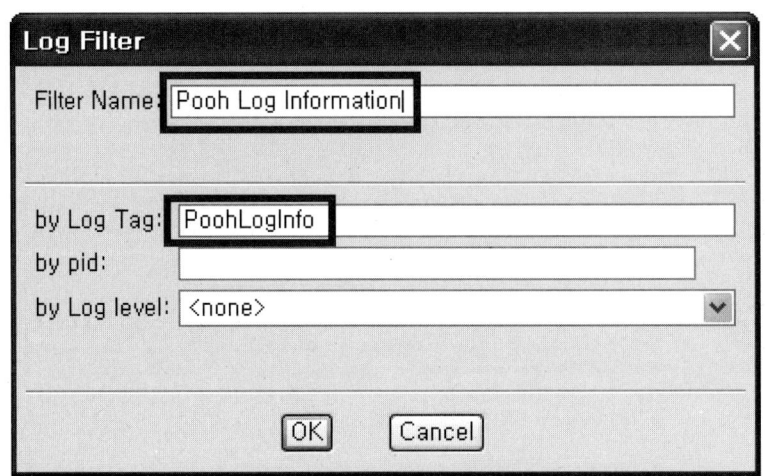

우리가 지정한 Tag를 이용해서 필터링을 할 수 있도록 설정하는 것입니다. 이름은 이 필터에 대한 이름이 되겠습니다.

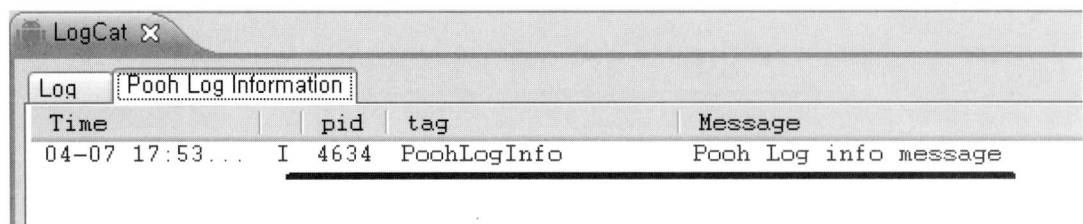

Pooh Log Information이라는 새로운 탭이 생겼고, 여기에는 오직 PoohLogInfo라는 Tag만을 가지는 로그가 저장되게 됩니다.

위 코드에서 Log.i()를 사용해서 출력을 했는데 5가지의 로그 방식에 따른 서로 다른 함수가 존재합니다. **Log.v(), Log.d(), Log.i(), Log.w(), Log.e()**가 그것입니다. Tag도 여러 개를 만들고, 다양한 로그 함수를 이용해서 화면에 출력을 해주는 기능을 적절히 이용하면 매우 유용할 것입니다.

4부 – 안드로이드 디바이스 드라이버

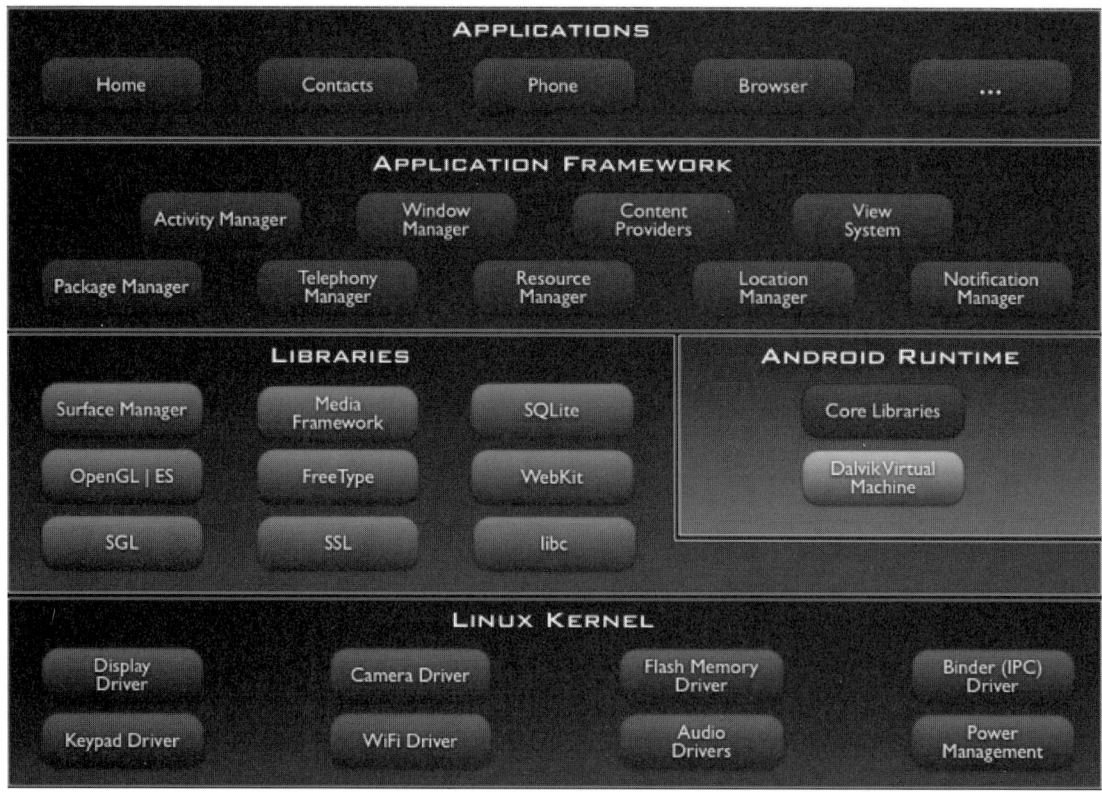

27. 리눅스 디바이스 드라이버 개요

아주 간단하게 리눅스 디바이스 드라이버에 대한 것을 살펴보겠습니다.

27.1. 디바이스와 디바이스 드라이버

플로피디스크, 키보드, 하드디스크, LCD, PCMCIA, Audio, 네트워크, 등등, 사실 모든 주변 장치들을 우리는 디바이스라고 부릅니다. 당연히 이러한 디바이스를 구동시키기 위한 프로그램이 필요할 것입니다. 그 프로그램이 디바이스 드라이버입니다.

여기서 한가지 중요한 것은 추상화라는 개념입니다. Abstraction이라고 부르는 이 추상화의 과정이 무척 중요합니다. 만약 위에서 열거한 디바이스들 중에서 어떤 하나를 선택해서 생각해 보면 보다 쉽습니다. 하드디스크를 생각해 보았을 때 하드디스크를 만드는 회사들은 무척 많고 세상에는 너무나도 많은 종류의 하드디스크가 있습니다. 그 많은 종류의 디바이스를 각기 다른 코드로 제어한다면 그것은 너무나도 많은 낭비를 가져올 것입니다.

어플리케이션의 입장에서 하드디스크의 종류가 어떻게 되었던 내가 하나의 파일을 하드디스크에 저장한다는 행위를 같은 방법으로 수행할 수 있다면 그것은 무척 편리한 일일 것입니다. 이러한 것이 가능하도록 장치 부분은 추상화 시키고 사용자 어플리케이션에는 전형적인 같은 인터페이스를 제공하는 것입니다. 그러한 것이 가능하도록 디바이스 드라이버에서 구현을 해주는 것입니다.

27.2. 디바이스 드라이버 종류

하드디스크를 예로 들었지만 어떤 특정 디바이스에 대한 것만 추상화시키는 것이 아니라 디바이스를 종류를 나누어서 보다 큰 부분에서 분류를 하고 보다 쉽게 접근할 수 있도록 만듭니다. 이러한 부분에 대해서 공부하고, 디바이스 드라이버의 종류에 대해서 보도록 하겠습니다.

27.2.1. Standard vs. Non-standard

디바이스 드라이버에 대한 접근 자체가 공통적인 방법을 사용한다고 말씀 드렸는데 모든 것이 이렇게 동작하는 것은 아닙니다. 만약 어떤 표준화된 방식이 아닌 다른 방법으로 드라이버를 만들고 이용할 수도 있는 것입니다. 물론 그렇게 한다면 많은 사람이 사용하는데 있어서는 무척 불편한 일이 되겠죠.

디바이스 드라이버에 대한 접근을 우리는 DDI라고 부릅니다. DDI는 Device Driver Interface의 약자입니다. 이러한 DDI가 표준화 되어 있는가 아니면 표준화 되어있지 않은가에 따라서 크게 구분을 해줄 수 있을 것입니다.

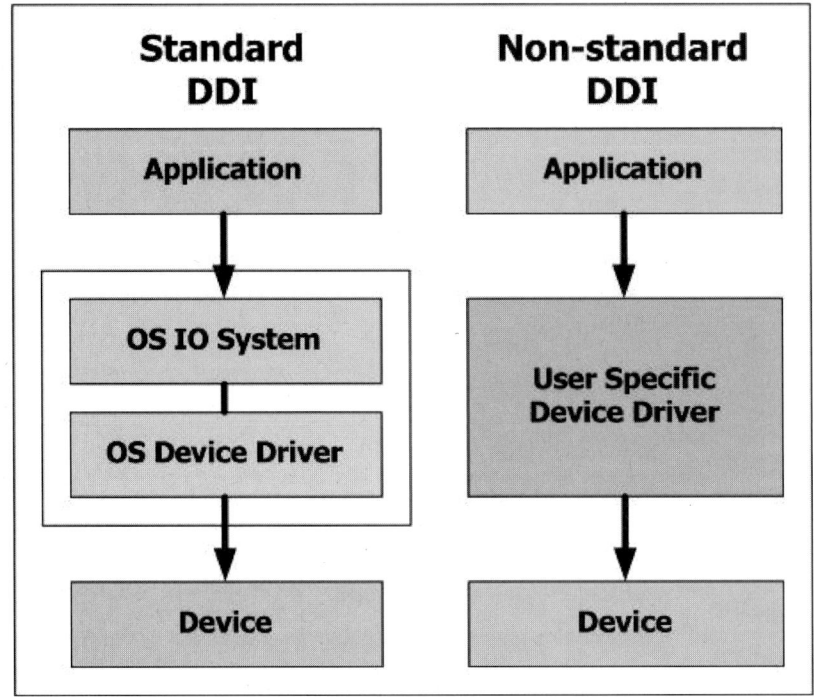

Standard Device Driver Interface는 리눅스와 같은 곳에서 사용하는 방식이라고 보면 됩니다. 호환성이 있는 I/O 인터페이스를 이용해서 처리를 하게 됩니다. 흔히 알고 있는 파일 오퍼레이션에 대한 함수인 open(), close(), read(), write(), ioctl()을 이용하게 되는 방식입니다.

Non-standard Device Driver Interface는 표준화되어 있지 않은 방식이고 그렇기 때문에 어떤 규정이 있지는 않을 것입니다. 정말 아주 특수한 하드웨어라서 표준화된 방식으로는 도저히 사용할 수 없다면 이러한 방식으로 사용할 수 밖에는 없을 것입니다.

사용자 관점에서는 디바이스 드라이버에 대해서 사실 알 필요가 없습니다. 그리고 그렇게 되도록 구현하는 것이 무척 중요합니다. 리눅스에서 디바이스 드라이버가 이러한 방식으로 구현될 것을 권고하고 있습니다. 사용자는 디바이스를 하나의 파일로 인식합니다. 실제로 우리가 파일을 다루는 것과 동일한 방식으로 디바이스에 접근할 수 있고 구동시킬 수 있도록 만드는 것입니다.

리눅스에서의 디바이스는 특별한 하나의 파일처럼 취급되고, access가 가능합니다. 사용자는 File operation을 적용할 수 있습니다. 각 디바이스는 Major number와 Minor number를 갖는데 이 부분은 뒤에서 살펴보도록 하겠습니다.

리눅스에서의 디바이스가 파일처럼 취급되고 있다는 말씀을 드렸는데 그 내용에 대해서 그림으로 표현해 보면 보다 쉽게 이해되실 수 있을 것입니다. 아래 그림을 참조 바랍니다.

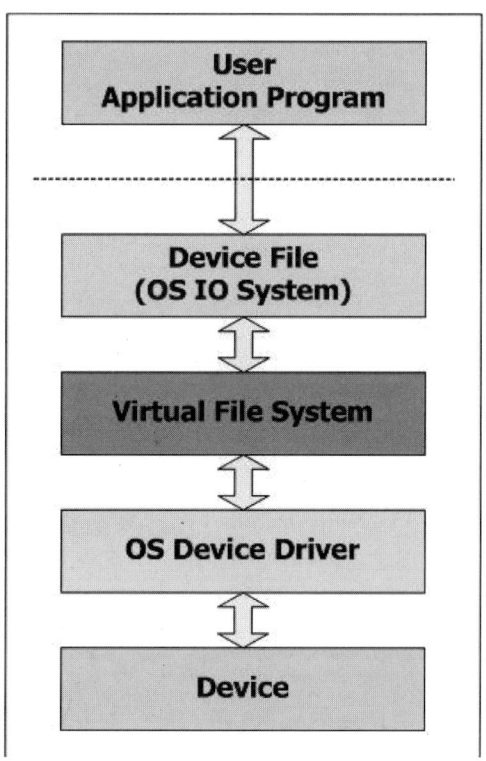

디바이스 드라이버의 종류를 크게 구분하면 아래의 세 종류로 구분할 수 있습니다.
- 문자 디바이스 드라이버
- 블록 디바이스 드라이버
- 네트워크 디바이스 드라이버

27.2.2. Character Device (문자 디바이스)

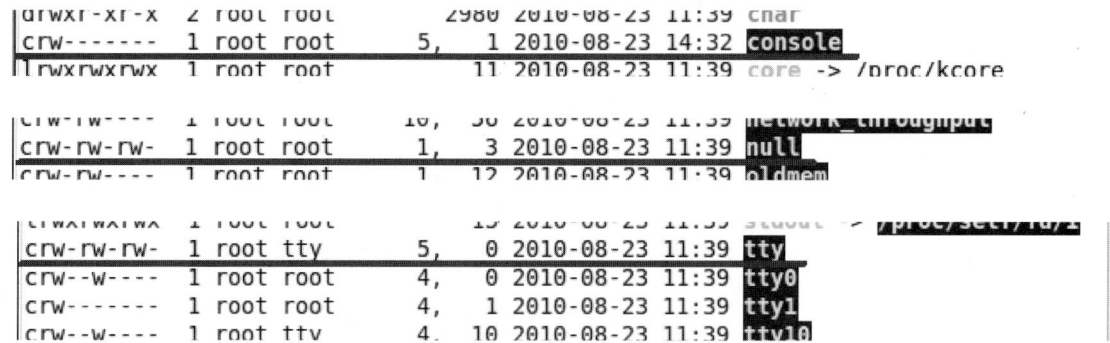

파일 관련 정보 중 첫 문자인 C가 바로 character device를 의미합니다.

문자 디바이스는 자료가 순차적으로 접근할 수 있는 경우, 혹은 단순한 장치에 대해서 사용할 수 있는 방식입니다. 버퍼와 같은 Cache를 위한 작업이 필요 없는 경우에 유용하다고 말할 수 있습니다. 예를 들자면 Terminal, Serial/Parallel, Keyboard, Sound Card, Scanner, Printer 등이 있을 수 있습니다. 리눅스에서의 문자 디바이스는 null (black hole), tty* (virtual console) 등이 있습니다.

27.2.3. Block Device (블록 디바이스)

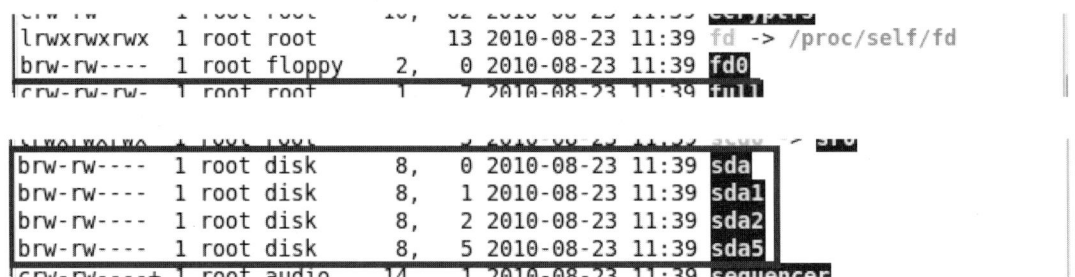

파일 관련 정보 중 첫 문자인 b는 block device를 의미합니다.

블록 디바이스는 random access가 가능하고, 블록 단위의 입출력이 가능한 장치에 사용할 수 있을 것입니다. 버퍼와 같은 Cache에 의한 내부 장치 표현이 가능합니다. 파일 시스템에 의해 mount 되어 관리되는 장치, 디스크, Ram Disk, CD-ROM 등에서 사용하는 방식입니다. 리눅스에서의 Block device는 fd* (Floppy disk), sda (SCSI disk) 등이 있습니다.

27.2.4. Network Device (네트워크 디바이스)

네트워크 디바이스는 위에서 보았던 문자 디바이스나 블록 디바이스와 같이 /dev 부분에 존재하는 장치 파일이 존재하지 않습니다. 네트워크 통신을 통해 패킷을 송수신할 수 있는 장치를 표현하게 됩니다. 응용프로그램과의 통신은 표준 파일 시스템관련 콜 대신 socket(), bind() 등의 시스템 콜을 사용하게 됩니다. Ethernet, PPP, ATM, ISDN 등이 있습니다.

27.2.5. Major & Minor Number

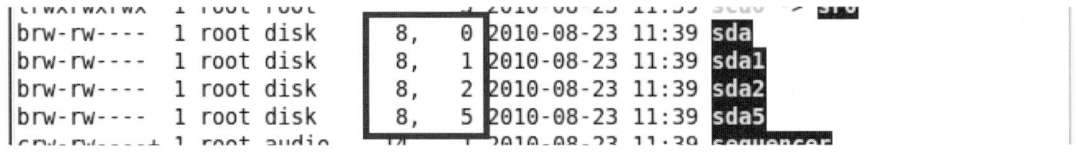

디바이스는 Major number와 Minor number를 가지고 있습니다. 위 그림에서 sda의 경우에 나타나는 8이 Major 번호이고, 0, 1, 2, 5가 Minor 번호가 됩니다.

Major number (주번호)는 커널에서 디바이스 드라이버를 구분하고 연결하는데 사용하는 번호가 됩니다. 같은 Device의 종류를 지칭하는 것입니다. 1Byte (0~255사이의 값)의 크기를 갖습니다.

Minor number (부번호)는 디바이스 드라이버 내에서 장치를 구분하기 위해 사용하는 것입니다. 각 Device의 부가적인 정보를 나타내게 됩니다. 2Byte (부번호)의 크기를 가집니다. 하나의 디바이스 드라이버가 여러 개의 디바이스 제어하는 것이 가능하게 되는 것입니다.

27.2.6. 리눅스 디바이스 드라이버 구성도

http://lwn.net/Kernel/LDD3/
위 링크는 리눅스 디바이스 드라이버와 관련한 매우 유명한 책에 대한 것입니다. 여기에 무척 유명한 그림이 나오는데 책의 1장에서 찾은 그림을 다시 그려 보았습니다.

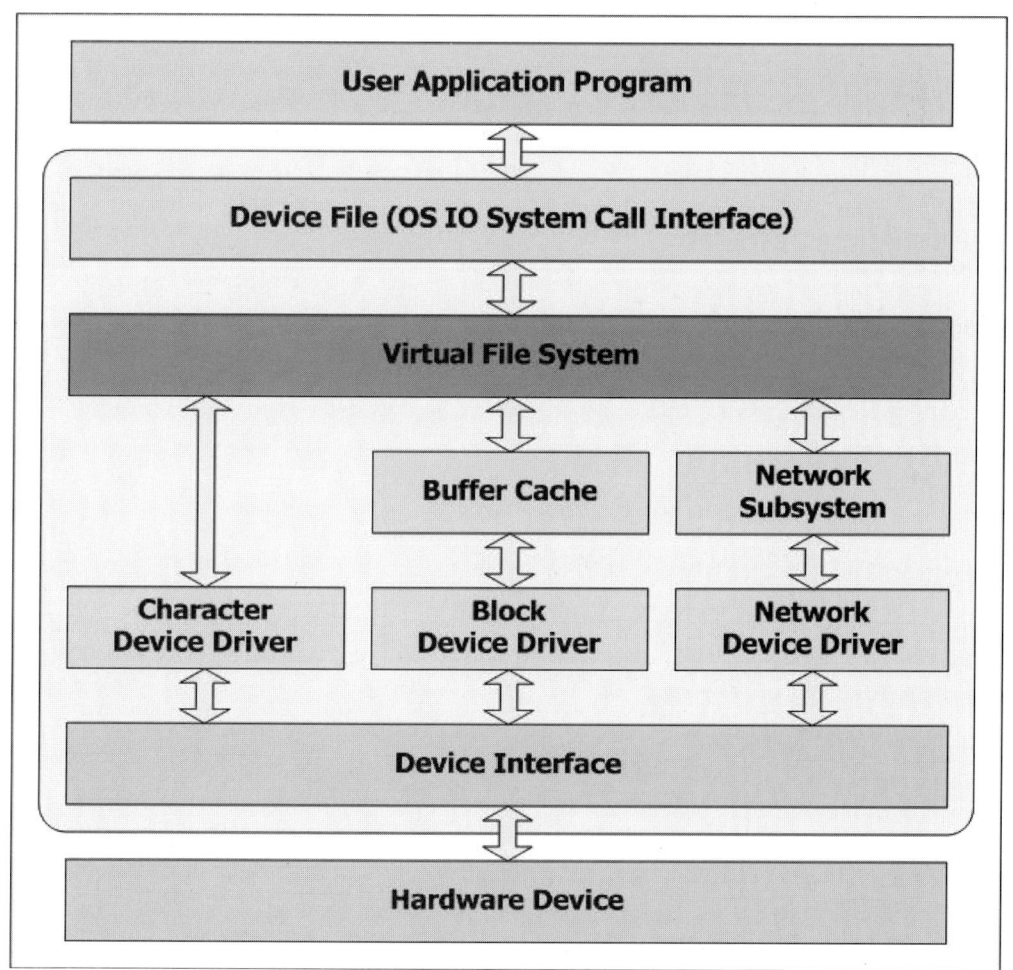

28. 망고보드에서 HelloWorld 모듈 돌리기

가장 기본적인 HelloWorld를 이용해서 모듈을 만들고 그것을 실제 보드의 동작 중에 insert하고 remove하는 것을 살펴보도록 합니다.

28.1. 소스코드 분석

리눅스의 경우 특징이 커널이 실행 중에 모듈을 동적으로 삽입하거나 제거할 수 있는 것입니다. 커맨드 라인에서 insmod를 실행하면 모듈을 삽입하는 것이고, rmmod를 수행하면 모듈을 제거하는 것입니다. 먼저 소스를 살펴보겠습니다.

28.1.1. module_init & module_exit

아래와 같이 hello.c를 먼저 만듭니다.

```c
/* hello.c */
#include <linux/init.h>
#include <linux/module.h>
MODULE_LICENSE("Dual BSD/GPL");

static int hello_init(void){
        printk(KERN_ALERT "[embeddedcrazyboys] Init HelloWorld module\n");
        printk(KERN_EMERG    "EMERG log <0>\n");
        printk(KERN_ALERT    "ALERT log <1>\n");
        printk(KERN_CRIT     "CRIT log <2>\n");
        printk(KERN_ERR      "ERR log <3>\n");
        printk(KERN_WARNING  "WARNING log <4>\n");
        printk(KERN_NOTICE   "NOTICE log <5>\n");
        printk(KERN_INFO     "INFO log <6>\n");
        printk(KERN_DEBUG    "DEBUG log <7>\n");
        printk("No Log level ...\n");
        return 0;
}

static void hello_exit(void){
        printk(KERN_ALERT "[embeddedcrazyboys] Exit HelloWorld module\n");
}
```

```
module_init(hello_init);
module_exit(hello_exit);
```

가장 먼저 살펴볼 것은 module_init과 module_exit입니다. 소스 코드의 맨 아래에 보면 module_init 과 module_exit가 보입니다. 이들은 커널의 특별한 매크로 입니다.

module_init에 넘겨주는 argument로 함수 이름인 hello_init을 넣고 있습니다. 이와 같은 행위는 insmod를 통해서 모듈을 삽입할 때 자동으로 hello_init이 불리도록 해주는 작업이 수행되도록 합니다.

module_exit는 반대로 rmmod가 불릴 때 hello_exit 함수가 불릴 수 있도록 설정하고 있는 것입니다. 이와 같이 module_init과 module_exit를 반드시 넣어주어야 하는 것입니다.

28.1.2. MODULE_LICENSE

```
MODULE_LICENSE("Dual BSD/GPL");
```

위 매크로는 모듈이 오픈 소스 라이센스를 따른다는 것을 알려주는 역할을 합니다. 만약 이것이 없이 모듈을 만들고 그것을 커널에 삽입하려고 하면 아래와 같은 메시지가 나타나는 것을 볼 수 있을 것입니다.

```
# insmod hello.ko
hello: module license 'unspecified' taints kernel.
[embeddedcrazyboys] Init HelloWorld module
```

이 내용은 실제로 위의 MODULE_LICENSE가 없이 빌드해서 만들어진 hello.ko를 망고 보드에서 insmod를 이용해서 모듈을 추가하는 작업을 수행해 본 것입니다. 실제로 모듈의 동작에는 차이가 없지만 일종의 warning message를 띄워주는 것입니다. 물론 라이센스와 관련해서 이 명시가 없을 경우 문제가 발생하는 경우도 존재할 수 있습니다.

28.1.3. printk

hello_init과 hello_exit 함수는 특별히 하는 일이 없습니다. 누구나 예상 가능 하겠지만 하는 일은 화면에 출력을 수행하는 것뿐입니다. 그런데 출력을 수행하는 함수가 우리가 흔히 알고 있는 printf가 아니고 printk 입니다. (리눅스에서 K는 늘 Kernel을 가리킵니다. 여기서의 k도 Kernel을 의미합니다)

리눅스는 printf 라이브러리를 사용하지 않습니다. 대신 printk를 따로 구현해서 사용하게 됩니다. 사용법과 관련해서는 표준 라이브러리 printf와 크게 다르지는 않습니다. 그냥 printf와 동일하다고 생각하고 사용하셔도 크게 무리는 없습니다. 다만 가장 앞부분에 있는 KERN_ALERT라는 부분만 주의해서 볼 필요가 있습니다.

kernel.h (/include/linux/kernel.h)를 살펴보면 아래와 같이 정의가 되어 있는 부분을 발견할 수 있습니다.

```
91  #define KERN_EMERG      "<0>"   /* system is unusable               */
92  #define KERN_ALERT      "<1>"   /* action must be taken immediately */
93  #define KERN_CRIT       "<2>"   /* critical conditions              */
94  #define KERN_ERR        "<3>"   /* error conditions                 */
95  #define KERN_WARNING    "<4>"   /* warning conditions               */
96  #define KERN_NOTICE     "<5>"   /* normal but significant condition */
97  #define KERN_INFO       "<6>"   /* informational                    */
98  #define KERN_DEBUG      "<7>"   /* debug-level messages             */
```

KERN_EMERG "<0>"으로부터 시작해서 KERN_DEBUG "<7>"까지 숫자가 정의되어 있습니다. 내용으로 예상할 수 있는 것은 로그 메시지의 디버그 레벨을 의미하는 것이라는 것을 알 수 있습니다.

```
107 extern int console_printk[];
108
109 #define console_loglevel (console_printk[0])
110 #define default_message_loglevel (console_printk[1])
111 #define minimum_console_loglevel (console_printk[2])
112 #define default_console_loglevel (console_printk[3])
113
```

같은 파일의 좀 아래 부분을 보면 위 내용이 정의되어 있습니다. console_printk라는 다른 곳에 정의된 배열을 참조해서 그 배열의 위치 값에 따라서 각각 로그 레벨에 대한 값을 설정하고 있는 부분입니다.

console_printk가 정의된 곳은 printk.c (₩kernel)입니다. printk.c를 살펴보면 아래와 같은 정의 부분을 발견할 수 있습니다.

```
/* printk's without a loglevel use this.. */
#define DEFAULT_MESSAGE_LOGLEVEL 4 /* KERN_WARNING */

/* We show everything that is MORE important than this.. */
#define MINIMUM_CONSOLE_LOGLEVEL 1 /* Minimum loglevel we let people use */
#define DEFAULT_CONSOLE_LOGLEVEL 7 /* anything MORE serious than KERN_DEBUG */
```

```
int console_printk[4] = {
        DEFAULT_CONSOLE_LOGLEVEL,        /* console_loglevel */
        DEFAULT_MESSAGE_LOGLEVEL,        /* default_message_loglevel */
        MINIMUM_CONSOLE_LOGLEVEL,        /* minimum_console_loglevel */
        DEFAULT_CONSOLE_LOGLEVEL,        /* default_console_loglevel */
};
```

위 두 파일의 정의 부분을 동시에 검토해야 printk와 관련한 debug option과 관련한 사항을 파악할 수 있습니다.

KERN_ALERT 매크로는 빌드 시 printk에 <1>로 확장이 되게 됩니다.

```
printk(KERN_ALERT "[embeddedcrazyboys] Init HelloWorld module\n");
```

위와 같이 KERN_ALERT과 "[embeddedcrazyboys] Init 사이에 comma(,)가 없음에 유의해야 합니다. 만약 여기에 comma(,)를 넣는 실수를 하게 된다면 우리가 원하는 메시지를 볼 수 없게 됩니다. 여기서 <x>는 debug message를 출력할 것인지를 결정하는 요소로 작용을 하게 되는 것이고, 만약 comma(,)를 넣을 경우는 그 뒤의 ""로 묶인 문장이 서로 연결되는 것이 아니라, 앞의 <x>에 대한 argument로 작용을 하게 됩니다. 빌드 시에는 이 부분이 warning만을 띄우고 빌드가 되기 때문에 종종 실수를 하게 되는 경우가 많습니다. 물론 코드에서도 볼 수 있는 것처럼 중간에 스페이스로 구분하는 것은 문제는 없습니다.

위 debug 값은 <0> ~ <7>까지 8개의 값을 가질 수 있는데, 이 값이 낮을수록 우선순위가 높은 것을 의미하게 됩니다.

우선순위를 명시하지 않으면 DEFAULT_MESSAGE_LOGLEVEL을 기준으로 출력하게 됩니다. 즉 레벨을 명시하지 않으면 DEFAULT_MESSAGE_LOGLEVEL 값이 되는 것입니다. 위의 경우 이 값은 4로 지정되어 있습니다. console_loglevel은 DEFAULT_CONSOLE_LOGLEVEL에 지정한 숫자보다 작은 값을 가진 로그 메시지만 화면에 출력합니다. 즉, 위의 경우 이것은 7로 설정되어 있기 때문에 로그 레벨 0부터 6까지만 화면으로 출력되게 되어 있습니다. 모든 메시지를 보고 싶을 경우 이 값을 8로 바꾸면 될 것입니다. 우선순위를 명시하지 않으면 DEFAULT_MESSAGE_LOGLEVEL인 4 값을 가지기 때문에 이것은 7보다 적고, 결국 위의 설정대로면 우선순위를 명시하지 않은 메시지는 출력이 될 것입니다.

```
printk(KERN_DEBUG    "DEBUG log <7>\n");
```

뒤의 테스트 결과에서도 알 수 있겠지만 위 문장은 출력되지 않습니다.
DEFAULT_CONSOLE_LOGLEVEL이 7로 되어 있기 때문에 7 값을 가지는 KERN_DEBUG로 되어 있는 로그 메시지는 출력되지 못하는 것입니다.

```
yhoh@ubuntu:~$ diff android_mango64/mango64_kernel_2010_07_02/include/linux/kernel.h
android_mango100/Kernel_v2.6.29/mango100_kernel_2010_07_15/include/linux/kernel.h
yhoh@ubuntu:~$ diff android_mango64/mango64_kernel_2010_07_02/kernel/printk.c
android_mango100/Kernel_v2.6.29/mango100_kernel_2010_07_15/kernel/printk.c
246a247,254
>   * Clears the ring-buffer */
> void log_buf_clear(void)
> {
>           logged_chars = 0;
> }
> /*
```

위 내용을 보면 망고64와 망고100의 경우 kernel.h와 printk.c는 거의 동일함을 알 수 있습니다. kernel.h는 완전히 동일한 내용이고, printk.c는 조금 다르지만 위에서의 설명과는 관련이 없는 부분이 다르기 때문에 문제되지는 않습니다.

28.2. 망고64에서의 수행

망고64에서 수행시키기 위해서 빌드를 수행하도록 하겠습니다.

28.2.1. Makefile 분석

Documentation/kbuild/에 보면 modules.txt가 있습니다. 이 파일을 보면 모듈을 어떻게 빌드 하여야 하는가에 대한 설명이 나옵니다. 이 부분을 정독해서 읽어보시는 것이 좋을 것입니다.

```
yhoh@ubuntu:~$ diff
android_mango64/mango64_kernel_2010_07_02/Documentation/kbuild/modules.txt
android_mango100/Kernel_v2.6.29/mango100_kernel_2010_07_15/Documentation/kbuild/modules.txt
```

망고64나 망고100의 경우 modules.txt는 동일함을 알 수 있습니다.

```
obj-m := hello.o
KDIR := /home/yhoh/android_mango64/mango64_kernel_2010_07_02
PWD := $(shell pwd)
default :
```

```
        $(MAKE) -C $(KDIR) M=$(PWD) modules
clean:
        $(MAKE) -C $(KDIR) M=$(PWD) clean
        rm -rf Module.markers modules.order
```

우리는 위와 같이 Makefile을 만들었습니다.

kbuild system은 리눅스 버전 2.6부터 도입된 새로운 kernel build system입니다. kbuild는 kernel source tree 내부 모듈과 kernel source tree 외부 모듈에 대한 build를 지원합니다. 외부 모듈은 out-of-tree 모듈이라고 불리며 개발 중이거나, 혹은 kernel source tree에 포함되지 않는 모듈을 가리킬 때 사용됩니다. 여기서는 주요한 부분에 대해서 말씀 드리도록 하겠습니다.

```
# Automatically generated make config: don't edit
# Linux kernel version: 2.6.29
CONFIG_ARM=y
CONFIG_SYS_SUPPORTS_APM_EMULATION=y
CONFIG_GENERIC_GPIO=y
… … … … … … …
# Some SCSI devices (e.g. CD jukebox) support multiple LUNs
# CONFIG_SCSI_MULTI_LUN is not set
# CONFIG_SCSI_CONSTANTS is not set
# CONFIG_SCSI_LOGGING is not set
# CONFIG_SCSI_SCAN_ASYNC is not set
CONFIG_SCSI_WAIT_SCAN=m
… … … … … … …
```

위 내용은 커널 빌드 시에 사용한 .config 파일의 일부 내용입니다. 여기서 CONFIG 중에 y라고 되어 있는 부분과 m이라고 되어 있는 부분이 있습니다. y는 커널을 빌드할 때 built-in으로 포함되는 것을 의미하고 m은 모듈로서 존재한다는 것을 의미합니다.

다음과 같은 것을 생각해볼 수 있습니다.

```
obj-$(CONFIG_XXX) += xxx.o
```

이것은 이 디렉토리 내에 xxx.o라는 이름의 오브젝트를 포함한다는 것을 의미합니다. 만약 xxx.o가 모듈로 만들어지면 obj-m이란 변수가 사용될 것입니다.

$(CONFIG_XXX)는 y나 m이어야 합니다. 만약 CONFIG_XXX가 y나 m 값이 아니면 xxx.o는 빌드되지

않을 것입니다.

```
obj-m := hello.o
```

우리는 hello.c를 모듈로 빌드할 것이고 그러므로 위와 같이 선언하는 것입니다.

```
KDIR := /home/yhoh/android_mango64/mango64_kernel_2010_07_02
PWD := $(shell pwd)
default :
        $(MAKE) -C $(KDIR) M=$(PWD) modules
```

-C 옵션은 make를 수행하면 해당 디렉토리로 이동하도록 하는 명령입니다. 즉, 우리가 실제로 망고 보드에서 돌리게 되는 커널을 빌드 했던 곳을 직접 입력해 주어야 합니다. 현재는 망고64에서 수행할 것이기 때문에 망고64의 커널 디렉토리를 입력해 준 것입니다. 이곳으로 이동해서 그 커널을 이용해서 hello 모듈을 빌드하는 것입니다.

M=$(PWD)는 모듈을 빌드 하면서 발생하는 output 파일들을 위치시킬 디렉토리를 의미합니다. 현재의 디렉토리가 어디이든 shell pwd 명령을 통해서 얻어질 수 있기 때문에 이것을 이용하는 것입니다. Makefile이 존재하는 현재 폴더에 모든 내용이 저장될 것입니다.

가장 마지막의 modules는 make에 주어질 파라미터가 됩니다. 즉 빌드 시 이용하게 될 rule 값입니다. 빌드를 모듈로 할 것이라는 것을 알려주게 됩니다.

```
clean:
        $(MAKE) -C $(KDIR) M=$(PWD) clean
        rm -rf Module.markers modules.order
```

빌드 시에 생성된 파일들을 적절하게 지워주기 위해서 clean을 만들었습니다. 역시 기존 커널의 clean을 이용할 수 있는데 Module.markers와 modules.order 파일이 지워지지 않기 때문에 추가적으로 두 파일을 지워주도록 한 것입니다.

28.2.2. Hello World 빌드

자, 이제 빌드를 수행해 보도록 하겠습니다.

~/android_DeviceDriver/001.HelloWorld/mango64로 폴더를 만들고 그곳에 위에서 설명 드린 파일들을 위치시켜 놓았습니다.

```
/home/yhoh/android_DeviceDriver/001.HelloWorld/mango64
total 8
-rwx------ 1 yhoh yhoh 725 2010-08-23 20:39 hello.c
-rwx------ 1 yhoh yhoh 224 2010-08-23 20:04 Makefile
yhoh@ubuntu:~/android_DeviceDriver/001.HelloWorld/mango64$
```

```
yhoh@ubuntu:~/android_DeviceDriver/001.HelloWorld/mango64$ make
make -C /home/yhoh/android_mango64/mango64_kernel_2010_07_02
M=/home/yhoh/android_DeviceDriver/001.HelloWorld/mango64 modules
make[1]: Entering directory `/home/yhoh/android_mango64/mango64_kernel_2010_07_02'
  CC [M]  /home/yhoh/android_DeviceDriver/001.HelloWorld/mango64/hello.o
  Building modules, stage 2.
  MODPOST 1 modules
  CC      /home/yhoh/android_DeviceDriver/001.HelloWorld/mango64/hello.mod.o
  LD [M]  /home/yhoh/android_DeviceDriver/001.HelloWorld/mango64/hello.ko
make[1]: Leaving directory `/home/yhoh/android_mango64/mango64_kernel_2010_07_02'
```

단순히 make라고만 치면 빌드가 수행됩니다. 이는 우리가 적절하게 Makefile을 이미 만들어 두었기 때문입니다. -C 옵션과 M=로 적절하게 make가 수행되고 있는 것을 알 수 있습니다.

```
yhoh@ubuntu:~/android_DeviceDriver/001.HelloWorld/mango64$ l
/home/yhoh/android_DeviceDriver/001.HelloWorld/mango64
total 80
-rwx------ 1 yhoh yhoh   725 2010-08-23 20:39 hello.c
-rw-r--r-- 1 yhoh yhoh 27157 2010-08-24 10:18 hello.ko
-rw-r--r-- 1 yhoh yhoh   444 2010-08-24 10:18 hello.mod.c
-rw-r--r-- 1 yhoh yhoh 13632 2010-08-24 10:18 hello.mod.o
-rw-r--r-- 1 yhoh yhoh 14468 2010-08-24 10:18 hello.o
-rwx------ 1 yhoh yhoh   224 2010-08-23 20:04 Makefile
-rw-r--r-- 1 yhoh yhoh    45 2010-08-24 10:18 Module.markers
-rw-r--r-- 1 yhoh yhoh    71 2010-08-24 10:18 modules.order
-rw-r--r-- 1 yhoh yhoh     0 2010-08-24 10:18 Module.symvers
yhoh@ubuntu:~/android_DeviceDriver/001.HelloWorld/mango64$
```

빌드를 수행하면 위 그림에서처럼 hello.ko가 생성되게 됩니다. 이것이 우리가 실제로 타겟에서 insert와 remove를 수행할 모듈이 되는 것입니다. ko는 kernel object의 약자 입니다.

28.2.3. 모듈 Insert, Remove 수행

이제 생성된 모듈을 실제 타겟인 망고64에 올려보도록 하겠습니다. 망고64 보드에 모듈을 적재하는 방법은 여러 가지가 있을 수 있을 것입니다. ADB push 같은 방법으로도 가능할 것이지만 우리는 가장 간단한 NFS를 이용하도록 하겠습니다.

```
yhoh@ubuntu:~/nfsroot/mango64_android$ mkdir test
yhoh@ubuntu:~/nfsroot/mango64_android$ cd test
yhoh@ubuntu:~/nfsroot/mango64_android/test$ cp
/home/yhoh/android_DeviceDriver/001.HelloWorld/mango64/hello.ko .
yhoh@ubuntu:~/nfsroot/mango64_android/test$ l
/home/yhoh/nfsroot/mango64_android/test
total 28
-rw-r--r-- 1 yhoh yhoh 27157 2010-08-24 10:29 hello.ko
```

망고64에서 파일시스템으로 사용하는 부분은 우분투의 ~/nfsroot/mango64_android 부분입니다. 여기에 test라는 폴더를 만들고 여기에서 시험을 수행하도록 만들어진 hello.ko를 복사해 두었습니다.

```
# pwd
/test
# ls -l
-rw-r--r-- system    system        27157 2010-08-24 01:29 hello.ko
```

망고64의 터미널에서 위와 같이 확인해 보면 test 폴더가 생겨있고 거기에 hello.ko가 나타나 있는 것을 볼 수 있습니다.

```
# insmod hello.ko
[embeddedcrazyboys] Init HelloWorld module
EMERG log <0>
ALERT log <1>
CRIT log <2>
ERR log <3>
WARNING log <4>
NOTICE log <5>
INFO log <6>
No Log level ...
```

insmod를 수행합니다. 위와 같이 여러 로그가 나타나고 있습니다. hello_init 함수가 정상적으로 수행되었음을 확인할 수 있습니다.

```
printk(KERN_DEBUG    "DEBUG log <7>\n");
printk("No Log level ...\n");
```

"DEBUG log <7>\n"은 출력이 되지 않았습니다. DEFAULT_CONSOLE_LOGLEVEL이 7로 되어 있기 때

문에 7 값을 가지는 KERN_DEBUG로 되어 있는 로그 메시지는 출력되지 못하는 것입니다. 우선 순위가 명시되지 않은 "No Log level ...\n"은 DEFAULT_MESSAGE_LOGLEVEL인 4로 설정되기 때문에 위와 같이 출력이 되고 있습니다.

```
# insmod hello.ko
insmod: init_module 'hello.ko' failed (File exists)
```

insmod를 같은 파일에 대해서 한번 더 수행을 하게 되면 위와 같이 이미 존재한다는 에러를 나타내면서 삽입이 되지 않습니다. 기존에 들어간 모듈을 제거하고 삽입을 해야만 합니다. 모듈을 변경해서 다시 빌드해서 다른 파일로 삽입하더라도 마찬가지 입니다. 반드시 삭제를 먼저하고 삽입해야 합니다.

```
# rmmod hello.ko
[embeddedcrazyboys] Exit HelloWorld module
```

rmmod를 수행해서 기존에 삽입한 모듈을 삭제해 보았습니다. 위와 같이 hello_exit 함수가 정확하게 호출되고 있습니다.

```
# rmmod hello.ko
rmmod: delete_module 'hello' failed (errno 2)
```

마찬가지로 이미 삭제한 모듈을 다시 삭제하려고 하면 위와 같이 에러가 발생하게 됩니다.

28.3. 망고100에서의 수행

망고100에서도 똑같은 내용을 수행시켜 보도록 하겠습니다.

28.3.1. Makefile 분석

```
obj-m := hello.o
KDIR := /home/yhoh/android_mango100/Kernel_v2.6.29/mango100_kernel_2010_07_15
PWD := $(shell pwd)
default :
        $(MAKE) -C $(KDIR) M=$(PWD) modules
clean:
        $(MAKE) -C $(KDIR) M=$(PWD) clean
        rm -rf Module.markers modules.order
```

망고64 경우와 비교해서 달라진 부분은 오직 한군데 KDIR 부분입니다. 망고100의 커널 부분으로 폴더를 지정해 주어야만 합니다. 나머지 부분은 달라진 곳이 전혀 없습니다.

28.3.2. Hello World 빌드

빌드를 수행해 보도록 하겠습니다.

```
/home/yhoh/android_DeviceDriver/001.HelloWorld/mango100
total 8
-rwx------ 1 yhoh yhoh 725 2010-08-23 20:39 hello.c
-rwx------ 1 yhoh yhoh 241 2010-08-24 10:46 Makefile
yhoh@ubuntu:~/android_DeviceDriver/001.HelloWorld/mango100$
```

같은 ~/android_DeviceDriver/001.HelloWorld/ 폴더에 mango100으로 폴더를 만들고 그곳에 위에서 설명 드린 파일들을 위치시켜 놓았습니다.

```
yhoh@ubuntu:~/android_DeviceDriver/001.HelloWorld/mango100$ make
make -C /home/yhoh/android_mango100/Kernel_v2.6.29/mango100_kernel_2010_07_15
M=/home/yhoh/android_DeviceDriver/001.HelloWorld/mango100 modules
make[1]: Entering directory
`/home/yhoh/android_mango100/Kernel_v2.6.29/mango100_kernel_2010_07_15'
  CC [M]  /home/yhoh/android_DeviceDriver/001.HelloWorld/mango100/hello.o
  Building modules, stage 2.
  MODPOST 1 modules
  CC      /home/yhoh/android_DeviceDriver/001.HelloWorld/mango100/hello.mod.o
  LD [M]  /home/yhoh/android_DeviceDriver/001.HelloWorld/mango100/hello.ko
make[1]: Leaving directory
`/home/yhoh/android_mango100/Kernel_v2.6.29/mango100_kernel_2010_07_15'
```

make라고만 치면 빌드가 수행됩니다. 망고100의 커널 폴더에서 –C 옵션과 M=로 적절하게 make가 수행되고 있습니다.

```
-rwx------ 1 yhoh yhoh   725 2010-08-23 20:39 hello.c
-rw-r--r-- 1 yhoh yhoh 18537 2010-08-24 10:51 hello.ko
-rw-r--r-- 1 yhoh yhoh   444 2010-08-24 10:51 hello.mod.c
-rw-r--r-- 1 yhoh yhoh 11592 2010-08-24 10:51 hello.mod.o
-rw-r--r-- 1 yhoh yhoh  8000 2010-08-24 10:51 hello.o
-rwx------ 1 yhoh yhoh   241 2010-08-24 10:46 Makefile
-rw-r--r-- 1 yhoh yhoh    72 2010-08-24 10:51 modules.order
-rw-r--r-- 1 yhoh yhoh     0 2010-08-24 10:51 Module.symvers
yhoh@ubuntu:~/android_DeviceDriver/001.HelloWorld/mango100$
```

망고64와 마찬가지로 hello.ko가 생성 됩니다. 망고64와 비교해서는 크기가 좀 줄어 있습니다.

28.3.3. 모듈 Insert, Remove 수행

생성된 모듈을 타겟인 망고100에 올려보도록 하겠습니다. 역시 NFS를 이용하도록 합니다.

```
yhoh@ubuntu:~/nfsroot/mango100_android$ mkdir test
yhoh@ubuntu:~/nfsroot/mango100_android$ cd test
yhoh@ubuntu:~/nfsroot/mango100_android/test$ cp
/home/yhoh/android_DeviceDriver/001.HelloWorld/mango100/hello.ko .
yhoh@ubuntu:~/nfsroot/mango100_android/test$ l
/home/yhoh/nfsroot/mango100_android/test
total 20
-rw-r--r-- 1 yhoh yhoh 18537 2010-08-24 10:56 hello.ko
```

망고100에서 파일시스템으로 사용하는 부분은 우분투의 ~/nfsroot/mango100_android 부분입니다. 여기에 test라는 폴더를 만들고, 만들어진 hello.ko를 복사해 두었습니다.

```
# pwd
/test
# ls -l
-rw-r--r-- system   system      18537 2010-08-24 01:56 hello.ko
```

망고100 터미널에서 확인해 보면 test 폴더가 생겨있고 hello.ko도 찾을 수 있습니다.

```
# insmod hello.ko
[embeddedcrazyboys] Init HelloWorld module
EMERG log <0>
ALERT log <1>
CRIT log <2>
ERR log <3>
WARNING log <4>
NOTICE log <5>
INFO log <6>
No Log level ...
# rmmod hello.ko
[embeddedcrazyboys] Exit HelloWorld module
```

insmod와 rmmod를 수행합니다. 위와 같이 망고64와 마찬가지로 정상적으로 수행되고 있는 것을 확인할 수 있습니다.

"DEBUG log <7>\n"이 출력이 되지 않고 우선 순위가 명시되지 않은 "No Log level ...\n"은 출력되고 있는 것도 모든 설정이 망고64와 동일하기 때문입니다.

```
# lsmod
hello 1412 0 - Live 0xbf003000
```

모듈 Insert 후에 lsmod를 통해서 확인이 가능합니다.

29. Cross compiler (CodeSourcery G++) 설치하기

busybox를 컴파일 하는 것에 가장 적합한 툴체인은 CodeSourcery의 G++로 알려져 있습니다. 우리도 이것을 이용할 것입니다. 무료로 사용할 수 있는 Lite를 설치할 것입니다.

29.1. Code Sourcery G++ 다운로드

http://www.codesourcery.com/에 접속하도록 합니다.

Sourcery G++은 GNU 툴체인에 기초한 소프트웨어 개발 환경입니다. GNU C와 C++ 컴파일러 및 Eclipse IDE와 다른 많은 것들을 포함하고 있습니다.

29.1.1. Sourcery G++ 제품 종류

Professional Edition	가장 높은 우선 순위의 지원을 받고자 하는 완전한 툴 솔루션 IDE, C/C++ 컴파일러, 소스/어셈블리 레벨 디버거 포함 런타임 라이브러리에 대한 디버깅 가능한 버전 포함	개발자당 $2,799
Standard Edition	Professional Edition과 같은 구성 지원과 관련한 우선 순위만 조금 후 순위	개발자당 $1,599
Personal Edition	개인 개발자를 위한 적절한 가격의 구성 IDE, C/C++ 컴파일러, simulator, JTAG/BDM 지원	개발자당 $399
Academic Edition	연구 프로젝트를 위한 학생용 버전 Personal Edition과 같은 구성. 상업용으로 사용 불가능	개발자당 $99
Lite Edition	Core 개발 툴 만을 가지고 있는 Command-line only 버전	Free

지원은 불가능

Sourcery G++을 사용할 것이기 때문에 http://www.codesourcery.com/sgpp로 접속합니다.

위 구성 제품 종류 중에서 우리가 설치할 것은 무료인 Lite Edition입니다. 사실 돈을 주고 구매를 한다면 보다 더 완전한 지원을 받을 수 있겠지만 우리는 Free 버전을 설치할 것이기 때문에 지원과 관련해서는 완전한 장점을 갖기는 어려울 것입니다. 돈에 여유가 있는 독자 분들은 개인용 버전 정도는 구매해서 사용해보시는 것도 좋을 것입니다.

29.1.2. Sourcery G++ Lite Edition

http://www.codesourcery.com/sgpp/lite_edition.html에 접속합니다.

Sourcery G++ Lite Edition은 무료입니다만 command-line 툴을 가지고 있고, GNU C/C++ 컴파일러, GNU 어셈블러와 링커, C/C++ 런타임 라이브러리, GNU 디버거를 포함하고 있습니다.

Sourcery G++ Lite Edition은 다음의 프로세서들을 지원합니다.
ARM, ColdFire, Intel, MIPS, Power, SuperH

Sourcery G++ Lite Edition에 대해서는 CodeSourcery 회사에서는 지원을 제공하지 않습니다. 다만 공개적인 포럼 등을 이용해서 여러 가지 정보를 얻을 수 있을 것입니다. Lite Edition에 대한 업데이트는 년 중 한 두 번 정도 이루어지고 있다고 합니다.

29.1.3. Lite Edition ARM 다운로드

우리는 ARM 용을 다운받을 것이기 때문에 ARM 부분을 선택해서 아래 링크로 접속합니다.
http://www.codesourcery.com/sgpp/lite/arm

Sourcery G++ Lite Edition은 모든 아키텍처에 대해서 ARM, Thumb, Thumb-2에 대한 컴파일을 지원합니다. ARM Architecture Version 7에 대한 것까지 포함되어 있다고 하니까 Cortex 계열에 대한 컴파일도 가능할 것입니다.

현재의 최신 릴리즈는 2010년 봄 버전입니다. 하지만 우리는 이 최신버전을 설치하지는 않을 것입니다. 최신버전에 포함된 GCC 4.4 버전에 대한 부분이 살짝 문제를 일으킬 수 있습니다. 필자가 시험해 본 결과 Trace 32 디버거와 GCC 4.4 버전은 조금 문제가 있습니다. 그래서 어쩔 수 없이 최신 버전을 사용하는 것은 어려워 보입니다. 이와 같이 항상 최신 버전이 모든 면에서 좋은 것은 아닙니다. 버전에 대한 선택 또한 매우 어려운 일들 중의 하나입니다.

현재 사이트의 접속 상태에서 아래 그림을 확인할 수 있습니다.

- Subscribe to the mailing list to be automatically notified of new releases as they become available.
- Get answers to frequently asked questions about CodeSourcery's current and future releases.
- **Download** the current release.
- Ask questions on the Discussion mailing list. Sourcery G++ Lite Edition does not include support, but feedback is appreciated.

Download 부분을 클릭하면 아래 링크로 접속됩니다.

http://www.codesourcery.com/sgpp/lite/arm/portal/subscription?@template=lite

Download Sourcery G++ Lite Edition for ARM

Target OS	Download
EABI	Sourcery G++ Lite 2010q1-188 All versions...
uClinux	Sourcery G++ Lite 2010q1-189 All versions...
GNU/Linux	Sourcery G++ Lite 2010q1-202 **All versions...**
SymbianOS	Symbian ADT Sourcery G++ Lite 4.4-172 All versions...

GNU/Linux를 선택합니다. 여기서 All versions를 선택하면 최신 버전 외에도 이전에 릴리즈 된 버전들도 확인할 수 있습니다. 우리는 최신 버전을 다운로드 받을 것이 아니기 때문에 "All versions"를 선택합니다.

All Available Releases

This table lists all releases available with your subscription. new development.

Release	Status	Date
Sourcery G++ Lite 2010q1-202	Release	2010-04-23
Sourcery G++ Lite 2009q3-67	Release	2009-10-20
Sourcery G++ Lite 2009q1-203	Update	2009-05-24
Sourcery G++ Lite 2009q1-176	Release	2009-05-12
Sourcery G++ Lite 2008q3-72	**Update**	**2008-11-24**
Sourcery G++ Lite 2008q3-41	Release	2008-10-07
Sourcery G++ Lite 2008q1-126	Release	2008-08-03
Sourcery G++ Lite 2007q3-51	Release	2008-08-03
Sourcery G++ Lite 2007q1-21	Update	2008-08-03
Sourcery G++ Lite 2007q1-10	Release	2008-08-03
Sourcery G++ Lite 2006q3-26	Release	2008-08-03
Sourcery G++ Lite 2006q1-6	Release	2008-08-03
Sourcery G++ Lite 2006q1-3	Release	2008-08-03
Sourcery G++ Lite 2005Q1B	Release	2008-08-03

"All versions"를 선택하면 아래 링크로 접속됩니다.
http://www.codesourcery.com/sgpp/lite/arm/portal/subscription3057
위 내용 중에서 "Sourcery G++ Lite 2008q3-72"를 선택합니다. Sourcery G++ Lite 2008q3-72는 gcc version 4.3.2를 사용합니다.

"Sourcery G++ Lite 2008q3-72"를 선택하면 아래 링크로 접속됩니다.
http://www.codesourcery.com/sgpp/lite/arm/portal/release644

고급 사용자라면 Advanced Packages를 받아서 활용할 수 있겠지만 그럴 필요는 없습니다. Recommended Packages면 충분합니다. 또 우리는 리눅스 환경에서 사용할 것이기 때문에 "IA32 GNU/Linux Installer"를 선택합니다. 클릭을 하면 다운로드가 시작됩니다.

http://www.codesourcery.com/sgpp/lite/arm/portal/package3698/public/arm-none-linux-gnueabi/arm-2008q3-72-arm-none-linux-gnueabi.bin
약 127 MB의 크기를 가지는 파일입니다.

> 위 그림을 보면 관련한 모든 문서에 대한 리스트가 나와 있습니다. 이들 문서들을 모두 다운로드 받아서 시간이 될 때마다 참조하시기 바랍니다.

29.2. Code Sourcery G++ 설치

이제 위에서 다운로드 받은 파일을 이용해서 설치 작업을 진행해 보도록 하겠습니다.

29.2.1. Lite Edition 설치

다운로드 받은 설치 파일을 우분투 쪽으로 적절히 옮겨주셔야 합니다.

```
yhoh@ubuntu:~/zTmp$ cp ../tmpPC/arm-2008q3-72-arm-none-linux-gnueabi.bin .
yhoh@ubuntu:~/zTmp$ l
/home/yhoh/zTmp
total 130116
-rwx------ 1 yhoh yhoh 133232488 2010-08-25 11:02 arm-2008q3-72-arm-none-linux-gnueabi.bin
```

저는 공유 폴더를 이용해서 복사 했습니다. 임의의 폴더에 복사를 했습니다.

```
yhoh@ubuntu:~/zTmp$ sudo ./arm-2008q3-72-arm-none-linux-gnueabi.bin
```

/usr/local에 설치를 할 것이기 때문에 sudo로 arm-2008q1-126-arm-none-eabi.bin를 실행해서 설치하면 됩니다.

```
yhoh@ubuntu:~/zTmp$ sudo ./arm-2008q3-72-arm-none-linux-gnueabi.bin
[sudo] password for yhoh:
Preparing to install...
Extracting the JRE from the installer archive...
Unpacking the JRE...
Extracting the installation resources from the installer archive...
Configuring the installer for this system's environment...

Launching installer...
```

필요한 조치들을 자동으로 취해주면서 UI가 동작하게 됩니다. 초기 Welcome 화면의 GUI가 실행됩니다. Next를 눌러 진행 합니다. Welcome 화면에서 Next를 누르면 바로 라이센스와 관련한 내용이 나타납니다. 당연히 라이센스 관련한 부분은 동의를 해주셔야 합니다. 라이센스에 동의를 하기 위해서 "I accept the terms of the License Agreement" 부분을 선택하고 Next를 눌러 설치 작업을 계속 진행 합니다.

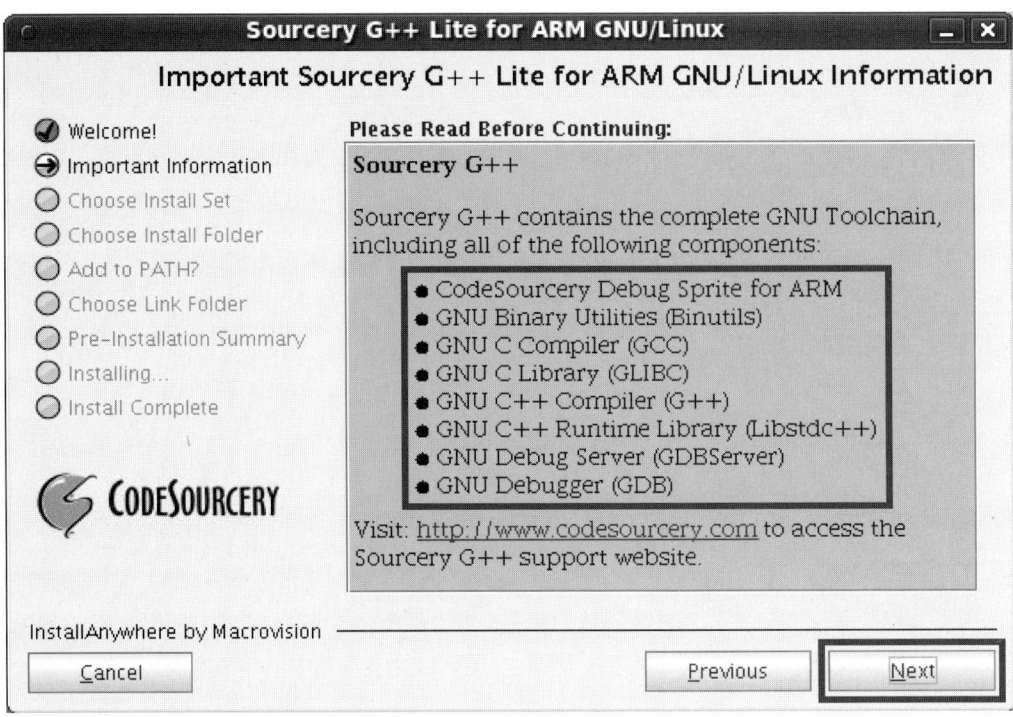

설치될 부분들에 대한 정보가 나타나 있습니다. Next를 눌러 진행합니다.

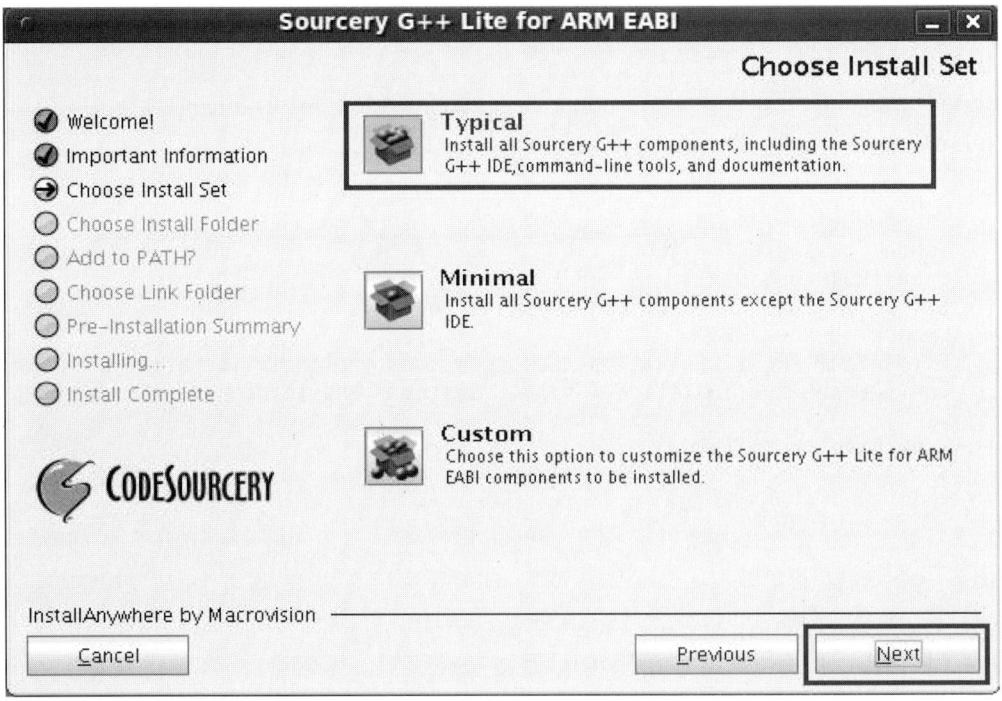

Install Set을 선택하는 화면에서는 디폴트인 Typical을 그대로 선택 한 후 계속 진행 합니다. 색깔이 푸른 색으로 되어 있으면 선택이 된 것입니다.

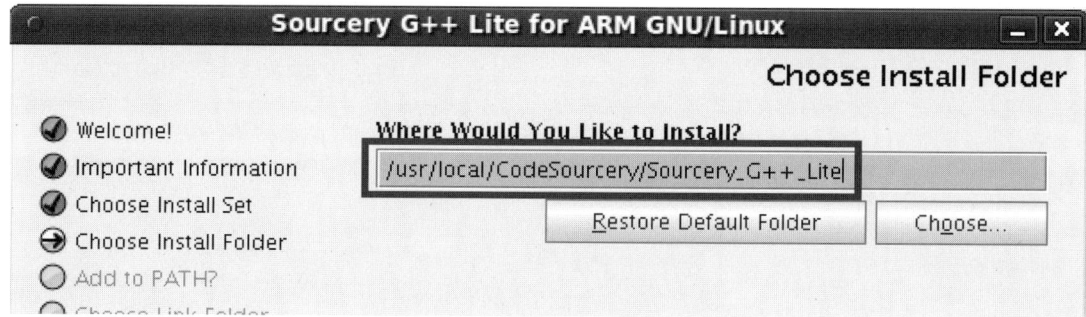

설치 위치를 선택 합니다. sudo로 실행하였기 때문에 디폴트로 /root로 되어 있을 것인데 이것을 "/usr/local/CodeSourcery/Sourcery_G++_Lite"로 설치 폴더를 변경하고 Next를 누릅니다.

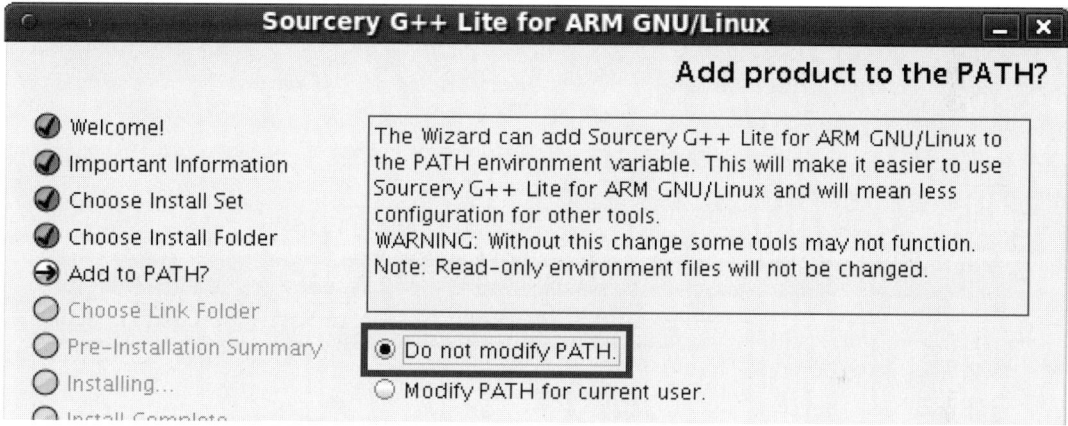

패스 설정에 대한 것을 묻고 있는데 이 부분은 일단 "Do not modify PATH"로 선택하시기 바랍니다. 뒤에서 수동으로 작업을 하는 것이 보다 편리합니다. Next를 눌러 설치 작업을 계속 합니다.

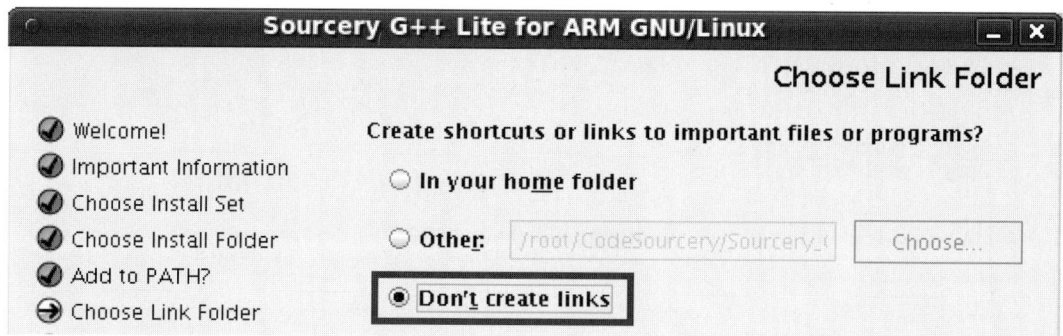

링크를 생성 할 지를 물어봅니다. 이 부분은 사실 별 필요가 없는 부분이기 때문에 생략해도 됩니다.
"Don't create links"를 선택하고 Next를 누릅니다.

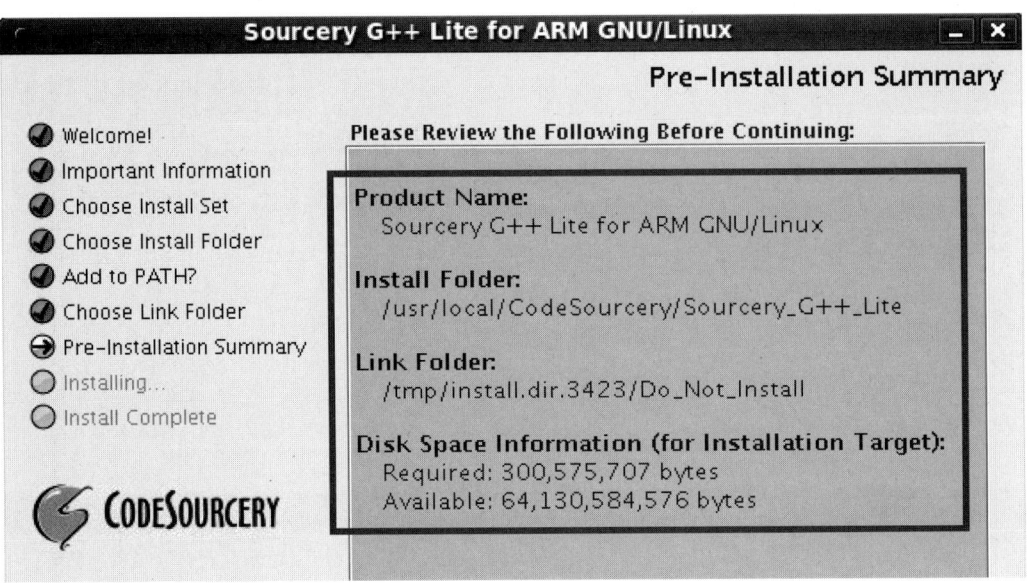

마법사가 최종적으로 설치 옵션을 보여줍니다. 문제가 없으면 그대로 Install을 눌러 설치를 진행 합니다. 잠시 후 설치 완료 화면을 볼 수 있습니다.

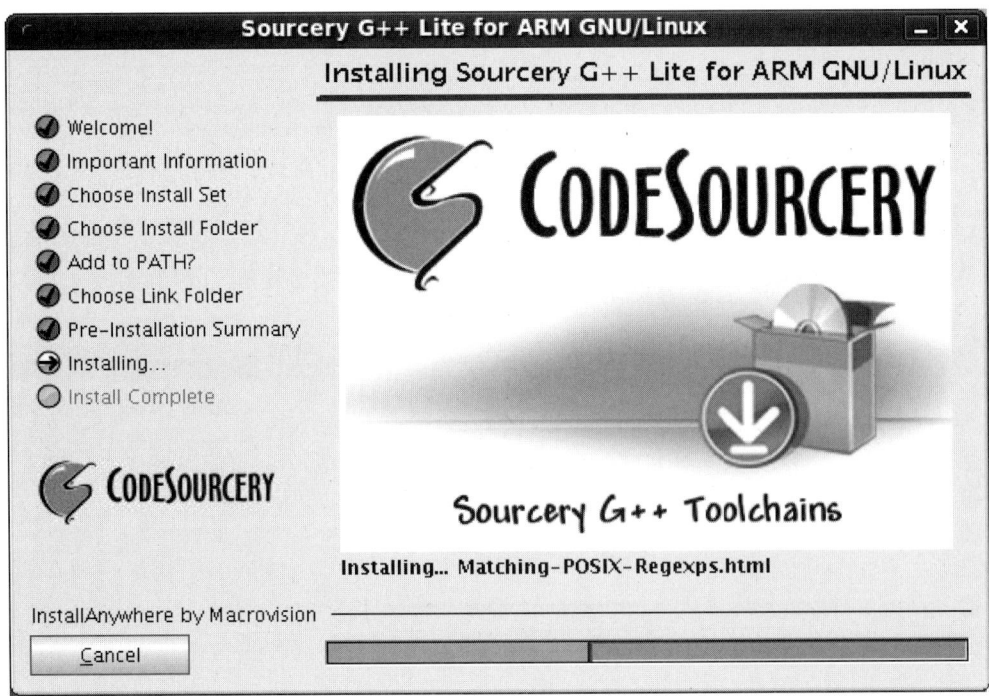

잠시 동안 위의 설치 작업이 진행됩니다.

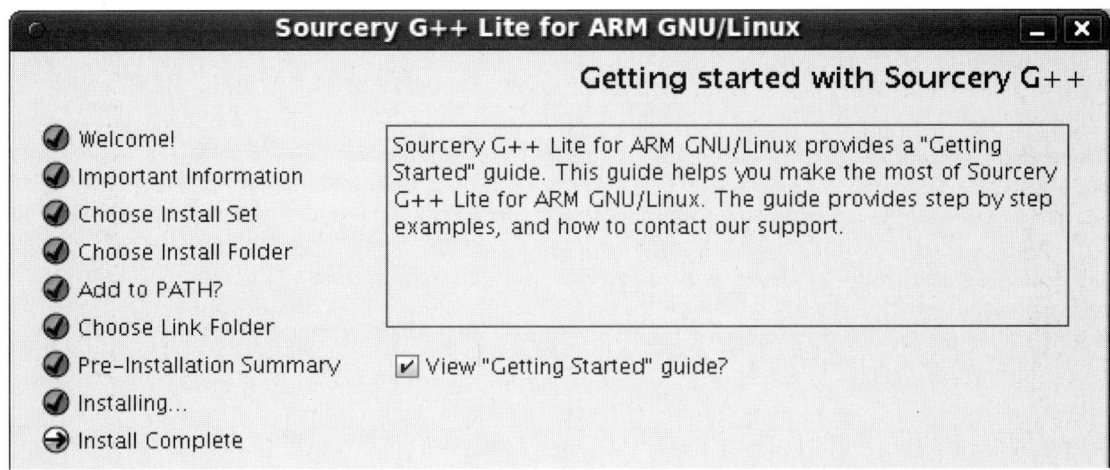

Getting Started 파일을 볼 것인지를 묻고 있는데 처음 사용하시는 분들이라면 한번쯤 읽어 보시는 것이 좋을 것입니다.

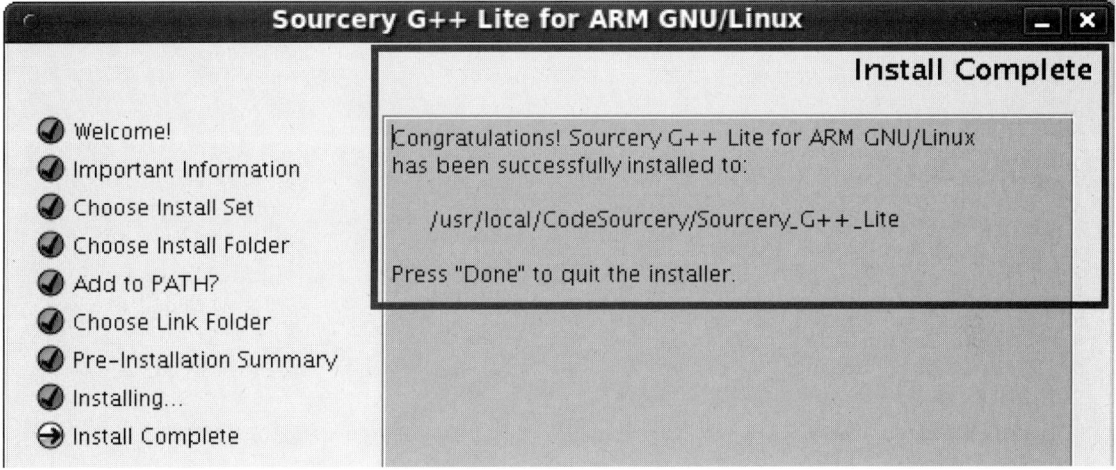

위 화면이 나타나면 설치 작업이 모두 종료한 것입니다. Done을 누르면 끝나게 됩니다.

29.3. 설치 확인 및 Path 설정

설치가 제대로 되었는지 확인 해 봅니다.

```
yhoh@ubuntu:/usr/local/CodeSourcery$ l
/usr/local/CodeSourcery
```

```
total 4
drwxr--r-- 9 root root 4096 2010-08-25 11:21 Sourcery_G++_Lite
yhoh@ubuntu:/usr/local/CodeSourcery$ cd Sourcery_G++_Lite/
bash: cd: Sourcery_G++_Lite/: Permission denied
yhoh@ubuntu:/usr/local/CodeSourcery$ sudo chmod 755 Sourcery_G++_Lite/
yhoh@ubuntu:/usr/local/CodeSourcery$ l
/usr/local/CodeSourcery
total 4
drwxr-xr-x 9 root root 4096 2010-08-25 11:21 Sourcery_G++_Lite
yhoh@ubuntu:/usr/local/CodeSourcery$ cd Sourcery_G++_Lite/
yhoh@ubuntu:/usr/local/CodeSourcery/Sourcery_G++_Lite$
```

/usr/local/CodeSourcery에 들어가서 Sourcery_G++_Lite로 폴더를 이동하려고 하는데 위와 같이 권한이 없다면서 거부가 됩니다. Sourcery_G++_Lite 폴더가 drwxr--r--로 되어 있기 때문에 사용자 ID로는 폴더 내부에 진입할 수 없게 되어 있기 때문입니다. 이것을 drwxr-xr-x로 변경하기 위해서 chmod 755를 수행합니다. 이후에는 정상적으로 진입이 가능해졌습니다.

```
yhoh@ubuntu:/usr/local/CodeSourcery/Sourcery_G++_Lite/bin$ ls
arm-none-linux-gnueabi-addr2line    arm-none-linux-gnueabi-gprof
arm-none-linux-gnueabi-ar           arm-none-linux-gnueabi-ld
arm-none-linux-gnueabi-as           arm-none-linux-gnueabi-nm
arm-none-linux-gnueabi-c++          arm-none-linux-gnueabi-objcopy
arm-none-linux-gnueabi-c++filt      arm-none-linux-gnueabi-objdump
arm-none-linux-gnueabi-cpp          arm-none-linux-gnueabi-ranlib
arm-none-linux-gnueabi-g++          arm-none-linux-gnueabi-readelf
arm-none-linux-gnueabi-gcc          arm-none-linux-gnueabi-size
arm-none-linux-gnueabi-gcc-4.3.2    arm-none-linux-gnueabi-sprite
arm-none-linux-gnueabi-gcov         arm-none-linux-gnueabi-strings
arm-none-linux-gnueabi-gdb          arm-none-linux-gnueabi-strip
arm-none-linux-gnueabi-gdbtui
yhoh@ubuntu:/usr/local/CodeSourcery/Sourcery_G++_Lite/bin$
```

바로 위의 내용이 우리가 빌드를 수행하게 될 파일들입니다.

```
yhoh@ubuntu:~/zTmp$ arm-none-linux-gnueabi-gcc -v
arm-none-linux-gnueabi-gcc: command not found
```

Path에 대한 설정이 되어 있지 않기 때문에 파일을 찾지 못하고 있습니다. 수동으로 패스를 설정해 주도록 하겠습니다.

```
yhoh@ubuntu:~$ gedit .bashrc
```

gedit .bashrc를 수행해서 아래의 내용을 파일의 가장 뒤에 추가합니다.

```
# for CodeSourcery Sourcery_G++_Lite path
export PATH=$PATH:/usr/local/CodeSourcery/Sourcery_G++_Lite/bin
```

저장 후 파일을 닫고, 터미널을 새로 실행 한 후 다시 테스트 해 봅니다. (터미널을 꼭 새로 실행해야 하는 것은 아닙니다. source나 점(.)을 이용해서 .bashrc를 다시 수행하도록 해도 됩니다.)

```
yhoh@ubuntu:~/zTmp$ arm-none-linux-gnueabi-gcc -v
Using built-in specs.
Target: arm-none-linux-gnueabi
Configured with: /scratch/julian/lite-respin/linux/src/gcc-4.3/configure --build=i686-pc-linux-gnu --host=i686-pc-linux-gnu --target=arm-none-linux-gnueabi --enable-threads --disable-libmudflap --disable-libssp --disable-libstdcxx-pch --with-gnu-as --with-gnu-ld --enable-languages=c,c++ --enable-shared --enable-symvers=gnu --enable-__cxa_atexit --with-pkgversion='Sourcery G++ Lite 2008q3-72' --with-bugurl=https://support.codesourcery.com/GNUToolchain/ --disable-nls --prefix=/opt/codesourcery --with-sysroot=/opt/codesourcery/arm-none-linux-gnueabi/libc --with-build-sysroot=/scratch/julian/lite-respin/linux/install/arm-none-linux-gnueabi/libc --with-gmp=/scratch/julian/lite-respin/linux/obj/host-libs-2008q3-72-arm-none-linux-gnueabi-i686-pc-linux-gnu/usr --with-mpfr=/scratch/julian/lite-respin/linux/obj/host-libs-2008q3-72-arm-none-linux-gnueabi-i686-pc-linux-gnu/usr --disable-libgomp --enable-poison-system-directories --with-build-time-tools=/scratch/julian/lite-respin/linux/install/arm-none-linux-gnueabi/bin --with-build-time-tools=/scratch/julian/lite-respin/linux/install/arm-none-linux-gnueabi/bin
Thread model: posix
gcc version 4.3.2 (Sourcery G++ Lite 2008q3-72)
```

v 옵션을 주어 arm-none-linux-gnueabi-gcc를 실행시키면 각종 정보를 출력하게 됩니다. 위와 같이 정상적으로 실행되는 것을 확인할 수 있습니다. 이제 컴파일러 설치가 완료된 것입니다

30. 안드로이드 파일시스템에 busybox 설치하기

이번 장에서는 기존에 안드로이드 파일시스템에서 디폴트로 사용하고 있는 shell까지 대체할 수 있는 매우 유용한 툴인 busybox를 설치해서 사용해 보는 것을 해보도록 하겠습니다.

http://cafe.naver.com/embeddedcrazyboys/7045
위 링크에서 전반적인 내용을 참조하실 수 있을 것입니다.

30.1. busybox 개요

30.1.1. 안드로이드 디폴트 쉘의 불편함

```
# vi
vi: not found
# grep
grep: not found
# cd dato^H^H^H^H
```

vi도 없고, grep도 없고, 심지어는 data라는 폴더로 옮기려다가 잘못 입력해서 dato가 되었는데 이것을 지울 수도 없습니다. 여간 불편한 게 아닙니다. 디폴트로 사용하는 쉘은 /system/bin/sh인데 이것의 기능은 사실 거의 없다고 해도 과언이 아닐 정도입니다. 이것은 꼭 다른 것으로 바꾸어 주어야 할 것입니다. 그리고 리눅스에서 흔하게 쓰는 많은 명령들이 존재하질 않습니다. vi나 grep 조차 쓸 수 없으니 사실 터미널에서 뭘 할 수 있는 것이 거의 없을 정도입니다.

30.1.2. BusyBox란?

http://www.busybox.net/을 접속하면 아래 내용을 찾을 수 있습니다.

 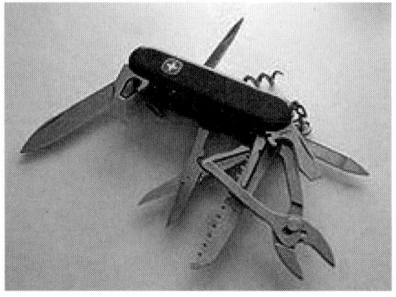

BusyBox: The Swiss Army Knife of Embedded Linux

BusyBox는 임베디드 리눅스의 스위스 군용 칼이라고 합니다. 참 자신감에 넘치는 광고 문구가 아닌가 합니다. 군용 칼을 잘 생각해보면 BusyBox와 연관성을 발견할 수 있습니다. 위 그림의 오른쪽 부분은 http://en.wikipedia.org/wiki/Swiss_Army_knife에서 찾은 그림입니다. Wenger Swiss Army knife입니다. 하나의 도구 안에 여러 가지 도구가 모여 있습니다. BusyBox 역시 이런 의미를 가지고 있습니다. 하나의 BusyBox에 작은 여러 가지 도구가 모여 있는 것입니다.

BusyBox는 많은 일반적인 유닉스 유틸리티들을 하나의 작은 실행파일로 모아 놓은 것을 말합니다. 이들 유틸리티들은 기능이 모두 포함된 것이 아니라 좀 작게 꼭 필수적으로 있어야 하는 기능만 가지고 있는 버전입니다. 보통의 유틸리티보다는 보다 적은 옵션들을 가지고 있게 됩니다. GNU에서 발견할 수 있는 파일 유틸리티, 쉘 유틸리티가 대부분 포함되어 있습니다. 뒤에서 설치를 통해서 아시게 되겠지만 BusyBox 하나로 하나의 작은 유닉스 환경을 갖춘다고 생각해도 될 정도입니다.

30.2. busybox 다운로드와 빌드

30.2.1. BusyBox 다운로드

http://www.busybox.net/에 접속해서 최신 버전의 압축 파일을 다운로드 받습니다.

> • 25 July 2010 -- BusyBox 1.17.1 (stable)
>
> BusyBox 1.17.1. (git, patches, how to add a patch)
>
> Bug fix release. 1.17.1 has fixes for build system (out-of-tree build was broken), acpid (fix for older kernel headers), depmod (now generates new-style modules.dep with relative paths), diff (fix for "diff DIR1 DIR2/" - note the trailing slash), dos2unix (fix for invocation without parameters), ip r (was not working since "r" abbreviates both "route" and "rule"; aliased to "route" now), mktemp (fix regression which prevented kernel builds) modprobe (fix modprobe -l), vi (fix "ask terminal" code), wget (fix for progress indicator)

http://busybox.net/downloads/busybox-1.17.1.tar.bz2
BusyBox 1.17.1부분에서 링크를 복사하면 위와 같습니다.

```
yhoh@ubuntu:~/busybox$ wget http://busybox.net/downloads/busybox-1.17.1.tar.bz2
--2010-08-24 14:46:57--   http://busybox.net/downloads/busybox-1.17.1.tar.bz2
Resolving busybox.net... 140.211.167.224
Connecting to busybox.net|140.211.167.224|:80... connected.
HTTP request sent, awaiting response... 200 OK
Length: 2091108 (2.0M) [application/x-tar]
Saving to: `busybox-1.17.1.tar.bz2'
```

```
100%[======================================>] 2,091,108    986K/s   in 2.1s
2010-08-24 14:47:01 (986 KB/s) - `busybox-1.17.1.tar.bz2' saved [2091108/2091108]
```

busybox라는 폴더를 만들고 거기에 wget을 이용해서 위 링크를 직접 다운로드 받았습니다.

```
yhoh@ubuntu:~/busybox$ tar xvf busybox-1.17.1.tar.bz2
```

tar 명령을 통해서 다운받은 파일의 압축을 풀었습니다.

```
yhoh@ubuntu:~/busybox/busybox-1.17.1$ ls
applets         e2fsprogs      LICENSE           networking    TEST_config_nommu
arch            editors        loginutils        printutils    TEST_config_noprintf
archival        examples       mailutils         procps        TEST_config_rh9
AUTHORS         findutils      Makefile          README        testsuite
Config.in       include        Makefile.custom   runit         TODO
console-tools   init           Makefile.flags    scripts       TODO_unicode
coreutils       INSTALL        Makefile.help     selinux       util-linux
debianutils     libbb          miscutils         shell
docs            libpwdgrp      modutils          sysklogd
yhoh@ubuntu:~/busybox/busybox-1.17.1$
```

30.2.2. BusyBox 빌드 – config 수정

```
yhoh@ubuntu:~/busybox/busybox-1.17.1$ make menuconfig
```

make menuconfig를 수행해서 config를 변경해 줍니다. 물론 make xconfig를 이용할 수도 있습니다. 직접 설정을 변경할 수도 있지만 UI를 이용하는 것이 편리할 것입니다.

```
BusyBox 1.17.1 Configuration
┌─────────────── Busybox Configuration ───────────────┐
│ Arrow keys navigate the menu. <Enter> selects submenus --->.    │
│ Highlighted letters are hotkeys. Pressing <Y> includes, <N> excludes, │
│ <M> modularizes features. Press <Esc><Esc> to exit, <?> for Help, </> │
│ for Search. Legend: [*] built-in  [ ] excluded  <M> module  < >   │
│ ┌─────────────────────────────────────────────────┐ │
│ │    Busybox Settings  --->                       │ │
│ │ --- Applets                                     │ │
│ │    rchival Utilities  --->                      │ │
│ │    oreutils  --->                               │ │
│ │    onsole Utilities  --->                       │ │
│ │    ebian Utilities  --->                        │ │
│ │    ditors  --->                                 │ │
│ │    inding Utilities  --->                       │ │
│ │    nit Utilities  --->                          │ │
│ │    ogin/Password Management Utilities  --->     │ │
│ └─────────────────────────────────────────────────┘ │
│            <Select>    < Exit >    < Help >          │
└─────────────────────────────────────────────────────┘
```

Busybox Settings를 선택합니다.

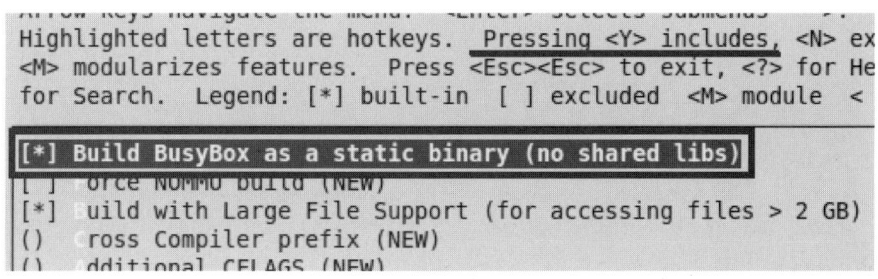

위 화면에서 Build Options를 선택합니다. 여기서 설정할 내용은 두 가지입니다.

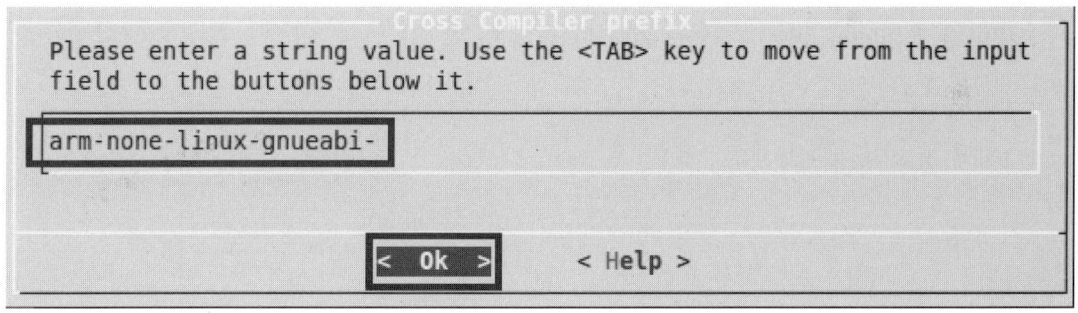

먼저 Shared Library를 사용할 것인지 아니면 static하게 빌드해서 바이너리로 만들 것인지를 결정해야 합니다. 우리는 Static binary로 빌드를 수행할 것입니다. 이렇게 수행하는 것이 나중에 안드로이드 파일 시스템에 인스톨을 수행할 때 라이브러리들은 따로 복사해 주지 않아도 되기 때문에 편리합니다. 두 번째 설정할 것은 컴파일러에 대한 것입니다. 위 그림에서 Cross Compiler prefix 부분을 선택합니다.

이전 장에서 설치했던 CodeSourcery G++을 이용해서 빌드할 것이기 때문에 그에 대한 것을 적어 주셔야 합니다. 이때 폴더는 필요 없고 prefix 부분만 적어 주시면 됩니다.
/usr/local/CodeSourcery/Sourcery_G++_Lite/bin에 있는 arm-none-linux-gnueabi-gcc에 접근한다고 했을 때 arm-none-linux-gnueabi- 부분까지만 적어주면 됩니다. 이것은 사실 예전에 툴 체인에서 설정했던 CROSS_COMPILE과 관련한 부분이 됩니다.

```
# Cross-Compiler setting ...
export ARCH=arm
# export CROSS_COMPILE=/usr/local/arm/4.2.2-eabi/usr/bin/arm-linux-
export PATH=$PATH:/usr/local/arm/4.2.2-eabi/usr/bin
```

위와 같이 CROSS_COMPILE 부분에 대한 설정을 #으로 주석으로 처리해 주어야 합니다. 만약 이 작업을 수행하지 않게 되면 이전에 사용하던 4.2.2 EABI 툴체인으로 빌드가 되게 됩니다. 물론 4.2.2 EABI 툴체인으로 빌드를 하여도 별 문제는 없습니다. CodeSourcery G++를 사용하지 않으실 분들은 위 설정을 그대로 두고 4.2.2 EABI 툴체인을 이용하셔도 무방합니다.

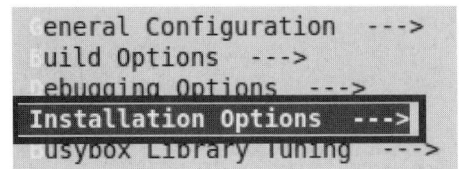

이제 마지막 하나의 설정만 수행하면 됩니다. ESC 키를 눌러 상위로 올라온 후에 이번에는 Installation Options를 선택합니다.

우리가 뒤에서 안드로이드 파일시스템에 BusyBox를 인스톨하는 작업을 수행하게 됩니다. 이때 디폴트로 사용하는 폴더가 /usr이 됩니다. 하지만 안드로이드 파일시스템에는 /usr 폴더가 존재하지 않습니다. 디폴트로 이 폴더를 이용하지 못하도록 막는 것입니다.

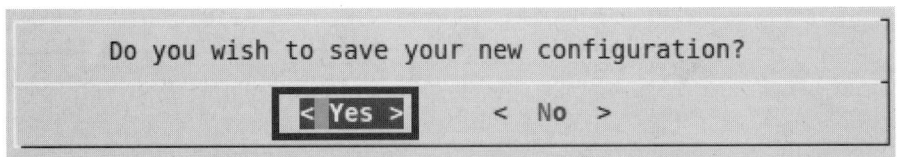

ESC 키를 계속 눌러서 빠져나오면 위와 같이 설정 저장을 묻는데 당연히 Yes를 누르고 빠져나옵니다.

```
... ... ... ... ... ... ...
scripts/kconfig/mconf Config.in
# using defaults found in /dev/null
*** End of configuration.
*** Execute 'make' to build the project or try 'make help'.
```

```
yhoh@ubuntu:~/busybox/busybox-1.17.1$
```

설정 작업은 위와 같은 로그를 출력하면서 정상적으로 종료됩니다.

```
# Build Options
CONFIG_STATIC=y
# CONFIG_PIE is not set
# CONFIG_NOMMU is not set
# CONFIG_BUILD_LIBBUSYBOX is not set
# CONFIG_FEATURE_INDIVIDUAL is not set
# CONFIG_FEATURE_SHARED_BUSYBOX is not set
CONFIG_LFS=y
CONFIG_CROSS_COMPILER_PREFIX="arm-none-linux-gnueabi-"
CONFIG_EXTRA_CFLAGS=""
... ... ... ... ... ...
# Installation Options
CONFIG_INSTALL_NO_USR=y
```

.config 파일을 살펴보면 위 내용을 발견할 수 있습니다. 위에서 menuconfig를 통해서 수정한 내용이 저장되어 있는 것을 확인할 수 있습니다.

이제 단순히 make만 수행하면 빌드를 할 수 있습니다. make를 수행하도록 합니다.

30.2.3. BusyBox 빌드 – IFLA_LINKINFO, IFLA_INFO_KIND 에러 수정

```
networking/libiproute/iplink.c: In function 'do_change':
networking/libiproute/iplink.c:336: error: 'IFLA_LINKINFO' undeclared (first use in this function)
networking/libiproute/iplink.c:336: error: (Each undeclared identifier is reported only once
networking/libiproute/iplink.c:336: error: for each function it appears in.)
networking/libiproute/iplink.c:337: error: 'IFLA_INFO_KIND' undeclared (first use in this function)
make[1]: *** [networking/libiproute/iplink.o] Error 1
make: *** [networking/libiproute] Error 2
```

최초 make시에 위와 같은 에러를 발견할 수 있습니다. 정의되지 않은 값을 사용하고 있다는 것입니다. IFLA_LINKINFO와 IFLA_INFO_KIND 두 값이 정의되지 않았다고 합니다. 실제로 찾아보아도 발견할 수가 없습니다.

이 내용은 사실 커널 부분에 정의된 것입니다. 실제로 IPv6와 관련해서 변경 작업이 되면서 위 내용과 관련한 것들이 추가되었는데 그 부분에 대한 헤더 파일이 미처 포함되지 못한 것으로 보입니다. 빌드를 위해서 그 헤더 파일을 단순히 복사하는 것으로 충분합니다. 물론 위에서 에러가 난 iplink.c 파일에서 임의의 값으로 IFLA_LINKINFO와 IFLA_INFO_KIND를 정의하고 빌드를 해도 특별히 문제가 되지는 않지만 이왕이면 보다 정확하게 빌드를 수행하는 것이 좋을 것입니다.

android_mango100/Kernel_v2.6.29/mango100_kernel_2010_07_15/include/linux/**if_link.h**를 살펴보면 아래 내용을 발견할 수 있습니다.

```
enum{
… … … … … … …
        IFLA_OPERSTATE,
        IFLA_LINKMODE,
        IFLA_LINKINFO,
#define IFLA_LINKINFO IFLA_LINKINFO
        IFLA_NET_NS_PID,
        IFLA_IFALIAS,
        __IFLA_MAX
};
… … … … … … …
enum{
        IFLA_INFO_UNSPEC,
        IFLA_INFO_KIND,
        IFLA_INFO_DATA,
        IFLA_INFO_XSTATS,
        __IFLA_INFO_MAX,
};
```

위에서 에러가 출력되면서 정의되지 않았다고 한 두 개의 값을 모두 발견할 수 있습니다. 모두 enum으로 정의 된 값입니다.

```
yhoh@ubuntu:~$ diff
android_mango100/Kernel_v2.6.29/mango100_kernel_2010_07_15/include/linux/if_link.h
android_mango64/mango64_kernel_2010_07_02/include/linux/if_link.h
```

if_link.h 파일에 대해서 망고100과 망고64의 커널에서 비교를 해보면 위와 같이 완전하게 동일한 파일임을 알 수 있습니다.

```
yhoh@ubuntu:~/busybox/busybox-1.17.1$ cd include/
```

```
yhoh@ubuntu:~/busybox/busybox-1.17.1/include$ mkdir linux
yhoh@ubuntu:~/busybox/busybox-1.17.1/include$ cd linux/
yhoh@ubuntu:~/busybox/busybox-1.17.1/include/linux$ cp
~/android_mango100/Kernel_v2.6.29/mango100_kernel_2010_07_15/include/linux if_link.h.
yhoh@ubuntu:~/busybox/busybox-1.17.1/include/linux$ l
/home/yhoh/busybox/busybox-1.17.1/include/linux
total 8
-rw-r--r-- 1 yhoh yhoh 4530 2010-08-24 16:41 if_link.h
yhoh@ubuntu:~/busybox/busybox-1.17.1/include/linux$
```

현재 busybox 빌드 폴더에 있는 include에는 linux 폴더가 없기 때문에 새로 만들어 주고, 여기에 망고100 혹은 망고64에 있는 if_link.h를 복사해 옵니다.

```
yhoh@ubuntu:~/busybox/busybox-1.17.1$ make
  HOSTCC   scripts/basic/fixdep
  HOSTCC   scripts/basic/split-include
scripts/basic/split-include.c: In function 'main':
scripts/basic/split-include.c:134: warning: ignoring return value of 'fgets', declared with attribute
warn_unused_result
  HOSTCC   scripts/basic/docproc
… … … … … … …
  LINK     busybox_unstripped
Trying libraries: crypt m
 Library crypt is not needed, excluding it
 Library m is needed, can't exclude it (yet)
Final link with: m
  DOC      busybox.pod
  DOC      BusyBox.txt
  DOC      BusyBox.1
  DOC      BusyBox.html
yhoh@ubuntu:~/busybox/busybox-1.17.1$
```

이제 make를 수행하면 위와 같이 문제없이 빌드를 마치게 됩니다.

그런데 위의 내용 중에서 crypt와 m 라이브러리에 대한 출력문이 조금은 거슬립니다. 뭔가 오류가 발생한 것은 아닌가 하는 생각이 들지만 특별한 오류는 아닙니다. Library crypt는 필요가 없기 때문에 빌드 상황에서 제외를 하는 것입니다. 그래서 제외가 되었다는 것이고, Library m은 필요하고 그래서 제외할 수 없다는 것이고 링크가 되었다는 것입니다.

```
yhoh@ubuntu:~/busybox/busybox-1.17.1$ ls
applets                 docs          Makefile          shell
arch                    e2fsprogs     Makefile.custom   sysklogd
archival                editors       Makefile.flags    test
AUTHORS                 examples      Makefile.help     TEST_config_nommu
busybox                 findutils     miscutils         TEST_config_noprintf
busybox.links           include       modutils          TEST_config_rh9
busybox_unstripped      init          networking        testsuite
busybox_unstripped.map  INSTALL       printutils        TODO
busybox_unstripped.out  libbb         procps            TODO_unicode
Config.in               libpwdgrp     README            util-linux
console-tools           LICENSE       runit
coreutils               loginutils    scripts
debianutils             mailutils     selinux
yhoh@ubuntu:~/busybox/busybox-1.17.1$
```

리스트를 해보면 busybox라는 실행파일이 만들어져 있습니다.

30.3. 망고64에 설치해서 수행시키기

먼저 망고64에서 BusyBox를 동작시켜 보도록 하겠습니다. 이를 위해서는 인스톨 작업을 해주고 설정을 조금 변경해 주어야 합니다.

30.3.1. BusyBox Install

BusyBox를 인스톨 하는 방법 중에서는 busybox 실행파일을 먼저 안드로이드 파일시스템에 복사한 이후에 실행을 해서 인스톨이 되도록 하는 방법도 있지만 우리는 NFS를 사용하고 있고, 그 NFS 영역에 바로 make를 이용해서 인스톨이 되도록 하는 방법이 보다 편리할 것입니다.

```
yhoh@ubuntu:~/busybox/busybox-1.17.1$ make
CONFIG_PREFIX=/home/yhoh/nfsroot/mango64_android install
```

방법은 위와 같이 CONFIG_PREFIX를 지정해서 빌드를 수행해 주는 것입니다. 그러면서 가장 뒤에 타겟을 지정하는데 이 값을 install로 설정하면 CONFIG_PREFIX에 지정한 폴더로 busybox가 인스톨 되게 됩니다.

```
yhoh@ubuntu:~/busybox/busybox-1.17.1$ make
CONFIG_PREFIX=/home/yhoh/nfsroot/mango64_android install
  /home/yhoh/nfsroot/mango64_android/bin/[ -> busybox
  /home/yhoh/nfsroot/mango64_android/bin/[[ -> busybox
  /home/yhoh/nfsroot/mango64_android/bin/addgroup -> busybox
```

```
/home/yhoh/nfsroot/mango64_android/bin/adduser -> busybox
/home/yhoh/nfsroot/mango64_android/bin/arping -> busybox
/home/yhoh/nfsroot/mango64_android/bin/ash -> busybox
/home/yhoh/nfsroot/mango64_android/bin/awk -> busybox
/home/yhoh/nfsroot/mango64_android/bin/basename -> busybox
... ... ... ... ... ...
/home/yhoh/nfsroot/mango64_android/sbin/udhcpc -> ../bin/busybox
/home/yhoh/nfsroot/mango64_android/sbin/udhcpd -> ../bin/busybox
/home/yhoh/nfsroot/mango64_android/sbin/vconfig -> ../bin/busybox
/home/yhoh/nfsroot/mango64_android/sbin/watchdog -> ../bin/busybox
/home/yhoh/nfsroot/mango64_android/sbin/zcip -> ../bin/busybox
--------------------------------------------------
You will probably need to make your busybox binary setuid root to ensure all configured applets will work properly.
--------------------------------------------------
yhoh@ubuntu:~/busybox/busybox-1.17.1$
```

위와 같이 인스톨 작업이 수행됩니다. 인스톨은 사실 별 것은 없습니다. busybox를 복사하고, 모든 명령들을 만들어서 바로 자신에게 링크를 걸어주는 작업입니다. busybox binary에 대해서 ID와 관련해서 실행 권한의 문제가 발생할 수 있음을 경고하고 있는데 특별한 문제는 없습니다.

```
yhoh@ubuntu:~/nfsroot/mango64_android$ ls
bin          dev                init.rc      proc         sqlite_stmt_journals
cache        etc                lib          sbin         sys
data         init               linuxrc      sdcard       system
default.prop init.goldfish.rc   module       shared_prefs test
yhoh@ubuntu:~/nfsroot/mango64_android$
```

위 그림과 같이 없었던 bin과 sbin 폴더가 만들어져 있는 것을 확인할 수 있습니다.

bin 폴더에 가 보면 모든 이름들이 바로 busybox를 가리키도록 링크만 되어 있습니다. sbin에도 역시 /bin/busybox를 가리키는 링크들이 생겨 있습니다.

30.3.2. BusyBox 설정 변경

BusyBox가 정상적으로 수행이 되기 위해서는 반드시 변경해 주어야 하는 부분이 있습니다. init.rc 파일에서 두 가지 설정을 변경해 주어야 합니다. ~/nfsroot/mango64_android에 있는 init.rc를 열어서 수정을 해줍니다.

```
# setup the global environment
    export PATH /bin:/sbin:/system/sbin:/system/bin:/system/xbin
    export LD_LIBRARY_PATH /system/lib
```

가장 먼저 해주어야 하는 것은 PATH에 대한 설정입니다. 원래는 /sbin만 추가되어 있었지만 맨 앞에 /bin을 넣어주어서 패스 설정이 되도록 해줍니다.

```
## Daemon processes to be run by init.
##
# service console /system/bin/sh
service console /bin/sh
    console
```

그 다음은 콘솔을 위한 쉘에 대한 변경입니다. /system/bin/sh을 사용하던 디폴트 부분을 막고 방금 설치한 busybox의 /bin/sh을 선택하도록 변경합니다.

이제 망고64 보드를 전원을 인가해서 구동 시키면 busybox를 사용할 수 있습니다.

```
/ # ls
bin                 init.goldfish.rc      sdcard
cache               init.rc               shared_prefs
data                lib                   sqlite_stmt_journals
default.prop        linuxrc               sys
dev                 module                system
etc                 proc                  test
init                sbin
/ #
```

위와 같이 ls의 수행 모습이 달라진 것을 발견할 수 있습니다. 맨 앞에 현재 폴더의 모습이 나오고 있고, 만약 bin 폴더로 옮기면 /bin으로 나타날 것입니다. vi도 동작을 하고 grep도 동작합니다. 화살

표를 이용해서 이전 명령으로 돌아가고 수행하는 것부터, 편집을 위해서 지우고 이동하는 모든 것이 정상적으로 동작을 합니다.

그런데 한가지 아쉬운 점이 있는데 바로 컬러가 나타나지를 않는다는 것입니다. 왜 그럴까요? 이 부분을 해결해야 할 듯 합니다.

30.4. minicom 컬러로 수행하기

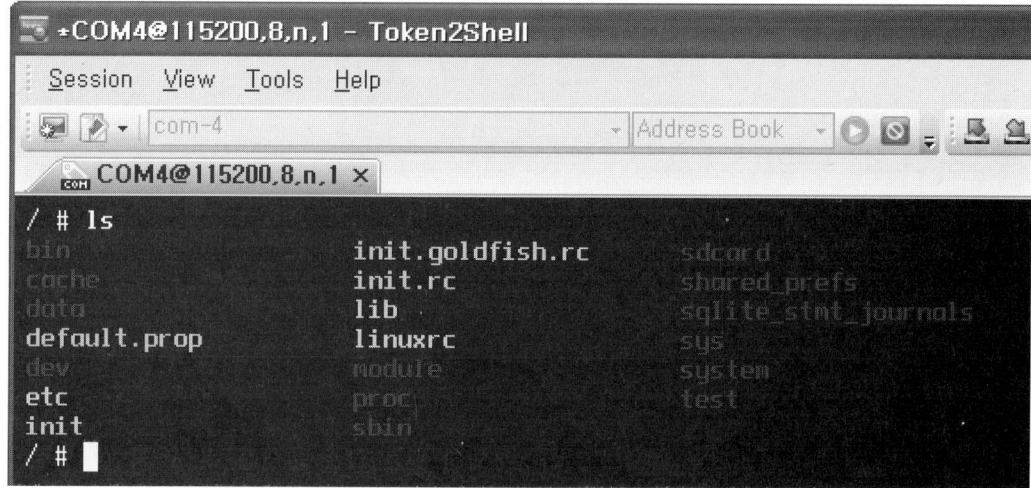

똑같은 위의 내용을 제가 윈도우즈에서 주로 사용하는 Token2Shell을 이용해서 수행해 보면 위와 같이 컬러가 잘 동작하고 있는 것을 알 수 있습니다. 결국 busybox의 수행 문제가 아니라 터미널의 문제라는 것을 알 수 있습니다.

```
yhoh@ubuntu:~$ minicom -help
Usage: minicom [OPTION]... [configuration]
A terminal program for Linux and other unix-like systems.
  -s, --setup          : enter setup mode (only as root)
… … … … … … …
  -c, --color=on/off   : ANSI style color usage on or off
… … … … … … …
```

minicom –s로 설정 변경하는 것을 수행한 적이 있는데 다른 옵션을 발견할 수 있습니다. 바로 –c 옵션입니다. 컬러를 사용할 수 있도록 변경해 주는 옵션입니다.

```
yhoh@ubuntu:~$ minicom –c
minicom: option requires an argument -- 'c'
```

```
Type "minicom --help" for help.
```

minicom –c로 단순히 동작시키면 정상적으로 작동하지 않습니다.

```
yhoh@ubuntu:~$ minicom --color=on
```

minicom --color=on으로 동작시켜야 정상적으로 작동하게 됩니다.

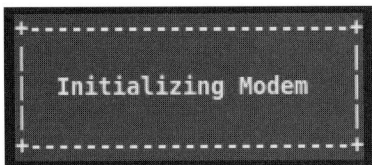

컬러로 동작을 수행하면 초기에 수행되는 모습도 달라져 있습니다.

```
/ # ls
bin             init.goldfish.rc    sdcard
cache           init.rc             shared_prefs
data            lib                 sqlite_stmt_journals
default.prop    linuxrc             sys
dev             module              system
etc             proc                test
init            sbin
/ #
```

위와 같이 예쁘게 컬러로 표현되고 있습니다.

```
alias minicom='minicom --color=on'
```

.bashrc 파일에 위와 같이 alias를 등록해 놓았습니다. 이제 minicom을 치면 늘 컬러가 활성화된 상태에서 수행될 것입니다.

30.5. 망고100에 설치해서 수행시키기

망고100의 경우도 똑같은 busybox를 인스톨해서 사용할 수 있습니다.

30.5.1. BusyBox Install

```
yhoh@ubuntu:~/busybox/busybox-1.17.1$ make
```

```
CONFIG_PREFIX=/home/yhoh/nfsroot/mango100_android install
  /home/yhoh/nfsroot/mango100_android/bin/[ -> busybox
  /home/yhoh/nfsroot/mango100_android/bin/[[ -> busybox
  /home/yhoh/nfsroot/mango100_android/bin/addgroup -> busybox
  /home/yhoh/nfsroot/mango100_android/bin/adduser -> busybox
  /home/yhoh/nfsroot/mango100_android/bin/arping -> busybox
… … … … … … …
  /home/yhoh/nfsroot/mango100_android/sbin/vconfig -> ../bin/busybox
  /home/yhoh/nfsroot/mango100_android/sbin/watchdog -> ../bin/busybox
  /home/yhoh/nfsroot/mango100_android/sbin/zcip -> ../bin/busybox
--------------------------------------------------
You will probably need to make your busybox binary setuid root to ensure all configured applets will
work properly.
--------------------------------------------------
```

make CONFIG_PREFIX=/home/yhoh/nfsroot/mango100_android install을 수행해서 망고100의 파일시스템 부분에 설치되도록 합니다.

망고64와 마찬가지로 bin, sbin 폴더가 생겨있고 모든 파일이 복사되어 있습니다.

30.5.2. BusyBox 설정 변경

init.rc 파일을 동일하게 수정합니다.

```
# setup the global environment
    export PATH /bin:/sbin:/system/sbin:/system/bin:/system/xbin
    export LD_LIBRARY_PATH /system/lib
```

/bin과 /sbin을 PATH에 추가합니다.

```
## Daemon processes to be run by init.
##
```

```
# service console /system/bin/sh
```
service console /bin/sh
    console

콘솔 디폴트 쉘을 /bin/sh로 변경해 줍니다.

```
/ # ls
bin                 etc                 sbin
cache               init                sdcard
config              init.goldfish.rc    sqlite_stmt_journals
d                   init.mango100.rc    sys
data                init.rc             system
default.prop        linuxrc             test
dev                 proc                usb
/ #
```

위와 같이 정상적으로 동작하는 것을 확인할 수 있습니다.

30.6. BusyBox shell에서도 alias를 사용해보자

```
# some more ls aliases
#alias ll='ls -l'
#alias la='ls -A'
#alias l='ls -CF'
alias l='pwd;ls -l'
alias ..='cd ..;l'
alias minicom='minicom --color=on'
```

위 내용은 우리가 현재 우분투에서 사용하고 있는 .bashrc 파일의 일부 내용입니다. 아시듯 alias를 이용해서 보다 간편하게 명령들을 수행할 수 있도록 만들어 준 것입니다. BusyBox를 사용하면서 이곳 쉘에서도 이러한 것이 가능하도록 한번 만들어 보도록 하겠습니다. 여러 가지 방법이 있지만 그 중에서 가장 간단하고도 유용한 방법을 알려드리도록 하겠습니다.

Ash.c (x:\busybox\busybox-1.17.1\shell)
위 소스 코드를 먼저 살펴볼 필요가 있을 것입니다. 우리가 실행하는 /bin/sh 소스가 바로 이 소스 코드가 실행되는 것입니다.

```
int ash_main(int argc, char **argv) MAIN_EXTERNALLY_VISIBLE;
int ash_main(int argc UNUSED_PARAM, char **argv)
{
… … … … … … …
```

Ash.c에서 ash_main을 찾습니다.

```
12968:        }
12969:    state2:
12970:        state = 3;
12971:        if (
12972: #ifndef linux
12973:        getuid() == geteuid() && getgid() == getegid() &&
12974: #endif
12975:        iflag
12976:        ) {
12977:            shinit = lookupvar("ENV");
12978:            if (shinit != NULL && *shinit != '\0') {
12979:                read_profile(shinit);
12980:            }
12981:        }
12982:    state3:
12983:        state = 4;
12984:        if (minusc) {
```

내용 중에서 위 부분을 발견할 수 있습니다. 자세한 내용을 설명 드리려는 것은 아니고 간단히 말씀을 드리도록 하겠습니다. 내용 중에 보면 ENV라는 환경 변수를 찾고 있습니다. 그래서 만약 이것이 정의되어 있으면 그 내용을 열어서 read_profile을 통해서 각종 설정을 수행하려고 하는 것입니다.

안드로이드가 실행되어 있는 상태에서 위와 같이 ENV 환경 변수를 출력해 보면 아무 것도 출력이 되지 않습니다. 그러므로 위 코드 상에서 read_profile은 실행되지 않게 되는 것입니다. 이것이 실행 되도록 만들기 위해서는 먼저 ENV 환경 변수를 등록해 주어야 합니다.

```
# setup the global environment
    export ENV /ashrc
    export PATH /bin:/sbin:/system/sbin:/system/bin:/system/xbin
```

init.rc에서 위와 같이 "export ENV /ashrc"를 한 줄 추가했습니다. ENV 환경 변수를 루트 폴더의 ashrc로 지정한 것입니다. 파일 이름은 어떤 것이든 상관은 없습니다.

```
yhoh@ubuntu:~/nfsroot/mango100_android$ cat ashrc
alias l='pwd;ls -l'
alias ..='cd ..;l'
```

ashrc의 내용은 위와 같이 단 두 줄이 들어 있습니다. 하나는 l이라는 명령을 정의해서 먼저 pwd를 수행하고 ls –l이 수행되는 것이고, ".."이라는 명령은 상위 폴더로 이동해서 바로 l을 수행하도록 한 것입니다.

```
/data/app # l
/data/app
total 128
-rw-r--r--    1 1000     1000         7323 Aug 11  2010 com.crz.Pjt_001.apk
-rw-r--r--    1 1000     1000        82879 Aug 16  2010 com.crz.Pjt_003.apk
-rw-r--r--    1 1000     1000         7991 Aug 16  2010 com.crz.Pjt_004.apk
-rw-r--r--    1 1000     1000         8295 Aug 17  2010 com.crz.Pjt_005.apk
-rw-r--r--    1 1000     1000         7279 Aug 17  2010 com.crz.Pjt_006.apk
-rw-r--r--    1 1000     1000         7315 Aug 17  2010 com.crz.Pjt_007.apk
/data/app # ..
/data
total 40
drwxrwxrwx    2 1000     1000         4096 Aug 10  2010 anr
drwxrwx--x    2 1000     1000         4096 Aug 17  2010 app
drwxrwx--x    2 1000     1000         4096 Aug  5  2010 app-private
drwxrwx--x    2 1000     1000         4096 Aug 17  2010 dalvik-cache
drwxrwx--x   33 1000     1000         4096 Aug 17  2010 data
drwxrwx--x    3 2000     2000         4096 Aug  5  2010 local
drwxrwx---    2 0        0            4096 Aug  5  2010 lost+found
drwxrwx--t    5 1000     9998         4096 Aug  5  2010 misc
drwx------    2 0        0            4096 Aug 10  2010 property
drwxrwxr-x    2 1000     1000         4096 Aug 30  2010 system
/data #
```

이제 부팅을 해서 직접 수행을 해보면 위와 같이 l과 ".." 명령이 정상적으로 수행되는 것을 확인할 수 있습니다. 위 시험은 망고64에서 수행한 것이지만 망고100의 경우도 완전히 동일한 내용이 되겠습니다.

31. Basic Character 디바이스 드라이버

이번 장에서는 가장 기본적인 Character 디바이스 드라이버를 만들어서 디바이스 드라이버가 동작하는 전반적인 내용에 대해서 공부를 해보려고 합니다.

31.1. 등록 함수 register_chrdev & unregister_chrdev

이번 장에서는 두 개의 함수에 대한 것을 살펴볼 것입니다. 바로 register_chrdev와 unregister_chrdev 입니다.

31.1.1. register_chrdev, unregister_chrdev 개요

register_chrdev와 unregister_chrdev는 디바이스 중에서 Character 디바이스에 대해서 Major 번호를 등록해 주고 해제해 주는 함수들입니다.

```
int register_chrdev(unsigned int major, const char * name,
            const struct file_operations * fops);
void unregister_chrdev(unsigned int major, const char *name)
```

주어지는 파라미터들은 아래와 같습니다.

Name	Description
major	디바이스의 Major 번호입니다. 등록을 원하는 Major 번호를 이곳에 적어주는 것입니다. 만약 값을 0으로 주면 시스템에서 알아서 적절한 번호를 자동으로 할당해 주게 되는데 우리가 사용하는데 번호를 모르면 안되기 때문에 가능한 적절한 번호를 선택해 주는 것이 좋을 것입니다. 번호는 255를 넘으면 안됩니다.
name	이 디바이스의 이름을 지정합니다.
fops	이 디바이스와 연관된 Operation들을 지정하는 스트럭쳐에 대한 포인터를 넘겨주게 됩니다.

Major 번호를 주어서 디바이스를 등록하려고 하면 시스템은 적절한 공간을 할당 받아서 번호를 지정하고 이름을 기록하게 됩니다. 그런데 여기에 지정하는 이름과 /dev에서 볼 수 있는 이름과는 전혀 관계가 없습니다. 우리는 뒤에서 등록을 수행한 디바이스와 /dev 상에서 나타날 수 있도록 노드를 만드는 작업도 해볼 것입니다.

31.1.2. Character 디바이스 드라이버 등록

먼저 가장 기본이 되는 Character 디바이스 드라이버를 위한 코드를 먼저 보도록 하겠습니다. basicCharDD.c라는 이름으로 만들었고, ~/android_DeviceDriver/002.BasicCharDD/mangoXX/work1 부분에 있습니다. 망고64나 망고100이나 코드의 내용은 동일하고 결과도 동일합니다.

```c
/* basicCharDD.c */
#include <linux/init.h>
#include <linux/module.h>
#include <linux/fs.h>
MODULE_LICENSE("Dual BSD/GPL");
#define BASIC_CHAR_DD_MAJOR_NUMBER    254
#define BASIC_CHAR_DD_DEVICE_NAME     "basic_char_device"

static int basic_char_init(void) {
    printk("basic_char_init() is called.\n");
    return register_chrdev(BASIC_CHAR_DD_MAJOR_NUMBER,
                    BASIC_CHAR_DD_DEVICE_NAME, NULL);
}

static void basic_char_exit(void) {
    printk("basic_char_exit() is called.\n");
    unregister_chrdev(BASIC_CHAR_DD_MAJOR_NUMBER,BASIC_CHAR_DD_DEVICE_NAME);
}

module_init(basic_char_init);
module_exit(basic_char_exit);
```

코드 상에서 hello.c와 비교해서 달라진 부분은 그리 많지 않습니다. 이번 장에서 살펴보려고 하는 register_chrdev와 unregister_chrdev 함수가 불린 것이 보이고, "basic_char_device"라는 이름과 254라고 하는 디바이스 Major 번호를 설정하였습니다.

내용을 살펴보기 전에 먼저 수행을 시켜보도록 하겠습니다. 한가지 유념하셔야 할 부분은 register_chrdev 함수의 3번째 파라미터가 NULL인 것입니다. 이 값은 뒤에서 file_operations 타입의 스트럭쳐 변수를 잡아서 그 변수의 주소값을 넣어 주어야 합니다. 하지만 여기서는 일단 NULL로 넣어 준 것입니다.

```
obj-m := basicCharDD.o
```

```
KDIR := /home/yhoh/android_mango64/mango64_kernel_2010_07_02
```

이전의 001.HelloWorld에서 달라진 부분은 오직 한군데입니다. obj-m 부분에 hello.o이던 것이 basicCharDD.o로 바뀌어 있습니다. 위 내용은 망고64의 경우입니다.

```
KDIR := /home/yhoh/android_mango100/Kernel_v2.6.29/mango100_kernel_2010_07_15
```

망고100의 경우는 위의 KDIR 부분만 망고100에 맞도록 수정된 것입니다.

```
yhoh@ubuntu:~/android_DeviceDriver/002.BasicCharDD/mango64/work1$ make
yhoh@ubuntu:~/android_DeviceDriver/002.BasicCharDD/mango100/work1$ make
```

망고64의 경우나 망고100의 경우 모두 위와 같이 make를 수행하면 정상적으로 빌드가 될 것입니다. basicCharDD.ko가 생겨 있는 것을 확인할 수 있습니다.

```
yhoh@ubuntu:~/android_DeviceDriver/002.BasicCharDD/mango64/work1$ cp basicCharDD.ko /home/yhoh/nfsroot/mango64_android/test/
yhoh@ubuntu:~/android_DeviceDriver/002.BasicCharDD/mango100/work1$ cp basicCharDD.ko /home/yhoh/nfsroot/mango100_android/test/
```

basicCharDD.ko 파일을 위와 같이 NFS의 test 부분으로 복사를 수행합니다. 이제 망고 보드를 구동해서 모듈을 삽입해 보도록 하겠습니다.

```
/test # ls
basicCharDD.ko   hello.ko
/test # insmod basicCharDD.ko
basic_char_init() is called.
insmod: can't insert 'basicCharDD.ko': Device or resource busy
```

insmod basicCharDD.ko를 수행했는데 basic_char_init()이 호출되는 것까지는 문제가 없는데, 디바이스가 삽입될 수 없다는 메시지가 나타나고 있습니다. 뭔가 잘못된 것임을 직감할 수 있습니다. 무슨 문제일까요? 문제는 Major 번호와 관련이 있습니다.

31.1.3. 디바이스 Major 번호 수정

/ # cat /proc/devices	Block devices:
Character devices:	1 ramdisk

1 mem	259 blkext
2 pty	7 loop
3 ttyp	8 sd
4 /dev/vc/0	31 mtdblock
4 tty	65 sd
5 /dev/tty	66 sd
5 /dev/console	67 sd
5 /dev/ptmx	68 sd
7 vcs	69 sd
10 misc	70 sd
13 input	71 sd
21 sg	128 sd
29 fb	129 sd
81 video4linux	130 sd
89 i2c	131 sd
90 mtd	132 sd
108 ppp	133 sd
116 alsa	134 sd
128 ptm	135 sd
136 pts	179 mmc
180 usb	
189 usb_device	
204 s3c2410_serial	
216 rfcomm	
235 gps_power	
252 ttySDIO	
253 usbmon	
254 rtc	

/proc/devices를 cat을 이용해서 출력을 해보면 위와 같습니다. 위 내용은 망고64에서 출력한 것이지만 망고100의 경우도 크게 다르지는 않습니다.

```
189 usb_device
204 s3c2410_serial
253 usb_endpoint
254 rtc
```

위 내용이 망고100에서 출력한 것입니다. 망고64나 망고100 두 경우 모두 254라는 번호에 주목할 필요가 있습니다. 이것은 두 보드 모두 다른 것으로 활용이 되고 있는 상태입니다. 둘 다 RTC의 용도로 활용되고 있습니다.

```
#define BASIC_CHAR_DD_MAJOR_NUMBER    254
static int basic_char_init(void) {
    return register_chrdev(BASIC_CHAR_DD_MAJOR_NUMBER,
                    BASIC_CHAR_DD_DEVICE_NAME, NULL);
}
```

Major Number를 우리는 254라는 번호를 주었고, 이 번호를 이용해서 register_chrdev를 호출할 때 이용했던 것입니다. register_chrdev는 이름에서도 느껴지시듯 Character Device를 등록하는 함수입니다. 이때 Major 번호를 주게 되는데 이 번호는 반드시 이전의 디바이스와는 다른 값을 사용해야 합니다. 그런데 이미 사용중인 254라는 번호를 사용했기 때문에 문제를 일으킨 것입니다.

```
MODULE_LICENSE("Dual BSD/GPL");
#define BASIC_CHAR_DD_MAJOR_NUMBER    255
#define BASIC_CHAR_DD_DEVICE_NAME    "basic_char_device"
```

254로 되어 있던 Major Number를 255로 변경하였습니다. 역시 빌드를 수행하고 test 폴더로 복사하는 작업을 수행한 이후에 insmod를 다시 수행하도록 하겠습니다.

```
default :
        $(MAKE) -C $(KDIR) M=$(PWD) modules
        cp basicCharDD.ko /home/yhoh/nfsroot/mango100_android/test/
```

빌드를 수행한 이후에 NFS의 test 폴더로 복사를 수행하는 작업은 매번 해야 하는 일입니다. 이것을 빌드를 할 때 자동으로 될 수 있도록 만드는 것이 좋을 것입니다. 위 예는 망고100의 경우고 망고64의 경우는 cp basicCharDD.ko /home/yhoh/nfsroot/**mango64**_android/test/를 추가하였습니다.

```
/test # insmod basicCharDD.ko
basic_char_init() is called.
Unable to handle kernel NULL pointer dereference at virtual address 00000000
pgd = c5238000
[00000000] *pgd=5530b031, *pte=00000000, *ppte=00000000
Internal error: Oops: 17 [#1]
Modules linked in: basicCharDD(+)
… … … … … …
Code: ebfffead e2505000 03e0400b 0a00001f (e5973000)
```

> Kernel panic - not syncing: Fatal exception

insmod를 수행한 이후에 보드는 무시무시한 에러를 출력하면서 최종적으로는 Kernel panic의 상태에 빠지게 됩니다. 이전에도 말씀 드렸던 것처럼 register_chrdev 함수의 3번째 파라미터가 file_operations 타입의 스트럭쳐 변수를 잡아서 그 변수의 주소값을 넣어 주어야 하는데 NULL로 넣어주었기 때문에 발생한 문제입니다.

31.1.4. dummy file_operations 추가

```
struct file_operations basic_char_file_oper;
static int basic_char_init(void)
{
    printk("basic_char_init() is called.\n");
    return register_chrdev(BASIC_CHAR_DD_MAJOR_NUMBER,
                BASIC_CHAR_DD_DEVICE_NAME, &basic_char_file_oper);
}
```

소스 코드를 위와 같이 수정합니다. file_operations 스트럭쳐 변수를 잡고 그 내용은 아무 것도 설정하지 않은 상태에서 그 변수의 주소값만을 넘겨주도록 작업한 것입니다.

```
/test # insmod basicCharDD.ko
basic_char_init() is called.
```

이제 수정된 내용으로 디바이스 드라이버의 등록 작업을 수행하면 위와 같이 정상적으로 수행되는 것을 확인할 수 있습니다.

```
/test # lsmod
basicCharDD 1448 0 - Live 0xbf000000
```

lsmod를 통해서 현재 등록된 내용을 살펴보면 정확하게 등록이 되어 있습니다.

```
/test # cat /proc/devices
Character devices:
255 basic_char_device
  1 mem
  2 pty
  3 ttyp
```

... ...

cat /proc/devices를 수행해 보면 우리가 지정했던 basic_char_device라는 이름에 255가 할당되어 있는 것을 확인할 수 있습니다.

31.1.5. 안드로이드 rmmod와 BusyBox rmmod

```
/test # rmmod basicCharDD.ko
rmmod: chdir(/lib/modules): No such file or directory
```

이제 rmmod를 수행해서 이전에 등록했던 드라이버를 제거하는 작업을 수행했습니다. 그런데 정상적으로 수행이 되지 않고 있습니다. 왜일까요?

```
/test # insmod hello.ko
[embeddedcrazyboys] Init HelloWorld module
EMERG log <0>
ALERT log <1>
CRIT log <2>
ERR log <3>
WARNING log <4>
NOTICE log <5>
INFO log <6>
No Log level ...
/test # rmmod hello.ko
rmmod: chdir(/lib/modules): No such file or directory
```

위와 같이 이전에 수행해서 문제가 없었던 hello.ko에 대해서도 insmod를 수행한 이후에 rmmod를 수행하려고 하면 같은 문제가 발생하고 있습니다. 왜 이럴까요? 이전에 잘 동작되던 것까지 안 되는 상황은 매우 이상해 보입니다. 원인이 무엇일까요?

원인은 rmmod 커맨드에 있습니다. 우리가 rmmod를 수행하는데 이것이 이전에 정상적으로 수행될 당시의 rmmod와 같은 것일까요? 답은 아니다 입니다.

```
yhoh@ubuntu:~/nfsroot/mango64_android$ sudo ~/bin/myfind_name rmmod
./system/bin/rmmod
./sbin/rmmod
yhoh@ubuntu:~/nfsroot/mango100_android$ sudo ~/bin/myfind_name rmmod
```

```
./system/bin/rmmod
./sbin/rmmod
```

rmmod를 파일시스템 내에서 찾아보면 위와 같이 두 부분에서 발견할 수 있습니다. 지금 위에서 수행한 rmmod는 /sbin에 있는 것이고, 이전에 정상적으로 수행될 당시의 rmmod는 /system/bin/에 있는 것입니다.

```
/test # echo $PATH
/bin:/sbin:/system/sbin:/system/bin:/system/xbin
```

echo $PATH를 수행해보면 가장 처음에 /bin이 있고, 그 다음 /sbin의 순서를 가지고 있습니다. 이는 우리가 이렇게 설정을 하였기 때문입니다. 결국 rmmod를 수행했을 때 Path 상의 앞에 있는 /sbin/rmmod가 수행되고, /system/bin/rmmod는 수행되지 않는 것입니다.

/bin과 /sbin은 busybox를 설치하면서 만들었던 것이고 여기에 있는 모든 것은 결국은 busybox와 연결되는 것입니다. 아래 그림에서처럼 rmmod 역시 busybox에 연결되어 있습니다. 아래 그림은 망고64의 것이지만 망고100의 경우도 마찬가지입니다.

```
yhoh@ubuntu:~/nfsroot/mango64_android/sbin$ l *mod*
/home/yhoh/nfsroot/mango64_android/sbin
lrwxrwxrwx 1 yhoh yhoh 14 2010-08-25 14:55 depmod -> ../bin/busybox
lrwxrwxrwx 1 yhoh yhoh 14 2010-08-25 14:55 insmod -> ../bin/busybox
lrwxrwxrwx 1 yhoh yhoh 14 2010-08-25 14:55 lsmod -> ../bin/busybox
lrwxrwxrwx 1 yhoh yhoh 14 2010-08-25 14:55 modinfo -> ../bin/busybox
lrwxrwxrwx 1 yhoh yhoh 14 2010-08-25 14:55 modprobe -> ../bin/busybox
lrwxrwxrwx 1 yhoh yhoh 14 2010-08-25 14:55 rmmod -> ../bin/busybox
yhoh@ubuntu:~/nfsroot/mango64_android/sbin$
```

결론부터 먼저 말씀을 드리면 모듈과 관련한 부분의 처리가 busybox에서 수행되는 방식과 안드로이드 파일시스템에서 처리하는 방식이 다르기 때문입니다. 안드로이드 내에 포함되어 있지 않은 명령에 대해서 busybox에 있는 것을 수행하는 것은 특별한 문제가 없지만 위의 예와 같이 내부 시스템을 건드리는 명령의 경우에는 그것이 안드로이드 부분에 포함이 되어 있다면 반드시 그것을 사용해 주셔야 합니다.

```
/test # /system/bin/rmmod hello.ko
[embeddedcrazyboys] Exit HelloWorld module
/test # /system/bin/rmmod basicCharDD.ko
basic_char_exit() is called.
```

/system/bin/rmmod를 이용해서 hello.ko와 basicCharDD.ko에 대한 삭제 작업을 수행해 보았습니다.

위와 같이 정상적으로 작동하고 있습니다.

우리가 rmmod와 같은 것을 사용하기 위해서 위와 같이 /system/bin/rmmod로 쓰는 것은 무척 귀찮은 일일 것입니다. 필요 없는 busybox 관련 명령들을 남겨 놓을 필요는 없습니다.

```
yhoh@ubuntu:~/nfsroot/mango64_android$ sudo ~/bin/myfind_name mod
./bin/chmod
./bin/kbd_mode
./system/bin/insmod
./system/bin/chmod
./system/bin/lsmod
./system/bin/rmmod
./system/usr/srec/config/en.us/models
./system/usr/share/alsa/pcm/modem.conf
./sbin/insmod
./sbin/modinfo
./sbin/lsmod
./sbin/rmmod
./sbin/depmod
./sbin/modprobe
./module
```

mod가 들어간 모든 명령을 찾아보면 위와 같습니다. 이들 중에서 insmod, rmmod, chmod, lsmod의 네 명령은 /system/bin/에 동일한 명령들이 존재하기 때문에 busybox에서는 삭제해 주도록 하겠습니다.

```
yhoh@ubuntu:~/nfsroot/mango64_android$ rm ./bin/chmod
yhoh@ubuntu:~/nfsroot/mango64_android$ rm ./sbin/insmod ./sbin/lsmod ./sbin/rmmod
yhoh@ubuntu:~/nfsroot/mango100_android$ rm ./bin/chmod
yhoh@ubuntu:~/nfsroot/mango100_android$ rm ./sbin/insmod ./sbin/lsmod ./sbin/rmmod
```

망고64와 망고100 모두 필요 없는 네 가지 명령들을 위와 같이 삭제해 주었습니다.

```
/test # insmod basicCharDD.ko
basic_char_init() is called.
/test # rmmod basicCharDD.ko
basic_char_exit() is called.
```

이제 우리가 만든 basicCharDD.ko에 대한 등록과 해제 작업은 아무 문제 없이 동작하고 있습니다.

31.2. file_operations 적용

basicCharDD.c라는 이름은 똑같고, ~/android_DeviceDriver/002.BasicCharDD/mangoXX/work2 부분에 있습니다. 망고64나 망고100이나 코드의 내용은 동일하고 결과도 동일합니다.

31.2.1. file_operations 구조체

file_operations 구조체는 include/linux/fs.h에 정의되어 있습니다.

```
yhoh@ubuntu:~$ diff
/home/yhoh/android_mango64/mango64_kernel_2010_07_02/include/linux/fs.h
/home/yhoh/android_mango100/Kernel_v2.6.29/mango100_kernel_2010_07_15/include/linux/fs.h
```

위와 같이 include/linux/fs.h의 내용을 망고64와 망고100의 경우를 비교했는데 완전히 동일한 파일이 라는 것을 알 수 있습니다. 커널 버전이 동일하기 때문에 다르지 않은 것입니다. include/linux/fs.h의 내용 중에서 file_operations 구조체의 내용을 먼저 살펴보도록 하겠습니다.

```
struct file_operations {
    struct module *owner;
    loff_t (*llseek) (struct file *, loff_t, int);
    ssize_t (*read) (struct file *, char __user *, size_t, loff_t *);
    ssize_t (*write) (struct file *, const char __user *, size_t, loff_t *);
    ssize_t (*aio_read) (struct kiocb *, const struct iovec *, unsigned long, loff_t);
    ssize_t (*aio_write) (struct kiocb *, const struct iovec *, unsigned long, loff_t);
    int (*readdir) (struct file *, void *, filldir_t);
    unsigned int (*poll) (struct file *, struct poll_table_struct *);
    int (*ioctl) (struct inode *, struct file *, unsigned int, unsigned long);
    long (*unlocked_ioctl) (struct file *, unsigned int, unsigned long);
    long (*compat_ioctl) (struct file *, unsigned int, unsigned long);
    int (*mmap) (struct file *, struct vm_area_struct *);
    int (*open) (struct inode *, struct file *);
    int (*flush) (struct file *, fl_owner_t id);
    int (*release) (struct inode *, struct file *);
    int (*fsync) (struct file *, struct dentry *, int datasync);
    int (*aio_fsync) (struct kiocb *, int datasync);
```

```
          int (*fasync) (int, struct file *, int);
          int (*lock) (struct file *, int, struct file_lock *);
          ssize_t (*sendpage) (struct file *, struct page *, int, size_t, loff_t *, int);
          unsigned long (*get_unmapped_area)(struct file *, unsigned long, unsigned long, unsigned
long, unsigned long);
          int (*check_flags)(int);
          int (*flock) (struct file *, int, struct file_lock *);
          ssize_t (*splice_write)(struct pipe_inode_info *, struct file *, loff_t *, size_t, unsigned int);
          ssize_t (*splice_read)(struct file *, loff_t *, struct pipe_inode_info *, size_t, unsigned int);
          int (*setlease)(struct file *, long, struct file_lock **);
};
```

대부분의 내용이 함수 포인터라는 것을 알 수 있습니다. 각각의 포인터가 함수의 내용을 연결하는 것이고, 결국 디바이스 드라이버에게 어떠한 동작을 수행시키도록 하기 위해서 호출되어야 하는 함수를 지정하고 있는 것입니다. struct module * owner 부분만 함수 포인터가 아니라 스트럭쳐에 대한 포인터 변수입니다.

```
struct file_operations basic_char_file_oper =
{
          .owner =THIS_MODULE,
          .open = basic_char_open,
          .read=basic_char_read,
          .write=basic_char_write,
          .ioctl=basic_char_ioctl,
          .release=basic_char_release,
};
```

이전에 "struct file_operations basic_char_file_oper"로만 설정했던 것을 바꿔서 위와 같이 스트럭쳐에 대한 초기화 작업까지 수행하도록 하였습니다.

.owner, .open과 같은 방식의 초기화는 매우 전형적인 내용입니다. struct 변수를 선언하면서 변수의 멤버 변수들에 값을 할당하는 것은 period (.)와 변수이름을 지정하고 equal (=)로 변수 값을 지정하고 있는 것입니다.

구조체에 들어있는 값들은 무척이나 많지만 우리가 위에서 초기화를 시켜주고 있는 것은 owner를 포함해서 6개뿐입니다. 나머지는 설정하지 않아도 되는 것일까요? 설정하지 않아도 문제는 없습니다. 꼭 처리하고자 원하는 부분만 처리를 해주면 됩니다. 그 부분에 해당하는 함수만 취해서 파일 제어 구조체에 연결해 주면 되는 것입니다.

include/linux/module.h

```
#ifdef MODULE
#define MODULE_GENERIC_TABLE(gtype,name)                    ₩
extern const struct gtype##_id __mod_##gtype##_table        ₩
  __attribute__ ((unused, alias(__stringify(name))))
extern struct module __this_module;
#define THIS_MODULE (&__this_module)
#else  /* !MODULE */
#define MODULE_GENERIC_TABLE(gtype,name)
#define THIS_MODULE ((struct module *)0)
#endif
```

include/linux/module.h에 보면 THIS_MODULE은 위와 같이 정의가 되어 있습니다. 어쨌든 우리는 모듈을 사용하고 있는 것이고 당연히 MODULE이 정의되어 있을 것입니다. 결국 THIS_MODULE은 __this_module의 주소라는 것을 알 수 있습니다. 그런데 이 __this_module은 어디에 정의되어 있는 것일까요? 소스를 찾아보면 알 수 있겠지만 이것이 정의되어 있는 곳은 없습니다. 이 부분은 약간은 특이한 형태의 정의라고 할 수 있습니다. 우리가 디바이스 드라이버를 등록하기 위해서 insmod를 호출할 때 모듈의 주소 공간이 설정되어 할당되고 그 주소 공간의 첫 번째 시작 주소가 자동으로 &__this_module로 변경되게 됩니다.

31.2.2. 파일 제어 함수 – open & release

나머지 .open부터 .release까지의 내용은 모두 함수 포인터를 설정하는 것입니다. 그 함수들은 소스 코드 상에서 정의를 하고 있습니다. basic_char_open을 살펴보기 전에 어플리케이션에서 실제로 open이 어떻게 동작하는 지를 먼저 보도록 하겠습니다.

```
#define BASIC_CHAR_DD_DEVICE_NAME      "/dev/basic_char_device"
int main(void) {
… … … … … … …
    dev = open(BASIC_CHAR_DD_DEVICE_NAME, O_RDWR|O_NDELAY);
    printf("[APP] device open success: %d\n", dev);
… … … … … … …
}
```

뒤에서 살펴보겠지만 어플리케이션에서 위의 코드를 최초에 수행하게 됩니다. "/dev/basic_char_device"로 mknod로 만들어 놓았던 파일을 오픈하고 있는 것입니다. (mknod로 파일을 만드는 부분에 대해서는 뒤에서 살펴볼 것입니다.) 구체적인 내용이 중요한 것이 아니라 어떤 흐름이 중요한 것입니다. 위와 같이 커널의 시스템 함수인 open을 호출했을 때 커널은 어떤 일을 해주게 될까요? 아래의 함수를 보면서 이 흐름을 파악해 보도록 하겠습니다. basic_char_open을 살펴보도록 하겠습니다.

```c
// int (*open) (struct inode *, struct file *);
int basic_char_open(struct inode *inode, struct file * file_p)
{
    printk("[DEV] basic_char_open() major:%d, minor:%d\n",
                    MAJOR(inode->i_rdev), MINOR(inode->i_rdev));
    return 0;
}
```

basic_char_open에 넘겨주는 파라미터를 보면 스트럭쳐 구조의 inode와 file의 포인터가 넘어오고 있습니다. inode와 file은 어떤 내용일까요?

```
struct inode {
        struct hlist_node       i_hash;
        struct list_head        i_list;
        struct list_head        i_sb_list;
        struct list_head        i_dentry;
        unsigned long           i_ino;
        atomic_t                i_count;
        unsigned int            i_nlink;
        uid_t                   i_uid;
        gid_t                   i_gid;
        dev_t                   i_rdev;
        u64                     i_version;
        loff_t                  i_size;
#ifdef __NEED_I_SIZE_ORDERED
        seqcount_t              i_size_seqcount;
#endif
        struct timespec         i_atime;
        struct timespec         i_mtime;
        struct timespec         i_ctime;
```

include/linux/fs.h를 보면 이들의 정의를 살펴볼 수 있습니다. 무척이나 방대한 양입니다. 여기서 이 모든 것을 설명드릴 수는 없을 것입니다. 모든 파일은 inode가 반드시 있어야 하고 이 구조가 자동으로 커널에 의해서 만들어지고 있는 것입니다. 생각하셔야 하는 부분은 우리가 커널의 시스템 함수인 open을 호출하고 나서 우리가 만든 디바이스 드라이버의 open과 관련한 함수인 basic_char_open이 불릴 때까지 커널은 내부에서 이들 inode와 file 구조를 만들고 그 내용을 채운 이후에 비로소 그들 구조에 대한 포인터를 넘겨주게 되는 것입니다.

```
struct file {
        /*
         * fu_list becomes invalid after file_free is
         * fu_rcuhead for RCU freeing
         */
        union {
                struct list_head        fu_list;
                struct rcu_head         fu_rcuhead;
        } f_u;
        struct path             f_path;
#define f_dentry        f_path.dentry
#define f_vfsmnt        f_path.mnt
        const struct file_operations    *f_op;
        atomic_long_t           f_count;
        unsigned int            f_flags;
        fmode_t                 f_mode;
        loff_t                  f_pos;
        struct fown_struct      f_owner;
        const struct cred       *f_cred;
        struct file_ra_state    f_ra;

        u64                     f_version;
#ifdef CONFIG_SECURITY
```

inode->i_rdev를 이용해서 지금 오픈되는 디바이스의 Major 번호와 Minor 번호를 추출해낼 수 있습니다. MAJOR(inode->i_rdev), MINOR(inode->i_rdev)를 이용해서 출력해 보면 이전에 mknod를 통해서 만든 255와 2라는 값이 정확히 출력되고 있는 것을 확인할 수 있습니다.

```
// int (*release) (struct inode *, struct file *);
int basic_char_release(struct inode * inode_p, struct file * file_p)
{
    printk("[DEV] basic_char_release()\n");
    return 0;
}
```

release의 내용은 단순합니다. open의 경우와 완전히 동일한 내용이 전달되고 있습니다. 우리는 단순히 이 함수가 불렸다는 것만을 확인하도록 출력문 하나만 출력하고 있습니다.

31.2.3. 파일 제어 함수 – read & write

```
// ssize_t (*read) (struct file *, char __user *, size_t, loff_t *);
ssize_t basic_char_read(struct file * file_p, char __user * buffer_p,
                        size_t count, loff_t * offset_p)
{
```

```
        printk("[DEV] basic_char_read() buffer_p:%x, count:%x\n", (int)buffer_p, count);
        return 0;
}

// ssize_t (*write) (struct file *, const char __user *, size_t, loff_t *);
ssize_t basic_char_write(struct file * file_p, const char __user * buffer_p,
                         size_t count, loff_t * offset_p)
{
        printk("[DEV] basic_char_write() buffer_p:%x, count:%x\n", (int)buffer_p, count);
        return 0;
}
```

read와 write는 그 구조가 매우 비슷합니다. struct file *는 open과 동일하게 전달되고 있고, 새로운 3가지 변수가 전달됩니다. read는 파일에서 어떤 것을 읽어가는 역할을 하게 될텐데 읽은 내용을 저장할 수 있는 변수가 필요하고, write는 반대로 파일에 어떤 것을 저장할텐데 그 저장할 데이터가 있는 공간이 필요합니다. 이 내용이 바로 buffer_p 부분입니다. __user는 그 주소 공간이 사용자의 영역에 존재한다는 것을 명시하는 컴파일러에게 빌드할 때 수행하도록 만드는 지시자 중의 하나입니다. 나중에 이것이 __attribute__를 통해서 변경되는 것입니다.

count는 단순히 read와 write를 얼만큼 수행할 것인지를 나타내는 부분이고, offset_p는 파일에서 어느 오프셋만큼을 떨어져서 read와 write를 수행할 것인지를 나타내는 부분입니다.

```
    read(dev, 0x10, 0x11);
    write(dev, 0x20, 0x21);
```

뒤에서 우리는 어플리케이션에서 이를 위와 같이 호출할 것입니다. 여기서 read의 0x10과 write의 0x20이 read와 write의 버퍼 역할을 하는 포인터가 되겠습니다. 물론 0x10이나 0x20은 아무 의미 없는 값이고 이 값이 정확히 전달되는 가만을 보기 위해서 사용한 것입니다. read의 0x11과 write의 0x21이 count로 전달되는 값이 되겠습니다.

31.2.4. 파일 제어 함수 – ioctl

```
// int (*ioctl) (struct inode *, struct file *, unsigned int, unsigned long);
int basic_char_ioctl(struct inode * inode_p, struct file * file_p,
                     unsigned int command, unsigned long argument)
{
        printk("[DEV] basic_char_ioctl() command:%x, argument:%x\n", command, (int)argument);
        return 0;
```

```
}
```

마지막으로 살펴볼 함수가 ioctl과 관련한 부분입니다. ioctl은 Input Output Control로 해석할 수 있습니다. 사실 디바이스 드라이버를 만들 때 가장 활용도가 높은 부분이라고 말할 수 있습니다.

전달되는 4개의 파라미터 중에서 뒤의 두 개가 큰 의미를 가지고 있습니다. 바로 command와 argument입니다. 사용자가 마음대로 그 어떤 수의 개수이던지 상관없이 활용할 수 있는 것입니다. 만약 전달되는 command를 100개를 만들어서 그 각각의 command가 어떤 특정한 작업을 수행하도록 만든다면 또한 각각의 command마다 10가지의 argument를 통해서 서로 다른 작업을 수행한다면 무궁무진하게 많은 수의 서로 다른 작업이 가능한 것입니다.

```
    ioctl(dev, 0x30, 0x31);
```

뒤에서 우리는 어플리케이션에서 이를 위와 같이 호출할 것입니다. 여기서 command가 바로 0x30이 되는 것이고, argument가 0x31이 되는 것입니다.

디바이스 드라이버의 내용을 변경하였을 경우에는 반드시 이전에 등록했던 모듈을 삭제하고 새롭게 만들어진 모듈을 다시 insmod로 올려주어야 합니다. 그렇지 않으면 새로운 모듈이 바로 등록이 되지 않게 됩니다.

/test # **rmmod basicCharDD.ko**
[DEV] basic_char_exit() is called.
/test # **insmod basicCharDD.ko**
[DEV] basic_char_init() is called.

위 코드와 같이 rmmod를 이용해서 먼저 삭제를 수행하고, 이후에 다시 insmod를 이용해서 등록을 해주어야 합니다.

이제 디바이스 드라이버의 모든 내용이 수정되었고, 직접 망고보드에 올려서 이전 드라이버를 제거하고 새로운 드라이버를 올려 주시기 바랍니다.

31.3. Application 구현

31.3.1. 디바이스 파일 노드 생성

어플리케이션에서 실제로 open이 동작하는 것을 보았습니다.

```
#define BASIC_CHAR_DD_DEVICE_NAME      "/dev/basic_char_device"
dev = open(BASIC_CHAR_DD_DEVICE_NAME, O_RDWR|O_NDELAY);
```

오픈을 수행할 때 "/dev/basic_char_device"라는 디바이스 이름을 주고 있습니다.

```
/test # ls -lag /dev/basic*
```

그런데 위와 같이 /dev에서 basic이란 이름을 가진 것을 모두 찾아 보았지만 아무런 것도 발견할 수 없습니다. 이처럼 /dev 내에 파일이 존재하지 않으면 아무 것도 할 수 없게 됩니다. 이를 위해서 작업해 주어야 하는 것이 mknod를 이용해서 파일을 만들어 주는 것입니다.

```
/ # mknod /dev/basic_char_device c 255 2
```

mknod의 사용 방법은 단순합니다. 바로 다음에 원하는 파일 이름을 주고 그 다음에 c나 b를 주게 됩니다. b는 블록 디바이스 파일을 의미하고, c는 Character 디바이스 파일을 의미합니다. 우리는 문자 디바이스 파일을 사용하고 있기 때문에 c로 준 것입니다. 그 뒤의 숫자는 예상할 수 있듯이 Major 번호 Minor 번호 입니다.

```
/ # ls -lag /dev/ba*
crw-rw-rw-    1 0             255,   2 Apr 20 19:01 /dev/basic_char_device
/ #
```

위 내용을 수행한 이후에 다시 ls를 통해서 찾아보면 디바이스 파일이 생겨 있는 것을 확인할 수 있습니다. 원하는 데로 Major, Minor 번호도 부여되어 있습니다. 이때 파일의 Permission과 관련한 부분은 자동으로 rw-rw-rw-로 설정되게 되어 있는데 이것 또한 사용자가 마음대로 변경할 수 있습니다.

위에서는 mknod라는 명령을 통해서 디바이스 파일을 만들었지만 이 내용은 소스 코드 상에서 수행 되도록 할 수도 있습니다. 디바이스 드라이버가 설치될 때 소스 코드 상에서 디바이스 파일이 없다면 만들어질 수 있도록 설정하는 방법으로 수행할 수도 있습니다. 보다 구체적으로 말씀 드리기 위해서 명령을 이용한 것뿐입니다.

31.3.2. 어플리케이션 내용 및 실행 결과

어플리케이션의 내용은 위에서 일부분은 보았기 때문에 그리 어렵지 않을 것입니다.

```
#define BASIC_CHAR_DD_DEVICE_NAME      "/dev/basic_char_device"
int main(void) {
    int dev;
```

```
        printf("[APP] device file open start\n");
        dev = open(BASIC_CHAR_DD_DEVICE_NAME, O_RDWR|O_NDELAY);
        if(dev < 0) {
            printf("device file open error !!\n");
            return -1;
        }
        printf("[APP] device open success: %d\n", dev);
        printf("[APP] read function call start\n");
        read(dev, 0x10, 0x11);
        printf("[APP] write function call start\n");
        write(dev, 0x20, 0x21);
        printf("[APP] ioctl function call start\n");
        ioctl(dev, 0x30, 0x31);
        printf("[APP] device file close start\n");
        close(dev);
        printf("[APP] device file close end\n");
        return 0;
}
```

헤더 파일을 include 하는 등의 내용은 생략했습니다. 소스 코드를 보면 진행 상황을 알아보기 위해서 출력을 수행하는 것을 제외하면 소스의 내용은 너무나도 단순합니다. 디바이스 파일을 open하고, 성공했을 경우 read와 write, ioctl을 수행한 이후에 파일을 닫는 것으로 끝입니다.

```
yhoh@ubuntu:~/android_DeviceDriver/002.BasicCharDD/application$ arm-none-linux-gnueabi-gcc --static -o basicCharDD_app basicCharDD_app.c
basicCharDD_app.c: In function 'main':
basicCharDD_app.c:23: warning: passing argument 2 of 'read' makes pointer from integer without a cast
basicCharDD_app.c:26: warning: passing argument 2 of 'write' makes pointer from integer without a cast
```

arm-none-linux-gnueabi-gcc를 이용해서 위와 같이 빌드를 수행했습니다. 어플리케이션은 망고64나 망고100의 경우 달라지는 부분이 전혀 없습니다. 똑같은 것을 어느 보드에서나 동작시켜도 문제가 없습니다.

위 빌드 과정에서 --static 옵션은 반드시 들어 있어야 합니다. 이 부분은 뒤에서 설명 드리겠습니다. Warning이 두 개 있는데 이것은 read와 write 버퍼 포인터를 넣어 주어야 하는 부분에 그냥 숫자를 넣었기 때문에 발생하는 것입니다. 무시하셔도 됩니다.

```
yhoh@ubuntu:~/android_DeviceDriver/002.BasicCharDD/application$ l
/home/yhoh/android_DeviceDriver/002.BasicCharDD/application
total 580
-rwxr-xr-x 1 yhoh yhoh 581871 2010-09-02 13:50 basicCharDD_app
-rwxr--r-- 1 yhoh yhoh    779 2010-09-02 12:29 basicCharDD_app.c
-rwx------ 1 yhoh yhoh    826 2010-09-02 11:19 Makefile
yhoh@ubuntu:~/android_DeviceDriver/002.BasicCharDD/application$
```

확인을 해보면 위와 같이 basicCharDD_app라는 실행 파일이 생겨 있습니다.

yhoh@ubuntu:~/android_DeviceDriver/002.BasicCharDD/application$ **cp basicCharDD_app /home/yhoh/nfsroot/mango64_android/test/**

yhoh@ubuntu:~/android_DeviceDriver/002.BasicCharDD/application$ **cp basicCharDD_app /home/yhoh/nfsroot/mango100_android/test/**

basicCharDD_app 파일을 망고 보드의 test 폴더로 복사를 해줍니다.

```
/test # ./basicCharDD_app
[APP] device file open start[DEV] basic_char_open() major:255, minor:2
[DEV] basic_char_read() buffer_p:10, count:11
[DEV] basic_char_write() buffer_p:20, count:21
[DEV] basic_char_ioctl() command:30, argument:31
[DEV] basic_char_release()
[APP] device open success: 3
[APP] read function call start
[APP] write function call start
[APP] ioctl function call start
[APP] device file close start
[APP] device file close end
```

basicCharDD_app을 실행하면 위와 같이 정상적으로 동작하고 있는 모습을 볼 수 있습니다. 그런데 출력이 되는 모습이 우리가 생각할 때 순서에 맞지 않는 듯이 보입니다. 어플리케이션에서는 open, read, write, ioctl, close의 순서로 호출을 하고 있고, 매번 printf를 이용해서 출력을 수행했는데 그 출력이 미처 수행이 되기도 전에 디바이스 쪽에서 출력되는 부분이 먼저 출력이 되고 있습니다. 사용자 프로그램보다 커널의 동작에서 보다 높은 우선 순위로 작업이 된다는 것을 알 수 있습니다.

31.3.3. --static 옵션과 안드로이드 bionic

위에서 빌드를 수행하는 옵션 중에서 --static이라는 부분이 있었습니다. 이것은 반드시 존재해야 하는 옵션입니다. 이것이 없으면 어플리케이션이 동작하는데 문제를 일으킵니다. 안드로이드는 bionic 이라는 것을 새롭게 만들어서 기존에 리눅스 상에서 구동되던 라이브러리를 대체해서 독자적인 것을 사용하고 있습니다. 이렇게 하는 이유는 라이센스와 관련한 부분을 피해가기 위함인 것으로 추측됩니다. 그렇기 때문에 만약 dynamic link의 방법으로 라이브러리를 이용하게 되면 안드로이드에서 만든 라이브러리를 이용하게 되고 그럴 경우 안드로이드의 툴체인과 라이브러리를 링크해 주는 아주 복잡한 작업을 수행해야 합니다.

```
CC=/home/yhoh/android_mango64/cupcake-work/src/prebuilt/linux-x86/toolchain/arm-eabi-4.3.1/bin/arm-eabi-gcc
ANDROID_DIR=/home/yhoh/android_mango64/cupcake-work/src
CFG_INC=-I$(ANDROID_DIR)/bionic/libc/include/ \
    -I$(ANDROID_DIR)/bionic/libc/arch-arm/include/ \
    -I$(ANDROID_DIR)/bionic/libc/kernel/common/ \
    -I$(ANDROID_DIR)/bionic/libc/kernel/arch-arm/
CFG_LIB=-Wl,-rpath-link=$(ANDROID_DIR)/out/target/product/generic/obj/lib \
    -rpath-link=/system/lib \
    -L$(ANDROID_DIR)/out/target/product/generic/obj/lib \
    -Bdynamic,-Wl,-T, -Wl,-dynamic-linker=/system/bin/linker \
    -nostdlib \
    crtbegin_dynamic.o \
    crtend.o \
    -lc
```

위 예는 망고64에서 이렇게 안드로이드의 툴체인과 라이브러리를 이용하기 위해서 작업된 Makefile의 일부 내용입니다. 망고64에 포함되어 있는 툴체인을 이용해서 빌드를 하고 있고, 안드로이드 소스 코드 부분을 참조해서 모든 include를 사용하고, 라이브러리의 경우도 target/product/generic/ 부분에 만들어진 라이브러리를 포함해서 빌드를 하도록 만드는 것입니다.

문제는 이 예제는 매우 제한적인 부분이라는데 있습니다. 이것만으로 빌드를 성공할 수는 있지만 정상적인 수행이 되도록 만들기 위해서는 보다 복잡한 작업을 거쳐야 합니다. 이것은 너무나도 복잡하고 어려운 작업입니다. 안드로이드에서는 이를 위해서 NDK라는 툴을 제공하고 있습니다. 이제 이 NDK에 대해서 배우도록 하겠습니다.

32. NDK를 이용한 빌드

이전 장에서 가장 간단한 Character 디바이스 드라이버를 만들고 그것을 어플리케이션을 이용해서 다루는 것을 공부하였는데 실제로 이러한 디바이스 드라이버에 대한 구현은 NDK를 이용해야 합니다. 이번 장에서 NDK에 대한 것을 공부하도록 하겠습니다.

32.1. NDK 개요

NDK는 android Native code(C/C++) Development Kit의 약자입니다. Android에서 C/C++로 개발할 때 알아두어야 할 것이 바로 Native Development Kit 입니다.

32.1.1. NDK란?

http://cafe.naver.com/embeddedcrazyboys/3096
http://cafe.naver.com/embeddedcrazyboys/3425
위 2개의 링크를 참조하면 NDK에 대한 내용을 파악할 수 있습니다. Android NDK를 사용해서 Hello JNI를 컴파일 해보는 부분도 들어 있습니다. 이 부분은 이번 장에서도 다룰 것입니다.

안드로이드 NDK는 native code shared library를 개발할 때, 필요로 하는 문서와 개발 툴의 모음입니다. 기본적인 목적은 사실 라이브러리를 만드는 것이지만 application을 만들 수도 있습니다. 이번 장에서도 이전에 작업한 어플리케이션을 NDK를 이용해서 빌드해서 시험해 볼 것입니다.

NDK가 가진 목적은 JAVA 어플리케이션 개발자들이 native code API에 접근하거나 그들의 어플리케이션의 특정 부분을 좀더 빠르게 동작하도록 만들기 위한 native code shared library나 어플리케이션을 개발하기를 원할 경우 이것을 할 수 있도록 하기 위한 것입니다. 현재는 전체 리눅스나 안드로이드의 API들 중에서 작은 부분만을 지원하고 있습니다만 계속적으로 추가적인 API들이 지원될 것입니다.

안드로이드 어플리케이션은 Dalvik이란 이름의 JAVA virtual machine에서 동작 됩니다. 우리가 안드로이드 어플리케이션을 이러한 형태로 만들어서 수행시켜본 적이 있습니다. 그런데 만약 하드웨어를 직접 건드리는 어떤 라이브러리나 혹은 안드로이드 내에 우리가 설치했던 BusyBox의 쉘 상에서 구동되는 간단한 어플리케이션 같은 것이 하드웨어를 직접 제어하기를 원할 경우 어떻게 해야 할까요? 물론 아주 간단한 내용은 이전 장에서 해본 것처럼 가능할 수 있지만 그렇게 사용하는 것은 완벽하지 않습니다. native-code 언어인 C나 C++를 이용해서 뭔가를 구현하려고 할 때 NDK는 이를 할 수 있도록 도와주게 됩니다. 만약 이미 작업이 된 코드를 활용하고자 할 때 혹은 제어 속도를 향상시키고자 할 때 이는 매우 유용한 방법이 될 수 있는 것입니다.

32.1.2. NDK가 제공하는 것들

NDK에서는 다음의 것들을 제공해 주고 있습니다.
- C와 C++ 소스 코드로부터 native code libraries를 만들어 낼 수 있는 툴들과 빌드 파일들을 제공해 줍니다.
- 안드로이드 어플리케이션을 작성해서 실제로 보드에 올릴 때 apk라는 확장자로 만들어진 파일이 등록되는데 이것이 application package file입니다. 이러한 apk 파일에 native libraries를 연결하는 방법을 또한 제공해 주게 됩니다.
- Android 1.5 버전부터 시작해서 모든 이후의 버전에서는 native 시스템 헤더 파일과 라이브러리들을 제공해 주고 있습니다.
- 많은 관련 문서들과 샘플들 그리고 tutorial들을 제공합니다.

최신 버전의 NDK는 ARMv5TE (Thumb-1 instructions 포함), ARMv7-A (Thumb-2와 VFPv3-D16 instructions 포함. NEON/VFPv3-D32 instructions 옵션 지원) ARM instruction set들을 지원합니다. 차후 릴리즈 될 NDK의 다음 버전에서는 x86 instructions도 지원할 예정이라고 합니다.

ARMv5TE machine code는 모든 ARM CPU 안드로이드 디바이스에서 수행이 됩니다. 하지만 ARMv7-A의 경우는 Verizon Droid와 Google Nexus One과 같은 디바이스와 호환되는 CPU를 가진 경우에만 수행이 된다고 합니다. 가장 큰 차이점은 hardware FPU, Thumb-2, NEON instructions 를 지원하느냐의 여부입니다.

NDK는 libc (C library), libm (Math library), OpenGL ES (3D graphics library), JNI interface, 그리고 여러 라이브러리들을 지원합니다.

32.2. Cygwin 설치

NDK를 이제 설치해야 하는데 그 전에 먼저 Cygwin을 설치해야 합니다. NDK는 반드시 안드로이드 SDK가 설치된 환경에 설치해야 합니다. 만약 SDK를 리눅스 상에 설치하였다면 NDK도 리눅스 상에 설치해서 사용해야 합니다. 하지만 필자는 SDK를 Windows XP 상에 설치하였기 때문에 NDK 역시 Windows XP에 설치할 것입니다. 그런데 이 경우 빌드의 환경으로 사용하는 것 또한 Windows XP가 되고, Windows XP 상에서 빌드를 하기 위해서는 Cygwin을 이용해야 합니다.

32.2.1. Cygwin 개요

Cygwin은 Cygn4us사에서 시작하여 공개된 Freeware로 Linux 환경과 비슷한 개발환경으로 PC Windows에서 GNU Tool에 기반한 개발을 가능하게 해 줍니다.

Cygwin은 Windows를 위한 Linux-like 환경입니다. 이것은 두 부분으로 구성되어 있는데 상당한 Linux API 기능을 제공하는 Linux API 에뮬레이션 계층인 cygwin1.dll과 Linux의 Look & Feel을 제공하는 툴들의 집합이 그것입니다. Cygwin DLL은 현재 Windows CE를 제외한, 모든 최근의, 상업적으로 배포된 x86 32비트와 64비트 Windows와 호환됩니다.

Cygwin은 Linux의 Native 응용을 Windows에서 실행해 주는 것은 아닙니다. 이를 Windows에서 실행하려면 source 부터 응용을 다시 rebuild 해야 합니다. Cygwin은 마술처럼 Windows의 Native 응용들이 Unix의 기능, 즉, signal, pty, 기타 등등을 인식하게 해 주는 것이 아닙니다. Cygwin이란 Linux-Like한 개발 환경으로 Linux는 아닌 것입니다. 즉, Linux가 아니므로, Linux에서 돌아가는 응용이 Cygwin 상에서 바로 돌아갈 수는 없고 새로 컴파일 해 주어야 하고, 경우에 따라서는 소스도 손을 보아야 한다는 것입니다.

http://www.cygwin.com/
위 링크를 접속해 보면 아래 그림을 발견할 수 있습니다.

맨 위의 붉은 상자 안을 보면 "GNU + Cygnus + Windows = Cygwin"이란 소개가 있는데, 즉, Cygnus 사에서 Windows 환경에서 GNU 툴들을 Linux 환경 비슷하게 편리하게 사용하도록 만들었다는 의미로 받아 들이면 됩니다.

32.2.2. Cygwin 설치

Cygwin을 설치하여 사용해 보도록 합니다. 위 그림에서 홈페이지 오른쪽 상단이나 아래쪽 중앙의 "Install or update now!"를 선택하면 바로 Cygwin 설치가 시작됩니다. 이제부터는 순차적으로 나타나는 설치 명령을 따라 가기만 하면 된다.

"Install or update now!"를 선택하면 setup.exe를 다운로드 받게 됩니다. 이 파일을 실행시키면 Cygwin Setup 프로그램 소개 화면이 나오면 바로 "다음"을 클릭합니다. 그러면 다음 화면이 나오게 됩니다.

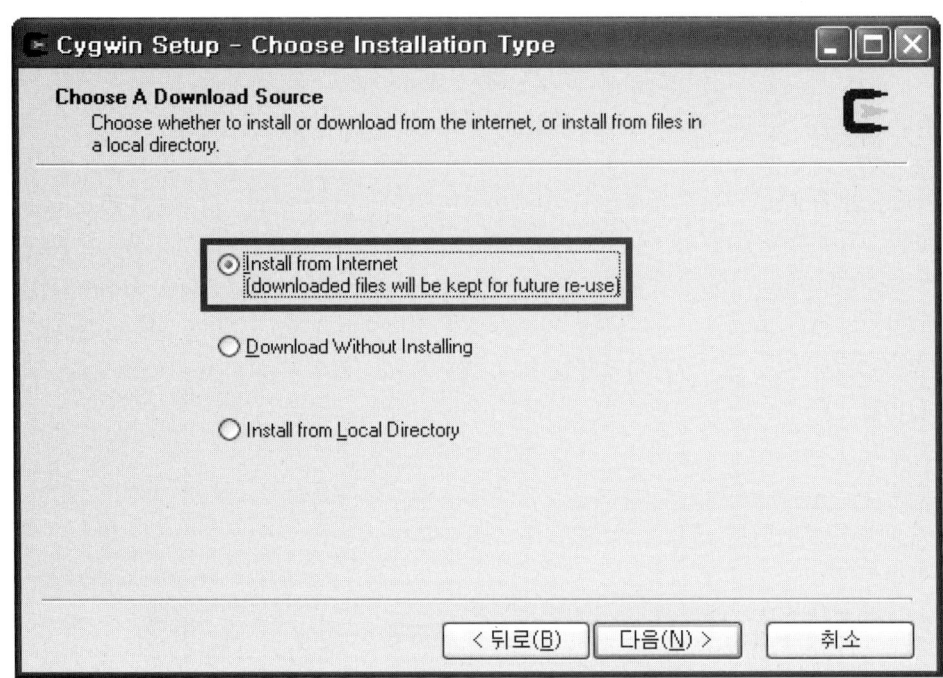

인터넷으로 인스톨 하는 것이 가장 편리하므로, 디폴트로 선택되어 있는 "Install from Internet"을 선택한 후 "다음"을 누릅니다.

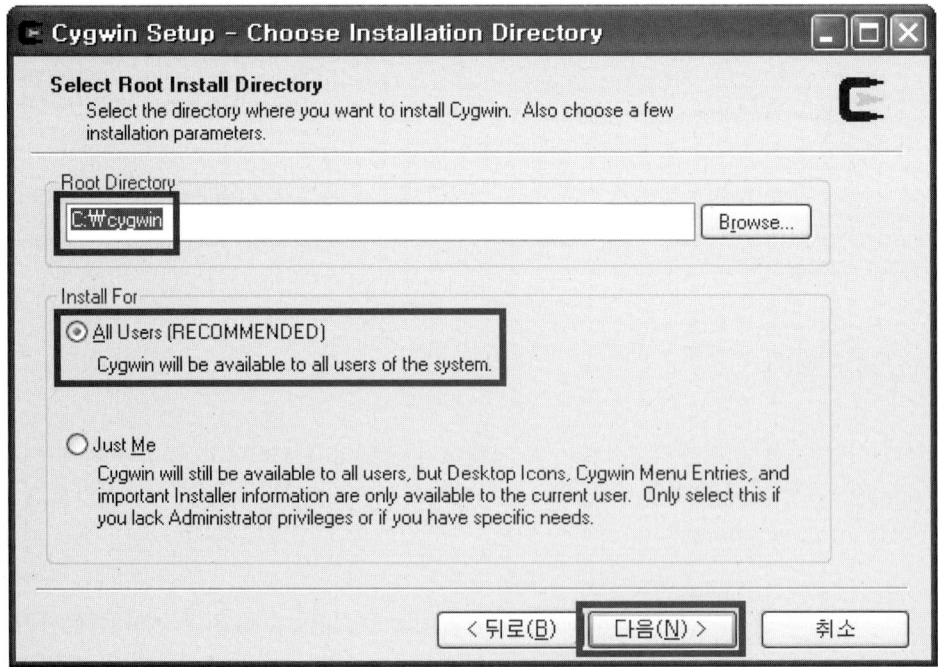

인스톨 디렉토리 선택 화면에서, Root Directory는 C: 파티션의 용량이 충분하다면 그대로 선택하면 되고 그렇지 않다면 필요에 따라 바꾸면 됩니다.

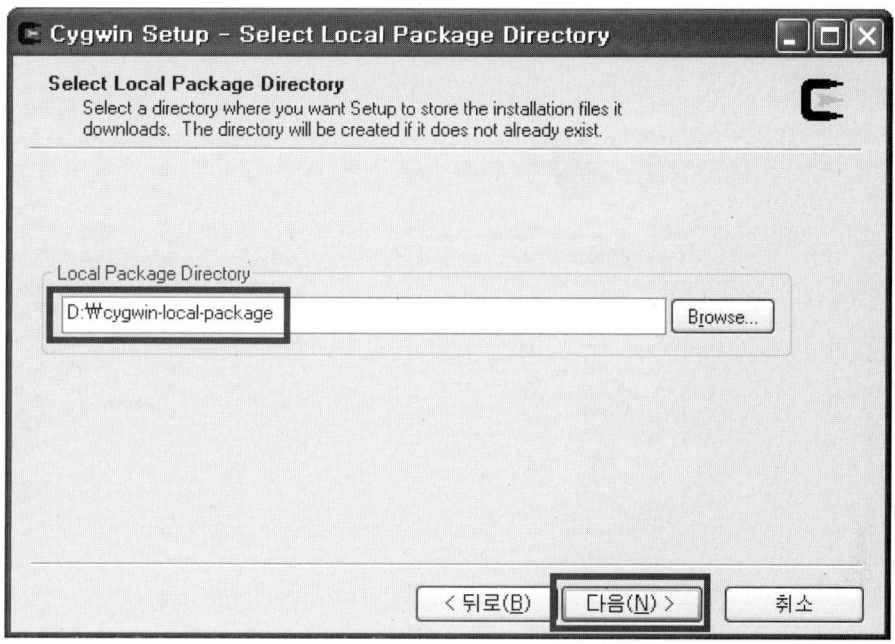

로컬 패키지 디렉토리는 Cygwin에서 다운로드 받은 패키지들을 저장해 두는 곳입니다. 디폴트 디렉토리를 유지하거나 상황에 따라 적당하게 바꾸면 됩니다. "다음"을 누릅니다.

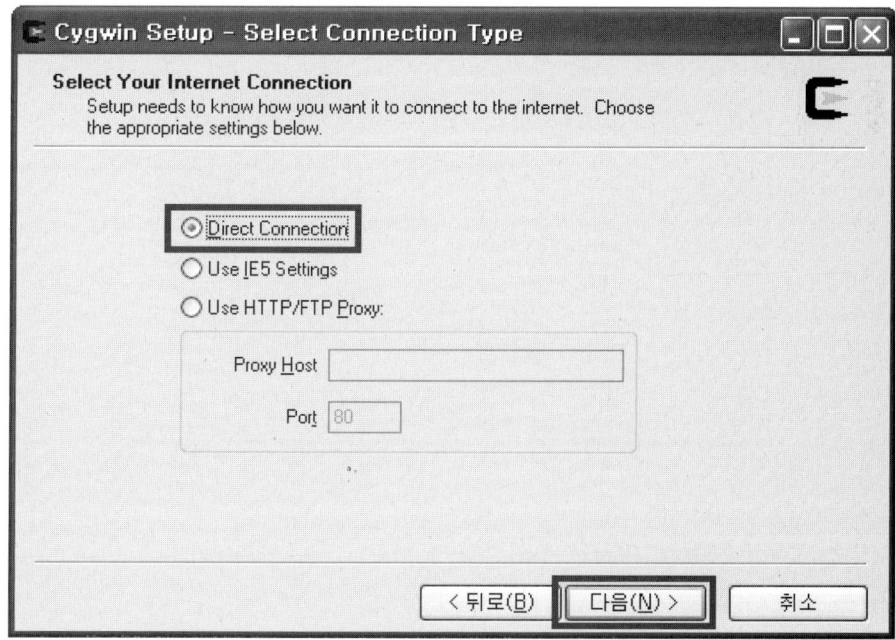

인터넷 연결 설정도 간단합니다. 일반적인 인터넷에 연결 되어 있으면 "Direct Connection"을 선택합니다. 여기서 "다음"을 누르면 이제 인터넷에서 Cygwin 패키지 다운로드를 준비합니다.

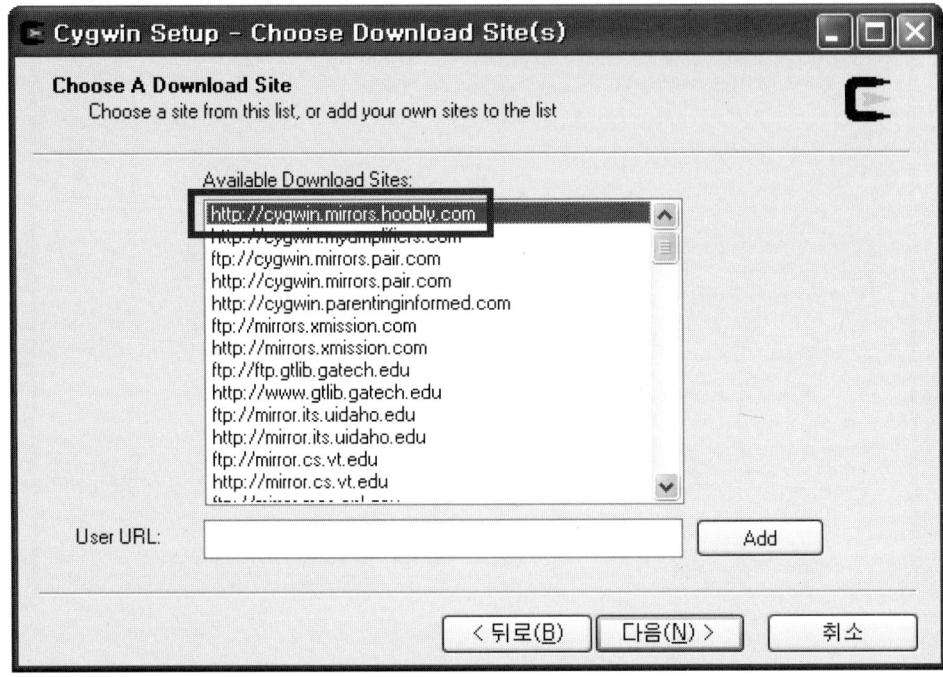

이제 다운로드 사이트를 선택할 차례입니다. 오른쪽 스크롤 바를 움직여 적절한 사이트를 찾으면 됩니다. 그냥 가장 첫 번째에 있는 http://cygwin.mirrors.hoobly.com을 선택합니다.

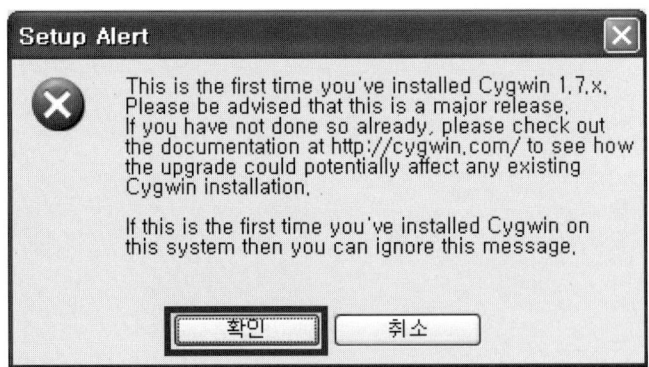

처음 설치하는 경우가 아니면 업그레이드를 이용할 것을 권고하고 있는 것입니다. 필자는 처음 설치를 진행하고 있는 것이기 때문에 확인을 누릅니다. 혹시라도 처음 설치하는 것이 아닌 독자 분들께서는 업그레이드 기능을 이용해서 설치를 진행해 주시기 바랍니다.

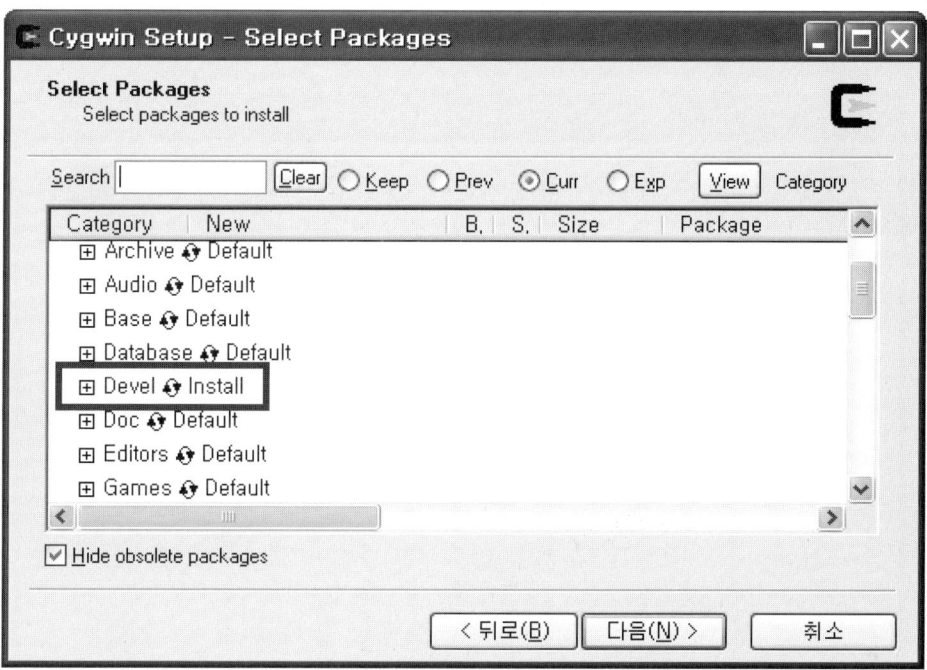

패키지 선택도 별 고민할 바 없다. 대부분 디폴트로 설치해도 문제가 없고 향후 필요한 부분이 있으면 추가 하면 됩니다. 다만, 우리는 개발을 진행하는 것이고 위 그림 붉은색 상자 속의 Devel을 선택해서 모두 설치할 수 있도록 만드는 것이 좋습니다.

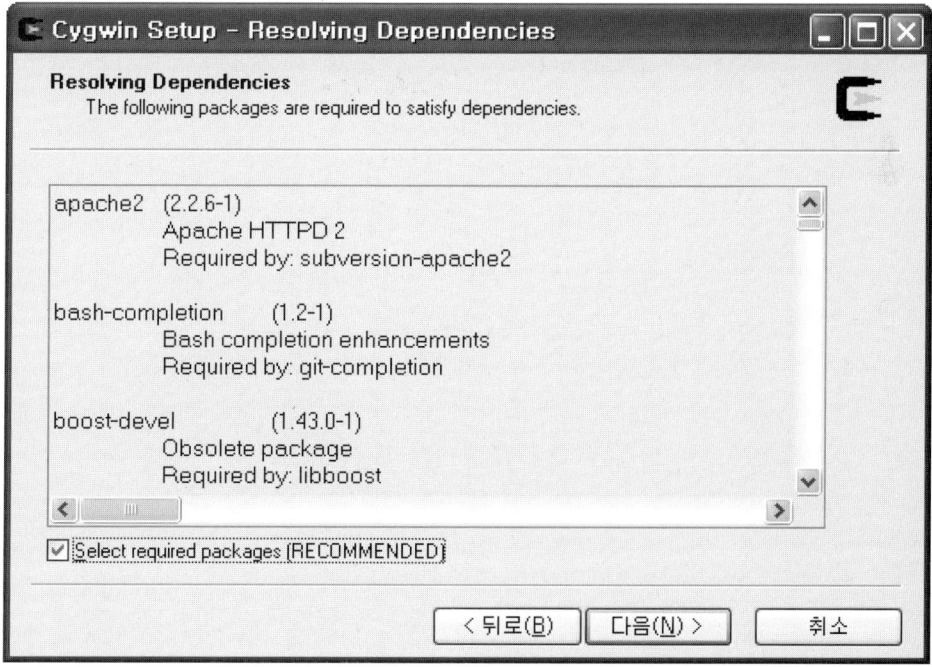

선택된 내용들이 기술되어 있고, 다음을 눌러 설치를 진행합니다.

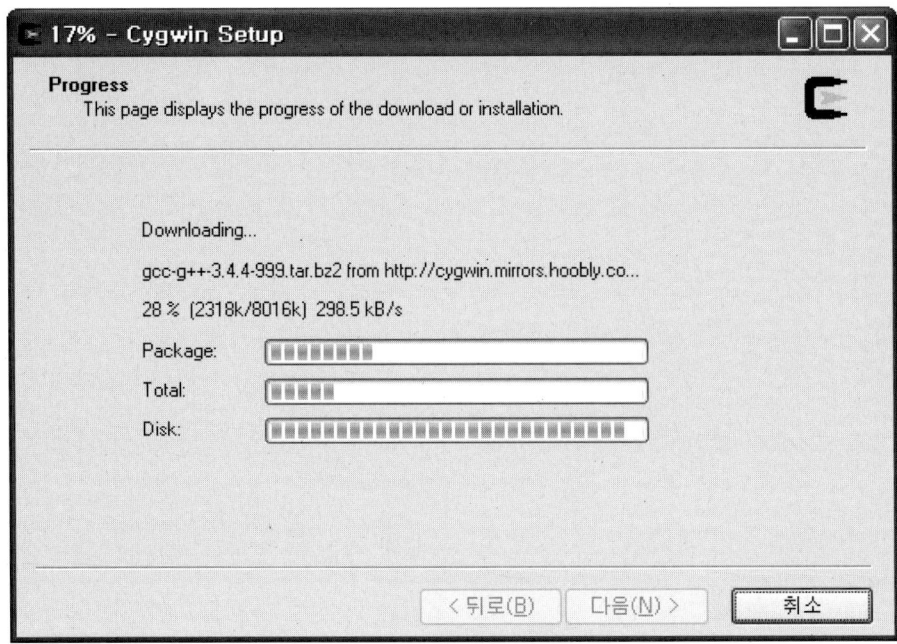

위의 다운로드 작업은 D:\cygwin-local-package 폴더에 관련 패키지들을 다운로드 받게 됩니다. http%3a%2f%2fcygwin.mirrors.hoobly.com%2f 폴더가 생기고 그곳에 모두 다운로드 됩니다.

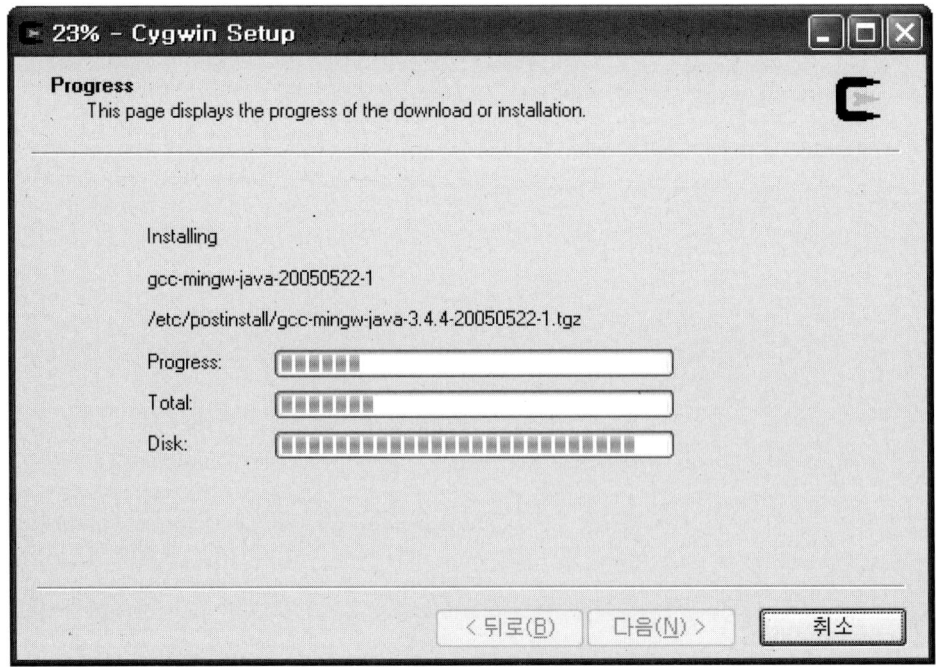

다운로드를 모두 마치면 위의 설치 작업이 수행됩니다. 모든 과정은 에러 없이 수행이 되어야 합니다. 수행 도중에 Script Errors와 같은 창이 나타날 경우는 정상적으로 수행된 것이 아니기 때문에 모두 지우고 다시 설치를 해야 할 수도 있습니다. 패키지들 중에서 Devel만 선택해서 설치하는 것이기 때문에 특별한 문제가 일어나지는 않을 것입니다.

설치 과정에서 해당 ftp 사이트에 문제가 있으면 다른 사이트를 선택할 수 있는 화면이 나타나 게 됩니다. 사이트를 다시 선택해 주면 됩니다. Cygwin은 패키지가 방대하므로 인터넷 연결 상황에 따라 여러 번 중단 될 수 있는데, 이때에도 서버 선택과 "다음" 버튼 만으로 계속 진행되므로 당황할 필요는 없습니다.

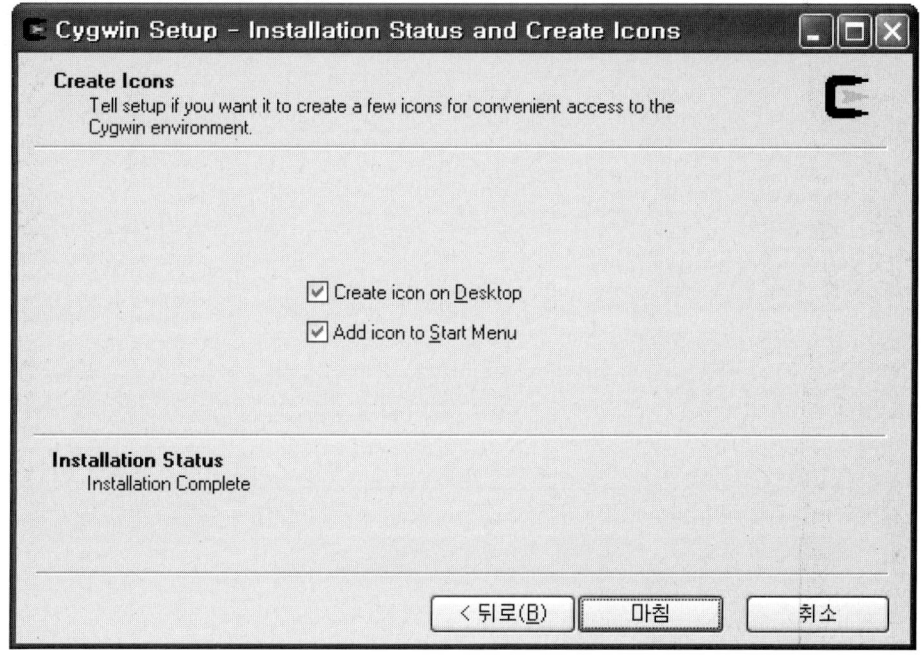

여기서 마침을 누르고, 바탕화면에 가 보면 아래와 같이 Cygwin Icon이 만들어져 있음을 볼 수 있습니다.

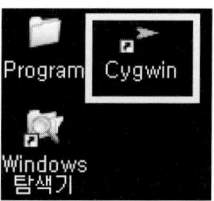

이 아이콘을 더블 클릭 하면 Cygwin이 실행되어 실행 화면이 나타나는데 리눅스를 사용하면서 보았던 매우 낯익은 화면을 보게 될 것입니다.

32.2.3. Cygwin 사용자 환경 설정

기본적으로 수행은 root 사용자를 기준으로 작업이 될 것인데 새로운 사용자를 추가해서 사용하는 것이 좋을 것입니다. yhoh라는 사용자를 만드는 것을 해보도록 하겠습니다. 사용자를 추가하는 것과 같은 작업이 수행되는 것이 아니고 단순히 HOME이라는 환경변수를 추가하는 것으로 이 작업이 자동으로 이루어지게 됩니다.

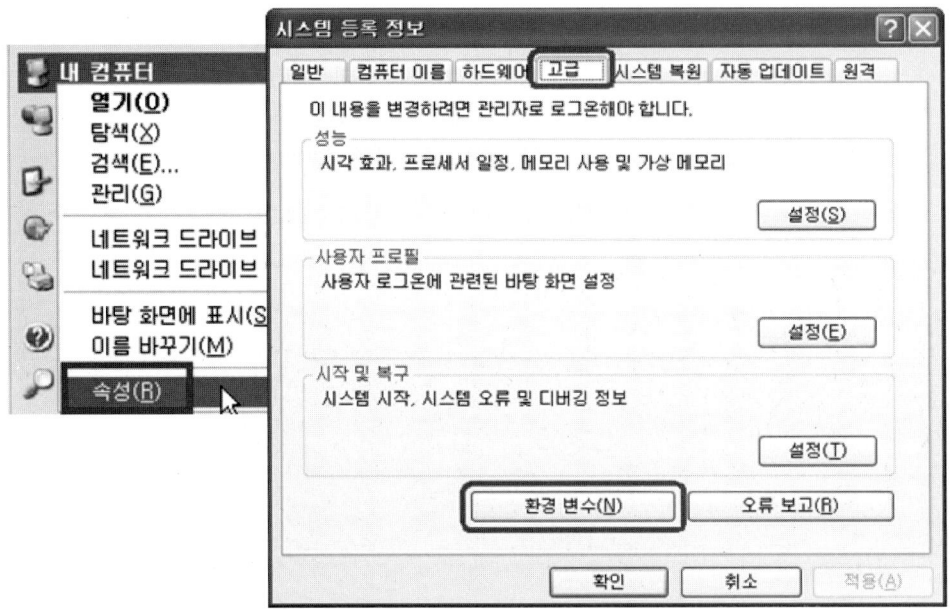

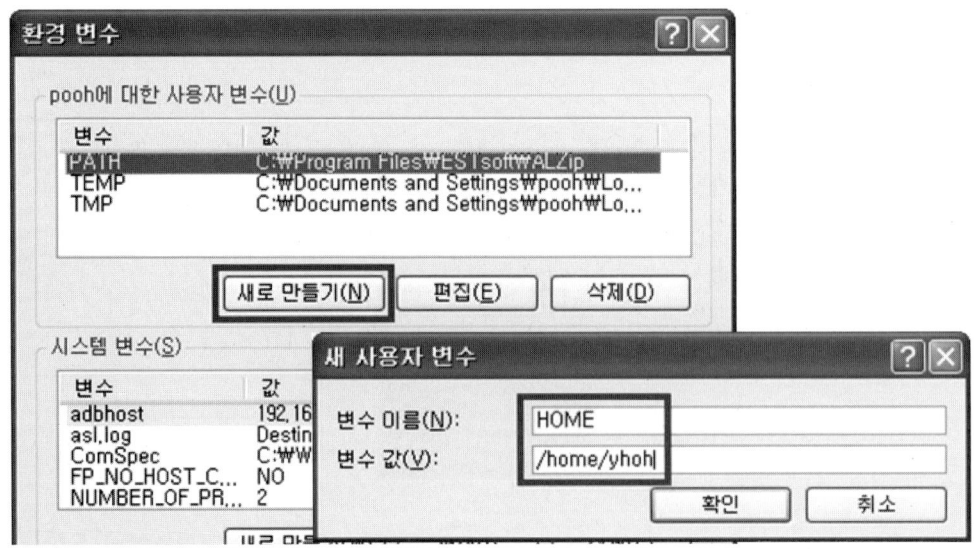

내컴퓨터에서 오른쪽 마우스 버튼을 눌러 속성을 선택한 이후에 고급 탭에서 환경변수를 선택하고

여기서 새로 만들기를 눌러서 HOME이라는 변수 이름을 선택하고 값으로는 /home/yhoh를 주어서 확인을 누릅니다.

위와 같이 HOME 변수가 설정되어 있는 것을 확인할 수 있습니다. 이제 다시 Cygwin 창을 실행시킵니다.

```
Copying skeleton files.
These files are for the user to personalise their cygwin experience.

They will never be overwritten nor automatically updated.

'./.bashrc' -> '/home/yhoh//.bashrc'
'./.bash_profile' -> '/home/yhoh//.bash_profile'
'./.inputrc' -> '/home/yhoh//.inputrc'
```

위 그림에서 보듯이 루트 부분에 존재하는 ".bashrc", ".bash_profile", ".inputrc"의 세 파일들이 자동으로 /home/yhoh 부분으로 복사되고 있습니다. (C:\cygwin\etc\skel에 있는 내용들이 복사되고 있는 것입니다.)

```
pooh@yhoh ~
$ ls -lag
total 12
drwxr-xr-x+ 1 없음      0 2010-08-31 15:26 .
drwxrwxrwt+ 1 root     0 2010-08-31 15:26 ..
-rwxr-xr-x  1 없음   1150 2010-08-31 15:22 .bash_profile
-rwxr-xr-x  1 없음   3754 2010-08-31 15:22 .bashrc
-rwxr-xr-x  1 없음   1461 2010-08-31 15:22 .inputrc
```

모든 파일을 리스트 해보면 위와 같이 복사되어 나타나 있습니다.

위 리스트를 보면 흑백으로 표시되고 있어서 약간은 불만입니다. ".bashrc"의 활용이라는 측면에서 우리가 리눅스에서 활용하던 alias를 적용해 보도록 하겠습니다.

```
alias ls='ls --color=auto'
alias grep='grep --color=auto'
alias l='pwd;ls -l'
alias ..='cd ..;ls'
```

위와 같이 ls와 grep에 대해서 색깔이 늘 표시될 수 있도록 설정하였고, 늘 사용하는 l과 ".."에 대해서 역시 alias 설정을 수행하였습니다. 이에 대한 시험은 뒤에서 보도록 하겠습니다.

32.3. NDK 설치

이제 NDK를 설치해야 할 차례입니다.

32.3.1. NDK 다운로드 및 설치

http://developer.android.com/sdk/ndk/index.html

Platform	Package	Size	MD5 Checksum
Windows	android-ndk-r4b-windows.zip	45792835 bytes	e397145e155a639be53ee4b6db8ad511
Mac OS X (intel)	android-ndk-r4b-darwin-x86.zip	50586041 bytes	41dbd54335fb828ee408eab17103a1b0
Linux 32/64-bit (x86)	android-ndk-r4b-linux-x86.zip	49464776 bytes	2deabcb125c219b34140975b710f00ec

위 링크에 접속해서 Windows 플랫폼에 해당하는 것을 다운로드 받습니다. android-ndk-r4b-windows.zip이란 파일을 다운로드 받을 수 있습니다. 압축을 풀면 android-ndk-r4b라는 폴더가 생겨 있습니다.

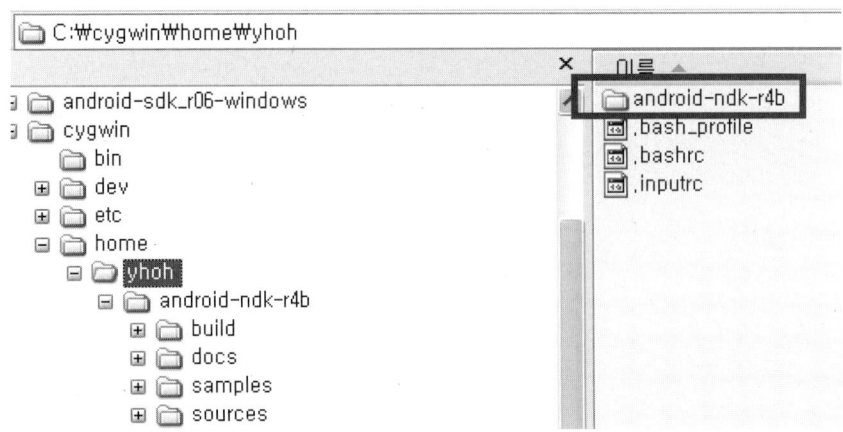

압축을 푼 android-ndk-r4b 폴더를 적절한 위치에 옮겨주는 것으로 설치 작업은 끝입니다. 필자는 이것을 /home/yhoh에 옮겨 놓았습니다.

32.3.2. NDK 설정 작업

/home/yhoh 폴더를 보면 ".bashrc" 파일이 보입니다. 이 파일의 마지막에 다음과 같이 export를 추가합니다.

```
export ANDROID_NDK_ROOT=/home/yhoh/android-ndk-r4b
```

```
130
131 export ANDROID_NDK_ROOT=/home/yhoh/android-ndk-r4b
132 export PATH=$PATH:$ANDROID_NDK_ROOT
133
134 alias ls='ls --color=auto'
135 alias grep='grep --color=auto'
136 alias l='pwd;ls -l'
137 alias ..='cd ..;ls'
138
```

안드로이드 NDK 폴더의 위치를 지정해 주고 있는 것입니다. 또한 이 부분을 PATH에도 추가해 주어야 합니다. 우리가 빌드를 수행할 때 ndk-build라는 스크립트를 이용하게 되는데 이것이 바로 위의 폴더에 들어있기 때문입니다.

```
pooh@yhoh ~/android-ndk-r4b
$ grep android *
README.TXT:"android-ndk" forum located at the following address:
README.TXT:      http://groups.google.com/group/android-ndk
ndk-gdb:# its android:debuggable attribute must be set to 'true' in the
ndk-gdb:      echo "      the android:debuggable flag to 'true' but did not rebu
ld the"
```

```
pooh@yhoh ~/android-ndk-r4b
$ l
/home/yhoh/android-ndk-r4b
total 32
-rwxrwxrwx  1 pooh 없음   1306 2010-04-12 13:57 GNUmakefile
-rwxrwxrwx  1 pooh 없음   1355 2010-04-12 13:57 README.TXT
drwxrwxrwt+ 1 pooh 없음      0 2010-08-31 15:34 build
drwxrwxrwt+ 1 pooh 없음      0 2010-08-31 15:30 docs
-rwxrwxrwx  1 pooh 없음   2981 2010-06-17 16:48 ndk-build
-rwxrwxrwx  1 pooh 없음  17634 2010-06-07 16:44 ndk-gdb
drwxrwxrwt+ 1 pooh 없음      0 2010-08-31 15:30 samples
drwxrwxrwt+ 1 pooh 없음      0 2010-08-31 15:30 sources
```

grep이나 l에 대한 작동도 위와 같이 잘 수행되는 것을 확인할 수 있습니다.

```
pooh@yhoh ~
$ ndk-build
Android NDK: Could not find application project directory !
Android NDK: Please define the NDK_PROJECT_PATH variable to point to it.
/home/yhoh/android-ndk-r4b/build/core/build-local.mk:85: *** Android NDK: Aborti
ng    . Stop.
```

ndk-build라는 스크립트를 실행해보면 Path가 잡혀있기 때문에 실행은 되지만 NDK_PROJECT_PATH가 지정되어 있지 않아서 빌드를 수행할 프로젝트를 찾을 수 없다는 메시지가 출력되고 있습니다. 이제 샘플 프로그램을 빌드해 보도록 하겠습니다.

32.4. NDK로 샘플 프로그램 빌드하기

NDK의 폴더에 보면 samples라는 것이 있습니다.

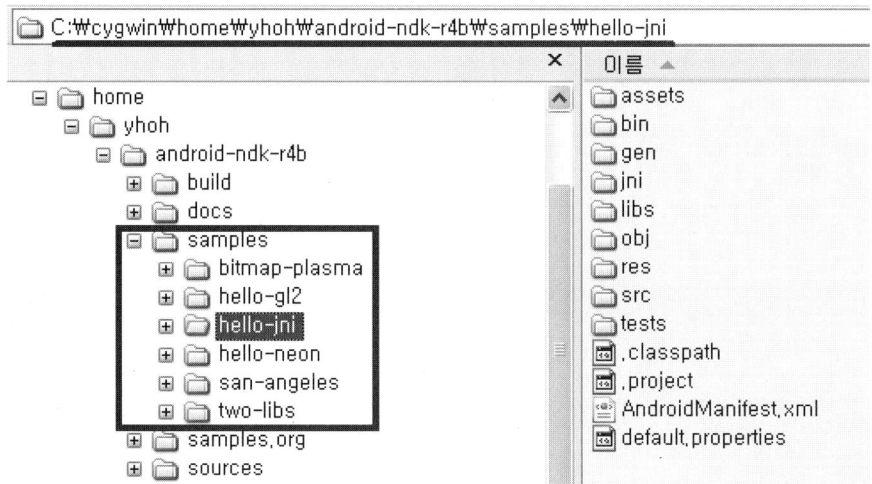

필자는 비교를 위해서 먼저 samples 폴더 전체를 samples.org라는 이름으로 복사를 해두었습니다. 뒤에서 빌드를 수행한 이후에 비교를 해보도록 할 것입니다.

samples 폴더 중에서 가장 간단한 것이 바로 hello-jni 부분입니다. 이번에는 이것을 빌드해 보도록 하겠습니다. 빌드는 무척 단순합니다. 바로 해당 폴더로 이동해서 ndk-build 스크립트를 실행하는 것 뿐입니다.

```
pooh@yhoh ~/android-ndk-r4b/samples/hello-jni
$ ndk-build
```

```
Gdbserver          : [arm-eabi-4.4.0] /home/yhoh/android-ndk-r4b/samples/hello-
jni/libs/armeabi/gdbserver
Gdbsetup           : /home/yhoh/android-ndk-r4b/samples/hello-jni/libs/armeabi/gdb.setup
Gdbsetup           : + source directory /home/yhoh/android-ndk-r4b/samples/hello-jni/jni
Compile thumb      : hello-jni <= /home/yhoh/android-ndk-r4b/samples/hello-jni/jni/hello-jni.c
SharedLibrary      : libhello-jni.so
Install            : libhello-jni.so => /home/yhoh/android-ndk-r4b/samples/hello-jni/libs/armeabi
```

위와 같이 ~/android-ndk-r4b/samples/hello-jni 폴더로 이동하고, ndk-build 스크립트를 실행하였습니다. arm-eabi-4.4.0으로 빌드가 되고 있는 것을 알 수 있습니다. Shared Library인 libhello-jni.so가 생성되어 있습니다.

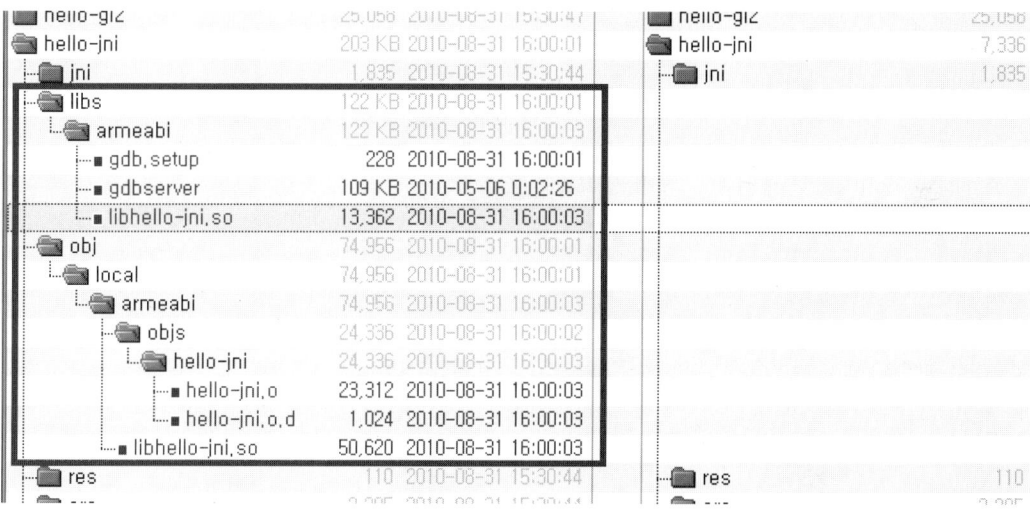

위 그림처럼 이전 것과 비교를 해보면 libs와 obj 폴더가 새롭게 추가되어 있고, 여기에 libs의 armeabi 폴더에 libhello-jni.so 파일이 존재하고 있습니다.

32.5. Eclipse에서 Hello-jni 실행

이제 Eclipse에서 Hello-jni를 실행해 보도록 하겠습니다.

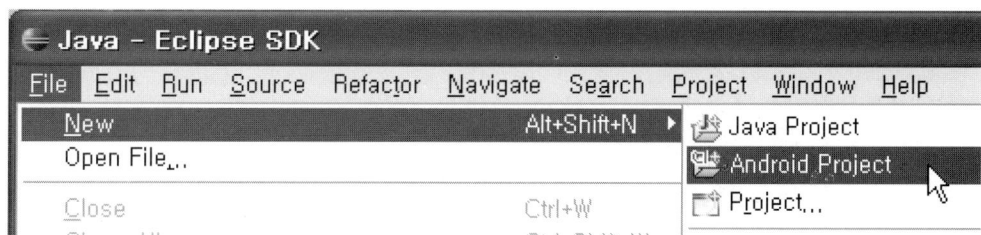

Eclipse를 열어서 File 메뉴의 New / Android Project를 선택합니다.

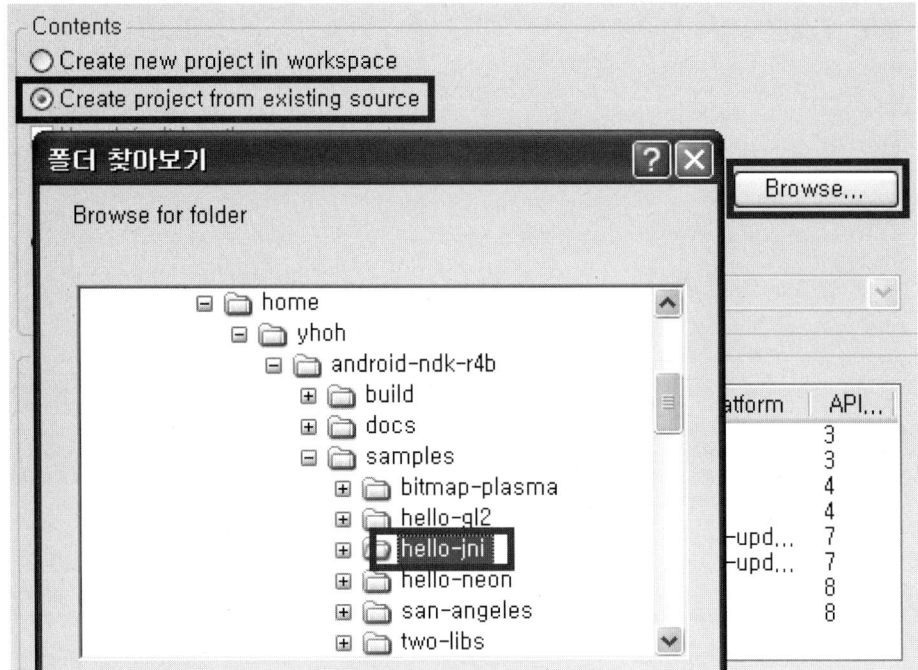

새로운 프로젝트를 만드는 이미 존재하는 소스이기 때문에 "Create project from existing source"를 선택하고, Browse를 눌러서 hello-jni를 찾아서 선택해 줍니다. 프로젝트 이름이 자동으로 HelloJni가 됩니다.

Build Target은 Android 1.5를 선택해 줍니다. 망고64나 망고100 모두에서 동작하도록 해야 하기 때문에 Android 1.5를 선택해 주셔야 합니다.

Hello.Jni 프로젝트에서 Package Explorer 탭을 보면 libs라는 폴더를 발견할 수 있습니다. 여기에 armeabi 폴더가 있고, 그 안에 3개의 라이브러리가 있습니다. 이 중에서 libhello-jni.so에서 마우스 오른쪽 버튼을 눌러서 Properties를 선택합니다. 그러면 어떤 내용이 있는 지를 찾아볼 수 있습니다. 여기서 특별히 어떤 내용을 변경하는 작업을 수행하지는 않을 것입니다. 기존에 있는 샘플을 단순히 빌드한 것이고 어떻게 동작하는지 만을 살펴보는 것입니다.

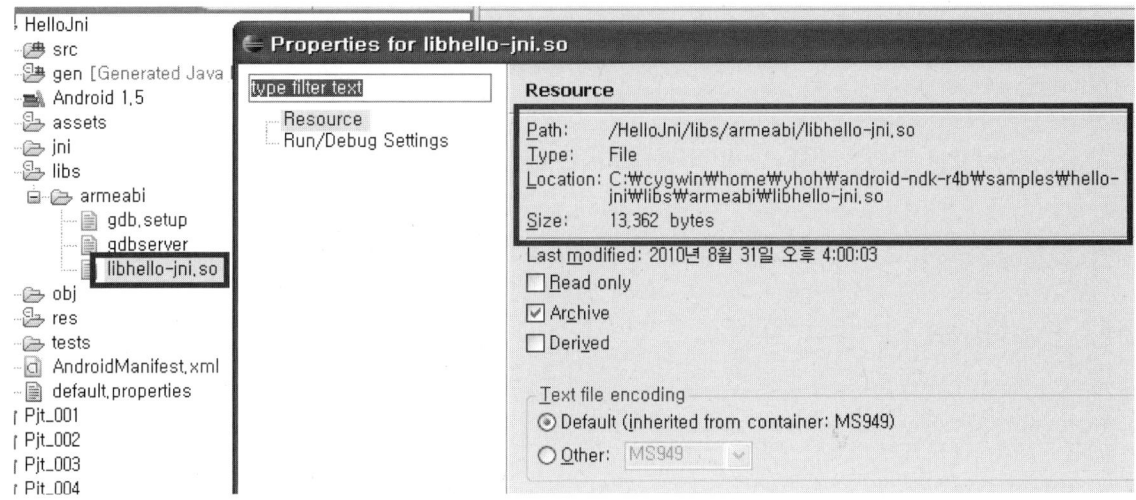

위와 같이 Path 정보와 위치 정보를 확인할 수 있습니다.

이제 기존에 우리가 어플리케이션을 수행시키는 방법과 동일하게 Hello.Jni 프로젝트를 망고보드에서 수행시키면 위와 같이 Hello from JNI라는 출력문이 화면에 보이는 것을 확인할 수 있습니다.

```
C:\>adb kill-server
C:\>adb devices
```

당연히 adb kill-server와 adb devices를 수행해서 망고보드와 PC와 ADB가 연결될 수 있도록 설정해 주셔야 합니다. 이 부분이 생각나지 않으시는 분들은 앞에서 설명 드린 ADB 연결에 대한 장을 참조해 주시기 바랍니다.

NDK는 GCC로 android 어플리케이션을 개발하기 위한 도구가 아니라, 안드로이드 Java 어플리케이션에서 GCC로 컴파일 된 라이브러리를 jni interface를 통해서 불러서(call/execute) read(get), write(set)를 할 수 있게 도와주는 도구일 뿐입니다. NDK는 어플리케이션 개발자에게 필요한 것이 아니라, 하드웨어 개발자가 Android Java에서 하드웨어를 쉽게 제어할 수 있도록 도와주는 것이라고 생각하시면 됩니다. 예를 들어 어떤 특정 GPIO 포트에 특정 비트를 설정하는 등의 작업을 수행하고자 할 때 Java에서는 이를 제어할 방법이 없기 때문에 jni를 통해서 native binary를 call 해서 처리하는 것입니다.

32.6. BasicCharDD 어플리케이션을 NDK로 빌드하기

이제 이전 장에서 만들었던 BasicCharDD 어플리케이션을 NDK로 빌드해 보도록 하겠습니다.

32.6.1. Android.mk 생성 작업

C:₩cygwin₩home₩yhoh₩android-ndk-r4b₩ndk-build

```
$GNUMAKE -f $PROGDIR/build/core/build-local.mk $@
```

NDK에서 ndk-build 파일을 열어보면 위 문장을 발견할 수 있습니다. 결국은 /build/core/build-local.mk를 수행하는 것이고 이것을 찾아보아야 합니다.

C:₩cygwin₩home₩yhoh₩android-ndk-r4b₩build₩core₩build-local.mk

```
NDK_PROJECT_PATH := $(strip $(NDK_PROJECT_PATH))
ifndef NDK_PROJECT_PATH
    NDK_PROJECT_PATH := $(call find-project-dir,$(strip $(shell pwd)),AndroidManifest.xml)
endif
ifndef NDK_PROJECT_PATH
    NDK_PROJECT_PATH := $(call find-project-dir,$(strip $(shell pwd)),jni/Android.mk)
endif
```

이전 절에서 살펴본 hello-jni에서는 C:₩cygwin₩home₩yhoh₩android-ndk-r4b₩samples₩hello-jni 부분을 살펴보면 AndroidManifest.xml 파일이 존재하고 있습니다. 그렇기 때문에 AndroidManifest.xml을 이용해서 NDK_PROJECT_PATH가 설정되는 것입니다. 그렇지 않고, AndroidManifest.xml이 존재하지 않으면 jni폴더의 Android.mk를 찾게 됩니다. 만약 이조차 없다면 에러를 출력하게 됩니다. 물론 빌드를 수행할 때 NDK_PROJECT_PATH를 임의로 줄 수도 있습니다.

Android.mk를 만드는 가장 쉬운 방법은 역시 예제의 내용을 참조해서 복사하는 것입니다. C:₩cygwin₩home₩yhoh₩android-ndk-r4b₩samples₩hello-jni₩jni₩Android.mk 파일을 jni라는 폴더를 만들어서 복사해 주었습니다.

```
LOCAL_PATH:= $(call my-dir)
include $(CLEAR_VARS)
LOCAL_MODULE    := basicCharDD_app
LOCAL_SRC_FILES := basicCharDD_app.c
include $(BUILD_EXECUTABLE)
```

LOCAL_MODULE 부분과 LOCAL_SRC_FILES에 대한 내용을 basicCharDD의 경우에 맞도록 수정하였고, $(BUILD_SHARED_LIBRARY)로 되어 있던 부분을 BUILD_EXECUTABLE로 변경하였습니다. basicCharDD 어플리케이션은 라이브러리로 동작하는 것이 아니라 실행 파일로 동작할 것이기 때문입니다.

32.6.2. BasicCharDD 어플리케이션 빌드 및 실행

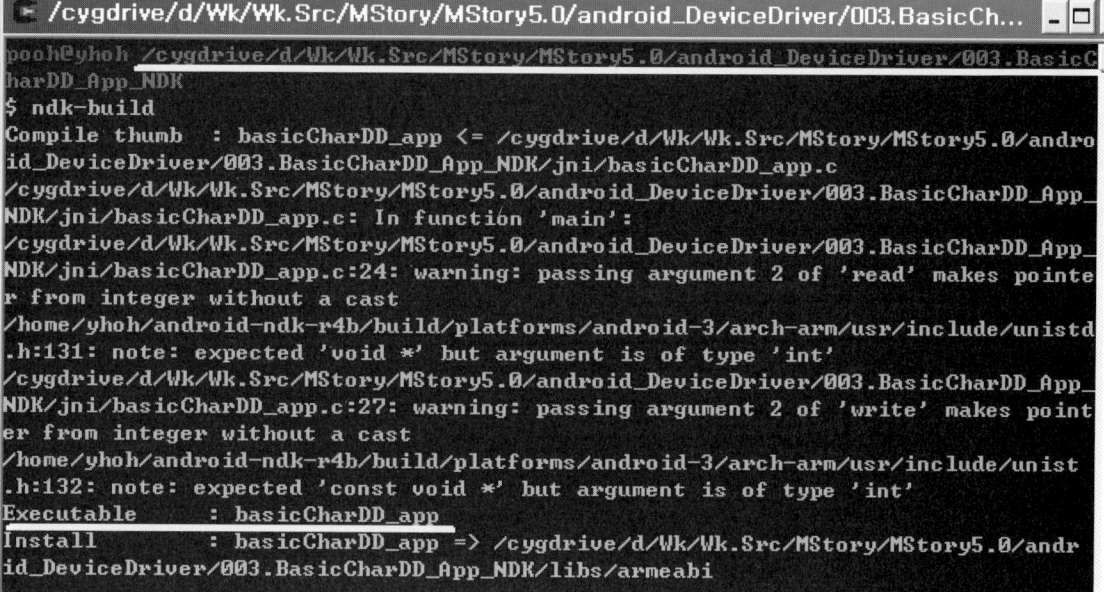

C:\cygwin\home\yhoh 부분이 아닌 D 드라이브에 작업 폴더를 만들고 그곳에서 수행을 시켰습니다. 이 경우 다른 드라이브는 /cygdrive/d/로 접근이 가능합니다.
D:\Wk\Wk.Src\MStory\MStory5.0\android_DeviceDriver\003.BasicCharDD_App_NDK 부분에 존재하고 있고 이것을 위와 같이 빌드를 수행하였습니다. basicCharDD_app 실행 파일이 만들어졌고, 이를 망고 보드에서 수행해 보도록 합니다.

```
/test # insmod basicCharDD.ko
[DEV] basic_char_init() is called.
/test # mknod /dev/basic_char_device c 255 2
```

```
/test # ./basicCharDD_app
[APP] device file open start[DEV] basic_char_open() major:255, minor:2
[DEV] basic_char_read() buffer_p:10, count:11
[DEV] basic_char_write() buffer_p:20, count:21
[DEV] basic_char_ioctl() command:30, argument:31
[DEV] basic_char_release()

[APP] device open success: 3
[APP] read function call start
[APP] write function call start
[APP] ioctl function call start
[APP] device file close start
[APP] device file close end
```

이전 장에서 수행했던 것과 동일한 결과가 나오는 것을 확인할 수 있습니다.

지금까지는 사실 실제적인 하드웨어를 제어하는 코드라고 할 수는 없습니다. 다음 장에서는 가장 간단한 실제 하드웨어인 LED를 제어하는 디바이스 드라이버를 만들고 이것을 안드로이드 어플리케이션에서 버튼으로 켜고 끄고를 수행하는 것까지 해보도록 하겠습니다.

33. (망고64) LED 디바이스 드라이버

이번 장에서는 실제 하드웨어를 제어하는 것을 다루어 보려고 합니다. 하드웨어 중에서 세상에서 가장 단순한 것이 LED 입니다. 아쉽게도 망고100에서는 사용자가 맘대로 변경해 볼 수 있는 LED가 장착되어 있지는 않지만 내용이 크게 어렵지 않기 때문에 망고64의 내용으로도 충분히 공부가 가능하실 것입니다.

33.1. 하드웨어 분석

33.1.1. 회로도 분석

먼저 LED의 회로도부터 분석해 보도록 하겠습니다.

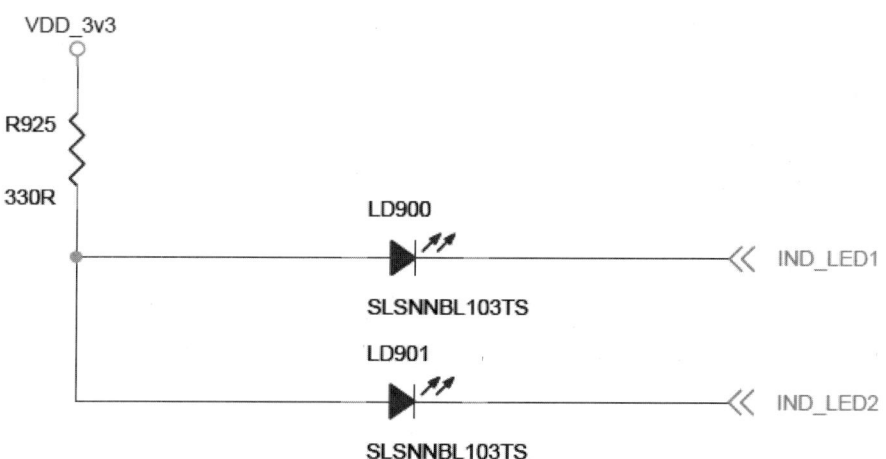

LED의 회로는 무척 단순합니다. 두 개의 indication LED가 달려 있고, 회로는 위와 같습니다. VDD 3.3V에 각각의 LED, LD900과 LD901이 연결되어 있습니다. 위 회로에서 알 수 있는 것은 IND_LED1과 IND_LED2 핀에 0을 인가할 경우 LED가 켜지는 것이고, 1을 인가할 경우는 전류가 흐르지 않아서 LED가 꺼진 다는 것입니다.

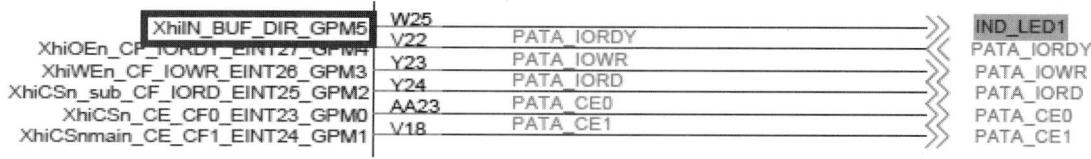

IND_LED1의 경우 위 그림에서 보듯이 GPIO Port M 5번에 연결되어 있는 것을 알 수 있습니다.

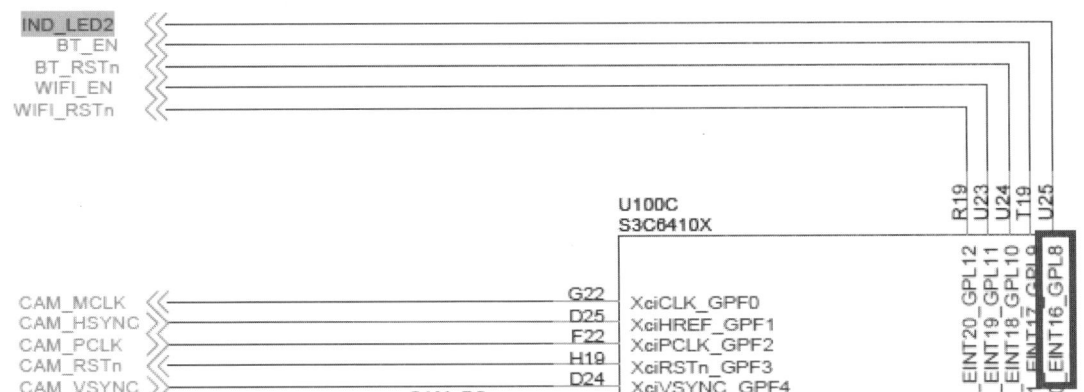

IND_LED2의 경우 위 그림에서 보듯이 GPIO Port L 8번에 연결되어 있는 것을 알 수 있습니다.

33.1.2. LED 위치

IND_LED1이 D900이고 위 그림에서 두 개의 LED 중에서 아래에 위치한 것입니다. IND_LED2는 D901 이고 위 그림에서 위쪽에 위치한 것입니다.

33.2. 디바이스 드라이버 작성

```
yhoh@ubuntu:~/android_DeviceDriver/004.mango64LED/mango64LED_DD$ l
/home/yhoh/android_DeviceDriver/004.mango64LED/mango64LED_DD
total 8
-rwx------ 1 yhoh yhoh  293 2010-09-06 19:46 Makefile
-rwx------ 1 yhoh yhoh 3920 2010-09-07 11:44 mango64LED_DD.c
yhoh@ubuntu:~/android_DeviceDriver/004.mango64LED/mango64LED_DD$
```

004.mango64LED/mango64LED_DD로 이름을 만들었고, 여기에 이전의 basic Char Device Driver를 참조해서 Makefile과 mango64LED_DD.c 파일을 만들었습니다.

33.2.1. 코드 참고 자료

http://cafe.naver.com/embeddedcrazyboys/5956
http://cafe.naver.com/embeddedcrazyboys/5957
http://cafe.naver.com/embeddedcrazyboys/5992
http://cafe.naver.com/embeddedcrazyboys/5996

이번 장의 내용은 크레이지 카페의 제타(zeta0807)님의 위 링크의 글들에서 많은 부분을 참고한 것입니다. 제타님께 감사 드립니다.

33.2.2. Makefile

```
obj-m := mango64LED_DD.o
KDIR := /home/yhoh/android_mango64/mango64_kernel_2010_07_02
PWD := $(shell pwd)
default:
        $(MAKE) -C $(KDIR) M=$(PWD) modules
        cp mango64LED_DD.ko /home/yhoh/nfsroot/mango64_android/test/
```

Makefile의 변경 사항은 바뀐 파일 이름에 따라 변경된 것을 제외하고는 달라진 부분이 없습니다.

33.2.3. LED Device Driver – Open, Release

```
#include <linux/gpio.h>
#include <plat/gpio-cfg.h>
```

뒤에서 gpio_set_value, gpio_direction_output 함수들을 사용하게 되는데 이것을 이용하기 위해서 위의 두 줄의 헤더 파일을 추가해 주어야 합니다.

```
#define MANGO64_LED_MAJOR_NUMBER    240
#define MANGO64_LED_DEVICE_NAME      "mango64_led_device"
```

Major 번호와 디바이스의 이름을 위와 같이 주었습니다. /proc/devices에 정의되지 않은 번호는 어떤 것이든 상관없고, 현재 240을 이용하고 있지 않기 때문에 임의로 부여한 것입니다.

```
int mango64_led_open(struct inode * inode_p, struct file * file_p) {
    printk("[DEV] mango64_led_open() major:%d, minor:%d\n",
        MAJOR(inode_p->i_rdev), MINOR(inode_p->i_rdev));
    return 0;
}

int mango64_led_release(struct inode * inode_p, struct file * file_p) {
    printk("[DEV] mango64_led_release()\n");
    return 0;
}
```

디바이스를 오픈하고 닫는 함수를 위와 같이 정의하였고, 특별한 부분은 없습니다. 이전의 내용과 크게 다른 부분은 없습니다.

```
struct file_operations mango64_led_file_oper = {
    .owner   = THIS_MODULE,
    .open    = mango64_led_open,
    .ioctl   = mango64_led_ioctl,
    .release = mango64_led_release,
};
```

위의 내용을 보면 read와 write에 대한 부분은 없는 것을 알 수 있습니다. 우리는 LED의 제어에 있어서 모든 것을 IOCTL을 이용해서 처리할 것입니다. 그러므로 open, release를 제외하고는 오직 IOCTL에 대한 것만 정의하고 있습니다.

33.2.4. LED Device Driver – Init (gpio_direction_output 함수 설명)

```
int mango64_led_init(void) {
```

```
    int retVal;
    gpio_direction_output(S3C64XX_GPM(5), S3C_GPIO_OUTPUT);
    gpio_direction_output(S3C64XX_GPL(8), S3C_GPIO_OUTPUT);
    led_1_on();
    led_2_on();
    retVal = register_chrdev(MANGO64_LED_MAJOR_NUMBER, MANGO64_LED_DEVICE_NAME,
&mango64_led_file_oper);
    return retVal;
}
```

당연히 register_chrdev 함수를 호출해 주는 작업이 수행되고 있습니다. GPIO 초기화 작업 이후에는 LED를 둘 다 On 시켜 놓도록 설정하였습니다. LED를 On 시키는 부분은 뒤에서 설명 드리도록 하겠습니다.

여기서 추가적으로 작업되고 있는 부분은 gpio_direction_output 함수 입니다. 디바이스의 등록 시 호출되는 Init 함수의 경우 특별히 작업해 주어야 하는 내용이 존재합니다. 바로 디바이스에서 반드시 수행되어야 하는 초기화가 이곳에서 작업 되어야 하는 것입니다. 위에서 우리는 LED 디바이스가 각각 IND_LED1은 GPIO Port M 5번, IND_LED2는 GPIO Port L 8번에 연결되어 있는 것을 알았습니다. 이 두 개의 포트에 대해서 초기화 작업을 바로 위에서 해주고 있는 것입니다.

결론부터 먼저 말씀을 드리면 위의 gpio_direction_output(S3C64XX_GPM(5), S3C_GPIO_OUTPUT); 작업은 아래의 레지스터를 설정하는 것입니다.

Register	Address	R/W	Description	Reset Value
GPMCON	0x7F008820	R/W	Port M Configuration Register	0x00222222
GPMDAT	0x7F008824	R/W	Port M Data Register	Undefined

| GPM5 | [23:20] | 0000 = Input
0010 = Host I/F INTRn
0100 = Reserved
0110 = Reserved | 0001 = Output
0011 = CF Data Dir.
0101 = Reserved
0111 = Reserved | 0010 |

GPM과 관련해서 설정해야 하는 레지스터는 GPMCON 레지스터입니다. GPM5를 설정하는 것이기 때문에 20에서 23번 비트까지를 설정하는 것이고, LED 제어를 위한 Output 모드로 설정하는 것입니다. 그런데 이 작업을 보다 일반화된 함수인 gpio_direction_output을 이용하고 있는 것입니다. 위에서는 GPM5에 대한 레지스터 부분만 나와 있지만 GPL8의 경우도 거의 비슷합니다. 데이터 쉬트를 보면 쉽게 찾을 수 있을 것입니다.

./arch/arm/plat-s3c/include/plat/gpio-cfg.h
#define S3C_GPIO_SPECIAL_MARK   (0xfffffff0)

```
#define S3C_GPIO_SPECIAL(x)        (S3C_GPIO_SPECIAL_MARK | (x))
/* Defines for generic pin configurations */
#define S3C_GPIO_INPUT    (S3C_GPIO_SPECIAL(0))
#define S3C_GPIO_OUTPUT (S3C_GPIO_SPECIAL(1))
```

먼저 S3C_GPIO_OUTPUT 부분을 살펴보면 위와 같이 정의되어 있고, 결국은 0xFFFFFFF1로 바뀌는 것입니다. 물론 이 값은 함수 내부에서 적절한 비트 위치로 쉬프트 되어서 우리가 원하는 20에서 23번 비트까지를 0001로 바꿔 줄 것입니다.

./arch/arm/mach-s3c6400/include/mach/gpio.h
```
S3C64XX_GPIO_M_START = S3C64XX_GPIO_NEXT(S3C64XX_GPIO_L),
… … … … … …
#define S3C64XX_GPM(_nr) (S3C64XX_GPIO_M_START + (_nr))
```

S3C64XX_GPM(5)는 위 정의의 내용으로 변환됩니다. S3C64XX_GPIO_M_START는 89 값을 가지게 됩니다. 거기에 5를 더하는 것이기 때문에 S3C64XX_GPM(5)는 8E라는 숫자로 변환되게 됩니다. 이 값이 어떻게 GPMCON 레지스터의 값을 변화시킬 수 있게 되는 것일까요?

Gpiolib.c (x:\android_mango64\mango64_kernel_2010_07_02\arch\arm\plat-s3c64xx)
```
static __init int s3c64xx_gpiolib_init(void) {
        s3c64xx_gpiolib_add(gpio_4bit, ARRAY_SIZE(gpio_4bit),
                        s3c64xx_gpiolib_add_4bit);
        s3c64xx_gpiolib_add(gpio_4bit2, ARRAY_SIZE(gpio_4bit2),
                        s3c64xx_gpiolib_add_4bit2);
        s3c64xx_gpiolib_add(gpio_2bit, ARRAY_SIZE(gpio_2bit),
                        s3c64xx_gpiolib_add_2bit);
        return 0;
}
```

s3c64xx_gpiolib_init이라는 함수를 찾을 수 있습니다. 재미있는 것은 3가지 종류의 설정 내용이 존재한다는 것입니다. 하나는 2비트, 다른 하나는 4비트, 마지막으로는 4비트2입니다. 각각은 어떤 의미를 가지는 것일까요?

GPACON	Bit	Description	
GPA0	[3:0]	0000 = Input	0001 = Output
		0010 = UART RXD[0]	0011 = Reserved
		0100 = Reserved	0101 = Reserved
		0110 = Reserved	0111 = External Interrupt Group 1 [0]

GPA를 보면 위와 같이 4개의 비트가 각각 특정한 용도로 사용하는 설정에 해당합니다. 위에서 비트 개수가 의미하는 것이 바로 4개의 비트로 설정을 수행하는가 아니면 2개의 비트로 설정을 수행하는 가를 결정하는 것입니다.

GPFCON	Bit	Description	
GPF0	[1:0]	00 = Input 10 = CAMIF CLK	01 = Output 11 = External Interrupt Group 4[0]

GPF를 예로 보면 위와 같이 두 비트로 설정을 수행하고 있습니다. 이 경우는 2비트 설정을 적용하게 되는 것입니다.

GPHCON0	Bit	Description	
GPH0	[3:0]	0000 = Input 0010 = MMC CLK1 0100 = Key pad COL[0] 0110 = Reserved	0001 = Output 0011 = Reserved 0101 = Reserved 0111 = External Interrupt Group 6[0]

GPH를 보면 역시 4비트로 설정을 수행하고 있습니다. 하지만 이것은 4비트2입니다. 4비트와 4비트2 는 어떻게 다른 것일까요?

Register	Address	R/W	Description
GPHCON0	0x7F0080E0	R/W	Port H Configuration Register
GPHCON1	0x7F0080E4	R/W	Port H Configuration Register

GPA와는 달리 설정하는 핀의 개수가 8개를 넘습니다. 그러므로 하나의 32비트 레지스터로 모두를 표현하지 못하기 때문에 두 개의 CON 레지스터를 가지고 있는 것입니다. 이렇게 2개의 Control 레 지스터를 가진 포트의 경우 4비트2로 표현하고 있는 것입니다.

이러한 형태로 구분해서 적용하기 때문에 무척이나 복잡해 보이지만 레지스터의 설정 값들을 이렇게 정의해 놓고 있기 때문에 가능한 최대한으로 일반화된 방법을 적용하기 위해서 위와 같이 구분해서 사용하고 있는 것입니다.

```
static __init void s3c64xx_gpiolib_add(struct s3c_gpio_chip *chips,
                int nr_chips, void (*fn)(struct s3c_gpio_chip *)) {
        for (; nr_chips > 0; nr_chips--, chips++) {
                if (fn)
                        (fn)(chips);
                s3c_gpiolib_add(chips);
```

```
}
static void led_1_off(void) {
    gpio_set_value(S3C64XX_GPM(5), 1);
}
```

내용을 분석하기 전에 우리는 충분히 위 코드를 보고 예상을 할 수 있습니다. GPM5에 0을 인가하는 것이 LED를 켜는 것이고, 1을 인가하는 것은 LED를 끄는 것입니다.

Gpio.h (₩arch₩arm₩mach-s3c6400₩include₩mach)

```
#define gpio_get_value        __gpio_get_value
#define gpio_set_value        __gpio_set_value
```

먼저 gpio_set_value는 위와 같이 __gpio_set_value로 정의되어 있습니다.

Gpiolib.c (₩drivers₩gpio)

```
void __gpio_set_value(unsigned gpio, int value){
        struct gpio_chip    *chip;
        chip = gpio_to_chip(gpio);
        WARN_ON(extra_checks && chip->can_sleep);
        chip->set(chip, gpio - chip->base, value);
}
```

위 구조 역시 넘겨진 gpio라는 인덱스를 이용해서 chip 데이터 구조에서 set을 호출하고 있는 것입니다.

```
        if (!gc->set)
                gc->set = s3c_gpiolib_set;
```

s3c_gpiolib_add를 통해서 이전에 등록이 되고 있다는 것을 위에서 말씀 드렸고 여기에서 위와 같이 set에 대한 것도 특정한 함수를 설정하고 있습니다.

```
static void s3c_gpiolib_set(struct gpio_chip *chip, unsigned offset, int value) {
        struct s3c_gpio_chip *ourchip = to_s3c_gpio(chip);
        void __iomem *base = ourchip->base; unsigned long flags; unsigned long dat;
        local_irq_save(flags);
        dat = __raw_readl(base + 0x04);
        dat &= ~(1 << offset);
```

GPA를 보면 위와 같이 4개의 비트가 각각 특정한 용도로 사용하는 설정에 해당합니다. 위에서 비트 개수가 의미하는 것이 바로 4개의 비트로 설정을 수행하는가 아니면 2개의 비트로 설정을 수행하는가를 결정하는 것입니다.

GPFCON	Bit	Description	
GPF0	[1:0]	00 = Input	01 = Output
		10 = CAMIF CLK	11 = External Interrupt Group 4[0]

GPF를 예로 보면 위와 같이 두 비트로 설정을 수행하고 있습니다. 이 경우는 2비트 설정을 적용하게 되는 것입니다.

GPHCON0	Bit	Description	
GPH0	[3:0]	0000 = Input	0001 = Output
		0010 = MMC CLK1	0011 = Reserved
		0100 = Key pad COL[0]	0101 = Reserved
		0110 = Reserved	0111 = External Interrupt Group 6[0]

GPH를 보면 역시 4비트로 설정을 수행하고 있습니다. 하지만 이것은 4비트2입니다. 4비트와 4비트2는 어떻게 다른 것일까요?

Register	Address	R/W	Description
GPHCON0	0x7F0080E0	R/W	Port H Configuration Register
GPHCON1	0x7F0080E4	R/W	Port H Configuration Register

GPA와는 달리 설정하는 핀의 개수가 8개를 넘습니다. 그러므로 하나의 32비트 레지스터로 모두를 표현하지 못하기 때문에 두 개의 CON 레지스터를 가지고 있는 것입니다. 이렇게 2개의 Control 레지스터를 가진 포트의 경우 4비트2로 표현하고 있는 것입니다.

이러한 형태로 구분해서 적용하기 때문에 무척이나 복잡해 보이지만 레지스터의 설정 값들을 이렇게 정의해 놓고 있기 때문에 가능한 최대한으로 일반화된 방법을 적용하기 위해서 위와 같이 구분해서 사용하고 있는 것입니다.

```
static __init void s3c64xx_gpiolib_add(struct s3c_gpio_chip *chips,
            int nr_chips, void (*fn)(struct s3c_gpio_chip *)) {
    for (; nr_chips > 0; nr_chips--, chips++) {
        if (fn)
            (fn)(chips);
        s3c_gpiolib_add(chips);
```

}}

s3c64xx_gpiolib_init 함수에서는 3번에 걸쳐서 s3c64xx_gpiolib_add를 호출하고 있습니다. 이것은 각각 전달받은 숫자만큼 s3c_gpiolib_add를 호출하고 있습니다. 또한 넘겨진 함수인 fn 함수 포인터 또한 호출하고 있습니다.

```
static __init void s3c64xx_gpiolib_add_4bit(struct s3c_gpio_chip *chip){
        chip->chip.direction_input = s3c64xx_gpiolib_4bit_input;
        chip->chip.direction_output = s3c64xx_gpiolib_4bit_output;
        chip->pm = __gpio_pm(&s3c_gpio_pm_4bit);
}
```

함수 포인터 fn에 전달된 함수는 바로 s3c64xx_gpiolib_add_4bit가 됩니다. 이 함수 내에서 direction_output이라는 함수 포인터에 또다시 s3c64xx_gpiolib_4bit_output를 할당하고 있는 것입니다. direction_output 함수 포인터는 이와 같이 GPIO의 방향을 바꾸어주는 행동을 수행하는 일반화된 이름으로 이것에 특정한 칩에 따라서 해당하는 함수가 불릴 수 있도록 함수 포인터의 형태로 자료구조를 만들고 거기에 해당하는 함수를 할당하고 있는 것입니다.

```
struct gpio_chip {
        const char              *label;
        struct device           *dev;
        struct module           *owner;

        int                     (*request)(struct gpio_chip *chip,
                                        unsigned offset);
        void                    (*free)(struct gpio_chip *chip,
                                        unsigned offset);

        int                     (*direction_input)(struct gpio_chip *chip,
                                        unsigned offset);
        int                     (*get)(struct gpio_chip *chip,
                                        unsigned offset);
        int                     (*direction_output)(struct gpio_chip *chip,
                                        unsigned offset, int value);
        void                    (*set)(struct gpio_chip *chip,
                                        unsigned offset, int value);

        int                     (*to_irq)(struct gpio_chip *chip,
                                        unsigned offset);

        void                    (*dbg_show)(struct seq_file *s,
                                        struct gpio_chip *chip);
        int                     base;
        u16                     ngpio;
        unsigned                can_sleep:1;
        unsigned                exported:1;
};
```

include/asm-generic/gpio.h를 찾아보면 chip에 대한 구조체를 발견할 수 있습니다. 이 구조체로 변수를 만들고 각각의 내용에 계속 추가를 해주면서 포트의 수만큼 자료를 만들고 S3C64XX_GPM(5)와 같은 인덱스를 이용해서 그 자료를 찾고 있는 것입니다. 그래서 결국은 최종적으로는 s3c64xx_gpiolib_4bit_output 함수가 호출되는 것입니다.

```c
static int s3c64xx_gpiolib_4bit_output(struct gpio_chip *chip, unsigned offset, int value) {
    struct s3c_gpio_chip *ourchip = to_s3c_gpio(chip);
    void __iomem *base = ourchip->base; unsigned long con; unsigned long dat;
    con = __raw_readl(base + OFF_GPCON);
    con &= ~(0xf << con_4bit_shift(offset));
    con |= 0x1 << con_4bit_shift(offset);
    dat = __raw_readl(base + OFF_GPDAT);
    if (value)  dat |= 1 << offset;
    else        dat &= ~(1 << offset);
    __raw_writel(dat, base + OFF_GPDAT);
    __raw_writel(con, base + OFF_GPCON);
    __raw_writel(dat, base + OFF_GPDAT);
    gpio_dbg("%s: %p: CON %08lx, DAT %08lx\n", __func__, base, con, dat);
    return 0;
}
```

드디어 s3c64xx_gpiolib_4bit_output 함수 내에서 우리에게 친숙한 GPCON이나 GPDAT 부분이 있어서 적절한 설정이 진행되고 있는 것입니다. 물론 OFF_GPCON은 0이고 OFF_GPDAT는 4 값을 가지고 있고 위 함수 내에서 레지스터의 정보와 비트의 위치를 계산해서 값을 설정하게 될 것입니다.

내용은 너무나도 복잡하게 보이지만 실상은 그리 복잡한 것은 아닙니다. 일반화된 자료구조를 가지고 있고 그 자료구조에 맞춰서 삼성의 S3C6410이라는 CPU에 맞도록 포팅을 해 놓은 것이고 이마저도 이미 구현되어 배포되고 있기 때문에 사실 작업할 부분은 거의 없습니다. 다만 이러한 내용에 대해서 모르고 있는 분은 한번쯤 자세히 분석해서 이해하실 필요가 있습니다.

33.2.5. LED Device Driver – LED On Off 함수 분석

LED On Off 함수의 내용은 무척 단순합니다. 물론 우리가 위에서 분석했던 것과 마찬가지로 분석이 가능합니다.

```c
static void led_1_on(void) {
    gpio_set_value(S3C64XX_GPM(5), 0);
```

```
}
static void led_1_off(void) {
    gpio_set_value(S3C64XX_GPM(5), 1);
}
```

내용을 분석하기 전에 우리는 충분히 위 코드를 보고 예상을 할 수 있습니다. GPM5에 0을 인가하는 것이 LED를 켜는 것이고, 1을 인가하는 것은 LED를 끄는 것입니다.

Gpio.h (₩arch₩arm₩mach-s3c6400₩include₩mach)

```
#define gpio_get_value      __gpio_get_value
#define gpio_set_value      __gpio_set_value
```

먼저 gpio_set_value는 위와 같이 __gpio_set_value로 정의되어 있습니다.

Gpiolib.c (₩drivers₩gpio)

```
void __gpio_set_value(unsigned gpio, int value){
        struct gpio_chip    *chip;
        chip = gpio_to_chip(gpio);
        WARN_ON(extra_checks && chip->can_sleep);
        chip->set(chip, gpio - chip->base, value);
}
```

위 구조 역시 넘겨진 gpio라는 인덱스를 이용해서 chip 데이터 구조에서 set을 호출하고 있는 것입니다.

```
        if (!gc->set)
                gc->set = s3c_gpiolib_set;
```

s3c_gpiolib_add를 통해서 이전에 등록이 되고 있다는 것을 위에서 말씀 드렸고 여기에서 위와 같이 set에 대한 것도 특정한 함수를 설정하고 있습니다.

```
static void s3c_gpiolib_set(struct gpio_chip *chip, unsigned offset, int value) {
        struct s3c_gpio_chip *ourchip = to_s3c_gpio(chip);
        void __iomem *base = ourchip->base; unsigned long flags; unsigned long dat;
        local_irq_save(flags);
        dat = __raw_readl(base + 0x04);
        dat &= ~(1 << offset);
```

```
        if (value)   dat |= 1 << offset;
        __raw_writel(dat, base + 0x04);
        local_irq_restore(flags);
}
```

결국 s3c_gpiolib_set 함수를 통해서 우리가 원하는 GPIO의 특정 비트에 대한 설정이 이루어지고 있는 것입니다.

```
static void led_2_on(void) {
    gpio_set_value(S3C64XX_GPL(8), 0);
}

static void led_2_off(void) {
    gpio_set_value(S3C64XX_GPL(8), 1);
}
```

LED 2인 GPL8의 경우도 마찬가지의 상황입니다.

33.2.6. LED Device Driver – IOCTL

```
int mango64_led_ioctl(struct inode * inode_p, struct file * file_p,
                unsigned int command, unsigned long argument) {
    switch(command) {
    case 1:
        if(0 == argument) {              led_1_off();
        } else if(1 == argument) {       led_1_on();
        } else {     printk("[DEV] Invalid IOCTL Argument: %x\n", (int)argument); return -1; }
        break;
    case 2:
        if(0 == argument) {              led_2_off();
        } else if(1 == argument) {       led_2_on();
        } else {     printk("[DEV] Invalid IOCTL Argument: %x\n", (int)argument); return -1; }
        break;
    default:
        printk("[DEV] Invalid IOCTL Command: %x\n", command);
        return -1;
        break;
    }
```

```
        return 0;
}
```

우리가 사용하는 LED 디바이스 드라이버는 모든 동작을 IOCTL을 이용해서 수행하게 됩니다. 넘겨지는 Command는 LED의 종류를 가리키는 용도로 사용하고, Argument는 그 LED를 On 할 것인지 아니면 Off를 할 것인지를 결정하는 용도로 사용하게 됩니다.

Command 1은 LED 1, Command 2는 LED 2입니다. Argument가 0인 경우 LED를 끄는 것이고, Argument가 1인 경우 LED를 켜게 됩니다. 그 외의 모든 경우는 에러로 처리 됩니다.

33.2.7. 빌드, 드라이버 등록 및 LED 디바이스 파일 노드 생성

make를 이용해서 빌드를 수행하고, nfsroot/mango64_android/test/ 부분에 복사를 수행하는 작업까지 수행합니다. 모두 정상적으로 수행이 되었습니다.

```
/test # insmod mango64LED_DD.ko
[DEV] mango64_led_init() is called.
[DEV] return value: 0
```

망고64 보드에 올려서 insmod를 수행합니다.

```
/ # mknod /dev/mango64_led_device c 240 2
```

역시 마찬가지로 mknod를 통해서 /dev에 파일을 만들어 주어야 합니다.

33.3. Simple 어플리케이션 작성

33.3.1. Makefile 변경

₩mango64LED_SimpleApp_NDK₩jni₩Android.mk
```
LOCAL_PATH:= $(call my-dir)
include $(CLEAR_VARS)
LOCAL_MODULE      := mango64LED_simple_app
LOCAL_SRC_FILES := mango64LED_simple_app.c
include $(BUILD_EXECUTABLE)
```

mango64LED_SimpleApp_NDK로 폴더를 만들었고, 그곳에 jni 폴더에 Android.mk가 위와 같이 들어

있습니다. LOCAL_MODULE, LOCAL_SRC_FILES 부분만 달라져 있습니다.

33.3.2. Simple 어플리케이션 소스 분석

```
#define MANGO64_LED_DEVICE_NAME     "/dev/mango64_led_device"
```

mknod로 만든 /dev/mango64_led_device를 접근하기 위해서 위와 같이 정의 하였습니다.

```
int main(void) {
    int dev; int ioctl_retval;
    dev = open(MANGO64_LED_DEVICE_NAME, O_RDWR|O_NDELAY);
    if(dev < 0) {
        return -1;
    }
    getchar();      ioctl(dev, 0x1, 0x0);
    getchar();      ioctl(dev, 0x2, 0x0);
    getchar();      ioctl(dev, 0x1, 0x1);
    getchar();      ioctl(dev, 0x2, 0x1);
    getchar();      ioctl_retval = ioctl(dev, 0x3, 0x3);
    printf("[APP] mango64 LED Error IOCTL retVal:%d\n", ioctl_retval);
    close(dev);
    return 0;
}
```

프로그램의 내용은 무척 단순합니다. 지면 관계상 프린트 문도 없애고 보다 간단한 형태로 표시하였습니다. MANGO64_LED_DEVICE_NAME로 파일을 오픈 한 이후에 ioctl을 5번 호출합니다.

각각의 호출에 앞서 getchar()를 통해서 화면에서 아무 문자든 입력되기를 기다립니다. 최초에는 LED 두 개가 모두 켜져 있을 것이고, 켜져 있는 LED를 LED 1, LED 2의 순서로 끕니다. 이후 다시 LED 1, LED 2의 순서로 켜는 작업을 수행하는 것입니다.

맨 마지막으로는 ioctl(dev, 0x3, 0x3)으로 일부러 잘못된 값을 주어서 그 결과로 리턴 되는 값이 어떻게 되는가를 살펴본 것입니다.

33.3.3. 빌드 및 실행 결과

당연히 빌드는 Cygwin 상에서 ndk-build를 수행해서 이루어집니다.

```
pooh@yhoh /cygdrive/d/Wk/Wk.Src/MStory/MStory5.0/android_DeviceDriver/004.mango6
4LED/mango64LED_SimpleApp_NDK
$ ndk-build
Compile thumb  : mango64LED_simple_app <= /cygdrive/d/Wk/Wk.Src/MStory/MStory5.
/android_DeviceDriver/004.mango64LED/mango64LED_SimpleApp_NDK/jni/mango64LED_sim
ple_app.c
Executable     : mango64LED_simple_app
Install        : mango64LED_simple_app => /cygdrive/d/Wk/Wk.Src/MStory/MStory5.0
/android_DeviceDriver/004.mango64LED/mango64LED_SimpleApp_NDK/libs/armeabi
```

₩004.mango64LED₩mango64LED_SimpleApp_NDK₩libs₩armeabi 부분에 mango64LED_simple_app 파일이 만들어져 있고 이것을 yhoh@ubuntu:~/nfsroot/mango64_android/test$ 부분에 복사해 줍니다.

/test # **./mango64LED_simple_app**
[APP] mango64 LED device open start
[DEV] mango64_led_open() major:240, minor:2
[APP] mango64 LED device open success: 3
[APP] mango64 **LED 1 Off**
[DEV] mango64_led_ioctl() command:1, argument:0
[DEV] IND LED 1 Control, Off
[APP] mango64 **LED 2 Off**
[DEV] mango64_led_ioctl() command:2, argument:0
[DEV] IND LED 2 Control, Off
[APP] mango64 **LED 1 On**
[DEV] mango64_led_ioctl() command:1, argument:1
[DEV] IND LED 1 Control, On
[APP] mango64 **LED 2 On**
[DEV] mango64_led_ioctl() command:2, argument:1
[DEV] IND LED 2 Control, On
[DEV] mango64_led_ioctl() command:3, argument:3
[DEV] Invalid IOCTL Command: 3
[DEV] mango64_led_release()
[APP] mango64 LED Error IOCTL retVal:-1
[APP] device file close start
[APP] device file close end
[DEV] mango64_led_release()
[APP] device file close start
[APP] device file close end

출력의 형태는 조금 보기 편하도록 편집을 했습니다. 위와 같은 형태의 출력이 나오게 되고, 한번씩 enter key를 누를 때마다 LED가 차례로 꺼졌다가, 차례로 켜지게 됩니다.

마지막에는 일부러 커맨드와 Argument를 3, 3으로 주어서 잘못된 IOCTL을 호출했던 것 때문에 -1이 리턴 되는 것을 확인할 수 있습니다.

33.4. 안드로이드 어플리케이션에서 LED 구동하기

사실 위에서의 결과까지는 이전 장에서 수행한 것과 크게 다르지 않습니다. 이번에는 안드로이드 어플리케이션을 만들어서 거기서 LED를 켜고 끄고 하는 작업이 수행되도록 해보도록 하겠습니다. 여기까지 진행하게 되면 이제 디바이스와 안드로이드 어플리케이션까지의 연결에 대해서 어느 정도는 개념을 잡을 수 있을 것입니다.

가장 쉬운 방법은 기존의 NDK 예제를 조금 바꿔서 그곳에 우리가 원하는 내용을 삽입하고 정상적으로 동작하는 지 확인하는 것이지만 그보다는 완전히 처음부터 만들어가는 과정을 살펴보는 것이 보다 많은 것을 알 수 있기 때문에 그 과정으로 진행하도록 하겠습니다.

33.4.1. Eclipse 안드로이드 SDK에서 mango64LedApp 어플리케이션 만들기

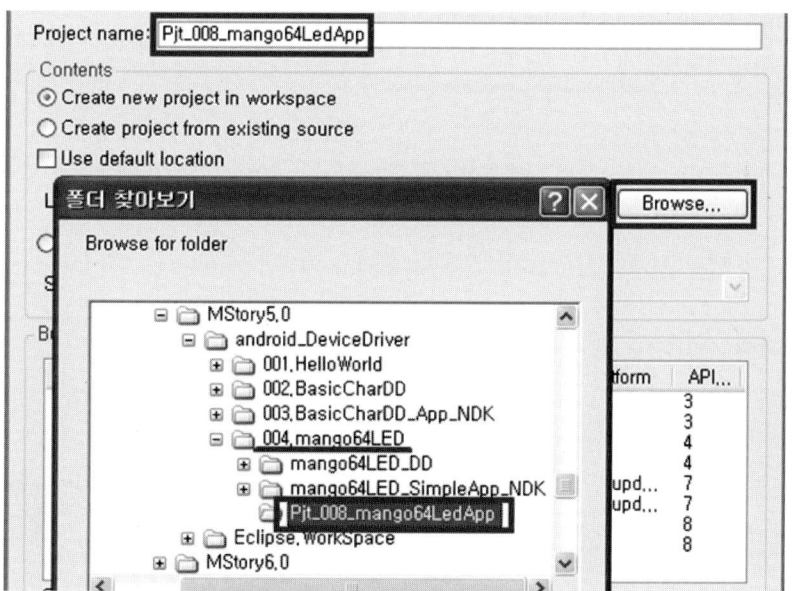

예전에 배웠던 방법으로 Eclipse 안드로이드 SDK에서 어플리케이션을 만듭니다. 만드는 과정은 그리 어렵지 않습니다. 하나씩 따라 하시면 됩니다. 먼저 Eclipse를 열어서 File > New > Android Project를 엽니다.

Pjt_008_mango64LedApp라는 프로젝트 이름으로 004.mango64LED 폴더에 하나의 폴더를 새로 만들어서 이곳에 프로젝트 파일들이 위치할 수 있도록 만들었습니다. 이번 과정에서 한가지 주의하셔야 할 부분은 이름들입니다. 이름들이 매우 중요합니다. 특히 Package와 Activity 이름은 매우 중요하니 눈 여겨 보시기 바랍니다.

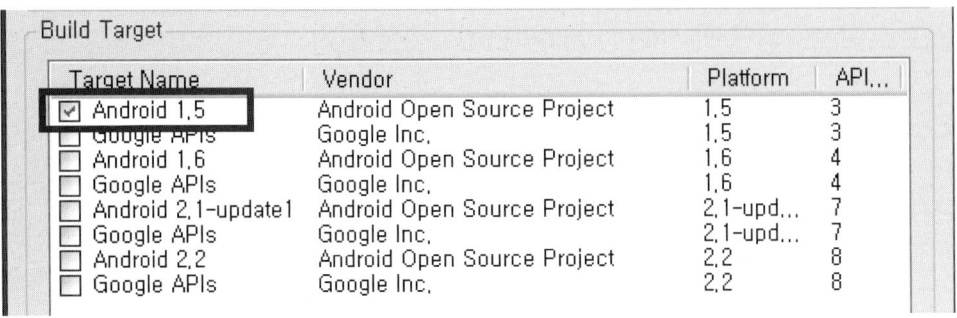

망고64에서 구동할 것이기 때문에 당연히 Android 1.5를 선택합니다.

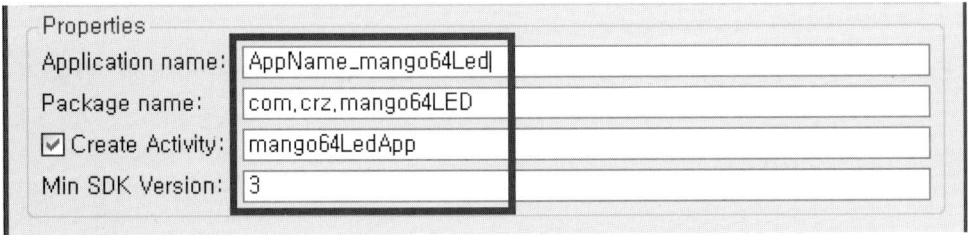

이름을 주의하셔야 한다고 말씀 드렸는데 여기서 Package와 Activity 이름을 잘 보시기 바랍니다. 물론 이름을 어떻게 짓느냐 하는 것은 사용자의 선택일 뿐입니다. 하지만 이 이름이 뒤에서 JNI 함수에서 그대로 사용되기 때문에 잘 기억해 두어야 할 필요가 있습니다.

33.4.2. mango64LedApp – 버튼 만들기

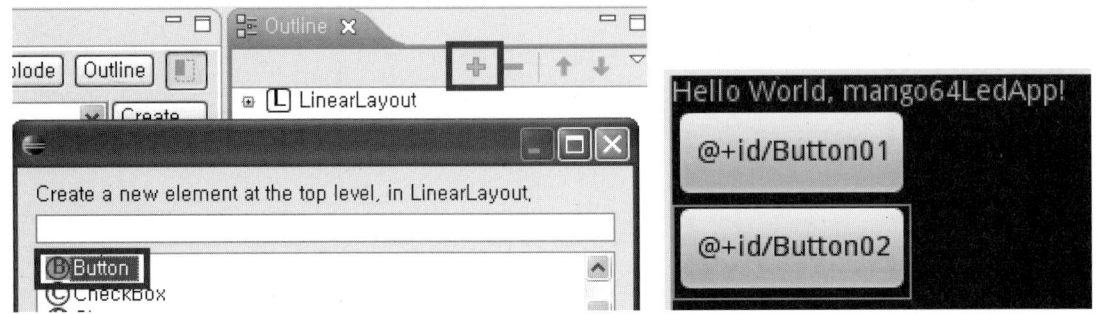

이전에 Pjt_004에서 우리는 버튼을 만드는 것을 공부한 적이 있습니다. 그 내용을 먼저 복습하시고 이번 장의 내용을 공부하는 것이 편할 것입니다. main.xml을 열어서 두 개의 버튼을 추가하도록 하겠습니다. "+" 기호를 눌러서 Button을 선택하고 추가하는 작업을 두 번 반복합니다. 위 그림의 오른쪽처럼 두 개의 버튼이 생겨 있습니다. 이에 대한 Text 부분을 변경하기에 앞서서 먼저 String을 추가하도록 하겠습니다.

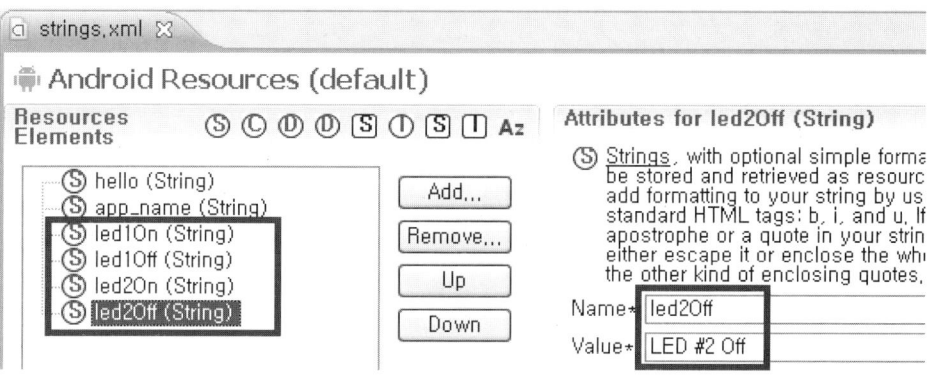

strings.xml 부분에서 4개의 문자열을 추가합니다. 그림의 오른편의 모습처럼 led2Off 등의 이름으로 출력되는 문자열은 "LED #2 Off" 등이 될 것입니다. 두 개의 LED에 대해서 4가지 문자열을 추가하였습니다.

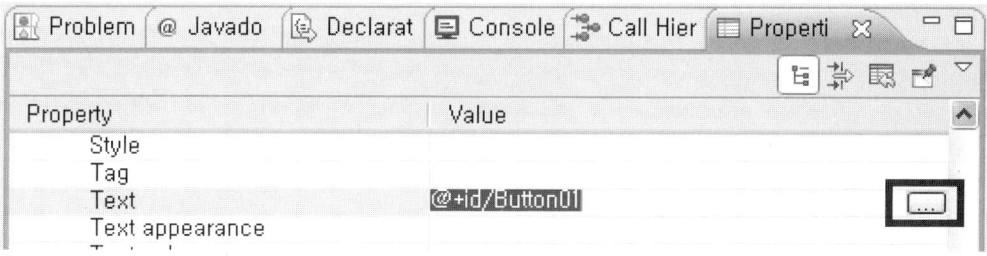

이제 버튼의 Property 부분을 선택해서 Text 부분을 클릭하면 그림의 오른쪽과 같은 버튼이 나타나고 이 버튼을 눌러서 위에서 추가한 문자열 중에서 디폴트 값을 선택합니다. 우리는 망고 보드에서 두 개의 LED가 항상 켜져 있도록 설정했기 때문에 여기서도 LED ON을 선택하도록 합니다.

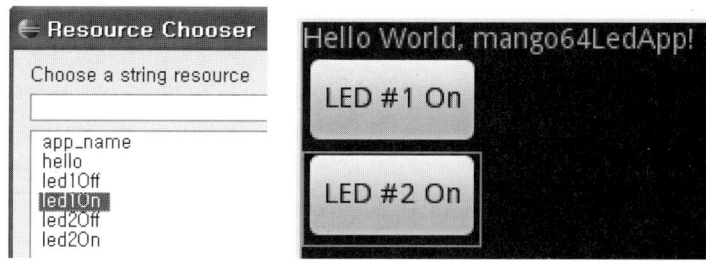

둘 다 선택하고 나면 위 그림처럼 초기 출력 값이 나타나 있는 것을 볼 수 있습니다.

<mango64LedApp.java>

```java
package com.crz.mango64LED;
… … … … … … …
public class mango64LedApp extends Activity {
        private int clickState_led1 = 1;
        private int clickState_led2 = 1;

    public void onCreate(Bundle savedInstanceState) {
        super.onCreate(savedInstanceState);
        setContentView(R.layout.main);

        final Button bt1 = (Button)findViewById(R.id.Button01);
        bt1.setOnClickListener(new View.OnClickListener(){
            public void onClick(View v) {
                clickState_led1 ^= 0x1;
                if(0 == clickState_led1){
                    bt1.setText(R.string.led1Off);
                }else{
                    bt1.setText(R.string.led1On);
                }
            }
        });

        final Button bt2 = (Button)findViewById(R.id.Button02);
… … … … … … …
    }}
```

이제 코드를 적절히 수정해 주어야 합니다. 위 코드에서 버튼 2에 대한 것은 버튼 1에 대한 것과 거의 동일하기 때문에 생략했습니다. 관련 내용은 소스 코드를 참조하시기 바랍니다.

버튼에 대한 ID를 얻어오기 위해서 사용한 findViewById 부분과 버튼이 클릭되었을 때 호출되도록 하기 위해서 View.OnClickListener()를 만들어서 setOnClickListener를 호출하는 등과 같은 작업은 이전에 버튼 관련 어플리케이션을 설명했던 장에서 모두 설명 드렸기 때문에 이전 장을 참조하시기 바랍니다.

clickState_led1, clickState_led2라는 변수를 만들어서 값을 저장하고 있습니다. 이 값이 1이면 LED가 켜져 있다는 것을 의미하고 값이 0이면 꺼져 있는 것을 나타내려는 것입니다. 버튼이 클릭 될 때마다 이 값은 "^" (exclusive OR) 연산을 통해서 toggle이 되게 됩니다. 즉 누를 때마다 이전에 켜져 있었으면 꺼지고 꺼져 있었으면 켜지게 되는 것입니다. 그 이후 값에 따라서 bt1.setText를 불러서 현재의 상황을 버튼에 문자열로 표시하게 되는 것입니다.

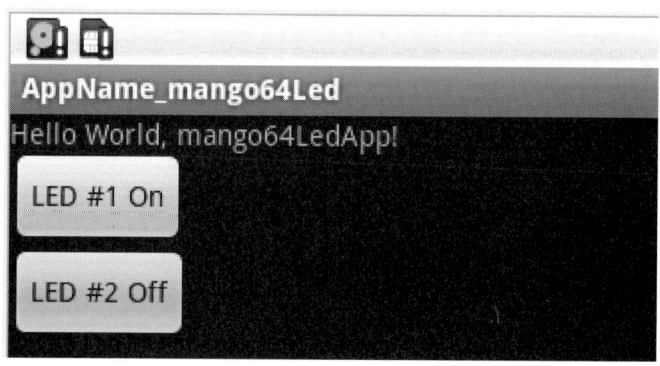

실제로 이 프로그램을 망고64 보드에서 돌려보면 위 그림과 같이 버튼을 누를 때마다 문자열이 On/Off가 반복되면서 toggle되게 됩니다. 이제 실제 LED 디바이스 드라이버와 연결시켜서 실제로도 LED도 켜졌다 꺼졌다 작용될 수 있도록 만들도록 합니다.

33.4.3. JNI, Java Native Interface

이전 장에서 다루었던 기본 어플리케이션이 들어 있던 폴더의 이름을 기억하고 있었으면 합니다. 그 폴더의 이름이 바로 지금 설명 드리려는 절의 제목과도 같습니다. JNI입니다. Java Native Interface입니다. Java와 Native 간의 통신입니다.

안드로이드 어플리케이션은 Java로 작성된다는 것을 말씀 드렸습니다. 그리고 이 Java 코드는 Dalvik이라는 Virtual Machine에서 동작합니다. 그런데 우리가 원하는 것은 C로 작성된 내용을 어플리케이션에서 동작하도록 만들고 싶은 것입니다. 이를 위해서 JNI가 존재하고 있는 것입니다.

우리가 망고64에 있는 LED를 제어하는 것은 사실 망고64에 한정된 기능이라는 것을 알 수 있습니다. 이러한 보드에 따라 전혀 다른 기능을 수행하는 내용을 물론 여러 방법으로 포팅을 진행하면서 적용할 수 있을 것입니다. 하지만 여기서는 JNI라는 기능을 이용해서 작업하고자 하는 것입니다.

Java는 플랫폼 독립적이라는 아주 좋은 특성을 지니고 있습니다. 물론 그렇기 때문에 어쩔 수 없이 발생하는 속도의 저하라는 문제점 또한 가지고 있습니다. 현재는 초창기의 Java에 비해서 속도라는 단점이 많이 개선된 것은 사실이지만 근본적으로 C로 (C++의 경우도 일부 같은 의미를 가집니다) 디바이스를 직접 제어하는 것에 비해서 느린 것은 어쩔 수는 없는 부분입니다. 만약 아주 Critical한

Real Time을 요구하는 기능을 구현해야 한다면 C로 작업할 수밖에 없는 부분이 있을 수 있을 것입니다. C로 작업된 내용은 속도와 또 다른 장점을 가지고 있지만 Java에서 바로 사용할 수는 없습니다. 이를 가능하게 해주는 것이 바로 JNI입니다.

JNI는 다른 언어로 작성된 코드를 자바에서 호출하도록 만들어진 규칙입니다. 사실 Java는 플랫폼 독립적인 것인데 이 JNI는 Java의 특성과 완전히 배치되는 내용이지만 그러한 것을 개발할 수밖에 없었던 것은 어쩔 수 없는 선택이기도 할 것입니다. C로 작업된 내용을 우리는 Native 함수들이라고 부릅니다. NDK에서 N이 Native의 약자입니다.

위에서도 말씀 드린 속도에 대한 것은 주요한 부분이기는 하지만 그 외에도 중요한 부분이 존재합니다. 컴퓨터가 개발되고 C라는 언어가 나타난 이후에 사실 거의 모든 작업이 C로 되고 있었다고 해도 과언이 아닙니다. Java가 세상에 나타나고 모든 이들이 환호를 했지만, 세상에 존재하는 많은 것들이 C로 되어 있었고, 이 모든 것을 Java로 변경한다는 것은 너무나도 힘든 일이기도 할뿐더러 사실 필요 없는 작업이기도 합니다. 적절히 그 코드들을 활용할 수 있도록 만드는 것이 보다 경제적인 선택일 것입니다. 또한 특수한 기능을 수행해야 하는 특수한 보드 같은 것이 있다면 여기서 동작하는 내용을 모두 Java로 처리할 수는 없을 것입니다. 어찌 보면 JNI는 당연히 있어야 하는 기능이라고 말할 수 있습니다.

33.4.4. mango64LED_lib – NDK 라이브러리 만들기

\android_DeviceDriver\004.mango64LED\Pjt_008_mango64LedApp 부분에 jni 폴더를 만들고, 그곳에 Android.mk와 mango64LED_lib.c를 만듭니다.

```
LOCAL_PATH:= $(call my-dir)
include $(CLEAR_VARS)
LOCAL_MODULE      := mango64LED_lib
LOCAL_SRC_FILES := mango64LED_lib.c
include $(BUILD_SHARED_LIBRARY)
```

Android.mk의 내용은 이전 것과 크게 다르지는 않습니다. mango64LED_lib 부분이 적용된 것이고, 한 가지 달라진 것이 BUILD_SHARED_LIBRARY를 사용하고 있는 것입니다. Shared 라이브러리를 만들 것이고 이것을 안드로이드 어플리케이션에서 참조해서 사용할 것입니다.

```
#include <jni.h>
#include <stdio.h>
#include <sys/types.h>
#include <sys/stat.h>
#include <sys/ioctl.h>
```

```
#include <fcntl.h>
#include <unistd.h>
#define MANGO64_LED_DEVICE_NAME      "/dev/mango64_led_device"
static int g_mango64_led_dev = -1;
```

위의 내용은 별 것이 없습니다. 디바이스 파일의 이름이 정의되어 있고 여러 헤더 파일을 include하는 것입니다. Simple Application에서 본 내용과도 크게 다르지 않습니다. 다만 디바이스 파일을 열었을 때 그 File Descriptor를 저장하기 위해서 Global 변수로 g_mango64_led_dev를 정의해서 최초로 -1을 넣어 두었습니다.

<jni.h>를 주목할 필요가 있습니다. 사실 여기에 필요한 참고할 정보가 다 들어 있습니다. 우리가 지금 작성하고 있는 라이브러리 코드를 다 종료하면 무엇으로 빌드를 수행할까요? 바로 Cygwin을 이용한 ndk-build를 이용할 것입니다. 그러므로 당연히 jni.h도 그곳에 들어 있을 것입니다.

이름	위치
jni.h	C:₩cygwin₩home₩yhoh₩android-ndk-r4b₩build₩platforms₩android-3₩arch-arm₩usr₩include
jni.h	C:₩cygwin₩home₩yhoh₩android-ndk-r4b₩build₩platforms₩android-4₩arch-arm₩usr₩include
jni.h	C:₩cygwin₩home₩yhoh₩android-ndk-r4b₩build₩platforms₩android-5₩arch-arm₩usr₩include
jni.h	C:₩cygwin₩home₩yhoh₩android-ndk-r4b₩build₩platforms₩android-5₩arch-x86₩usr₩include
jni.h	C:₩cygwin₩home₩yhoh₩android-ndk-r4b₩build₩platforms₩android-8₩arch-arm₩usr₩include
jni.h	C:₩cygwin₩home₩yhoh₩android-ndk-r4b₩build₩platforms₩android-8₩arch-x86₩usr₩include

jni.h를 찾아보면 위 그림처럼 안드로이드 버전에 따라서 여러 개가 발견됩니다. 하지만 이들을 비교해 보면 모든 것이 완전히 동일한 파일인 것을 알 수 있습니다. 버전에 따라 똑같은 파일이 단순히 복사되어 있는 것입니다.

```
/* Primitive types that match up with Java equivalents. */
#ifdef HAVE_INTTYPES_H
# include <inttypes.h>          /* C99 */
typedef uint8_t             jboolean;           /* unsigned 8 bits */
typedef int8_t              jbyte;              /* signed 8 bits */
typedef uint16_t            jchar;              /* unsigned 16 bits */
typedef int16_t             jshort;             /* signed 16 bits */
typedef int32_t             jint;               /* signed 32 bits */
typedef int64_t             jlong;              /* signed 64 bits */
typedef float               jfloat;             /* 32-bit IEEE 754 */
typedef double              jdouble;            /* 64-bit IEEE 754 */
#else
typedef unsigned char       jboolean;           /* unsigned 8 bits */
```

```
typedef signed char         jbyte;      /* signed 8 bits */
typedef unsigned short      jchar;      /* unsigned 16 bits */
typedef short               jshort;     /* signed 16 bits */
typedef int                 jint;       /* signed 32 bits */
typedef long long           jlong;      /* signed 64 bits */
typedef float               jfloat;     /* 32-bit IEEE 754 */
typedef double              jdouble;    /* 64-bit IEEE 754 */
#endif
```

위 내용은 jni.h의 일부 내용입니다. 타입에 대한 정의가 기술되어 있습니다. 물론 사실 너무나도 간단한 타입인 int와 같은 것은 마음대로 써도 그리 크게 문제가 되지는 않습니다. 하지만 주의 깊게 코드를 작성해야 하는 경우에 있어서 int와 같이 쓰는 것 보다는 jint로 사용하는 것이 좋습니다. 이것은 Critical한 호환성의 순간에서 빛을 발할 것입니다.

여기서 작성되고 있는 코드는 C일까요? 아니면 Java일까요? 당연히 C입니다. 하지만 Java 코드에서 이 부분의 코드가 참조될 것입니다. 그러기 위해서는 서로 간에 기본적으로 맞추어 주어야 하는 부분이 있고, 서로의 공간을 참조할 수 있는 방법이 필요합니다. 이 부분은 뒤에서 살펴볼 것입니다.

```
jint Java_com_crz_mango64LED_mango64LedApp_Mango64LedOpen
    (JNIEnv * env, jobject thiz) {
    printf("[NDK_LIB] mango64 LED device open start\n");
    g_mango64_led_dev = open(MANGO64_LED_DEVICE_NAME, O_RDWR|O_NDELAY);
    if(g_mango64_led_dev < 0) {
        printf("[NDK_LIB] mango64 LED open error, dev:%d\n", g_mango64_led_dev);
        return -1;
    }
    printf("[NDK_LIB] mango64 LED open success, dev:%d\n", g_mango64_led_dev);
    return 0;
}
```

가장 먼저 이름에 주목할 필요가 있습니다. 무지하게 긴 이름입니다.
Java_com_crz_mango64LED_mango64LedApp_Mango64LedOpen

이것은 무척 중요한 JNI에서 이름에 대한 규칙입니다. 이 규칙을 반드시 지켜주어야 정확한 구현이 됩니다. 물론 당연히 대소문자도 아주 철저하게 구분합니다.

이름 중에서 Java는 무조건 함수의 앞에 반드시 들어가야 하는 부분입니다. 그리고 모든 이름은 "_" (under bar)로 구분되어야 합니다. Java 뒤에 나오는 com_crz_mango64LED라는 것이 어디선가 본적이 있는 것 같습니다.

```
mango64LedApp.java
    package com.crz.mango64LED;
    import android.app.Activity;
    public class mango64LedApp extends Activity {
        private int clickState led1 = 1;
```

Eclipse에서 mango64LedApp.java를 열어서 보면 com.crz.mango64LED가 보입니다. 바로 Package 이름입니다. 즉, 이 Package 이름이 점이 under bar로 바뀌어서 com_crz_mango64LED로 된 것입니다. 그 다음에 이어지는 mango64LedApp는 Class의 이름입니다. 그 다음에 비로소 함수의 이름이 나옵니다. mango64LedApp 클래스의 내부에서는 단순히 Mango64LedOpen이라는 함수의 이름을 그대로 사용합니다. 하지만 이것이 특정한 규칙에 의해서 즉, Java + 패키지 이름 + 클래스 이름 + 함수이름으로 자동으로 변환이 될 것이고, 그 변환된 것은 라이브러리 내에서 위의 긴 이름으로 대체되어 있어서 함수의 호출이 정상적으로 연결되는 것입니다. 이 이름에 대한 규칙은 반드시 따라 주어야 하는 필수 사항입니다.

public void onCreate(Bundle savedInstanceState) {
… … … … … … …
　　　Mango64LedOpen();
}

우리는 뒤에서 실제로 어플리케이션에서 어떻게 호출되어 동작하는 가를 살펴볼 것인데 여기서 잠깐 Mango64LedOpen 함수만을 먼저 보면 위와 같이 아무런 파라미터가 없이 호출되고 있다는 것을 알 수 있습니다. 하지만 위 함수에서는 (JNIEnv * env, jobject thiz)와 같이 두 개의 파라미터를 전달 받고 있습니다. 이들 두 개의 파라미터는 모든 함수가 정의될 때 반드시 들어가야 하는 내용입니다. 바로 Java와 C를 연결해 주는 매개체가 되는 것입니다. 물론 Mango64LedOpen 함수 내에서는 env와 thiz를 전혀 사용하지 않습니다. 이것을 사용하는 부분을 한번 예를 들어 보겠습니다.

jstring Java_com_example_hellojni_HelloJni_stringFromJNI(JNIEnv* env, jobject thiz){
　　return **(*env)->NewStringUTF**(env, "Hello from JNI !");
}

위 내용은 C:\cygwin\home\yhoh\android-ndk-r4b\samples.org\hello-jni\jni에 들어 있는 hello-jni.c 파일의 내용입니다. 넘겨 받은 env라는 포인터를 이용해서 특정한 함수를 부르고 그 함수를 이용해서 어떤 문자열을 리턴 하고 있습니다.

```
#ifdef __cplusplus /* Reference types, in C++ */
class _jobject {};
class _jstring : public _jobject {};
class _jarray : public _jobject {};
typedef _jobject*        jobject;
typedef _jstring*        jstring;
typedef _jarray*         jarray;
#else /* not __cplusplus */ /* Reference types, in C. */
typedef void*            jobject;
typedef jobject          jstring;
typedef jobject          jarray;
#endif /* not __cplusplus */
```

C에서 문자열은 단순한 char의 배열입니다. 하지만 Java에서 문자열은 그렇게 단순하게 다루어 지지 않습니다. String이라는 클래스를 이용해서 다루어지게 됩니다. int와 같은 단순한 타입은 비교적 쉬운 방법으로 변환이 가능하지만 위와 같이 문자열과 같은 것은 특별한 변환 과정을 거쳐야 합니다. 이러한 변환 작업이 가능하도록 만들어 주는 것이 바로 JNIEnv * env로 넘겨 받은 파라미터를 이용해서 많은 함수들을 통해서 작업할 수 있는 것입니다.

```
struct _JNIEnv;
typedef const struct JNINativeInterface* C_JNIEnv;
#if defined(__cplusplus)
typedef _JNIEnv JNIEnv;
#else
typedef const struct JNINativeInterface* JNIEnv;
#endif
/* Table of interface function pointers. */
struct JNINativeInterface {
… … … … … … …
    jclass      (*GetObjectClass)(JNIEnv*, jobject);
… … … … … … …
    jstring     (*NewStringUTF)(JNIEnv*, const char*);
… … … … … … …
};
```

위 내용이 바로 JNIEnv 부분이 정의되어 있는 내용입니다. 여기에 존재하는 수많은 함수들 중에서 NewStringUTF 부분도 찾을 수 있습니다.

```
jclass    myClass = (*env)->GetObjectClass(env, thiz);
```

Native 코드 내에서도 Java 객체를 접근할 수 있도록 해야 합니다. 그것이 가능한 방법이 바로 jobject thiz를 활용하는 것입니다. 위와 같은 코드가 가능할 것입니다. GetObjectClass라는 함수를 이용해서 여기에 전달 받은 오브젝트를 넘겨주면 Java 부분에서 사용하는 오브젝트를 얻게 되는 것입니다. 물론 결과를 myClass에 저장하게 되는데 이 포인터 값은 당연히 사용하는 함수의 영역을 벗어나게 되면 더이상 유용하지 않게 된다는 점을 유의해야 합니다.

Mango64LedOpen 함수의 본문 내용은 그다지 어렵지 않습니다. 이전에 Simple 어플리케이션에서 이미 다루어 보았던 내용입니다. open을 통해서 망고64의 LED 디바이스 파일을 열고 있는 작업을 수행하는 것입니다. 성공하면 0 실패하면 -1을 리턴 합니다.

```
jint Java_com_crz_mango64LED_mango64LedApp_Mango64LedClose
         (JNIEnv * env, jobject thiz){
    printf("[NDK_LIB] device file close start\n");
    close(g_mango64_led_dev);
    g_mango64_led_dev = -1;
    printf("[NDK_LIB] device file close end\n");
    return 0;
}
```

Mango64LedOpen 함수의 내용이 모두 명확하게 이해되었을 경우 Mango64LedClose의 내용은 더욱 쉽습니다. 단순히 이전에 오픈 했던 File Descriptor를 이용해서 close만을 호출하는 것입니다. 늘 0을 리턴 하게 됩니다. g_mango64_led_dev 값은 다시 -1로 초기화 시켜 줍니다.

```
jint Java_com_crz_mango64LED_mango64LedApp_Mango64LedControl
         (JNIEnv * env, jobject thiz, jint ledNum, jint ledOnOff) {
    printf("[NDK_LIB] mango64 LED %d OnOff %d\n", ledNum, ledOnOff);
    if(g_mango64_led_dev < 0) {
        printf("[NDK_LIB] mango64 LED dev error, dev:%d\n", g_mango64_led_dev);
        return -1;
    }
    return (jint)(ioctl(g_mango64_led_dev, ledNum, ledOnOff));
}
```

Mango64LedControl이라는 하나의 함수를 이용해서 두 LED를 모두 제어하게 됩니다. 결국은 ioctl을 호출하는 것뿐입니다. env, thiz를 제외하면 두 개의 파라미터를 받는데 첫 번째 파라미터가 LED 번호를 의미하고, 두 번째 파라미터가 LED On Off 상태를 의미합니다. 이는 ioctl의 파라미터 순서와도 동일하기 때문에 단순하게 ioctl에 전달해 주는 것만으로 충분합니다. 결과 역시 ioctl의 결과를 그대로 리턴 해주면 됩니다. 만약 g_mango64_led_dev 값이 0보다 작은 즉, 아직 디바이스 파일이 오픈 되지 않은 상태라면 -1로 에러를 리턴 하도록 해주었습니다.

```
pooh@yhoh /cygdrive/d/Wk/Wk.Src/MStory/MStory5.0/android_DeviceDriver/004.mango6
4LED/Pjt_008_mango64LedApp
$ ndk-build
Compile thumb  : mango64LED_lib <= /cygdrive/d/Wk/Wk.Src/MStory/MStory5.0/androi
d_DeviceDriver/004.mango64LED/Pjt_008_mango64LedApp/jni/mango64LED_lib.c
SharedLibrary  : libmango64LED_lib.so
Install        : libmango64LED_lib.so => /cygdrive/d/Wk/Wk.Src/MStory/MStory5.0/
android_DeviceDriver/004.mango64LED/Pjt_008_mango64LedApp/libs/armeabi
```

ndk-build를 이용해서 빌드를 수행합니다. 빌드가 끝나면
₩004.mango64LED₩Pjt_008_mango64LedApp₩libs₩armeabi 부분에 libmango64LED_lib.so라는 이름의 파일이 생기게 됩니다. 앞에 lib라는 글자가 더 추가된 것을 확인할 수 있습니다.

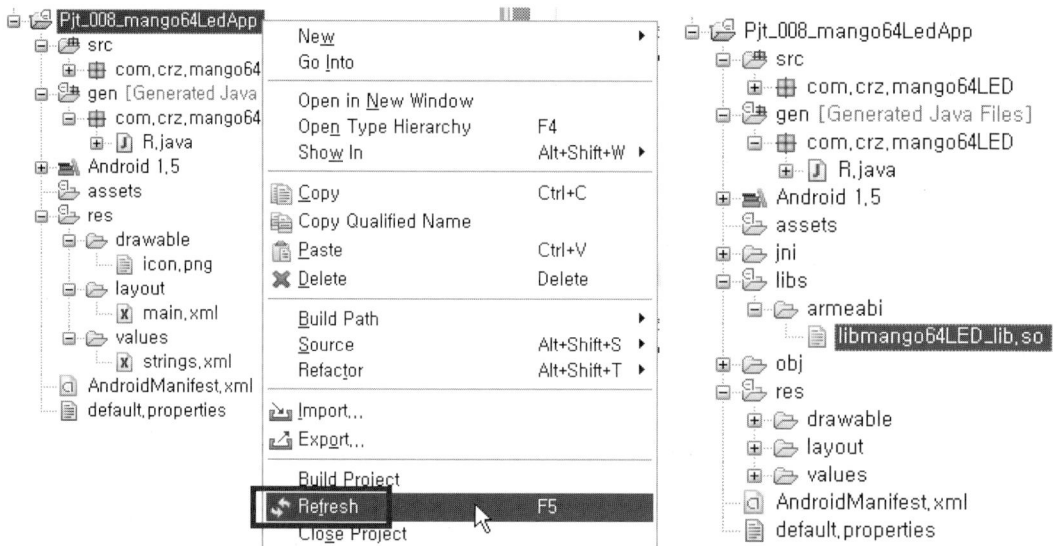

Pjt_008_mango64LedApp에서 마우스 오른쪽 버튼을 눌러 Refresh를 하거나 F5 키를 누르면 위 그림의 오른쪽과 같이 libmango64LED_lib.so 파일이 추가되어 있는 것을 확인할 수 있습니다.

33.4.5. mango64LedApp - NDK 라이브러리 호출로 연결하기

먼저 onDestroy를 추가하도록 하겠습니다. 현재 mango64LedApp Activity에는 onCreate만 존재하고 있습니다. 어플리케이션에서 Activity가 시작될 때 맨 먼저 불리는 것이 onCreate입니다. 맨 마지막에 불리는 것은 onDestroy입니다. 우리의 시나리오는 이렇습니다. LED 디바이스에 대한 Open을 onCreate에서 불러주고, Activity가 끝날 때 불리는 onDestroy에서 디바이스에 대한 Close를 호출하려

고 하는 것입니다.

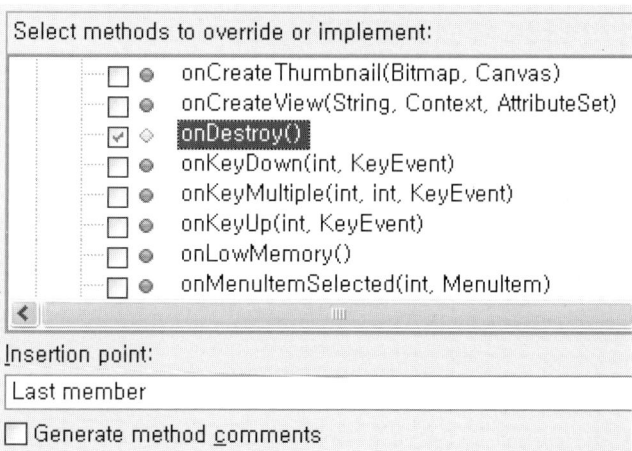

Eclipse Package Explorer 부분의 mango64LedApp.java에서 마우스 오른쪽 버튼을 눌러서 Source 부분을 선택하면 (Alt+Shift+S를 눌러도 됩니다.) 나타나는 메뉴 중에서 "Override/Implement Methods"를 선택합니다. 여기서 onDestroy()를 찾아서 선택해줍니다.

```java
@Override
protected void onDestroy() {
    // TODO Auto-generated method stub
    Mango64LedClose();
    super.onDestroy();
}
```

자동으로 위 코드가 생성됩니다. 여기에 라이브러리 함수인 Mango64LedClose()를 추가해 주는 것으로 onDestroy()에 대한 코드 작업은 끝입니다. 아래는 mango64LedApp 클래스의 나머지 부분에 대한 설명입니다.

```java
public native int Mango64LedOpen();
public native int Mango64LedClose();
public native int Mango64LedControl(int ledNum, int ledOnOff);
```

라이브러리에서 사용할 함수들에 대해서 반드시 정의가 되어 있어야 합니다. 내용은 반드시 native라는 키워드로 지정을 해주어야만 합니다.

```java
public native int unimplementedMango64LedOpen();
public native int unimplementedMango64LedClose();
```

```
public native int unimplementedMango64LedControl(int ledNum, int ledOnOff);
```

라이브러리에서 사용할 함수들에 대해서 위와 같이 unimplemented라는 말을 붙여서 한번 더 정의를 해주어야 합니다. 이것이 의미하는 바는 현재 이전에 위에서 정의했던 Mango64LedOpen()이라는 것이 mango64LedApp 클래스에 존재하는 것이 아니라는 의미입니다. 그러므로 다른 곳 즉, 라이브러리에서 찾아야 한다는 것을 알려주고 있는 것입니다.

```
static {
    System.loadLibrary("mango64LED_lib");
}
```

이것은 Shared 라이브러리를 실행 시 Load하는 부분입니다. 반드시 static 초기화에 포함되어야 합니다. 그래야 실제 메모리 상에 탑재 될 때 미리 탑재 되어 실행될 수 있게 됩니다. 여기 이름 부분을 잘 살펴봐야 하는데 우리가 만든 라이브러리 이름은 libmango64LED_lib.so입니다. 여기서 앞의 lib와 뒤의 so 확장자는 빠진 나머지 부분이 이름으로 지정되어야만 합니다. 플랫폼마다 이 부분은 조금씩 다를 것입니다. 윈도우즈라면 so를 확장자로 사용하지 않고 dll과 같은 것을 확장자로 사용할 것입니다.

```
public void onCreate(Bundle savedInstanceState) {
    … … … … … …
        final Button bt1 = (Button)findViewById(R.id.Button01);
        bt1.setOnClickListener(new View.OnClickListener(){
         public void onClick(View v) {
                clickState_led1 ^= 0x1;
                if(0 == clickState_led1){
                        Mango64LedControl(1, 0);
                        bt1.setText(R.string.led1Off);
                }else{
                        Mango64LedControl(1, 1);
                        bt1.setText(R.string.led1On);
                }
         }
        });
    … … … … … …
        Mango64LedOpen();
}
```

소스 내용 중에서 버튼 2에 대한 내용은 버튼 1과 거의 비슷하기 때문에 위 글에서는 생략되어 있습니다. 완전한 내용은 소스 코드를 참조하시기 바랍니다. 이미 클릭에 대해서 문자열이 표시되는 사항을 구현하였고 그 내용에 라이브러리 내용을 기술하면 됩니다. LED를 끄는 곳에 Mango64LedControl(1, 0)를 호출하고, 켜는 곳에 Mango64LedControl(1, 1)를 호출하였습니다. 그리고 가장 아래 부분에 Mango64LedOpen()이 호출되고 있는 것이 보입니다.

Mango64LedOpen()이 가장 뒤에 있어서 좀 이상하게 생각하실 수도 있지만 실상은 가장 먼저 호출되는 것입니다. 버튼의 setOnClickListener와 같은 것은 어떤 특정한 동작을 당장 수행하는 것은 아니고 함수를 등록하는 것과 같은 행동입니다. 결국 onCreate 함수에서 동작이 수행되는 것은 Mango64LedOpen()이 가장 먼저인 것입니다.

33.4.6. mango64LedApp – 수행 결과

```
C:\Documents and Settings\pooh>adbstart.bat
C:\Documents and Settings\pooh>set adbhost=192.168.11.111
C:\Documents and Settings\pooh>adb kill-server
C:\Documents and Settings\pooh>adb devices
* daemon not running. starting it now *
* daemon started successfully *
List of devices attached
emulator-5554   device
```

필자는 ADB를 수행하는데 있어서 여러 IP를 가진 여러 보드를 사용하기 때문에 위와 같이 adbstart.bat라는 배치 파일을 만들어서 편리하게 사용하고 있습니다. 당연히 ADB 수행으로 망고64가 Eclipse에서 인식되도록 해야 합니다.

```
/test # insmod mango64LED_DD.ko
/test # mknod /dev/mango64_led_device c 240 2
```

insmod와 mknod는 반드시 수행되어야 할 것입니다. 혹시라도 잊으신 분들이 있을까 하는 노파심에서 다시 한번 말씀 드립니다.

```
/test # [DEV] mango64_led_open() major:240, minor:2
[DEV] mango64_led_release()
[DEV] mango64_led_open() major:240, minor:2
[DEV] mango64_led_release()
[DEV] mango64_led_open() major:240, minor:2
[DEV] mango64_led_ioctl() command:1, argument:0
[DEV] IND LED 1 Control, Off
```

```
[DEV] mango64_led_ioctl() command:2, argument:0
[DEV] IND LED 2 Control, Off
[DEV] mango64_led_ioctl() command:2, argument:1
[DEV] IND LED 2 Control, On
[DEV] mango64_led_ioctl() command:1, argument:1
[DEV] IND LED 1 Control, On
[DEV] mango64_led_release()
```

망고64 보드에서 어플리케이션이 동작하면 화면에 보이는 내용은 이전과 크게 달라진 부분은 없을 것입니다. 다만 달라진 것은 버튼을 누르면 그 버튼에 표시되는 문자열이 변함과 동시에 실제로 망고64 보드의 LED도 따라서 변경된다는 것입니다.

위 실행 결과는 최초 둘 다 켜져 있는 LED를 LED 1, LED 2의 순서로 끄고, 그 다음에 LED 2, LED 1의 순서로 켠 결과입니다. 보드 상의 동작은 정확히 수행되었고, 위 내용은 Shell 상의 로그 내용입니다.

실제 실행을 마친 이후에 그 어플리케이션이 어디에 있는 가를 살펴보도록 하겠습니다.

```
/data/app # l
/data/app
total 16
-rw-r--r--    1 1000    1000         15505 Sep  9  2010 com.crz.mango64LED.apk
/data/app #
```

/data/app에 우리가 만든 apk 패키지가 들어 있음을 알 수 있습니다. 그런데 한가지 더 알아야 할 부분이 있습니다. 우리가 만든 라이브러리는 Shared 라이브러리 입니다. Shared 라이브러리라는 것은 실행 파일을 만들 때 그 실행 파일 내에 라이브러리의 내용이 포함되는 것이 아니라 따로 존재하게 되고, 프로그램이 실행될 때 비로소 라이브러리를 참조해서 로딩이 되는 것입니다. 그렇다면 우리가 만든 라이브러리가 어디엔가 존재해야 한다는 것입니다. 어디에 있을까요?

```
/data/data/com.crz.mango64LED
total 4
drwxr-xr-x    2 1000    1000          4096 Sep  9  2010 lib
/data/data/com.crz.mango64LED # cd lib/
/data/data/com.crz.mango64LED/lib # l
/data/data/com.crz.mango64LED/lib
total 16
-rw-r--r--    1 1000    1000         14811 Sep  9  2010 libmango64LED_lib.so
/data/data/com.crz.mango64LED/lib #
```

바로 위의 위치에 존재하고 있습니다. /data/data/com.crz.mango64LED 부분에 lib라는 폴더가 존재하고 그 안에 우리가 만든 libmango64LED_lib.so가 들어 있습니다.

34. 삼성 2.6.29 커널과 안드로이드 커널 코드 다운로드 및 비교

34.1. 목적 및 개요

현재 망고64 보드와 망고100 보드에는 많은 부분이 포팅 되어 있고, 그 부분들에는 상당히 많은 작업이 이루어져 있습니다. 이 책에서 그 모든 내용을 다룰 수는 없을 것입니다. 하지만 우리가 무엇을 공부하고 어떻게 배워 나갈 것인가 하는 방향을 잡을 필요가 있습니다.

아무 것도 없는 곳에서 처음으로 무언가를 만들어 나가는, 즉 무에서 유를 창조해 내는 것은 너무나도 힘든 일입니다. 그래서 그런 것을 이뤄낸 사람들은 우러러 보는 것이겠지요. 리눅스와 안드로이드를 공부해 나가는 것도 마찬가지입니다. 아무 것도 없는 데서 무작정 공부를 수행하는 것보다는 현재까지 갖추어져 있는 것들을 기반으로 배워나갈 수 있을 것입니다.

http://odin3.kernel.org/git-lewiemann/?p=linux/kernel/git/kki_ap/linux-2.6-samsung.git;a=summary
위 링크에 접속해 보면 삼성에서 릴리즈 한 커널 소스를 받을 수 있습니다.

```
yhoh@ubuntu:~/android_mango64/mango64_kernel_2010_07_02$
yhoh@ubuntu:~/android_mango100/Kernel_v2.6.29/mango100_kernel_2010_07_15$
```

위 두 곳의 부분이 안드로이드를 포팅하기 위해서 망고64와 망고100에서 사용된 커널입니다. 삼성의 원래 릴리즈 된 커널과 위의 망고 보드를 위한 커널을 비교해 보면 우리가 알아야 할 많은 부분이 존재하고 있을 것입니다.

물론 이 부분을 비교 검토해 보면 아시겠지만 내용은 상당히 방대합니다. 잠깐 동안의 공부로 혹은 한 두 권의 책으로 그 모든 내용을 알 수 있는 정도의 양은 아닙니다. 하지만 단 하나의 부분을 완벽히 알게 되면, 그와 똑같은 양의 다른 부분을 배울 때 걸리는 시간은 급속도로 줄게 됩니다. 그 이전에 비해서 반 이하의 적은 시간을 들이고도 같은 수준에 도달할 수 있는 것입니다. 보다 중요한 것은 그 단 하나의 부분을 얼마나 완벽하게 이해하는 가 입니다.

34.2. 2.6.29-samsung 다운로드

34.2.1. linux-2.6-samsung GIT 서버 접속

이제 삼성에서 원래 릴리즈 한 2.6.29 리눅스 커널을 다운로드 받도록 하겠습니다.
http://odin3.kernel.org/git-lewiemann/?p=linux/kernel/git/kki_ap/linux-2.6-samsung.git;a=summary
위 링크에 먼저 접속합니다.

```
heads
35 hours ago    2.6.36-samsung    shortlog | log | tree
38 hours ago    2.6.35-samsung    shortlog | log | tree
11 days ago     master            shortlog | log | tree
2 weeks ago     2.6.32-samsung    shortlog | log | tree
2 weeks ago     2.6.29-samsung    shortlog | log | tree
7 weeks ago     2.6.31-samsung    shortlog | log | tree
5 months ago    2.6.28-samsung    shortlog | log | tree
12 months ago   2.6.24-samsung    shortlog | log | tree
```

현재까지 릴리즈 된 최신 커널은 2.6.36이 가장 최신의 버전입니다. 하지만 우리가 사용하는 커널은 2.6.29이고 이것을 받아서 비교해 보아야 할 것입니다.

34.2.2. 삼성 2.6.29 커널 다운받기

```
yhoh@ubuntu:~/zTmp$ git clone git://git.kernel.org/pub/scm/linux/kernel/git/kki_ap/linux-2.6-samsung.git
Initialized empty Git repository in /home/yhoh/zTmp2/linux-2.6-samsung/.git/
remote: Counting objects: 1752689, done.
remote: Compressing objects: 100% (283051/283051), done.
remote: Total 1752689 (delta 1461968), reused 1744641 (delta 1453949)
Receiving objects: 100% (1752689/1752689), 466.31 MiB | 1758 KiB/s, done.
Resolving deltas: 100% (1461968/1461968), done.
Checking out files: 100% (34293/34293), done.
```

아무 폴더에나 git clone을 수행하면 위와 같이 소스 코드를 다운로드 받는 작업이 자동으로 수행됩니다. 모든 작업이 끝나면 linux-2.6-samsung 이라는 이름으로 폴더가 만들어져 있는 것을 확인할 수 있습니다.

```
yhoh@ubuntu:~/zTmp$ cd linux-2.6-samsung/
yhoh@ubuntu:~/zTmp/linux-2.6-samsung$ vi Makefile
```

linux-2.6-samsung 폴더로 이동해서 먼저 Makefile을 열어 보도록 합니다.

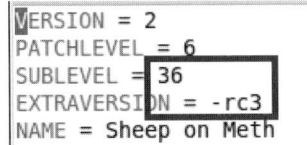

위와 같이 버전이 2.6.36 임을 알 수 있습니다. 우리가 원하는 것은 2.6.29이고 다른 것을 다운로드 받아야 합니다.

```
yhoh@ubuntu:~/zTmp/linux-2.6-samsung$ git branch
* master
yhoh@ubuntu:~/zTmp/linux-2.6-samsung$ git branch -a
* master
  remotes/origin/2.6.24-samsung
  remotes/origin/2.6.28-samsung
  remotes/origin/2.6.29-samsung
  remotes/origin/2.6.31-samsung
  remotes/origin/2.6.32-samsung
  remotes/origin/2.6.35-samsung
  remotes/origin/2.6.36-samsung
  remotes/origin/HEAD -> origin/master
  remotes/origin/master
yhoh@ubuntu:~/zTmp/linux-2.6-samsung$
```

git branch를 수행해 보면 현재의 branch 상태를 알 수 있는데 오직 master만 존재하는 것을 알 수 있습니다. 보다 자세한 정보를 위해서 git branch –a를 수행합니다. 그러면 그 중에서 remotes/origin/2.6.29-samsung이 바로 우리가 원하는 것임을 알 수 있습니다.

```
yhoh@ubuntu:~/zTmp/linux-2.6-samsung$ git checkout -b 2.6.29-samsung remotes/origin/2.6.29-samsung
Branch 2.6.29-samsung set up to track remote branch 2.6.29-samsung from origin.
Switched to a new branch '2.6.29-samsung'
```

자동으로 branch를 새로 만들어서 remotes/origin/2.6.29-samsung를 받을 수 있도록 –b 옵션을 주어서 2.6.29-samsung이라는 이름으로 작업되도록 하였습니다.

```
yhoh@ubuntu:~/zTmp/linux-2.6-samsung$ git branch
* 2.6.29-samsung
  master
```

작업이 끝나고 확인해 보면 위와 같이 2.6.29-samsung가 새롭게 생겨있고 그 부분으로 현재의 branch가 변경되어 있는 것을 알 수 있습니다.

```
VERSION = 2
PATCHLEVEL = 6
SUBLEVEL = 29
EXTRAVERSION = .4
NAME = Temporary Tasmanian Devil
```

Makefile을 다시 보면 2.6.29로 변경되어 있음을 확인할 수 있습니다.

```
yhoh@ubuntu:~/zTmp$ mv linux-2.6-samsung/ ../2.6.29-samsung.kernel.org
```

여러 비교 작업을 위해서 linux-2.6-samsung 폴더를 루트로 옮기면서 이름을 2.6.29-samsung.kernel.org로 변경하였습니다.

34.3. 삼성 원본 커널과 망고 보드 커널 비교

```
yhoh@ubuntu:~$ diff -urN 2.6.29-samsung.kernel.org/
android_mango64/mango64_kernel_2010_07_02/ >> zTmp/mango64kernel.diff
yhoh@ubuntu:~$ diff -urN 2.6.29-samsung.kernel.org/
android_mango100/Kernel_v2.6.29/mango100_kernel_2010_07_15 >> zTmp/mango100kernel.diff
```

먼저 diff를 사용해서 삼성 원본의 커널 소스와 망고64, 망고100의 커널 부분을 각각 비교해 보았습니다. 비교 결과는 임시 폴더에 파일로 만들어서 저장을 하였습니다.

```
yhoh@ubuntu:~/zTmp$ l
/home/yhoh/zTmp
total 161456
-rw-r--r-- 1 yhoh yhoh 79382028 2010-09-10 14:35 mango100kernel.diff
-rw-r--r-- 1 yhoh yhoh 85943005 2010-09-10 14:30 mango64kernel.diff
yhoh@ubuntu:~/zTmp$
```

비교 작업을 통해서 얻어진 결과를 보면 무려 80MB 정도의 크기를 갖는 파일이 만들어졌습니다. 이제부터 이 파일을 참조하면 원본과 비교해서 망고 보드의 경우는 어떻게 변화되었는지를 알 수 있게 될 것입니다.

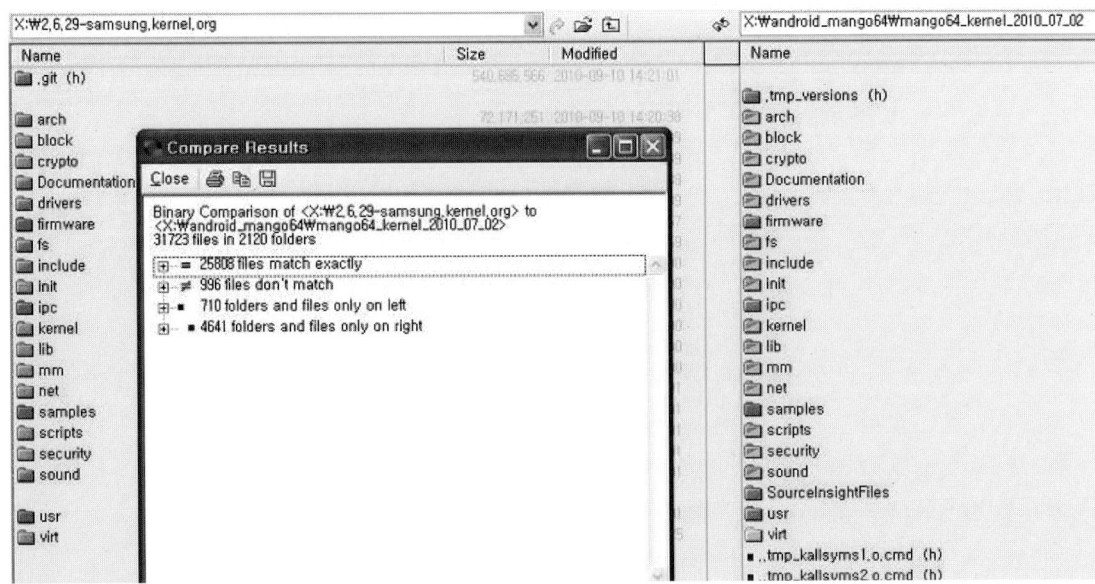

위 그림은 네트워크 파일 시스템을 연결해서 우분투의 내용을 참조해서 Beyond Compare 툴을 이용해서 원본과 망고64의 커널을 비교해본 결과입니다. 이 외에도 여러 비교 툴을 이용해서 검토해 보는 것은 비교 툴들의 장점을 이용할 수 있기 때문에 의미 있는 작업이 될 것입니다.

diff 커맨드를 이용한 비교 작업이나 위의 비교 툴들을 이용한 비교 작업 모두를 이용하는 것이 바람직합니다. 어느 한가지의 방법만을 고집하는 것은 그만큼 많은 것을 잃어버리는 결과가 될 것입니다.

34.4. 안드로이드 커널

위에서 받은 삼성 커널 내용이 당연히 참조가 되겠지만 안드로이드는 android.git.kernel.org를 통해서 커널을 제공하고 있고 이것 역시 참조를 해야만 합니다.

34.4.1. 안드로이드 커널 다운로드

이전에 안드로이드를 위한 환경 설정과 소스 코드 다운로드를 공부했던 장에서 우리는 아래와 같이 소스 코드를 다운로드 하는 작업을 수행했던 적이 있습니다.

```
yhoh@ubuntu:~$ curl http://android.git.kernel.org/repo >~/bin/repo
yhoh@ubuntu:~$ chmod a+x ~/bin/repo
yhoh@ubuntu:~/mangodroid/mangodroid_cupcake$ repo init -u
git://android.git.kernel.org/platform/manifest.git -b cupcake
yhoh@ubuntu:~/mangodroid/mangodroid_cupcake$ repo sync
yhoh@ubuntu:~/mangodroid/mangodroid_eclair$ repo init -u
git://android.git.kernel.org/platform/manifest.git -b eclair
yhoh@ubuntu:~/mangodroid/mangodroid_eclair$ repo sync
```

android.git.kernel.org를 통해서 cupcake와 eclair에 대한 것을 다운로드 받은 것입니다. 하지만 여기에 안드로이드 리눅스 커널은 포함되어 있지 않습니다. 이번 장에서는 안드로이드 커널을 다운로드 받는 것을 해보도록 하겠습니다.

http://android.git.kernel.org/
위 사이트에 접속하도록 합니다. 사이트에 접속하면 아래의 문구를 볼 수 있습니다.

> To clone one of these trees, install git, and run:
> **git clone git://android.git.kernel.org/ + project path.**
> To clone the entire platform, install repo, and run:
> mkdir mydroid
> cd mydroid
> **repo init -u git://android.git.kernel.org/platform/manifest.git**
> repo sync
> For more information about git, see an overview, the tutorial or the man pages.

git를 이용해서 프로젝트를 다운받는 방법에서 두 가지를 소개하고 있습니다. 하나는 이미 이전에 안드로이드 소스 코드를 다운 받으면서 사용했던 repo init을 통해서 /platform/manifest.git를 받는 것입니다. 이 방법은 안드로이드 소스를 받으면서 해본 것입니다. 우리는 위에서 삼성 커널을 받으면서도 사용해 보았던 git clone을 이용해서 다운로드 받도록 하겠습니다.

Project	Description	Owner	Last Change		
device/sample.git		Android Open Source...	5 months ago	summary | log	shortlog | tree
kernel/common.git	Common Android Kernel Tree	Android Open Source...	35 hours ago	summary | log	shortlog | tree
kernel/experimental.git	Experimental Kernel Projects	Android Open Source...	7 days ago	summary | log	shortlog | tree
kernel/linux-2.6.git	Mirror of git://git.kernel...	Android Open Source...	11 days ago	summary | log	shortlog | tree

우리가 원하는 것은 kernel/common.git입니다.

> yhoh@ubuntu:~/mangodroid$ **git clone git://android.git.kernel.org/kernel/common.git mangodroid_kernel**
> Initialized empty Git repository in **/home/yhoh/mangodroid/mangodroid_kernel/.git/**
> remote: Counting objects: 1651679, done.
> remote: Compressing objects: 100% (273444/273444), done.
> remote: Total 1651679 (delta 1372882), reused 1639702 (delta 1364434)
> Receiving objects: 100% (1651679/1651679), 341.21 MiB | 948 KiB/s, done.
> Resolving deltas: 100% (1372882/1372882), done.
> Checking out files: 100% (24451/24451), done.
> yhoh@ubuntu:~/mangodroid$

git clone을 통해서 mangodroid_kernel이라는 이름으로 폴더가 만들어지고 그곳에 안드로이드 리눅스 커널이 다운로드 됩니다.

```
yhoh@ubuntu:~/mangodroid$ cp -a mangodroid_kernel/ mangodroid_kernel.org
```

뒤에서 비교를 수행하기 위해서 먼저 다운로드 받은 mangodroid_kernel 폴더를 mangodroid_kernel.org로 전체를 복사해 두었습니다.

```
yhoh@ubuntu:~/mangodroid/mangodroid_kernel$ ls
arch        crypto          fs         Kbuild        Makefile        REPORTING-BUGS    sound
block       Documentation   include    kernel        mm              samples           usr
COPYING     drivers         init       lib           net             scripts           virt
CREDITS     firmware        ipc        MAINTAINERS   README          security
yhoh@ubuntu:~/mangodroid/mangodroid_kernel$
```

mangodroid_kernel 부분을 보면 위 그림처럼 커널이 정상적으로 다운로드 되어 있는 것을 확인할 수 있습니다.

34.4.2. 커널 폴더 설명

여기서 커널의 폴더들 별로 간단하게 개요를 설명 드리고자 합니다. 간단하게만 정리를 하는 것이니까 가볍게 읽어 주시기 바랍니다.

Name	Description
arch/	• CPU 종속적인 부분입니다. 각 부분마다 하위 디렉토리로 구성됩니다. (arch/arm, arch/i386, arch/alpha, ...) • arch/arm/boot/: 부트스트래핑 코드입니다. • arch/arm/kernel/: 하드웨어 종속적인 커널 관리, 트랩, 인터럽트 처리, Context Switching, 장치 구성, 초기화와 관련된 기능 부분이 있습니다. • arch/arm/mm/: 하드웨어 종속적인 메모리 관리 부분이 있습니다.
init/	• 하드웨어 독립적인 커널 초기화 루틴 (start_kernel)
kernel/	• 리눅스 커널의 가장 대표적인 폴더입니다. • 하드웨어 독립적인 커널 관리 루틴이 있습니다. (하드웨어와 연관된 커널 관리 루틴은 arch/arm/kernel에 있습니다.) • fork, exit 등 태스크 관련 시스템 호출, 스케줄러 (scheduler), 시그널 처리 (signal handling), 시간 관리 (time management) 부분이 있습니다.
mm/	• 하드웨어 독립적인 메모리 관리 루틴이 있습니다. (하드웨어와 연관된 메모리 관리 루틴은 arch/arm/mm에 있습니다.) - 가상 메모리 관리, Paging, Swapping
fs/	• 가상 파일 시스템 (Virtual File System) 관리 • 특정 파일 시스템 부분은 하위 폴더에 있습니다 (ext2, ext3, ramfs, minix,

		jffs2, proc, nfs, msdos, coda, ..)
drivers/	●	개개의 장치를 제어하기 위한 장치 드라이버
	●	drivers/block/, drivers/char/, drivers/net (Network Device Driver)
ipc/	●	프로세스간 통신 지원 - Semaphores, 공유 메모리 (Shared memory), Message Queues
net/	●	Network 통신 부분 (Network Device Driver는 drivers/net에 있습니다.
include/	●	하드웨어 독립적인 커널 헤더 (ARM CPU 하드웨어와 연관된 헤더는 include/asm-arm/ 폴더에 있습니다.)
lib/	●	커널 라이브러리
Documentation/	●	커널 문서

34.4.3. 안드로이드 커널 – android-2.6.29 업그레이드

이전 절에서 받은 안드로이드 커널은 사실 우리가 원하는 것은 아닙니다. 우리는 android kernel 2.6.29를 원하고 있고, 이것을 다운로드 받을 것입니다.

```
yhoh@ubuntu:~/mangodroid$ cd mangodroid_kernel
yhoh@ubuntu:~/mangodroid/mangodroid_kernel$ git checkout --track -b android-2.6.29 origin/android-2.6.29
Checking out files: 100% (17539/17539), done.
Branch android-2.6.29 set up to track remote branch android-2.6.29 from origin.
Switched to a new branch 'android-2.6.29'
```

mangodroid_kernel로 이동해서 git checkout을 수행합니다.

```
yhoh@ubuntu:~/mangodroid$ diff -urN mangodroid_kernel.org/ mangodroid_kernel > ttt.txt
```

이전에 받았던 mangodroid_kernel.org와 지금 2.6.29로 업그레이드 한 mangodroid_kernel을 비교해 보도록 하겠습니다.

```
3238910 +++ mangodroid_kernel/.git/config        2010-09-10 18:52:01.504138346 +0
        900
3238911 @@ -9,3 +9,6 @@
3238912  [branch "android-2.6.27"]
3238913         remote = origin
3238914         merge = refs/heads/android-2.6.27
3238915 +[branch "android-2.6.29"]
3238916 +       remote = origin
3238917 +       merge = refs/heads/android-2.6.29
3238918 diff -urN mangodroid_kernel.org/.git/HEAD mangodroid_kernel/.git/HEAD
```

ttt.txt 파일을 열어서 보면 위 그림처럼 2.6.27이었던 버전이 2.6.29로 변경된 것을 확인할 수 있습니다.

git branch를 수행해보면 이전의 branch에 추가되어 android-2.6.29가 생겨있고 그것이 현재의 branch로 설정되어 있습니다.

```
yhoh@ubuntu:~/mangodroid/mangodroid_kernel$ git branch
  android-2.6.27
* android-2.6.29
yhoh@ubuntu:~/mangodroid/mangodroid_kernel$ cd ../mangodroid_kernel.org/
yhoh@ubuntu:~/mangodroid/mangodroid_kernel.org$ git branch
* android-2.6.27
yhoh@ubuntu:~/mangodroid/mangodroid_kernel.org$
```

mangodroid_kernel.org 폴더에 가서 똑같이 git branch를 수행해보면 여기에는 android-2.6.27만 존재하고 있습니다.

34.5. 안드로이드 GIT Platform 분석

http://android.git.kernel.org/ 의 프로젝트 중에서 platform 부분만 살펴보면 아래와 같습니다.

```
platform/bionic.git
platform/bootable/bootloader/legacy.git
..... ..... ..... ..... .....
platform/build.git
platform/cts.git
platform/dalvik.git
platform/development.git
platform/external/aes.git
..... ..... ..... ..... .....
platform/frameworks/base.git
..... ..... ..... ..... .....
platform/hardware/alsa_sound.git
..... ..... ..... ..... .....
platform/packages/apps/AlarmClock.git
..... ..... ..... ..... .....
platform/prebuilt.git
platform/recovery.git
```

platform/sdk.git

platform/system/bluetooth.git

....

platform/vendor/aosp.git

....

이것을 실제 다운받은 안드로이드 소스 코드와 비교해 보도록 하겠습니다.

```
/home/yhoh/mangodroid/mangodroid_eclair
total 60
drwxr-xr-x  9 yhoh yhoh 4096 2010-07-06 16:28 bionic
drwxr-xr-x  5 yhoh yhoh 4096 2010-07-06 16:28 bootable
drwxr-xr-x  8 yhoh yhoh 4096 2010-07-06 16:28 build
drwxr-xr-x  6 yhoh yhoh 4096 2010-07-06 16:28 cts
drwxr-xr-x 18 yhoh yhoh 4096 2010-07-06 16:28 dalvik
drwxr-xr-x 19 yhoh yhoh 4096 2010-07-06 16:28 development
drwxr-xr-x 76 yhoh yhoh 4096 2010-07-06 16:29 external
drwxr-xr-x  5 yhoh yhoh 4096 2010-07-06 16:29 frameworks
drwxr-xr-x  8 yhoh yhoh 4096 2010-07-06 16:29 hardware
-r--r--r--  1 yhoh yhoh   87 2010-07-06 16:28 Makefile
drwxr-xr-x  7 yhoh yhoh 4096 2010-07-06 16:29 packages
drwxr-xr-x 12 yhoh yhoh 4096 2010-07-06 16:30 prebuilt
drwxr-xr-x 26 yhoh yhoh 4096 2010-07-06 16:30 sdk
drwxr-xr-x  6 yhoh yhoh 4096 2010-07-06 16:30 system
drwxr-xr-x  7 yhoh yhoh 4096 2010-07-06 16:30 vendor
yhoh@ubuntu:~/mangodroid/mangodroid_eclair$
```

mangodroid_eclair에 존재하는 폴더 이름들과 위의 프로젝트 이름들이 정확하게 일치합니다.

35. Key 드라이버 & Event 처리

LED 드라이버에 버금가게 간단한 것이 바로 키에 대한 것입니다. 하지만 안드로이드의 경우에 있어서 키 드라이버가 그렇게 단순하지만은 않습니다. 이에 대한 내용을 공부해 보도록 하겠습니다.

35.1. 회로도 분석

35.1.1. 망고100 회로도

먼저 망고 100의 회로도 부분부터 살펴보겠습니다.

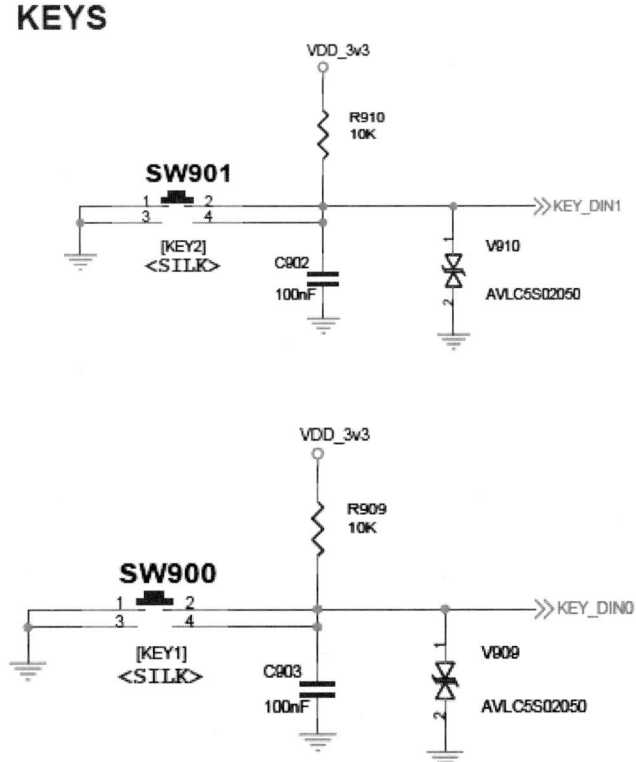

키가 눌리지 않았을 때는 풀업 저항을 통해서 3.3V가 인가되고, 키가 눌리면 0이 인가되도록 설계되어 있습니다.

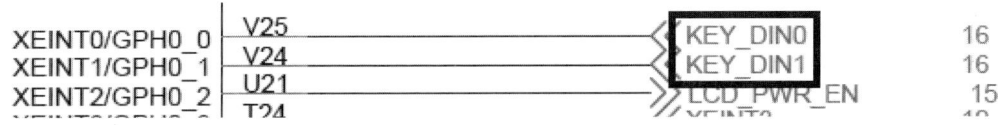

각각 KEY0는 GPH0_0에, KEY1은 GPH0_1에 연결되어 있습니다.

Field	Bit	Description
GPH0CON[7]	[31:28]	0000 = Input, 0001 = Output, 0010 = WU_INT[7]
GPH0CON[6]	[27:24]	0000 = Input, 0001 = Output, 0010 = WU_INT[6]
GPH0CON[5]	[23:20]	0000 = Input, 0001 = Output, 0010 = WU_INT[5]
GPH0CON[4]	[19:16]	0000 = Input, 0001 = Output, 0010 = WU_INT[4]
GPH0CON[3]	[15:12]	0000 = Input, 0001 = Output, 0010 = WU_INT[3]
GPH0CON[2]	[11:8]	0000 = Input, 0001 = Output, 0010 = WU_INT[2]
GPH0CON[1]	[7:4]	0000 = Input, 0001 = Output, 0010 = WU_INT[1]
GPH0CON[0]	[3:0]	0000 = Input, 0001 = Output, 0010 = WU_INT[0]

C100 CPU의 경우에 GPH 포트는 0부터 3까지 총 4가지 종류가 존재하고 있습니다. 각각 8개의 포트씩 총 32개의 포트가 할당되는데 위의 표는 GPH0의 Configuration 레지스터에 대한 내용을 나타내고 있습니다. 키에 할당되어 있는 것은 여기서 GPH0의 0번 1번 비트와 연관이 있는 것입니다.

35.1.2. 망고64 회로도

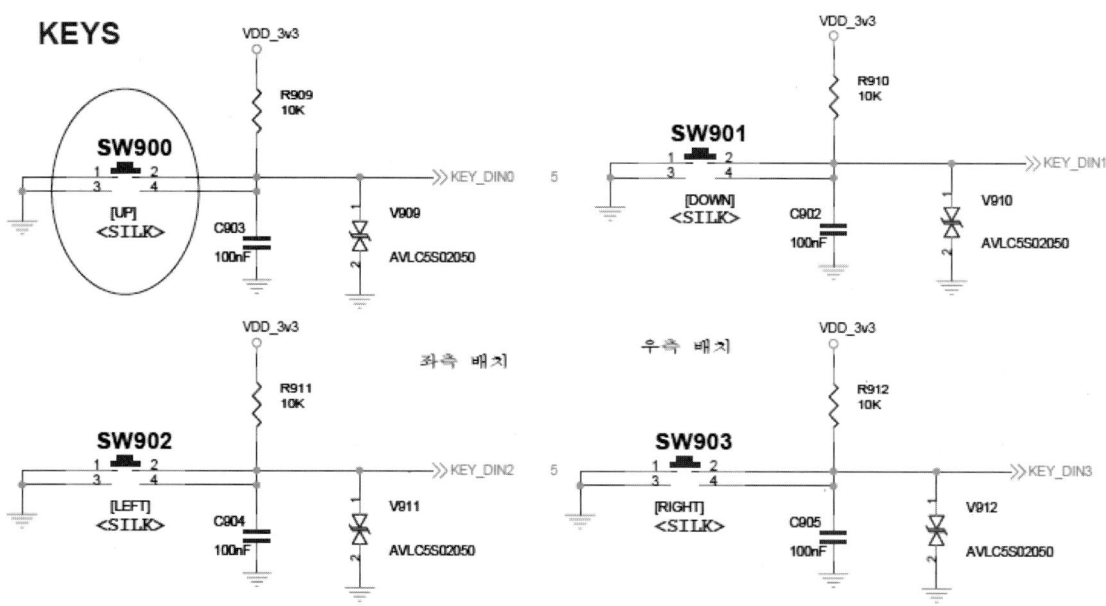

망고100과 마찬가지로 키가 눌리지 않았을 때는 풀업 저항을 통해서 3.3V가 인가되고, 키가 눌리면 0이 인가되도록 설계되어 있습니다.

망고100과는 달리 망고64에서는 사용자가 선택해서 사용할 수 있는 키가 4개가 존재하고 있습니다. 그래서 망고100에서는 할당하지 못했던 두 개의 키를 더 할당하게 됩니다. 뒤에서도 살펴보겠지만 망고64에서는 Up/Down에 대한 것도 키로 할당해서 사용하게 됩니다.

```
XEINT0_kpROW0GPN0    AE17            KEY_DIN0    19
XEINT1_kpROW1GPN1    V10             KEY_DIN1    19
XEINT2_kpROW2GPN2    AD17            KEY_DIN2    19
XEINT3_kpROW3GPN3    AB17            KEY_DIN3    19
XEINT4_kpROW4GPN4    AE18            PS_HOLD     11
XEINT5_kpROW5GPN5    AC18            TVOUT_EN    18
```

안드로이드에서 사용하게 될 키는 KEY1과 KEY3입니다. 각각 KEY1는 GPN1에, KEY3은 GPN3에 연결되어 있습니다.

35.1.3. 망고64, 망고100 키 할당 내용

위에서 회로도에서 살펴본 내용과 실제 안드로이드의 키와 할당된 부분을 망고64와 망고100에서 비교를 통해서 살펴보면 아래의 표와 같습니다.

	Back Key	Menu Key	Up Key	Down Key
망고64	SW903, RIGHT KEY_DIN3, GPN3	SW901, DOWN KEY_DIN1, GPN1	SW902, LEFT KEY_DIN2, GPN2	SW900, UP KEY_DIN0, GPN0
망고100	SW900 KEY_DIN0, GPH0_0	SW901 KEY_DIN1, GPH0_1		

망고64에서 보드 상의 실크에 적혀 있는 RIGHT, DOWN, LEFT, UP이라는 기호와 실제 적용된 키의 내용은 조금 다릅니다. 이점을 유념해서 뒤에서의 내용을 파악해 주시기 바랍니다.

35.2. 커널 Config 분석

35.2.1. 망고64 커널 Config

```
yhoh@ubuntu:~/android_mango64/mango64_kernel_2010_07_02$ make xconfig
```

Device Drivers > Input device support > Generic input layer (needed for keyboard, mouse, ...) > Keyboards > MANGO64 keypad support 부분을 반드시 설정해 주어야 합니다.

```
CONFIG_KEYPAD_MANGO64=y
```

.config 파일에 위와 같이 정의가 됩니다.

MANGO64 keypad support (KEYPAD_MANGO64)

Say Y here if you want to use the S3C MANGO64 keypad.

To compile this driver as a module, choose M here: the module will be called mango64-keypad.

35.2.2. 망고100 커널 Config

```
yhoh@ubuntu:~/android_mango100/Kernel_v2.6.29/mango100_kernel_2010_07_15$ make xconfig
```

Device Drivers > Input device support > Generic input layer (needed for keyboard, mouse, ...) > Keyboards > Mango-100 board keypad support와 Linux Output Event 부분도 함께 설정합니다.

Mango-100 board keypad support (KEYPAD_MANGO100)

Say Y here if you want to use the MangoC100 keypad.
To compile this driver as a module, choose M here: the module will be called mangoc100-keypad.

```
CONFIG_KEYPAD_MANGO100=y
CONFIG_KEYPAD_MANGO100_LINUX_EVENT=y
```

.config 파일에 위와 같이 정의가 됩니다.

35.3. Keypad 드라이버 소스 코드 추가

35.3.1. 망고64 Keypad 소스

/driver/input/keyboard/Kconfig에 아래와 같이 추가합니다.

```
config KEYPAD_MANGO64
        tristate "MANGO64 keypad support"
        depends on (CPU_S3C6400 || CPU_S3C6410)
        default n
        help
          Say Y here if you want to use the S3C MANGO64 keypad.

          To compile this driver as a module, choose M here: the
          module will be called mango64-keypad.
```

```
yhoh@ubuntu:~/android_mango64/mango64_kernel_2010_07_02/drivers/input/keyboard$ ls -lag mango*
-rwxr--r-- 1 yhoh    801 2010-04-30 16:26 mango64_keycode.h
-rwxr--r-- 1 yhoh  10859 2010-04-30 16:59 mango64_keypad.c
-rwxr--r-- 1 yhoh   1532 2010-04-30 16:30 mango64_keypad.h
-rw-r--r-- 1 yhoh  82072 2010-07-05 17:49 mango64_keypad.o
```

망고64의 keyboard와 관련한 부분을 보면 위 파일들입니다.

```
obj-$(CONFIG_KEYBOARD_SH_KEYSC)         += sh_keysc.o
obj-$(CONFIG_KEYPAD_S3C)                += s3c-keypad.o
obj-$(CONFIG_KEYPAD_MANGO64)            += mango64_keypad.o
obj-$(CONFIG_BUTTONS_S3C)               += s3c-buttons-poll.o
```

/drivers/input/keyboard/Makefile에 위와 같이 mango64_keypad.o가 추가 되어 있게 됩니다.

/drivers/input/keyboard/mango64_keypad.c

```
static struct platform_driver mango64_platform_device_driver = {
```

```
        .probe          = mango64_keypad_probe,
        .remove         = mango64_keypad_remove,
        .suspend        = mango64_keypad_suspend,
        .resume         = mango64_keypad_resume,
        .driver         = {
                .owner  = THIS_MODULE,
                .name   = DEVICE_NAME,
        },
};
```

각각의 platform_driver의 해당 내용 부분에 함수들이 설정되어 있는 것을 확인할 수 있습니다.

```
   0 May 16 01:53 driver -> ../../../bus/platform/drivers/mango64-keypad
4096 May 16 01:53 modalias
   0 May 16 01:27 power
   0 May 16 01:53 subsystem -> ../../../bus/platform
4096 May 16 01:27 uevent
```

안드로이드 부팅 후에 /sys/devices/platform/mango64-keypad.0 부분에 가 보면 위와 같이 등록이 되어 있는 것을 확인할 수 있습니다.

35.3.2. 망고100 Keypad 소스

/driver/input/keyboard/Kconfig에 아래와 같이 추가합니다.

```
config KEYPAD_MANGO100
        tristate "Mango-100 board keypad support"
        depends on (CPU_S3C6400 || CPU_S3C6410 ||CPU_S5PC100)
        default n
        help
          Say Y here if you want to use the MangoC100 keypad.
          To compile this driver as a module, choose M here: the
          module will be called mangoc100-keypad.

config KEYPAD_MANGO100_LINUX_EVENT
        bool "Linux Output Event"
        depends on KEYPAD_MANGO100
        default n
        help
          Say Y here if you want to use the Mango100 keypad for Linux Event.
          To compile this driver as a module, choose M here: the
          module will be called mangoc100-keypad.
```

망고100의 경우는 망고64와는 달리 MANGO100_LINUX_EVENT라는 Config를 하나 더 가지고 있는데 사실 이 부분은 망고64에서도 수행이 되고 있는 부분입니다. 다만 Config로 설정할 수 있도록 한 것이 아니고 디폴트로 반드시 포함되도록 구현되어 있는 것이 다른 점입니다.

```
yhoh@ubuntu:~/android_mango100/Kernel_v2.6.29/mango100_kernel_2010_07_15/drivers/input/keyboard$ ls -lag mango*
-rwxr--r-- 1 yhoh     735 2010-04-12 13:23 mango100_keycode.h
-rwxr--r-- 1 yhoh   13021 2010-06-22 12:25 mango100_keypad.c
-rwxr--r-- 1 yhoh    1990 2010-06-21 19:36 mango100_keypad.h
-rw-r--r-- 1 yhoh   79936 2010-09-17 13:59 mango100_keypad.o
-rwxr--r-- 1 yhoh    4911 2010-04-13 18:14 mango100_keypad_sysfs.c
-rwxr--r-- 1 yhoh     767 2010-04-12 13:29 mango100_keypad_sysfs.h
-rw-r--r-- 1 yhoh   68068 2010-09-17 13:59 mango100_keypad_sysfs.o
```

/driver/input/keyboard/에 파일들을 추가합니다.

```
obj-$(CONFIG_KEYBOARD_MAPLE)      += maple_keyb.o
obj-$(CONFIG_KEYBOARD_BFIN)       += bf54x-keys.o
obj-$(CONFIG_KEYBOARD_SH_KEYSC)   += sh_keysc.o
obj-$(CONFIG_KEYPAD_S3C)          += s3c-keypad.o
obj-$(CONFIG_KEYPAD_MANGO100)     += mango100_keypad.o mango100_keypad_sysfs.o
                                                           32,1      Bot
```

/driver/input/keyboard/Makefile에 추가한 파일들에 대한 것도 추가해 줍니다.

/mango100_kernel_2010_07_15/drivers/input/keyboard/mango100_keypad.c

```c
static struct platform_driver mango100_platform_device_driver = {
            .probe      = mango100_keypad_probe,
            .remove     = mango100_keypad_remove,
            .suspend    = mango100_keypad_suspend,
            .resume     = mango100_keypad_resume,
            .driver     = {
                    .owner  = THIS_MODULE,
                    .name   = DEVICE_NAME,
            },
};
```

각각의 platform_driver의 해당 내용 부분에 함수들이 설정되어 있는 것을 확인할 수 있습니다.

등록확인은 아래와 같이 확인 할 수 있습니다.

/sys/devices/platform/mango100-keypad.0

```
    0 Sep 13 19:51 driver -> ../../../bus/platform/drivers/mango100-keypad
 4096 Sep 13 19:51 hdmi_connect_state
 4096 Sep 13 19:51 modalias
    0 Sep 13 19:49 power
    0 Sep 13 19:51 subsystem -> ../../../bus/platform
 4096 Sep 13 19:49 uevent
```

35.4. Input Event 및 TIMER_STATS 확인

35.4.1. Input Event 확인

/include/linux/input.h

```
struct input_event {
        struct timeval time;
        __u16 type;
        __u16 code;
        __s32 value;
};
```

input_event는 위와 같이 정의되어 있습니다.

```
/ # hexdump   /dev/input/event0
```

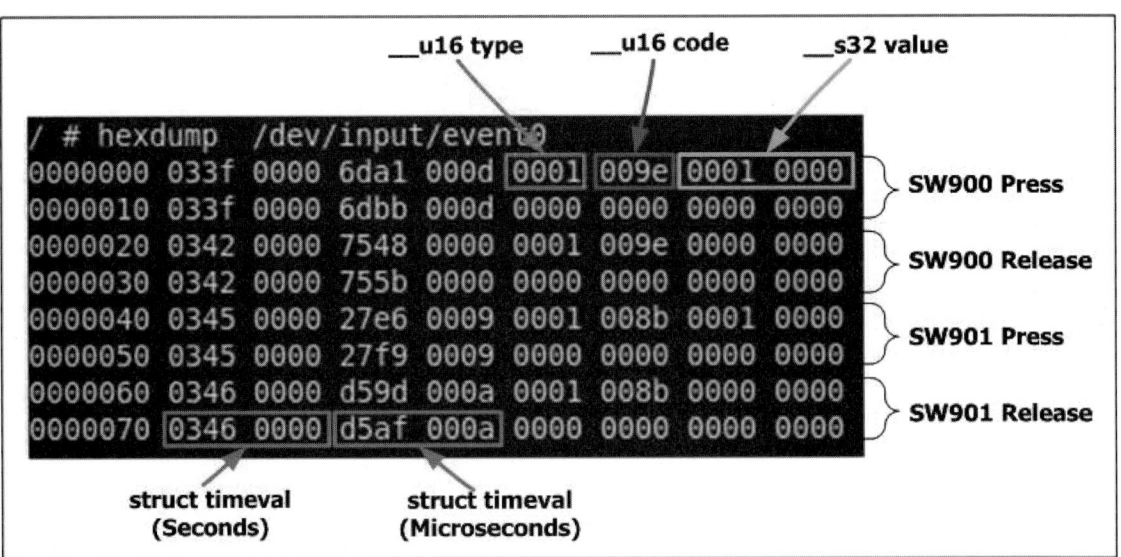

hexdump를 수행했을 때 위와 같은 형태의 데이터를 얻게 됩니다. 위 내용은 망고100의 경우이지만 망고64의 경우도 같습니다.

아래 그림은 망고64에서 SW901, DOWN을 눌렀다 떼고, 다시 SW903, RIGHT를 눌렀다 뗐을 때의 모습을 캡춰한 것입니다. 키 코드의 값이 망고100과 동일한 것을 알 수 있습니다. 망고100에서는 SW900이 0x9e의 값을 가지게 되고, 망고64에서는 SW903이 0x9e의 값을 가지게 됩니다.

```
/ # hexdump  /dev/input/event0
0000000 0b19 0000 3975 000a 0001 008b 0001 0000
0000010 0b19 0000 39bd 000a 0000 0000 0000 0000
0000020 0b19 0000 d192 000c 0001 008b 0000 0000
0000030 0b19 0000 d1d5 000c 0000 0000 0000 0000
0000040 0b1f 0000 3495 0003 0001 009e 0001 0000
0000050 0b1f 0000 34dd 0003 0000 0000 0000 0000
0000060 0b1f 0000 3055 0005 0001 009e 0000 0000
0000070 0b1f 0000 309b 0005 0000 0000 0000 0000
```

/include/linux/input.h에 보면 아래와 같은 정의를 발견할 수 있습니다.

```
#define EV_KEY              0x01
#define KEY_MENU            139     /* Menu (show menu) */
#define KEY_BACK            158     /* AC Back */
```

키를 누르면 value값은 1을 가집니다. 떼게 되면 0을 가지게 됩니다. 158은 Hex로 0x9E 값을 가집니다. 139는 Hex로 0x8B 값을 가집니다.

/drivers/input/keyboard/mangoXX_keypad.c 소스에 keypad_prob함수에 정의가 되어 있습니다.

mango100_kernel_2010_07_15/drivers/input/keyboard/mango100_keypad.c

```
static int __devinit     mango100_keypad_probe(struct platform_device *pdev){
... ... ... ... ... ... ...
        mango100_keypad.driver->name          = DEVICE_NAME;
        mango100_keypad.driver->phys          = "mango100-keypad/input0";
        mango100_keypad.driver->open          = mango100_keypad_open;
        mango100_keypad.driver->close         = mango100_keypad_close;

        mango100_keypad.driver->id.bustype    = BUS_HOST;
        mango100_keypad.driver->id.vendor     = 0x16B4;
```

```
        mango100_keypad.driver->id.product    = 0x0701;
        mango100_keypad.driver->id.version    = 0x0001;
… … … … … … …
}
```

mango64_kernel_2010_07_02/drivers/input/keyboard/mango64_keypad.c

```
static int __devinit     mango64_keypad_probe(struct platform_device *pdev)
{
… … … … … … …
        mango64_keypad.driver->name       = DEVICE_NAME;
        mango64_keypad.driver->phys       = "mango64-keypad/input0";
        mango64_keypad.driver->open       = mango64_keypad_open;
        mango64_keypad.driver->close      = mango64_keypad_close;

        mango64_keypad.driver->id.bustype = BUS_HOST;
        mango64_keypad.driver->id.vendor  = 0x16B4;
        mango64_keypad.driver->id.product = 0x0701;
        mango64_keypad.driver->id.version = 0x0001;
… … … … … … …
}
```

망고64나 망고100이나 모두 같은 내용으로 정의가 되어 있는 것을 알 수 있습니다.

/include/linux/input.h

```
#define BUS_HOST         0x19
```

/ # cat /proc/bus/input/devices I: Bus=**0019** Vendor=16b4 Product=0701 Version=0001 N: Name="**mango100-keypad**" P: Phys=**mango100-keypad/input0** S: **Sysfs=/devices/virtual/input/input0** U: Uniq= H: Handlers=kbd event0 B: EV=3 B: KEY=40000800 0 0 0 0	/ # cat /proc/bus/input/devices I: Bus=**0019** Vendor=16b4 Product=0701 Version=0001 N: Name="**mango64-keypad**" P: Phys=**mango64-keypad/input0** S: **Sysfs=/devices/virtual/input/input0** U: Uniq= H: Handlers=kbd event0 evbug B: EV=3 B: KEY=40000800 1080 0 0 0

위에서 왼쪽의 내용은 망고100에서 수행된 것이고, 오른쪽의 내용은 망고64에서 수행된 것입니다.

35.4.2. TIMER_STATS 확인

```
/ # echo 1 > /proc/timer_stats
/bin/sh: can't create /proc/timer_stats: nonexistent directory
```

timer_stats라는 것이 아예 존재하지 않는다고 에러를 출력하게 됩니다.

```
yhoh@ubuntu:~/android_mango100/Kernel_v2.6.29/mango100_kernel_2010_07_15$ make xconfig
```

커널 Config에서 "Kernel hacking" 설정 부분에서 "Collect kernel timers statistics" 부분을 설정해 주어야 합니다.

```
· · · ☐ PCCard (PCMCIA/CardE       ⊟ ☑ Kernel debugging
· Kernel Features                      · · · ☐ Debug shared IRQ handlers
· Boot options                         ⊟ ☑ Detect Soft Lockups
· CPU Power Management                     · · · ☐ Panic (Reboot) On Soft Lockups
· Floating point emulation             · · · ☑ Collect scheduler debugging info
· Userspace binary formats             · · · ☐ Collect scheduler statistics
· Power management options             · · · ☑ Collect kernel timers statistics
· ☑ Networking support                 · · · ☐ Debug object operations
· Device Drivers
· File systems                   Collect kernel timers statistics (TIMER_STATS)
· Kernel hacking
   · · · Tracers                 If you say Y here, additional code will be inserted into the
   · · · ☐ Sample kernel code    timer routines to collect statistics about kernel timers being
   · · · ☐ KGDB: kernel debuggi  reprogrammed. The statistics can be read from /proc/timer_stats.
· Security options               The statistics collection is started by writing 1 to /proc/timer_stats,
· Cryptographic API              writing 0 stops it. This feature is useful to collect information
   · · · ☑ Hardware crypto devic about timer usage patterns in kernel and userspace. This feature
· Library routines               is lightweight if enabled in the kernel config but not activated
                                 (it defaults to deactivated on bootup and will only be activated
                                 if some application like powertop activates it explicitly).
```

```
CONFIG_TIMER_STATS=y
```

.config에 위 내용이 추가되게 됩니다.

```
yhoh@ubuntu:~/android_mango100/Kernel_v2.6.29/mango100_kernel_2010_07_15$ make
yhoh@ubuntu:~/android_mango100/Kernel_v2.6.29/mango100_kernel_2010_07_15$ cp
arch/arm/boot/zImage /home/yhoh/tftpboot/mango100_zImage
```

빌드를 수행하고, 빌드 결과 zImage를 TFTP 루트에 복사한 이후에 망고100 보드를 리부트 합니다.

그리고 나서 위에서 수행했던 내용을 다시 한번 수행하도록 합니다.

```
yhoh@ubuntu:~/android_mango64/mango64_kernel_2010_07_02$ make xconfig
yhoh@ubuntu:~/android_mango64/mango64_kernel_2010_07_02$ make
yhoh@ubuntu:~/android_mango64/mango64_kernel_2010_07_02$ cp arch/arm/boot/zImage
/home/yhoh/tftpboot/zImage_mango64
```

망고64의 경우도 동일합니다. 위와 같이 Config를 변경한 후에 다시 빌드를 수행하고 빌드 결과 zImage를 TFTP 루트에 복사한 이후에 망고64 보드를 리부트 합니다.

```
/ # echo 1 > /proc/timer_stats
```

위 내용을 수행하는 것이 TIMER_STATS의 데이터를 수집하는 작업을 활성화시키는 것이 됩니다.

```
/ # cat /proc/timer_stats
Timer Stats Version: v0.2
Sample period: 16.328 s
  1632,     1 swapper
mango100_keypad_config
(mango100_rd_timer_handler)
    17,     1 swapper
phy_start_machine (phy_timer)
    41,  1861 er.ServerThread    futex_wait
(hrtimer_wakeup)
     1,     0 swapper
neigh_add_timer (neigh_timer_handler)
... ... ... ... ...
```

```
/ # cat /proc/timer_stats
Timer Stats Version: v0.2
Sample period: 7.681 s
   768,     1 swapper
mango64_keypad_config
(mango64_rd_timer_handler)
     1,  1826 sh
rpc_set_queue_timer (__rpc_queue_timer_fn)
     1,     0 swapper        inet_frag_find
(ip_expire)
    15,  1869 er.ServerThread    futex_wait
(hrtimer_wakeup)
... ... ... ... ...
```

위에서 왼쪽의 내용은 망고100에서 수행된 것이고, 오른쪽의 내용은 망고64에서 수행된 것입니다.

```
/ # echo 0 > /proc/timer_stats
```

TIMER_STATS의 데이터를 수집하는 작업을 비활성화 시키기 위해서는 위와 같이 수행하면 됩니다.

35.5. KEYPAD 드라이버 소스 분석

35.5.1. 키 코드 정의 분석

/mango100_kernel_2010_07_15/drivers/input/keyboard/mango100_keycode.h

```
#define   MAX_KEYCODE_CNT             2
int MANGO100_Keycode[MAX_KEYCODE_CNT] = {
        KEY_BACK,              KEY_MENU,
};
```

망고100은 두 개의 키를 할당하였고, 위와 같이 최대 키 코드 값은 2이고, 각각 KEY_BACK과 KEY_MENU가 할당되어 있습니다.

/mango100_kernel_2010_07_15/drivers/input/keyboard/mango100_keycode.h

```
#define   MAX_KEYPAD_CNT              2
const    int       MANGO100_KeyMap[MAX_KEYPAD_CNT] = {
        KEY_BACK,              KEY_MENU,
};
//#if      defined(DEBUG_MSG)
const char MANGO100_KeyMapStr[MAX_KEYPAD_CNT][20] = {
        "KEY_BACK\n",    "KEY_MENU\n",
};
```

키에 대한 맵 부분도 같은 내용으로 정의되어 있습니다.

/mango64_kernel_2010_07_02/drivers/input/keyboard/mango64_keycode.h

```
#define MAX_KEYCODE_CNT               4
int MANGO64_Keycode[MAX_KEYCODE_CNT] = {
        KEY_DOWN,              KEY_MENU,
        KEY_UP,                KEY_BACK,
};
```

망고64는 네 개의 키를 할당하였고, 위와 같이 최대 키 코드 값은 4이고, 각각 KEY_DOWN, KEY_MENU, KEY_UP, KEY_BACK이 할당되어 있습니다.

/mango64_kernel_2010_07_02/drivers/input/keyboard/mango64_keycode.h

```
#define MAX_KEYPAD_CNT          4
const    int      MANGO64_KeyMap[MAX_KEYPAD_CNT] = {
         KEY_DOWN,                KEY_MENU,
         KEY_UP,                  KEY_BACK,
};
//#if    defined(DEBUG_MSG)
const char MANGO64_KeyMapStr[MAX_KEYPAD_CNT][20] = {
         "KEY_DOWN\n",            "KEY_MENU\n",
         "KEY_UP\n",              "KEY_BACK\n",
};
```

키에 대한 맵 부분도 같은 내용으로 정의되어 있습니다.

35.5.2. GPIO 제어 매크로 분석

최종적으로 하드웨어 레벨에서 GPIO 부분에 대한 제어를 수행하는 것이 디바이스 드라이버에서 결국에는 수행되어야 할 내용인데 이 부분은 아래와 같이 매크로 정의되어 있습니다.

/mango100_kernel_2010_07_15/drivers/input/keyboard/mango100_keypad.h

```
// GPH0 Port define
#define GPH0CON                        (*(unsigned long *)S5PC1XX_GPH0CON)
#define GPH0DAT                        (*(unsigned long *)S5PC1XX_GPH0DAT)
#define GPH0PUD                        (*(unsigned long *)S5PC1XX_GPH0PUD)


// Key Port Init
#define KEY_PORT_INIT()      {      GPH0CON &= ~0xff;      GPH0PUD = ((GPH0PUD &
(~0xf)) | 0x0000000A);     }


// Keypad data read function
#define GET_KEYPAD_DATA()        ((~GPH0DAT) & 0x0003)            // reverse control
```

위 내용은 망고100에서 정의된 내용입니다. GPH0 포트를 이용하기 때문에 그에 해당하는 GPIO 제어 부분이 정의되어 있습니다. 그리고 포트를 초기화하는 작업 또한 GPIO 레지스터를 직접 제어하게 됩니다.

/mango64_kernel_2010_07_02/drivers/input/keyboard/mango64_keypad.h

```
// GPN Port define
#define GPNCON                    (*(unsigned long *)S3C64XX_GPNCON)
#define GPNDAT                    (*(unsigned long *)S3C64XX_GPNDAT)
#define GPNPUD                    (*(unsigned long *)S3C64XX_GPNPUD)

// Key Port Init
#define KEY_PORT_INIT()        {       GPNCON &= ~0xff;             GPNPUD = ((GPNPUD & (~0xff)) | 0x000000AA);    }

// Keypad data read function
#define GET_KEYPAD_DATA()       ((~GPNDAT) & 0x000f)           // reverse control
```

위 내용은 망고64에서 정의된 내용입니다. GPN 포트를 이용하기 때문에 그에 해당하는 GPIO 제어 부분이 정의되어 있습니다. 그리고 포트를 초기화하는 작업 또한 GPIO 레지스터를 직접 제어하게 됩니다.

보다 일반적으로 공통적으로 사용하기 위해서 포트에 대한 초기화와 포트의 값을 읽어오는 부분은 KEY_PORT_INIT(), GET_KEYPAD_DATA()라는 같은 이름을 사용하게 됩니다.

35.5.3. KEYPAD 제어 함수 분석

/arch/arm/include/asm/param.h

```
#ifdef __KERNEL__
# define HZ              CONFIG_HZ       /* Internal kernel timer frequency */
# define USER_HZ         100             /* User interfaces are in "ticks" */
# define CLOCKS_PER_SEC  (USER_HZ)       /* like times() */
#else
# define HZ              100
#endif
```

기본적으로 HZ는 100으로 정의되어 있고, 이 값은 1초에 수행되는 횟수를 의미합니다. 결국 1초에 100번의 틱이 발생하는 것이고 하나의 틱은 10 msec를 의미하게 됩니다.

/drivers/input/keyboard/mangoXXX_keypad.c

```
static void     mangoXXX_keypad_config(unsigned char state) {
```

```
KEY_PORT_INIT();
/* Scan timer init */
init_timer(&mangoXXX_keypad.rd_timer);
mangoXXX_keypad.rd_timer.function = mangoXXX_rd_timer_handler;
mangoXXX_keypad.rd_timer.expires = jiffies + (HZ/100);
add_timer(&mangoXXX_keypad.rd_timer);
}
```

keypad.c에 보면 mango64_keypad_config나 mango100_keypad_config가 정의되어 있고 여기에 보면 jiffies + (HZ/100)로 설정을 해주고 있습니다. jiffies는 HZ가 지속적으로 증가하는 값이고 그 값에 (HZ/100) 즉 1을 더해 줌으로써 10 msec 이후에 타이머가 동작할 수 있도록 해주고 있는 것입니다. 결국 10 msec 후에 mangoXXX_rd_timer_handler가 호출 되는 것입니다.

/drivers/input/keyboard/mangoXXX_keypad.c

```
static void      mangoXXX_rd_timer_handler(unsigned long data){
        unsigned long flags;
        local_irq_save(flags);
        if(mangoXXX_keypad.wakeup_delay > KEYPAD_WAKEUP_DELAY)
            mangoXXX_keypad_control();
        else
            mango64_keypad.wakeup_delay++;

        // Kernel Timer restart
        switch(mangoXXX_keypad.sampling_rate)         {
        default :
            mangoXXX_keypad.sampling_rate = 0;
        case    0:
            mod_timer(&mangoXXX_keypad.rd_timer,jiffies + PERIOD_10MS); break;
        case    1:
            mod_timer(&mangoXXX_keypad.rd_timer,jiffies + PERIOD_20MS); break;
        case    2:
            mod_timer(&mangoXXX_keypad.rd_timer,jiffies + PERIOD_50MS); break;
        }
        local_irq_restore(flags);
}
```

mangoXXX_rd_timer_handler에서는 결국 mangoXXX_keypad_control을 호출해주게 되며, sampling_rate 값에 따라서 타이머 설정을 다시 해주게 됩니다. 디폴트는 역시 0으로 설정하는 것이고 10 msec의 간격으로 호출되게 됩니다.

/drivers/input/keyboard/mangoXXX_keypad.c

```
static void mangoXXX_keypad_control(void) {
        static   unsigned short   prev_keypad_data = 0, cur_keypad_data = 0;
        // key data process
        cur_keypad_data = GET_KEYPAD_DATA();
        if(prev_keypad_data != cur_keypad_data) {
                generate_keycode(prev_keypad_data, cur_keypad_data, &MANGOXXX_KeyMap[0]);
#if defined(DEBUG_MSG)
                debug_keycode_printf(prev_keypad_data, cur_keypad_data,
&MANGOXXX_KeyMapStr[0][0]);
#endif
                prev_keypad_data = cur_keypad_data;
                input_sync(mangoXXX_keypad.driver);
        }
}
```

mangoXXX_keypad_control을 통해서 결국 GPIO 값을 읽어오고 그 값에 따라서 적절한 코드를 얻게 되고 그것으로 이벤트의 발생까지 이어지는 것입니다.

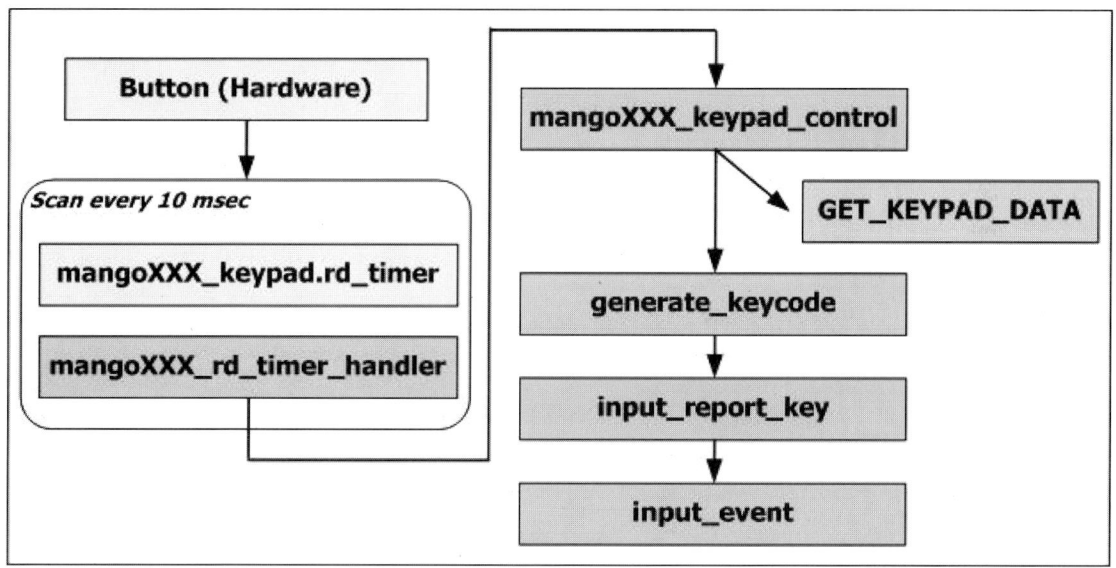

이 과정을 그림으로 그려보면 위와 같이 간략하게 나타낼 수 있습니다.

35.6. 안드로이드 Key event 처리

35.6.1. Key 버튼 맵 정의 파일

```
/system/usr/keylayout
total 12
-rwxrwxrwx    1 0        0              210 Jul 18  2009 AVRCP.kl
-rwxrwxrwx    1 0        0             1699 Jul 18  2009 qwerty.kl
-rwxrwxrwx    1 0        0             1353 Jul 18  2009 tuttle2.kl
/system/usr/keylayout #
```

망고64에서 system/usr/keylayout/ 부분에 보면 위와 같이 qwerty.kl 파일을 발견할 수 있습니다. 이 파일이 기본적으로 키 매핑을 위한 파일이 됩니다.

/system/usr/keylayout/qwerty.kl

```
… … … … … … … …
key 158     BACK            WAKE_DROPPED
… … … … … … … …
key 229     MENU            WAKE_DROPPED
key 139     MENU            WAKE_DROPPED
key 59      MENU            WAKE_DROPPED
… … … … … … … …
```

파일의 내용을 보면 key로 시작하고 그 다음 코드 값이 나오고 그 값이 정의된 이름이 BACK이나 MENU와 같은 것이 나온 후에 WAKE나 WAKE_DROPPED가 나오게 됩니다. 위 qwerty.kl은 근본적으로 android_mango64/cupcake-work/src/development/emulator/keymaps/qwerty.kl 파일과도 완전하게 같은 파일입니다. MENU와 같은 것은 229, 139, 59 등으로 중복해서 정의가 되어 있는 것도 알 수 있습니다.

디폴트로 되어 있는 위 파일을 그대로 이용하고 있는 것이 망고64라면 망고100에서는 이와는 별도로 특정 보드만을 위한 매핑 파일을 따로 만들어서 사용하고 있습니다. 바로 Key button Map 정의를 vendor\sec\mango100\mango100-keypad.kl에 해 놓고 있습니다.

/mango100_eclair_2010_07_15/vendor/sec/mango100/mango100-keypad.kl

```
key 158 BACK WAKE
key 102 HOME WAKE
key 139 MENU WAKE_DROPPED
```

위에서 우리는 커널 소스를 보았었고 거기에 아래와 같이 정의가 되어 있었습니다.

```
#define KEY_MENU                    139        /* Menu (show menu) */
#define KEY_BACK                    158        /* AC Back */
```

158은 Hex로 0x9E 값을 가집니다. 139는 Hex로 0x8B 값을 가집니다. 커널에서 처리하였던 이 데이터 값과 동일하게 kl 파일 내에서 같은 숫자로 정의하고 있고 그대로 안드로이드 코드와 연결이 될 수 있게 만들어 주고 있는 것입니다.

여기서 WAKE와 WAKE_DROPPED의 차이를 잠시 설명 드리자면, WAKE는 키가 눌렸을 때 만약 디바이스가 sleep 상태에 있다면 디바이스가 깨어나도록 만들고, 키에 대한 이벤트를 어플리케이션에게 전달해준다는 의미입니다. 반면 WAKE_DROPPED는 마찬가지로 키가 눌렸을 때 만약 디바이스가 sleep 상태에 있다면 디바이스가 깨어나도록 만드는 것까지는 동일하지만 키에 대한 이벤트를 어플리케이션에게 전달해 주지는 않는다는 의미입니다.

35.6.2. InputDeviceReader Thread 실행 확인

/frameworks/base/services/java/com/android/server/KeyInputQueue.java

```
public abstract class KeyInputQueue {
    static final String TAG = "KeyInputQueue";
    static final boolean DEBUG = true;
… … … … … … …
    Thread mThread = new Thread("InputDeviceReader") {
        public void run() {
            if (DEBUG) Log.v(TAG, "InputDeviceReader.run()");
            android.os.Process.setThreadPriority(
                    android.os.Process.THREAD_PRIORITY_URGENT_DISPLAY);
… … … … … … …
```

KeyInputQueue.java에서 위 내용을 발견할 수 있습니다. KeyInputQueue 클래스에서 InputDeviceReader Thread가 수행되고 있는 것이고 Log.v를 통해서 문자열이 출력되는 것을 보면 내용을 확인할 수 있을 것입니다. 망고100에서는 이 코드가 DEBUG라는 값을 통해서 출력이 되고 안되고를 결정 짖게 됩니다. DEBUG를 true로 만듭니다. 망고64에서는 아예 이 부분이 없기 때문에 Log.v(TAG, "InputDeviceReader.run()")를 그대로 삽입하도록 합니다.

```
yhoh@ubuntu:~/android_mango64/cupcake-work/src$ make
yhoh@ubuntu:~/android_mango64/cupcake-work/src$ cd ..
yhoh@ubuntu:~/android_mango64/cupcake-work$ sudo cp -a
src/out/target/product/generic/root/* Android_RFS/
```

```
yhoh@ubuntu:~/android_mango64/cupcake-work$ sudo cp -a
src/out/target/product/generic/data/* Android_RFS/data/
yhoh@ubuntu:~/android_mango64/cupcake-work$ sudo cp -a
src/out/target/product/generic/system/* Android_RFS/system/
yhoh@ubuntu:~/android_mango64/cupcake-work$ sudo chown -R root.root Android_RFS
yhoh@ubuntu:~/android_mango64/cupcake-work$ sudo chmod -R 777 Android_RFS
yhoh@ubuntu:~/android_mango64/cupcake-work$ cd /home/yhoh/nfsroot/mango64_android/
yhoh@ubuntu:~/nfsroot/mango64_android$ cp init.rc init.rc.org
yhoh@ubuntu:~/nfsroot/mango64_android$ sudo cp -a /home/yhoh/android_mango64/cupcake-work/Android_RFS/* .
yhoh@ubuntu:~/nfsroot/mango64_android$ cp init.rc.org init.rc
```

망고64에서 빌드해서 적용하는 것은 위 과정을 따르면 됩니다. 이전에 이미 모두 공부한 것이고 복습의 차원에서 간략하게 기술하였습니다. 내용이 이해되지 않으시는 분들은 이전에 공부한 내용을 다시 살펴봐 주시기 바랍니다.

```
yhoh@ubuntu:~/android_mango100/Eclair/mango100_eclair_2010_07_15$ ./mango100_build.sh
yhoh@ubuntu:~/android_mango100/Eclair/mango100_eclair_2010_07_15$ sudo chown -R root.root rootfs/
yhoh@ubuntu:~/android_mango100/Eclair/mango100_eclair_2010_07_15$ sudo chmod -R 777 rootfs/
yhoh@ubuntu:~/android_mango100/Eclair/mango100_eclair_2010_07_15$ cp
~/nfsroot/mango100_android/init.rc ~/nfsroot/mango100_android/init.rc.org
yhoh@ubuntu:~/android_mango100/Eclair/mango100_eclair_2010_07_15$ sudo cp -a rootfs/*
~/nfsroot/mango100_android/
yhoh@ubuntu:~/android_mango100/Eclair/mango100_eclair_2010_07_15$ cp
~/nfsroot/mango100_android/init.rc.org ~/nfsroot/mango100_android/init.rc
```

망고100의 경우는 위 과정을 따라 하시면 됩니다. 망고64나 망고100이나 모두 파일시스템을 모두 복사하기 전에 init.rc를 백업했다가 다시 복사해주는 것을 유의해야 합니다.

이제 망고 보드를 다시 리부트 합니다.

```
/ # logcat >> ttt
^Z[1]+  Stopped                    logcat 1>>ttt
```

망고 보드를 리부트 한 이후에 위와 같이 logcat을 실행시키고 ttt로 그 결과를 받도록 합니다. 조금 시간이 지난 후에 종료시키고 ttt에 저장된 결과를 확인합니다.

```
/ # logcat -f ttt -d V
```

위 방법대신에 -f 옵션을 주어서 직접 파일 이름을 지정할 수 있고, 이곳에 로그 데이터가 저장되도록 할 수 있습니다. –d 옵션은 현재의 결과를 그대로 dump를 하는 것입니다. 그리고 마지막에 V를 주어서 Verbose까지 출력되도록 하면 모든 로그 데이터를 얻는데 보다 쉬운 방법이 될 것입니다.

망고100에서는 문제없이 동작을 하는데 망고64에서는 Control-Z를 통해서 logcat이 수행되던 것을 멈추는 작업이 동작하지 않게 됩니다. 이를 동작 시키도록 하기 위해서는 U-Boot 상의 bootargs 설정을 조금 바꾸어 주어야 합니다.

```
MANGO64 # setenv bootargs "root=/dev/nfs rw
nfsroot=192.168.11.131:/home/yhoh/nfsroot/mango64_android
ip=192.168.11.111:192.168.11.131:192.168.11.1:255.255.255.0:::off init=/init console=ttySAC1,115200
androidboot.console=s3c2410_serial1"
MANGO64 # save
```

위와 같이 bootargs에 "androidboot.console=s3c2410_serial1"을 추가해 줍니다. IP 주소는 독자 여러분의 상태에 맞게 적절히 수정해 주시기 바랍니다. 커널에 전달되는 console 변수와 안드로이드에 전달되는 console 변수를 같은 값으로 하는데 S3C는 장치 이름 때문에 그게 서로 달라서 작동을 하지 않았던 것입니다. 이를 적용해 주시고 리부트 해서 사용하면 정상적으로 동작될 것입니다.

이제 ttt라는 파일이 생겨 있을 것이고 이것을 열어서 확인해 보도록 하겠습니다.

```
I/SystemServer( 1847): Starting Window Manager.
V/KeyInputQueue( 1847): InputDeviceReader.run()
I/EventHub( 1847): New device: path=/dev/input/event1 name=S3C TouchScreen id=0x10000 (of 0x1) index=1 fd=39 classes=0x4
E/EventHub( 1847): could not get driver version for /dev/input/mouse0, Not a typewriter
I/EventHub( 1847): New device: path=/dev/input/event0 name=mango64-keypad id=0x10001 (of 0x2) index=2 fd=41 classes=0x1
I/EventHub( 1847): New keyboard: publicID=65537 device->id=65537 devname='mango64-keypad' propName='hw.keyboards.65537.devname' keylayout='/system/usr/keylayout/qwerty.kl'
E/EventHub( 1847): could not get driver version for /dev/input/mice, Not a typewriter
I/KeyInputQueue( 1847): Device added: id=0x0, name=mango64-keypad, classes=1
I/KeyInputQueue( 1847): Device added: id=0x10000, name=null, classes=4
```

위 내용은 망고64에서의 출력 내용입니다. Window Manager가 시작되고, "KeyInputQueue(1847):

InputDeviceReader.run()"이 출력되고 있는 것을 확인할 수 있습니다.

```
363 I/SystemServer( 1846): Battery Service
364 I/SystemServer( 1846): Hardware Service
365 E/lights  ( 1846): write_int failed to open /sys/class/leds/button-ba
366 I/SystemServer( 1846): Alarm Manager
367 I/SystemServer( 1846): Init Watchdog
368 I/SystemServer( 1846): Sensor Service
369 I/SystemServer( 1846): Window Manager
370 V/KeyInputQueue( 1846): InputDeviceReader.run()
371 I/EventHub( 1846): 2:devname = qwerty, keylayout =qwerty, keylayoutFi
    rty.kl
372 I/EventHub( 1846): New keyboard: publicID=0 device->id=0x10000 devnam
    eyboards.0.devname' keylayout='/system/usr/keylayout/qwerty.kl'
373 I/EventHub( 1846): New device: path=/dev/input/event1 name=S3C Touchs
    fd=57 classes=0x67
374 E/EventHub( 1846): could not get driver version for /dev/input/mouse0
```

위의 망고100에서의 출력 모습에서도 KeyInputQueue에서 "InputDeviceReader.run()"이 출력된 것을 확인할 수 있습니다.

망고64에서의 1847과 망고100에서의 1846은 무엇일까요? 이것은 Process ID를 의미합니다. 이것을 콘솔 창에서 ps를 수행해서 확인해 볼 수 있습니다.

/bin/에도 ps가 있고, /system/bin/에도 ps가 있습니다.

```
/ # ps
PID   USER     TIME    COMMAND
  1   0        0:01    /init
  2   0        0:00    [kthreadd]
  3   0        0:00    [ksoftirqd/0]
  4   0        0:00    [watchdog/0]
  5   0        0:00    [events/0]
... ... ... ... ... ...
```

/bin이 PATH 상에서 보다 앞에 있기 때문에 그냥 ps를 치면 위와 같이 /bin/ps가 수행됩니다.

```
/ # /system/bin/ps
USER   PID   PPID   VSIZE   RSS   WCHAN     PC           NAME
root   1     0      292     204   c00ae674  0000c9ec  S  /init
root   2     0      0       0     c0065874  00000000  S  kthreadd
```

```
root         3     2     0     0    c0057108 00000000 S ksoftirqd/0
root         4     2     0     0    c0077f28 00000000 S watchdog/0
root         5     2     0     0    c0062978 00000000 S events/0
... ... ... ... ... ... ...
```

/system/bin/ps의 경우 보다 자세한 정보를 얻을 수 있습니다.

```
/ # rm /bin/ps
```

Busybox의 ps가 /bin에 있는 것이고 이것은 삭제하는 것이 좋습니다.

```
root         1832    1    09208 19784 c011e20c afe0c564 S zygote
media        1833    1    17064  4232 ffffffff afe0c45c S /system/bin/mediaserver
bluetooth    1835    1     1168   568 c011e20c afe0d25c S /system/bin/dbus-daemon
root         1837    1      804   308 c03e1b48 afe0c1bc S /system/bin/installd
root         1839    1     1268   124 ffffffff 0000e8f4 S /sbin/adbd
system       1847 1832   183348 26580 ffffffff afe0c45c S system_server
radio        1885 1832   104372 17780 ffffffff afe0d3e4 S com.android.phone
app_6        1887 1832   120452 24260 ffffffff afe0d3e4 S android.process.acore
app_9        1919 1832    97512 15716 ffffffff afe0d3e4 S com.android.mms
```

```
bluetooth    1830    1    1068   512 c00ae674 afe0d93c S /system/bin/dbus-daemon
root         1831    1     756   316 c02fafc8 afe0c89c S /system/bin/installd
keystore     1832    1    1600   408 c029b8b4 afe0d4cc S /system/bin/keystore
root         1836    1    1308   148 ffffffff 0000f464 S /sbin/adbd
system       1846 1827  189020 30068 ffffffff afe0cb3c S system_server
dhcp         1901    1     812   424 c00ae674 afe0d93c S /system/bin/dhcpcd
app_11       1916 1827  108676 16816 ffffffff afe0dad8 S com.android.inputmethod
radio        1921 1827  119388 19464 ffffffff afe0dad8 S com.android.phone
app_11       1924 1827  142912 22536 ffffffff afe0dad8 S android.process.acore
```

위의 두 개의 그림 중에서 위쪽의 내용은 망고64에서 확인한 것입니다.

1847은 system_server라는 것을 알 수 있습니다. 아래쪽의 내용은 망고100이고, 망고100에서 ps를 수행해 보면 1846은 역시 system_server라는 것을 알 수 있습니다.

결국 system_server라는 이름의 프로세스는 Window Manager를 포함하는 것이고 여기서 위 내용이 출력되고 있는 것입니다. KeyInputQueue를 포함해서 뒤에서 살펴볼 EventHub 또한 여기에 속한 것입니다.

우리는 안드로이드 개요에서 아래 그림을 본 적이 있습니다. 그림에서 Application Framework에 존재하는 Window Manager가 바로 이것인 것입니다.

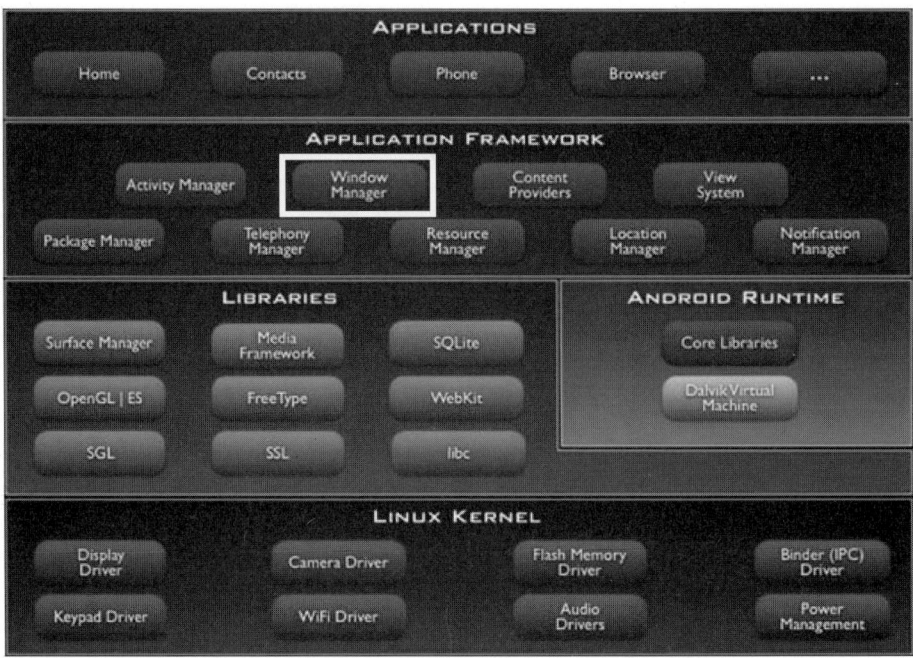

35.6.3. JNI android_server_KeyInputQueue_readEvent 호출 및 전체 과정

/frameworks/base/services/java/com/android/server/KeyInputQueue.java

```java
public abstract class KeyInputQueue {
… … … … … … …
    Thread mThread = new Thread("InputDeviceReader") {
        public void run() {
            Log.v(TAG, "InputDeviceReader.run()");
… … … … … … …
            RawInputEvent ev = new RawInputEvent();
            while (true) {
                readEvent(ev);
… … … … … … …
                if (true) {
                    Log.i(TAG, "Input event: dev=0x"
                            + Integer.toHexString(ev.deviceId)
                            + " type=0x" + Integer.toHexString(ev.type)
                            + " scancode=" + ev.scancode
                            + " keycode=" + ev.keycode
                            + " value=" + ev.value);
                }
```

> … … … … … … …

KeyInputQueue.java에서 위 내용을 다시 한번 보도록 하겠습니다. KeyInputQueue 클래스에서 InputDeviceReader Thread가 수행되고 있는 상황에서 Log.v를 통해서 문자열이 출력되는 것까지는 확인을 했고, 그 이후의 내용을 보겠습니다. RawInputEvent 변수를 새롭게 만들고 있고 그 이후에는 while 문을 통해서 무한 루프를 돌고 있습니다.

무한 루프 부분이 바로 이 InputDeviceReader Thread의 실제 동작에 대한 부분이고 여기서 수행하는 내용은 바로 readEvent를 호출하는 것입니다.

입력으로 들어오는 내용에 대해서 Log를 출력하는 내용이 if(false)로 실행되지 않도록 되어 있는데 이것을 true로 실행되도록 변경해서 적용하도록 합니다. 빌드해서 적용하는 것은 위에서 했던 것을 참조해서 수행하시기 바랍니다. 빌드 후에 다시 망고 보드를 리부트 하면 이제 키가 눌릴 때마다 로그 메시지를 출력하게 됩니다.

> private static **native** boolean **readEvent**(RawInputEvent outEvent);

readEvent를 호출하게 되면 이것은 결국은 JNI 함수가 호출되게 됩니다. JNI와 관련해서 이전에 공부했던 것과 마찬가지로 여기서도 native로 선언되어 있는 부분을 발견할 수 있습니다. 그럼 함수의 본문은 어디에 있는 것일까요? readEvent라는 이름이 아니라 JNI 이름 공식 그대로 android_server_KeyInputQueue_readEvent라는 함수로 변경될 것입니다.

/frameworks/base/services/jni/com_android_server_KeyInputQueue.cpp

```
/*
 * JNI registration.
 */
static JNINativeMethod gInputMethods[] = {
    /* name, signature, funcPtr */
    { "readEvent",        "(Landroid/view/RawInputEvent;)Z",
         (void*) android_server_KeyInputQueue_readEvent },
    { "getDeviceClasses", "(I)I",
         (void*) android_server_KeyInputQueue_getDeviceClasses },
… … … … … … …
```

android_server_KeyInputQueue_readEvent 함수는 위와 같이 JNI method에 정의가 되어 있습니다.

/frameworks/base/services/jni/com_android_server_KeyInputQueue.cpp

> static jboolean

```
android_server_KeyInputQueue_readEvent(JNIEnv* env, jobject clazz, jobject event) {
    gLock.lock();
    sp<EventHub> hub = gHub;
    if (hub == NULL) {
        hub = new EventHub;
        gHub = hub;
    }
    gLock.unlock();

    int32_t deviceId;     int32_t type;      int32_t scancode, keycode;
    uint32_t flags;       int32_t value;     nsecs_t when;
    bool res = hub->getEvent(&deviceId, &type, &scancode, &keycode,
            &flags, &value, &when);

    env->SetIntField(event, gInputOffsets.mDeviceId, (jint)deviceId);
    env->SetIntField(event, gInputOffsets.mType, (jint)type);
    env->SetIntField(event, gInputOffsets.mScancode, (jint)scancode);
    env->SetIntField(event, gInputOffsets.mKeycode, (jint)keycode);
    env->SetIntField(event, gInputOffsets.mFlags, (jint)flags);
    env->SetIntField(event, gInputOffsets.mValue, value);
    env->SetLongField(event, gInputOffsets.mWhen,
                    (jlong)(nanoseconds_to_milliseconds(when)));
    return res;
}
```

com_android_server_KeyInputQueue.cpp 부분에 들어 있습니다. 위 내용은 망고64나 망고100이나 완전히 동일한 내용을 가집니다. 드디어 EventHub 클래스를 만나게 됩니다. 이 클래스의 변수가 글로벌에 선언되어 있고 (gHub), 그 값이 만약 NULL이라면 새로운 EventHub 인스턴스를 만들고 그것을 gHub에 저장하게 됩니다.

```
void EventHub::onFirstRef() {
    mError = openPlatformInput() ? NO_ERROR : UNKNOWN_ERROR;
}
```

이렇게 최초로 호출되는 상황에서 onFirstRef()가 불리게 되고, 여기서 openPlatformInput()을 호출하게 됩니다. openPlatformInput()은 frameworks/base/libs/EventHub.cpp에 정의되어 있고, 여기서 또한 scan_dir, open_device가 정의되고 호출되게 됩니다.

```
/frameworks/base/libs/ui/EventHub.cpp
static const char *device_path = "/dev/input";

/* Open the platform-specific input device. */
bool EventHub::openPlatformInput(void) {
    /* Open platform-specific input device(s). */
… … … … … … …
    res = scan_dir(device_path);
… … … … … … …
}

int EventHub::scan_dir(const char *dirname) {
… … … … … … …
    while((de = readdir(dir))) {
        if(de->d_name[0] == '.' && (de->d_name[1] == '\0' ||
           (de->d_name[1] == '.' && de->d_name[2] == '\0')))
            continue;
        strcpy(filename, de->d_name);
        open_device(devname);
    }
    closedir(dir);
    return 0;
}

int EventHub::open_device(const char *deviceName) {
… … … … … … …
}
```

openPlatformInput()에서 scan_dir()이 호출되고, scan_dir()에서 open_device() 호출되는 것입니다. 이 과정은 android_server_KeyInputQueue_readEvent가 호출될 때마다 수행되는 것이 아니라 최초에 수행될 때 한번만 수행되게 되는 것입니다. open_device()에서 실제 키와 관련한 매핑 파일들을 읽어 들이는 부분도 수행하게 되는데 이는 뒤에서 살펴보도록 하겠습니다.

결국 hub->getEvent()를 통해서 디바이스 드라이버에서 보낸 이벤트를 읽게 되는 것입니다. readEvent를 통해서 결국 디바이스 드라이버에서 보낸 이벤트를 읽게 되고, 이후에는 QueuedEvent 를 이벤트 큐에 삽입하고 이것을 InputDispatcherThread에서 읽어서 어플리케이션에서 처리할 수 있 도록 해주는 것입니다. 이 과정을 전체적으로 그림으로 표현한 것이 아래의 그림입니다.

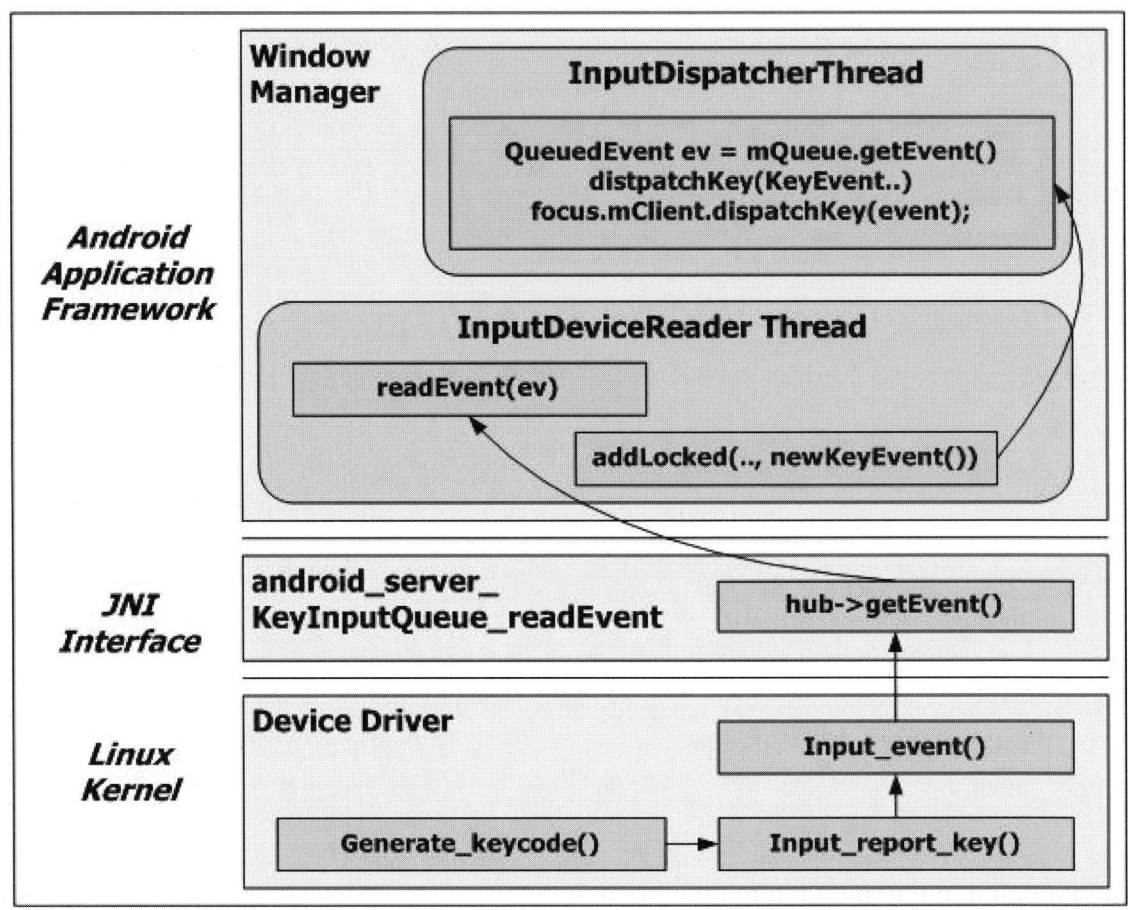

EventHub.cpp에 있는 EventHub 개체가 생성될 때 openPlatformInput() 함수는 해당 device를 open 합니다. 이후 리눅스 디바이스 드라이버로부터 키를 받아들이게 됩니다. system_server 프로세스에서 key event를 받아들이는 것입니다. system_server는 결국 다른 안드로이드 어플리케이션들과 마찬가지로 zygote로부터 생성되는 Dalvik VM 프로세스입니다. 그러므로 readEvent()를 통해서 JNI 코드인 android_server_KeyInputQueue_readEvent()가 호출되는 것입니다.

readEvent()를 통해 이벤트를 계속 검사하다가 이벤트가 발생하였으면 QueuedEvent에 이벤트를 추가하게 됩니다. 이 과정은 addLocked를 통해서 하나의 아이템이 큐에 추가되는 것입니다. 이벤트는 Window Manager의 InputDispatcherThread에 의해서 큐에서 가져오게 됩니다. 결국 적절한 과정을 통해서 이 이벤트는 어플리케이션에 전달되는 것입니다.

35.6.4. 키 동작 후 출력 내용과 키 코드 값 확인

```
I/KeyInputQueue( 1848): Input event: dev=0x0 type=0x1 scancode=108 keycode=20 value=1
I/KeyInputQueue( 1848): Input event: dev=0x0 type=0x0 scancode=0 keycode=0 value=0
```

```
I/KeyInputQueue( 1848): Input event: dev=0x0 type=0x1 scancode=108 keycode=20 value=0
I/KeyInputQueue( 1848): Input event: dev=0x0 type=0x0 scancode=0 keycode=0 value=0
I/KeyInputQueue( 1848): Input event: dev=0x0 type=0x1 scancode=139 keycode=82 value=1
I/KeyInputQueue( 1848): Input event: dev=0x0 type=0x0 scancode=0 keycode=0 value=0
I/KeyInputQueue( 1848): Input event: dev=0x0 type=0x1 scancode=139 keycode=82 value=0
I/KeyInputQueue( 1848): Input event: dev=0x0 type=0x0 scancode=0 keycode=0 value=0
```

위 내용은 망고64에서 SW900과 SW901을 눌렀다 떼었을 때 logcat으로 출력되는 내용을 보여주고 있는 것입니다.

```
I/KeyInputQueue( 1848): Input event: dev=0x0 type=0x1 scancode=103 keycode=19 value=1
I/KeyInputQueue( 1848): Input event: dev=0x0 type=0x0 scancode=0 keycode=0 value=0
I/KeyInputQueue( 1848): Input event: dev=0x0 type=0x1 scancode=103 keycode=19 value=0
I/KeyInputQueue( 1848): Input event: dev=0x0 type=0x0 scancode=0 keycode=0 value=0
I/KeyInputQueue( 1848): Input event: dev=0x0 type=0x1 scancode=158 keycode=4 value=1
I/KeyInputQueue( 1848): Input event: dev=0x0 type=0x0 scancode=0 keycode=0 value=0
I/KeyInputQueue( 1848): Input event: dev=0x0 type=0x1 scancode=158 keycode=4 value=0
I/KeyInputQueue( 1848): Input event: dev=0x0 type=0x0 scancode=0 keycode=0 value=0
```

위 내용은 망고64에서 SW902과 SW903을 눌렀다 떼었을 때 logcat으로 출력되는 내용을 보여주고 있는 것입니다.

```
I/KeyInputQueue( 1846): Input event: dev=0x10001 type=0x1 scancode=158 keycode=4 value=1
I/KeyInputQueue( 1846): Input event: dev=0x10001 type=0x0 scancode=0 keycode=0 value=0
I/KeyInputQueue( 1846): Input event: dev=0x10001 type=0x1 scancode=158 keycode=4 value=0
I/KeyInputQueue( 1846): Input event: dev=0x10001 type=0x0 scancode=0 keycode=0 value=0
I/KeyInputQueue( 1846): Input event: dev=0x10001 type=0x1 scancode=139 keycode=82 value=1
I/KeyInputQueue( 1846): Input event: dev=0x10001 type=0x0 scancode=0 keycode=0 value=0
I/KeyInputQueue( 1846): Input event: dev=0x10001 type=0x1 scancode=139 keycode=82 value=0
I/KeyInputQueue( 1846): Input event: dev=0x10001 type=0x0 scancode=0 keycode=0 value=0
```

위 내용은 망고100에서 SW900과 SW901이 눌렸다 떨어질 때 출력되는 내용입니다.

/system/usr/keylayout/qwerty.kl

```
key 158    BACK              WAKE_DROPPED
key 139    MENU              WAKE_DROPPED
key 108    DPAD_DOWN         WAKE_DROPPED
key 103    DPAD_UP           WAKE_DROPPED
```

	Back Key	Menu Key	Up Key	Down Key
망고64	SW903	SW901	SW902	SW900
망고100	SW900	SW901		

qwerty.kl에 정의된 내용과 이전에 살펴보았던 각각의 키와 할당된 내용을 보면 정확하게 일치하고 있는 것을 알 수 있습니다.

35.6.5. EventHub open_device 처리

이제 마지막으로 EventHub::open_device의 내용을 살펴보고 마무리를 하도록 하겠습니다. scan_dir() 에서 호출되는 open_device()에서 우리가 정해놓은 키 매핑 파일을 실제로 읽어서 적절한 동작이 수행되도록 설정하는 것입니다.

<init.rc>

```
export ANDROID_ROOT /system
```

init.rc에 ANDROID_ROOT는 /system으로 설정되어 있습니다. 이 부분은 기억을 해두셔야 합니다.

/frameworks/base/libs/ui/EventHub.cpp

```
int EventHub::open_device(const char *deviceName){
… … … … … … …
        // find the .kl file we need for this device
        const char* root = getenv("ANDROID_ROOT");
… … … … … … …
        bool defaultKeymap = access(keylayoutFilename, R_OK);
        if (defaultKeymap) {
            snprintf(keylayoutFilename, sizeof(keylayoutFilename),
                "%s/usr/keylayout/%s", root, "qwerty.kl");
            defaultKeymap = true;
        }
        device->layoutMap->load(keylayoutFilename);
… … … … … … …
```

위 내용이 바로 /system/usr/keylayout/qwerty.kl을 로딩하는 부분입니다. 그러므로 이 부분을 적절히 수정하게 되면 실제 open_device()가 불려서 동작할 당시에 qwerty.kl을 로딩하기 때문에 소스의 수정 없이 kl 파일의 수정만으로 적절하게 적용되는 것입니다. 망고100의 경우 mango100-keypad.kl 파일을 만들어 놓았지만 실제 사용은 하지 않고 있습니다. 결국 qwerty.kl에도 중복된 내용이 존재하기 때문에 특별히 다른 점은 없다고 말할 수 있습니다. 위에서 qwerty.kl을 접근하는 부분을 mango100-keypad.kl을 찾도록 변경하면 될 것입니다.

```
I/EventHub( 1848): New keyboard: publicID=65537 device->id=65537 devname='mango64-keypad' propName='hw.keyboards.65537.devname' keylayout='/system/usr/keylayout/qwerty.kl'
```

logcat에서 출력된 내용을 살펴보면 위와 같이 발견할 수 있습니다. 위 내용은 망고64에서 추출한 내용이고 아래 내용은 망고100에서 추출한 내용입니다.

```
I/EventHub( 1845): New keyboard: publicID=65537 device->id=0x10001 devname='mango100-keypad' propName='hw.keyboards.65537.devname' keylayout='/system/usr/keylayout/qwerty.kl'
```

35.6.6. 안드로이드 Key Event 처리 요약

안드로이드 키 이벤트 처리에 대한 것을 간단하게 요약해 보도록 하겠습니다.

frameworks/base/services/java/com/android/server/KeyInputQueue.java
```
Thread mThread = new Thread("InputDeviceReader")
readEvent(ev);
addLocked(..., newKeyEvent(...));
```

KeyInputQueue.java에서 readEvent를 호출하고 이것은 android_server_KeyInputQueue_readEvent가 호출되도록 합니다. 이후 이벤트를 얻어와서 이벤트 큐에 삽입하게 됩니다.

frameworks/base/services/jni/com_android_server_KeyInputQueue.cpp
```
static JNINativeMethod gInputMethods[] = {
    /* name, signature, funcPtr */
    { "readEvent",         "(Landroid/view/RawInputEvent;)Z",
            (void*) android_server_KeyInputQueue_readEvent },
```

readEvent를 부르면 JNI 코드로 변환되어 android_server_KeyInputQueue_readEvent가 불리게 됩니다. 여기서는 EventHub의 getEvent가 동작되도록 할 것입니다.

frameworks/base/libs/ui/EventHub.cpp
```
static const char *device_path = "/dev/input";
bool EventHub::getEvent(int32_t* outDeviceId, int32_t* outType,
```

bool EventHub::**openPlatformInput**(void)

최초의 호출 시에는 openPlatformInput이 불리게 되고 이로 인해서 적절한 디바이스 오픈 루틴이 수행되도록 할 것입니다.

frameworks/base/services/java/com/android/server/WindowManagerService.java

Window Manager **distpatchKey**(KeyEvent..)

최종적으로 읽은 이벤트는 distpatchKey를 통해서 처리되는 것입니다. 이때 처리되는 방식은 바인더를 통해서 현재 Focus를 가지고 있는 윈도우에서 처리가 될 수 있도록 적절한 분배 작업을 수행하게 되는 것입니다.

키에 대한 것 만으로도 무척이나 복잡한 과정을 거치는 것을 알 수 있습니다. 안드로이드 플랫폼에 대한 이해가 절실히 요구되는 시점이기도 합니다. 하지만 하나의 과정을 상세히 이해하고 있는 것이 결국은 모든 것을 이해하는 초석이 되는 것입니다. 소스 코드를 보면서 또 많은 로그를 찍어 가면서 실제 보드에서 수행되는 것과 비교해서 철저하게 자기 것으로 만드는 것이 가장 중요한 것입니다.

36. (망고100) WM8960, SPDIF Driver 및 Setting 메뉴 변경

이번 장에서는 망고100에서 안드로이드 Setting에서 메뉴를 추가해서 설정 작업을 수행할 수 있도록 만드는 방법에 대한 것을 공부해 보도록 합니다. 기본적으로는 망고100에서 동작하는 것을 예로 들고 있지만 망고64를 활용하는 경우에도 충분히 적용 가능한 부분이 될 것입니다. 추후 망고64에 Eclair가 포팅 될 경우 보다 쉽게 적용하실 수 있을 것입니다.

36.1. 기본 동작 확인

36.1.1. 안드로이드 Setting 메뉴 적용 내용 확인

우리가 사용하고 있는 Eclair 버전은 mango100_eclair_2010_07_15입니다. 여기에는 이미 이번 장에서 다룰 내용이 모두 적용되어 있습니다. 먼저 그 내용을 확인해 보도록 하겠습니다.

망고보드에 있는 SW901을 누르면 MENU가 수행되고 거기에서 Settings를 선택하도록 합니다.

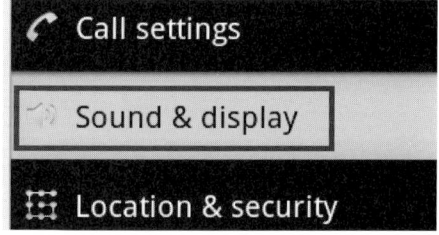

Settings 메뉴 중에서 Sound & display 옵션을 선택합니다.

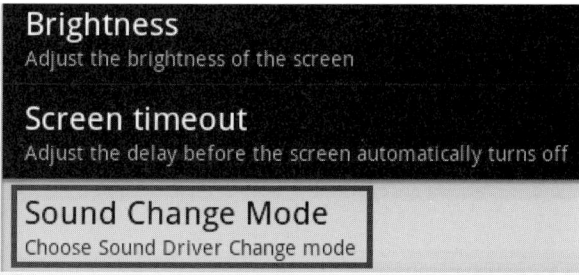

터치를 통해서 가장 아래에 있는 메뉴를 찾아서 "Sound Change Mode"를 선택합니다.

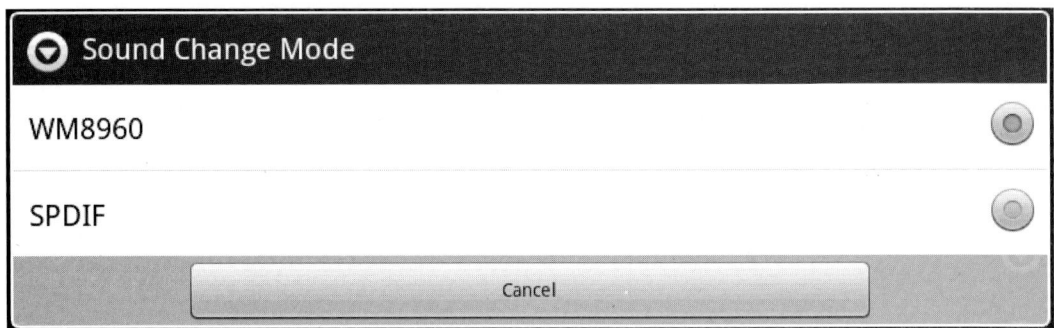

바로 이 화면까지 나타나도록 만드는 것이 우리가 원하는 바로 그 작업이 되는 것입니다. 이미 이 내용이 포함되어 있습니다. 자세한 내용은 뒤에서 살펴보도록 하겠습니다.

36.1.2. WM8960과 SPDIF 선택에 대한 내용 분석

위의 Sound Change Mode에서 디폴트는 WM8960이 선택되어 있습니다. 이것을 SPDIF로 변경해 보도록 하겠습니다.

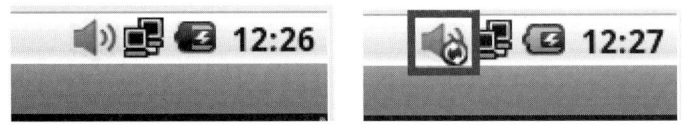

변경을 수행하고 나면 원래 왼쪽의 모양이었다가, 오른쪽의 모양으로 변경됩니다. 이 아이콘의 의미는 현재의 적용이 완료된 것이 아니라 리부트가 필요하다는 의미입니다. 망고보드를 리부트를 해보도록 하겠습니다.

아이콘의 모습이 다시 변경되었습니다. 이번에는 스피커 모양의 그림에 H라는 글씨가 적혀 있는 것처럼 된 모양의 것으로 변경되었습니다. 이것이 바로 SPDIF로 설정된 것을 의미합니다.

WM8960은 망고보드에서 S5PC100 CPU의 외부에 달려있는 코덱 칩입니다. 밖으로 이어폰 컨넥터가 달려 있어서 그곳으로 음성을 내보낼 수 있도록 작업해 주게 됩니다. SPDIF는 이와는 달리 S5PC100 CPU의 내부에 기본적으로 제공되는 것입니다. HDMI를 통해서 영상을 전송할 때 오디오 신호도 함께 전송될 수 있고 그때 사용하는 인터페이스가 바로 SPDIF인 것입니다.

여기서 먼저 WM8960과 HDMI SPDIF 드라이버에 대한 것을 간략하게 살펴보고 진행하는 것이 맞을 것입니다. 다음 두 개의 절에 걸쳐서 각각의 드라이버에 대한 내용을 분석해 보도록 하겠습니다.

36.2. Codec Driver (WM8960)

36.2.1. WM8960 회로도 분석

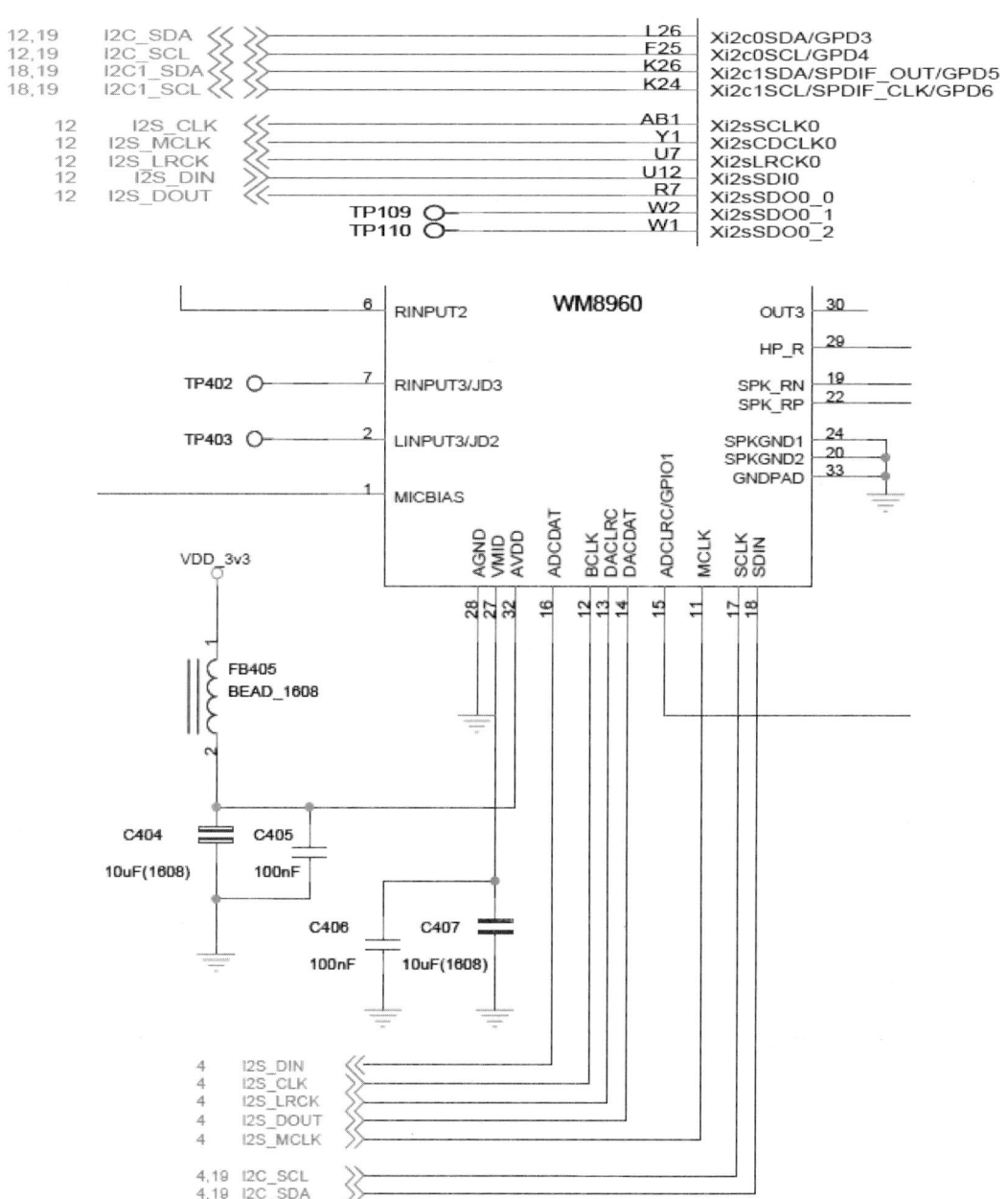

WM8960의 회로도를 살펴보면, I2C 0번 채널로 디바이스를 컨트롤하고, Data는 I2S 0번 채널로 전송토록 설계되어 있는 것을 알 수 있습니다.

36.2.2. 커널 Config

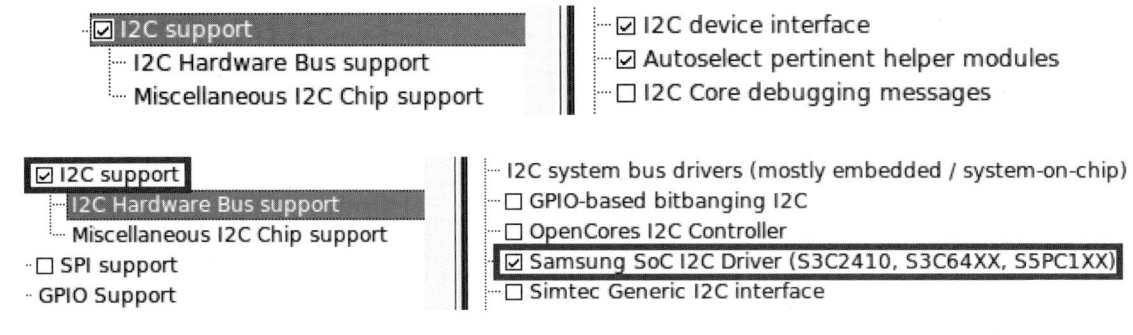

CONFIG_I2C=y

Device Drivers에서 I2C support 부분이 반드시 선택되어 있어야 합니다. I2C support 부분이 선택되면 위의 CONFIG_I2C가 y로 설정되게 됩니다.

/sound/soc/codecs/Kconfig

CONFIG_I2C가 y로 설정이 되어 있어야 SND_SOC_WM8960이 활성화 됩니다.

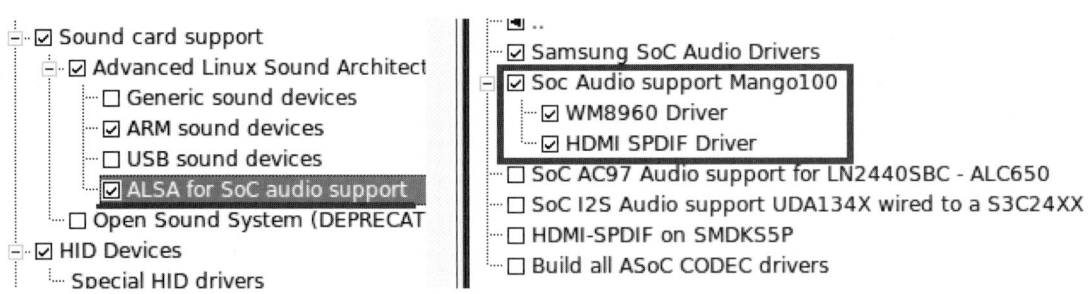

Device Drivers > Sound card support > ALSA for SoC audio support 부분에서 Soc Audio support Mango100 부분의 WM8960 Driver 부분이 설정되어야만 합니다.

36.2.3. 드라이버 소스 코드 추가

wm8960.c 드라이버 파일을 /sound/soc/codecs/에 추가하고 Makefile을 수정해야 합니다.

/sound/soc/codecs/Makefile

```
… … … … … … …
snd-soc-wm8903-objs := wm8903.o
snd-soc-wm8960-objs := wm8960.o

… … … … … … …
obj-$(CONFIG_SND_SOC_WM8903)        += snd-soc-wm8903.o
obj-$(CONFIG_SND_SOC_WM8960)        += snd-soc-wm8960.o
```

snd-soc-wm8960-objs 부분에 wm8960.o를 적용함으로써 생성된 오브젝트 파일을 이용해서 또 다른 오브젝트를 만들게 됩니다. 만약 wm8960.o 외에 추가적으로 여러 코덱이 달려 있다고 하더라도 여기에 다른 오브젝트를 추가해서 하나의 오브젝트로 만들어서 작업이 가능할 것입니다.

```
config SND_S5P_MANGO100
        tristate "Soc Audio support Mango100"
        depends on SND_SAMSUNG_SOC && (MACH_MANGO100)
        select SND_S3C24XX_SOC
        help
          Sat Y if you want to add support for SoC audio on the MANGO100.
config   SND_MANGO100_WM8960
        bool "WM8960 Driver"
        depends on SND_S5P_MANGO100
        select SND_SOC_WM8960
        select SND_S5P_SOC_I2S
        select SND_S3C_I2SV2_SOC
```

/sound/soc/s3c24xx/Kconfig 파일에 위의 내용이 추가되어야 합니다.

```
# S3C24XX Machine Support
… … … … … … …
snd-soc-mango100-wm8960-objs := mango100_wm8960.o

… … … … … … …
obj-$(CONFIG_SND_MANGO100_WM8960) += snd-soc-mango100-wm8960.o
```

/sound/soc/s3c24xx/Makefile을 위와 같이 수정합니다. /sound/soc/s3c24xx/mango100_wm8960.c을 sound/soc/s3c24xx 디렉토리에 파일을 만들어서 추가해 줍니다.

/sound/soc/s3c24xx/mango100_wm8960.c

```
static struct snd_soc_dai_link mango_dai[] = {{
        .name = "WM8960 I2S",
        .stream_name = "Tx/Rx",
        .cpu_dai = &s5p_i2s_dai[0],
        .codec_dai = &wm8960_dai,
        .init = mango_wm8960_init,
        .ops = &mango_i2s_ops,
},};

static struct snd_soc_card mango = {
        .name = "mango",
        .platform = &s3c24xx_soc_platform,
        .dai_link = mango_dai,
        .num_links = ARRAY_SIZE(mango_dai),
};

static struct wm8960_setup_data mango_wm8960_setup = {
        .i2c_bus = 0,
        .i2c_address = 0x1a,
};
```

모든 내용을 살펴볼 수는 없고 I2C 주소에 대한 부분만 살펴보도록 하겠습니다.

The WM8960 is controlled by writing to registers through a 2-wire serial control interface. A control word consists of 16 bits. The first 7 bits (B15 to B9) are address bits that select which control register is accessed. The remaining 9 bits (B8 to B0) are data bits, corresponding to the 9 bits in each control register. Many devices can be controlled by the same bus, and each device has a unique 7-bit address (this is not the same as the 7-bit address of each register in the WM8960).

The device address is 0011010 (**0x34h**).

위와 같이 WM8960의 주소값은 0x34로 표시되어 있지만 이것은 한 비트가 왼쪽으로 shift된 상태를 나타내주고 있는 것입니다.

```
static void s3c24xx_i2c_message_start(struct s3c24xx_i2c *i2c, struct i2c_msg *msg) {
        unsigned int addr = (msg->addr & 0x7f) << 1;
… … … … … …
```

/drivers/i2c/busses/i2c-s3c2410.c에서 s3c24xx_i2c_message_start 시작 부분에서 넘겨 받은 주소 값을 왼쪽으로 한 비트 shift 시키고 있기 때문에 설정 자체를 0x1A로 해 놓는 것입니다.

36.3. HDMI S/PDIF Driver

36.3.1. HDMI S/PDIF 개요

SPDIF로 표현하기 보다는 S와 P 사이에 slash(/)를 두어서 S/PDIF로 표현하는 경우가 많은데 이것은 S와 P가 각각 회사의 이름을 나타내기 때문입니다. S/PDIF는 Sony/Philips Digital Interconnect Format 의 약자입니다. Sony Philips Digital InterFace라고도 불립니다. 디지털 오디오 신호를 전송하기 위한 규격입니다. S/PDIF는 DVD 플레이어를 비롯한 각종 소스로부터 스피커까지 잡음 없이 전송하기 위해 사용되는 경우가 많습니다. 스테레오뿐만 아니라, DTS, 및 5.1채널 사운드도 전송이 가능합니다. 소니와 필립스사에서 디지털 오디오 전송을 위해서 만든 표준 인터페이스로써, 신호선 1개와 그라운드선 1개 이렇게 2가닥을 사용하는 방식입니다.

기존의 디지털 오디오 신호의 경우 동기 신호를 넣어야 하고 또한 신호의 간섭이 심하여 일정 거리 이상을 전송하기 어려웠습니다. 하지만 S/PDIF는 약 20 미터 정도까지 일정하게 데이터를 전달할 수 있어서 다양한 어플리케이션에서 사용되고 있습니다.

36.3.2. S5PC100에서의 HDMI S/PDIF

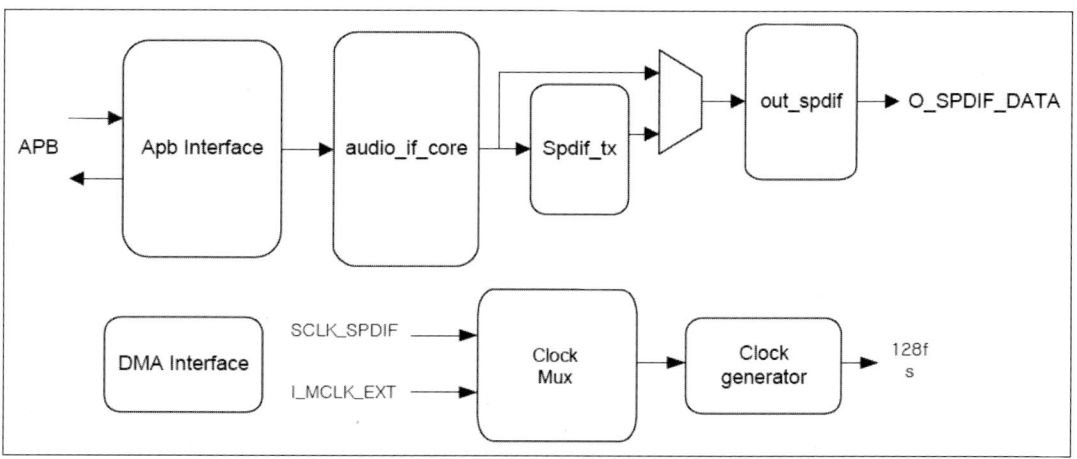

S5PC100 CPU에서는 HDMI S/PDIF를 기본으로 제공하고 있습니다. 위 그림은 삼성 S5PC100 매뉴얼에서 발췌한 SPDIFOUT Block Diagram 입니다.

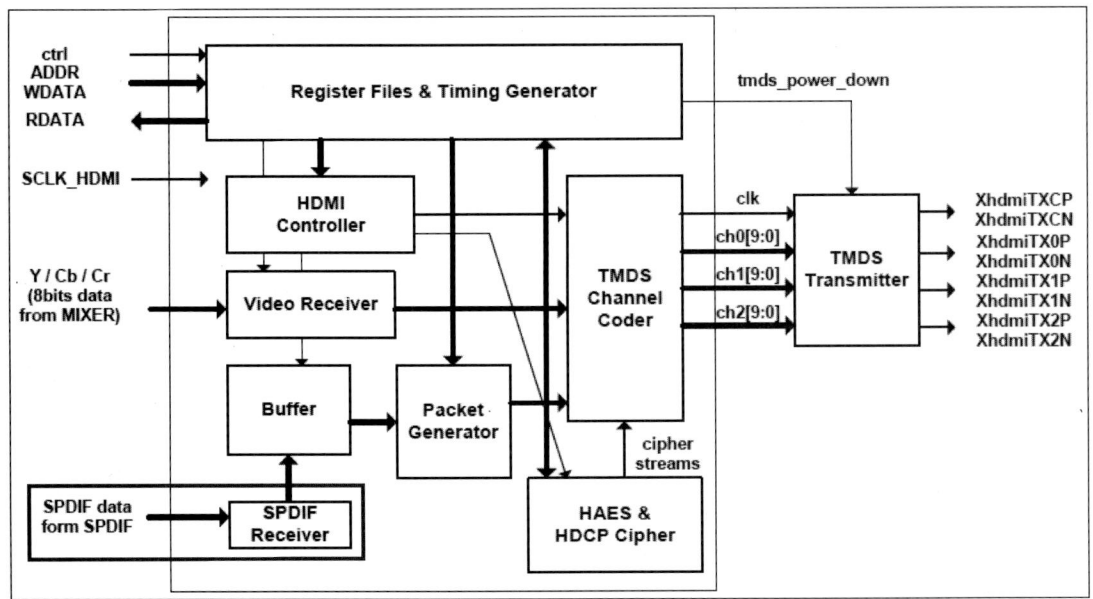

위 그림은 삼성 S5PC100 매뉴얼에서 발췌한 HDMI Transmitter Block Diagram 입니다. SPDIF Receiver는 SPDIF format의 시리얼 입력 데이터를 디코드 해서 2-ch PCM이나 5.1-ch stream format 오디오로 추출하게 됩니다. 디코드 된 오디오 데이터를 HDMI 오디오 버퍼로 보내게 됩니다.

36.3.3. 망고100 회로도 분석

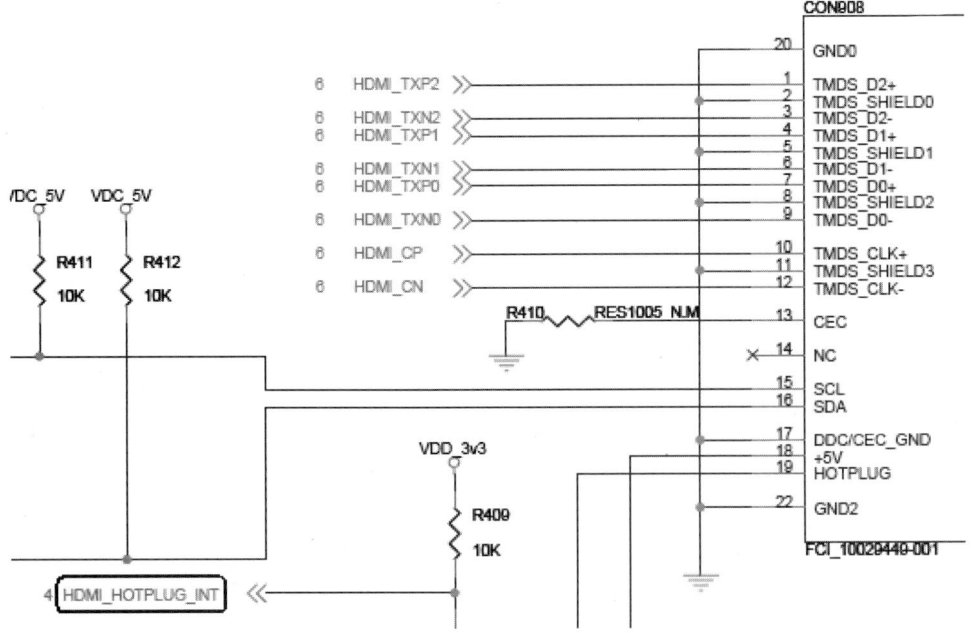

위 회로도는 HDMI 컨넥터에 연결된 모습을 보여주고 있습니다.

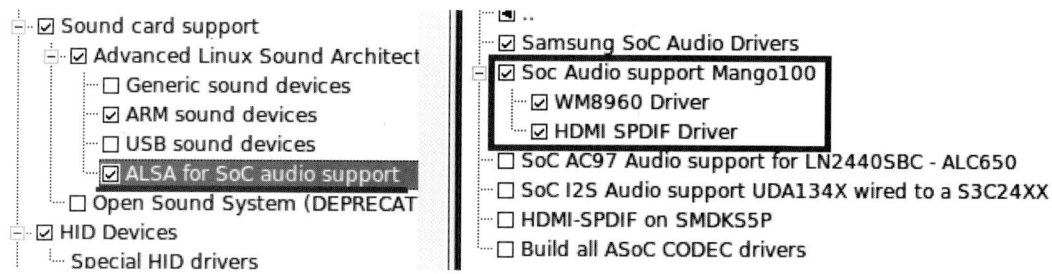

HDMI Hot Plug 인터럽트 부분에 대한 것만 살펴보도록 하겠습니다.

/arch/arm/plat-s5pc1xx/devs.c

```
/* TVOUT interface */
static struct resource s5p_tvout_resources[] = {
… … … … … …
        [8] = {
                .start  = IRQ_EINT5,
                .end    = IRQ_EINT5,
                .flags  = IORESOURCE_IRQ,
        };
```

devs.c에 인터럽트와 관련한 부분을 위와 같이 수정해야만 합니다. HDMI와 관련한 드라이버 소스는 /drivers/media/video/samsung/tv20/s5pc100/hdmi_s5pc100.c 부분에 존재하고 있습니다.

36.3.4. 커널 Config

Device Drivers > Sound card support > ALSA for SoC audio support 부분에서 Soc Audio support Mango100 부분의 HDMI SPDIF Driver 부분이 설정되어야만 합니다.

```
config  SND_MANGO100_HDMI_SPDIF
        bool "HDMI SPDIF Driver"
        depends on SND_S5P_MANGO100
        select SND_S5P_SPDIF
```

/sound/soc/s3c24xx/Kconfig 파일에 위의 내용을 추가합니다.

```
# S3C24XX Machine Support
… … … … … … …
snd-soc-smdks5p-spdif-objs := smdks5p_hdmi_spdif.o
snd-soc-mango100-spdif-objs := mango100_hdmi_spdif.o
… … … … … … …
obj-$(CONFIG_SND_SMDKS5P_HDMI_SPDIF) += snd-soc-smdks5p-spdif.o
obj-$(CONFIG_SND_MANGO100_WM8960) += snd-soc-mango100-wm8960.o
obj-$(CONFIG_SND_MANGO100_HDMI_SPDIF) += snd-soc-mango100-spdif.o
```

/sound/soc/s3c24xx/Makefile을 위와 같이 수정합니다. mango100_hdmi_spdif.c을 sound/soc/s3c24xx 디렉토리에 파일을 만들어서 추가합니다.

36.3.5. 망고100에서의 확인

```
/proc/asound # cat cards
 0 [mango          ]: WM8960 - mango
                      mango (WM8960)
 1 [mango100       ]: HDMI-SPDIF - mango100
                      mango100 (HDMI-SPDIF)
/proc/asound # cat pcm
00-00: Tx/Rx WM8960-0 :  : playback 1 : capture 1
01-00: HDMI-SPDIF Playback HDMI-SPDIF Codec-0 :  : playback 1 : capture 1
```

```
/proc/asound # cat devices
  2:              : timer
  3: [ 0- 0]: digital audio playback
  4: [ 0- 0]: digital audio capture
  5: [ 0]   : control
  6: [ 1- 0]: digital audio playback
  7: [ 1- 0]: digital audio capture
  8: [ 1]   : control
```

/proc/asound 폴더에서 cat cards, cat pcm, cat devices 등을 수행해 보면 현재 설정되어 있는 내용을 확인해 볼 수 있습니다.

```
drwxr-xr-x    4 0        0               0 Sep 29 12:29 smsc911x
drwxr-xr-x    4 0        0               0 Sep 29 12:29 soc-audio.0
drwxr-xr-x    4 0        0               0 Sep 29 12:29 soc-audio.1
-rw-r--r--    1 0        0            4096 Sep 29 12:29 uevent
/sys/devices/platform #
```

/sys/devices/platform에는 soc-audio.0와 soc-audio.1 두 개가 만들어져 있습니다.

```
    0 Sep 29 12:29 audio
    0 Sep 29 12:29 controlC0
    0 Sep 29 15:52 device -> ../../../soc-audio.0
    0 Sep 29 12:29 dsp
 4096 Sep 29 15:52 id
    0 Sep 29 12:29 mixer
 4096 Sep 29 15:52 number
    0 Sep 29 12:29 pcmC0D0c
    0 Sep 29 12:29 pcmC0D0p
    0 Sep 29 12:29 power
    0 Sep 29 15:52 subsystem -> ../../../../../class/sound
 4096 Sep 29 12:29 uevent
```

/sys/devices/platform/soc-audio.0/sound/card0에서 위 내용을 확인할 수 있습니다.

```
    0 Sep 29 12:29 audio1
    0 Sep 29 12:29 controlC1
    0 Sep 29 17:29 device -> ../../../soc-audio.1
    0 Sep 29 12:29 dsp1
 4096 Sep 29 17:29 id
    0 Sep 29 12:29 mixer1
 4096 Sep 29 17:29 number
    0 Sep 29 12:29 pcmC1D0c
    0 Sep 29 12:29 pcmC1D0p
    0 Sep 29 12:29 power
    0 Sep 29 17:29 subsystem -> ../../../../../class/sound
 4096 Sep 29 12:29 uevent
```

/sys/devices/platform/soc-audio.1/sound/card1에서 위 내용을 확인할 수 있습니다.

```
/proc/asound # cat card0/id
mango
/proc/asound # cat card1/id
mango100
```

위와 같이 ID도 파악할 수 있습니다. WM8960에 대한 ID는 mango이고, SPDIF에 대한 ID는 mango100입니다.

36.4. 적용 소스 검토 및 확인

36.4.1. 패치 확인

http://crztech.iptime.org:8080/Release/mango100/eclair/android-menu-patch.tar

위 곳에 접속해서 다운을 받으면 이번 장에서 다루고자 하는 내용이 적용된 Diff 코드가 들어 있습니다. 필자는 /zTmp2 부분에 "android-menu-patch.tar"를 다운로드 해서 압축을 풀어 놓았습니다. 그러면 아래 그림과 같이 4개의 파일이 생성됩니다. "mango100-eclair-menu.diff"는 실제 소스 코드 간의 차이점이 텍스트 기반으로 정리되어 있는 것입니다. "diff –urN SRC DES > xxx.diff"를 통해서 만들어진 파일입니다. 이것을 이용해서 변경 작업을 수행할 것입니다. 나머지 3개의 png 파일은 추가적으로 필요한 그림 파일들이고 적절한 복사 작업을 수행할 것입니다.

```
/home/yhoh/zTmp2/android-menu-patch
total 60
-rwxr--r-- 1 yhoh yhoh 41729 2010-07-22 21:09 mango100-eclair-menu.diff
-rwxr--r-- 1 yhoh yhoh  4222 2010-07-15 15:48 sound_change_reload.png
-rwxr--r-- 1 yhoh yhoh  4095 2010-07-15 15:48 sound_change_spdif.png
-rwxr--r-- 1 yhoh yhoh  3985 2010-07-15 15:47 sound_change_wm8960.png
yhoh@ubuntu:~/zTmp2/android-menu-patch$
```

위에서 다운로드 받은 "android-menu-patch.tar"는 6월 30일자 소스를 기반으로 작업이 되어 있는 것입니다. 그러므로 그 코드를 받아서 그것과 비교를 해보는 것이 보다 쉬운 방법이 됩니다.

● Android (Eclair, v2.1)
1) mango100_eclair_2010_06_04
2) mango100_eclair_2010_06_11
3) mango100_eclair_2010_06_22
4) mango100_eclair_2010_06_30
5) mango100_eclair_2010_07_15

http://crztech.iptime.org:8080/에 접속해서 위 그림 부분을 찾아서 "mango100_eclair_2010_06_30" 부분을 선택해서 다운로드 받습니다. 다운 받은 파일을 압축을 역시 /zTmp2에 풀어 놓고 그 부분으로 이동하도록 합니다. 패치를 적용하기에 앞서서 압축을 풀어 놓은 폴더를 적절한 이름으로 복사를 해두어야 나중에 변경을 시킨 이후에 비교하기가 용이할 것입니다.

```
yhoh@ubuntu:~/zTmp2/mango100_eclair_2010_06_30$ cat ../android-menu-patch/mango100-eclair-menu.diff | patch -p1
```

패치를 적용하는 방법은 위와 같이 "mango100-eclair-menu.diff"를 cat을 통해서 출력하고 그것을 patch 명령을 통해서 적용되도록 만드는 것입니다.

```
yhoh@ubuntu:~/zTmp2/mango100_eclair_2010_06_30$ cp ../android-menu-patch/*.png frameworks/base/core/res/res/drawable/
```

위에서 다운로드 받았던 3개의 png 파일들을 적절한 위치로 복사해 주는 작업을 수행합니다. 3개의 png 파일들을 이름과 해당 그림을 찾아보면 위의 표와 같습니다. 이전 절에서 실제로 수행시켜보았을 때 나타났던 화면 상단의 아이콘의 모습이라는 것을 알 수 있습니다.

🔊	sound_change_wm8960.png
🔊	sound_change_reload.png
🔊	sound_change_spdif.png

36.4.2. 전체 변경 코드 안드로이드 프레임워크 상 매핑

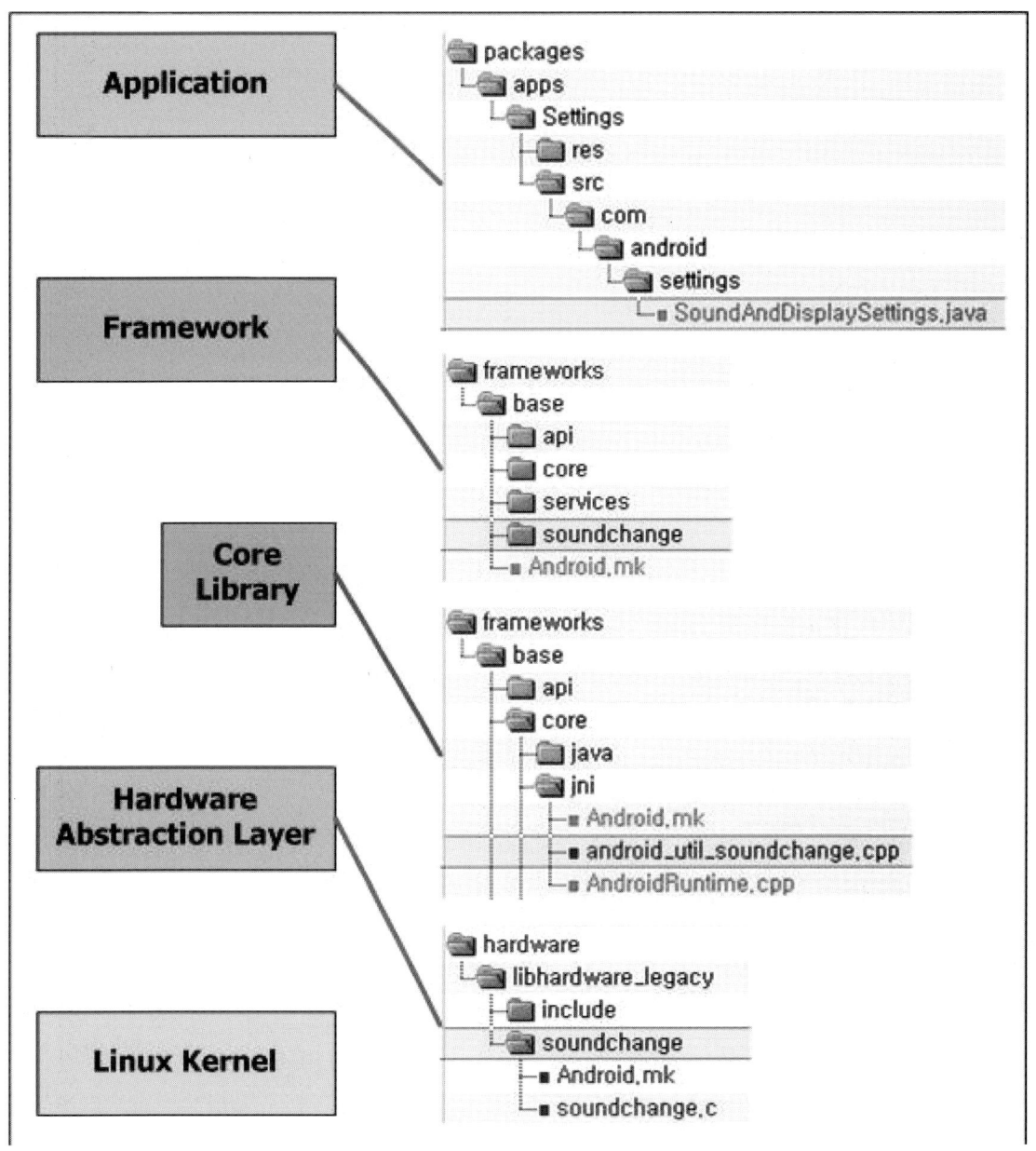

먼저 변경된 내용에 대해서 전반적인 흐름을 살펴보면 위의 그림과 같습니다. 안드로이드 플랫폼 전체의 부분과 실제 적용된 소스 코드와의 관계를 나타내준 것입니다. 모든 작업을 수행한 이후에 "mango100_eclair_2010_06_30"의 원본과 위에서 패치 작업을 수행한 것과 비교하는 작업을 수행합니다. 필자는 비교를 보다 용이하게 할 수 있도록 같은 파일들은 모두 삭제하고 다른 부분만 남겨서 "android-menu-patch.fileDiff"라는 이름으로 폴더를 만들어 그곳에 저장해 두었습니다.

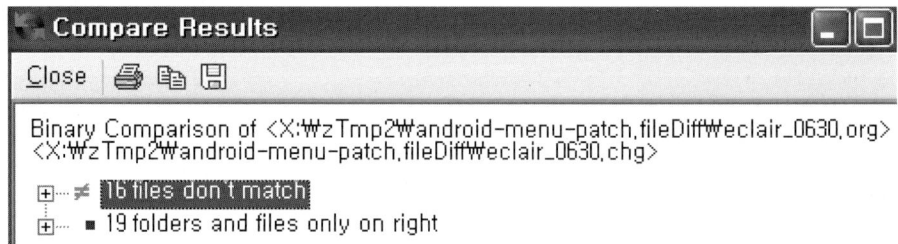

org로 이름 붙여진 폴더가 원본 파일들이고, chg로 이름 붙여진 폴더가 위의 패치 작업을 수행한 변경된 파일들입니다.

16개의 파일이 변경되었고, 19개의 폴더나 파일이 새롭게 생성되어 있습니다. 이제 내용을 하나씩 살펴보도록 하겠습니다.

36.5. Android 메뉴 생성 – 어플리케이션 & 프레임워크 부분 변경

어플리케이션과 관련한 부분은 packages/apps 부분에 있는데 여기에서 변경된 파일은 위 그림에서와 같이 총 4개입니다.

36.5.1. Resource Values XML 파일 변경

/packages/apps/Settings/res/xml/sound_and_display_settings.xml 파일이 변경되었고, /packages/apps/Settings/res/values에서 두 개의 파일이 변경되어 있습니다. arrays.xml과 strings.xml 입니다.

/packages/apps/Settings/res/xml/sound_and_display_settings.xml

```
<PreferenceScreen xmlns:android="http://schemas.android.com/apk/res/android"
        xmlns:settings="http://schemas.android.com/apk/res/com.android.settings">
… … … … … … …
    <PreferenceCategory     android:title="@string/display_settings">
        <CheckBoxPreference   android:key="accelerometer" … … … … … … …
        <ListPreference     android:key="animations" … … … … … … …
        <com.android.settings.BrightnessPreference    android:key="brightness"
… … … … … … …
        <ListPreference     android:key="screen_timeout"
… … … … … … …
        <ListPreference     android:key="sound_change"
            android:title="@string/sound_change"
            android:summary="@string/sound_change_summary"
            android:persistent="false"
            android:entries="@array/sound_change_entries"
            android:entryValues="@array/sound_change_values" />
    </PreferenceCategory>
</PreferenceScreen>
```

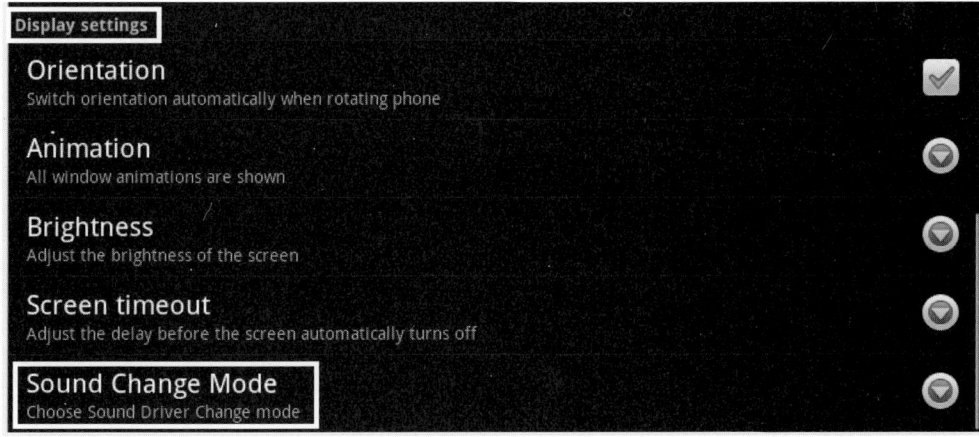

Settings 메뉴 중에서 Sound & display 옵션을 선택하고 가장 아래로 이동했을 때 나타나는 모습이면서 바로 위의 XML 파일로 인해서 아이템이 추가되어 있는 것입니다. ListPreference로 추가된 것이고 이것이 CheckBoxPreference인 경우나 혹은 다른 것을 사용함에 따라서 그에 따라서 적절하게 변경이 되는 것입니다.

/packages/apps/Settings/res/values/strings.xml

```
<resources xmlns:xliff="urn:oasis:names:tc:xliff:document:1.2">
… … … … … … …
    <string name="sound_change">Sound Change Mode</string>
    <!-- Sound & display settings screen, setting option summary to change Sound Driver -->
    <string name="sound_change_summary">Choose Sound Driver Change mode</string>
    <!-- Sound & display settings screen, setting option name to change Sound Driver Mode -->
```

ListPreference로 추가될 때 나타나는 문자열과 설명 부분에 대한 것이 정의된 곳이 바로 위의 XML 파일입니다.

/packages/apps/Settings/res/values/arrays.xml

```
<resources>
… … … … … … …
    <!-- Sound Change Setting. -->
    <string-array name="sound_change_entries">
        <item>WM8960</item>
        <item>SPDIF</item>
    </string-array>
    <!-- Do not translate. -->
    <string-array name="sound_change_values" translatable="false">
        <item>10</item>
        <item>20</item>
    </string-array>
```

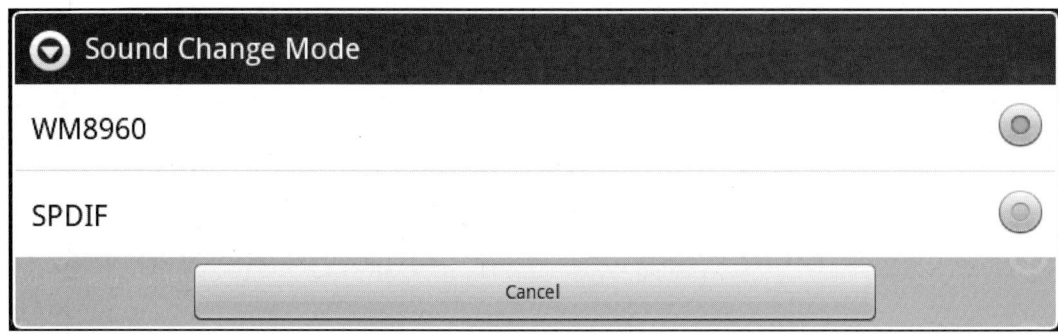

"Sound Change Mode"를 선택했을 때 최종적으로 나타나는 리스트 화면에 대한 설정을 하고 있는 것입니다. WM8960과 SPDIF가 리스트로 나타나 있습니다.

36.5.2. 어플리케이션 SoundAndDisplaySettings.java

/Packages/apps/Settings/Src/com/Android/settings/SoundAndDisplaySettings.java

```
import static android.provider.Settings.System.SOUND_CHANGE;
… … … … … … …
import android.util.soundchange.SoundChangeManager;
```

SoundAndDisplaySettings.java의 가장 첫 부분에서는 두 개의 import가 추가되어 있습니다. 이것들에 대한 것을 먼저 살펴보아야 합니다.

/frameworks/base/core/java/android/provider/Settings.java

```
/* The Settings provider contains global system-level device preferences. */
public final class Settings {
… … … … … … …
    public static final class System extends NameValueTable {
… … … … … … …
        /* The sound change mode. */
        public static final String SOUND_CHANGE = "sound_change";
… … … … … …
        public static final String[] SETTINGS_TO_BACKUP = {
… … … … … …
            SCREEN_OFF_TIMEOUT,
            SOUND_CHANGE,
            SCREEN_BRIGHTNESS,
… … … … … …
        };
… … … … … …
    }
… … … … … …
}
```

android.provider.Settings.System.SOUND_CHANGE 부분은 이름에서 나타나는 것과 완전히 동일하게 android/provider 폴더에 Settings 클래스의 System 클래스의 SOUND_CHANGE 부분에 대해서 접근 하고 있는 것입니다.

android.util.soundchange.SoundChangeManager가 구현되어 있는 부분은 바로 아래에 있습니다.

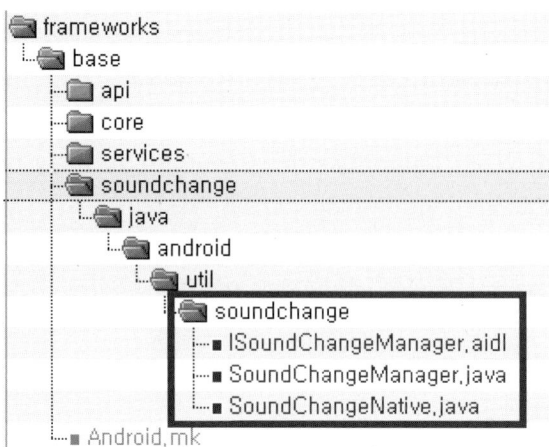

이 부분이 바로 SoundChangeManager가 정의되어 있는 곳입니다.

/frameworks/base/soundchange/java/android/util/soundchange/SoundChangeManager.java

```
public class SoundChangeManager {
… … … … … … …
        ISoundChangeManager mService;
        public SoundChangeManager(ISoundChangeManager service) {
                Log.i(TAG, "Init SoundChange Manager");
                mService = service;
        }
… … … … … … …
        public void setSoundChangeMode(int mode) {
                try {     mService.setSoundChangeMode(mode);
                } catch (RemoteException ex) {        Log.i(TAG, "Can not set new state");}
        }
}
```

SoundChangeManager 내에는 다른 중요한 부분들도 많이 들어 있지만 여기서는 두 가지 부분만 살펴 보겠습니다. 먼저 SoundChangeManager 클래스가 처음 생성될 때 생성자 부분을 보면 ISoundChangeManager 부분을 파라미터로 전달 받고 있는 것을 알 수 있습니다.

그렇게 service라는 이름으로 전달받은 것을 내부의 ISoundChangeManager 인스턴스인 mService에 복사를 해두게 됩니다. 추후 setSoundChangeMode 함수가 불렸을 때 이 mService 인스턴스를 이용해서 setSoundChangeMode를 호출하게 되는 것입니다. 이 부분이 Binder에 대한 것인데 이것은 뒤에서 설명 드리도록 하겠습니다.

/Packages/apps/Settings/Src/com/Android/settings/SoundAndDisplaySettings.java

```
public class SoundAndDisplaySettings extends PreferenceActivity implements
        Preference.OnPreferenceChangeListener {
… … … … … …
    private static final int FALLBACK_SOUND_CHANGE_VALUE = 10;
… … … … … …
    private static final String KEY_SOUND_CHANGE = "sound_change";
… … … … … …
    private SoundChangeManager mSoundChangeManager;
… … … … … …
```

SoundAndDisplaySettings가 어플리케이션 클래스입니다. 여기에서 위에서 정의한 SoundChangeManager 클래스를 이용한 mSoundChangeManager 인스턴스를 선언하고 있습니다.

/Packages/apps/Settings/Src/com/Android/settings/SoundAndDisplaySettings.java

```
@Override
    protected void onCreate(Bundle savedInstanceState) {
… … … … … …
        ListPreference SoundChangePreference =
            (ListPreference) findPreference(KEY_SOUND_CHANGE);
        SoundChangePreference.setValue(String.valueOf(Settings.System.getInt(
            resolver, SOUND_CHANGE, FALLBACK_SOUND_CHANGE_VALUE)));
        SoundChangePreference.setOnPreferenceChangeListener(this);
        mSoundChangeManager
            = (SoundChangeManager) getSystemService(SOUNDCHANGE_SERVICE);
… … … … … …
```

SoundAndDisplaySettings 어플리케이션이 처음 생성될 때 호출되는 onCreate에 보면 mSoundChangeManager 인스턴스를 설정하는 부분이 나오는데 여기서 getSystemService를 호출해서 할당을 하고 있습니다. getSystemService에 넘겨주는 SOUNDCHANGE_SERVICE 부분은 Binder에서 서비스를 추가하였을 때 이름으로 지정한 것입니다. 이것은 뒤에서 살펴볼 것입니다. getSystemService는 아래 위치에서 찾을 수 있습니다.

/frameworks/base/core/java/android/app/ApplicationContext.java

```
import android.util.soundchange.ISoundChangeManager;
```

```
import android.util.soundchange.SoundChangeManager;
… … … … … … …
class ApplicationContext extends Context {
… … … … … … …}
```

ApplicationContext에 정의된 getSystemService에 대한 내용을 검토하기 전에 먼저 전체 과정에 대한 것을 그림으로 살펴보는 것이 보다 도움이 될 것입니다.

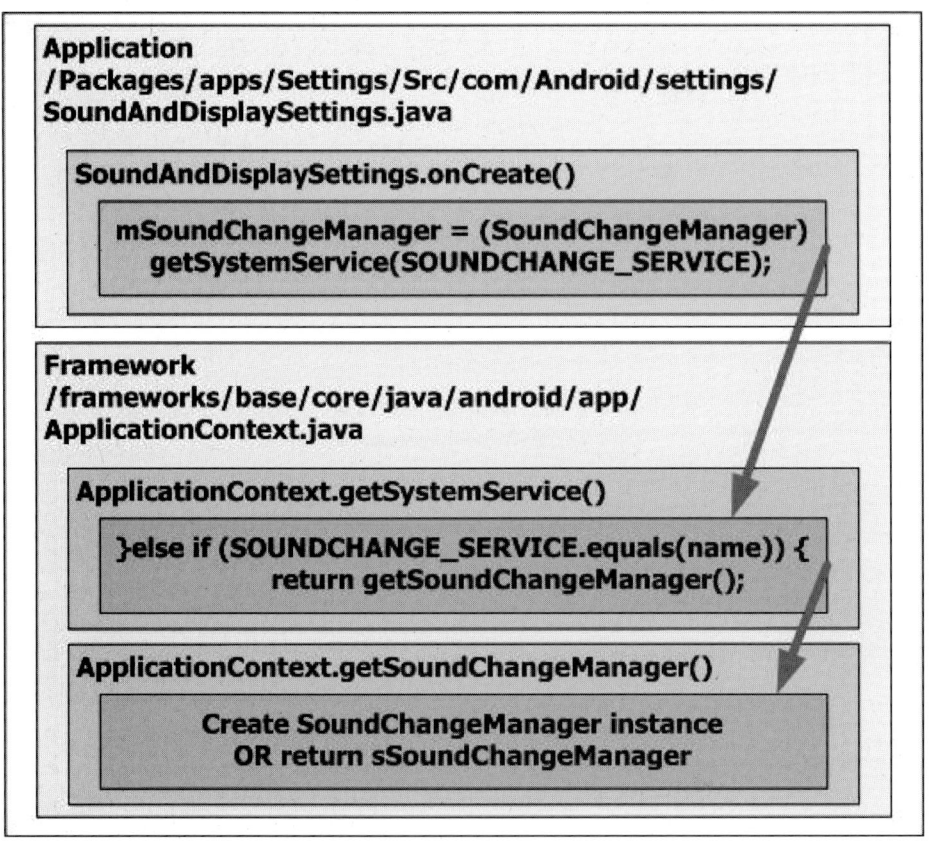

위에서 이미 설명 드렸지만 SoundAndDisplaySettings 어플리케이션 생성 시 호출되는 onCreate에서 mSoundChangeManager 인스턴스에 할당하기 위해서 getSystemService를 호출합니다. ApplicationContext의 getSystemService에서 SOUNDCHANGE_SERVICE라는 것을 인지하게 되면 바로 getSoundChangeManager를 불러서 리턴하는 것입니다. getSoundChangeManager에서는 SoundChangeManager 인스턴스를 초기화 하거나 이미 초기화가 되어 있다면 그 인스턴스를 리턴하게 됩니다. 그 코드를 살펴보도록 하겠습니다.

/frameworks/base/core/java/android/app/ApplicationContext.java

```
class ApplicationContext extends Context {
```

```
… … … … … … …
    private static SoundChangeManager sSoundChangeManager;
… … … … … … …
    private SoundChangeManager getSoundChangeManager() {
        synchronized (sSync) {
            if (sSoundChangeManager == null) {
                IBinder b = ServiceManager.getService(SOUNDCHANGE_SERVICE);
                ISoundChangeManager service = ISoundChangeManager.Stub.asInterface(b);
                sSoundChangeManager = new SoundChangeManager(service);
            }
        }
        return sSoundChangeManager;
    }
… … … … … … …
}
```

SoundChangeManager 인스턴스는 sSoundChangeManager라는 이름으로 선언되어 있습니다. getSoundChangeManager가 호출되었을 때 먼저 sSoundChangeManager 인스턴스가 NULL인지를 비교하고 NULL이 아니라면 그대로 리턴을 하게 됩니다. NULL인 경우에 처리하는 부분을 주목해서 볼 필요가 있습니다. 바로 안드로이드의 바인더의 개념을 이용한 설정이 되고 있는 부분입니다. ServiceManager.getService를 이용해서 이전에 등록했던 SOUNDCHANGE_SERVICE에 대한 서비스를 가져와서 IBinder 객체로 만들고 그 객체를 이용한 ISoundChangeManager service 객체를 인터페이스로 만드는 것입니다. 그래서 그 서비스를 SoundChangeManager 인스턴스를 만들면서 전달하는 것입니다.

위에서 설명 드렸던 부분을 다시 한번 반복하면 SoundChangeManager 클래스가 처음 생성될 때 생성자 부분을 보면 ISoundChangeManager 부분을 파라미터로 전달 받고 있고, service라는 이름으로 전달받은 것을 내부의 ISoundChangeManager 인스턴스인 mService에 복사를 해두고, 추후 setSoundChangeMode 함수가 불렸을 때 이 mService 인스턴스를 이용해서 setSoundChangeMode 를 호출하게 되는 것입니다.

36.6. Android Binder 및 초기화 과정

36.6.1. 안드로이드 바인더 개념

안드로이드 바인더에 대한 개념을 알아야 할 필요가 있습니다. 바인더는 IPC, Inter Process Communication을 위한 것이지만 안드로이드에서는 다른 프로세스에 있는 함수를 마치 현재 프로세스에 존재하는 함수처럼 사용할 수 있게 만들어 주는 RPC, Remote Procedure Call을 지원하는데 사용하게 됩니다.

안드로이드는 리눅스 커널을 기반으로 동작하는 것이고 리눅스 프로세스의 동작과 마찬가지로 각 프로세스는 자신의 고유한 메모리 영역을 가집니다. 이 영역은 다시 사용자 영역과 커널 영역으로 나뉘게 되고, 사용자 영역은 공유할 수 없는 영역이지만 커널 영역은 특별한 IPC의 방법으로 공유가 가능한 공간이 됩니다. 메시지 전송과 같은 IPC의 방법으로 각각의 프로세스 간에 통신이 가능하게 만들어 주는 것입니다.

바인더라는 것을 이용해서 어떻게 다른 프로세스에 존재하는 함수를 마치 자신의 함수처럼 사용할 수 있는 것일까요? 바로 리눅스 커널 상에 존재하는 Binder (IPC) Driver를 이용하게 됩니다.

/frameworks/base/soundchange/java/android/util/soundchange/ISoundChangeManager.aidl

```
package android.util.soundchange;
interface ISoundChangeManager {
        int getSoundChangeStatus();
        int getPreSoundChangeStatus();
        void setSoundChangeMode(int mode);
}
```

ISoundChangeManager.aidl에서 ISoundChangeManager라는 것을 위와 같이 정의해 놓았습니다. SoundChangeManager에서 내부에 ISoundChangeManager 인스턴스인 mService를 만들었고, 여기에 service라는 이름으로 전달받은 것을 복사해 두었습니다. 바로 그 인터페이스입니다.

http://developer.android.com/guide/topics/fundamentals.html#rpc
위 링크에 접속하면 바인더에 대한 구글에서의 설명과 함께 아래 그림을 발견할 수 있습니다.

AIDL은 Android Interface Definition Language입니다. RPC 인터페이스를 정의한 후에 그것을 AIDL을 이용해서 구현하는 것입니다. 그런데 위의 구현 내용을 보면 interface라는 이름으로 정의를 했는데 다만 함수들의 이름만 나열하고 있습니다. 그 몸체 부분은 없는 것입니다. 위 그림에서 보듯이 클라이언트 부분에서는 다만 바인더 인터페이스에 대한 것만 알고 있으면 되고 그 구현에 대한 것은 서버 측에서 구현이 되어 있어야 하는 것입니다. 서버 측의 구현은 뒤 절에서 살펴볼 것입니다.

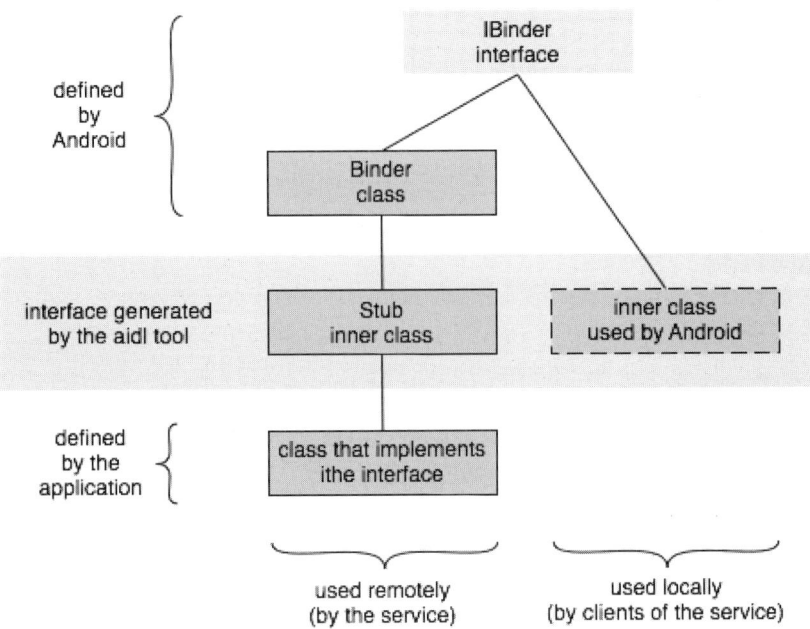

36.6.2. SoundChangeService 서비스 구현 및 초기화 과정

frameworks/base/services/java/com/android/server/SoundChangeService.java

```
public class SoundChangeService<syncronized> extends ISoundChangeManager.Stub{
… … … … … … …
```

바로 위의 내용이 바인더로 연결되어 동작하게 될 서버 측의 구현 내용이 됩니다. 여기서는 SoundChangeService 클래스의 선언 부분만 있고 뒤에서 설정을 변경하는 함수 부분에 대한 것을 보도록 하겠습니다.

frameworks/base/services/java/com/android/server/SystemServer.java

```
class ServerThread extends Thread {
… … … … … … …
    public void run() {
… … … … … … …
        SoundChangeService soundchange = null;
… … … … … … …
        soundchange = new SoundChangeService(context);
        ServiceManager.addService(Context.SOUNDCHANGE_SERVICE, soundchange);
… … … … … … …
```

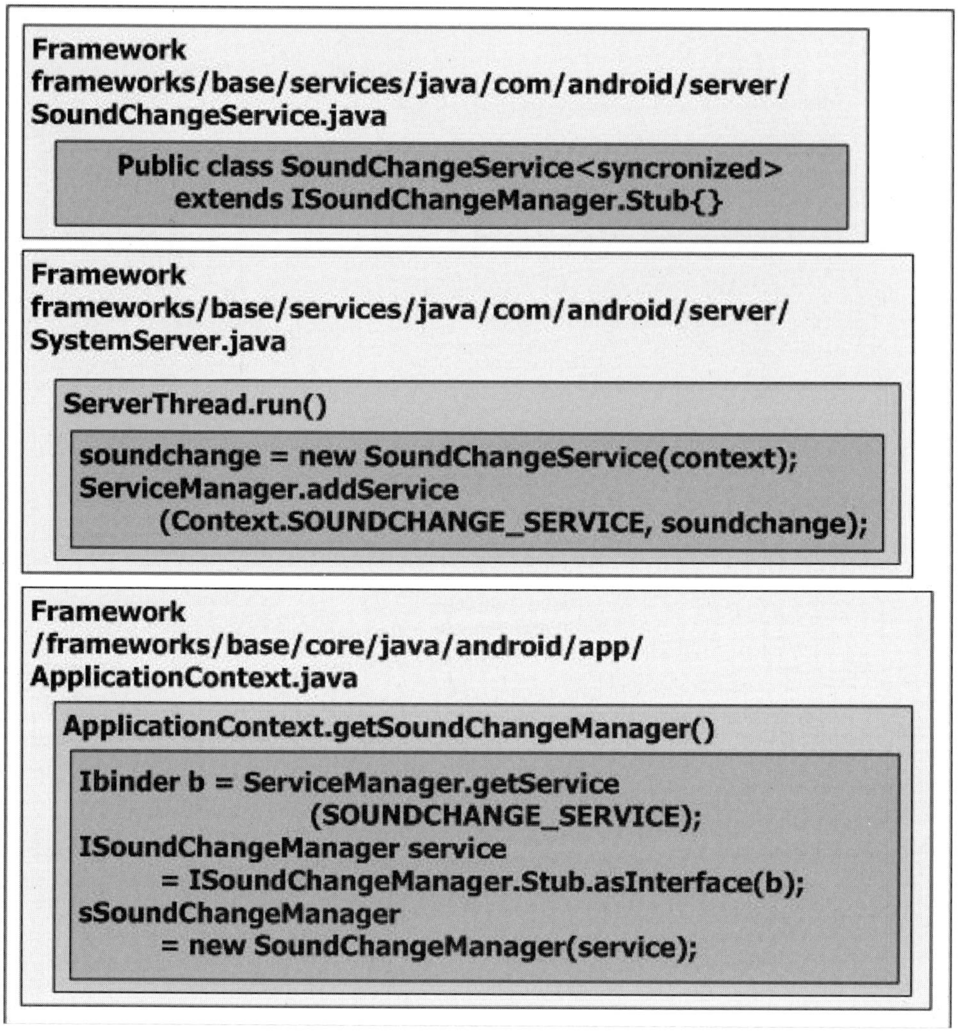

```
Framework
frameworks/base/services/java/com/android/server/
SoundChangeService.java

    Public class SoundChangeService<syncronized>
        extends ISoundChangeManager.Stub{}

Framework
frameworks/base/services/java/com/android/server/
SystemServer.java

    ServerThread.run()

    soundchange = new SoundChangeService(context);
    ServiceManager.addService
        (Context.SOUNDCHANGE_SERVICE, soundchange);

Framework
/frameworks/base/core/java/android/app/
ApplicationContext.java

    ApplicationContext.getSoundChangeManager()

    Ibinder b = ServiceManager.getService
                (SOUNDCHANGE_SERVICE);
    ISoundChangeManager service
        = ISoundChangeManager.Stub.asInterface(b);
    sSoundChangeManager
        = new SoundChangeManager(service);
```

SystemServer.java에 ServerThread가 있고 이것이 수행될 때 SoundChangeService 인스턴스도 만들어지고 ServiceManager.addService를 통해서 비로소 위에서 살펴보았던 Context.SOUNDCHANGE_SERVICE가 등록되게 됩니다. 추후에 등록된 이 서비스를 이용해서 바인드 되어서 동작하게 되는 것입니다. 이 과정을 그림으로 표현한 것이 바로 위의 그림입니다.

36.7. Sound Mode 변경 과정

이제 마지막으로 사운드 설정 값을 변경했을 때 변경되는 과정에 대한 것을 공부해 보도록 하겠습니다. 이미 위에서 충분한 설명을 드렸기 때문에 과정 자체는 크게 어렵지 않을 것입니다.

/Packages/apps/Settings/Src/com/Android/settings/SoundAndDisplaySettings.java

```
public boolean onPreferenceChange(Preference preference, Object objValue) {
        final String key = preference.getKey();
        if (KEY_ANIMATIONS.equals(key)) {
… … … … … … …
        }
        if (KEY_SCREEN_TIMEOUT.equals(key)) {
… … … … … … …
        } else if (KEY_SOUND_CHANGE.equals(key)) {
            int value = Integer.parseInt((String) objValue);
            try {
                Settings.System.putInt(getContentResolver(),
                    SOUND_CHANGE, value);
            } catch (NumberFormatException e) {
                Log.e(TAG, "could not persist sound change mode setting", e);
            }
            // update value
            mSoundChangeManager.setSoundChangeMode(value);
        } else if (KEY_EMERGENCY_TONE.equals(key)) {
… … … … … … …
        }
        return true;
    }
```

리스트 메뉴에서 WM8960이나 SPDIF를 선택하게 되면 위 onPreferenceChange 함수가 자동으로 불리게 됩니다. KEY_SOUND_CHANGE일 경우에 mSoundChangeManager의 setSoundChangeMode 함수를 호출하게 됩니다.

frameworks/base/services/java/com/android/server/SoundChangeService.java

```
public class SoundChangeService<syncronized> extends ISoundChangeManager.Stub{
… … … … … … …
        public synchronized void setSoundChangeMode(int mode) {
… … … … … … …
                mSoundChangeState = mode;
                SoundChangeNative.SoundDriverChange(mode);
        }}
```

바로 이 과정에서 바인더를 이용해서 SoundChangeService에 있는 setSoundChangeMode가 호출되게 됩니다. 여러 가지 작업을 거치게 됩니다만 그 내용들은 생략하고 Native 코드가 불리는 부분을 보도록 하겠습니다. SoundChangeNative의 SoundDriverChange 함수가 불리게 됩니다. 이 함수가 바로 JNI 함수 호출로서 작동하게 될 것입니다.

여기서도 먼저 그림으로 이 내용을 보도록 하겠습니다.

Application
/Packages/apps/Settings/Src/com/Android/settings/SoundAndDisplaySettings.java

SoundAndDisplaySettings.onPreferenceChange()
```
mSoundChangeManager.
setSoundChangeMode(value);
```

Framework
frameworks/base/services/java/com/android/server/SoundChangeService.java

SoundChangeService.setSoundChangeMode()
```
mSoundChangeState = mode;
SoundChangeNative.SoundDriverChange(mode);
```

Framework
/frameworks/base/soundchange/java/android/util/soundchange/SoundChangeNative.java

```
public native static void SoundDriverChange();
```

JNI
frameworks/base/core/jni/android_util_soundchange.cpp

```
static void android_util_soundchange_SoundChangeManager
         (JNIEnv *env, jobject clazz, jint mode) {
    ::sound_change_service(mode);
}
```

Hardware Abstraction Layer
hardware/libhardware_legacy/soundchange/soundchange.c

```
sound_change_service()
  ; Copy sound configuration file
```

/frameworks/base/soundchange/java/android/util/soundchange/SoundChangeNative.java

```
package android.util.soundchange;
public class SoundChangeNative {
        public native static void SoundDriverChange(int mode);
}
```

SoundChangeNative 클래스는 특별한 내용이 있는 것은 아니고 다만 JNI 함수 부분을 포함하고 있는 것이 전부입니다.

frameworks/base/core/jni/android_util_soundchange.cpp

```
static void android_util_soundchange_SoundChangeManager
            (JNIEnv *env, jobject clazz, jint mode) {
    ::sound_change_service(mode);
}

static JNINativeMethod g_methods[] = {
    { "SoundDriverChange", "(I)V", (void*)android_util_soundchange_SoundChangeManager },
};

int register_android_util_soundchange_SoundChangeManager(JNIEnv* env) {
    return AndroidRuntime::registerNativeMethods(env,
            "android/util/soundchange/SoundChangeNative", g_methods, NELEM(g_methods));
}
```

SoundDriverChange 함수가 불렸을 때 어떤 함수가 불려야 할 지에 대한 정의가 바로 위에 구현되어 있습니다. 바로 android_util_soundchange_SoundChangeManager라는 함수가 호출되게 됩니다. 이 함수는 특별한 작업은 없이 바로 다른 C 함수인 sound_change_service 함수를 호출합니다.

hardware/libhardware_legacy/soundchange/soundchange.c

```
int sound_change_service(int mode) {
    switch(mode) {
    case 10:
        return file_copy("/system/etc/asound_wm8960.conf", "/system/etc/asound.conf");
        break;
    case 20:
        return file_copy("/system/etc/asound_spdif.conf", "/system/etc/asound.conf");
        break;
    default:
```

```
        return -1;
    }
    return 0;
}
```

sound_change_service에서 해주는 작업은 단순합니다. WM8960으로 설정되었을 경우는 그에 해당하는 configuration 파일을 /system/etc에 asound.conf라는 이름으로 변경해서 복사해 주는 것이고, 역시 마찬가지로 SPDIF로 설정되었을 경우에도 그에 해당하는 configuration 파일을 /system/etc에 asound.conf라는 이름으로 변경해서 복사해 주는 일이 전부입니다.

sound_change_service 함수는 HAL이라고 불리는 Hardware Abstraction Layer 부분에 구현되어 있습니다.

맺음말

책을 마치고 나니 무척이나 방대한 지면을 할애했지만 담고 있는 내용이 무척 제한되어 있는 것이 아닌가 하는 아쉬움이 남습니다. 가능한 쉽게 안드로이드를 설명 드리려고 노력했지만 여전히 어렵게 기술된 것은 아닌가 하는 걱정도 앞섭니다.

안드로이드라는 코끼리의 다리만 만졌다는 생각도 들고, 앞으로도 더욱 더 깊이 있고, 그러면서도 쉬운 참고 서적을 만들어야 하겠다는 결심도 동시에 듭니다. 알면 알수록 더욱더 모르는 부분이 생기고 심오한 OS의 세계에 빠져들게 됩니다.

이 책에서 다루고 있는 부분이 안드로이드의 모든 부분을 담고 있지는 못합니다. 하지만 적어도 아무 것도 모르는 초보자가 이 책을 모두 읽고 난 이후에는 혼자서 공부를 해 나갈 수 있는 힘은 가질 수 있을 것이라 확신합니다.

책을 읽으면서 궁금하신 부분이 생기시면 언제든 아래 사이트로 질문을 해주시기 바랍니다. 졸작을 만드느라 많은 도움을 주신 여러 분들께 마지막으로 감사의 말을 전합니다.

http://www.mangoboard.com/
http://cafe.naver.com/embeddedcrazyboys

리눅스 참고 사이트 목록

리눅스와 관련해서 참고할 만한 사이트들을 정리해 보도록 하겠습니다.

Linux 커널 공식 사이트

http://www.kernel.org/
리눅스 커널의 공식 사이트 입니다. 그다지 자주 방문할 일은 거의 없는 것 같습니다.

늘 변하기 때문에 위의 링크 모습은 접속할 때마다 조금씩 달라질 수 있을 것입니다.

리눅스 커널 Config 찾기

리눅스 커널은 무척이나 많은 Config가 존재합니다. 이것들을 모두 기억할 수도 없겠지만 잘 정리해 놓은 사이트가 있습니다.

http://cateee.net/lkddb/
http://cateee.net/lkddb/web-lkddb/

커널을 빌드할 때 정말 무수하게 많은 Config 이름들에 대한 정리 입니다. config에 적혀 있는 많은 내용 들에 대해서 잘 정리가 되어 있습니다. 아예 인덱스로 해서 정리가 되어 있습니다.

LKDDB '' index

Index of Linux kernel configurations.

- 0-9 index (with 73 items)
- A index (with 805 items)
- B index (with 616 items)
- C index (with 911 items)
- D index (with 506 items)
- E index (with 514 items)
- F index (with 459 items)
- G index (with 177 items)
- H index (with 425 items)
- I index (with 1067 items)
- J index (with 68 items)
- K index (with 153 items)
- L index (with 205 items)
- M index (with 1427 items)
- N index (with 406 items)
- O index (with 131 items)
- P index (with 720 items)
- Q index (with 34 items)
- R index (with 355 items)
- S index (with 2024 items)
- T index (with 286 items)
- U index (with 510 items)
- V index (with 297 items)
- W index (with 116 items)
- X index (with 199 items)
- Y index (with 9 items)
- Z index (with 31 items)

디버그 포트와 관련된 Config가 CONFIG_DEBUG_S3C_UART, CONFIG_S3C_LOWLEVEL_UART_PORT입니다. 이것을 위 링크에서 한번 찾아 보도록 하겠습니다.

- CONFIG_DEBUG_S3C2410_UART (obsolete, available from 2.6.0 until 2.6.22)
- CONFIG_DEBUG_S3C_PORT (obsolete, available from 2.6.23 until 2.6.30)
- CONFIG_DEBUG_S3C_UART (from release 2.6.23)
- CONFIG_DEBUG_SECTION_MISMATCH (from release 2.6.25)
- CONFIG_DEBUG_SEMAPHORE (obsolete, available from 2.6.0 until 2.6.25)

CONFIG_DEBUG_S3C_UART: S3C UART to use for low-level debug

The Linux kernel configuration item CONFIG_DEBUG_S3C_UART:

- prompt: S3C UART to use for low-level debug
- type: tristate
- depends on: CONFIG_PLAT_S3C
- defined in arch/arm/Kconfig.debug
- found in Linux Kernels: from 2.6.23 release still available on 2.6.34 release

---

CONFIG_DEBUG_S3C_UART 부분을 선택하면 위와 같은 정보들이 출력되고 있습니다.

- CONFIG_S3C_GPIO_SPACE (from release 2.6.29)
- CONFIG_S3C_GPIO_TRACK (from release 2.6.29)
- CONFIG_S3C_LOWLEVEL_UART_PORT (from release 2.6.29)
- CONFIG_S3C_PL330_DMA (HEAD)
- CONFIG_S3C_PM_DEBUG_LED_SMDK (from release 2.6.31)

당연히 CONFIG_S3C_LOWLEVEL_UART_PORT 부분도 위와 같이 찾을 수 있습니다. 리눅스 커널 소스를 분석하면 알아야 하는 Config들에 대해서 이렇게 쉽게 정리를 해놓았기 때문에 무척 편리하게 사용할 수 있습니다.

리눅스 ID 및 소스 검색

http://www.cs.fsu.edu/~baker/devices/lxr/http/ident
위 링크는 무척 편리한 사이트입니다. 여러 가지 검색을 수행하는데 있어서 매우 훌륭한 툴을 제공해 주고 있습니다.

<ID 검색>

Linux kernel & device driver programming

Cross-Referenced Linux and Device Driver Code

[source navigation] [*identifier search*] [freetext search] [file search]
Version: [2.6.11.8] [2.6.25] [2.6.25.8] [*2.6.31.13*] Architecture: [*i386*]

Identifier: [   ] [Go get it]

This page was automatically generated by the LXR engine.

최초 위의 사이트를 접속하면 "identifier search" 부분을 가리키게 됩니다. Identifier라고 되어 있는 부분에서 아무런 리눅스 커널과 관련한 사항을 입력하면 자동으로 검색을 수행해 주게 됩니다. 디폴트는 2.6.31.13을 가리키고 있는데 이 버전을 다른 것으로도 변경할 수 있습니다.

Version: [2.6.11.8] [2.6.25] [2.6.25.8]

Identifier: [file_operations   ] [Go get it]

file_operations

Defined as a struct type in:
- linux/drivers/infiniband/ulp/ipoib/ipoib_fs.c, line 36
- linux/drivers/infiniband/hw/ipath/ipath_kernel.h, line 881
- **linux/include/linux/fs.h, line 1486**
- linux/include/linux/file.h, line 18
- linux/include/linux/fdtable.h, line 62
- linux/include/linux/cdev.h, line 8
- linux/include/linux/debugfs.h, line 22
- linux/include/linux/oprofile.h, line 44

Referenced (in 907 files total) in:
- linux/mm/backing-dev.c, line 68
- linux/mm/slub.c, line 4720
- linux/mm/vmalloc.c, line 1935

file_operations를 검색해 보았습니다. 리눅스 커널 내에서 file_operations가 정의되어 있는 곳부터 시작해서 그것을 참조하고 있는 모든 코드에 대해서 기술을 하고 있습니다.

"linux/include/linux/fs.h, line 1486" 부분을 클릭해 보도록 하겠습니다.

```
1486 struct file_operations {
1487     struct module *owner;
1488     loff_t (*llseek) (struct file *, loff_t, int);
1489     ssize_t (*read) (struct file *, char __user *, size_t, loff_t *);
1490     ssize_t (*write) (struct file *, const char __user *, size_t, loff_t *);
1491     ssize_t (*aio_read) (struct kiocb *, const struct iovec *, unsigned long, loff_t);
1492     ssize_t (*aio_write) (struct kiocb *, const struct iovec *, unsigned long, loff_t);
1493     int (*readdir) (struct file *, void *, filldir_t);
1494     unsigned int (*poll) (struct file *, struct poll_table_struct *);
1495     int (*ioctl) (struct inode *, struct file *, unsigned int, unsigned long);
1496     long (*unlocked_ioctl) (struct file *, unsigned int, unsigned long);
1497     long (*compat_ioctl) (struct file *, unsigned int, unsigned long);
1498     int (*mmap) (struct file *, struct vm_area_struct *);
1499     int (*open) (struct inode *, struct file *);
1500     int (*flush) (struct file *, fl_owner_t id);
1501     int (*release) (struct inode *, struct file *);
1502     int (*fsync) (struct file *, struct dentry *, int datasync);
1503     int (*aio_fsync) (struct kiocb *, int datasync);
1504     int (*fasync) (int, struct file *, int);
1505     int (*lock) (struct file *, int, struct file_lock *);
1506     ssize_t (*sendpage) (struct file *, struct page *, int, size_t, loff_t *, int);
1507     unsigned long (*get_unmapped_area)(struct file *, unsigned long, unsigned long, unsigned long, unsigned long);
1508     int (*check_flags)(int);
1509     int (*flock) (struct file *, int, struct file_lock *);
1510     ssize_t (*splice_write)(struct pipe_inode_info *, struct file *, loff_t *, size_t, unsigned int);
1511     ssize_t (*splice_read)(struct file *, loff_t *, struct pipe_inode_info *, size_t, unsigned int);
1512     int (*setlease)(struct file *, long, struct file_lock **);
1513 };
```

자동으로 linux/include/linux/fs.h 파일이 열리고 1486 라인으로 이동하고 있습니다. 무척 편리한 기능이 아닐 수 없습니다.

<파일 검색>

상단에 존재하는 항목 중에서 file search 부분을 선택하면 파일을 검색할 수 있습니다.

```
linux/arch/arm/mach-msm/include/mach/uncompress.h
linux/arch/arm/mach-w90x900/include/mach/uncompress.h
linux/arch/arm/mach-integrator/include/mach/uncompress.h
linux/arch/arm/plat-s3c/include/plat/uncompress.h
linux/arch/arm/mach-ep93xx/include/mach/uncompress.h
linux/arch/arm/mach-ns9xxx/include/mach/uncompress.h
```

무수한 uncompress.c와 uncompress.h를 발견할 수 있습니다. 그 중에서 삼성 CPU와 관련된

uncompress.h 파일도 찾을 수 있습니다.

Linux 매뉴얼 검색

http://linuxmanpages.com/
위 사이트는 리눅스의 매뉴얼을 쉽게 검색할 수 있도록 해줍니다.

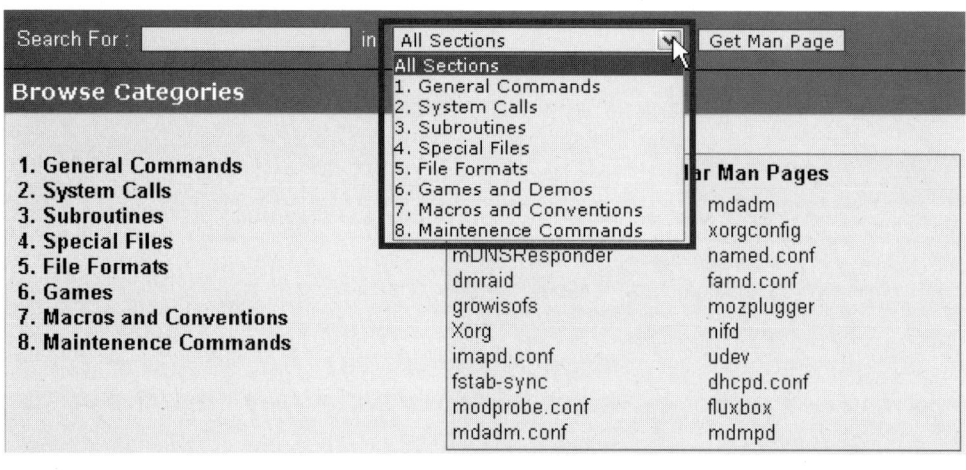

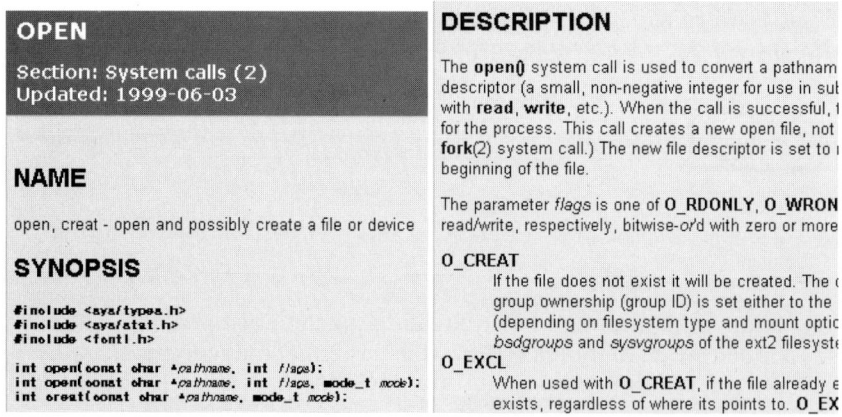

open을 system call에서 찾아 보았습니다. 실제 매뉴얼을 참고해도 같은 결과를 얻게 되겠지만 웹 상에서 쉽게 찾을 수 있는 편리한 곳입니다.

색 인

$

$(@_config=) ··································· 188

.

.bashrc ································· 38, 157

_

__attribute__ ······························· 491

ㄴ

네트워크 ·· 355
네트워크 드라이브 ························· 79
네트워크 디바이스 ······················· 434
네트워크 설정 ······························· 114
노드 생성 ······································ 492

ㄷ

데몬 ·· 342
디바이스 ·· 431
디바이스 드라이버 ······················· 431
디버깅 ·· 422

ㄹ

루트 파일시스템 ··························· 163
리눅스 ·· 287
리눅스 커널 Config ····················· 618

ㅁ

망고100 ·· 24
망고100 하드웨어 ·························· 93
망고64 ·· 24
망고64 하드웨어 ···························· 86
메뉴 ·· 589
문자 디바이스 ······························ 434

ㅂ

바인더 ·· 609
버전 ·· 22
부번호 ·· 435
부트 커맨드 ·································· 159
부팅 디바이스 ································ 98
블록 디바이스 ······························ 434
빌드 ·· 182

ㅅ

삼바 ·· 75
상위 클래스 ·································· 405
서버 ·· 274

ㅇ

안드로이드 ······························ 19, 289
압력센서 ·· 87
어플리케이션 ································ 337
에뮬레이터 ···································· 325
우분투 ·· 33
운영체제 ·· 290

ㅈ

주번호	435
진저브레드	293

ㅋ

커널	153, 553
클라이언트	274
키	557

ㅌ

터미널	35
툴체인	121

ㅍ

파일 검색	621
패키지	22, 40
플랫폼	21
플랫폼 독립적	535

A

Activity	320, 372
Activity Name	328
adb	241
ADB	339
adb devices	339
ADB Interface	364
adb pull	348
adb push	348
ADB USB	364
adbd	342
adbhost	358
addLocked	584
ADT	304
AIDL	610
alias	38
Android	19
Android Debug Bridge	339
Android Interface Definition Language	610
Android Library	380
Android Test Project	321
Android Virtual Device	324
ANDROID_JAVA_HOME	130
Android_RFS	163
AndroidManifest.xml	374
API Level	371
Application	372
ApplicationContext	608
apt-cache search	40
ARCH	156
Argument	159
arm-linux-	123
arm-linux-gcc	124
arm-none-linux-gnueabi-	157
arm-none-linux-gnueabi-gcc	458
assets	383
AVD	324
awk	218

B

Binder	609
bionic	496
BL0	99
BL1	99, 179
block device	434
Boot Loader	99
Boot Option	91, 98
bootargs	160
bootcmd	159
build_filesystem	235, 246
BusyBox	461

Button ·· 397

C

CCIR601 ·· 87
CCIR656 ·· 87
character device ······················ 433
Client ·· 274
close ··· 432
CodeSourcery ···························· 449
config ······························· 154, 267
CONFIG_ ··································· 268
console_printk ························· 438
Cortex-A8 ···································· 93
CPU_JOB_NUM ························· 217
cpuinfo ····································· 217
CROSS_COMPILE ·············· 123, 156
Cross-Cable ······························ 119
Cross-Compiler ························ 121
Cupcake ····················· 25, 133, 292
Cygwin ······································ 498

D

Dalvik ································· 497, 535
Dalvik Debug Monitor ············ 349
date ··· 219
dd ·· 252
DDI ·· 431
DDMS ·· 349
ddms.bat ································· 350
Debug ······································· 351
DEFAULT_CONSOLE_LOGLEVEL ······ 439
DEFAULT_MESSAGE_LOGLEVEL ····· 439
Device Driver Interface ··········· 431
df243
diff ··· 550
DNW ··· 140

Donut ·· 293
drawable ·································· 376
drawable-hdpi ························· 377
drawable-ldpi ·························· 377
drawable-mdpi ························ 377
dynamic link ···························· 496

E

Eclair ·································· 25, 293
Eclipse ······································· 295
emulator ·································· 327
Emulator Control ····················· 354
emulator-5554 device ············· 339
END ··· 218
Error ·· 351
eth0 ·· 119
Ethernet ··································· 355
Ethernet address ····················· 114
EventHub ································· 579

F

fdisk ·· 247
File Explorer ····························· 354
file_operations ················ 482, 486
fill_parent ································· 334
filter ·· 221
Filter ··· 352
find ··· 43
findViewById ··························· 402
Flow control ····························· 109
framework ······························· 223
Froyo ·························· 25, 289, 293
fs.h ·· 486

G

G++	449
Galileo	295
gateway	114
GCC	121
gedit	38, 47
getSoundChangeManager	608
getSystemService	608
Gingerbread	25, 293
Git 서버	224
GIT Platform	555
gitconfig	135
gnome	47, 236, 243
GNU	121, 287
GPL	287
grep	41

H

HAL	291
HDMI	93, 590
Hello Android	319
host system	121

I

ID 검색	620
ifconfig	115
IFLA_INFO_KIND	466
IFLA_LINKINFO	466
Image View	387
ImageView	330
import	401
iNAND	98
Information	351
Input Event	564
input.h	566

InputDispatcherThread	583
insmod	437
install	348
Intent	415
Intent Filter	416
Inter Process Communication	609
Interlaced	87
ioctl	432, 492
IP address	114
IPC	609
IROM	99
ISoundChangeManager	609

J

Java 5	126
Java 6	126
Java Native Interface	535
JAVA virtual machine	497
JAVA_HOME	130
java-1.5.0-sun	129
java6	40
JNI	535
jni.h	538
JUnit	321

K

kbuild	441
KERN_ALERT	438
KERN_DEBUG	438
KERN_EMERG	438
Kernel	152
Key event	574
KEY_BACK	565
KEY_MENU	565
KeyInputQueue	579
Keypad	561

L

label	412
layout	408
layout_height	334
layout_width	334
LED	517
Linus	287
Linux	287
Linux 매뉴얼	622
Linux 커널	618
linux_write	255
Lite Edition	450
Log	425
logcat	576

M

main.xml	333, 380, 383
Major number	434
make clobber	143
Makefile	441
Markup	47
menuconfig	269
Micro SD	206
Min SDK	321
minicom	106, 471
minimum SDK	375
Minix	287
Minor number	434
Mkfs	250
mknod	493
mkyaffs2image	166
MMC	105, 210
mmcblk0p2	243
mmcblk0p3	243
module	154
module.h	488
module_exit	437
module_init	437
MODULE_LICENSE	437
modules.txt	440
mount	208
movi-NAND	98
mtd	211
mtdblock1	236
myfind	44

N

namespace	327
NAND	183
NAND Booting	103
NAND Flash	98, 103
NAND Mode	92
Native code(C/C++) Development Kit	497
NDK	497
Network Device	434
NF	218
NFMOD	99
NFS	274
Non-Interlaced	87
Non-standard	431
NOR Mode	91

O

OM	105
onClick	403
onCreate	402, 414
onDestroy	543
OneNAND	98
onFirstRef	582
open	432, 488
open_device	583
openPlatformInput	583

Operating System	290
override	414

P

package	40
Package Explorer	373
partition	215
PATH	123
patsubst	221
permissions	223
Perspectives	419
Plugin	309
print_success	253
printk	437
processor	217
Programmatic UI layout	385

Q

QueuedEvent	583
qwerty.kl	574

R

R.java	333, 382
R.layout.main	332
read	432, 491
read_profile	475
readEvent	581
register_chrdev	477
release	488
Remote Procedure Call	610
Repo	131
res	383
Resolution	34
Resume	425
rmmod	437, 483

RPC	274, 610

S

S3C6410	86
S5PC100	93, 98
samba	76
samba restart	79
scan_dir	583
Screen Capture	349
scrub	148
SD	210
SD Booting	105
SDK	294
sdreader	246
sdwriter	226, 246
Security	150
SELINUX	150
Server	274
setContentView	332
setOnClickListener	403
setText	332
Setting	589
Shortcut Key	39
smbpasswd	78
SoundAndDisplaySettings	608
source	39
SPDIF	590
Standard	431
--static	495
Step Into	425
Step Over	425
Step Return	425
string	377
strings.xml	377
strip	221
subst	190, 221
sudo	45, 337

sudoers	46
sun-java5-jdk	126
Super Class	405
sync	136

T

Terminal	35
TextView	330
TFTP	112, 183
tftpd-hpa	113
Throw	419
timer_stats	568
TIMER_STATS	567
Toast	403
Tool chain	121
Torvalds	287
ttyUSB0	107

U

ubi_attach	261
ubi_deattach	264
UBIFS	214
ubimkvol	260
ubimount	208, 259
ubinfo	262
U-Boot	142, 180
Ubuntu	27
unconfig	189
uninstall	348
unmount	208
unregister_chrdev	477
Update Manager	38
USB	93
USB Booting	101
USBOTG	140
USB-to-Serial	107

UTF-8	83

V

valgrind	131
Verbose	351
vi	38, 52
View	401
vim	49
VMware	26
VMware File Share	71
VMware Network Adapter VMnet8	116
VMware Tools	65
vmware-install.pl	66
Voice Call	354
vol_mount	261

W

WAKE	574
WAKE_DROPPED	574
Warning	351
widget	331
Window Manager	579
WM8960	590
word	222
wrap_content	334
write	432, 491

X

xconfig	271
xinetd	113
XML	333
XML-based layout	385
XOM	99

Y

YAFFS ··· 163

Z

zImage ··· 158

저자약력

박선호
- 서울대학교 컴퓨터공학과 학사
- 서울대학교 컴퓨터공학과 석사
- 현대전자주식회사 중대형컴퓨터 개발
- VK주식회사 GSM 핸드폰 개발
- 코아로직 사업본부장
- (현) 씨알지테크놀러지 대표이사
- 네이버 embeddedcrazyboys 카페 필명 "설렁설렁"

오영환
- 고려대학교 전산과학과 학사
- 현대전자주식회사 CDMA 시스템 개발
- 뉴젠텔레콤 GSM 핸드폰 개발
- 코아로직 AP FAE 개발 팀장
- (현) 씨알지테크놀러지 수석연구원
- 네이버 embeddedcrazyboys 카페 필명 "푸우"

주요 공저 저술
- **망고스토리 1.** S3C2443/S3C6410/JTAG Embedded Board를 통한 ARM9/ARM11 Embedded 환경 체험
- **망고스토리 2.** 실전! ARM Cortex-M3 시스템 프로그래밍 완전정복 1
- **망고스토리 3.** 실전! ARM Cortex-M3 시스템 프로그래밍 완전정복 2
- **망고스토리 4.** 실전! Windows CE 시스템 프로그래밍 완전정복

안드로이드 시스템
프로그래밍 완전정복

- **초 판** 2010년 10월 27일 초판 인쇄
  2010년 10월 27일 초판 발행
- **공 저** 박선호, 오영환
- **발 행 자** 정용화
- **발 행 처** D&W Wave
- **등록일자** 2009년 09월 24일
- **등록번호** 제379-2009-000040호
- **주 소** 경기도 성남시 수정구 신흥동 2024번지 두산 아파트 105동 401호
- **전 화** 031-701-5057
- **팩 스** 031-701-5024
- **전자메일** yhjung1@hotmail.com
- **홈페이지** http://www.mangoboard.com
- **ISBN** 978-89-963800-9-2

- **가 격** 28,000원

■ 파손 및 잘못 만들어진 책은 교환해 드립니다.
■ 이 책의 무단 전재와 불법 복제를 금합니다.